1917년 러시아 혁명

노동계급이 권력을 잡다

국립중앙도서관 출판예정도서목록(CIP)

1917년 러시아 혁명 : 노동계급이 권력을 잡다 / 지은이: 알
렉산더 라비노비치 ; 옮긴이: 류한수. -- 서울 : 책갈피, 20
17
    p. ;   cm

원표제: Bolsheviks come to power : the Revolution of 191
7 in Petrograd
원저자명: Alexander Rabinowitch
색인수록
영어 원작을 한국어로 번역
ISBN 978-89-7966-127-9 03920 : ₩26000

러시아 혁명 [--革命]

929.07-KDC6
947.0841-DDC23   CIP2017016993

1917년 러시아 혁명

노동계급이 권력을 잡다

알렉산더 라비노비치 지음 | 류한수 옮김

책갈피

The Bolsheviks Come to Power: The Revolution of 1917 in Petrograd by Alexander Rabinowitch

ⓒ 1976, 2004, and 2017 by Alexander Rabinowitch
First published in 1976 by W. W. Norton and Company, New York
This edition published in 2017 by Haymarket Books
All Rights reserved.

Korean translation edition ⓒ 2017 by Chaekgalpi
This edition is published by arrangement with Haymarket Books, Chicago, US.

Arranged through Best Agency, Seoul, Korea.
All Rights reserved.

1917년 러시아 혁명
노동계급이 권력을 잡다

지은이 | 알렉산더 라비노비치
옮긴이 | 류한수
펴낸곳 | 도서출판 책갈피

등록 | 1992년 2월 14일(제2014-000019호)
주소 | 서울 성동구 무학봉15길 12 2층
전화 | 02) 2265-6354
팩스 | 02) 2265-6395
이메일 | bookmarx@naver.com
홈페이지 | http://chaekgalpi.com

첫 번째 찍은 날 2017년 7월 27일
네 번째 찍은 날 2023년 1월 13일

값 26,000원

ISBN 978-89-7966-127-9
잘못된 책은 바꿔 드립니다.

차례

러시아 혁명 100주년판 머리말

　100년을 꽉 채운 한 세기의 전망으로 바라보면, 러시아의 1917년 10월혁명은 제정 러시아 말기의 심한 부정의에 깊이 뿌리를 둔, 그리고 패배하는 세계대전에 러시아가 참여하면서 크게 악화된 복합적이고도 역동적인 정치·사회 과정에서 시간이 갈수록 여파가 차츰차츰 더 커졌던 한 국면으로 보인다.[1] 이 국면은 당시 러시아 제국의 수도이자 공업 중심지였던 페트로그라드에서 니콜라이 2세의 타도와 3세기 동안 유지된 차르 체제의 종식으로 끝난 1917년 2월혁명의 직후에 시작되었다. 근본적으로는 차르가 몰락한 뒤 세워진 자유주의적 임시정부의 소심한 대내외 정책에 대중이 실망한 결과였던 이 국면은 심하게 요동치는 8개월 뒤에 레닌과 (1918년 3월에 공산주의자로 이름을 바꿀) 볼셰비키가 권력을 잡고 소비에트 러시아가 태어나면서 완결되었다.

　1917년 러시아에서 벌어진 격렬한 권력 투쟁에서, 그리고 뒤이어 세 해 동안 벌어진 끔찍한 내전에서 볼셰비키가 거둔 승리는 러시아 정치를 지배한 초(超)권위주의적 공산당 통치 소비에트 체제의 점진적 형성으로 이어졌고, 지난 마지막 세기 거의 대부분 기간 동안 국제 정세의 핵심 요인이었다. 또 다른 차원에서, 볼셰비키의 권력 장악은 비록 궁극적으로는 실패했을지라도 거대한 평등주의적 사회주의 실험의 시작을 알렸고, 그 실험은 단기적으로는 전 세계에 충격을 주었으며 지구 곳곳에서 지속적 관심의 대상이었다. 따라서, 틀림없이, 페트로그라드의 1917년 10월혁명은 시간이 갈수록 여파가 점점 더 커지는 사건들 가운데 하나였으며, 논란의 여지가 있겠으나 20세기의 가장 중요한 역사적 단일 사태였다.

***

내가 전문적인 러시아 혁명 연구를 시작하기 전에 러시아 혁명에 관한 내 생각을 형성한 영향력을 회고하면서 시작할까 한다. 의심할 것도 없이 이 영향력 가운데 가장 중요한 것은 내가 자유주의적 러시아 지식인(intelligenty) 가정에서 컸다는 점이다. 우크라이나의 지토미르(Zhitomir)에서 태어난 내 어머니 안나 마이에르손(Anna Maiersohn)은 1932년에 유럽의 한 러시아 극단과 함께 공연을 하는 여배우였는데, 잘 알려진 물리화학자인 내 아버지 예브게니 라비노비치를 만나 결혼했다. 1898년에 성 페테르부르크에서 태어난 내 아버지는 1918년 8월에, 즉 그곳에서 첫 적색 테러가 시작되기 보름 전에 러시아에서 도주했다. 1921년에 그는 독일로 이주해서 독일 대학에 들어간 수많은 러시아 청소년 가운데 한 명이었다. 그 청소년 여럿은 당시 독일 국회의원이었던 저명한 사회민주주의자 에두아르트 베른슈타인(Eduard Bernstein)의 탄원으로 독일 대학에 들어갈 수 있었다. 베를린의 프리드리히 빌헬름(Friedrich Wilhelm) 대학(지금의 훔볼트Humboldt 대학)의 박사과정 학생으로서 나의 아버지는 당시에 이미 노벨상 수상자들이었던 알베르트 아인슈타인(Albert Einstein), 막스 플랑크(Max Planck), 막스 폰 라우에(Max von Laue), 발터 에른스트(Walter Ernst), 에르빈 슈뢰딩거(Erwin Schrödinger) 같은 걸출한 과학자와 함께 연구했다. 뛰어난 물리학자들과 함께, 즉 괴팅엔(Göttingen) 대학에서는 제임스 프랑크(James Franck), 코펜하겐의 이론물리연구소에서는 닐스 보어(Niels Bohr)와 함께 잠시 일한 뒤에, 그리고 런던 대학에서도 일한 뒤 제2차 세계대전 직전에 매사추세츠(Massachusetts) 주 캠브리지에 있는 매사추세츠 공과대학(MIT)의 화학과에 임용되었다.

자아가 처음 형성되던 나의 어린 시절에, 즉 나의 아버지가 매사추세츠 공과대학에 있을 때, 우리 가족은 미국 동부 해안의 활기찬 러시아 망명자 사회의 없어서는 안 될 일부였다. 아버지는 버몬트(Vermont) 주 남부의 울창한 그린(Green) 산맥에 있는 다차를 샀고 우리는 거기서 여름을 보내곤 했다. 그 다차는 1917년에는 온건 사회주의자였고 하버드 대학의 뛰어난 역사학자이며 미국의 러시아사 연구의 좌장인 마이클 카르포비치(Michael Karpovich)의 다차에서 그리 멀지 않았다. 그 시절에 관한 가장 생생한 몇몇 내 기억은 카르포비치의 집 현관에서 끝없이 이어지는 점심식사와 저녁식사를 맴돈다. 거기서 — 블라디미르 나보코프(Vladimir Nabokov) 같은 인물들부터 1917년 2월에 차르를 대체한 임시정부의 마지막 수반인 알렉산드르 케렌스키까지 — 당시 미국에 사는 가장 저명한 여러 러시아인이 러시아의 역사, 문화, 시사에 관한 쟁점을 토론했다. 버몬트의 이 대화는 때때로 활발한 논쟁으로 발전했다. 그러나 거의 모든 이가 동의하는 몇몇 논제가 있었다. 그 가운데에는 그들의 뿌리를 뽑아버렸던 10월혁명은 레닌과 트로츠키가 이끄는 잘 짜인 광신적 혁명가 무리가 적국 독일의 자금을 받아 진정한 대중 지지 없이 수행한 군사 쿠데타였다는 논제가 있었다. 광범위한 동의가 이루어지는 또 다른 논점은 "붉은 10월"에서 생겨난 것은 모두 다 혐오스러우며 세계적인 위협이라는 것이었다. 따라서, 이러한 초기의 가족적 유대로부터, 특히 카르포비치, 그리고 멘셰비키 지도자, 역사가이며 러시아 사회민주주의 자료의 주요 보관자인 보리스 니콜라엡스키(Boris Nicolaevsky)와의 교류로부터 러시아의 역사와 문화에 관한 내 필생의 관심이 자라난 한편, 그 유대와 교류는 볼셰비키와 권력을 볼셰비키에게 가져다준 혁명, 그리고 사실상 소비에트 러시아의 거의 모든 역사적 경험을 완고하게 부정하는 관점을 내게 남겼다.

볼셰비키와 "붉은 10월"에 연관된 거의 모든 것을 비판하는 이 태도는 내가 고등학교와 대학교에 다니던 시절(1948~1956년)에 소비에트 연방을 적대시하는 분위기가 점점 더 거세지면서 강화되었다. 그 시절은 맥카시(McCarthy) 시대 및 한국전쟁 시기와 일치했다. 대학을 마친 뒤 이 태도는 예비장교훈련단(ROTC) 군장교 두 해 동안 한결 더 굳어졌다. 군대에서 나는 소비에트 연방을 악의 화신 그 자체이자 "자유 세계"의 주적으로 생각하는 훈련을 받았다.

나는 처음에는 시카고(Chicago) 대학에서 고 레오폴드 헤임슨(故 Leopold Haimson)과, 그 다음에는 인디애나 대학에서 외교사가 존 톰슨(John M. Thompson)과 함께 러시아사를 정식으로 연구하기 시작했다. 헤임슨과 톰슨 두 분 다 시간이 갈수록 여파가 차츰차츰 더 커진, 진지하게 연구할 만한 정치·사회적 현상으로서의 러시아 혁명에 관한 나의 흥미를 일깨웠다. 그렇지만, 나의 박사학위논문 주제를 고를 때가 왔을 때, 소비에트 연방과 그 탄생에 관한 나의 기본 견해는 바뀌지 않은 채로 남아 있었다. 내가 맨 처음에 고른 학위논문 주제는 저명한 그루지야 멘셰비키 당원, 임시정부의 장관, 전국 소비에트 내 온건 사회주의 진영의 사실상의 수장, 볼셰비즘의 숙적인 이라클리 체레텔리의 전기였다. 그러나 체레텔리 전기를 제대로 쓰려면 그루지야 어를 알아야 한다는 것이 분명해진 뒤에 나는 박사논문 연구

의 초점을 1917년의 봄과 여름의, 특히 유산된 7월봉기 이후에 일어
난 정치 위기 동안의 체레텔리에 맞추었다. 그 시기에 체레텔리는 케
렌스키를 지탱하려는, 그리고 볼셰비키를 미수로 끝난 7월봉기의 교
사자로, 그리고 돈을 받고 적국 독일에 고용된 간첩으로 범죄집단화
하려는 시도를 주도했다.

  그렇다면 나는 어쩌다가 볼셰비키에 열렬하게 반대하는 체레텔리
에서 그의 주적인 볼셰비키로 관심을 옮기게 되었을까? 그리고 나는
어쩌다가 볼셰비키에 관한, 그리고 그들에게 권력을 가져다준 운동에
관한 나의 초기 견해와 관계를 딱 끊게 되었을까? 여러 해 동안 나는
이 질문을 자주 받았는데, 답변은 아주 간단하다. 헤임슨과 톰슨과
함께 연구를 하면서 나에게는 역사적 증거를 모으려는 열정, 더불어
그 증거를 사람이 할 수 있는 한 정직하게 해석하려는 태도가 주입
되었다. 그리고 내가 얼마 지나지 않아 7월봉기는 레닌의 실패한 쿠
데타에 지나지 않는다는 체레텔리의 견해가 당시에 내가 구할 수 있
었던 ― 즉, 주로 당대의 러시아 신문, 간행된 문서, 회고록 등 ― 비
교적 제한된 분량의 1차 사료로부터 뚜렷이 떠오르는 이미지에 들어
맞지 않는다는 결론을 내린 것이 사실이다. 심지어 내가 대학원 교환
학생으로 선정되어 모스크바에서 아홉 달을 지내기 시작한 1963년
가을 전에도, 내 연구의 주요 관심사가 체레텔리에서 볼셰비키가
1917년 7월봉기에서 한 역할이라는 문제로 옮아갔다. 그 문제는 당시
에 여전히 헷갈리고 논란이 이는 문제였다.

  미국에서 구할 수 있었던 몇몇 사료는 내가 이 질문에 답하기 시
작하는 데 도움을 주었다. 그 사료는 레닌이 1917년 4월에 러시아로
돌아온 뒤 그의 유명한 〈4월테제〉로 볼셰비키가 곧장 조속한 사회주
의 혁명을 지향하도록 만드는 데에서 그가 중대한 역할을 했음을 입
증했다. 그 테제는 제7차 전러시아 [볼셰비키] 협의회에서 정식으로 채

택되었다. 그러나 간행된 협의회 기록은 테제가 채택된 뒤에 혁명 및 혁명 전략에 관해 당 최고 지도자들 사이에 — 가장 중요하게는, 새로 선출된 당중앙위원회 위원들 사이에 — 아직도 남아있는 깊은 분열도 드러내주었다.[2] 나에게 훨씬 더 의미심장한 사료는 1917년의 지역 볼셰비키 페테르부르크 위원회 주례 회합의 상세한 회의록이었다. 1927년에 처음 간행되었지만 스탈린 통치기에 억눌려서 거의 거론되지 않은 그 회의록에는 당시의 볼셰비키 조직 안에서 다양한 정치적 견해가 있다는 점, 그리고 그뿐만 아니라 못지않게 중요한 다른 그 무엇, 즉 볼셰비키 당이 차르 체제 말기의 소규모 음모 조직에서 차리즘이 무너진 뒤에 공장과 병영에 굳게 뿌리를 박은 대중 정당으로 빠르게 자라났다는 점도 반영되어 있었다. 결정적으로 중요한, 오랫동안 소홀히 취급된 이 사료에는 1917년 볼셰비키의 비교적 탈중앙 집권화한, 유연한, 그리고 민주주의적인(당 하급 기구들이 진화하는 대중의 분위기에 반응하도록 만드는 경향을 지닌) 구조와 작동 방식도 반영되어 있었다.[3]

비교적 자유로웠던 1920년대에 간행된, 그리고 또한 서방에서 연구에 활용 가능했던 얼마 되지 않는 볼셰비키 회고록은 이 이미지를 크게 보강해주었다. 얄궂게도 레닌을, 그리고 7월봉기를 조직하는 데에서 그가 한 중심 역할을 악마처럼 보는 체레텔리의 견해를 공유한 니콜라옙스키가 초기의 중요한 러시아 혁명운동 역사가이면서 그가 개인적으로 유대 관계를 맺은 페트로그라드 볼셰비키 당원이었던 블라디미르 넵스키의 회고록을 보도록 나를 이끌었다(넵스키의 저술은 볼셰비키 '군사조직'이 레닌과 당중앙위원회의 바람에 거슬러서 7월봉기를 부추기는 데에서 독자적 역할을 했다는 사실을 문서로 입증하는 데 도움이 되었다[4]).

비록 고르바초프(Gorbachev) 시대 이전에는 나 같은 서방 역사가가 소련의 기록보존소에 접근하기가 불가능했을지라도, 내가 1963~1964학년도에 교환 학자로 모스크바와 레닌그라드에서 보낸 열 달은 7월봉기에서 볼셰비키가 한 역할이라는 아직도 헷갈리는 양상을 더 밝히고 볼셰비키의 구조와 작동에, 그리고 대중 차원에서 갈수록 심해지는 소요와 당의 연관성에 관한 내 연구에서 파생되는 더 광범위한 근본 문제를 풀 실마리를 찾아내는 일에서 없어서는 안 될 시기로 판명되었다. 예를 들어, 7월봉기 이전의 예열 단계 동안에 나온 당중앙위원회의 주요 신문 〈프라브다〉와 볼셰비키 '군사조직'의 〈병사의 진리〉를 면밀히 비교해보니(〈병사의 진리〉는 서방에서는 구할 수 없었다), 당중앙위원회의 전술적 신중성과 '군사조직'의 급진성 사이의 차이가 커졌음이 문서로 증명되었다. 더욱이, 7월봉기 직전 몇 주 동안의 〈병사의 진리〉, 그리고 더불어 크론시타트의 일간지 〈크론시타트 소비에트 소식〉의 지면은 페트로그라드 수비대 병사들과 발트해 함대 병사들 사이에서 급격하게 일어나던 소요를 반영했고, 그 소요와 갈수록 고조되는 볼셰비키 '군사조직'의 호전성 사이의 결정적 연관성과 그 결과로 나타나는 분리를 규명하는 데 도움이 되었다. (두 신문의 전질은 당시에 레닌국립도서관으로 불리던 곳에서 구할 수 있었다.)

내가 박사학위논문을 쓰려고 연구하면서 찾아낸 사실들은 나의 첫 저서 《혁명의 서곡: 페트로그라드 볼셰비키와 1917년 7월봉기》 (*Prelude to Revolution: The Petrograd Bolsheviks and the July 1917 Uprising*)에 반영되었다.[5] 그 책이 나온 뒤에 소련의 역사가들은 볼셰비키가 레닌을 앞세워 이룬 근본적 단합에 의문을 제기했다며 내게 "부르주아 왜곡자"라는 꼬리표를 붙였다. 그러나 그 책의 서평을 쓴 서방 학자 대다수는 7월봉기를 2월혁명의 하찮은 결과에 대중이 느낀, 그리고 볼셰비키 '군사조직'과 페테르부르크 위원회에 있는 급진분자가 부추기고 지원한 좌절의 타당한 반영이라는 나의 서술에 설득되는 듯했다. 7월봉기가 비록 부분적으로는 여러 달 동안 지속된 볼셰비키의 반(反)정부 선동과 선전의 부산물이었을지라도 볼셰비키 중앙위원회의 바람에 거슬러서 터져 일어났다는 결론도 대다수가 받아들였다. 레닌과 마찬가지로 당중앙위원회 위원들 가운데 몇몇은 지방 농민과 체제에 충성하는 전선 병사의 절대 다수가, 그리고 카메네프처럼 뒤떨어진 러시아에서는 사회주의 혁명이 시기상조라는 믿음을 버리지 않은 다른 이들이 임시정부 타도에 반대하리라고 두려워했고, 그 두려움에는 근거가 있었다. 그 무렵에 멘셰비키 국제주의자와 사회주의자 혁명가당 좌파와 더불어 온건 볼셰비키는 그 무엇보다도 대의제 헌법 제정회의가 소집될 때까지 좌익-사회주의 정당들의 가능한 한 가장 강력한 반정부 연합의 구성을 방해하지 않는 데 관심을 두었다.

《혁명의 서곡》은 1964년에 니키타 흐루쇼프(Nikita Khrushchev)가 쫓겨난 뒤 신스탈린주의 역사 접근법이 다시 부과되던 시기에 출판되었다. 스탈린 시대에 그랬듯이, 소련의 역사가들에게 서방의 러시아 혁명사가들을 "부르주아 왜곡자"로 "폭로"하는 임무가 다시 주어졌다. 이때 내게 가해진 호전적 공격의 전형이 모스크바의 역사가 로마놉스키(N. V. Romanovskii)의 비평논문 "현대 부르주아 역사서술의 1917년 7월 사태"였다. 로마놉스키는 내가 구사한 기본 사료의 타당성을 딱 잘라 일축하고 7월봉기의 근본 원인과 특성과 연관되어 내가 찾아낸 사실을 거들떠보지도 않고 부인했으며, 가장 중요하게는 1917년에 볼셰비키 최고위 지도자들의 행동에 차이가 있다는 내 견해를 매도했다. 그것이 7월봉기의 예열 단계와 분출 단계에서 페테르부르크 위원회와 '군사조직' 안의 초급진 볼셰비키가 한 중요하고도 독자적인 역할과 그들이 레닌 추종자 및 당의 온건론자들과 보인 차이점에 관련되었기에 특히나 그랬다. 로마놉스키는 "당 안에 존재하던 상이한 의견들에 다가서는 올바른 자세는 그 의견들이 볼셰비키의 강령 및 조직의 통일성을 결코 해치지 않았다는, 또는 레닌이 설정한 진로를 당이 따라가지 못하도록 가로막지 않았다는 사실에 입각해야 한다"고 주장했다.[6] 나로서는 다행스럽게도, 《혁명의 서곡》 서평을 쓴 서방 학자들은 소련 학자들보다 더 관대했다. 대다수는 7월봉기에서 볼셰비키가 한 역할이라는 예전의 난제를 탄탄한 문헌 증거를 제시하며 설득력 있게 설명해 준다며 내 책을 칭찬했다. 이를테면, 프랑스의 주요 러시아 혁명사가 마르크 페로(Marc Ferro)는 《아날》(*Annales*)에서 내가 "1917년 혁명기 공산당의 역사를 에워싼 보호벽을 뚫었다"고 평했다. 이어서 그는 "진짜 셜록 홈즈(Sherlock Holmes)처럼 단서를 찾다가" 내가 "예상치 못한 것, 즉 1917년 7월에 볼셰비키가 중앙집권화되고 규율이 선 조직이 아니었고 전략적, 이론적 갈등뿐만 아니라 비교적 자율적인 당 지부의 존재로 말미암아 분열되어 있었음을 밝혀내고 입증했다"고 썼다.[7]

이스라엘의 역사가 이스라엘 게츨러(Israel Getzler)는 《혁명의 서곡》으로 7월봉기를 "조율되지 않고 모순된 볼셰비키의 정책과 행동의 걷잡기 힘든 절정으로 이해할 수 있"게 되었다는 결론을 내렸고, 한편 미국의 러시아 근대사가들의 좌장들 가운데 한 사람인 니콜라스 랴자놉스키(Nicholas V. Riazanovsky)는 그 책을 "객관성, 신중성, 확실한 증거 구사"를 들어 칭찬했다.[8] 7월봉기를 러시아 혁명의 주요 전환점으로 지적하면서 내 연구가 철저하고 공정하다고 한 영국의 역사가 존 키프(John L. H. Keep)는 만약 나에게 기록보존소에 접근할 자격이 주어졌다면 군부대나 공장 차원의 사태 진전에 관한 나의 설명이 더 완전해질 수도 있었겠지만 "내 결론을 크게 바꿔버릴 숨겨진 당 문서가 있는지는 의심스러웠다"는 결론을 내렸다.[9] 같은 맥락에서, 키프의 미국인 동료 시어도어 폰 라우에(Theodore H. Von)는 《혁명의 서곡》이 "[사료의] 제한이 있는 상황에서조차 1917년의 결정적 순간과

쟁점에 관한 탄탄한 학술 연구가 가능하면서 유익하다"는 것을 예증한다고 덧붙였다.[10]

소련의 역사가들이 《혁명의 서곡》을 거세게 공개 비판하고 브레즈네프(Brezhnev) 시대 동안 역사 연구에 대한 속박이 재개되었는데도, 소련에서 내가 10월혁명 자체에 관한 나의 다음 기획을 위한 연구를 완성하는 데 필요한 방대한 분량의 당대 신문과 희귀한 간행 문서 및 회고록에 접근하는 데에는 본질적으로 방해가 없었다.[11] 이 연구를 수행하면서 나는 볼셰비키의 특성, 구조, 작동, 그리고 당과 대중의 정치 행위의 관계에 연관된 분석 작업틀을 활용했고, 그 작업틀은 7월봉기의 전개를 규명하는 데에서 매우 유익하다고 판명되었다. 그 책을 위한 내 연구의 대부분은 1960년대 말엽과 1970년대 초엽 동안 모스크바와 레닌그라드의 주요 도서관에서 이루어졌다. 프린스턴 대학 고등연구소(Institute for Advanced Study) 역사연구부 방문학자로 보낸 한 해는 그 책의 집필을 마치는 데 필요한 시간을 마련해 주었다. 처음에는 미국에서 1976년에 출판된 그 책은 그 뒤로 여러 영어판과 외국어판으로 재간행되었다. 게다가, 이 새 헤이마킷(Haymarket) 판에 더해서 이 책의 100주년 프랑스어판 및 이탈리아어판이 간행되었거나 간행될 참이다.

독자가 보겠지만, 《1917년 러시아 혁명: 노동계급이 권력을 잡다》에서 내가 밝혀낸 사실은 10월혁명이 레닌과 트로츠키가 지휘하고 규율이 잡힌 소규모의 광신적 혁명가 무리가 상당한 대중의 지지 없이 수행한 고전적 군사 쿠데타에 지나지 않는다는 서방의 예전 견해와 충돌했다. 그러나 서평을 쓴 비(非)소련 학자 대다수는 10월혁명이 비록 대놓고 반(反)혁명적이지는 않더라도 보수적인 임시정부 정책에 대한 대중의 솟구치는 불만의 산물인 데다가 지체없이 강화 조약을 맺고 식량 부족 사태를 없애고 근본적인 토지 개혁을 실행하고 선거로 뽑는 대의제 헌법제정회의가 제때 소집될 때까지 여러 정당이 참여하는 민주적인 소비에트로 모든 통치 권력을 넘기라고 요구하는 볼셰비키 정치 강령의 엄청난 매력이 확장된 결과라는 나의 묘사에 설득되었다고 보였다. 또한 서평을 쓴 서방 학자 대다수는《혁명의 서곡》에 미리 나타난 내 견해, 즉 1917년의 볼셰비키를 공장 노동자, 육군 병사, 해군 병사와 쌍방향의 긴밀한 유대를 지니고 최고 지도부 안의 다양성을 용납하고 비교적 민주적으로 구성되고 작동하는 대중 정치조직으로 보는 내 견해를 받아들였다. 더욱이, 그들은 "붉은 10월"을 레닌이 꾸미고 트로츠키가 이끈 고전적인 무장 봉기나 쿠데타라기보다는 — 비록, 되풀이하지만, 결정적 순간에 레닌과 트로츠키의 지도력이 절대적으로 필수불가결했을지라도 — 대중의 지배적 분위기와 현재의 상호 역관계에 잘 반응했기 때문에 성공한 작전의, 그리고 영리하게 전개된 정치 작전이면서 엄격하게 한정된 군사 작전의 성공적인 결과로 보는 나의 묘사에 설득력이 있음을 알아챘다. 뛰어난 문예비평가이자 사회비평가인 어빙 호위(Irving Howe)는《1917년 러시아 혁명》의 특징을 "근래에 가장 훌륭한 러시아 혁명사 책"으로 잡았다. 그는 "이 책에 관해서 무척 귀중한 점은 이 책이 경직된 두 고정관념, 즉 레닌주의가 혁명의 승리로 똑바로 향하므로 생득적으로 '옳다'는 고정관념과 독재로 똑바로 향하므로 언제나 엄격하게 권위주의적이라는 고정관념을 다 깬다는 것"이라고 설명했다.[12] 유명 작가, 영화제작자이자 영화와 역사의 관계에 관한 전문가인 로버트 로젠스톤(Robert Rosenstone)은《신공화국》(New Republic)에서《1917년 러시아 혁명》을 비평하면서 이 책이 지닌 이야기의 힘을 짚었다. 그가 표현한 대로, "라비노비치는 볼셰비키의 내부 작동을 무척 상세하게 설명한다. …… 우리는 당중앙위원회가 대안 입장을 놓고 치열하게 논쟁하는 방으로 들어서고, 그 다음에는 다른 무대, 지역 소비에트, 공장,

두마 회의, 다양한 정치집단 집회에 있는 당원을 지켜본다. …… 전체 효과는 러시아 혁명이 무기 사이의 격돌을 넘어서서 말, 사상, 믿음 사이의 전투였다는 깨달음으로 흥미진진하고 감동스럽고 활기를 띤다."[13] 현대 미국의 저명한 정치학자이자 역사가인 스티브 코언(Steve Cohen)은 《1917년 러시아 혁명》을 "가장 좋고 가장 참된 의미로 수정주의적 학술 연구"로 칭찬했다. 계속해서 그는 "정치사와 사회사 양면에서 그 책은 다사다난한 1917년에 관한 우리의 세부 지식을 크게 확장하는 한편, 볼셰비키와 이 당에 권력을 가져다준 사회적 요인들에 관한 우리의 이해를 심화하고 교정합니다"라고 썼다.[14] 러시아 육군에서 일어난 혁명 과정에 관한 주요 서방학자인 고(故) 앨런 와일드만(Allan Wildman)은 《혁명의 서곡》 서평을 끝맺으면서 "[라비노비치가] 기한이 지난 지 오래되었던 1917년의 볼셰비즘에 관한 우리 인식을 영구히 근본적으로 바꾸었다는 것이 나의 평가"라고 썼다.[15] 《이코노미스트》(*Economist*)에 실린 글의 저자에 따르면, "[라비노비치는] 일어난 일 바로 그것을 확인하려고 나선다. …… 그리고 더 잘 할 수는 없을 것이다."[16] 저명한 외교관이자 역사가인 조지 케넌(George F. Kennan)은 《1917년 러시아 혁명》이 간행된 지 얼마 안 된 1976년 11월 9일에 나에게 써보낸 편지에서 그 책이 "분명히 11월혁명*과 그 배경에 관한 여러 나라의 책들 가운데 가장 뛰어나고 가장 포괄적인 역사서"라고 썼으며, 언젠가는 "그 책이 러시아에 유익한 인상을 깊이 남기리라"는 확신을 표명했다. 이어서 그는 "향후에 자기 나라에 있었던 소비에트 권력 초기 역사에 관해서 알고 싶어하는 러시아인이 가르침을 얻고자 미국인을 — 즉, 당신, 스티브 코언과 모셰 레빈(Moshe Lewin), 그리고 다른 이를 — 쳐다보아야 하리라는 것은 놀라운 사

---

* 10월혁명의 서방식 표현.

실"이라고 썼다.[17] 사반세기 뒤에 소비에트 연방이 내파(內破)한 직후에 케넌의 예언은 대단히 정확하다고 판명되었다. 그러나 내 저서에 대한 적대감은 당분간은 바뀌지 않은 채로 남았다. 《1917년 러시아 혁명》의 출현은 강화된 공격의 방아쇠를 당겼다.

브레즈네프 시대 20년의 끝무렵에야 비로소 모스크바와 레닌그라드의 대담하고 진보적인 젊은 소련 역사가들이 10월혁명에 관한 전통적인 냉전적 고정관념에 얽매인 채로 남은 서방 역사가들과 나처럼, 그들이 보기에, 연구할 때 철저하고 정치적으로 초연하려고 성실하게 애쓰고 있던 일단의 "수정주의" 역사가들을 공공연하게 구분하기 시작했다. 미하일 고르바초프(Mikhail Gorbachev) 집권기에 페레스트로이카(perestroika)가 도래하자 다양한 러시아 혁명 해석의 이러한 잠정적이고 제한된 수용이 더한층 크게 진전되었다. 1989년 10월에 《1917년 러시아 혁명》은 러시아어 번역판으로 소련에서 간행된 최초의 서방측 10월혁명 연구서가 되었다.[18]

나는 모스크바 도심에 있는 프로그레스(Progress) 출판사의 꽉 찬 강당에서 첫 러시아어판이 공식적으로 시판된 날을 내 인생에서 가장 만족스러운 날로 기억한다. 그 행사에 니콜라이 부하린의 부인과 자녀를 포함해서 살아남은 연로한 볼셰비키와 그들의 가족, 소수의 반체제 인사와 문필가, 많은 소련 역사가가 참석했다. 예전에는, 나는 내 책 여러 권을 흔한 갈색 봉투에 싸서 내 가방 맨 밑에 넣었다. 그 가운데 두어 권이라도 소련 국경경비대원에게 걸리지 않고 러시아인 동료의 손에 들어가기를 바랐고, 성공 여부는 그때그때 달랐다. 이제는 십만 권이 소련 독자에게 — 내가 가장 닿고 싶어한 바로 그 독자에게 — 팔릴 참이었다. 나중에 나는 이 《1917년 러시아 혁명》 러시아어 초판이 두어 주 뒤에 매진되었음을 알았다. 최근 몇 해 동안 나는 내 러시아인 동료들에게서 《1917년 러시아 혁명》은 러시아 혁명사

에 진지한 관심을 품은 러시아 지식인이라면 꼭 읽어야 할 책이라는 말을 자주 들었다.[19]

내 학문 인생에서 특히 기억에 남는 또 다른 순간은 예전에는 꿈에서도 생각지 못하던 일이 일어난 1991년 6월이었다. 예상하지도 못했는데, 나에게 소련의 역사 기록보존소에서 작업해도 좋다는 허가가 나온 것이다. 이것은 한결 더 뜻밖이었다. 그때 나는 《1917년 러시아 혁명》출간 이후에 죽 작업해온 집필 기획, 즉 일당이 지배하는 권위주의적 소비에트 정치 체제의 초기 전개에 관한 연구서에서 때이른 막다른 골목에 다다랐기 때문이다. 그 책을 위한 연구를 완성하는 데에서 내가 부딪친 근본 문제는 1917년에 관한 내 작업에 그토록 중요하다고 판명되었던 여러 종류의 간행 사료의 1918년분이 그저 존재하지 않는다는 사실에서 비롯되었다. 신중하게 관리되는 소비에트 언론 및 공산당 언론을 제외한 모든 언론이 1918년 초엽에 기본적으로 폐간되었다는 사실을 제쳐놓더라도, 1918년은 집권한 공산당에게 워낙 어렵고 힘 빠지는 시기여서 이 해에 관련된 회고록이나 실록은 간행은 고사하고 준비조차 되지 않았다. 더욱이 1920년대 중엽에 시작되었던 야심찬 기록보존소 소장 사료 간행 기획이 1920년대 말과 1930년대 초 무렵에 빛을 보기도 전에 중단되었다. 그래서, 소련의 역사 기록보존소에서 작업할 기회는 횡재로 다가왔다! 정부, 당, 비밀경찰, 붉은 군대, 육해군의, 뿐만 아니라 노동조합과 공장의 내부 기록을 비롯해서 기본적으로 전에는 살펴보지 못했던 매력적인 1차 사료가 내 앞에 산더미처럼 있다. 그러나 예기치 못한 이 새 기회가 나에게 딜레마도 안겨준다. 이제 나는 소비에트 정치 체제의 등장에 관한 내 연구를 늦추고 갑자기 입수 가능해진 기록보존소 사료에 기반해서 10월혁명에 관한 내 책을 새로 고쳐 써야 하는가? 존 키프가 《혁명의 서곡》 서평에서 예언처럼 시사한 대로, 나는 기록보존소 문서의 대표 표본을 탐구한 뒤에 그 문서들이 비록 신선한 정보는 제공할지라도 내가 찾아낸 기본적 사실은 바꾸지 못하리라는 결론을 내렸다. 따라서, 나는 10월혁명 이후 시기에 관한 나의 연구를 재개했다. 이 새 연구의 첫 산물인 《권력을 쥔 볼셰비키: 페트로그라드의 소비에트 권력 첫 해》(The Bolsheviks in Power: The First Year of Soviet Rule in Petrograd)가 2007년에 미국과 러시아에서 동시에 나왔다.[20] 지금 나는 《버텨내는 볼셰비키: 내전기 페트로그라드의 통치와 위기》(The Bolsheviks Survive: Government and Crises in Civil War Petrograd)라는 가제를 단 이 시리즈 마지막 권을 마무리하고 있다.

이 책이 처음 출간된 뒤로 서방과 소련/러시아의 역사연구는 부실하게 탐구된 1917년 러시아 혁명의 양상들에 관한 우리의 지식에 크게 이바지했다. 이 시기 동안 간행된 주요 학술 저술에는 니콜라예프 (A. V. Nikolaev)의 국가 두마 연구,[21] 다이언 쾽커(Diane P. Koenker), 스티브 스미스(Steve A. Smith), 데이비드 맨들(David Mandel), 렉스 웨이드(Rex A. Wade), 겐나디 시클랴렙스키(Gennady Shkliarevsky)의 공장 노동자 연구,[22] 앨런 와일드먼(Allan K. Wildman)의 전선 병사 연구, 조슈아 샌본(Joshua A. Sanborn)의 군대와 러시아 사회 전반의 연구, 에반 모슬리(Evan Mawdsley)와 이스라엘 게츨러(Israel Getzler)의 발트해 함대 병사 연구,[23] 즈나멘스키(O. N. Znamenskii)의 인텔리겐치야 연구,[24] 바바라 에반스 클레멘츠(Barbara Evans Clements)의 여성 볼셰비키 연구,[25] 밥킨(M. A. Babkin)과 로고즈니(P. G. Rogoznyi)의 러시아 정교회 내 혁명 연구,[26] 도널드 롤리(Donald J. Raleigh), 올란도 파이지스(Orlando Figes), 카부토바(N. N. Kabutova), 나르스키(I. V. Narskii), 피터 홀퀴스트(Peter Holquist), 새러 배드콕(Sarah Badcock), 아론 레티시(Aaron Retish), 사폰(V. P. Sapon)의 페트로그라드 이외 지역의 혁명 연구,[27] 루츠 하프너(Lutz Hafner), 지바 갈

릴리(Ziva Galili), 튜튜킨(S. V. Tiutiukin), 마이클 멜란콘(Michael S. Melancon)의 비(非)볼셰비키 정당 및 집단 연구,[28] 올리버 라드키(Oliver H. Radkey)와 프로타소프(L. G. Protasov)의 헌법제정회의 연구,[29] 핵심 인물들에 관해서는 어빙 호위, 바루크 크네이 파즈(Baruch Knei Paz), 피에르 브루(Pierre Broue)의 레프 트로츠키 연구, 바바라 알렌(Barbara Allen)의 알렉산드르 실랴프니코프 연구, 리처드 에이브러햄(Richard Abraham), 페듀크(V. P. Fediuk), 튜튜킨의 알렉산드르 케렌스키 연구, 요페(G. Z. Ioffe)의 라브르 코르닐로프 장군 연구, 멜리사 커슈케 스톡데일(Melissa Kirschke Stockdale)의 파벨 밀류코프 연구[30]가 있다.

문화적 접근을 러시아 혁명기에 적용하는 흥미로운 저작으로는 리처드 스타이츠(Richard Stites), 프레데릭 코니(Frederick C. Corney), 보리스 콜로니츠키(Boris Kolonitskii)의 연구서들과 올란드 파이지스와 보리스 콜로니츠키의 공저서가 있다.[31] 특히 귀중한 역사서술 연구서, 해제서, 개설서로는 에드워드 액튼(Edward Acton), 조너선 스밀리(Jonathan D. Smele), 마르크 페로, 츠요시 하세가와(Tsuyoshi Hasegawa), 스타르체프(V. I. Startsev), 만프레트 힐더마이어(Manfred Hildermeier), 크리스토퍼 리드(Christopher Read), 레오노프(S. V. Leonov), 불다코프(V. P. Buldakov), 렉스 웨이드, 도미닉 리븐(Dominic Lieven), 조슈아 샌본, 마크 스타인버그(Mark D. Steinberg)의 책들이 있다.[32] 소련이 내파한 이후로, 러시아에서 간행된 가장 소중한 1917년 관련 저작들 가운데 다수가 종합적인 문서집과 무척 유용한 참고서였다.[33] 1917년에 관한 대중 차원의 계몽적인 문서집 하나가 마크 스타인버그의 《혁명의 목소리, 1917년》(*Voices of Revolution, 1917*)이다.[34] 1988년에 창간된 영국의 학술지 《혁명 러시아》(*Revolutionary Russia*)가 러시아 혁명기에 관한 중요한 새 연구를

(특히 소장학자들의 저술을) 간행해오고 있다.

1990년에 소련의 기록보존소가 개방되고 1991년 말에 소련이 내파하자 이념적 제약에 방해받지 않고서 신선한 기본적 연구를 수행할 갑작스러운 기회에 고무되고 서방 역사가들과의 의미 있는 협업으로 활기를 얻은 러시아 역사가들의 계몽적인 10월혁명 관련 학술 연구가 꽃을 피우리라고 기대되었다. 이 방향으로 내딛는 유망한 첫 걸음은 1993년 1월에 1917년의 2월혁명과 10월혁명에 관련된 논쟁적 중심 쟁점을 토론하는 대규모 국제 학술대회가 성 페테르부르크에서 개최된 데에 반영되었다. 참으로 대단한 이 대회에 모두 61명쯤 되는 주도적인 중견 및 소장 러시아 혁명 전문가와 미국, 영국, 프랑스, 이탈리아, 핀란드에서 온 러시아 혁명 전문가 18명이 참여하고 있었다. 그 대회의 발표문들이 보여주는 대로, 대회의 모든 회기에서 자유롭고 활기찬 토론이 벌어졌다.[35]

이 대회로 진전된 접촉의 주요 부산물 하나가 선구적인《비판적 러시아 혁명 편람, 1914~1921년》[36]의 준비였다. 프랑수아 퓌레(François Furet)와 모나 오주프(Mona Ozouf)의《비판적 프랑스 혁명 편람》(Critical Dictionary of the French Revolution)[37]을 본보기로 삼은 이 책은 러시아, 미국, 영국, 이탈리아, 캐나다, 스코틀랜드의 권위 있는 학자 47명이 러시아 혁명 시기의 핵심 양상에 관해 쓴 65개 논문으로 이루어져 있다. 그 학자들 가운데 다수가 1993년 성 페테르부르크 학술 대회에 참여했다. 페테르부르크 대회와《비판적 러시아 혁명 편람》이 더불어 오늘날까지 계속 번성하는 다양한 협업적 국제 대회와 학회, 협력적 출판 기획, 전문가들의 유익하고 긴밀한 개인적 유대를 자극하는 데 도움을 주었다. 이 시점에서 러시아 학자들과 외국 학자들 사이의 관계가 일상사가 되었다고 말해도 과장이 아니다. 또한 이미 언급된 문서와 참고서에 구현된 크나큰 학술적 중요성과

업적을 깎아내리기란 어려운 일이다.

그러나, 몇몇 중요한 예외가 있어도, 기록보존소가 개방되고 소련 시대가 끝났으니 러시아 역사가들의 의미 있는 학술적 러시아 혁명 연구가 빠르게 쏟아져 나오리라는 기대는 실현되지 않았다. 오히려, 소련 해체 직후의 러시아에서는 그 주제에 관한 기본 연구가 정치색이 심했고 여전히 심한 주제에 대한 염증에 가로막혀 지지부진했다. 러시아의 독자들은 신선한 전문적 학술 연구서보다는 문필가와 대중작가가 볼셰비키와 볼셰비즘에 관해 마구 펴내는 반(半)허구적인 선정적 "폭로물"의 세례를 받았다. 《1917년 러시아 혁명》의 첫 발간 이후에 나온 러시아 혁명 관련 주요 학술 연구단행본들의 목록에 반영되어 있듯이, 이 상황은 바뀌기 시작했다. 이 변화의 유난히 중대한 조짐이 2016년 6월에 성 페테르부르크에서 1917년 100주년에 관련해서 조직된 국제 학회였다. 성 페테르부르크의 유럽 대학(Evropeiskii universitet)에서 열린 이 중요한 학술 토론장은 "전쟁과 혁명의 시대, 1914~1922년"이라는 대주제 아래 주로 기록보존소 사료에 연관된 새 연구의 발표와 토론을 위해 러시아와 서방의 러시아 혁명사가를 불러모았다. 다른 100주년 심포지엄 및 학술회의가 성 페테르부르크와 더불어 모스크바와 러시아의 다른 주요 학술 중심지에서 계획되고 있다. 그러나 오늘날의 러시아에서 점점 더 강조되는 안정, 정통성, 민족주의, 권위주의가 러시아 혁명 100주년에 1917년 러시아의 여러 혁명에 관한 기본적 학술 연구가 폭발할 가능성에 불리하게 작용한다. 상황이 다르다면 그럴 가능성이 기대되는데 말이다.

서방에서, 하버드 대학의 리처드 파이프스(Richard Pipes) 같은 보수적 서방 역사가들에게, 소비에트 체제의 내파는 그 체제 탄생의 비정당성을 확인해주는 구실을 했다. 1976년에, 지면 일부를 《1917년 러시아 혁명》 비평에 할애한 〈뉴욕 타임스〉 논설에서, 파이프스는 그 책이

"전문 연구에 바탕을 둔 학술 저작"이라고만 쓰면서 그 책에 특별한 의의를 조금도 두지 않았다. 이어서 그는 "저자는 볼셰비키가 거둔 승리의 주원천은 급변하는 대중의 분위기에 반응할 수 있게 해주는 그들의 정치적 유연성에 있었다는 (내 견해로는 올바른) 결론을 내린다"고 쓰고는 "그 책은 볼셰비키가 1917년 7월과 10월 사이에 수도에서 추구한 전략과 전술에 관해 구할 수 있는 가장 완전한 설명이지만, 권력 장악이 어떻게 도모되고 왜 성공했는지에 관해 서방의 저작에 널리 퍼져 있는 견해를 크게 바꾸지는 못한다"고 덧붙였다.[38] 25년 뒤에, 소비에트 연방이 사멸하고 미국이 승리를 구가하던 절정기에, 파이프스는 "1917년과 수정주의자들"이라는 제목의 기사에서 나 같은 서방 역사가들에게 앙갚음을 하려고 재빨리 움직였다. 그의 기사는 "소련 공산주의의 변사(變死)"에 대한 "부검"에 할애된 보수주의 잡지 《국익》(National Interest) 특별호에 실린 "그 학자들의 원죄"에 관한 일단의 논설들 가운데 하나였다. 그 글에서 나의 정체는 "진정한 수정주의 전문가"로 정해졌고, 《1917년 러시아 혁명》의 특성은 "소련 공산당이 소련의 역사가들에게 가한 해석의 재탕에 지나지 않는다"로 정해졌다.[39] 그러나 의기양양하게 승리를 구가하는 정신이 팽배했다고 해서 "수정주의"가 배척당하고/하거나 파이프스가 자신있게 상상했던 전통적 "합의"를 뒷받침하는 기록보존소 기반 연구가 준비되지는 않았다.

《1917년 러시아 혁명》 초판이 간행될 때, 그 책에서 눈에 띄는 활약을 하는 페트로그라드 볼셰비키 가운데 여러 사람의 운명이 확실하게 알려지지 않았다. 지금은 더는 그렇지 않다. 이 이야기의 후일담을 말하자면, 우리는 이제 몇 사람은 내전 때 생존을 위해 목숨을 걸고 싸우다가 죽었다는 것을 알고 있다. 내전의 희생자로는 (페트로그라드에서 테러리스트에게 암살된) 볼로다르스키와 우리츠키, 슬루츠키, 슬루츠카야, 라햐, 로샬이 있다. 그러나 더 많은 이가 내전을 넘기고 1920년대까지 살아남았다가 스탈린의 대테러 기간 동안 목숨을 잃었다. 이렇듯, 7월 말엽에 제6차 당대회에서 선출된 당중앙위원회 위원들 가운데 1930년대까지 살아 있었던 이들 대다수가 목숨을 잃었다. 물론, 스탈린은 예외였다. 숙청의 희생자로는 스밀가, 카메네프, 지노비예프, 부브노프, 크레스틴스키, 베르진, 밀류틴, 리코프, 부하린, (스탈린이 보낸 요원에게 멕시코에서 무참하게 살해된) 레프 트로츠키가 있다. 숙청의 희생자가 된 볼셰비키 페테르부르크 위원회 구성원으로는 실랴프니코프, 잘루츠키, 라치스, 스투코프, 예브도키모프, 안토노프-옵세옌코, 보키, 게센, 사벨레프, 예고로바, 오르조니키제, 톰스키가 있다. (오르조니키제와 톰스키는 자살해서 처형을 피했다.) 스러진 볼셰비키 '군사조직' 구성원으로는 넵스키, 크릴렌코, 케드로프, 메호노신, 일린-제넵스키, 하우스토프, 그리고 걸출한 크론시타트 볼셰비키인 라스콜니코프와 류보비치도 스탈린의 희생자가 되었다. 내전과 스탈린의 탄압에서 어떻게든 살아남은 두드러진 페트로그라드 볼셰비키로는 몰로토프, 칼리닌, 스타소바, 콜론타이, 포드보이스키가 있다.

1917년 100주년이 다가오면서 나는 볼셰비키의 특성과 이 당의 권력 장악에 관한 나의 결론이 시간이 지남에 따라 바뀌었냐는 질문을 자주 받았다. "아니오, 그다지 바뀌지 않았습니다"라는 나의 대답은 내가 러시아의 역사 기록보존소를 처음 이용할 수 있게 된 1991년에 했던 대답과 같다. 그러나 중대한 역사적 사건들을 돌이켜보고 배우기의 결정적 중요성은 무척이나 험난한 오늘날의 세계에서야말로 가장 클 것이다. 바로 이런 현실을 염두에 두고서 나는 현대사에서 시간이 갈수록 여파가 차츰차츰 더 커진 사건들 가운데 하나가 시작된 곳인 페트로그라드의 "붉은 10월"에 관한 내 연구서의 이 헤이마킷판 신간을 환영한다.

한국어판 머리말

　1917년 10월의 러시아 혁명에서 레닌과 볼셰비키, 즉 공산주의자들이 거둔 승리의 역사적 의의는 매우 큽니다. 소비에트 정치 체제는 급속히 극단적 권위주의 체제로 변했고, 이 권위주의 체제가 사방으로 뻗어 있는 지난날 러시아 제국의 영토를 70년 넘게 지배했습니다. 더욱이 이 기간의 상당한 시간 동안 모스크바에 본부를 둔 공산주의의 매력과 위협이 한반도를 비롯한 세계 곳곳의 발전 형태를 결정했습니다. 따라서 우리는 오늘날 돌이켜보면 10월혁명이 20세기에서 가장 중요한 정치적 사건은 아니더라도 가장 중요한 정치적 사건들 가운데 하나였음을 알 수 있습니다.

　또 다른 차원에서, 10월혁명이 프랑스 대혁명과 나란히 근현대사에서 가장 중요한 민중 혁명 가운데 하나였다는 점도 알 수 있습니다. 그러므로 10월혁명은 현대 세계의 복잡성을 더 잘 이해하고자 노력하는 모든 사람이 탐구해볼 만한 주제입니다. 이런 점을 염두에 두고 한국에서 이 책이 출판되는 것을 환영합니다.

　이 책은 냉전의 절정기인 1976년에 미국에서 처음 출간되었습니다. 또한 나의 부모는 소련 초기에 자행된 탄압 때문에 조국에서 도망쳐

야만 했던 망명 러시아인이었습니다. 이런 사정을 고려하면, 내가 어쩌다가 10월혁명이 민중의 지지 없이 아주 교묘하게 수행된 쿠데타에 지나지 않는다는 전통적 해석에서 벗어나서 서구 지향적인 임시정부의 붕괴와 볼셰비키의 승리에서 절정에 이르는 사태 전개를 평등을 목표로 삼은 진정한 민중 혁명으로 보게 되었느냐는 질문을 자주 받는 것은 당연합니다.

답변은 아주 간단합니다. 그때에는 주류였던 관점, 즉 러시아 혁명, 특히 러시아 혁명의 소산을 볼셰비키만의 위계적 권위주의 체제를 세우려는 목적을 지닌 고립된 군사 작전으로 보는 관점은 그때 내가 이용할 수 있었던 제한된 분량의 1차 사료, 주로 당대의 신문, 간행된 문서집과 회고록만 보아도 뚜렷이 떠오르는 이미지와 맞지 않았습니다. 그때 혁명 러시아와 연관된 주제를 독자적으로 연구하던 서방의 소장 역사가들 가운데 비록 대다수는 아니더라도 과반수가 1960년대 중반부터 똑같은 일반적 해석에 이른 것은 우연이 아닙니다.

내가 이 책을 쓸 때에는 소련의 기록보존소가 서방 측 역사가들에게 꽉 닫혀 있었습니다. 그래서 나는 또 다른 질문을 자주 받았는데, 그 질문이란 이제는 연구에 이용할 수 있게 된 미간행 역사 문서나 최신 사료집이 쏟아져 나오니 내 결론을 수정해야 되지 않겠느냐는 것입니다. 러시아에 있는 여러 기록보존소를 처음으로 이용할 수 있게 된 1991년 이후로 나는 그곳에서 정기적으로 연구를 해왔습니다. 동시에, 나는 상당한 분량의 신간 1차 사료집도 접하게 되었습니다. 이 새로운 자료 덕분에 나는 내 분석을 더 깊고 넓고 날카롭게 만들 수 있었습니다만, 근본 쟁점에 관한 내 연구 결과는 변하지 않은 상태로 남아 있습니다.

끝으로 나는 비록 과거의 재구성이 어쩔 수 없이 주관적이고 부정확하다는 점을 인정합니다. 하지만 근본적인 역사적 과정과 사건에 관해 확고한 일반적 결론을 내리거나, 추상적 이론을 진지하게 적용해보거나, 상대적 시각에서 살펴보기에 앞서 반드시 그것을 될 수 있는 대로 충실하게 재구성해보려고 애써야 한다고 생각합니다. 내가 하려고 했던 바는 바로 이것입니다. 나는 글을 쓰면서 사실과 추측을 분리하고 추측은 추측이라고 분명하게 밝히려고 노력했습니다.

2007년 10월에
블루밍턴의 인디애나대학에서
알렉산더 라비노비치

감사의 말

이 책은 여러 재단의 아낌없는 지원이 없었다면 완성할 수 없었을 것이다. 나는 국립인문학기금(National Endowment for the Humanities)에서 받은 박사학위 이후 과정 연구 지원금으로 1967년에 캘리포니아 주 스탠퍼드대학 후버연구소(Hoover Institution)에서 연구를 시작할 수 있었다. 국제 연구·교류위원회(International Research and Exchanges Board)와 미국 학술단체 위원회(American Council of Learned Societies)에서 받은 연구 보조금으로 1970~1971년 가을 학기를 미국과 소련 간 수석학자 교환 계획의 참가자로서 모스크바와 레닌그라드에서 자료를 모으며 보내고 그해 나머지 기간에 학술 조사를 끝내고 워싱턴 시에서 첫 몇 개 장의 초고를 작성할 수 있었다. 그리고 인디애나대학과 같은 대학 산하 러시아·동유럽 연구소(Russian and East European Institute)에서 받은 하계 교수단 연구 지원금으로 몇 해 동안 여름을 이 책을 쓰는 작업에 바칠 수 있었다. 초고는 대부분 1973~1974년에 뉴저지 주 프린스턴대학 고등연구소(Institute for Advanced Study)에서 완성했다. 체류비 일부는 국립인문학기금에서 나온 연구 보조금의 지원을 받았다.

모스크바의 레닌 도서관과 사회과학 기초 도서관(INION), 레닌그라드의 살티코프-셰드린(Saltykov-Shchedrin) 도서관과 특히 학술원 도서관, 후버연구소, 인디애나대학·컬럼비아대학·조지타운대학·스탠퍼드대학의 도서관, 뉴욕 공공도서관(New York Public Library), 의회도서관(Library of Congress)의 직원들에게 진 빚에 사의를 표하는 것은 즐거운 일이다. 다른 곳에서 구할 수 없는 여러 중요한 사료를 구하는 데 도움을 준 후버연구소의 애나 버기나(Anna Bourguina)에게 특히 고마움을 느낀다. 소련에서 했던 작업은 학술원 회원 볼로부예프(P. V. Volobuev)와 상의하면서 내용이 풍부해졌다. 조지 케넌(George F. Kennan), 칼 케이슨(Carl Keysen), 로버트 터커(Robert Tucker) 교수의 도움으로 고등연구소에서 지낸 해는 내 인생에서 가장 기억에 남는, 그리고 의심의 여지 없이 가장 생산적인 해가 되었다. 고등연구소의 마거릿 반 샌트(Margaret Van Sant), 인디애나대학 역사학과의 데버라 체이스(Deborah Chase), 같은 대학 러시아·동유럽 연구소의 낸시 메이네스(Nancy Maness)는 많은 분량을 타자기로 치는 힘든 작업을 하면서도 내내 어떻게든 유머를 잃지 않았다.

나의 연구서 《혁명의 서곡: 페트로그라드 볼셰비키와 1917년 7월 봉기》(*Prelude to Revolution: The Petrograd Bolsheviks and the July 1917 Uprising*)를 인용하는 것을 허락해준 인디애나대학 출판사와 이 책의 출판 준비를 도운 노튼(Norton) 출판사 편집부원인 제임스 메어스(James Mairs)와 에밀리 갈린(Emily Garlin)에게 고마움을 느낀다.

아내 재닛 라비노비치(Janet Rabinowitch)에게 가장 큰 빚을 졌다. 끊이지 않는 지적 자극과 격려의 근원인 아내는 잇달아 나오는 초고를 노련한 편집자의 안목으로 검토했으며, 개선을 위해 숱한 제안을 해주었다. 이 책에 장점이 있다면 그것은 모두 아내의 관심과 인내 덕분이다.

나의 동료 스티븐 코언(Stephen F. Cohen)에게도 특별한 감사를 보낸다. 그의 변함 없이 사려 깊은 충고와 통찰력 있는 비판은 작업의 모든 단계마다 엄청난 도움을 주었다. 미국의 러시아 노동사 연구자의 한 세대 전체에게 영감의 원천이 되어 온 레오폴드 헤임슨(Leopold Haimson)과는 1974년 여름에 여러 차례 토론을 하는 동안 이 연구와 연관되는 유용한 생각을 나누었다. 그분들뿐만 아니라 여러 장의 일부 또는 전체를 읽고 평을 해준 존 톰슨(John M. Thomson), 조지 케넌, 윌리엄 로젠버그(William Rosenberg), 프레더릭 스타(S. Frederick Starr), 스티븐 수다코프(Stephen Soudakoff), 도널드 롤리(Donald Raleigh)에게도 빚을 많이 졌다. 그들의 제안은 초고를 수정하는 데 가치를 따질 수 없이 귀중했다. 물론, 남아 있는 단점은 오직 내 탓이다.

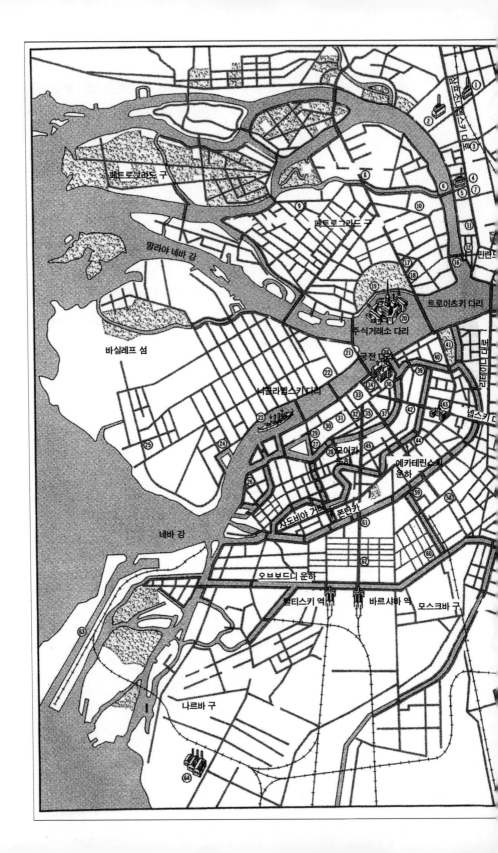

1917년의 페트로그라드

비보르그 구

시칼레르나야 거리

니콜라옙소키 역

오흐타 구

알렉산드로-넵스키 구

0 1/4 1/2 3/4 1 miles

01. 르노 공장
02. 신 레스네르 공장
03. 모스콥스키 연대
04. 제6차 볼셰비키 당대회 장소
05. 에릭손 공장
06. 그레나데르스키 다리
07. 제1기관총 연대
08. 수하노프의 아파트
09. 엘리자로바의 아파트
10. 척탄병 연대
11. 비보르그 구 볼셰비키 본부
12. 트루드 인쇄소
13. 미하일롭스키 포병학교
14. 크레스티 감옥
15. 금속공장
16. 삼프소니옙스키 다리
17. 모데른 원형극장
18. 크셰신스카야 저택
19. 크론베르크 병기창
20. 페트로파블롭스크 요새
21. 증권거래소
22. 상트페테르부르크 대학
23. 아브로라호
24. 핀란드 연대
25. 제180보병연대
26. 불로 조선소
27. 제2발트해 함대 분견대
28. 켁스골름스키 연대
29. 중앙전화국
30. 페트로그라드 전신소
31. 우체국
32. 국방부
33. 해군본부
34. 궁전 광장
35. 성 이삭 성당
36. 총참모부 본부
37. 페트로그라드 전화국
38. 겨울궁전
39. 〈프라브다〉의 편집실과 인쇄소
40. 파블롭스키 연대
41. 전쟁기념광장
42. 카잔 성당
43. 시의회
44. 국립은행
45. 마린스키 궁
46. 프리보이 인쇄소
47. 리톱스키 연대
48. 제14카자크 연대
49. 프레오브라젠스키 연대
50. 제6공병대대
51. 볼린스키 연대
52. 타브리다 궁
53. 스몰니 학원
54. 제1예비보병연대
55. 본치-브루예비치의 아파트
56. 즈나멘스키 광장
57. 제1, 제4카자크 연대
58. 세묘놉스카야 연대
59. 페트로그라드 발전소
60. 예게르스키 연대
61. 페트로그라드 연대
62. 이즈마일롭스키 근위연대
63. 항구 운하
64. 푸틸로프 공장

베를린 페트로그라드
모스크바
러시아 제국
베이징
델리

일러두기

이 책에서 채택한 음역 방식은 조금 단순화한 미 의회도서관 방식이다.

날짜는 모두 다 서구의 그레고리우스력이 아니라 1918년까지 러시아에서 쓰인 율리우스력을 따랐다. 1917년에 율리우스력은 그레고리우스력보다 열사흘 늦었다.

이 책에서 쓰이는 대로, "소비에트"는 이 낱말이 지금 가장 일반적으로 뜻하는 소련의 인민이나 제도가 아니라 선출된 노동자·병사·농민 대의원 평의회, 즉 1917년 러시아 곳곳에서 생겨난 대의제 혁명조직을 이르는 말이다. "소비에트"라는 용어는 더 특정하게는 1917년 소비에트 중앙기구, 즉 흔히 전(全)러시아 노동자·병사 대의원 소비에트 대회 중앙집행위원회와 전러시아 농민 대의원 소비에트 대회 집행위원회 기구를 지칭한다. 이 두 전러시아 집행위원회는 자주 만나서 함께 행동했다.

프롤로그
2월부터 7월까지

러시아의 1917년 10월혁명을 다룬 책은 수백 권에 이른다. 그러니 누군가가 한 권을 더 펴낼 까닭이 있을까? 이 책에 매달리기 시작한 뒤로 여러 해 동안 이 질문을 여러 차례 받았다.

내가 10월혁명을 연구하고 책을 쓰는 데 관심을 가진 것은 얼마간은 이 사건의 극적 요소와 기념비적인 역사적 의의에서 비롯한다. 1917년에 러시아에서는 초급진적인 볼셰비키(Bol'sheviki)당이 미미한 존재에 지나지 않는 위치에서 떠올라 서구식 임시정부(Vremennoe pravitel'stvo)의 전복을 지휘하고 처음으로 한 나라에 공산주의 정치체제를 세웠다. 이 사건은 수백 년 된 차르 체제가 무너진 뒤 여덟 달 동안에, 그리고 유럽을 쑥대밭으로 만드는 전쟁에 러시아가 끼어드는 파국이 일어난 지 세 해 만에 일어났다. 이때 러시아는 인구 1억 6500만 명이 넘는 세계 3위의 인구 대국으로서, 면적으로는 미국의 세 배가 되고 중국과 인도를 합친 것보다 더 넓은 지역을 차지하고 있었다. 나는 오랫동안 러시아 현대사는 물론 사실상 세계사에서 혁신적 의의를 지닌 이 사건이 기존의 서술에서 공정한 평가를 받지 못했다고 느껴 왔다.

연구와 저술의 주제로서 1917년의 러시아에 끌리도록 나를 더욱 자극한 것은 기존 저작들이 10월혁명에 관련된 여러 핵심 문제에 답을 주지 못한다는 것, 그리고 가장 중요하게는 왜 사태가 그 같은 결과로 끝났는지를 만족스럽게 설명하지 못한다는 점이다. 혁명을 다룬 책 다수는 서술된 사건에 참여했던 사람들이 쓴 회고록이다. 이 개인 회고록은, 비록 많은 경우 가치가 높고 흥미를 자아내기도 할지라도, 글쓴이가 1917년에 어느 정치 진영에 속했는지에 따라 어쩔 수 없이 혁명에 열정적 호의를 보이거나 깊은 적대감을 보이는 치우친 견해를 제공한다.

소련의 역사가들은 1917년에 관해 수많은 연구서를 쏟아냈다. 이 가운데 여러 저작, 특히 비교적 자유로웠던 1920년대와 니키타 흐루쇼프(Nikita Khrushchev) 시대에 씌어진 저작들에는 사실을 밝혀주는 풍부한 자료가 담겨 있다. 이 자료는 예전에는 닫혀 있던 문서고에서 나왔다. 그러나 소련의 저술가들은 당대의 정치적 고려 사항의 영향을 강하게 받아, 미리 정해놓은 역사 해석을 따를 수밖에 없었으므로 그들의 저작이 지닌 전반적 가치에는 한계가 있다.

최근 몇 해 동안 소련 밖에서 혁명의 주요 측면을 다룬 연구서가 여러 권 나왔다. 그 가운데 올리버 라드키(Oliver H. Radkey), 윌리엄 로젠버그(William G. Rosenberg), 로널드 수니(Ronald G. Suny), 마르크 페로(Marc Ferro), 조지 카트코프(George Katkov), 렉스 웨이드(Rex Wade)의 저작이 매우 뛰어나다.[1] 그런데도 우리는 전쟁에 지친 병사들이 1917년의 러시아 정치에 끼친 영향이나 지방의 혁명 발전에 관해 아는 것이 거의 없다. 농민이나 자라나는 러시아 노동계급이 혁명의 진로에서 한 역할에 관해서도 마찬가지다. 사실 윌리엄 헨리 체임

벌린(William Henry Chamberlin)의 《러시아 혁명, 1917~1921년》[2] 제 1권은 여전히, 철저한 일차 사료 조사에 바탕을 두고 10월혁명을 넓 은 견지에서 바라본 유일한 서방측 연구로 남아 있다. 그때로서는 선 구적이었으며 지금도 크나큰 가치를 지닌 체임벌린의 연구서는 서방 학자들이 혁명을 이해하는 데 밀접한 연관이 있는 방대한 원사료에 쉽게 접근할 수 있기 전인 1930년대 초에 씌어졌다.

이 책에서 나는 서로 연관된 몇 가지 이유에서 관심의 초점을 페 트로그라드(Petrograd)[3]에서 일어난 혁명에 맞추기로 했다. 우선 무엇 보다도 페트로그라드는 수도였다. 중앙이 강력하게 제멋대로 통치하 는 기나긴 전통을 지닌 러시아 제국에서 페트로그라드의 정치 상황, 특히 국가 권력의 제도와 상징에 대한 지배는 나라 전역에서 혁명의 진로를 결정하는 데 엄청난 의의를 지녔다. 게다가 전쟁으로 급격히 불어난 270만의 인구를 가진 1917년의 페트로그라드는 러시아에서 가장 중요한 상공업 중심지였다. 이런 까닭에, 그리고 1917년 러시아 의 다른 주요 도시들보다 페트로그라드에 관한 정보를 훨씬 더 많이 입수할 수 있기 때문에, 페트로그라드의 정치, 사회, 경제적 전개 과 정을 분석함으로써 러시아 도시 지역에서 일어난 혁명의 전반적 진 로에 대한 매우 유용한 통찰을 얻을 수 있다. 끝으로, 1917년 페트로 그라드에는 볼셰비키당 전국 본부가 있었고, 이곳이 볼셰비키 활동의 중심지였기 때문에 당이 벌인 활동의 전모와 볼셰비키가 대중과 상 호작용하는 방식, 이 둘 모두를 가장 잘 연구할 수 있는 곳이 페트로 그라드이다.

하지만 누군가는 당연히 페트로그라드는 혁명에 관한 서방 측 문헌 에서 널리 다룬 러시아 도시가 아니냐고 물을지 모른다. 사실 그렇다. 그러나 일반적으로는 1917년, 특정하게는 "붉은 페트로그라드"를 다 룬 그 모든 글들에도 불구하고, 우리에게는 아직 페트로그라드에서 일어난 혁명에 관한 충실하고 믿을 만한 서술이 없다. 비교적 최근에 나온 연구서 두 권, 즉 세르게이 멜구노프(Sergei Melgunov)의 《볼셰비키의 권력 장악》[4]과 로버트 대니얼스(Robert V. Daniels)의 《붉은 10월》[5]은 매우 유용하기는 하지만, 두 권 모두 주로 임시정부가 붕괴되기 직전과 붕괴되는 동안, ― 멜구노프의 경우에는 ― 붕괴된 직후 시기에 중점을 두고 있어 한계가 있다. 10월에 무슨 일이 일어났는지를 이해하려면 1917년 여름과 초가을의 주요 사태 진전을 반드시 살펴보아야 하는데, 이 시기에 충분한 주의를 기울이지 않은 것이다. 더군다나 노동자, 병사, 수병(해군 병사) 들의 정치 행위, 그리고 그 행위가 혁명의 진로에 끼친 영향을 고려하지 않았으며, 10월의 사건을 대체로 똑같이 우유부단하고 서툰 두 대결자, 즉 케렌스키 정부와 볼셰비키 지도부 사이에 벌어진 지리멸렬한 싸움으로 묘사하였다.

이러한 서방 측 역사 서술의 결점을 메우는 데 이 책이 도움이 된다면, 그럼으로써 1917년의 사건들을 새로운 전망에서 보도록 독자를 자극한다면 이 책은 목적을 이룰 것이다. 나의 주목표는 "밑으로부터의 혁명"의 발전과 1917년 2월과 10월 사이에 페트로그라드에 존재했던 각급 수준의 볼셰비키당 조직의 견해와 활동과 상황을 될 수 있는 대로 충실하고 정확하게 재구성하는 것이었다. 그 과정에서 나는 혁명의 이 두 가지 주요 측면과 볼셰비키의 궁극적 승리 사이의 역동적 관계를 규명하려고 시도했다.

이 방침에 따라 방대한 연구를 하다가 나는 1917년의 볼셰비키당이 지닌 힘의 특성과 원천, 그리고 사실상 페트로그라드에서 일어난 10월혁명의 성격 자체에 관한 소련과 서방 양측 역사가들의 여러 기본가정에 의문을 품게 되었다. 소련의 역사가들은 10월혁명의 결과를 설명하면서 역사적 필연성과 레닌이 이끈 치밀하게 짜인 혁명 정당의 역할을 강조해 온 반면, 많은 서방 학자들은 이 사건을 역사적

10월혁명 성공 이후 모스크바 붉은광장에서 연설하고 있는 레닌. 레닌은 1890년대부터 러시아 사회 민주주의 운동에 뛰어들어 러시아 노동계급을 조직한다는 목표에 전념했다.

우연으로 보든지, 아니면 제대로 된 대중의 지지를 받지 못한 채 능란하게 수행된 쿠데타의 결과로 보는 경우가 더 많았다. 그러나 나는 볼셰비키의 권력 장악에 관한 충실한 설명은 이러한 해석이 보여주는 것보다 훨씬 더 복잡하다고 생각한다.

나는 당대의 문서에 나타난 공장 노동자와 병사와 수병들의 열망을 연구하면서 이들의 관심사가 볼셰비키가 내놓은 정치, 경제, 사회 개혁 강령과 가까이 일치했던 데 반해, 다른 모든 주요 정당은 충분히 열의를 다해 의미 있는 대내적 변화와 러시아의 즉각적 종전을 추진하지 않아서 널리 불신을 당하고 있었다는 점을 발견했다. 그 결과, 대중의 이해를 얻음으로써 볼셰비키의 목표는 10월에 대중의 강력한 지지를 받았다.

거의 모든 기존 서술에서 묘사한 바와는 달리, 1917년 페트로그라드의 볼셰비키당은 레닌이 효율적으로 통제하는, 대체로 통일된 권위주의적 음모 조직과는 닮은 점이 별로 없었다. 물론, 머지않아 일어날 사회주의 혁명을 향한 당의 항로는 블라디미르 일리치 레닌(Vladimir Il'ich Lenin)의 영향을 강하게 받았다. 1870년에 심비르스크(Simbirsk)에서 소귀족 출신 장학사의 아들로 태어나 변호사 직업을 가졌던 레닌은 1890년대에 러시아 사회민주주의 운동에 뛰어들어 곧 러시아의 노동계급을 차르 전제정을 타도하는 투쟁을 이끌 능력을 지닌 정치 세력으로 조직한다는 목표에 전념했다. 1903년에 레닌은 거의 혼자서 러시아사회민주노동당(Rossiiskaia sotsial-demokraticheskaia rabochaia partiia)의 그 유명한 분열을 재촉해서 당을 급진적인 볼셰비키 파와 온건한 멘셰비키 파로 갈라지게 만들었다. 이 분열은 주로 러시아의 마르크스주의 혁명 정당의 성격과 목표라는 쟁점을 둘러싸고 이루어졌다. 당시 일반적이었던 탄압 상황에서 레닌은 멘셰비키가 구상하는 더 민주적인 노동자 대중 정당보다는 치밀하게 짜이고 중앙의 지도를 받는, 규율 잡힌 투쟁적 혁명가들의 조직을 만들어내려고 애썼다.[6] 이때 레닌은 오직 직업 혁명가의 비중이 높은 정당만이 혁명 과업을 완수하고 당국의 집요한 탄압과 개량주의로부터 러시아 사회민주주의를 지켜낼 수 있으리라고 판단했다.

1905년에 레닌은 차르를 타도한 뒤 장기간에 걸친 자유주의 정부의 통치와 자본주의적 산업 발전을 거치지 않고 "프롤레타리아와 농민의 혁명적 민주주의 독재"가 사회주의 혁명으로 가는 길을 닦을 수도 있다고 생각함으로써, 러시아 사회민주주의자들이 일반적으로 러시아에 적용할 수 있다고 본 2단계 혁명을 위한 고전적 마르크스주의 청사진을 수정했다.

제1차 세계대전이 터진 뒤, 러시아의 전쟁 수행 노력을 지원하는 "방위론" 파와 유럽의 전쟁을 비난하면서 승자나 패자 없는 강화 협상을 즉시 준비해야 한다고 요구하는 "국제주의" 파가 러시아의 모든

1917년 2월 23일 국제 여성의 날에 페트로그라드에서 시위를 벌이는 여성 노동자들. 모진 추위 속에서 빵을 사려고 늘어선 여성들이 터뜨린 소요가 군주제 타도와 전쟁 종결을 요구하는 거대한 시위를 촉발했다.

주요 사회주의 그룹 안에 등장했다. 이때 레닌은 자국의 전쟁 수행 노력을 지지하기를 거부하고 그 대신 모든 교전 국가에서 사회 혁명을 선동할 것을 사회민주당의 즉각적 슬로건으로 제안함으로써 다시한번 단호히 자기를 거의 모든 동료 사회주의자와 분리했다. 이어서 레닌은 냉담한 반응을 얻기는 했지만 대담한 이론을 만들어서, 자본주의체제는 전쟁이 터짐으로써 필연적으로 국제 사회주의 혁명을 촉진할 국제 경제상의 위기 국면인 최고 단계, 즉 '제국주의' 단계에 이르렀다는 것을 보여주었다.[7]

경제 상황이 급속히 나빠지고 군대가 크게 패하고 끔찍한 인명 손실을 겪고 정부가 사상 전례 없이 무능하고 실책을 저지른 결과, 구체제는 1917년이 시작될 무렵에 러시아 국민의 거의 모든 계층 사이에서 파산했다. 국제 여성의 날인 2월 23일에 모진 추위 속에서 빵을 사려고 기다리던 주부들의 기다란 줄에서 터진 소요가 군주정 타

2월혁명에 동참한 페트로그라드 병사들. 제1차 세계대전에서 크게 패하고 끔찍한 인명 손실이 생기면서 병사들은 대규모로 시위에 참가했다. 시위가 벌어진 지 일주일 뒤 차르 니콜라이 2세가 퇴위할 수밖에 없었다.

도와 전쟁종결을 요구하는 거대한 시위를 촉발했다. 일주일 뒤 차르 니콜라이 2세(Nikolai II)는 퇴위할 수밖에 없었다.

10년 가까이 외국에서 망명 생활을 하던 레닌은 이때 스위스 취리히(Zürich)에 있었다. 처음 몇 주 동안 레닌이 혁명에 관해 아는 것이라고는 유럽의 보수 신문에서 수집한 것이 대부분이었다. 이런 정보 부족은 명백한 약점이었지만, 레닌이 러시아에 있는 그의 추종자들의 활동을 지도하려는 시도를 막지는 못했다. 〈르 탕〉(Le Temps), 〈새 취리히 신문〉(Neue Züricher Zeitung), 런던의 〈타임스〉(Times)가 러시아의 사태진전을 보도한 기사를 읽으면서, 레닌은 곧 2월사태 동안 노동자들이 투쟁을 이끈 반면 부르주아는 그 상황을 이용해서 페트로그라드에서 자기들의 정치 권력을 굳혔다는 결론을 내렸다. 1917년 3월에 쓴 글로 판단해보면 레닌은 임시정부가 구성될 때 페트로그라드의 사회주의 지도자들이 자유주의자들에게 어느 정도나 협조했는지, 또는 일반대중이 적어도 잠시 동안은 그러한 사태 진전을 어느 정도나 묵인했는지 알아채지 못한 듯하다. 레닌은 혁명적 러시아 노동자들이 니콜라이 2세 정권을 무너뜨리는 데 도움을 준 뒤 자기들의 가장 절실한 열망을 실현하는 데 부르주아 정부가 차르정(政)보다 나을 것이 없음을 본능적으로 깨달으리라고 가정했다. 더군다나 아직도 그 끝이 보이지 않는 역사상 가장 참혹한 전쟁이 일어난 지 세해가 흘렀으므로, 레닌은 유럽의 모든 주요 국가들이 사회주의 혁명의 문턱에 서 있으며, 러시아에서 일어난 프롤레타리아의 봉기는 절망에 차 애타게 평화를 바라는 세계의 노동자들이 자국 정부에 맞서 일어서도록 자극할 불꽃일 것이라는 생각에 사로잡혀 있었다. 따라서 레닌은 부분적으로 〈멀리서 보내는 편지〉에 들어 있는, 페트로그라드 당 지도부에 내린 자기의 첫 지령에서 "자본가와 대지주의 정부"를 뒤엎을 임박한 혁명의 제2단계를 위해 반드시 대중을 무장시키고 조직해야 한다고 역설했다.[8]

4월 3일에 페트로그라드로 돌아온 레닌은 2월혁명은 러시아 프롤레타리아의 근본 문제를 해결하지 못했고, 러시아 노동계급은 중도에서 멈출 수 없으며 러시아 프롤레타리아는 병사 대중과 제휴해서 부르주아 민주주의 혁명을 프롤레타리아 사회주의 혁명으로 전화시켜야 한다고 공개 선언했다.[9]

1917년에 페트로그라드 볼셰비키 조직에는 레닌과 견해가 꽤 다른 지도자가 많았다. 각기 신념이 다른 볼셰비키가 당의 정책 결정에 중요한 영향력을 행사했고, 이것은 궁극적으로 당이 승리하는 데 이바지했다. 그 가운데, 특히 "온건한", "우파" 볼셰비키는 레닌의 거의 모든 이론적, 전략적 가정을 시종일관 거부했다. 가장 잘 알려졌으며 이들의 견해를 가장 분명하게 표현한 대변자는 모스크바에서 태어나 1903년에 볼셰비키 당원이 된 서른네 살의 레프 카메네프(Lev

Kamenev)였다. 카메네프는 러시아에서 부르주아 민주주의 혁명이 완료되었다는 생각을 받아들이지 않았다. 온화한 카메네프는 러시아 노동계급이 아직 상대적으로 미약하다고 믿었으며, 전 유럽이 바야흐로 반란을 일으키려 한다는 가정을 거부하고, 러시아 농민도 외국의 부르주아도 러시아에서 사회주의가 승리하는 것을 용납하지 않으리라고 확신했다. 그래서 1917년 3월 중순에 시베리아에서 페트로그라드로 돌아왔을 때부터 임시정부를 없애기보다는 사회주의자들이 경계를 늦추지 말고 임시정부를 감시해야 한다고 주장했다. 그 뒤 여러 달동안 혁명이 심화되면서, 카메네프는 사회주의자로만 구성되는 정부를 세우는 데 찬성하는 목소리를 냈다. 이 정부는 주요 사회주의 그룹들을 망라하는 폭넓은 연립정부로서, 헌법제정회의(Uchreditel'noe sobranie)가 민주 정부를 세울 때까지만 위임 통치권을 지닐 터였다. 카메네프는 전쟁 문제에서는 협상을 통해 강화조약을 체결할 때까지 러시아의 전쟁 수행 노력을 지지할 것을 요구했는데, 이 입장은 레닌보다는 가장 온건한 사회주의자들의 입장에 더 가까웠다.

1917년의 페트로그라드 볼셰비키 가운데는 러시아의 사회주의 혁명의 가능성을 두고 레닌과 이론적 가정은 공유하면서도 전술 문제에서는 자주 의견을 달리하는 독립적 성향을 띤 지도자들이 있었다. 이들 가운데 제1인자는 당시 서른여덟 살이었던 전설적인 인물 레프 트로츠키(Lev Trotskii)였다. 그는 처음에는 1905년 혁명 동안 대담하고 용감한 상트페테르부르크(Sankt-Peterburg) 소비에트 의장으로서 국제적 명성을 얻었고 페트로그라드 대중 사이에서도 명망이 높았다. 뛰어난 저술가인 트로츠키는 넋을 잃게 하는 지칠 줄 모르는 대중 연설가였으며, 현대의 가장 위대한 웅변가 가운데 한 사람으로 꼽혀야 마땅하다.[10]

1917년에 볼셰비키가 취한 전반적 활동 방향은 4월에 열린 제7차

레프 트로츠키. 1905년 혁명 동안 대담하고 용감한 상트페테르부르크 소비에트 의장으로서 국제적 명성을 얻었을 뿐 아니라 페트로그라드 대중한테도 명망이 높았다. 1917년 9월 다시 페트로그라드 소비에트 의장이 된 트로츠키는 뛰어난 저술과 탁월한 연설로 10월 혁명기에 수많은 대중의 지지를 끌어냈다.

전러시아 당협의회와 7월 말과 8월 초에 걸쳐 열린 제6차 볼셰비키 당대회에서 정해졌다. 이 같은 전국 차원의 회합 사이에는 행동 방향이 주로 민주적으로 선출된 당중앙위원회의 과반수 표로 결정되었다. 동시에 볼셰비키 조직 위계 맨 위에 있던 당중앙위원회는 1917년의 러시아에서 흔히 볼 수 있었던 혼란스럽고 지역별로 각기 다르고 늘 유동적이었던 상황에서 주요 지역 조직의 행동을 전혀 통제할 수 없었다. 광범위하고 전반적인 방식이 아니고서는 좀처럼 통제하려는 시도도 하지 않았다. 페트로그라드에서, 수도의 당 업무를 지도하는 페테르부르크 위원회(Peterburgskii komitet)[11]와 군대 안의 혁명 활동 수행을 책임지는 '군사조직(Voennaia Organizatsiia; Voenka)'[12] 같은 주요 보조 기구는 지역 상황에 맞도록 전술과 호소 방식을 비교적 자유로이 조정했다. 두 조직은 필요할 때에는 자기들의 권한을 완강하게 지켰다.

그밖에도 1917년에는 레닌이 혁명 전에 품었던 직업적인 소규모 음모 정당 개념이 폐기되고 결코 영향력이 없지 않았던 신입 당원 수만 명에게 문을 활짝 열었다. 따라서 이제 당은 대중에 상당히 민감하고 공개적이었다.

그렇다고 해서 혁명의 전개 과정에서 레닌이 차지하는 중요성이 줄어들지는 않는다. 레닌 없는 볼셰비키의 승리를 상상하는 것은 혁명에 관해 글을 쓴 거의 모든 나의 선학에게만큼이나 나에게도 거의 똑같이 어려운 일이다. 이 책은 1917년에 볼셰비키 조직에서는 격렬한 논쟁이 벌어지고 의견 교환이 활발했음을 밝힐 것이다. 그렇게 논쟁이 격렬하고 의견이 활발하게 교환되기는 했어도 볼셰비키가 권력을 두고 다투는 그 어떤 주요 경쟁자들보다 통일되어 있었다는 데에는 의문의 여지가 없다. 그것은 분명히 볼셰비키가 효율성을 발휘할 수 있었던 핵심 요인이었다. 그렇다고는 해도 나의 연구는 당이 대중의 일반적 분위기에 재빨리 대응할 수 있었던 것과 더불어 당이 비교적 유연했다는 것이 적어도 혁명적 규율, 조직의 통일성, 또는 레닌에 대한 복종만큼이나 볼셰비키의 궁극적 승리와 관련이 있었음을 보여준다.

이 책이 다루는 사건들을 재구성하려고 시도하면서 나는 사실이 스스로 말하게 하도록 노력했음을 덧붙여야 한다. 나의 결론을 증거가 정당화하는지 여부를 판단하는 일은 독자들 몫이다.

1917년 4월에 레닌이 페트로그라드로 돌아와서 즉시 사회 혁명을 일으켜야 한다고 소리 높여 요구했을 때, 그의 투쟁적 호소에 온건사회주의자도 볼셰비키도 한결같이 반응을 보이지 않았다. 이때는 아직 2월혁명에 뒤이은 환희가 채 가시지 않은 첫 몇 주간이었다. 애국적이고 자유민주주의적인 임시정부는 사실상 모두의 축복과 호의를 받는 듯했다. 임시정부는 영속적 정치 체제를 세울 대의제 헌법제정회의를 일반 투표로 선출할 때까지만 통치할 예정이었다. 임시정부에는 러시아 자유주의 운동에서 가장 재능 있고 가장 널리 알려진 인

1917년 3월 초에 구성된 초대 임시정부 각료. 아래 열(왼쪽부터): 코노발로프, 밀류코프, 게오르기 르보프, 구치코프, 네크라소프. 위 열: 테레셴코, 마누일로프, 케렌스키, 싱가료프, 블라디미르 르보프.

물이 여럿 들어가 있었다. 초대 총리는 진보적인 젬스트보(Zemstvo, 1864년에 만들어진 제한된 지방자치기관) 지도자로 존경을 받던 게오르기 르보프(Georgii L'vov) 공이었다. 역사학 교수이며 카데트 (Kadet: 입헌민주당, 러시아의 주요 자유주의 정당)의 주요 대변인인 파벨 밀류코프(Pavel Miliukov)는 외무부 장관이자 정부 안의 유력자 였다. 이들과 나란히 각각 교통부 장관, 농업부 장관, 교육부 장관인 니콜라이 네크라소프(Nikolai Nekrasov), 안드레이 싱가료프(Andrei Shingarev), 알렉산드르 마누일로프(Aleksandr Manuilov) 같은 기타 저명한 입헌민주당원이 내각에 있었다. 핵심적인 국방부는 유력한 실 업가이자 자유주의 안에서 우익을 구성하는 10월당*의 창립자인 알

---

* 10월당 1905년에 생긴 비혁명적 중도 정당. 1905년 혁명 때 니콜라이 2세가 내놓은 "10월 선언"의 이행을 요구하는 온건 입헌주의가 당의 기본 강령이었으며, 주로 중도 자유주의 지주 귀족과 실업가의 지지를 받았다.

렉산드르 구치코프(Aleksandr Guchkov)가 이끌었다. 구치코프는 중앙전시산업위원회(Tsentral'nyi voenno-promyshlennyi komitet) 의장으로서 전쟁 수행 노력의 지휘를 거들면서 이미 상당한 경험을 쌓았다. 재무장관은 자수성가한 재계의 거물 미하일 테레셴코(Mikhail Tereshchenko)였다. 초대 법무장관은 젊은 법률가 알렉산드르 케렌스키(Aleksandr Kerenskii)였다. 혁명 전에 케렌스키는 널리 알려진 여러 정치 재판에서 자신만만한 변호사로서, 그리고 제3대, 제4대 두마에서 할 말을 다하는 좌파 의원으로서 이름을 떨쳤다.

오랫동안 상트페테르부르크 주재 미국 총영사로 재직했던 존 해럴드 스노드그래스(John Harold Snodgrass)가 1917년 3월 25일 일요일자 〈뉴욕 타임스〉(New York Times)에 다음과 같이 논평했을 때, 그는 당시의 대다수 관찰자와 같은 견해를 표현했음이 틀림없다. "러시아 국민은 폭정의 어두움으로부터 자기들을 끌어낼 더 훌륭한 사람들을 러시아 그 어디에서도 찾을 수 없으리라. …… 러시아와 르보프와 그의 동료들의 관계는 국가를 세웠을 때의 미국과 조지 워싱턴(George Washington)과 그의 동료들의 관계와 같다."

외국의 러시아 지지자들은 대부분 1905년 혁명의 뒤를 이어 제정 러시아에 성립했던 서구식 의회의 흐릿한 복사판인 두마가 초대 장관들을 선출했기 때문에, 당연히 그 장관들이 국민 전체를 대변할 수 있으리라고 믿었다. 이는 전적으로 타당한 가정은 아니었다. 1917년에 개회한 제4대 두마는 대다수 국민을 선거권에서 배제하는 규정 아래서 1912년에 선출되었다. 2월혁명 기간 동안에 페트로그라드에는 1905년 혁명 기간에 러시아에서 자연 발생적으로 생겨나 잠시 존재했던 기관을 본뜬 노동자·병사 대표 소비에트(평의회)도 나타났다. 소비에트는 1917년 봄 여름에 페트로그라드의 각 구(區)에 설치되었으며, 소비에트와 함께 러시아 전역의 도시, 읍, 마을에서 유

페트로그라드 노동자·병사 대의원 소비에트 회의장. 2월혁명 이후 각지에서 만들어진 소비에트는 전국 대회를 열어 전러시아 소비에트 집행위원회를 구성했는데, 이것은 모두 합치면 임시정부보다 수적으로 더 큰 대표성을 띠었을 뿐 아니라 잠재적으로 더 강력했다.

사한 풀뿌리 민주주의 기구가 생겨났다. 5월에는 전(全)러시아 농민 소비에트 대회가 페트로그라드에서 열렸고, 6월에는 노동자·병사 소비에트 대표들이 수도에 모여 제1차 전국 대회를 열었다. 이들 전국 대회는 상설 전러시아 집행위원회(전러시아 노동자·병사 대의원 소비에트 중앙집행위원회와 전러시아 농민 대의원 소비에트 집행위원회)를 구성했는데, 이것은 모두 합치면 임시정부보다 수적으로 더 큰 대표성을 띠었으며, 공장 노동자와 농민, 특히 병사 사이에서 충성심을 얻은 덕분에 잠재적으로는 임시정부보다 더 강력했다.

전러시아 소비에트의 중앙 기관들은 1917년 가을까지 온건 사회주의 정당, 즉 사회민주주의의 멘셰비키당과 신인민주의*의 사회주의자혁명가당** 지도자들이 이끌었다. 이들은 혁명의 후견인 역할을 하는데 만족하고 합법적 최고 권력 기관인 임시정부에 도전하는 데는 관심을 보이지 않았다. 이것은 적어도 얼마간은 교리상의 이유 때문이었다. 멘셰비키(Men'sheviki)는 전제정의 붕괴가 상징한다고 보이는 "부르주아 혁명" 다음에는 기한이 정해지지 않은 부르주아 민주주의의 지배가 반드시 뒤따라야 한다는 정통 마르크스주의 가정에 여전히 얽매여 있었다. 소비에트 집행위원회 안의 사회주의자혁명가들은

---

* 신인민주의 신인민주의는 인민주의(narodnichestvo)를 물려받은 사회주의자혁명가들의 이념을 일컫는 표현이다. 인민주의는 1860~1870년대에 전제정과 싸우던 러시아의 자생적 사회주의자들의 이념이었다.

** 사회주의자혁명가당 20세기 초 러시아에서 인민주의 이념을 계승한 농민사회주의자들을 중심으로 만들어진 정치 세력. 오늘날의 정당처럼 체계를 갖춘 조직이 아니라 느슨한 형태의 조직이었기 때문에 그 구성원들을 당원이라는 명칭을 붙이지 않고 '사회주의자혁명가(들)'라 부르기도 한다. 주요 강령은 연방제와 토지 공유화였다. 1917년에 러시아 최대의 사회주의 정파였으나 10월혁명이 일어날 무렵 좌파와 우파로 분열했다. 사회주의자혁명가 좌파는 볼셰비키의 무장봉기를 지지하고 소비에트 정부에 참여했다.

이데올로기 때문에 권력 장악을 회피하지는 않았지만, 군 지휘관 및 상공업집단과 제휴하는 것이 전쟁에서 러시아가 살아남는 데, 그리고 반혁명에 맞선 보루로서 절대적으로 필요불가결하다는 신념을 많은 멘셰비키와 공유했다.

따라서 레닌이 4월에 러시아로 돌아오자마자 직면한 상황은 실망스럽게도 그가 예상한 것과는 달랐다. 노동자와 병사 사이에서 볼셰비키의 영향력은 상대적으로 미약했다. 당시 레닌이 노동자 정부의 맹아적 기구로 여긴 소비에트에서도 멘셰비키와 사회주의자혁명가들이 압도적 과반수를 차지했다. 소비에트는 온건 사회주의자들의 지도 아래 임시정부를 지지했고, 강화 교섭을 준비할 때까지 러시아의 방위 노력을 승인했다. 비록 이것이 실망할 충분한 이유는 아니었더라도, 카메네프가 이끄는 온건 성향을 띤 볼셰비키의 영향으로 레닌의 당 안에는 정부와 타협하고 멘셰비키와 화해하는 것을 지지하는 분위기가 강하게 조성되었다.[13]

레닌은 목표를 지배적 상황에 맞도록 조정해 당 다수파의 입맛에 맞추면서 융통성 있는 노선을 걸었다. 직접적 목표를 한 단계 낮추고 온건파에 대한 양보를 받아들이면서도 급진적 강령의 핵심과 전술적 유연성을 유지했던 것이다. 레닌은 통합된 사회민주당을 구성할 가능성에는 비타협적이었다. 그는 멘셰비키와 연합하면 볼셰비키당이 러시아 방위 노력과 연계될 것이고, 그렇게 되면 세계의 혁명 투쟁을 선도할 당의 능력이 훼손될 것이라고 주장했다. 레닌은 듣기를 원하는 모든 이들에게 만약 자기의 추종자들이 재통합을 주장하고 정부의 전쟁 수행 노력에 반대하는 것을 적극 거부한다면 독자 행동을 하겠다고 분명하게 선언했다. 거의 레닌이 개입했다는 이유 하나만으로, 멘셰비키와 볼셰비키의 재통합 논의는 급속히 사그라졌다.[14] 그러나 다른 사회주의 그룹과 정치적으로 협력하려는 강한 인력은 볼셰비키 사이에서 1917년 내내 좀처럼 가시지 않았다.

또한 레닌은 혁명에 관한 자기의 이론적 분석을 바꾸기를 거부했다. 당의 주요 신문 〈프라브다〉(Pravda, 진실) 4월 7일자에 실린 자기 견해의 요약문, 즉 그 유명한 〈4월테제〉에서 레닌은 러시아의 상황을 "부르주아 민주주의적"인 혁명 1단계에서 "사회주의적"인 2단계로 넘어가는 이행으로 규정했다. 그는 여전히 어떤 식으로든 임시정부를 지지해서는 안 되며 당의 목표는 권력을 소비에트로 넘기는 것이라고 주장했다. 그러나 레닌의 메시지에는 무력에 대한 직접적 호소가 더는 들어 있지 않았다. 레닌은 대중이 부르주아를 신뢰하는 상황에서는 당의 최우선 과제가 임시정부의 기만성과 소비에트 지도부의 잘못을 폭로하는 것이라고 설명했다. 당은 인내심을 가지고 임시정부는 평화를 가져올 수 없으며 소비에트가 유일하고도 진정한 혁명적 정부 형태임을 대중이 납득하도록 만들어야 할 터였다.[15]

얼마간은 이러한 수정 사항 덕분에, 얼마간은 정력적 로비 운동 덕분에 레닌은 볼셰비키 지도부 상당수를 자기 편으로 빠르게 끌어모을 수 있었다. 이 첫 승리는 4월 동안의 볼셰비키 페테르부르크 위원회 의사록과 더불어 레닌이 처음으로 우파에 승리를 거둔 제1차 볼셰비키 페트로그라드 시협의회 결과에 반영되어 있다. 4월 14일부터 22일까지 회의를 연 시협의회는 37 대 3이라는 결정적인 표 차이로 레닌이 작성한 결의안을 채택했는데, 이 결의안은 임시정부를 비난하고 권력을 궁극적으로는 소비에트로 넘기라고 요구했다.[16]

4월 24일에 페트로그라드에서 열린 전러시아 볼셰비키 당협의회에서 레닌은 다시 한 번 승리했다. 전쟁에 관한 협의회 결의문에 전쟁과 러시아 방위 노력에 대한 레닌의 비타협적 거부가 반영되었던 것이다. 정부 문제에 관한 결의문에서 당협의회는 임시정부를 부르주아의 도구이며 반혁명의 동맹자로 비난하고 프롤레타리아는 자기 방어

를 위해 조직화하고 무장해야 할 것이라고 제안했다.[17]

그러나 4월협의회에서 카메네프 파가 자파의 입장을 소리 높여 주장했으며, 그런대로 성과를 거두었다. 온건파의 영향은 아홉 명으로 구성된 당중앙위원회[18]에 온건파가 다섯 명 뽑혔다는 사실에 반영되어 있다. 그 결과 당중앙위원회는 4월 말부터 7월까지 온건 성향을 띠었다. 또한 주요 협의회 결의문에 온건파의 관점이 두드러졌다.[19]

더욱이 얼마간은 온건파의 영향 탓에 레닌의 강령을 뒷받침하는 근본적인 이론적 가정 일부, 가장 중요한 것으로는 자본주의 최고 단계로서 제국주의 개념에 관한 본격적 토론이 연기되었다.[20]

전체적으로 볼 때, 4월협의회 결의문은 막연히 당을 사회주의 혁명으로 방향을 돌려놓기는 했지만, "어떻게?"와 "언제?"라는 결정적 문제에는 답을 하지 않았다. 권력이 소비에트로 넘어가도록 한다는 궁극적 목표는 몇몇 결의문에 내포되어 있었지만, 당분간 당은 "프롤레타리아의 계급 의식을 명확하게 만드는 장기 과업을 수행하고", "프티부르주아의 동요에 맞서 프롤레타리아를 결집하고", "소비에트 안에서 볼셰비키의 힘을 키우고 늘리"는 데 전념해야 했다.

4월협의회에 참석하려고 러시아 각지에서 모여든 볼셰비키 사이에서 지배적인 견해는 이 과업이 하룻밤 새에 이루어지지 않으리라는 것이었다. 그러나 뒤이은 몇 주 동안 수도의 노동자, 병사, 수병 들이 임시정부에 반대하고 국가 권력을 소비에트로 넘기는 데 보내는 지지가 깜짝 놀랄 만한 속도로 늘어났다. 이 결과는 얼마간은 2월혁명의 결과에 관한 미몽에서 깨어났기 때문이다. 우선은 경제 사정 악화가 격변을 불러일으키는 데 이바지했다. 전쟁으로 말미암아 특히 페트로그라드에서 주택, 식량, 의복, 연료, 원료가 심각하게 부족한 사태가 벌어졌다. 일부 부족 사태는 영국산 석탄과 값싼 미국산 면화 같은 외국 상품의 유입이 중지된 데에서 비롯되었다. 그러나 대부분은 국내 운송과 분배 문제의 결과였다. 러시아의 내륙 수운과 철도 체계는 민간 수요와 군사 수요를 둘 다 충족시키는 데 매우 부적절했다. 곡물의 경우에 농민들은 공산품을 입수할 수 없다는 점을 깨닫고는 급속히 가치가 떨어져 가는 지폐를 받고 농산물을 내놓지 않으려 했다. 물건이 심각하게 부족해짐에 따라 임금과 뛰어오르는 생활비 사이의 격차가 커졌다. 그로 인한 인플레이션으로 가장 큰 타격을 받은 것은 39만 명 정도 되는 페트로그라드 공장 노동자들이었다. 이들 가운데 3분의 1 정도는 여성이었다. 전쟁 발발과 1917년 초 사이에 명목임금이 꽤(260퍼센트 정도) 올랐는데도, 대부분의 생필품 가격이 엄청나게 올라서 실질임금은 전쟁이 일어나기 전 수준의 3분의 1 정도로 줄어들었다.[21]

이러한 어려움은 2월혁명 뒤에도 줄지 않았다. 줄기는커녕, 3월과 4월에 행정이 점점 혼란스러워지고, 수송이 계속 엉망인 데다가 공급 사정마저 크게 나빠졌다. 이때 진전되고 있던 원료와 연료 부족 현상이 심해지면서 공장주들은 생산을 한층 더 줄여야 했으며, 추가로 노동자들을 대량으로 해고했다. 동시에 식량 공급도 계속 줄어들었다. 정부는 효율적인 식량 가격제와 식량 배급제를 도입하려 했지만 이러한 부족 사태로 빚어진 긴장을 덜지 못했다. 1917년 봄에 여러 공업부문의 노동자들이 실질적 임금 인상을 얻어냈다. 그러나 이 증가분은 물가가 폭등하는 바람에 곧바로 상쇄되어, 전반적으로 말해 초여름 무렵에 페트로그라드 공장 노동자들은 경제적으로 2월보다 나아진 것이 없었다.[22]

전쟁으로 늘어나 21만 5천 명에서 30만 명에 이르는 페트로그라드 수비대 병사들과 3만 명을 헤아리는 인근 크론시타트(Kronshtadt) 해군 기지의 수병과 병사들에게도 2월혁명의 성과가 실망스럽기는 마찬가지였다. 수비대의 근간인 근위연대는 평상시에는 거의 농민층에서만 징집해서 특별 훈련을 받은 부대였다. 이 전통적 핵심은

1914년부터 1916년까지 동프로이센과 갈리치아*의 전장에서 벌어진 전투에 투입되었다가 소진되었다. 따라서 근위연대를 포함해서 페트로그라드와 그 주변에 주둔한 병력은 대부분 1917년 무렵에는 훈련을 제대로 받지 못한 전시 징집병이었으며, 여전히 농민 출신이 압도적이었다. 이들에게 군대 규율은 낯설었다. 전선에서 복무 연한을 다 채운 병사의 비율이 매우 높았다. 2월혁명의 결정적 계기는 반란을 일으킨 시민들에게 수비 부대가 차례차례 합류했을 때 일어났다.

구체제가 붕괴한 뒤 병사와 수병들은 유난히 가혹한 처사로 이름난 자들뿐만 아니라 혁명에 공공연히 반대하는 장교들도 제거했다. 처음에 그들은 혁명이 군대 안에 몰고 온 변화에 환호했다. 특히 가장 중요한 변화로는 군대위원회와 해군위원회가 조직된 것을 들 수 있다. 모든 군부대에서 민주적으로 선출된 이 위원회는 광범위하지만 모호하게 규정된 행정권을 지녔다. (이 같은 위원회의 창출은 3월 1일에 나온 그 유명한 명령 제1호[23]에서 처음으로 페트로그라드 소비에트의 인준을 받았다.) 징집당한 군인들은 낡은 질서로 되돌아가는 그 어떠한 조짐도 의심에 찬 눈길로 지켜보았으며, 페트로그라드 소비에트가 강화 협상을 벌일 것이라고 굳게 믿으면서 절충적 강화를 기다렸다. 그들이 임시정부가 애국주의적 선언을 하고 혁명이 더 발전하지 못하도록 막고 무엇보다도 러시아의 군사적 준비 태세를 개선하는 데 최우선으로 관심을 두는 데 어리둥절해한 것은 이해가 가는 일이다.[24]

이런 이유들 때문에 1917년 늦봄 무렵에는 임시정부를 근본적 정치변화에 반대하고 보통 사람의 요구에 관심을 두지 않는 유산 계급 기관으로 보는 페트로그라드 노동자와 병사, 발트해 함대 수병의 수가 점점 빠르게 늘어났다. 반면에 소비에트는 더욱더 긍정적으로 임

---

* 갈리치아(Galitsiia) 동유럽 북부, 우크라이나 북서부에서 폴란드 남동부에 걸친 지방.

Приказъ № 1.

1 марта 1917 года.

По гарнизону Петроградскаго Округа всѣмъ солдатамъ гвардіи, арміи, артиллеріи и флота для немедленнаго и точнаго исполненія, и рабочимъ Петрограда для свѣдѣнія.

Совѣтъ Рабочихъ и Солдатскихъ Депутатовъ постановилъ:

1) Во всѣхъ ротахъ, батальонахъ, полкахъ, паркахъ, батареяхъ эскадронахъ и отдѣльныхъ службахъ разнаго рода военныхъ управленій и на судахъ военнаго флота немедленно выбрать комитеты изъ выборныхъ представителей отъ нижнихъ чиновъ вышеуказанныхъ воинскихъ частей.

2) Во всѣхъ воинскихъ частяхъ, которыя еще не выбрали своихъ представителей въ Совѣтъ Рабочихъ Депутатовъ, избрать по одному представителю отъ ротъ, которымъ и явиться съ письменными удостовѣреніями въ зданіе Государственной Думы къ 10 часамъ утра, 2-го сего марта.

3) Во всѣхъ своихъ политическихъ выступленіяхъ воинская часть подчиняется Совѣту Рабочихъ и Солдатскихъ Депутатовъ и своимъ комитетамъ.

4) Приказы военной комиссіи Государственной Думы слѣдуетъ исполнять только въ тѣхъ случаяхъ, когда они не противорѣчатъ приказамъ и постановленіямъ Совѣта Рабочихъ и Солдат. Депутатовъ.

5) Всякаго рода оружіе, какъ то винтовки, пулеметы, бронированные автомобили и прочее должны находиться въ распоряженіи и подъ контролемъ ротныхъ и батальонныхъ комитетовъ и ни въ коемъ случаѣ не выдаваться офицерамъ, даже по ихъ требованіямъ.

6) Въ строю и при отправленіи служебныхъ обязанностей солдаты должны соблюдать строжайшую воинскую дисциплину, во внѣ службы и строя, въ своей политической, общегражданской и частной жизни солдаты ни въ чемъ не могутъ быть умалены въ тѣхъ правахъ, коими пользуются всѣ граждане.

Въ частности, вставаніе во фронтъ и обязательное отданіе чести внѣ службы отмѣняется.

7) Равнымъ образомъ отмѣняется титулованіе офицеровъ; ваше превосходительство, благородіе и т. п., и замѣняется обращеніемъ: господинъ генералъ, господинъ полковникъ и т. д.

Грубое обращеніе съ солдатами всякихъ воинскихъ чиновъ и, въ частности, обращеніе къ нимъ на «ты», воспрещается и о всякомъ нарушеніи сего, равно какъ и о всѣхъ недоразумѣніяхъ между офицерами и солдатами, послѣдніе обязаны доводить до свѣдѣнія ротныхъ комитетовъ.

Настоящій приказъ прочесть во всѣхъ ротахъ, батальонахъ, полкахъ, экипажахъ, батареяхъ и прочихъ строевыхъ и нестроевыхъ командахъ.

Петроградскій Совѣтъ Рабочихъ и Солдатскихъ Депутатовъ.

2월혁명 직후 페트로그라드 소비에트가 발표한 "명령 제1호". 일반 병사의 대표들로 구성된 위원회를 즉시 선출하고, 군대에 대한 모든 명령은 소비에트와 선출된 위원회의 승인을 받아야 하며, 계급을 막론하고 병사들에게 무례한 행동을 금지하는 등의 내용이 포함됐다.

시정부와 대비되면서 대중의 진정한 민주 자치 기관으로 보였다. 임시정부의 방침과 페트로그라드 대중의 분위기와 열망 사이의 괴리는 노동자와 병사와 수병 수천 명이 거리로 나선 4월 20일과 21일에 최초로 분명하게 드러났다. 그들은 "승리로 끝날 때까지" 전쟁을 계속하겠다는 밀류코프의 명백한 의도에 항의하는 표시로 "밀류코프 물러가라!", "병합 정책 집어치워라!", 심지어는 "임시정부 물러가라!" 같은 슬로건을 새긴 깃발을 들고 있었다. 군중들은 정부의 해산 명령을 노골적으로 무시한 뒤 오직 페트로그라드 소비에트의 요청에 따라 시위를 끝냈는데, 이것은 의미심장한 일이었다.[25]

4월위기로 정부의 인기 없는 외교 정책과 군사 정책에 가장 밀접하게 연루된 두 장관인 밀류코프와 구치코프가 내각에서 물러났다. 2월혁명 뒤에 처음 일어난 이 정치 격변에서 페트로그라드 소비에트의 핵심적인 온건 사회주의자 몇 사람이 설득을 받아 장관 자리를 받아들였다. 체신부 장관은 그루지야(Gruziia) 출신의 멘셰비키 당원 이라클리 체레텔리(Iraklii Tsereteli)가 맡았다. 그는 체포되어 감옥에 갇히고 시베리아 유형에 처해지기 전까지 제2대 두마에서 사회민주당의 열정적인 호민관이었으며, 1917년 거의 내내 소비에트에서 십중팔구 가장 큰 권위를 누린 유일한 간부였다. (체레텔리는 멘셰비키·사회주의자혁명가 블록의 존경받는 지도자였고 그 블록의 정책을 많이 입안한 사람이었다.) 사회주의자혁명가당의 공식 지도자이자 주요 이론가인 빅토르 체르노프(Viktor Chernov)는 농업부 장관에 임명되었다. 체레텔리의 절친한 동료 미하일 스코벨레프(Mikhail Skobelev)는 노동부 장관에 임명되었다. 인민사회당*(Partiia narodnykh sotsialistov)의

---

* 인민사회당 1906년에 사회주의자혁명가당에서 떨어져 나온 소수 분파. 활동을 거의 하지 않다가 2월혁명 뒤에 활동을 재개해서 임시정부를 적극적으로 지지했다. 10월

창립자이자 지도자였던 알렉세이 페셰호노프(Aleksei Peshekhonov)
는 식량부 장관이 되었다. 또 한 사람의 사회주의자혁명가인 파벨 페
레베르제프(Pavel Pereverzev)가 법무부 장관 자리에 오른 반면, 케렌
스키는 국방부 장관 겸 해군부 장관이 되었다.

그러나 이렇게 인물이 교체되었다고 해서 정부 방침이 크게 바뀌
지는 않았다. 이때 내각은 자유주의자들과 소비에트의 온건 사회주
의 지도자들 사이에서 분열되었다. 자유주의자들은 근본 개혁을 헌
법제정회의가 소집될 때까지 미루기로 하고 그동안에는 거의 전적으
로 정부 권위를 회복하고 군의 전투 능력을 강화하고 승리할 때까지
전쟁을 계속하는 데에만 관심을 두었다. 소비에트의 온건 사회주의
지도자들은 즉시 개혁을 하라는 대중의 요구에 부응하기를 열망하
고 무병합, 무배상에 바탕을 둔 조속한 전쟁 종결을 주도하기를 바랐
다. 따라서 5월초에 구성된 제1차 연립정부는 잠재적으로 전임 정부
보다 국가적 문제를 타결할 능력이 모자랐다. 정부는 국내 문제에서
는 합의를 볼 수 없었지만, 외교 정책 부문에서는 여름 공세에 대비
해서 군의 전투 준비를 강화하는 동시에 타협 강화를 목표로 한 협
상을 재촉하기로 결정했다.

온건 사회주의자들이 제1차 연립정부에 참여하면서 대중은 온건
사회주의자들을 임시정부의 결점과 동일시하였다. 러시아의 주요 정
치 집단 가운데 오직 볼셰비키만이 정부와 제휴한다는 오점을 남기
지 않은 상태로 남았고, 따라서 정부에 반대하는 데 거리낄 것이 없
었다. 당은 이러한 상황을 최대한 활용했다.

제1차 세계대전 전야에 볼셰비키는 좀 더 온건한 멘셰비키에게서
페트로그라드 공장 노동자들을 떼어놓는 데 꽤 성공을 거둔 적이 있

혁명 뒤에는 반(反)볼셰비키 활동에 가담했고, 내전이 끝난 뒤 소멸했다.

1917년 2월 모스크바에서 혁명적 간행물을 배포하고 있는 볼셰비키.

었다.[26] 이러한 성과의 대부분은 십중팔구 전쟁 동안 이 수많은 경험 많은 노련한 노동자들이 전선으로 보내지고 페트로그라드 볼셰비키 조직이 체포로 괴멸되면서 상실되었을 것이다. 볼셰비키는 2월 혁명 뒤 곧바로 볼셰비키 '군사조직', 당 지역위원회, 구(區)소비에트, 노동조합 운동, 공장위원회(fabrichno-zavodskii komitet)[27], 여타 비당파 대중 조직 같은 기구를 통해 활동을 시작하면서 군인과 공장 노동자 사이에서 영향력을 늘리는 데 온 힘을 쏟았다. 페트로그라드 소비에트에서, 끊임없이 열리는 일련의 정치 집회에서, 그리고 당의 대중 간행물인 〈프라브다〉, 〈병사의 진실〉(Soldatskaia pravda), 〈여성 노동자〉(Rabotnitsa)[28]의 지면에서, 볼셰비키는 자기들의 강령을 소리 높여 외치고 대중이 가장 강하게 느끼는 열망이라고 파악한 것을 표현했다. 볼셰비키는 농민 출신 병사들에게 다음과 같이 선언했다. 만약 여러분이 전선에서 죽고 싶지 않다면, 제정 시대의 규율이 다시 확립되기를 바라지 않는다면, 더 나은 삶과 농토의 재분배를 바란다면, 권력이 소비에트로 이전되어야 한다고. 볼셰비키는 노동자의 특별한

〈여성노동자〉 편집진. 아래 열(왼쪽부터): 옐리자로바, 콜론타이, 시탈, 본치–브루예비치. 위 열: 니콜라예바, 쿠델리, 사모일로바.

관심을 끌게끔 경제의 모든 측면에 대한 소비에트의 엄격한 관리, 임금 인상, 8시간 노동제, 공장의 노동자 관리, 인플레이션 종식을 요구했다. 볼셰비키는 해결되지 않는 문제를 "탐욕스러운 자본가와 지주" 탓으로 돌리면서 소비에트가 통치권을 떠맡지 않으면 반혁명이라는 추악한 유령이 나타나리라고 주장했다.

이런 노력의 결과는 빠르게 나타났다. 2월에 페트로그라드에는 볼셰비키가 2,000명쯤 있었다. 4월협의회가 열릴 때에는 당원 수가 16,000명으로 불어났다. 6월 말 무렵에는 32,000명에 이르렀고, 수비대 병사 2,000명이 볼셰비키 '군사조직'에 가입했으며 병사 4,000명이 '군사조직'이 운영하는 "비당파" 병사 클럽인 "프라브다 클럽"에 가입했다.[29] (당의 영향력은 수도의 노동계급 구들과 크론시타트에 주둔한 몇몇 막강한 군부대에선 유난히 강했는데, 5월 중순에 크론시타트 소비에트는 임시정부의 권위를 거부하는 결의문을 가결했다.)

늦봄 무렵 페트로그라드에서는 한편으로는 볼셰비키의 영향을 받았으며 인내심을 잃은 상당수의 노동자, 병사, 수병 들과, 다른 한편으로는 임시정부와 소비에트의 온건 사회주의자 지도부가 충돌 노선을 달리고 있었다. 전자는 정부 권력을 소비에트로 넘기라고 요구한 반면, 후자는 그러한 조치가 재앙을 불러올 것이라고 주장했다. 이러한 상황은 새로 볼셰비키를 지지하게 된 혈기왕성한 수비대 병사들의 압박을 받아 볼셰비키 '군사조직'이 (6월 3일부터 6월 24일까지 페트로그라드에서 개최된) 제1차 전러시아 노동자·병사 대의원 소비에트 대회의 회의가 열리는 동안에 당에 전쟁과 정부에 반대하는 대중 항의 행진을 조직해야 한다고 제안한 6월 초에 두드러졌다. 당중앙위원회는 그 제안을 받아들이고 6월 10일로 시위 일정을 잡았다. 그 발상은 호응을 불러일으켰다. 시위에서 호소하는 핵심이 새로운 대(對)독일·오스트리아 공세 반대, 그리고 볼셰비키당 자체보다는 사

6월 3일부터 페트로그라드에서 개최된 제1차 전러시아 노동자·병사 대의원 소비에트 대회. 이 대회 참가자의 다수는 멘셰비키와 사회주의자혁명가당 소속이었다. 아래 열 오른쪽 두 번째부터 대회 상임위원단인 치헤이제, 플레하노프, 스코벨레프.

회주의자혁명가들과 멘셰비키가 지배하는 소비에트로 권력을 넘기라는 요구였기 때문에, 심지어 명목상 온건 사회주의 정당 지지자들까지도 그 운동에 이끌렸다.[30]

정부에 충실하게 협력하고 지지를 보내겠다고 서약하는 결의문을 막 가결했던 소비에트 대회는 제안된 행진을 소비에트의 정책을 거부하고 연립을 명백히 위협하는 행위로 보았는데, 사실 그러했다. 6월 9일에 대회 대의원들은 행진을 막는 데 필요하다면 어떠한 조치라도 취해야 한다고 결의했다. 사흘간의 시위 금지령이 내려졌고, 대의원들이 노동자 구와 군대 병영에 파견되었으며, 계획을 재고하라는 최대한의 압력이 볼셰비키 지도부에 가해졌다. 얼마간은 이 반대 때문에 볼셰비키당 중앙위원회는 막판에 행진을 취소했다.

그 뒤에 곧바로 일어난 한 사건에서 소비에트 대회의 입장이 페트로그라드 노동자와 병사들에게 인기가 없다는 것이 드러났다. 소비에트대회는 6월 12일에 뚜렷하게 드러난 수도 노동자와 병사들의 조급함에 놀라고 그들이 볼셰비키의 호소만큼이나 다수파 사회주의자의 호소에도 선뜻 호응하리라고 확신하고는 6월 18일에 나름의 대중 행진을 벌이기로 했다. 이 시위는 볼셰비키를 달래는 제스처로, 그리고 널리 퍼진 소요의 물길을 바꿔 소비에트 대회의 정책을 지지하도록 하려는 수단으로 계획한 것이었다. 멘셰비키와 사회주의자혁명가들은 반드시 행진을 성공시키려고 열심히 활동했지만, 그들의 계획은 예상과 다른 결과로 끝났다. 지정된 날에 소비에트 온건 사회주의자 지도부는 페트로그라드의 거의 모든 공장과 군부대를 대표하는 40만 명이 넘는 노동자와 병사들이 기다란 행렬을 지어 "자본가 장관 10명 물러나라!", "공격 정책 집어치워라!", "모든 권력을 소비에트로!"라는 슬로건이 새겨진 붉은 깃발을 높이 들고 거리를 누비고 다니는 모습을 보았던 것이다. 이때 모든 관찰자들은 볼셰비키의 깃발과 플래카드의 바다에 소비에트 대회가 승인한 슬로건이 단지 간간이 끼어 있었다는 데 의견이 일치했다.

페트로그라드의 여론과 정부와 소비에트 지도부의 행동 사이의 괴리가 이렇게 뚜렷이 드러나자 온건 사회주의자 안에 긴장이 발생했다. 멘셰비키와 사회주의자혁명가 양 조직 안에서 투쟁적 좌파 분파가 등장하기 시작한 것이다. 그러나 수도에서 임시정부에 환멸을 느끼고 볼셰비키 강령을 지지하는 움직임이 세를 넓혀 가고 있었다고 하더라도, 대부분의 지방과 전선에서는 사정이 달랐다. 전국 차원의 상호 역관계는 제1차 소비에트 대회의 구성에 반영되었다. 참석자 가운데 533명이 멘셰비키와 사회주의자혁명가로, 105명이 볼셰비키로 등록되었다.[31]

이런 상황에서, 온건 사회주의자들이 소비에트 정부를 창출하라는 모든 압력에 완강하게 저항하자, 레닌은 동료들에게 권력이 평화

제1차 전러시아 소비에트 대회의 후원을 받아 6월 18일에 열린 대중 집회. "볼셰비키의 수많은 깃발
과 현수막에 소비에트 대회가 승인한 슬로건은 겨우 간간이 끼어 있었다."

적으로 소비에트로 넘어올지도 모른다는 환상을 품지 말라고 경고했다. 동시에 레닌은 좁게는 페트로그라드 볼셰비키 조직 안에 있는 정치적으로 조급한 당원들과 넓게는 지역 노동자와 병사들을 계속해서 단단히 제어하는 한편, 농촌의 농민과 전선의 병사들이 당 강령을 지지하도록 하는 활동을 벌인다는 데 조금도 흔들림이 없었다.

　이것은 결코 쉬운 과업이 아니었다. 2월 이후에 당이 급속히 자라나면서 당은 마르크스주의가 무엇인지도 모르면서 다만 어서 빨리 혁명적 행동을 하고 싶어 안달인 투사들로 넘쳐흘렀다. 그 문제는 4월에 밀류코프에 반대하는 대중 항의가 벌어지는 동안에 처음으로 불거졌다. 비록 움직임이 꽤 진행된 다음에야 당중앙위원회가 휘말려 들었고 나중에 당 최고지도부가 시위를 승인하기는 했지만, 수비대 연대와 공장의 평당원들이 맨 처음 가두 시위를 벌이는 데 한몫했다는 데에는 의문의 여지가 없다. 투쟁적인 지지자들에게 호응하고 아나키스트에게 뒤지는 것을 두려워한 페트로그라드 당 조직과 볼셰비키 '군사조직' 안의 충동적 인자들이 훨씬 더 과격한 방침을 택했다. 페테르부르크 위원회의 일부 간부들이 당의 이름을 내걸고 임시정부를 즉시 타도하고 내각의 장관들을 체포하라고 요구하는 전단을 준비해서 널리 유포했다.[32] 마찬가지로, 유산된 6월 10일 시위를 준비하는 동안에도 같은 인물들이 주요 공공시설과 탄약고를 단독으로 장악한다는 계획을 세운 적이 있었다.[33]

　오래 전부터 예상되던 러시아의 공세가 6월 18일에 시작되자 페트로그라드의 소요를 통제하는 문제는 더 복잡해졌다. 공격을 지원하기 위해 전선으로 가라는 명령이 내려오자, 볼셰비키 '군사조직' 구성원 다수를 비롯해서 수비대 병사 수천 명이 더는 지체하지 말고 임시정부를 타도해야 한다고 주장했다.

　6월 후반기 동안 레닌은 추종자 가운데 즉시 행동에 옮기기로 결심한 자들을 제어하는 데 관심을 더 많이 쏟았다.[34] 동시에 그는 7월 26일로 예정된 임박한 당대회에 제출할 강령의 초안을 작성하는 일에 매달렸다. 레닌은 6월 말 무렵에 지난 몇 주간의 엄청난 과로와 긴장으로 기진맥진했다. 그는 핀란드 네이볼라(Neivola) 마을에 있는 블라디미르 본치-브루예비치(Vladimir Bonch-Bruevich)의 다차*에서 며칠 쉬려고 6월 27일에 누이동생 마리야(Mariia)와 함께 페트로그라드를 떠났다. 그곳에서 레닌은 여름 햇살 아래서 피로를 풀고 가까운 호수에서 헤엄을 치면서 며칠을 보냈다.

7월 4일 이른 아침에 이 즐거운 막간의 휴식은 수도에서 대중 봉기가 터졌다는 소식으로 중단되었다. 이 놀라운 정보를 레닌에게 전한 사람은 전날 밤 볼셰비키 당중앙위원회를 대표해서 페트로그라드에서 파견한 막시밀리안 사벨레프(Maksimilian Savel'ev)였다. 수도의 상황은 위태로웠으며, 당이 깊숙이 휘말려들었음이 분명했다. 중대 결정을 내려야 했다. 레닌은 지체 없이 페트로그라드로 가는 새벽 열차에 몸을 실었다.[35]

---

* 다차(dacha) 대도시 주민이 도시 근교에 마련해 두고 주로 여름 휴가철을 보내는 조그만 별채.

수도까지는 아직 40킬로미터쯤 남았다. 진흙이 튀어 있는 핀란드선 진녹색 열차는 소나무와 전나무로 덮이고 굵은 자갈이 널린 언덕 사이를 요리조리 빠지면서 나아갔다. 언덕에는 자그마한 통나무 오두막 촌이 여기저기 흩어져 있었다. 새벽 첫 운행이었다. 객차에는 주로 페트로그라드로 통근하는 잘 차려입은 핀란드 시골의 다차 거주인들이 타고 있었다. 낡아빠진 객차의 닳아서 반들반들해진 딱딱한 좌석에 앉은 레닌은 그의 누이동생 마리야 일리니치나와 동지들인 본치-브루예비치, 사벨레프와 함께 활기차게 이야기를 나누었다. 러시아 종교분파의 권위자인 본치-브루예비치는 초창기부터 러시아사회민주노동당에서 활동했으며, 사벨레프는 소귀족의 아들로서 대학 교육을 받았고 역시 고참 당원이었다. 열차는 9시쯤에 핀란드와 러시아의 경계 구실을 하는 좁다란 사행천인 세스트라(Sestra) 강을 건넜다. 몇 분 뒤 열차가 속도를 늦추더니 조그마한 국경역인 벨로오스트로프(Beloostrov) 역에 정차했다.

선로 위에서 정비공이 기관차의 연결을 풀었고, 기관차는 땔나무와 물을 실으려고 리드미컬하게 칙칙폭폭 쉿쉿 소리를 내면서 천천히 움직여 떨어져 나갔다. 이때 레닌과 그의 동행자들의 대화가 객실로 불쑥 들어온 참견꾼 국경 검찰원 때문에 끊겼다. 검찰원은 새된 목소리로 "통행증! 여러분이 가진 통행증을 보여주시오!"라고 명령했다. 본치-브루예비치는 기다리는 검찰원에게 자기와 친구들이 증서를 넘겨줄 때 느꼈던 불안감을 몇 해 뒤에 회고했다. 레닌은 자기 여

기관총으로 무장한 병사들이 군용 화물차를 타고 도시를 누비며 시위를 벌이는 모습. 7월봉기는 제1 기관총 연대 병사들이 각 공장과 군부대에 파견돼 봉기를 호소하면서 시작됐다.

권으로 여행을 하고 있었다. "울랴노프"(Ul'ianov, 레닌의 본명)라는 이름이 의심을 사기라도 한다면? 검찰원은 형식적으로 한 번 쓱 훑어보기만 하고 여권 네 개에 모두 도장을 찍고는 서둘러 지나갔다.[1]

벨로오스트로프에서 20분 동안 정차하는 동안 레닌과 사벨레프와 마리야는 역 식당에서 커피를 주문했고, 그 사이에 본치-브루예비치는 조간 신문을 사 오려고 달려갔다. 본치-브루예비치가 곧 신문 최신판을 몇 장 들고 돌아왔고, 레닌은 그것을 움켜쥐고는 페트로그라드의 봉기소식을 읽었다. 거의 모든 신문의 주요 기사가 전날 일어난 사건을 상세히 다루고 있었다. 모든 증거로 보아 거리로 나선 무장 병사와 공장노동자들의 운동은 한낮에 제1기관총 연대 병사 수천 명이 불러일으킨 듯했다. 각 주요 공장과 군부대에 기관총 부대원 한두 명이 파견되었고, 거기서 그들의 봉기 호소는 대개 열렬한 환영을 받았다. 초저녁 무렵에 상류 계급 시민들이 도심 거리에서 모습을 감추었고, 완벽하게 전투 복장을 갖춘 병사와 가족을 데리고 나온 노동자 수천 명이 각각 임시정부와 소비에트의 본부인 마린스키(Mariinskii) 궁과 타브리다(Tavrida) 궁 밖에서 권력을 소비에트로 넘기라고 요구하며 시위를 벌이고 있었다. 이 기사들에 따르면, 반란을 일으킨 노동자와 병사들의 대집단이 일부러 크셰신스카야(Kshesinskaia) 저택에 있는 볼셰비키 본부를 지나 행진하는 진로를 잡았으며, 이것은 볼셰비키가 봉기 준비에 연루되었으며 페트로그라드 대중 사이에서 당이 권위를 누리고 있다는 표시였다.

거리에서 강제로 징발한 자동차와 기관총을 가득 싣고 붉은 깃발로 장식한 군용 화물차에 탄 봉기자들이 제지를 받지 않은 채 저녁 내내 도시를 누비고 다니는 모습이 눈에 띄었다. 넓은 지역에서 드문드문 소총과 기관총 난사가 있었다는 보도가 많았다. 사상자 수가 어느 정도인지는 아직 알려지지 않았다. 철도역에서는 옷을 잘 차려입은 페트로그라드 시민들이 표를 사려고 길게 줄을 서 있었다. 봉기 소식에 놀라 도시를 떠나려는 것이었다. 당직 수비병의 동의를 얻어, 봉기 세력은 심리적으로나 전략적으로 중요한 페트로파블롭스크(Petropavlovsk) 요새의 통제권을 장악했다. 마지막 급보에 따르면, 일단의 반란 병사들이 케렌스키 국방부 장관을 사로잡으려고 시도했으나 성공하지 못했다. 게다가 좌익은 페트로그라드 소비에트 노동과에서 중요한 승리를 확보한 듯했다. 페트로그라드 소비에트 노동과는 소비에트로 권력을 넘긴다는 생각을 지지하고 대중 운동에 평화적이고 조직적인 성격을 부여하는 데 이바지할 위원회를 설치함으로써 전날 저녁에 중앙 소비에트 기구 지도자들과 관계를 끊었다.[2]

소요가 시작되자 정부와 소비에트는 병사와 노동자들에게 거리로 나가지 말라고 호소했다. 이 노력이 실패했음이 분명해진 뒤, 젊지만 강인하고 이미 훈장을 많이 탄 기병 장교인 페트로그라드 군관구 사령관 표트르 폴롭체프(Petr Polovtsev) 장군이 수비대 부대에게 거리

페트로그라드 군관구 사령관 표트르 폴롭체프 장군과 그의 수비대. 7월 소요가 시작되자 폴롭체프는 수비대에 시위를 금지하고 거리 질서를 회복하라고 긴급히 요청했다. 그러나 봉기에 참여하지 않은 부대들은 그의 지시를 무시했다. 얼마 지나지 않아 그는 경질됐다.

의 질서를 회복하라고 긴급히 요청했다. 그러나 봉기에 참여하지 않은 부대들은 그의 지시를 무시하고 있었다. 그날 저녁 늦게 폴롭체프는 이후로는 모든 시위를 금한다는 금지령을 선포했다. 한편 내각과 전러시아 소비에트 집행위원회 양자는 위기가 확산되자 밤새도록 간헐적으로 비상회의를 열어 만나고 있었다.

이 첫 보도에는 무엇이 봉기를 불러일으켰는지에 관해 견해가 엇갈렸다. 입헌민주당원 몇 명이 정부의 대(對)우크라이나 정책을 둘러싸고 사회주의자 장관들과 견해 차를 빚어 내각에서 사퇴했다는 것이 그날 대서특필된 기사들 가운데 하나였다.[3] 일부 관찰자들은 진행되고 있는 봉기가 뚜렷한 연립의 붕괴와 직결되어 있음을 당연하게 여겼다. 따라서 입헌민주당 신문 〈말〉(Rech')의 한 통신원은 연립 붕괴가 몇몇 연대의 병사들과 일부 공장의 노동자들에게 그들이 "모든 권력을 소비에트로" 넘기는 것을 선호한다는 것을 시위할 기회를 주었다고 말했다.[4] 다른 관찰자들은 이 준동을 군 당국이 적을 향해 진격하기를 거부한 최전선 부대를 다루려고 채택한 가혹한 조치에 수비대가 불만을 품은 탓으로 돌렸다.[5]

정부 타도 운동을 불러온 정확한 원인을 두고 견해 차가 있었는데도, 거의 모든 논평자들은 다른 어떤 정치 집단보다도 볼셰비키가 소요에 더 큰 책임을 져야 한다는 데 동의하는 듯했다. 소비에트 중앙집행위원회와 페트로그라드 소비에트의 신문인 〈이즈베스티야〉(Izvestiia, 소식)의 한 평론가는 페트로그라드 프롤레타리아와 수비대의 일부가 "책임감이라고는 전혀 없는 볼셰비키의 선동"에 영향을 받아 손에 무기를 들고 거리로 나섰다는 결론을 내렸다. 그의 견해에 따르면, 볼셰비키는 프롤레타리아와 병사 대중 사이에 퍼진 순수한 불평과 걱정을 자기들의 목적에 이용하려고 시도하고 있었다.[6] 비당파 자유주의 일간지 〈사업 통보〉(Birzhevye vedomosti)의 사설은 문제를 더 노골적으로 제기했다. 글쓴이는 수사적으로 질문을 던졌다. "이것은 무엇인가? 6월 10일에 볼셰비키가 채우지 못한 욕정의 실현? 임시정부와 조직화된 다수파 민주 세력에 맞선 무장 공격?"[7] 몇 해 뒤 본치-브루예비치는 레닌이 페트로그라드로 돌아오는 길에 다른 무엇보다도 7월 4일자 신문에 뚜렷이 반영된 볼셰비키를 향한 격분에 놀랐다고 회고했다.[8]

열차의 출발이 임박했음을 알리는 세 번째 경고 벨이 레닌의 생각을 끊었다. 커피를 꿀꺽꿀꺽 마시고 신문을 움켜쥔 레닌은 객실로 급히 돌아가는 동료들의 뒤를 따라 객차에 뛰어올라 탔다. 다시 자리에 앉은 레닌은 그날의 나머지 주요 뉴스에 몰두하면서 침묵에 빠졌다.

이 여름날 아침에 신문들은 점점 위태로워지는 식량과 연료 부족과 관련해 흔히 있던 혼란을 넘어서는 것을 보도했다. 7월 2일에 페셰호노프 식량부 장관이 페트로그라드 중앙 식량위원회 대표들을 호출해서 비상사태의 심각성을 알렸다. 한 기구 간부의 보고서는 페트로그라드 지역에서 현재 일어나고 있는 식량 공급의 붕괴가 어떤 지경인지를 있는 그대로 보여주었다. 심지어 보고서에는 배급량을 줄인다고 해도 곡물 비축분이 9월까지 갈 수 없다고 나와 있었다. 식량위원회가 최근 블라디보스토크(Vladivostok)에서 쌀 10만 푸드(1푸드pud=16.38킬로그램)를 구입했으나, 운송의 어려움으로 페트로그라드로 운반이 지연되었다. 또 페트로그라드의 낙농제품 주요 공급원인 핀란드와의 환 문제 때문에 우유 공급량이 급격히 줄었다. 페트로그라드에 도달하는 사료용 곡물과 건초의 공급은 최소 필요량의 3분의 1을 채우기에도 빠듯했다. 달걀과 야채의 공급도 얼마간은 몇몇 도(guberniia) 당국이 외부 출하를 허용하지 않는다는 이유로 급격히 줄어들었다.[9]

연료위원회가 페트로그라드 시장에게 땔나무 공급 상황이 파국적이라는 내용의 비상 보고서를 보냈다는 소식이 있었다. 그 보고서는 부족 사태의 원인을 철도 노선이 붕괴하고 페트로그라드 화물역에 과도한 부하가 걸리고 노동력 부족 문제가 나타났으며 날씨가 나빠 하천수송이 어려운 탓으로 돌렸다. 보고서에는 땔나무의 공급과 배분 문제를 해결하는 조치를 곧바로 취하지 않으면 연료가 없어 문을 닫아야 할 공장이 점점 더 많아질 것이라고 씌어 있었다.[10] 한 관련 보고서는 연료 비상사태가 심화되자 모스크바 증권거래소 임원들이 페트로그라드의 상공부에 긴급 각서를 보냈음을 보여주었다. 증권거래소 임원들은 여름 동안 연료와 원료가 부족해서 문을 닫는 공장이 많아질 것이 확실하다고 경고했다. 이 임원들은 곧 일자리를 잃을 많은 피고용인들에게 급료를 지불할 재정 능력이 없다고 주장하는 공장주들을 강력히 옹호했다. 덧붙여서, 그들은 정부가 실직 노동자를 모아서 농업직에 투입하고 적절한 구제 수당을 주지 않는다면 주요 공업 지역에서 거대한 노동 분규가 반드시 일어날 것이라고 예견했다. 그 각서는 노동자들이 자기 처지를 공장주 탓이라고 생각하지 않도록 정부가 현재 벌어지고 있는 사태의 성격과 원인을 대중에게 알려야 한다고 주장했다.[11]

헌법제정회의 선거를 조직하고 헌법제정회의가 채택할 토지 개혁 프로그램을 준비하는 책임을 맡은 주요 정부 위원회들은 심의를 계속하고 있었다. 전날에 선거위원회는 헌법제정회의에 보낼 병사들의 대표를 어떤 방식으로 뽑아야 하는지를 논의하는 데 여러 시간을 소비했다. 한편 중앙 토지위원회는 지역 토지위원회 대표들로부터 도에서 벌어지는 일을 보고받았다. 펜자(Penza) 도 대의원은 펜자 지방 농민들이 토지를 점거하고는 일하는 사람의 수를 기준으로 삼아 분할함으로써 자연발생적으로 토지 사회화 원칙을 실행에 옮기고 있다고 보고했다. 보복이 무서워서 어떤 관리도 감히 농민들에게 맞서는 조치를 취하려 들지 않는다는 것이었다. 폴타바(Poltava) 도 대의원 한 사람은 농민이 토지 사회화를 요구하고 있으며 적절한 입법 절차를 거쳐 토지 사회화가 실행되기를 기다리고 있다고 단언했다. 그는 계속해서 다음과 같이 말했다. "토지 재산의 장악을 피하려면 정부가 토지 임대, 토지매매 금지, 산림 유지에 관한 법률을 준비해야 한다는 것이 명백합니다. 이 같은 법률의 공표를 늦추면 토지 개혁이 결코 이루어지지 않으리라는 불신이 농민 사이에 퍼질 것입니다." 돈 강 광역도(Donskaia oblast')에서 온 한 대의원은 그 지역 주민들이 사유지의 무상 몰수를 요구하고 있다고 단언했다. 토지위원회에 배속된 페트로그라드 소비에트 대표는 정부 각 부처가 지방에서 완전히 상충하는 정책을 수행하도록 내버려두었다고 임시정부를 호되게 나무랐다. 그는 내무부를 심하게 비난했다. 농업부가 설립한 지역 토지위원회가 조치를 취하는 족족 내무부가 그 조치를 범죄적이고 무정부주의적이라고 비난한다는 것이 그의 말이었다.[12]

페트로그라드 목재 공업 노동자들의 일일 파업이 해결되었다는 보도가 있었다. 그러나 우편·전신 노동자들은 7월 4일 오후 8시부터 파업을 시작하겠다고 위협했다. 특별 수당과 월급 인상을 둘러싼 분쟁의 결과로 주요 우체국의 사무원과 짐꾼은 이미 작업을 거부하거나 또는 집배원들이 배달 업무를 못하도록 막고 있었다. 같은 시기에 호텔과 하숙집의 종업원들이 전 도시 규모의 웨이터 파업에 동참했다. 웨이터들과 마찬가지로 그들은 시간급 임금제를 폐지하고 대신에 정기 기본급에 덧붙여 수익률에 기초한 수당을 달라고 요구하고 있었다. 파업에 직면한 일부 식당 주인들은 손님에게 주방에서 요리를 직접 만들어 먹으라고 권했다.[13]

중요한 해외 뉴스거리로는 베를린에서 베트만-홀베크(Bethmann-Holweg)가 총리 자리에서 사임하고 게오르크 미하엘리스(Georg Michaelis)로 교체되었다는 소식이 있었다.[14] 전임 총리가 협상을 통한 절충 강화의 가능성을 받아들일 용의를 분명히 밝히는 바람에 독일의 병합론자와 군부가 베트만-홀베크에게 직위를 포기하라는 압력을 넣은 지 여러 달이 지나고 있었다. 결국 베트만-홀베크가 떨어져 나가고 에리히 루덴도르프(Erich Ludendorff) 장군이 허수아비인 미하엘리스를 골라서 임명했다는 것은 군 최고사령부가 독일의 정치를 결정적으로 장악했음을 확연히 보여주는 증거였다.

미하일 스코벨레프 노동부 장관과 블라디미르 레베데프(VladimirLevedev) 해군부 차관이 7월 1일과 2일에 북부 전선을 방문한 것에 관한 상세한 보도가 드빈스크(Dvinsk)로부터 전해졌다.[15] 두 사람은 제5군의 많은 부대가 지휘관의 명령에 복종하기를 거부하고 있으며 여전히 완강하게 적과 싸우기를 거부하고 있다는 보고서가 나온 뒤 곧바로 전선으로 급파되었다. 이때는 오랫동안 기다리고 소리 높여 떠벌려온 케렌스키의 공세가 개시된 6월 18일과 독일의 결정적 반격이 시작된 7월 6일 사이였다. 러시아는 첫 공세에서 남서부 전선에 주공격을 퍼부었다. 처음에는 성공을 조금 거두었다. (러시아의 진격 소식이 페트로그라드에 전해지자 국수주의 계열 신문들은 환희에 젖었다.) 그러나 처음에 설득을 받아들여 공격에 들어갔던 부대들이 더는 싸우기를 거부하면서 며칠 만에 전선에서 군대가 지리멸렬한 상태에 빠졌음이 명백해졌다. 7월 4일 무렵에는 과장하기 일쑤인 전황 공식 보고조차 초기의 돌파가 수렁에 빠졌으며 러시아 군이 도처에서 공격을 받아 막대한 손실을 입고 있음을 숨길 수 없었다.

북부 전선에서는 7월 8일까지 진격을 시작하도록 되어 있었다. 최전선에서 몇 킬로미터 떨어지지 않은 곳에서, 군악대 연주가 울려 퍼지자 병사들은 사열을 위해 정연하게 줄을 맞추었고 스코벨레프가 대열 주위를 돌아다니자 "우라!(만세)" 하고 소리를 질렀다. 이 병사들 가운데 다수가 전투에 참가해 초기 교전에서 부상을 당했다. 2월혁명 이래로 그들은 〈프라브다〉, 〈병사의 진실〉, 〈참호의 진실〉(Okopnaia pravda)[16]과 볼셰비키가 전투 지역에 숱하게 뿌린 무수한 혁명적 반전 간행물을 읽고 있었다. 그 무렵 그들은 평화와 토지, 더 평등한 정치·사회 질서에 관한 생각에 빠져 있었다. 대다수 병사들은 전쟁 목표를 이해할 수 없었으며, 그들은 소비에트가 공정한 강화를 준비하려고 노력하는 동안 정부가 새로운 공세에 착수할 준비를 하고 있음을 알고 분노했다. 그 결과 병사들이 장교에게 품은 반감이 급격히 고조되었다. 일부 부대는 심지어 스스로 선출한 위원회를 불신하기까지 했다. 멘셰비키와 사회주의자혁명가들이 장악한 위원회들이 대체로 정부의 군사 정책을 지지했던 것이다. 그런데도 장

서부 전선의 참호 앞에 선 러시아군 병사들. 6월 18일에 개시된 케렌스키의 공세는 처음에는 조금 성공을 거뒀다. 그러나 설득을 받아들여 공격에 나섰던 부대들이 더는 싸우기를 거부하면서 며칠 만에 전선의 군대가 지리멸렬한 상태에 빠졌다.

군들이 격려하는 동안에 병사들은 스코벨레프에게 환호를 보냈다. 스코벨레프는 병사들에게 자유 러시아를 위해 모든 것을 바치기를 간청했고, 병사들은 "옳습니다! 우리는 자유를 위해 죽을 각오가 되어 있습니다! 우리는 끝까지 의무를 다하겠습니다!"라고 대답했다. 병사들은 "공격!", "겁쟁이는 물러가라!"라고 씌어 있는 깃발을 흔들었다. 한 무리의 병사들이 레베데프와 스코벨레프를 어깨에 태워 자동차로 데려갔다. 그러나 바로 그 병사들이 그 뒤 일주일이 안 되어, 공격 명령을 받자 무기를 내던지고 제멋대로 전쟁터를 떠났다.

레닌 일행을 태운 열차는 속력을 줄이기 시작했다. 페트로그라드 북쪽 끝 변두리에서 열차는 임업전문대학의 푸르게 우거진 수목원을 지나고 페트로그라드의 대규모 공단인 비보르그(Vyborg) 구를 통과해서 남쪽으로 뻗은 삼프소니옙스키(Sampsonievskii) 대로를 가로

질러갔다. 열차는 매연을 시꺼멓게 뒤집어쓴 채 군집을 이룬 공장들과 지저분하고 해충이 들끓는 다층 막사들과 노동자들이 사는 낡아 빠진 오두막들을 지나쳐 갔다. 이 지역들은 차르 정권의 마지막 수십 년 사이에 이루어진 러시아 공업 발전의 제1차 도약 기간에 혁명 사상이 퍼져나가는 데 기름진 토양을 제공했다. 1890년대 말에 러시아 정부를 뒤흔든 학생 소요가 터졌을 때 격분에 찬 임업전문대학 학생들은 상트페테르부르크 대학 동지들과 합세했으며, 그들은 1905년, 1914년 7월, 1917년 2월에 바리케이드를 지키는 공업 노동자들 옆에 나란히 있게 될 터였다. 경찰은 1905년 10월에 삼프소니옙스키 대로 남단 부근, 보트킨스카야(Botkinskaia) 거리 모퉁이에서 시위를 벌이는 한 무리의 노동자에게 총알 세례를 퍼부어댔다. 조금 떨어진 곳에 페트로그라드에서도 큰 축에 드는 에릭손(Erikson), 신(新)레스네르(Novyi Lessner), 러시아 르노(Russkii Reno) 공장이 있었는데, 이 세 공장은 쓰레기로 뒤덮인 좁다란 진흙투성이 골목을 사이에 두고 갈라져 있었다. 중요한 정치 파업이 1905년, 1912년, 1914년, 1916년에 에릭손 전화·전기 공장에서 일어났다. 1913년에 신레스네르 기계 공장은 102일 동안 지속된 파업의 현장이었다. 이 파업은 러시아 노동사에서 가장 길고 유명한 것이다. 1916년 10월에 벌어진 르노 자동차 공장 노동자들과 병사, 경찰 사이에 벌어진 격전은 몇 달 뒤 차르의 몰락으로 절정을 이루는 폭풍이 임박했음을 알려주는 첫 조짐들 가운데 하나였다. 레닌이 탄 열차가 느릿느릿 움직여 핀란드역의 시끌벅적한 정거장에 다가가는 지금 세 공장 모두 다시 문이 닫혀 있었다. 르노, 에릭손, 신레스네르 공장의 노동자들은 전날 맨 처음 거리로 나선 사람들 속에 끼어 있었다.

레닌이 열차에서 성큼 내렸을 때, 핀란드역의 광경은 4월에 그를 맞이하던 광경과는 딴판이었다. 망명에서 돌아오던 당시 레닌은 노동자와 병사로 이루어진 군중의 영접을 받았다. 깃발과 꽃, 악단, 해군 의장대가 있었다. 심지어 소비에트 지도부도 모습을 보였다. 예전에는 황제의 대기실이었던 곳에서 레닌을 환영하는 사람들 사이에는 니콜라이 치헤이제(Nikolai Chkheidze) 페트로그라드 소비에트 의장이 있었다. 그때 레닌은 장갑차 위에 올라탄 채 볼셰비키 본부로 향했고 당 간부와 노동자와 병사들의 당당한 행렬이 그 뒤를 따랐다. 본치-브루예비치가 마차를 잡으려고 서두르는 지금은 악단이나 환영 연설이라고는 없었다. 증기와 상한 음식과 땀이 범벅된 악취가 눅눅한 여름 공기에 스며들어 있었다. 짐꾼들이 작업을 서둘렀다. 휘장을 두른 매점 안에서 코안경을 걸친 나이 지긋한 부인이 지나가는 사람들에게 "우리의 혁명을 떠받치는 병사들을 도와주세요!" "자유공채* 신청란에 서명하세요!"라고 권유하면서 바삐 손짓을 했다. 밖의 광장에서는 노동자와 병사들이 무리지어 몰려들어 즉시 강화를 맺고 소비에트로 권력을 넘기라고 다시 요구할 준비를 했다.

표트르 대제(Petr Velikii)가 도시를 건설한 이래로 200년이 넘는 기간 동안 러시아 제국의 수도는 혁명 전의 프랑스 파리처럼 뚜렷이 구분되는 사회경제적 구들로 나뉘었다. 일반적으로 말해서, 바실렙스키 섬(Vasil'evskii ostrov) 남부와 네바 강 우안의 "페트로그라드 방면 구(Petrogradskaia storona)"를 포함한 도심, 그리고 네바 강에서 오브보드니(Obvodnyi) 운하까지 이어지는 좌안은 대부분 상류 계급과 중간 계급의 영역인 반면, 공장 노동자는 주로 시 외곽 공단에서 살면서 일했다. 도심은 황실과 대귀족의 사치스러운 로코코풍, 신고전주의풍 저택들, 제국 관료 체제의 본부 구실을 하는 거대한 건물

---

* 자유공채 임시정부가 전쟁 수행에 들어가는 비용을 마련하려고 발행한 공채.

들, 웅장한 이삭 대성당(Isaakievskii sobor)과 카잔 대성당(Kazanskii sobor), 페트로그라드를 유럽에서 가장 아름다운 수도 가운데 하나로 만든 강과 운하의 화강암 강변도로를 자랑했다. 이곳에는 또한 오페라와 유명한 제국발레단의 본산인 황립 마린스키(Mariinskii) 극장, 유럽의 연극과 희극이 고골(Gogol'), 투르게네프(Turgenev), 톨스토이(Tolstoi)의 고전과 번갈아 가며 상연되는 황립 알렉산드린스키(Aleksandrinskii) 극장, 당시 가장 재능 있는 음악가들이 연주를 하는 무대가 있는 페테르부르크 음악원 같은 러시아 문화의 중심지가 있었다. 이 네바 강 좌안의 중심 지역에는 수도의 은행, 사무실, 고급 주택가가 자리잡고 있었다. 고급 주택가는 시의 중심인 해군본부(Admiralteistvo)에서 멀어질수록 귀족의 대저택에서 전문직 종사자의 고급 아파트를 거쳐 중하층 계급의 가옥으로 그 성격이 바뀌었다. 도시에서 가장 화려한 상점이 늘어서 있고 페트로그라드에서 가장 넓고 멋진 가도인 넵스키(Nevskii) 대로는 해군본부에서 시작되었는데, 대로에서는 해군본부의 바늘 모양 첨탑이 올려다 보였다. 네바 강을 건너 북쪽으로 가면 바실롑스키 섬 동쪽 끝에 있는 강변도로에 러시아의 학문적, 예술적 업적의 3대 상징인 상트페테르부르크대학, 러시아과학학술원, 미술학술원의 독특한 건물과 건물 정면이 열주식으로 된 증권거래소가 줄지어 서 있었다.

페트로그라드의 주요 공장들은 이 중심 지역을 에워싸고 있는 구들, 즉 네바 강 좌안에 있는 나르바(Narva) 구, 모스크바(Moskva) 구, 알렉산드로-넵스키(Aleksandro-Nevskii) 구, 바실롑스키 섬의 변두리 구역, 네바 강 우안에 있는 오흐타(Okhta) 구와 비보르그 구에 있었다.

페테르부르크 방면구에는 잘 다듬은 정원으로 둘러싸이고 높다랗고 화려한 철제 담장으로 보호받는 넓고 우아한 크셰신스카야 저택이 있었다. 전에 이 저택에는 마린스키 발레단의 수석 발레리나이며

마린스키 발레단의 수석 발레리나이며 황제 니콜라이 2세의 애인이었다는 소문이 있는 마틸다 크셰신스카야의 저택. 2월혁명 때 크셰신스카야가 도망친 뒤 병사들이 저택을 접수했고 볼셰비키가 본부로 삼았다.

황제 니콜라이 2세의 애인이었다는 소문이 있는 마틸다 크셰신스카야(Matil'da Kshesinskaia)가 살았다. 크셰신스카야는 2월혁명 때 그 저택을 버리고 도망쳤고, 그 뒤 부근에서 숙영하던 장갑차 사단의 병사들이 저택을 접수했다. 그때까지 중앙직업소개소의 고미다락에 있는 비좁은 방 두 개에서 업무를 보던 볼셰비키가 3월 초에 그 건물을 본부로 삼겠다고 요청을 해서 병사들에게 허가를 얻었다.[17] 곧 당 중앙위원회와 페테르부르크 위원회와 볼셰비키 '군사조직'이 저택의 각 부분에 아늑하게 자리를 잡았다.

볼셰비키 입장에서 보면 크셰신스카야 저택의 위치는 이상적이었다. 크셰신스카야 저택은 페트로파블롭스크 요새와 동굴처럼 생긴 연주회장 겸 집회장이자 정치 집회가 자주 열리는 곳인 모데른 원형극장(Tsirk 'Modern')이 지척에 있었고 비보르그 구의 수많은 공장뿐만 아니라 많은 군 병영과도 가까웠다. 볼셰비키가 저택으로 이사한 시기는 2월혁명 뒤에 당원과 인기가 급증한 시기이기도 했다. 당중앙위원회의 붉은 깃발이 나부끼는 새로운 본부는 곧 불만에 찬 노동자와 병사와 수병들을 끌어당기는 자석이 되었다. 저택의 널찍한 지하실에는 '군사조직'의 프라브다 클럽이 자리를 잡았고, 건물 밖의 터는 하루 24시간 내내 집회가 열리는 장소가 되었다. 날마다 이른 아침부터 밤 늦게까지 세르게이 바그다티예프(Sergei Bagdat'ev)[18]나 모이세이 볼로다르스키(Moisei Volodarskii)[19], 또는 더 인기 있는 당의 또 다른 선동가들이 거리가 내려다보이는 발코니에서 지나가는 군중에게 사자후를 토하는 모습을 볼 수 있었다. 대략 일주일에 한 번꼴로 수도의 각 구에서 뽑힌 당 위원회 대표들이 업무회의를 하러 크셰신스카야 저택에 모였다. 하얀 기둥이 서 있는 화려한 응접실에서 당 지도자 300여 명의 모임이 늦은 밤에 열렸다. 그 모임에서 레닌은 4월 3일 밤에 페트로그라드로 돌아오자마자 처음으로 자기가 새로 세운 강령의 개요를 밝혀 그들을 어리벙벙하게 만들었다. 몇 주 뒤 저택은 볼셰비키의 4월협의회(제7차 당협의회)의 회의장이 되었다.

모든 사람이 이 상황을 볼셰비키만큼 즐거워하지는 않았다. 늦봄이 되자 크셰신스카야는 자기 집을 돌려받겠다고 마음먹었다. 집을 돌려받으려는 욕구보다는 볼셰비키를 내쫓으려는 목적이 분명했다. 4월 말과 5월에 크셰신스카야는 볼셰비키를 내쫓아 달라고 정부와 페트로그라드 소비에트를 졸라댔고, 결국은 문제를 법정으로까지 끌고 갔다. 재판 결과 치안판사는 당에 20일 안에 저택을 비우라고 했지만,[20] 볼셰비키는 갖가지 핑계를 대며 이사를 미뤘다. 시위를 벌이던 많은 병사와 노동자들이 7월 3일 저녁에 이 급진주의의 벌집으로 향했다. 행진 대열에 참여한 수천 명이 "모든 권력을 소비에트로!"를 외치면서 초조하게 지시를 기다리는 동안 저택의 안방에 모인 '군사조직' 및 페테르부르크 위원회의 당 지도자들은 어떤 행동을 취해야 할지 토의하고는 마침내 거리에서 일어나는 운동을 공개 지지하고 주도하자는 데 동의했다.

레닌은 서둘러 크셰신스카야 저택으로 향해 7월 4일 정오쯤에 도착했다. 볼셰비키의 지도를 받으며, 대부분 무기를 든 채 싸우고 싶어 안달이 난 크론시타트 수병 1만여 명이 건물을 에워싸고 레닌이 나타날 것을 요구하고 있을 때, 레닌은 최근 사태에 관한 설명을 거의 듣지 못한 상태였다. 처음에 레닌은 모습을 드러내지 않으면 자기가 시위에 반대한다는 뜻이 전달되리라고 주장하면서 거절했다. 그러나 결국에는 크론시타트 볼셰비키 지도자들의 집요한 요청에 마지못해 따랐다. 레닌은 수병들에게 연설하려고 2층 발코니로 나서면서, '군사 조직' 간부 몇 사람에게 "당신들 모두 얻어맞아야 하는데!"라고 투덜 댔다.[21]

이때 레닌이 한 이중적 발언은 그의 딜레마를 반영했다. 레닌은 인사말을 몇 마디 하고 "모든 권력을 소비에트로"라는 슬로건이 결국은 승리하리라는 확신을 표명하고는 수병들에게 자제, 결단, 경계를 호소하면서 끝을 맺었다. 이때 레닌의 연설을 들은 한 사람은 몇 해 뒤에 당시 레닌이 평화적 시위의 필요성을 강조한 것이 많은 수병들에게는 뜻밖이었다고 회고했다. 수병들 사이에 있는 아나키스트와, 아울러 일부 볼셰비키도 싸우기를 열망하는 무장한 군중이 어떻게 무장 시위를 하는 선에서 그칠 수 있을지 이해할 수 없었다.[22]

이제 레닌은 자기가 거북한 상황에 처해 있음을 깨달았다. 전날의 사태 진전으로 수도의 노동자와 병사들이 임시정부를 거의 지지하지 않는다는 점이 다시금 확실해졌다. 그러나 소비에트 지도부는 여전히 대중의 압력에 굴하지 않았다. 다수파 사회주의자들은 지방 주민이나 전선의 병사들이 소비에트로 권력을 넘기는 것을 지지하지 않으리라는 신념과 어떤 경우에도 "나라의 모든 주요 세력"이 전쟁 수행 노력과 혁명의 생존을 위해 반드시 함께 일해야 한다는 신념을 버리지 않았다. 그들은 자기들을 후원하는 자유주의자들과 상공업계와 관계가 끊어져 전쟁 수행 노력이 약화되고 반혁명이 성공할 가능성이 높아지는 위험에 처하게 될까 두려워했다.

소비에트가 권력 장악을 거부했기 때문에 "모든 권력을 소비에트로"라는 슬로건은 볼셰비키의 관점에서 볼 때 적어도 당분간은 전술상 쓸모가 없어졌다. 지금 당이 직면한 선택은 무력으로 권력을 장악하려고 시도해야 할지, 아니면 시위를 끝내려는 노력을 개시해야 할지 가운데 하나였다. 레닌은 두 대안을 저울질하면서 지방과 전선의 잠재적 반응이 결정적으로 중요하다고 생각했다. 이와 관련해서 상황은 의심의 여지 없이 유동적이고 불명확했으며, 당장의 징후도 그리 밝지 않았다. 농민 사이에서는 볼셰비키 지지가 여전히 미미했으며, 많은 병사들은 아직도 소비에트 지도부에 충성을 바쳤다.

7월 4일 오후에 페트로그라드 시민들이 직접적 혁명 행동을 어느 정도 지지하는지는 결코 확실하지 않았다. 크론시타트 수병들은 큰 무리를 이룬 채 싸움을 하고 싶어 안달이었다. 그들은 크셰신스카야 저택에서 타브리다 궁으로 가는 길에 넵스키 대로에서 위층 창문과 지붕 위에서 총을 쏘는 저격수들과 혼란스러운 총격전을 벌였고, 수십 채의 가옥과 아파트에 뛰어 들어가 주민에게 테러를 가했다. 그러나 전날 저녁 시위에 참여했던 일부 부대원들은 이미 사태에 싫증을 냈고, 반면에 다른 수비대 부대는 여전히 가담하기를 거부하고 있었다. 더욱이 볼셰비키는 소비에트와 상관없이, 소비에트에 대항해서 권력을 잡을 가능성을 노동자와 병사들에게 제시한 적이 한 번도 없었다. 사실 7월 이전에 당 고위 간부 몇몇(특히 레닌과 볼셰비키 '군사 조직' 지도자들)이 그 가능성을 고려한 적이 있다는 증거가 있기는

7월 4일 페트로그라드 넵스키 대로에서 총격을 받아 사방으로 흩어지는 시위대. 싸우고 싶어 안달이 난 크론시타트 수병들이 넵스키 대로에서 저격수들과 어지러운 총격전을 벌였다.

하지만,[23] 당 지도부 전체에서 논의하지는 않았다. 따라서 추종자들은 말할 것도 없고 심지어 많은 볼셰비키 지도자가 전투 호소에 보일 잠재적 반응도 가늠하기 어려웠다.

이 모든 상황이 재빠른 퇴각이 상책임을 말해주었다. 그러나 이 대안에도 역시 불리한 점이 있었다. 당은 이미 싸움에 휘말려 들어갔다. 볼셰비키의 강령과 선동 작업은 명백히 거리의 운동을 불러일으키는 데 도움을 주었다. 시위자들이 든 깃발에는 볼셰비키의 슬로건이 씌어 있었다. 조직에 새로 가입한 수비대 병사들의 압력을 받아 볼셰비키 '군사조직'은 당중앙위원회의 허가 없이 처음부터 운동의 조직화를 도왔다. 물론 7월 3일 오후에 당중앙위원회는 운동을 억제하려고 열심히 노력하였다. 그러나 겨우 몇 시간 뒤, 시위가 이미 진행되자 '군사조직'과 페테르부르크 위원회 지도부가, 그리고 그 뒤를 이어 뒤늦게 당중앙위원회가 당의 종전 입장을 철회하고 시위를 공개 승인했다. 이어서 '군사조직'이 운동을 완전히 통제하면서 강력하고 폭넓은 무력지원을 동원하기 시작했다. 특히 '군사조직'은 전선에서 증원 부대를 불러들였고, 장갑차를 파견해서 주요 지점과 교량을 점령했으며, 페트로파블롭스크 요새를 점령하려고 1개 중대 병력을 보냈다.[24]

볼셰비키 지도부가 7월 4일에 토론한 기록은 간행되지 않았다. 상황을 고려할 때, 과연 기록을 했을지 의심스럽다. 걸출한 볼셰비키 당원인 미하일 칼리닌(Mikhail Kalinin)은 뒷날 레닌의 마음은 이때 거리의 움직임이 권력 장악의 시작인지 아닌지를 결정짓지 못하고 있었다고 회고했다. 레닌은 상황이 유리하면 연대를 전투에 투입하고 상황이 불리하면 될 수 있는 대로 손실을 적게 보고 최종적으로 퇴각할 가능성을 배제하지 않았다.[25] 어떻게 당이 위험에 노출된 위치에서 헤어나올 수 있을지를 숙고할 때, 레닌은 엇갈리는 조언을 들은 게 거의 틀림없다. 당중앙위원회의 볼셰비키 우파는 혁명의 발전에 소극적인 전술적 입장을 취해 왔고, 온건 사회주의자들과 단호하게 관계를 끊을 위험을 무릅쓰는 조치에 반대해 왔다. 이런 점을 고려하면 그들은 전러시아 소비에트 집행위원회의 의사를 무시하고 권력을 장악하는 데 강력히 반대했음에 틀림없다.[26]

이 상황에서 십중팔구 신중하라고 호소했을 다른 권위 있는 인물은 트로츠키와 그리고리 지노비예프(Grigorii Zinov'ev)이다. 유대인 낙농업자의 아들로 태어났으며 땅딸막한 키에 고수머리였던 지노비예프는 당내 동료들 사이에서 주로 저술가이자 당 조직가로서 이름나 있었다. 혁명 전 10년 동안 지노비예프는 틀림없이 레닌의 가장 가까운 조력자이자 속내를 털어놓는 정치적 동지였을 것이다. 지노비예프는 1917년 4월에 레닌과 함께 러시아로 돌아와서 〈프라브다〉 편집자와 페트로그라드 소비에트 볼셰비키 의원단의 출중한 일원이 되었다. 1917년에 서른네 살이었던 지노비예프는 번갈아 가며 발작적으로 의기양양했다가 침울해지는 일이 잦았다. 지노비예프는 전쟁 문제에서는 국제주의자였고, 이론상으로는 가까운 장래에 러시아에서 사회주의 혁명이 일어날 가능성을 받아들이면서도 정치 행동에서는 레닌보다 훨씬 더 신중한 경향을 보였다. 이를테면, 그는 6월 초에 대중 시위를 조직하는 데 단호히 반대했다. 시위를 조직하는 그 같은 행동이 볼셰비키가 미처 준비하지 못한 혁명의 새로운 단계를 예고하리라는 것이 그 근거였다. 7월 3일에 열린 당중앙위원회 오후 회의에서 지노비예프와 트로츠키 두 사람은 당이 힘을 써서 대중을 제어해야 한다는 카메네프와 다른 사람들의 요구를 지지했다. 그날 밤 늦게 열린 후속 당 간부회의에서 지노비예프와 카메네프는 이튿날 항의가 계속되지 못하도록 막기 위해 볼셰비키가 할 수 있는 일이 전혀 없음을 확인한 뒤 당이 운동을 승인하고 통제해야 한다고 주장하는 사람들 편에 섰다. 동시에 그들은 시위가 평화적이어야 한다는 주장에서 조금도 물러서지 않았다.[27]

과거에 전러시아 소비에트 집행위원회에 압력을 넣는 것을 옹호했던 페테르부르크 위원회 위원 일부는 7월 4일에 행동을 차츰 강화한다는 생각에 십중팔구 냉담했을 것이다. 예를 하나 들면, 쉽게 끓어오르는 볼로다르스키는 6월에 전쟁 수행 노력을 저해하고 점점 인내심을 잃어 가는 노동계급 주민의 충성심을 유지하고, 나아가 가능하다면 다수파 사회주의자들이 사회주의자로만 구성되는 정부를 세우도록 강요하는 수단으로서 대중 시위를 조직하는 것을 지지했다. 볼로다르스키의 견해에 따르면, 혁명에 가장 큰 이익이 되는 것은 좌익 사회주의 그룹들이 폭넓게 제휴해서 함께 일하는 소비에트 정부의 창출이었다. 그러나 노동자, 병사 들과 긴밀히 연계된 페트로그라드 소비에트의 활동적인 일원이었던 볼로다르스키는 노동자와 병사들이 소비에트에 바치는 충성을 잘 알고 있었다. 그는 소비에트 지도부의 의지에 맞서 임시정부를 타도하는 행위를 옹호하지는 않았을 것이다.

페트로그라드 볼셰비키 가운데는 7월 4일 오후에 단호한 군사 행동을 주장한 투사들도 있었다. 이 초급진적 지역 지도자들 가운데 가장 영향력이 큰 사람은 강력한 비보르그 구 볼셰비키 조직의 대표인 라트비아인 마르틴 라치스(Martyn Latsis)였다. 유산된 6월 10일 시위를 준비하는 동안 라치스는 행진하는 사람들이 완전무장을 갖추게 하려는 조치를 취했다. 라치스는 자기 못지않게 공격적이었던 당중앙위원회 소속 리투아니아인 이바르 스밀가(Ivar Smilga)와 더불어 당이 "철도역, 병기창, 은행, 우체국, 전신국을 장악"할 준비를 갖추어야 한다고 주장했다.[28] 7월사태 직전에 소요가 심화되는 기간 동안 라치스는 당이 대중에게 "찬물을 끼얹는" 역할을 한다고 비판했고, 7월 3일 밤에 봉기가 시작된 뒤 정부와 결전을 피한다는 당중앙위원회의 결정에 반대했다. '군사조직' 고위 간부들은 비슷한 성향을 보였다. 그들 가운데 볼셰비키 고참 당원인 니콜라이 포드보이스키(Nikolai Podvoiskii)와 블라디미르 넵스키(Vladimir Nevskii)도 있었다. 1905년에 정부 당국을 상대로 벌인 시가전에 참여한 적이 있는 포드보이스키는 1917년에 서른일곱 살이었는데, 초급진주의자라는 평판을 얻었다. 포드보이스키는 차르 퇴위 직후에 "혁명은 끝나지 않았다. 혁명은 이제 막 시작되었을 뿐"이라고 처음으로 선언한 사람이었다고 한다. 돈 강의 로스토프(Rostov-na-Donu) 출신인 넵스키는 한때 모스크바대학 자연과학부의 뛰어난 학생이었다. (1920년대에 그는 러시아 혁명 운동사가로 이름을 떨친다.) 넵스키는 포드보이스키와 나란히 최초의 볼셰비키 전투단과 군사조직들에서 일했다. 자기가 1917년에 한 활동을 술회한 회고록에서 넵스키는 이때 '군사조직'의 독자성과 급진주의를, 그리고 '군사조직'이 7월봉기를 조직하는 일에 적극 개입했음을 늘 자랑했다. 넵스키에 따르면, 7월 4일에 '군사조직' 지도자들은 "일을 끝까지 밀고 나가라"는 당중앙위원회의 신호를 기다렸다.[29]

레닌이 페트로그라드로 돌아온 지 몇 시간 뒤, 새로운 두 가지 요인에 관한 전갈이 크셰신스카야 저택에 도착했는데, 그 두 요인은 종국에는 결정적으로 중요했다. 첫째로, 정부가 무력하고 수비대 부대가 정부나 소비에트를 구하려고 나서지 않고 있으며, 크론시타트 수병들이 타브리다 궁에 도착함으로써 위협이 가해지고 거리에서 무정부 상태와 유혈 사태가 확대되자, 어쩔 수 없이 전러시아 소비에트 집행위원회가 질서를 다시 세우고자 전선에서 부대를 호출한 사실이 전해졌다. 이 호소에 응해서 멘셰비키와 사회주의자혁명가당이 이끄는 북부전선의 군대위원회들이 수도로 곧바로 파견할 혼성 부대를 이미 편성하고 있었다. 둘째로, 정부 고위 관리들이 레닌을 적국 독일의 지령에 따라 7월봉기를 조직했다는 혐의로 기소함으로써 볼셰비키에 대항해 수비대 부대 동원을 시도하고 있다는 소식이 볼셰비키에 흘러 들어갔다.

레닌이 독일 간첩이라는 혐의는 새로운 것이 아니었다. 우익계 언론은 레닌이 독일을 거쳐 러시아로 돌아온 이래 그 같은 비난을 퍼부어 왔다. (잘 알려진 것처럼 레닌이 전쟁 수행 노력을 반대했기 때문에 그는 이 비난에 특히 취약했다.) 독일 간첩인 예르몰렌코 (Ermolenko) 중위가 러시아 참모부에 자수해 심문을 받던 도중에 레닌이 당시 러시아에서 활동하는 많은 독일 간첩 가운데 한 사람이라고 단언한 뒤 임시정부가 4월 말에 볼셰비키가 적과 공모했을 가능성을 조사하기 시작했음이 분명하다. 이 일은 볼셰비키가 임시정부에 심각한 골칫거리가 되어 가던 바로 그 시기인 4월위기 무렵에 일어났다. 각료들이 이 주장을 믿고 싶었을 법하다. 어쨌든 대중이 보는 앞에서 볼셰비키의 신용을 떨어뜨린다는 전망은 매우 호소력이 강했다. 그리하여 세 각료, 즉 케렌스키, 네크라소프, 테레셴코에게 조사의 편의를 제공하라는 임무를 내렸다. 페트로그라드와 전선의 몇몇 첩보 요원들이 일에 관계하게 되었고, 실제로 페트로그라드 군관구 부설 특별방첩국이 볼셰비키 소송 요건을 구성하는 데 대부분의 관심을 쏟았던 듯하다. 특히 이 기관은 파벨 페레베르제프 법무부 장관의 전폭적 후원을 받으며 당의 통신을 감시하고 당 지도자들을 계속 주시했다. 페레베르제프는 오직 방첩국만이 러시아를 구할 수 있다고 단언했다.[30]

제1차 세계대전 동안 독일인들이 러시아 내정을 혼란에 빠뜨릴 목적으로 상당한 자금을 썼으며, 이 돈의 일부가 볼셰비키에게 흘러 들어갔다는 것은 현재 잘 알려진 사실이다.[31] 그러나 관계 사료는 평당원은 말할 것도 없고 대다수 볼셰비키 지도자가 이 지원금을 알지 못했음을 시사한다. 레닌은 독일 자금을 알고 있었던 듯하지만, 그의 정책이나 당 정책이 어떤 식으로든 독일 자금의 영향을 받았다는 증거는 없다.[32] 결국, 이 지원금은 혁명의 결과에 의미 있는 영향을 끼치지 않았다. 7월사태로 말하자면, 레닌이 독일과 협력해서 봉기를 부추겼다는 혐의는 명백히 근거 없는 것이었다. 우리가 살펴본 것처럼, 6월 중순 이후 줄곧 레닌은 봉기가 터지는 것을 막으려고 정력적으로 일했다.

7월사태 때, 레닌과 독일의 관계에 관한 공식 조사는 사실 완료되지 않았다. 그러나 정부가 전복될 참이라는 사실이 뚜렷해지자 방첩국 간부들은 아주 차근차근 움직이기로 결정했다. 그들은 이미 수집한, 레닌의 유죄를 입증할 단편적 증거를 이용해서 이전에 중립을 지키던 수비대 부대의 대표들에게 볼셰비키가 독일 자금을 받았을 뿐만 아니라 가두 시위가 독일의 지휘를 받고 있음을 믿게 하려는 계획을 꾸몄다. 그들은 계획이 맞아떨어지면 수비대 부대들이 정부를 지키고 질서를 회복하고 볼셰비키를 체포하는 데 필요한 병력을 제공하리라고 판단했다. 계획은 페레베르제프 법무부 장관에게 제출되었고, 그는 그 계책을 승인했다. 며칠 뒤 자기의 결정을 변호하면서 법무부 장관은 다음과 같이 설명했다. "나는 이 소식이 보도되면 틀림없이 수비대 사이에서 중립을 지킬 수 없는 분위기가 조성될 것임을 알아차렸습니다. 나는 계획대로 그 거대한 범죄의 근원과 조직망 전체를 (언제일지는 모르지만) 최종적으로 밝혀낼지, 아니면 정부 전복을 위협하는 폭동을 지체 없이 확실하게 분쇄할지 둘 가운데 하나를 선택해야 했습니다."[33]

그리하여 7월 4일 저녁에 방첩국은 수비대 연대 대표 몇 사람을 최고사령부로 초빙했다. 그곳에서 대표들은 레닌의 혐의 사실을 보고받았다. 목격자 모두가 대표들이 그 폭로에 큰 충격을 받았다는 데 의견이 일치했다. 방첩국 간부들은 고발의 확실한 효과에 고무되어 언론이 증거의 일부를 이용하게 할 수 있도록 결정했다. 방첩국 간부들은 정부 기관이 직접 레닌을 기소하면 의혹을 살까 우려해서, "분노한 시민" 두 사람, 즉 전에 두마에서 볼셰비키 의원단 대표였던 그리고리 알렉신스키(Grigorii Aleksinskii)와 사회주의자혁명가 판크라토프(V. Pankratov)를 급히 고용해 신문사에 곧바로 배포할 고소문을 준비하도록 했다.[34]

방첩국과 법무부 장관, 그리고 뒤늦게 개입한 알렉신스키와 판크라토프는 내각 전체의 인가 없이 행동했음을 강조해야 한다. 이미 밝혀졌듯이 7월봉기 때 네크라소프 장관, 테레셴코 장관, 르보프 장관은 볼셰비키가 실제로 독일에서 돈을 받고 있기는 하지만 레닌을 기소할 결정적 증거가 정부의 수중에 없고, 너무 빨리 폭로해 버리면 사실을 입증할 기회를 영영 놓치고 말리라는 것을 분명하게 느꼈다.[35]

7월 4일 저녁 내내 르보프는 레닌 기소의 공표를 보류해 달라고 모든 신문사에 직접 호소했다.[36] 물론, 이미 연대 대표들에게 넘어간 정보가 수비대 전체로 퍼지는 것을 막을 수는 없었다. 이렇게 퍼져 나간 고발의 충격은 전선으로부터 군대가 대거 이동한다는 소문과 더불어 결정적이었다. 전에는 중립을 지키던 연대들이 소비에트와 정부에 충성을 선언하고자 7월 5일 오전 1시에 전러시아 소비에트 집행위원회가 열리고 있는 타브리다 궁으로 행진하기 시작했다. 직접적 위기가 지나가자, 소비에트 집행위원회는 살아 남은 임시정부에 지지를 맹세하는 결의문을 재빨리 채택했다. 그 결의문은 또한 앞으로 내각 구성과 소비에트 정부 수립 문제에 관련된 최종 결정을 내릴 지방 소비에트 대표들의 회의를 2주 안에 소집하자고 요구했다.[37]

7월 4일 저녁에 일어난 이러한 사태 진전, 즉 전선으로부터 친정부 군대 파견과 다수 수비대 연대 분위기의 급작스러운 변화는, 물론 임시정부에 천우신조였던 것만큼이나 볼셰비키의 대의에 큰 손상을 입혔다. 늦저녁 무렵에는 예전에는 소극적이었던 수비대 부대의 분위기에 두 요인이 끼친 영향이 이미 명확해지고 있었다. 이런 상황에서는 지방의 분위기를 가늠할 여유가 없었다. 7월 5일 아침 2시, 아니면 3시에 당중앙위원회 위원들이 모여서 상황 전개를 평가하고 노동자와 병사들에게 가두 시위를 끝내라고 요청해야 한다고 결의했다.

당의 퇴각은 7월 5일자 〈프라브다〉의 눈에 잘 띄지 않는 뒷면에 실린 성명서에 공표되었다. 그 성명서는 다음과 같이 설명했다. "시위의 목적은 달성되었다. 노동계급 선봉 부대의 슬로건이 낸 효과는 굉장하고 훌륭했다. …… 따라서 우리는 시위를 끝내기로 결정했다." 이 설명은 속이 빤히 들여다보이는 거짓이었다. 페트로그라드 수비대의 급진 분자들과 맨 먼저 7월봉기를 촉발한 볼셰비키 극단주의자들의 목표는 임시정부 타도였다. 대다수 당 지도자는 뒤늦게 운동을 지지하면서 틀림없이 거리의 압력이 전러시아 소비에트 집행위원회가 권력을 거머쥐도록 만드는 데 충분하리라는 희망을 품었을 것이다. 이미 밝혀졌듯이 극단주의자들의 목적도, 당내 온건론자들의 제한된 희망도 실현되지 않았다. 이제까지 볼셰비키 뒤로 몰려들어 당을 지지하던 페트로그라드의 조급한 노동자와 병사와 수병 들은 7월사태를 겪은 뒤 굴욕을 당하고 적어도 일시적으로는 사기가 떨어졌다. 동시에 어떤 대가를 치르고서라도 질서를 회복하고 극단주의자들을 영원히 제거하려는 정부, 온건과 보수를 막론한 모든 정치 집단, 유산 계급 전체의 결의가 아주 확고해졌다. 이 패배가 좌익에 결정적이었는지 여부는 여전히 두고 볼 일이었다. 한편 고립되고 위험에게 노출된 채 볼셰비키는 어떻게 해서든지 실패한 봉기에서 자기들이 했던 역할을 설명하고, 반역 혐의에 맞서서 스스로를 변호하고, 회피할 수 없는 반동의 맹공으로부터 전반적으로 자신을 지켜야 하는 달갑지 않은 과제를 처리해야 했다.

2장
공격당하는 볼셰비키

7월사태 직후에 볼셰비키를 상대로 공격을 개시한 것은 레닌이 "비속하고 천박하고 추잡한 삼류 신문"[1]이라고 적절히 특징 지은 〈생생한 말〉(Zhivoe slovo)이었다. 저속하고 추문이나 퍼뜨리는 반동계 신문인 〈생생한 말〉은 법과 질서를 옹호하고 국내를 강력히 통치하며 중구 열강*과의 전쟁을 승리하는 그날까지 계속 수행할 것을 지지했다. 이 신문은 일반적으로는 사회주의자, 특정하게는 볼셰비키를 원수로 여겼다. 알렉신스키와 판크라토프가 7월 4일 저녁에 한 고발을 〈생생한 말〉 편집자가 얼마나 기쁘게 받아들였을지는 쉽게 상상할 수 있다. 〈생생한 말〉 편집자들은 고발 공표를 늦추어 달라는 르보프 공과 다른 사람들의 뒤이은 노력을 정부 최고위층에 있는 급진주의자들이 러시아를 외국의 적에게 팔아넘기려는 극악한 음모의 일부라고 해석해서, 7월 5일 아침에 선정적인 성명서를 생략 없이 게재했다. 그 기사는 "레닌, 가네츠키, 코즐롭스키는 독일의 간첩!"이라는 일면 전단표제로 시작되었다. 야코프 가네츠키(Iakov Ganetskii)와 메치슬라프 코즐롭스키(Mechislav Kozlovskii)가 독일 자금을 당으로 끌어들인 볼셰비키라는 것이었다.)

볼셰비키는 곧바로 항의했다. 심지어 〈생생한 말〉이 거리에 나타나기도 전에 씌어진 7월 5일자 〈프라브다〉의 단신 기사는 호전적인 집단들이 볼셰비키 지도부를 중상모략하는 움직임을 계획하고 있을지

---

* 중구 열강 독일과 오스트리아를 한꺼번에 일컫는 표현.

모른다고 독자에게 경고했다. 알렉신스키와 판크라토프의 성명서가 나온 뒤 곧바로 레닌은 자기에게 쏟아진 비난을 격렬히 부인하고 그 비난에 논박을 꾀하는 통렬한 신문기사 몇 개를 단숨에 썼다.[2] 동시에 다른 볼셰비키 고위 지도자들은 소비에트 간부들에게 언론의 박해로부터 자기들을 보호해 달라고 탄원했다. 이에 응해서 소비에트 중앙집행위원회는 소비에트가 설치할 특별 조사위원회가 철저하게 조사할 시간을 갖기 전까지는 볼셰비키를 이러니저러니 비난하는 것을 자제해 달라고 대중에게 촉구하는 호소문을 공표했다.[3] 그러나 일단 〈생생한 말〉이 수문을 열어젖히자, 볼셰비키의 항의도, 소비에트 지도자들의 간청도 이른바 볼셰비키와 독일의 연계에 관한 심한 추문이 분출하는 것을 막을 도리가 없었다. 7월 5일 한낮에 페트로그라드는 "레닌은 간첩!"이라는 소문으로 와글거렸다. 알렉신스키와 판크라토프의 성명서는 즉시 전단으로 복제되었고, 몇 시간 안에 수백 명이 거리 모퉁이에서 전단을 배포하였다. 이튿날까지는 페트로그라드의 많은 신문들이 이 고발을 기정사실로 받아들였고 선정적인 볼셰비키 반역 기사를 쓰려고 공공연하게 앞다투어 경쟁하였다.

7월 6일자, 7일자 신문들의 표제는 이러한 움직임의 광포함을 전해준다. 우익 신문 〈말렌카야 가제타〉(Malen'kaia gazeta)의 표제는 "제2의 거대한 아제프 사건"이었다. 편집자는 1908년에 러시아 혁명 운동을 뒤흔들어놓은 추문을 상기시켰다. 그때 사회주의자혁명가당 지도자인 예브노 아제프(Evno Azev)가 경찰의 끄나풀이었다는 사실이 밝혀졌던 것이다. 인기 있는 비당파 일간지 〈페트로그라드일보〉(Petrogradskii listok)의 편집자는 정부와 소비에트 양자가 반란을 일으킨 노동자와 병사들에게 좌지우지된 7월 4일에 관한 기사에 "무시무시하다! 독일인에게 장악된 페트로그라드"라는 표제를 달았다.

러시아 사회민주주의 운동의 아버지이자 〈단결〉(Edinstvo)의 편집인이며 존경을 한몸에 받고 있던 게오르기 플레하노프(Georgii Plekhanov)가 7월 9일에 볼셰비키에 퍼부은 비난은 그에 못지않게 노골적이었다.[4] "페트로그라드의 준동은 독일 간첩이 참여한 가운데 조직되었음이 의심할 여지 없이 밝혀졌다"는 전날 발표된 정부 전신에 응답해서 플레하노프는 다음과 같이 썼다. "정부 수반이 만약 페트로그라드 거리를 피로 적신 폭동이 독일 정부 간첩들이 참여한 가운데 조직되었음을 의심하지 않는다면, 폭동을 마치 우리 혁명적 민주 세력의 소수파가 저지른 전술적 오판의 서글픈 결과인 양 다룰 수 없다는 것은 분명하다. …… 러시아 수도의 거리에서 일어난 준동은 틀림없이 러시아를 무너뜨릴 목적으로 외부에 있는 러시아의 적이 꾸민 계획의 구성 요소일 것이다. 따라서 내가 볼 때에는 이 준동을 온 힘을 다해 분쇄하는 것이 러시아 국가를 스스로 지키는 계획의 일부임에 틀림없다." 플레하노프는 "혁명은 그 길을 가로막는 모든 것을 단호히, 지체 없이, 가차 없이 분쇄해야 한다"는 말로 끝을 맺었다.

7월사태 뒤로 가장 널리 배포된 대(對)볼셰비키 고발문을 쓴 사람은 유명한 고참 인민주의자 블라디미르 부르체프(Vladimir Burtsev)였다. 초기에 혁명 조직에서 경찰 첩자의 무자비한 추적을 받은 것으로 유명한 부르체프는 1917년에는 플레하노프에 가까운 정치적 견해를 지닌 극단적 민족주의자였다. 7월 6일에 쓴 공개 서한이 많은 페트로그라드 신문에 게재됨으로써 부르체프는 볼셰비키를 맹공격하는 데 가세했다. 레닌이 독일 첩자인지 아닌지에 관해 부르체프는 다음과 같이 평했다. "볼셰비키 사이에서는 선동꾼과 독일 간첩이 늘 큰 역할을 했고, 지금도 계속 하고 있다. 사람들은 우리에게 볼셰비키 지도자들이 선동꾼이 아니냐고 묻는데, 우리가 그들에 관해 할 수 있는 말은 다음과 같다. 그자들은 선동꾼이 아니다. …… (하지만) 바로 그자들 덕분에, 즉 레닌과 지노비예프와 트로츠키 같은 자들 덕분에 그 저주받을 암울한 시기인 7월 3일, 4일, 5일에 빌헬름 2세(독일의 황제)는 꿈에서나 바라던 것을 모조리 이루었다. …… 이 며칠 동안 레닌은 동지들과 함께 우리에게 심각한 페스트나 콜레라 못지않은 해를 끼쳤다."[5]

입헌민주당 기관지 〈말〉은 알렉신스키와 판크라토프의 고발을 다루는 데 비교적 신중했다. 〈말〉 기고자들은 볼셰비키의 혐의가 입증되기 전까지는 그들을 유죄로 판단해서는 안 된다는 원칙을 확인하면서도, 좌익에 강력한 조치를 취해야 한다고 주장하면서 암묵적으로 그 고발의 유효성을 받아들였다.[6] 그 추문에 관한 멘셰비키 우파의 신문 〈날〉(Den') 7월 6일자에 실린 전면 기사도 마찬가지로 신중했다.

〈단결〉과 〈날〉과는 달리 페트로그라드의 몇몇 온건 사회주의 계열 신문들(예를 들어 〈이즈베스티야〉, 〈병사의 목소리〉[Golos Soldata], 〈인민의 의지〉[Volia Naroda])는 레닌과 그의 추종자들에 대한 반역 혐의의 시비곡직을 직접적으로나 간접적으로 논평하는 것을 삼가라는 소비에트 중앙집행위원회의 권고에 유의했다. 이것은 당에 거의 구원이 되지 못했다. 왜냐하면 유일하게 막심 고르키(Maksim Gor'kii)의 〈새로운 삶〉(Novaia Zhizn')을 뺀 사회주의 계열 신문들이 하나같이 7월 운동이 자연발생적이라는 볼셰비키의 주장을 거부하고 자유주의 계열 신문이나 우익 신문만큼이나 끈질기게 극단주의를 다룰 단호한 조치를 요구했기 때문이다.

7월사태의 여파 속에서 온건 사회주의 계열 신문에 나타나고 있던 반(反)볼셰비키 사설의 전형은 소비에트 중앙집행위원회의 주요 기관지 〈이즈베스티야〉 7월 6일자에 실린 다음과 같은 사설이었다.

〈프라브다〉의 견해에 따르면, 7월 3일과 4일의 시위는 그 목적을 이루었다. 7월 3일과 4일의 시위대와 시위의 공식 지도자들로 인정받은 볼셰비키는 과연 무엇을 얻었을까? 그들은 노동자, 병사, 수병, 여자, 어린이 400명의 죽음을 얻었다. …… 그들은 많은 개인 아파트와 시장의 파괴와 약탈을 얻어냈다. …… 그들은 전선에 있는 우리 군대가 약해지는 결과를 얻어냈다. …… 혁명의 모든 위력과 힘은 단결에 있는데, 그들은 혁명 활동의 단결의 분열, 파괴를 얻어냈다. …… 혁명은 7월 3일과 4일에 엄청난 타격을 입었다. …… 만약 이 패배가 혁명의 전체 대의에 파멸적이지 않다고 밝혀진다면, 볼셰비키의 와해 전술이 져야 할 책임이 줄어들 뿐이다.

병사들을 주요 독자층으로 삼는 소비에트 중앙집행위원회 기관지 〈병사의 목소리〉 7월 6일자에도 비슷하게 적개심에 찬 '응징하라!'라는 제목의 사설이 실렸다. 글쓴이는 다음과 같이 썼다.

"〈프라브다〉의 신사 양반들, 당신들이 '평화 시위'를 하라는 호소가 어떤 결과를 가져올지 몰랐을 리 없다. …… 당신들은 정부를 비방하고 멘셰비키와 사회주의자혁명가당과 소비에트를 거짓말로 헐뜯고 이미 사라지고 없는 '검은 무리'*의 망령으로 겁을 주면서 공황을 불러일으켰다. …… 모든 겁쟁이의 버릇대로 지금 당신들은 〈프라브다〉 독자와 추종자들에게 진실을 감추면서 흔적을 지우고 있다." 하루 전에 사회주의자혁명가당 우파의 신문 〈인민의 의지〉의 기고자는 다음과 같이 역설했다. "볼셰비키는 혁명적 민주 세력의 의지에 공공연히 맞서고 있다. 혁명적

---

* 검은 무리(chernaia sotnia) 러시아에서 전제정을 결사 옹위했던 극우 단체들과 그 행동대를 약간의 경멸조로 일컫는 표현. 1917년 혁명 이전에 '검은 무리'는 자신들이 보기에 전제정에 해를 끼친다고 판단한 세력이나 조직에 무자비한 테러를 가하곤 했다.

민주 세력(즉, 사회주의 정당들, 소비에트, 노동조합, 협동조합 등등)에게는 충분한 힘이 있어서, 자기 의지에 모든 이를 복종하도록 만들 수 있다. 혁명적 민주 세력은 그래야 한다. …… 열에 들뜬 이 시기에 어떠한 지연도 치명적이게 마련이다."

임시정부는 4월위기 뒤로는 처음으로 무력을 써서 전투적 좌익집단들을 억누를 생각을 했다. 전선 병사들 사이에서 뚜렷이 나타나는 혼돈과 더불어 국내에서 확산되는 무정부 상태에 너무나도 놀란 군 최고사령부, 보수 정치권과 자유주의 정치권은 늦봄과 초여름 사이에 무력을 써서 행동하라는 압력을 계속 강화했다. 그러나 페트로그라드 대중 사이에서 정부의 권위가 결여되어 있었고 소비에트 중앙기구들의 대표 다수가 무력 사용을 피할 수 있다는 희망이 남아 있는 한 탄압을 용인하기를 꺼렸기 때문에 7월사태 이전에는 극좌파에 맞서 행동할 능력이 제한되어 있었다.[7]

7월봉기가 계기가 되어 정부는 앞으로 비슷한 폭동을 막는 데 필요하다면 어떠한 조치도 마다하지 않겠다는 결심을 굳혔다. 동시에 많은 요인이 좌익을 상대로 무력을 사용하는 것에 소비에트가 계속 반대하는 데 불리하게 작용했다. 우선 한 예를 든다면, 앞으로 살펴보겠지만, 7월의 경험으로 온건 사회주의자까지 포함한 모든 좌익 집단을 대상으로 한 무차별적 반발이 촉발되어 볼셰비키뿐만 아니라 소비에트도 수세에 몰렸다. 물론 정부의 행동에 영향력을 행사하는 소비에트 지도부의 능력은 소비에트가 대중 사이에서 누리는 권위와 밀접하게 연관되어 있었다. 7월봉기 이후 수도의 노동자와 수병과 병사 들은 당황하고 기가 죽었다. 장차 그들이 누구를 따를지는 뒤에 밝혀지겠지만, 단기적으로 볼 때 소비에트의 권력 기반은 아무리 좋게 평가한다고 해도 불안정했다. 한편 군대가 전선에서 수도로 파견되어 마침내 정부는 의지할 수 있는 병력을 꽤 많이 확보했다.

그때까지 머뭇거리던 소비에트 대표들이 7월 3~5일의 사건을 계기로 질서를 회복하고자 신속하고 확고하게 행동하고 이와 관련해 볼셰비키에 단호하게 대처할 필요가 있다고 확신하게 된 탓에 임시정부가 탄압책을 사용하는 데 소비에트가 개입할 가능성이 계속 줄어들고 있었다. 온건 사회주의자 대다수는 탄압이 필요하다는 점을 마지못해 받아들이기는 했지만, 개혁과 즉각적 강화를 위한 노력은 포기하지 않았다. 그들은 탄압이 최저 수준을 유지해야 하며 가장 중요한 점으로 "비상 조치"는 "집단 전체"가 아니라 특정한 범죄로 고발당한 개인에게만 취해야 한다고 주장했다. 자유주의자들과는 대조적으로 멘셰비키와 사회주의자혁명가들은 7월사태에 뒤이은 반동의 물결이 혁명을 위험에 빠뜨리는 것을 보면서 진정으로 놀랐다. 그러나 이들이 반혁명에 보인 대응은 (이전의 극좌파의 공격에 보였던 대응처럼) 정부의 배후에서 더욱 긴밀하게 집결하고 자유주의 정당들과 제휴를 고수하는 것이었다.

얄궂게도 소비에트 지도부는 정부가 흔들릴 때 정부에 더 긴밀하게 협력하는 쪽으로 가장 심하게 기울었다. 입헌민주당원 장관 세 사람이 7월 2일 밤에 내각에서 사퇴했음을 기억해보라! 그들의 뒤를 따라 사흘 뒤에 페레베르제프 법무부 장관이 사퇴했다. 그는 허가를 받지 않은 채 알렉신스키와 판크라토프의 문서를 공표했다는 비난을 받고 물러난 것이다. 르보프 공은 사회주의자 장관들이 그에게 새로운 연립정부를 위한 정치 강령의 토대로 작성한 "일반 원칙" 목록을 제출한 뒤 7월 7일에 스스로 정부를 떠났다. 제1차 전러시아 소비에트 대회가 채택한 개혁안을 본뜬 이 원칙은 르보프에게는 너무나도 급진적이었다. 르보프는 그 원칙을 받아들일 수 없었기에 사임한 것이다. 남은 각료들은 케렌스키를 부총리로 임명하고 그에게 새로운 연립정부의 구성을 위임했다.

동시에 르보프가 받아들이지 않은 조치들은 대부분 7월 8일에 내각의 이름으로 공표한 "원칙 선언*"에 반영되었다. 다른 무엇보다도 이 선언은 정부로 하여금 타협에 바탕을 둔 강화안의 세부 사항을 마련할 목적으로 8월에 열릴 연합국 협의회를 준비하고 헌법제정회의 선거를 9월 7일에 반드시 치르도록 하는 데 필요한 모든 조치를 반드시 취하겠다고 공약하도록 했다. 선언은 보통·직접·비밀 선거 원칙에 바탕을 둔 지방 자치 개혁안을 "가장 빠른 시일 안에" 채택하는 것이 중요하다는 점을 인정하고 신분과 관등 및 직위를 폐지하겠다고 약속했다. 더군다나 선언은 정부가 국민경제를 조정하기 위한 종합적 개혁을 준비하고 중요한 노동 입법을 곧바로 통과시키겠다고 약속했다. 마지막으로 선언은 정부로 하여금 헌법제정회의에 제출하기 위해 모든 토지를 농민에게 양도하는 기본 토지 개혁 강령을 준비하게 하겠다는 점을 분명히 했다. (이때 르보프가 언론사에 보낸 성명서로 판단컨대, 다른 무엇보다도 그를 짜증나게 만든 것은 이 혁명적 변화의 승인이었다.) 그 선언에는 자유주의자들을 배려해서 두마와 국정추밀원**을 해산한다거나 즉시 공화국을 선언해야 한다는 언급이 없었다. 이 두 가지 요구는 소비에트 대회가 승인하고 사회주의자 장관들이 작성한 원래의 원칙 목록에 포함되어 있던 것이었다.[8]

입헌민주당은 이때 새로운 연립정부에 참여하는 대가로 정부가 7월 8일 선언을 거부해야 한다고 요구했다. 입헌민주당원들은 7월사태로 볼셰비키와 더불어 온건 사회주의자들의 평판이 떨어졌다는 자기

---

* 원칙 선언 임시정부의 활동 계획을 천명한 선언문.

** 국정추밀원(Gosudarstvennyi sovet) 차르에게 조언을 해주는 기능을 하던 러시아제국 최고 국정 자문기구.

들의 견해에 국민 대다수가 공감하기 때문에 드디어 질서를 바로잡고 정부를 돋보이게 할 수 있는 좋은 기회가 왔다고 확신하고 미래의 사회주의자 장관들이 소비에트로부터 완전한 독립성을 유지해야 한다고 요구하는 데 추호의 융통성도 보이지 않았다. 그들은 국내 문제에서 정부가 어떠한 사회 개혁책도 더 내놓아서는 안 된다고 주장했다. (그들은 이에 따라 토지 개혁을 쉽게 하는 역할을 했다는 이유로 체르노프 농업부 장관을 경질하라고 요구했다.) 더욱이 그들은 통치 권위의 난립, 다시 말해 소비에트와 위원회들이 지닌 정치적, 행정적 권위를 폐기하라고 요구했다. 입헌민주당원들은 전쟁 문제에서는 정부가 연합국에 완전히 헌신한다는 원칙을 따르고 전통적인 군대 규율을 다시 세우는 데 필요한 모든 조치를 취해서 강력한 군대를 만들어야 한다고 주장했다. 이 요구 사항들을 어떻게든 7월 8일의 선언과 일치시키는 것이 목표인 협상은 당연히 괴롭고 고통스러웠다. 협상이 질질 늘어지는 동안, 러시아는 그 어느 때보다도 사실상의 국가 지도부가 없는 상태였다.[9]

한편 처음에는 성공을 거뒀던 전선의 공세가 러시아군의 가장 끔찍한 패배로 바뀌었다. 독일군은 남서부 전선에서 러시아 제11군에 묵직한 역공을 매섭게 퍼붓기 시작했다. 남서부 전선에 간 정부의 전권위원 보리스 사빈코프(Boris Savinkov)는 당시 페트로그라드에 다음과 같은 전보를 쳤다.

독일의 공격은 …… 믿기 어려운 재앙으로 바뀌고 있다. …… 대다수 부대가 붕괴 상태에 있으며, 그 붕괴 상태도 점점 심해지고 있다. 권위와 복종이라는 말은 이제 찾아볼 수 없다. …… 일부 부대는 심지어 적이 접근하는 것을 기다리지도 않고 제멋대로 진지에서 떠나고 있다. 서둘러 지원하라는 명령이 집회에서 몇 시간씩 논의되다가 증원이 하루나

늦어지는 경우도 있다. …… 탈영병의 행렬이 후방으로 수백 베르스타 (1베르스타versta = 1.067킬로미터)나 늘어서 있다. …… 여기서 일어나고 있는 사건에 관한 모든 진실을 전국에 알려라![10]

이 답답한 소식을 받기 전에 전러시아 소비에트 중앙집행위원회는 최근의 사태 진전을 논의하려고 7월 7일과 8일 사이 밤에 합동 회의를 열었다. 가장 중요한 것은 볼셰비키의 행동, 반혁명 감정의 급작스러운 폭발, 내각의 붕괴였다. 이 모임은 7월 운동의 성격을 "무정부주의적인 볼셰비키 분자들"의 "무모한 무장봉기 시도"로 묘사한 결의문을 가결하는 데서 절정에 달했다. 이 결의문은 "비상 조치"는 오직 개인을 상대로 취해야 한다는 점을 강조하면서 혁명적 자유를 보호하고 질서를 유지해야 할 책임이 정부에 있음을 분명히 인정했다. 동시에 결의문은 소비에트 대회가 요구한 개혁 법안을 즉시 가결하는 데 강력한 지지를 보냈다.[11]

대다수 온건 사회주의자들에게 전선이 무너졌다는 전갈은 무정부 상태의 확산을 멈출 수 있는 강력한 대의제 거국 정부를 만들어내야 할 필요성을 크게 강화해준다고 보았다. 전선의 상황이 알려진 뒤 곧바로 7월 9일과 10일 사이 밤 늦게 전러시아 소비에트 중앙집행위원회 합동 비상회의가 급히 열렸다. 여기서 볼셰비키가 소비에트 다수파의 정책을 뒤엎어버렸을 뿐 아니라 강력한 혁명적 독재를 지지했다는 신랄한 비난이 정점에 이르렀다. 발언자들은 잇달아서 볼셰비키가 다른 무엇보다도 7월사태 동안 소비에트 공격을 재촉했으며, 반혁명 행위를 촉발한 상황에 책임을 져야 하며, 설상가상으로 군대 붕괴에도 책임이 크다는 비난을 퍼부어댔다.

영향력 있는 멘셰비키 당원인 표도르 단(Fedor Dan)이 이때 온건 사회주의자 블록 전체를 대변해서 연설을 했다. 직업이 의사인 단은 레닌과 더불어 상트페테르부르크에서 만들어진 최초의 중요한 사회민주주의 조직(페테르부르크노동계급해방투쟁동맹)의 일원이었는데, 1917년에는 멘셰비키 지도자들 가운데에서 중도파에서 약간 좌익이었다. 예를 들어, 6월 10일 시위가 무위로 끝난 뒤에 그는 볼셰비키의 위협이 과장되었으며 극좌파를 상대로 섣불리 행동했다가는 정부의 입장이 더 위태로워지고 레닌의 영향력이 강화될 뿐이라고 믿고, 볼셰비키와 그 추종자를 제재하는 문제에서 체레텔리에게 강하게 반대했다. 그러나 평소에는 온화하던 얼굴이 분노로 굳은 채 헐렁한 군의복을 걸친 단이 지금은 수도와 전선에서 벌어진 비상사태를 고려해서 임시정부를 즉시 "혁명 구제 정부"로 선언하고, 더 나아가 군의 조직과 규율을 회복할 포괄적 권한을 정부에 부여하고 반혁명과 무정부 상태의 출현에 맞서 단호한 투쟁을 수행하고 7월 8일의 내각 선언에서 구체화된 개혁 강령을 공표하자고 제안했다. 소비에트 집행위원회는 이러한 취지를 담은 결의문을 압도적 표로 채택했다.[12] 이 결정을 러시아 국민에게 공표하는 선언문은 다음과 같이 밝혔다." 정부가 무정부 상태의 분출, 혁명의 성취를 파괴하려는 모든 시도를 준엄하게 분쇄하도록 만들라. 그리고 [정부가] 혁명에 필요한 모든 조치를 실행하도록 만들라."[13]

볼셰비키는 말할 것도 없고 (멘셰비키와 사회주의자혁명가 진영 안의 극좌 그룹들인) 멘셰비키 국제주의자들과 사회주의자혁명가 좌파가 7월 9일에 전러시아 소비에트 집행위원회에서 통과된 정치적 결의문을 지지하지 않았음을 지적해 둘 필요가 있다. 사실상 그 결의문은 이때만 해도 그 구성과 강령이 전혀 분명하지 않은 정부에 주는 백지수표였다.

코안경을 코에 살짝 걸치고 턱수염을 기른 허약한 율리 마르토프(Iulii Martov)가 끊임없는 연설로 목이 쉰 채 멘셰비키 국제주의자를

1895년 상트페테르부르크에서 '노동계급해방투쟁동맹'을 결성한 발기인들이 1897년에 찍은 사진. 앞줄 오른쪽 끝이 마르토프, 그 옆이 레닌이다. 절친한 친구이자 협력자였던 두 사람은 1903년 볼셰비키와 멘셰비키가 갈라설 때 관계를 끊었다.

대표해서 연설했다. 러시아화한 자유주의 성향의 유대인 지식인의 아들로 태어나 1917년에 40대 중반이 된 마르토프는 차르 치하 러시아에서 유대인이 당하는 불공정한 대우, 학교에서 겪은 혹독한 탄압 상황과 악의에 찬 반유대주의, 집에서 처음 접한 진보 사상과 "금서"로 말미암아 혁명 운동에 투신했다. 마르토프는 1880년대 초에 이미 헌신적인 사회민주주의자가 되어 지성, 개인적인 용기, 굳은 절개, 성실성으로 동료들 사이에서 존경을 받았으며, 1903년에 볼셰비키와 멘셰비키가 갈라설 때 예전에는 절친한 친구이자 협력자였던 레닌과 관계를 끊었다. 그 뒤로 마르토프는 멘셰비키 가운데 가장 명성이 높고 널리 존경받는 정치 명사가 되었다. 제1차 세계대전이 터진 뒤 마르토프는 협상을 통해 즉시 타협 강화를 하려는 멘셰비키 국제주의자들의 투쟁을 이끌었다. 마프토프는 1917년 5월 초순에 해외 망명에서 러시아로 돌아오자마자 전쟁을 제한적으로 지지하고 정부에 참여하는 기존의 멘셰비키 정책에 반대하고 느슨하게 구성된 멘셰비키 조직 안에서 매우 독립적인 국제주의 분파를 이끌었다. 마르토프는 연립정부가 지속되면 혁명이 파괴된다고 확신했기 때문에 7월사태가 절정에 달했을 때 사회주의자로만 이루어지고 "혁명을 앞으로 더 나아가게 할 수 있는" 정부를 만들자는 의견을 천명했다. 그 뒤 일주일이 조금 안 된 이때 그는 만약 좌익에 적이 있으면 나라를 구원하기 위한 소비에트의 강령은 실현될 수 없다고 감정이 북받쳐 주장했다.

마르토프는 임시정부의 대내외 정책이 일관성도 없고 충분히 혁명적이지도 않기 때문에 러시아가 맞닥뜨리고 있는 위기의 원인을 상당 부분 제공하고 있다는 견해를 밝히는 멘셰비키 국제주의자 선언문을 읽어 내려갔다. 그 선언문은 혁명적 민주 세력(즉, 민주적인 기구들과 사회주의 정당들을 총망라한 세력)은 오직 그 대오 안에서 이미 나타난 분열이 깊어지지 않을 경우에만, 점점 커지는 반혁명의 위협과 싸우는 데 혁명 정부의 모든 힘이 집중될 경우에만, 단호한 개혁 조치로 군대에 적을 저지할 때 흘리는 피가 토지, 자유, 조속한 평화를 위한 것이라는 확신을 줄 경우에만 나라를 구할 수 있다는 결론을 내렸다.[14] 며칠 뒤 입헌민주당이 정부 입각 조건을 밝히자, 마르토프는 7월 17일에 열린 소비에트 집행위원회 총회에서 소비에트에게는 정부 권력을 완전히 장악하는 것 외에 다른 선택이란 없다고 주장했다. 그는 "혁명적 민주 세력이 혁명을 위한 모든 책임을 걸머질 것인가, 아니면 혁명의 향후 운명을 정할 발언권을 잃을 것인가"라고 선언했다.[15]

모든 사회주의 인자를 한데 묶어내고 폭넓은 개혁 강령을 수행하고 반혁명에 강력히 도전하며 어떻게 해서든지 즉각적인 타협 강화를 준비하려고 노력하는 혁명적 소비에트 정부에 관한 마르토프의 전망이 정치적으로 각성된 페트로그라드 대중의 열망에 매우 가깝게 일치했음이 앞으로 일어날 사건을 통해 곧 입증될 것이다. 이를테면, 바로 이 목표들이 7월사태의 여파 속에서 대부분의 구소비에트의 토론과 결의 안에서 표현되었음을 살펴볼 것이다. 그러나 이때 사회주의자혁명가-멘셰비키 지도부 안에서 마르토프와 견해를 같이 하는 사람들은 비교적 얼마 안 되는 소수파였다. 7월 17일에 열린 소비에트 집행위원회에서 이루어진 정치 문제 관련 토의는 7월 9일에 소비에트 집행위원회가 취한 입장을 인준하는 데에서 절정에 이르렀다.[16]

멘셰비키와 사회주의자혁명가 대다수가 임시정부와 연립 정책에 관여하고 있었음을 고려한다면, 새로운 내각을 구성하는 협상에서 온건 사회주의자들이 입헌민주당에 결국은 상당한 양보를 했다는 것은 놀라운 일이 아니다. 이 협상은 7월 21일과 22일에 이루어졌다. 이때는 새로운 정부를 만들려는 이전 노력에서 좌절을 맛본 케렌스키가 사표를 제출한 다음이었다. 나머지 각료들은 그 사표를 받아들이지 않았다. 대신 그들은 경쟁하는 여러 정당, 소비에트 중앙기구, 국가 두마 임시위원회의 대표들을 만나 케렌스키에게 정부를 구성하는 데 완전한 자유재량권을 주기로 합의했다. 이 위임으로 무장한 케렌스키는 이 시점에서 정당을 대표하지 않는다는 원칙을 세우고 장관들을 임명하기 시작했다. 서로 받아들일 수 있는 이 합의 아래서 각료들은 자기가 속한 각 정당의 대표자로서 행동하지 않았고 사회주의자 장관들은 더는 공식적으로 소비에트에 책임을 지지 않았다. 사실상 이 조치는 정부에 지렛대 역할을 하는 소비에트의 위상이 한층 더 떨어졌으며 사회주의자들이 제기한 원칙들이 7월 8일의 축소판으로도 더는 정부 강령의 일부가 아니라는 뜻이었다.

이 토대 위에서 케렌스키를 수반으로 삼고 사회주의자 8명과 자유

7월 사태 이후 새로 구성된 제2차 연립내각 각료들. 케렌스키가 전권을 쥐고 사회주의자 8명과 자유주의자 7명으로 구성해 중도 성향으로 짜 맞춘 결과였다. 앞줄(왼쪽부터): 유레네프, 코코시킨, 페셰호노프, 네크라소프, 케렌스키, 압크센티예프, 체르노프, 니키틴. 뒷줄: 카르타셰프, 올덴베르크, 자루드니, 예프레모프, 사빈코프, 스코벨레프, 프로코포비치.

주의자 7명으로 이루어진 제2차 연립정부가 등장했다. 새로운 내각에서 가장 영향력 있는 인물은 (총리가 된 데다가 전쟁·해군부 장관직에 유임된) 케렌스키와 그의 절친한 동료 두 사람, 즉 (부총리 겸 재무부 장관인) 니꼴라이 네크라소프와 (외무부 장관인) 테레셴코였다. 거의 모든 사람들에게 놀랍게도, 체르노프가 농업부 장관직에 남을 수 있었다. 새로운 내각에서 체레텔리가 눈에 띄지 않았다. 그는 건강이 나빠졌고 내각의 정책에 완전히 염증을 느꼈기 때문에 소비에트 업무에 정력을 쏟기로 했다.[17]

정부의 볼셰비키 탄압은 7월 5일 이른 아침에 육군사관학교 생도로 이루어진 대부대를 파견해서 〈프라브다〉 편집실과 인쇄소를 습격하면서 시작되었다. 사관생도들은 목적지에 조금 늦게 도착하는 바람에 레닌을 붙잡지 못했다. 레닌은 그보다 조금 앞서 구내를 떠났던 것이다. 습격 도중에 〈프라브다〉 직원 몇 사람이 얻어맞고 체포당했다. 사관생도들은 신문사를 샅샅이 뒤졌고, 그러면서 가구와 설비를 부수고 갓 찍어낸 신문 다발을 부근에 있는 모이카(Moika) 운하에 내다버렸다. 이튿날 많은 페트로그라드 신문은 이 소동을 다룬 특집 기사에서 사관생도들이 한 독일 남작이 보낸 독일어 편지를 발견했다고 의기양양하게 밝혔다. 그 편지에는 볼셰비키의 행동에 환호하고 당이 페트로그라드에서 커다란 영향력을 얻기를 바란다고 씌어 있었다는 것이다. "독일의 서신이 발견되었다." 이 발견을 요약하는 〈말렌카야 가제타〉의 표제는 이런 식이었다.[18]

7월 4일에 내각은 페트로그라드 군관구에 크셰신스카야 저택에서 볼셰비키를 내쫓으라는 특별 지시를 내렸다. 7월 6일 동이 트기 전에 쿠즈민(A. I. Kuz'min)이 지휘하는 대규모 타격대가 볼셰비키 본부를 덮칠 준비를 했다. 타격대는 페트로그라드 연대, 장갑차 8대, 프레오브라젠스키(Preobrazhenskii)·세묘놉스키(Semenovskii)·볼린스키(Volynskii) 근위연대에서 각각 1개 중대씩 차출한 3개 중대, 흑해함대 수병 부대, 사관생도 부대 일부, 항공학교 생도, 전선의 자전거 여단으로 이루어져 있었으며, 모두 중포 지원을 받았다. 저택에 남은 2급 당 지도자들은 공격이 임박했다는 통보를 받고는 저항을 진지하게 고려했으며 심지어는 그와 관련된 준비에 들어가기까지 했다. 그러나 결국 볼셰비키는 상황이 가망 없음을 인정하고 당시 우호적인 부대가 점령하고 있던 페트로파블롭스크 요새로 이동하는 데 성공했다.[19]

쿠즈민의 타격대는 크셰신스카야 저택에서 다량의 무기를 빼앗았으며 당 문서철 소각을 마무리하려고 미친 듯이 일하고 있던 볼셰비키 일곱 명을 체포했다. 더욱이 쿠즈민의 부대는 한 다락방에서 포그롬*을 일삼는 '검은 무리'의 전단 일부를 발견했다. ('검은 무리'는 차

---

* 포그롬(pogrom) 제정 정부의 묵인이나 지시 아래 조직적으로 자행된 유대인 학살과 약탈.

7월 4일 내각의 지시로 타격대가 크셰신스카야 저택에서 볼셰비키를 내쫓은 후 찍은 기념사진. 타격대는 볼셰비키가 보유한 다량의 무기를 빼앗았고, 당 문서철 소각을 마무리하던 볼셰비키 당원 일곱 명을 체포했다.

르 러시아 말기에 포그롬을 조직한 극우 집단이었다.) 그 전단들은 차르 시절부터 거기 있었던 게 틀림없었다. 〈페트로그라드 일보〉에게는 이 발견이 볼셰비키가 독일뿐만 아니라 극우 세력과 동맹을 맺고 있음을 알려주는 증거였다. 그 신문의 7월 7일자 표제는 다음과 같았다. "레닌, 빌헬름 2세, 두브로빈(Dubrovin) 박사[유명한 극우분자]가 동맹 관계에 있다. 레닌 추종자들이 마르코프(Nikolai Markov)와 두브로빈의 '검은 무리'와 함께 폭동을 일으켰다!"

7월 6일 이른 오후에 정부군이 좌파 저항의 마지막 보루 가운데 하나인 페트로파블롭스크 요새를 재점령했다. 이 무렵 북부 전선에서 파견된 군부대 일부가 수도에 도착했다. 자전거 부대원들과 소러시아 용기병 제2중대가 아침에 도착해서 크세신스카야 저택과 페트로파블롭스크 요새를 장악하는 데 때맞춰 가담했다. 완전 군장을 한 미탑스키(Mitavskii) 제14경기병 연대가 초저녁에 페트로그라드에 도착했다. 연대는 "우리는 전러시아 병사·노동자·농민 대의원 소비에트 집행위원회를 지원하러 왔습니다"라는 글귀가 새겨진 붉은 깃발을 높이 든 기수의 뒤를 따라 총참모부 청사로 행진해 가서 정부에 보고했다.[20] 빅토르 체르노프 농업부 장관은 궁전 광장(Dvortsovaia ploshchad')에서 일부 부대를 환영했다. 그는 다음과 같이 말했다. "여러분이 온 까닭을 말하자니 슬프군요. 하지만 여러분의 이 같은 방문이 처음이자 마지막이라고 믿습니다. …… 우리는 [앞으로] 더는 그 누구도 감히 혁명적 민주 세력 다수파의 의지에 맞서려 하지 않으리라는 것을 바라고 믿습니다."[21]

7월 6일과 12일 사이에 내각은 급히 만든 일련의 지시를 내렸다. 지시가 의도한 바는 질서를 회복하고 정치적으로 말썽을 일으키는 자들을 응징하는 것이었다. 7월 6~7일 사이 밤에 열린 한 마라톤 회의에서 "인민이 세운 국가 권력에 대항한 무장 행동의 조직과 지도에 가담한 자, 그리고 무장 행위를 호소하고 선동한 자들을 모두 체포해서 조국을 배신하고 혁명에 반역한 죄인으로 재판정에 세워 책임을 묻겠다"고 선언했다.[22] 동시에 정부는 다음과 같은 항목을 포함한 새로운 형사 규정을 공표했다. (1) 살인, 강도, 절도, 포그롬, 기타 강력 범죄, 그리고 국민에 대한 폭력을 공공연히 호소한 죄인은 3년 이하 교도소 금고형이나 3년 이하 요새 금고형에 처한다. (2) 당국의 적법한 명령에 따르지 말라고 공공연히 호소한 죄인은 3년 이하의 요새

금고형이나 3년 이하의 수감형에 처한다. (3) 전시에 장교, 병사, 기타 군인들이 군의 새로운 민주주의 체제 아래서 효력을 발하고 있는 법률과 그에 부합하는 군 당국의 지시에 불복하라고 호소한 죄인은 국가반역죄로 처벌한다.[23]

　7월 7일에 총리에 임명된 케렌스키는 전선을 시찰하러 7월 3일 오후 늦게 수도를 떠났기 때문에 7월사태가 한창일 때 페트로그라드에 없었다. 그는 전선에 있는 동안 수도에서 벌어지고 있는 위기에 관해 상세한 보고서를 받았다. 케렌스키는 답신으로 "반역 행위를 단호히 중지시키고 반란을 일으킨 부대를 무장 해제하고 폭동 주동자와 폭도를 모두 재판에 넘기라"고 요구하는 전보를 르보프에게 쳤다.[24] 더욱이 그는 전선에 있는 동안 독일이 러시아군 사이에 유포하려고 펴내는 러시아어 주간 선전지인 〈동지〉(Tovarishch) 최근호를 보았다. 이 주간지에 실린 기사 한 편은 케렌스키에게 독일인들이 수도에서 일어난 봉기를 미리 알고 있었다는 것을 암시해주었다. 이 때문에 레닌이 독일 간첩이라는 그의 믿음이 굳었음은 물론이다.[25]

　화가 머리끝까지 치밀어 올라 거의 미칠 지경에 이른 케렌스키는 7월 6일 아침에 수도로 돌아가는 열차에 올랐다. 폴로츠크(Polotsk)의 철도역에서 그가 잠자고 있던 객차가 폭탄 공격으로 부서졌다.[26] 몸에 상처를 입지는 않았다고 해도, 케렌스키가 이 사고로 안절부절 못하게 된 것은 이해할 만하다. 7월 6일 저녁에 페트로그라드로 돌아오자마자 그가 노발대발하고 이를 갈면서 볼셰비키에게 앙갚음하려고 한 것은 놀라운 일이 아니다. 그 뒤로 케렌스키는 극좌파에 대한 강경책을 소리 높여 외치는 각료의 제일선에 섰다. 잠시 뒤에 최고 사령부 청사의 한 창턱에서 병사와 노동자로 이루어진 군중에게 연설하던 도중 케렌스키는 (떨어지지 않도록 장교 두 명이 그의 다리를 붙잡고 있는 가운데) "싸워서 얻어낸 러시아 혁명을 훼손하려는 그

7월 8일 무장을 해제당한 제1기관총 연대 병사들의 모습. 7월사태가 벌어지고 케렌스키는 "반역 행위를 단호히 중단시키고 반란을 일으킨 부대의 무장을 해제하고 폭동 주동자와 폭도를 모두 재판에 넘겨라" 하고 지시했다.

어떠한 시도도" 용납하지 않겠다고 선언했다. 케렌스키는 병적으로 흥분한 목소리로 다음과 같이 외쳤다. "수도의 거리에서 피를 쏟은 자들에게 저주 있을지어다! 힘든 시련의 나날에 조국을 배반한 자들에게 저주를 내려라!"[27] 케렌스키는 며칠 뒤에 총리에 공식 취임한 뒤에 연합통신(Associated Press)과 인터뷰하면서 똑같이 힘을 주어 다음과 같이 선언했다. "[우리의] 근본 과업은 붕괴와 무정부 상태로부터 나라를 지켜내는 것입니다. 나의 정부가 러시아를 구할 것이며, 만약 이성과 명예와 양심으로 충분하지 않다면 쇠와 피로 러시아의 단합을 얻어내겠습니다."[28]

7월봉기가 그 무엇보다도 먼저 수비대의 반란이었음은 물론이다. 7월 6~7일 회의에서 7월봉기에 참여한 비전투 부대를 무장 해제하고 해체하며, 그 부대원은 전쟁·해군부 장관의 자유 재량에 맡긴다는 명령을 내렸다. 이 명령을 보충하는 세부안에는 케렌스키가 "찬성

7월사태 직후 총리로 임명된 케렌스키가 전선을 시찰하는 모습. 케렌스키가 주도하는 내각회의에서, 전선 부대의 붕괴를 막기 위해 전장에서 도주하는 병사에게 발포할 수 있는 권한을 군 지휘관에게 주고 군법 위반에 따른 사형제를 재도입하는 조치를 결정했다.

한다. 그러나 더는 피하지 말고 이를 단호히 수행할 것을 나는 요구한다"라고 손으로 쓴 주석이 달려 있었다. 동시에 케렌스키는 크론시타트 수병들이 "독일 간첩과 선동꾼"의 영향을 받아 행동하고 있었다고 암시하면서 그들을 상대로 강력한 고발장을 발부했다. "임시정부에 불복하라고 호소하고 공세에 반대하라고 선동한 혐의가 있는 자를 모두" 조사하고 재판에 부치려고 페트로그라드 당국에 인계하라는 명령이 함대의 전 승조원과 선박에 내려졌다.[29]

전선에 있는 군대의 붕괴를 막으려는 조치도 이때 시행되었다. 따라서 전장에서 제멋대로 도주하는 러시아 부대에 발포할 수 있는 권리가 군 지휘관에게 주어졌다. 모든 군사 작전 지역에서 볼셰비키 신문이 금지되었다. 전선 부대에서 집회가 엄격히 금지되었다. 정부가 전투지역에서 군법 위반에 관한 사형제를 재확립한다고 포고하는 동

시에 사형을 선고할 권한을 가진 특별 "혁명 군사" 법정 설치를 인가한 것이 가장 중요하다.[30]

페트로그라드 도심에서 잡힌 반란 노동자와 병사들이 비교적 안전한 네바 강 좌안의 공장 지구로 달아나지 못하도록 막으려고 네바 강의 도개교들이 들어올려졌다. 동시에 "독일 간첩"이 해외로 도망치지 못하도록 국경이 폐쇄되었다. 국방부 장관과 내무부 장관에게는 군 당국에 대한 불복종을 조장하거나 폭력을 호소하는 신문을 폐쇄할 권한이 주어졌다. 이 명령으로 볼셰비키 신문인 〈프라브다〉, 〈병사의 진실〉, 〈참호의 진실〉, 〈진실의 목소리〉(Golos pravdy)가 폐쇄되었다. 근본적으로 노동자들의 무장 해제를 겨냥했음이 분명한 조처의 하나로 수도의 모든 민간인에게 소유하고 있는 무기와 군수품을 모조리 정부에 인계하라는 명령이 내려졌다. 무기를 내놓지 않으면 공공재산 절도로 기소당할 터였다.[31]

7월 7일 내각은 카린스키(N. S. Karinskii) 페트로그라드 고등법원 검사가 7월봉기의 조직화에 관계된 일체의 문제를 전담하게 했다. 그래서 전러시아 소비에트 집행위원회는 소비에트가 계획한 독자적인 봉기 사건 조사를 중지하는 데 동의했다.[32] 그러나 심지어 검사가 조사 임무에 착수하기도 전에 페트로그라드 당국은 주요 볼셰비키를 체포하기 시작했다. 내각은 특히 레닌과 지노비예프와 카메네프를 체포해서 구금하라고 명령했다. 앞으로 살펴보겠지만, ('군사조직' 고위 간부 두 명인 넵스키와 포드보이스키가 그랬던 것처럼) 레닌과 지노비예프는 지하로 숨었다. 카메네프만 도망치지 않았다. 그는 7월 9일 체포되어 감옥에 갇혔다.

이틀 앞서 정부는 좌익이 지배하는 발트해 함대 중앙위원회(첸트로발트Tsentrobalt)가 겔싱포르스(Gel'singfors, 오늘날 핀란드의 헬싱키)에서 페트로그라드로 파견한 두 대규모 수병 대표단을 감금했다.

체포된 수병 가운데는 파벨 디벤코(Pavel Dybenko)와 니콜라이 호브린(Nikolai Khovrin)같이 영향력 있는 "함대" 볼셰비키가 있었다. 일주일 뒤 겔싱포르스의 또 다른 주요 볼셰비키 당원인 블라디미르 안토노프-옵세옌코(Vladimir Antonov-Ovseenko)도 체포되었다. 이때 카자크 순찰대가 노동자들이 가득 탄 자동차에서 수상적은 자를 몇 명 붙잡았는데, 그 가운데는 아르메니아인으로서 한때 볼셰비키 당 중앙위원회 후보였던 세르게이 바그다티예프(Sergei Bagdat'ev)도 있었다. 7월 4일 오후에 바그다티예프는 장갑차에 올라타 소총을 흔들며, 넋을 잃고 입을 벌린 채 바라보는 구경꾼들에게 "장관들을 체포하라"고 외치면서 페트로그라드를 돌아다녔다고 한다. 바그다티예프는 체포되어 심문을 받으면서 봉기 조직자들 가운데 한 사람임을 순순히 시인했다. 바그다티예프의 체포에 관한 신문 기사는 그가 독일 간첩이며 유대인이라는 두 가지 사실에 큰 관심을 기울였다. 〈말렌카야 가제타〉의 현장 취재 기자에게 바그다티예프의 "외모, 매부리코, 붉은 턱수염"과 그가 "노동자가 입는 민주풍 웃옷으로 가장하고 있었다"는 사실은 명백한 증거였다. 그 기자는 "바그다티예프가 거의 유대인 억양 없이 러시아어를 잘했다"고 썼다.[33]

(십자가 두 개가 겹친 형태로 지은 유서 깊은 감옥이며 비보르그 구에 있는) 크레스티(Kresty)에서 6월 18일에 탈옥한 뒤 대대적인 추적의 초점이 된 〈참호의 진실〉 편집인 플라비안 하우스토프(Flavian Khaustov)가 이때 유원지에 있는 극장에서 나오다가 한 밀고자의 제보로 붙잡혀 재수감되었다.[34] 좌파 지도자들을 크론시타트 해군 기지에서 끌어내 수감한다는 것은 정부로서는 이루 말할 수 없이 어려운 일이었다. 크론시타트 소비에트 집행위원회는 "반혁명 선동꾼"을 정부에 즉시 넘기라고 요구하는 케렌스키의 전신에 회답해서 "크론시타트에서는 '반혁명 선동꾼'의 존재에 관해 알려진 바가 없으므로

1917년 7월 16일자 〈페트로그라드 신문〉 만평 "레닌의 '여자' 체포하다". 레베데프가 알렉산드라 콜론타이 체포 장면을 그린 것이다. 그림 속 여행용 가방에 "협상 문서"라고 쓰여 있다.

체포수행은 불가능하다"는 답전을 쳤다. 특정하게 몇몇 주요 볼셰비키(표도르 라스콜니코프Fedor Raskol'nikov, 세묜 로샬Semen Roshal', 아파나시 렘네프Afanasii Remnev)를 넘기라는 명령을 받은 크론시타트 소비에트는 정부에 협력하기를 끝까지 거부했다. 해군 기지는 봉쇄와 포격 위협을 받은 다음에야 (사라진) 로샬을 제외한 수배 대상자가 모두 자수한다는 데 합의를 보았다.[35] 이어 로샬도 자수했다. 그 뒤 곧 크레스티에서 라스콜니코프를 만난 로샬은 "자네가 체포된 뒤로는 숨어 지내는 게 영 불편하게 느껴졌네"라고 말했다.[36]

국제적으로 이름난 볼셰비키 당원인 알렉산드라 콜론타이(Aleksandra Kollontai)는 7월사태 동안 스톡홀름에 있었다. 스웨덴 언론이 독일 간첩 추문이 터진 뒤로 콜론타이가 독일의 보조금을 더 얻으려고 외국에 나왔다고 암시하는 바람에 콜론타이는 생활이 어려워졌다. 그래서 콜론타이는 서둘러 페트로그라드로 돌아갔다. 뒤에 콜론타이는 7월 13일에 스웨덴과 핀란드 국경선에서 벌어진 자기의 영접식을 묘사했다. 토르네오(Torneo)에서 러시아 장교 몇 명이 열차에 올라타 콜론타이를 연행했다. 콜론타이를 체포했다는 소식이 역에 퍼졌고, 곧이어 플랫폼에 "독일 첩자년이네! 러시아를 배신한 년이야!"라고 쑤군거리는 군중이 모여들었다. 냅킨을 팔에 두른 식당차 지배인은 "첩자년 콜론타이를 데리고 오는구먼! 네 년 자리는 러시아를 배반한 놈들이 매달린 교수대야"라고 외치면서 콜론타이를 쫓아다녔다. 열차가 토르네오를 떠난 뒤 콜론타이와 호송인들은 식당차로 갔다. 그러나 혁명 러시아의 보호자를 자처하는 그 지배인이 아직 근무 중이었다. 그는 길을 가로막고서 "첩자년 콜론타이가 …… 내 객차에서 식사하는 꼴은 허락 못해"라고 내뱉듯 말했다. 그는 "간첩은 콩밥이나 먹어야지"라고 덧붙이고는 시중들기를 완강히 거부했다.[37]

혐의를 받은 좌익분자들의 체포가 잇따르자, 극소수의 비(非)볼셰비키가 정부에 도전했다. 이들 가운데에는 마르토프와 트로츠키와 아나톨리 루나차르스키(Anatolii Lunacharskii)가 있었다. 극작가이자 마르크스주의 철학자였으며 혁명의 막강한 호민관인 루나차르스키는 이때 구간위원회(區間委員會, Mezhraionnyi komitet)의 구성원이었다. 예를 들어, 트로츠키는 7월 17일에 열린 소비에트 중앙집행위원회 회의에서 7월사태 동안 볼셰비키가 한 행동을 흔들림 없이 옹호하고 레닌이 독일의 간첩이라는 생각을 비웃었다. 트로츠키는 다음과 같이 말했다. "레닌은 혁명을 위해 서른 해 동안 싸워 왔습니다. 나는 스무 해 동안 인민 대중의 박해에 맞서 싸우고 있습니다. 그리고 우리는 독일 군국주의에 증오심을 품지 않을 수 없습니다. 누가 혁명가인지 알지 못하는 자만이 그런 말을 할 수 있습니다."[38]

트로츠키는 볼셰비키의 대의를 돕고자 법정에서 라스콜니코프를 변호한다는 데 동의했다. 7월 중순에 그는 정부에 항의 서한을 보내 볼셰비키를 옹호했다. 그 서한에서 트로츠키는 다음과 같이 선언했다. "나는 레닌, 지노비예프, 카메네프와 원칙적 입장을 공유합니다. …… 7월 3~4일에 일어난 사건과 나의 관계는 앞에 말한 동지들과 같습니다. …… 당신들은 법령을 적용해서 레닌, 지노비예프, 카메네프 동지를 무리하게 체포했는데, 그렇게 논리를 따진다면 당신들이 그 법령의 적용 대상에서 나를 제외할 근거가 있을 수 없습니다."[39] 정부는 이 같은 도전을 좌시할 수 없었다. 7월 23일 아침에 카린스키의 집무실에서 루나차르스키와 트로츠키를 체포하라는 명령이 내려왔다. 루나차르스키는 그 뒤 곧바로 자기 아파트에서 체포되었다. 당국이 자기를 추적하는 줄 몰랐던 트로츠키는 라스콜니코프 변호를 논의하려고 그날 밤에 카린스키에게 전화를 걸었다. 트로츠키가 라스콜니코프의 변호인으로서 법정에 출석해도 되느냐고 묻자, 카린스키는 "내가 알려주겠소. 어디서 당신을 만날 수 있지요?"라고 물었다. 트로츠키는 아무런 의심 없이 "유리 라린(Iurii Larin)의 집에서요"라고 대답했다. 한 시간도 안 되어 일개 분대 병력의 병사들이 라린의 집 문을 두드리고는 트로츠키를 끌어냈다.[40]

페트로그라드 고등법원 검사가 7월 6일 저녁에 레닌 체포 영장을 발부했다. 프레오브라젠스키 근위연대 병사들과 장교들로 구성되고 보리스 니키틴(Boris Nikitin) 방첩국장의 지휘를 받는 분견대가 마지막으로 알려진 레닌의 숙소, 즉 레닌의 누이동생인 안나 옐리자로바(Anna Elizarova)의 아파트로 즉시 달려갔다. 레닌이 그곳에 없었는데도, 여러 달 동안 그 볼셰비키 지도자를 붙잡으려고 안달을 내던 니키틴은 빈손으로 떠날 기분이 아니었다. 레닌의 아내인 나제즈다 크룹스카야(Nadezhda Krupskaia)가 화가 나서 지켜보는 가운데 니키틴은 철저한 아파트 수색을 감독하고는 조금이라도 수상쩍어 보이는

1917년 7월 8일자 〈페트로그라드 신문〉 만평 "니콜라이 2세 행세하는 레닌". 캡션에 "7월 3·4·5·6·7일, 페트로그라드 거리에서 레닌이 말한다. '러시아인들이 피를 흘리는, 것에는 관심 없다. … 내 주머니에 금화가 짤랑거리기만 한다면야'" 하고 적혀 있다.

서류와 문서를 압수했다. 이튿날 아침 일찍 아파트에 나타난 〈페트로 그라드 일보〉 기자 한 사람이 레닌의 이웃이 최근에 일어난 사건에 보인 반응을 기록해 놓았다. 모두 다 적의 간첩을 숨겨주고 있었다는 생각에 분노했고, 그 24호 세입자가 돈("독일의"라는 말은 나오지 않았다)을 많이 가지고 있었다는 데 동의했다. 수위가 "직접 보시라고요. 페트로그라드에서 이런 집, 이런 정문 계단, 이런 마호가니 문은 흔하지 않지요"라고 말했다. 그는 "레닌은 거의 언제나 승용차를 타고 다녔어요"라고 덧붙였다. 세입자인 한 여자는 "레닌하고 그 사람 부인은 우리 동(棟) 사람 누구도 가지지 못한 사치스러운 시트를 가지고 있다니까요"라고 털어놓았다. 그 여자와 같이 온 사람은 "프롤레타리아는 우리 아파트에서 셋집을 구하지 않아요"라고 맞장구를 쳤다. 기자가 떠나려고 하자, 수위는 그 24호 세입자가 즉시 떠나야 한다고 요구하는 탄원서를 만들었다. 이미 여러 명이 서명한 탄원서는 "그 누구도 레닌과 그의 가족처럼 위험한 이웃을 두고 싶어하지 않습니다"라고 씌어 있었다.[41]

레닌은 자기에게 체포 영장이 발부되고 옐리자로바의 집이 수색당한 사실을 다섯 번째 은신처인 (나중에 스탈린의 장인이 되는) 세르게이 알릴루예프(Sergei Alliluev)의 아파트에서 들었다. 레닌은 알릴루예프의 집에서 사흘 동안 머물렀다.[42] 이곳 저곳으로 은신처를 옮겨 다니면서 레닌은 자수함으로써 얻는 이해득실을 저울질해 보았다. 레닌 바로 곁에 있던 측근들 사이에서, 따라가야 할 올바른 진로를 둘러싸고 의견이 뚜렷이 갈렸다. 보건대, 상당수의 모스크바 볼셰비키와 더불어 카메네프, 트로츠키, 루나차르스키, 빅토르 노긴(Viktor Nogin)은 소비에트에 기대어 신변 안전을 보장받을 수 있으며, 레닌이 소비에트의 보호를 받으며 공정한 공개 재판을 받아 재판정을 현 정권의 타락상을 폭로할 연단으로 이용할 수 있으리라고 생각했다. 따라서 그들은 레닌이 당국에 자수해야 한다고 촉구했다.[43]

페트로그라드 당 지도자 몇 사람은 레닌의 도주가 공장 노동자와 병사들에게 끼치는 부정적 영향이 최고 관심사였던 듯한데 그들도 같은 생각이었다. 볼로다르스키는 레닌의 법정 출두 문제를 둘러싼 당내 논쟁에서 이 견해를 다음과 같이 밝혔다. "문제는 많은 동지들에게 보이는 것처럼 단순하지 않습니다. 대중은 우리를 이해해 왔지만, (레닌의 잠적이라는) 이 문제에서는 우리를 이해하지 않았습니다."[44] 볼로다르스키처럼 노동자, 병사와 유달리 연계가 긴밀했던 드미트리 마누일스키(Dmitrii Manuil'skii)는 다음과 같이 말했다. "레닌 동지와 지노비예프 동지가 재판에 출두하는 문제를 신변 안전 차원에서 보아서는 안 됩니다. …… 이 문제는 당의 이익과 위신의 관점에서 …… 보아야 합니다. …… 우리는 대중과 관계를 맺어야 하며, 우리 동지들의 재판 기피가 문제가 될 때 부르주아의 손에 어떤 패가 있는지를 살펴야 합니다. …… 레닌의 소송 사건을 우리는 드레퓌스(Dreyfus) 사건으로 만들어야 합니다.”

볼셰비키 노동조합 지도자인 알렉산드르 실랴프니코프(Aleksandr Shlapnikov)에 따르면, 레닌의 누이동생 마리야는 레닌이 재판을 받아들여야 한다는 많은 동지들의 우정 어린 충고에 크게 당황했다. 마리야는 오빠가 스웨덴으로 가기를 바랐던 것이다.[45] 대부분 페트로그라드에서 7월 말에 열린 제6차 당대회에 참석했던 다른 많은 볼셰비키 지도자들도 레닌이 자수할 경우에 신변 안전이 위태롭다고 염려했다. 그들은 레닌의 재판이 볼셰비키를 분쇄하려는 계급의 적이 꾸미는 음모이고 현 정세에서 레닌은 공정한 재판을 받을 수 없으며, 사실상 소송이 법정으로 가기도 전에 틀림없이 암살당할 것이라고 주장했다. 따라서 그들은 7월사태의 직접적 여파 속에서 레닌이 숨어야 한다고 다그쳤다. 이어 그들은 당 안팎에서 폭풍우 같은 비난이 쏟아지는 가운데 레닌의 행동을 흔들림 없이 옹호했다. 7월 말에 이오시프 스탈린(Iosif Stalin)은 이 논의에서 중도 입장을 취했다. 스탈린은 정치 상황이 아직 유동적일 동안에는 레닌과 지노비예프가 자수해서는 안 된다고 주장했지만, 어느 정도 정직한 정부가 들어서 레닌의 안전을 보장하면 자수해야 한다는 뜻을 넌지시 비쳤던 것이다.[46]

처음에 레닌은 당국에 자수하는 쪽으로 기울었음이 분명하다.[47] 7월 7일 오후에 레닌은 누이동생의 아파트 수색에 항의하고 만약 소비에트 중앙집행위원회가 자기의 구류를 재가한다면 스스로 나타나 체포당할 뜻이 있음을 밝히는 공식 문서를 급히 썼다.[48] 최근에 페트로그라드에 도착한 그루지야인 고참 볼셰비키 당원인 세르고 오르조니키제(Sergo Ordzhonikidze)와 노긴이 이 메시지와 함께 수감 조건을 협상하라는 구두 지시를 받고 타브리다 궁으로 파견되었다. 그들은 소비에트 중앙집행위원회 사무국 간부인 아니시모프(V. A. Anisimov)에게서 레닌의 안전에 대한 철석같은 보증과 신속하고도 공정한 재판에 대한 약속을 얻어내야 했다. 두 사람은 그날 오후 늦게 아니시모프와 만났다. 확실한 보장을 해줄 수 없었던 아니시모프는 그들에게 소비에트가 레닌의 권리를 보장하기 위해 할 수 있는 일을 하겠다고 확약했음에 틀림없다. 오르조니키제에 따르면, 노긴조차 이 미덥지 않은 반응을 본 뒤 레닌이 자수할 경우 레닌의 운명이 위험하다고 불안해했다.[49]

이 판단은 즉시 레닌에게 전달되었다. 동시에 레닌도 7월사태 관련 조사를 중지하겠다는 전러시아 소비에트 중앙집행위원회의 결정을 알게 되었다. 이 정보가 그의 판단에 영향을 준 듯하다. 어쨌든 7월 8일 레닌은 자수하지 않겠다는 마음을 굳혔다. 당시 신문에 실으려고 준비하던 한 편지에서 레닌은 다음과 같이 설명했다.

우리는 우리의 체포에 관한 임시정부의 명령에 따르겠다는 계획을 바꿨습니다. 그 까닭은 다음과 같습니다. …… 반혁명 도당이 레닌과 다른 사람들의 "간첩 행위"에 관한 "사건"을 아주 교묘하게 꾸몄음이 너무도 명백해졌습니다. …… 현재 러시아에는 공정한 재판을 받으리라는 아무런 보증도 없습니다. 소비에트 중앙집행위원회가 …… 간첩 행위 사건을 관장할 특별위원회를 지명했습니다만, 반혁명 세력의 압력을 받아 이 특별위원회를 해체했습니다. …… 지금 정권의 손에 몸을 내맡긴다는 것은 밀류코프, 알렉신스키, 페레베르제프 같은 자들의 손에, 미쳐 날뛰는 반혁명 세력의 손에 몸을 내맡기는 행위를 뜻할 것입니다. 우리에게 내려진 모든 유죄판결은 이들에게는 내전에서 벌어지는 단순한 에피소드

일 따름입니다.[50]

레닌은 7월 9일에 야음을 틈타 알릴루예프의 집을 떠나 지노비예프와 함께 수도 서북방 32킬로미터 지점에 있는 핀란드 만의 세스트로레츠크(Sestroretsk)라는 조그만 휴양도시에서 가까운 라즐리프(Razliv) 마을로 도망쳤다.[51] 레닌은 8월 9일 핀란드로 떠날 때까지거기서 머물렀다. 처음에 레닌과 지노비예프는 세스트로레츠크 공장 노동자이자 고참 볼셰비키 당원인 니콜라이 예멜랴노프(Nikolai Emel'ianov) 소유지에 있는 헛간의 고미다락에 몸을 숨겼다. 그러나이 도피처에 있다가는 호기심 많은 마을 사람들에게 들킬 위험이 있었기 때문에 도피자들은 곧 부근 호숫가에 있는 외딴 초가 오두막으로 옮겼다. 몇 해 뒤 지노비예프는 어느 날 자기와 레닌이 근처에서총소리가 들려 놀랐던 일을 회고했다. 두 사람이 덤불숲에 숨었을 때,레닌이 "자, 우리가 할 수 있는 일은 이제 어떻게 죽어야 하는지를 택하는 것뿐인 듯하네"라고 속삭였다.[52] 총소리는 지나가던 사냥꾼이낸 것이었다. 이렇게 신경을 곤두서게 만드는 일은 대체로 다시는 일어나지 않았다. 8월에 비와 추위로 그 오두막에서 지낼 수 없게 될 때까지, 도피자들을 가장 괴롭힌 문제는 모기떼였다. 라즐리프에서 레닌은 쉬고 헤엄치고 오랜 시간 산책을 했다. 에이노 라햐(Eino Rakh'ia), 그리고 오르조니키제와 함께 레닌과 페트로그라드 당 지도부 간의 연락을 맡은 알렉산드르 쇼트만(Aleksandr Shotman)에 따르면, 레닌은 무엇보다도 페트로그라드로부터 최신판 신문을 받아보는 데 관심을 기울였다. 레닌은 풀밭에 앉아 신문에 뭔가를 끄적거리고 공책에 논평을 휘갈겨 쓰고는 했다. 이 시간 동안 레닌은 볼셰비키 신문에 정기적으로 글을 썼고, 페트로그라드에 있는 동료들이 고려해야할 사항들을 제시하고자 (가장 중요하게는 7월 13일과 14일에 열린 확대 당중앙위원회와 제6차 당대회를 위해) 팸플릿과 결의문 초안을 작성하고 중요한 이론적 논고인 《국가와 혁명》 집필에 몰두했다.[53]

　이 시기 내내 레닌의 행동에 대한 비판과 그의 소재를 둘러싼 신문지상의 억측이 계속되었다. 7월 7일에 〈생생한 말〉은 레닌이 크셰신스카야 저택을 급습할 때 붙잡혀 정부에 넘겨졌다는 오보를 의기양양하게 대서특필했다. 같은 날 〈페트로그라드 일보〉도 지지 않고 독자에게 더 자세한 내용을 제공했다. 〈페트로그라드 일보〉는 볼셰비키가 크셰신스카야 저택에서 물러나자마자 자기 고객의 집을 점검하려고 달려갔던 크셰신스카야의 변호사에게서 얻은 정보를 토대로 쓴 기사에서 볼린스키 연대 병사 일부가 수병을 사칭하고 빠져나가려고 시도하던 레닌을 발견했다고 밝혔다.

　7월 13일에 레닌의 도주는 전러시아 소비에트 집행위원회에서 관심의 초점이었다.[54] 이 회의는 전선의 재앙이 훨씬 더 심해지고 혁명을 적대시하는 우익 조직이 점점 더 설친다는 소식이 전해진 뒤 열렸는데, 소비에트가 임시정부와 한통속이고 볼셰비키를 적대시한다는 것을 보여주는 또 다른 공공 시위로 빠르게 바뀌었다. 직무 회의라기보다는 정치 집회였던 이 회의는 전선 시찰에서 막 돌아온 케렌스키가 소비에트를 지지하고 단호히 볼셰비키와 관계를 끊으라고 열렬히 탄원하면서 시작되었다. 이 회의는 케렌스키가 총리 자리에 오른 이후로 타브리다 궁에 처음으로 모습을 나타낸 것이어서 방청석이 꽉꽉 들어찼다. 케렌스키의 호소뿐만 아니라 "이 기구는 혁명을 구하고자 그 어떠한 희생 앞에서도 멈추지 않으리라"는 치헤이제의 답변을 박수갈채의 물결로 맞이했다. 신문 보도에 따르면, 이때 케렌스키가 의자에서 벌떡 일어나 치헤이제를 껴안았다. 박수갈채와 "공화국 만세!" 소리, 그리고 "조국의 영광을 외치는 만세 삼창"이 회의장에 울려 퍼졌다.

굉음이 가라앉자마자 표도르 단이 연설하려고 앞으로 뛰쳐나갔다. "케렌스키 동지가 우리에게 호소한 바를 우리는 이미 수행했습니다. 우리는 임시정부를 지지할 준비가 되어 있습니다. 우리는 임시정부에 모든 권력을 위임했습니다. 그뿐만 아니라 우리는 임시정부가 이 권력을 사용할 것을 요구합니다." 이때 단은 다수파 사회주의자들이 주창한 결의문을 제시했다. 투박한 어조로 작성된 이 결의문은 볼셰비키가 인민과 혁명에 범죄를 저질렀다고 고발했다. 결의문은 레닌의 체포 기피를 "절대 용납할 수 없는" 행위로 낙인찍고, 볼셰비키 분파가 그 지도자의 행동에 관해 토론을 시작해야 한다고 주장하고, 기소당한 사람 모두의 소비에트 집행위원회 위원 자격을 정지해야 한다고 규정했다. 노긴이 항의했지만 허사였다. 노긴은 다음과 같이 경고했다. "볼셰비키가 아직 재판을 받지 않은 시기에 여러분은 볼셰비키에 관한 결정을 내리라는 요구를 받고 있습니다. 여러분은 여러분과 함께 혁명을 준비한 분파의 지도자들을 법의 보호 밖에 두라는 요구를 받고 있습니다." 단의 결의안은 압도적 표차로 통과되었고, 회의가 계속됨에 따라 볼셰비키에 쏟아지는 비난이 훨씬 더 격해졌다. 연단과 방청석에서 찬성이오 하는 소리와 폭풍우 같은 박수갈채가 터지는 가운데 트루도비키(Trudoviki)[55]의 일원인 불라트(A. A. Bulat)가 방금 전에 볼셰비키를 옹호한 노동조합 간부 다비드 랴자노프(David Riazanov)의 소견을 공격하는 감동적인 연설을 했다. 랴자노프는 레닌을 인계하라는 임시정부의 요구와 1907년 6월에 사회민주노동당 의원을 체포하는 데 두마가 협조해야 한다는 차르 정부의 주장을 대비했다. 불라트는 먼저 체레텔리 쪽을, 그 다음에는 볼셰비키 대표단 쪽을 바라본 뒤 다음과 같이 말했다.

"당신은 그런 유추를 할 수 없습니다. …… 지금은 레닌을 요구하고 있고 그때에는 체레텔리를 요구했다고 …… 당신은 말합니다. …… 그러나 나는 그때 체레텔리는 어떤 행동을 했고 지금 레닌은 어떤 행동을 하고 있는지를 당신에게 말하겠습니다. 체레텔리는 이 연단에 나와 '우리는 현 체제가 바뀌는 것, 그리고 차르 체제가 무너지고 민주주의 공화국이 승리하는 것에 찬성합니다'라고 말했습니다. …… 그런데 레닌은 어떻게 행동하고 있습니까? 우리에게는 그를 향해 '비겁한 레닌'이라고 말할 일만 남았습니다."

세간의 이목을 끈 이 회의에 관한 보도가 7월 14일자 신문에 나왔고, 이날 〈페트로그라드 일보〉도 레닌의 소재에 관련된 새로운 소식을 실었다. "레닌의 자취를 찾았다!"가 표제였다. "레닌이 어디 숨어 있는지 최종 확인. …… 레닌은 리시 노스(Lisii Nos)를 거쳐 크론시타트로 도망쳤다."[56] 다음날 〈생생한 말〉은 7월 5일에 레닌과 닮은 사람이 수병 제복 차림으로 커다란 자동차에서 내려 크론시타트로 가는 돛배에 올라타는 모습을 리시 노스의 다차 거주인들이 보았다고 밝혔다. 7월 15일자 〈가제타 코페이카〉(Gazeta-kopeika)는 "완전히 믿을 만한 소식통"을 인용해 "레닌은 현재 스톡홀름에 있다"고 보도했다. 7월 15일자 〈사업 통보〉는 "반 공식적 소식통"을 인용해 레닌이 사실 스톡홀름에 있었다고 주장했다. 그러나 스웨덴 주재 독일 대사와 "이름이 제법 알려진 편인 가네츠키-퓨르스텐베르크(Ganetskii-Fiurstenberg)"의 도움으로 레닌이 벌써 독일에 재정착했다는 것이었다. 끝으로, 8월 8일에 〈생생한 말〉은 레닌이 독일에 있다고 하는 정보는 당국의 추적을 따돌리려고 볼셰비키가 직접 퍼뜨린 것이라고 밝혔다. "사실 레닌은 페트로그라드에서 고작 몇 시간 거리인 핀란드에서 지내고 있다. 심지어 그가 숨어 있는 아파트의 번지수까지 알려져 있다. 그러나 레닌을 체포하는 것이 그리 쉽지는 않을 듯하다고 한다. 그가 잘 무장한 강력한 호위대를 거느리고 있기 때문이다."

레닌이 라즐리프의 오두막에서 그런 엉터리 기사들을 읽다가 포복절도하는 일이 잦아졌다.[57] 그러나 7월의 나머지 날과 8월 초순 동안 페트로그라드의 신문을 읽는 것이 대개는 결코 즐거운 일이 아니었음에 틀림없다. 7월 6일에 레닌과 함께 지낸 볼셰비키당 직원인 마리야 술리모바(Mariia Sulimova)는 자기가 최신 뉴스를 전해주었을 때 레닌이 곰곰이 생각하고는 "그들이 아마 술리모바 동지 당신은 체포만 할 겁니다. 하지만 나는 '교수대에 매달' 수 있겠지요"라고 말했다고 회고한다. 레닌은 카메네프에게 써보낸 글에서 비슷한 생각을 밝혔다. "우리끼리 얘긴데, 그들이 나를 죽이면, 내 공책 '마르크스주의 국가론'을 발간해주길 자네에게 부탁하네."[58]

쇼트만과 지노비예프의 회고는 이 시기에 레닌의 심리 상태를 엿볼 수 있는 귀중한 기회를 준다. 쇼트만은 레닌이 한동안 반동의 규모와 충격을 부풀리고 러시아 혁명의 단기적 전망에 관해 비관적이었다고 회고했다. 레닌은 "승리자들"이 헌법제정회의를 소집하지 않을 것이므로 더는 헌법제정회의에 관해 이야기할 필요가 없다고 느꼈다. 따라서 당은 남은 힘을 추슬러 "진지하게 그리고 오랫동안" 지하로 들어가야 했다. 쇼트만이 라즐리프에서 처음에 레닌에게 전한 암울한 보고로 이러한 확신이 강해졌다. 몇 주가 지난 다음에야 좋은 소식이 들리기 시작했다.[59]

레닌이 7월사태의 여파 속에서 비관론에 빠졌음은 지노비예프가 확인해준다. 1920년대 말에 글을 쓰면서 그는 당시 레닌이 실제로 판명된 것보다 더 깊고도 거센 반동기가 닥쳐왔다고 가정했다고 술회하면서 다음과 같이 썼다.

이때 "사회주의계"를 비롯해서 신문들에는 7월 3~5일의 "폭동에 관한,

주로 레닌에 관한 말도 안 되는 이야기가 그득했다. 세계에 그토록 많은 거짓말과 비방이 단 한 사람에게 쏟아진 적은 없다. 인쇄 매체에 레닌의 "간첩 행위", 그와 독일 최고사령부의 연계, 그가 받은 돈 등에 관한 글과 시와 그림 등이 나왔다.

"드레퓌스 사건"이 만들어지고 거짓말과 비방이 담긴 신문 수백만 부가 마을마다, 작업장마다 배포되어 퍼질 때 겪어야 했던 느낌을 전하기란 어려운 일이다. 하지만 너는 입을 다물고 있어야 한다! 절대로 대꾸해서는 안 된다! 그래서 거짓말은 눈덩이처럼 불어나고 있다. 적은 더욱 뻔뻔하고 교활하게 비방을 해대고 있다. …… 전국에, 방방곡곡에, 전 세계에 비방이 퍼질 것이다. …… 힘들고 괴로운 나날이었다."[60]

3장
반동기의 페트로그라드

7월위기 전에 페트로그라드에 만연했던 정치적 분위기와 7월위기 직후를 지배하던 분위기 사이의 현격한 대조는 다른 상황이었다면 그리 중요하지 않았을 한 사건에서 가장 뚜렷하게 나타났다. 그 사건은 7월사태가 절정일 때 봉기자들과 싸우다가 목숨을 잃은 카자크* 일곱 명을 위해 정부가 주최한 장례식이었다.[1]

토요일인 7월 15일은 임시정부가 죽은 카자크들에게 조의를 표하기로 정한 날이었다. 며칠 전부터 정부 관리, 소비에트 중앙기구, 국가두마 임시위원회, 페트로그라드 시의회(시 자치위원회)가 이 행사에 대중의 관심을 불러일으키려고 활동을 시작했다. 주최자들은 이 행사를 볼셰비키의 위신을 더욱 떨어뜨리고 법과 질서에 보내는 지지를 과시하는 또 다른 수단으로 보았다. 시의회를 대표해서 그리고리 시레이데르(Grigorii Shreider) 페트로그라드 시장이 "혁명을 지지하는 모든 이와 혁명 정신에 고무된 모든 이"에게 고인이 된 카자크들에게 경의를 표해 달라고 호소했다. 한편 소비에트 중앙집행위원회는 수도에 있는 각 공장마다 장례식에 참석할 30인 대표단을 지명하라는 지시를 내렸다. 6월 18일의 대실패가 되풀이될까 두려워한 위원회는 노

---

* 카자크 러시아 제국 중앙정부의 힘이 닿지 않는 남쪽 변경 지대로 도피해 터전을 잡은 농민 전사 집단. 18세기까지는 러시아 정부에 대항하거나 도전하는 세력이었지만, 그 뒤로는 농토를 소유할 수 있는 특권을 중앙 정부로부터 인정받은 대신, 일정 기간 동안 기병대원으로 러시아 제국에 봉사했다. 도시에서는 혁명 운동을 탄압하는 치안 부대로 활동했다.

7월 15일. 7월사태가 절정일 때 반란자들과 싸우다 목숨을 잃은 카자크 일곱 명을 위해 임시정부가 주최한 장례식. 정부 각료들과 국가 두마 의원들이 관을 뒤따라가고 있다. 이날은 지난 몇 달 동안 열린 반정부 시위와 달리 노동자들은 거의 보이지 않았다.

동자들에게 깃발이나 플래카드를 들지 말라고 명령했다.

　　장례식 자체에 관한 신문기사로 판단해보건대, 행사에 많은 군중을 동원하려는 노력은 대단한 성공을 거두었다. 〈병사의 목소리〉는 이른 아침 무렵에 이미 넵스키 대로에서 "아주 특이한 광경"이 벌어졌다고 보도했다. 장사하려고 문을 연 상점이 거의 없었는데도, 도처에 사람들이 넘쳐났다. 군중이 가장 꽉 들어찬 곳은 주요 의식이 거행될 장소인, 페트로그라드에서 가장 큰 성 이삭 성당의 부근 지대였다. 군중은 성당에서 죽은 카자크들이 묻힐 알렉산드로-넵스키 (Aleksnadro Nevskii) 대수도원까지 행렬이 따라갈 경로를 따라 늘어섰다.

　　죽은 카자크들의 친척과 친우들과 더불어 시민들이 전날 밤 내내 성 이삭 성당 밖에 장사진을 치고 마지막 경의를 표하려고 순서를 기다렸다. 촛불을 밝힌 거대한 성당 안에는 카자크들이 근엄한 얼굴로 죽은 동료들을 경비하는 가운데 정복을 입힌 죽은 카자크들이 뚜껑을 닫지 않은 하얀 관에 안치되어 있었다. 일단 성당 입장이 허용되자 수많은 조문객이 성당에서 남은 밤을 지샜고, 따라서 이른 아침 무렵에는 성당이 만원이 되어 초빙된 고관 외에는 입장이 금지되었다. 고관들은 진혼성사를 시작하기로 예정된 시각보다 훨씬 전에 도착했다. 러시아 정부 각료, 소비에트 다수파 사회주의자 지도부, 젬스트보 및 시 행정기관 관리, 상공업계 대표, 러시아의 각 카자크 부대 및 페트로그라드 수비대 전(全)부대의 대표, 수도의 주요 공장 대표단, 일군의 소집단과 소조직 대표들과 나란히 러시아 주재 외교 공관의 여러 대표들이 자리를 잡았다. 그중에는 각기 정복을 입은 대사관 육군무관을 대동한 미국의 데이비드 프랜시스(David Fransis)와 프랑스의 조제프 눌랑(Joseph Noulens)과 영국의 조지 뷰캐넌(George Buchanan)이 있었다.

오전 10시 직전에 케렌스키가 모습을 드러냈다. 그는 신경이 곤두서고 창백해 보였다고 한다. (정부를 구성하려는 그의 노력이 바로 이때 가장 어려운 국면에 있었다.) 케렌스키는 전 궁정 합창단, 성 이삭 성당·카잔 성당 연합 성가대, 대주교 직속 합창단이 예정된 자리로 줄지어 가는 모습을 바라보았다. 페트로그라드 대주교가 진혼 의식을 시작하려고 단상으로 올라가 제단 앞에 서고 그루지야 정교회 교구장과 종무원 위원들이 그 뒤를 따르자 성당 안이 조용해졌다. 의식이 시작되자 고관들의 행렬이 관 발치에 밝은 색의 여름 꽃으로 만든 화환을 놓았다. 처음에 앞으로 나온 사람들 가운데는 "성실하게 자기 의무를 다하다가 독일 간첩들 손에 스러져 간 이들에게"라고 새겨진 조화를 든 카자크 대표단이 있었다. 그 뒤를 "조국의 반역자들과 싸우다가 쓰러진 자유 러시아의 충직한 아들들에게"라는 글귀가 달리고 녹색 리본이 묶인 커다란 화환을 든 입헌민주당 지도자 표도르 로디체프(Fedor Rodichev)와 파벨 밀류코프와 바실리 마클라코프(Vasilii Maklakov)가 따랐다. 〈생생한 말〉의 한 논평가는 연합 성가대원 수백 명이 정적을 깨뜨리고 장중한 성가를 불렀을 때 전체 회중이 무릎을 꿇었다고 흐뭇해하며 보도했다. 저명한 입헌민주당원 아리아드나 티르코바(Ariadna Tyrkova)는 이 감동적인 의식에서 러시아 그 자체의 소리를 들었다고 고백했다.

진혼 의식은 거의 세 시간 동안 계속되었다. 의식이 끝나자 근위병들이 관 뚜껑을 도로 얹고 나사못을 박았다. 그런 다음 선정된 고위 장교들이 관을 대성당 밖의 광장으로 운반했다. 광장에는 카자크, 용기병 부대, 페트로그라드 수비대 연대, 몇 개의 군악대, 나팔수 부대가 알렉산드로-넵스키 대수도원으로 가는 행렬을 위해 집합해 있었다. 케렌스키가 이끄는 각료 장관들이 멘 첫 번째 관이 대성당 안에서 나타나자, 페트로그라드 군관구 사령관이 "받들어 총!" 구령을 붙였다. 나팔수가 장송곡을 부는 동안 네바 강에서 불어오는 부드러운 한 줄기 산들바람에 연대기들이 펄럭거렸다. 그 다음에는 페트로파블롭스크 요새에서 들리는 예포의 커다란 포성이 공기를 갈랐다. 광을 낸 카자크의 기병도가 밝은 태양 아래 번쩍거렸고, 장교 한 명의 명령에 총검의 숲이 솟아올랐다가 내려져 경례를 했다. 케렌스키가 앞으로 걸어나왔다. "시민 여러분!" 그가 포효했다.

시민 여러분, 우리는 지금 예외적이고 매우 서글픈 역사적 순간을 경험하고 있습니다. 우리 조국을 위해, 자유를 위해, 러시아 시민의 영광스러운 이름을 위해 싸우다가 수도의 거리에서 쓰러진 영웅들 앞에서 우리 모두 고개를 숙여야 합니다. 정부의 이름으로 나는 여러분께 말합니다. 러시아는 극적 순간을 경험하고 있다고. 러시아는 역사상 그 어느 때보다도 파멸에 더 가까이 다가서 있습니다. …… 여러분 앞에서 나는 공개 선언을 합니다. 무정부 상태와 무질서를 부추기려는 모든 시도는, 그것이 어디에서 유래하든지 간에, 가차 없이 근절되리라고. …… 쓰러진 자의 주검 앞에서 나는 여러분이 우리와 함께 국가와 자유를 구하고자 온 힘을 다하겠다고 맹세하기를 호소합니다.

오른손을 든 케렌스키는 "선서합니다!"라고 소리쳤다. 잠시 정적이 흐른 다음, 수천 개의 손이 올라갔고 군중 사이에서 "선서합니다!"라는 굉음이 울려나왔다. 케렌스키 바로 옆에 있던 사람들이 케렌스키를 어깨에 떠메고는 대기하고 있던 자동차로 데리고 갔다.

행렬이 앞으로 나아가기 시작했다. 악대가 〈시온 산의 우리 주 영광스럽도다〉라는 장엄한 성가를 연주하자 성 이삭 대성당의 종이 울렸다. 나팔수들이 행렬을 이끌었고, 검은 상장이 묶여 있는 창을 든 카자크 일개 분대, 나풀대는 검은색 예복을 입고 길다란 십자가와 교회 깃발과 향로를 든 사제들, 열을 맞춘 성가대 소년 가수들, 교회의 고위 성직자들, 성 이삭 대성당 성가대와 대주교 직속 합창단이 나팔수 뒤를 따랐다. 말이 끄는 포가(砲架, 포신을 올려놓는 받침틀) 일곱 대가 죽은 카자크들의 유해를 운반했다. 앞쪽 포가 여섯 대마다 기수가 타지않은 말이 뒤에서 느릿느릿 걸었다. 돈 카자크*의 밤색 장식품을 달고 눈에 확 띄는 암청색 군복을 입은 열 살쯤 된 여윈 얼굴의 소년이 맨 뒤 포가 뒤에 있는 말의 안장에 앉아 있었다. 그 소년은 죽은 카자크의 아들이었다. 정부 관리와 소비에트 간부들이 그 길다란 행렬의 뒤쪽에 있었고, 식에 참석한 대표단과 끝이 없어 보이는 군부대의 열이 그 뒤를 따랐다.

행렬의 선두가 모르스카야(Morskaia) 거리에서 넵스키 대로로 돌

---

* 돈 카자크 돈 강 유역에 터전을 잡고 사는 카자크.

아 들어갈 때, 부근에 있는 여러 교회의 종이 울리기 시작하면서 성 이삭 대성당의 종소리에 가세했다. 행렬은 카잔 대성당에 이르렀을 때 멈춰서 짧은 의식을 치렀다. 즈나멘스카야(Znamenskaia) 교회 앞에서 같은 절차가 되풀이되었다. 이처럼 중간 중간에 멈춰 서는 바람에 행렬은 오후 늦게야 목적지에 도착했다. 아무 사고 없이 진행된 점이 주목할 만하다.

카자크들의 장례식을 지켜본 사람들은 이 행사를 지난 몇 달 동안의 반정부 시위와 비교하지 않을 수 없었다. 7월 15일에 노동자들은 거의 보이지 않았고, 한 기자가 지적한 대로 "묘지까지 가는 동안 군악대가 '라마르세예즈*'를 단 한 차례도 연주하지 않았다." 7월 16일자 〈말〉에서 한 논평가는 대중이 죽은 카자크들에게 쏟은 이러한 동정심이 대중의 분위기에 뚜렷한 변화가 나타났음을 시사해준다며 한껏 기쁨을 드러냈다. "7월 3~5일에 꼬박 여러 달 동안 쌓여 온 온갖 악취가 거리에 퍼졌고 '폭동을 일으킨 머슴'과 '술 취한 노예'의 지배가 가져올 수밖에 없는 끔찍하고 추악한 광경이 드러났다. 7월 15일은 혁명의 논리가 표면에 붙어 있는 이 검은 찌꺼기를 걷어냈을 때 세상에 모습을 드러내는 건강한 산맥을 보여주었다." 따라서 〈말〉의 기고자는 카자크의 장례식이 슬프기도 하고 기쁘기도 한 행사였다고 끝을 맺었다. 손해를 입었기에 슬펐고, 러시아가 이제 "국가 회생"의 시기에 들어설 수 있었기에 기뻤던 것이다.

7월사태 이후 페트로그라드에 나타난 반동에서 가장 놀라운 점은 지배적인 정치적 분위기가 얼마나 급격히 바뀐 듯 보였는가였다. 한

---

* 라마르세예즈(La Marseillaise) 프랑스 대혁명기에 만들어진 혁명가이자 사회주의자의 애창곡.

신문기자는 당시 다음과 같이 평했다. "7월 4일의 분위기와 5일의 분위기 사이에는 엄청나게 큰 차이가 있다. 마치 어떤 다른 도시로 옮겨져 다른 사람들과 다른 분위기에 처한 듯이 강렬한 인상을 주어서 심지어는 변화라고 말할 수 없을 정도이다."[2] 여러 해 뒤에 멘셰비키 좌파인 블라디미르 보이틴스키(Vladimir Voitinskii)는 7월 5일이 페트로그라드 거리들이 "반혁명의 난장판"으로, "승리를 무로 돌려버리겠다고 봉기자들을 위협하는 '검은 무리'가 날뛰는" 장으로 변한, 자기 생애에서 가장 슬픈 날 가운데 하나였다고 회상했다.[3]

일찍이 7월 6일에 전러시아 소비에트 중앙집행위원회는 7월 3~4일에 있었던 위협에 대한 보복으로 행해지는 불법 체포와 폭력 행위가 혁명에 (다시 말해서, 차르 체제 청산과 영속적인 민주적 정치 체제의 수립에) 중대 위협이 된다고 경고했다. 7월 7일에 열린 페트로그라드 시의회 회의는 시 곳곳에서 소요가 일어났다는 보고로 중간에 계속 끊겼다. 멘셰비키 소속 의원 한 사람이 "겉모습이 노동자 같거나 볼셰비키당 소속이라고 의심받는 시민들은 늘 흠씬 두들겨 맞을 위험에 처해 있다"고 말했다. 다른 의원은 발언권을 청해서 "아주 지성적인 사람들이 고삐 풀린 반유대주의 선전을 해대고 있다"고 말했다. 그 같은 보고에 대응하여, 의원들은 거리의 폭력에 대한 공개 비판문을 준비하기로 합의했다. 이튿날 나온 성명서는 "나라가 겪고 있는 재앙을 유대인, 부르주아, 노동자 탓으로 돌리고 봉기 대중에게 아주 위험한 사고를 불어넣는 무책임한 선동가"에게 속아 넘어가지 말라고 대중에게 경고했다.[4]

이 시기에 페트로그라드 신문에는 갑작스럽게 분출되는 극우 집단들의 활동과 관련된 기사가 폭주했다. 극우 집단 가운데 가장 활발한 조직의 하나는 신성 러시아(Sviataia Rossiia)라는 집단이었다. 〈이즈베스티야〉 기사에 따르면, 이 집단은 푸시킨 거리에 있는 한 서점에서 활동했다.[5] 신성 러시아는 〈우레〉(Groza)라는 일 면짜리 주간 신문을 펴냈다. 〈우레〉는 러시아의 모든 재난을 사회주의자, 자유주의자, 부르주아, 프롤레타리아뿐만 아니라 비러시아계인, 특히 유대인 탓으로 돌렸다. 〈우레〉에 따르면, 오직 차르 니콜라이 2세만이 러시아 인민에게 빵과 평화를 줄 능력이 있으며, 오직 그만이 완전한 파멸로부터 나라를 구할 수 있었다.[6] 신문에는 거리의 포그롬을 선동하는 기사도 자주 실렸다. 예를 들어, 〈페트로그라드 신문〉은 연사 몇 사람이 청중에게 "동족상잔의 전쟁은 유대 놈들과 부르주아 탓이니, 그 놈들을 격멸하라"고 호소하는 길모퉁이 집회에 관한 기사를 실었다. 한 연사는 "러시아 민주주의 중앙 기관에서 유대인이 쥐고 있는 지배권"을 특히 강조했다. 모여든 군중은 병사와 민병대로 이루어진 분견대가 해산할 때까지 흩어지지 않으려고 했다.[7]

이 무렵 볼셰비키당 지역 사무실 몇 군데가 습격당해 크게 부서졌다. 예를 들어, 7월 9일 오후 동안 병사들이 리테이니(Liteinyi) 구에 있는 당 본부를 습격했다. 같은 날 저녁 페트로그라드 구에 있는 볼셰비키 본부가 "화물차 넉 대와 장갑차 두 대를 타고 온 사관생도 수백 명"에게 공격을 당했다. 본부에 있던 당원 세 사람이 체포당하고, 약간의 돈까지 사관생도들에게 빼앗겼다. 돈을 찾아낸 한 사관생도가 의심쩍다는 듯이 "이거 독일 놈에게 받지 않았어?"라고 물었다.[8] 유대인들과 볼셰비키뿐만 아니라 비당과 노동자 조직, 멘셰비키 그룹, 사회주의자혁명가 그룹들도 이런 류의 행위를 보며 충격을 받았다. 이를테면, 볼셰비키 문건뿐만 아니라 노동조합 문건도 많이 찍어내는 트루드(Trud) 인쇄소가 7월 5일에 크게 부서졌다. 며칠 뒤 러시아에서 가장 큰 노동조합인 금속노동자 조합의 본부도 습격을 받았다.[9] 7월 9일에 페트로그라드 구에 있는 볼셰비키 본부가 습격당할 때 인접해 있던 멘셰비키당 지구 사무실이 부서졌다.[10] 사무실 직원들은 이미 그날 하루 동안 떠나고 없었다.

이 기간 동안 온건 사회주의자 간부 몇 명이 주로 볼셰비키를 겨냥한 타격을 피하지 못했다. 이를테면, 소비에트 중앙집행위원회의 트루도비키 대표 한 사람은 사람들에게 레닌 사건이 적절한 조사를 받기 전에는 레닌을 간첩으로 간주하는 것을 자제하라고 공개적으로 촉구했다 하여 심하게 얻어맞고 잠깐 동안 감옥에 갇혔다.[11] 그리고 7월 5일에는 소비에트에서 가장 영향력 있는 멘셰비키 당원이면서 주요한 볼셰비키 비판가인 마르크 리베르(Mark Liber)가 그를 지노비예프로 착각한 병사들에게 체포당했다.[12]

(온건 볼셰비키와 긴밀하게 연계한 저명한 급진적 사회민주주의자인) 유리 스테클로프(Iurii Steklov)는 같은 시기에 그 같은 봉변을 한 번도 아니고 세 차례나 당했다. 7월 7일 밤에 그의 아파트가 페트로그라드 군관구가 보낸 분견대에게 습격당했다. 스테클로프는 즉시 케렌스키에게 전화를 걸었고, 케렌스키는 현장에 와서 스테클로프를 그냥 놔두라고 병사들을 설득했다. 그러나 그 뒤 1차 습격대가 빈손으로 떠난 데 화가 난 일군의 시민과 병사들이 스테클로프에게 사형(私刑)을 가할 작정을 하고 그의 집 앞에 모여들었다. 다시 한 번 케렌스키가 불려나와 이번에는 스테클로프가 구내를 떠날 수 있도록 조치하고는 서둘러 스테클로프를 풀어주었다. 분명히 얼마간은 이 같은 시달림을 모면하고자 스테클로프는 핀란드에 있는 자기의 다차에서 며칠 동안 지내려고 이튿날 오후에 수도를 떠났다. 그러나 이것도 피신이 아님이 판명되었다. 스테클로프의 다차는 7월사태 전야에 레닌이 머무르고 있던 본치-브루예비치의 다차와 이웃해 있었다. 레닌을 찾고 있었지만 본치-브루예비치의 집에서 레닌을 발견하지 못한 사관생도들이 7월 10일 밤에 이동해서 스테클로프의 집을 수색하고는 그를 붙잡아 강제로 페트로그라드로 되돌려 보냈다. 모스크바 소

비에트의 〈이즈베스티야〉는 그 같은 사건을 언급하면서 "사관생도들은 우리의 차이점을 잘 알지 못한다"고 푸념했다.[13]

7월 18일에 두마 임시위원회(Vremennyi komitet Dumy)가 세간의 이목을 끌고 널리 알려지게 된 회의를 열었다. 이 회의는 시대 상황을 보여주는 또 다른 기압계였다. 2월혁명 기간 동안 국가 두마 의원단은 질서 회복을 도우려고 두마 임시위원회를 만들었다. 이 위원회는 페트로그라드 소비에트 집행위원회와 더불어 제1차 임시정부를 구성하는데 두드러진 역할을 했다. 그 뒤로 두마 임시위원회 소식은 상대적으로 들리지 않았다. 미하일 로쟌코(Mikhail Rodzianko)가 이끄는 적극적인 위원 오륙십 명은 정부 문제를 논의하는 비공식 토론회를 정기적으로 열었고, 그보다는 뜸해도 그들이 강한 느낌을 받은 정치 문제에 관한 성명서를 내는 데 만족하는 듯했다. 그러나 초여름 동안 두마 임시위원회의 자유주의자 위원들과 보수주의자 위원들이 좌파의 공격에, 그리고 현안 문제를 다루는 데 정부가 확실하게 보여준 무능함에 반발하면서, 두마 임시위원회의 회의와 성명서가 점점 호전성을 띠어갔다. 6월과 7월에 일어난 사태 이후에 적지 않은 의원들이 두마가 구체제 타도에 연루된 것은 비극적 오류였으며 러시아라는 나라가 무너질 찰나에 있다고 확신했다. 합법적으로 선출된 러시아의 유일한 대의체인 두마가 좌파의 영향으로부터 자유로운 강한 정부를 창출하는 데 도움을 줌으로써 나라를 구하려는 노력을 할 의무가 있다고 믿는 의원도 이제는 제법 많아졌다.

정치 현황에 관한 공개 선언문을 마련하려고, 더 근본적으로는 두마의 활동 방침을 논의하려고 소집된 두마 임시위원회의 한 회의에서 이러한 견해가 강력하게 표명되었다.[14] 이 회의에서 우익계 의원 두 사람, 즉 마슬렌니코프(A. M. Maslennikov)와 블라디미르 푸리시케비치(Vladimir Purishkevich)가 현 상황을 가장 매섭게 비판했다. 푸리시케비치는 라스푸틴(Rasputin) 암살에 개입했다는 것으로 가장 잘 알려져 있었다. 마슬렌니코프는 러시아에 닥치고 있는 비극의 원인을 대부분 소비에트 지도자들 탓으로 돌렸다. 그는 그들을 "몽상가", "평화주의자를 사칭하는 몽유병 환자", "저급한 출세주의자", "광신도, 한때 함께하다가 배신하는 자"라고 불렀다. (마슬렌니코프는 연루된 자들이 대부분 유대인이라고 암시했으며, 온건 사회주의자와 볼셰비키를 구분하지 않았다.) 마슬렌니코프는 많은 의원들의 찬성을 얻어 의원이 모두 출석하는 두마를 소집해서 공식 회의를 열어야 한다고 제안하고 전 각료가 두마에 철저한 활동 보고를 해야 한다고 요구했다. 그런 다음 두마는 정부를 어떻게 재구성해야 하며 어떤 정책을 추구해야 하는지를 결정할 수 있을 터였다. 마슬렌니코프는 "국가 두마는 러시아의 명예와 위신과 존속을 지키는 참호입니다. 우리는 이 참호에서 이기든지 죽든지 할 것입니다"라고 끝맺었다.

푸리시케비치는 마슬렌니코프와 견해가 완전히 같다고 선언하고는, 그의 말에 따른다면, "모든 애국자가 각자의 종루에서 '러시아를 구하라, 조국을 구하라. 외국의 위험보다는 주로 내부의 적 때문에 러시아가 파멸의 끝에 서 있다'고 외쳐야 할 시기에 혁명의 방어에 계속 관여한 사람"에 반감을 표명했다. 푸리시케비치에 따르면, 나라에 가장 필요한 것은 아낌 없이 사용할 교수대 올가미와 더불어, 러시아에 닥치고 있는 불행에 경종을 울릴 강력한 목소리였다. 그는 "무뢰한을 전선에서 1천 명, 2천 명, 어쩌면 5천 명, 후방에서 수십 명 없애버렸더라면, 우리가 그처럼 전례 없는 치욕을 당하지는 않았으리라"고 선언했다. 푸리시케비치는 전선의 사형제 재도입을 언급하면서 교수형을 전선에만 국한하는 것은 전혀 이치에 맞지 않는다고 단언했다. 오히려 "소요의 결과가 아니라 소요의 근본 원인을 없애버려야 한다"는 것이었다. 마슬렌니코프와 마찬가지로 푸리시케비치는 소비에트의 활동이 아주 해롭다고 보았으며, "두마가 최대한 제 목소리를 내고, 벌을 받을만한 자마다 마땅한 벌을 내릴 것을 기대했다." 연설이 끝나갈 무렵 푸리시케비치는 감정에 북받쳐 "국가 두마 만세!"를 외쳤다. "이것이 러시아를 구할 수 있는 유일한 기관입니다. …… 그리고 임시정부에 달라붙은 불길한 세력을 떼어버립시다. …… 이 세력은 농민과도, 병사나 노동자와도 아무런 관계 없는 자, 독일 황제의 후원을 받는 선동꾼과 함께 혼란을 틈타 사리사욕을 채우는 자의 지도를 받고 있습니다."

마슬렌니코프와 푸리시케비치가 열렬한 웅변을 했는데도, 그 뒤에 임시정부가 채택한 (소비에트의 영향으로부터 자유로운) 굳건한 정부, 그리고 전쟁 수행 노력을 향한 총력 매진에 대한 공개 호소문의 어조는 온건했다. 더군다나 임시위원회는 "받아 마땅한 벌을 주기" 위해 전 의원이 참석하는 두마를 소집하려는 생각을 거부했다. 그 같은 행보가 부적절하다는 밀류코프의 결론에 의원 과반수가 찬성했음이 분명했다.

그렇지만 좌파, 특히 볼셰비키에게는 참으로 힘든 나날이었다. 뒷날 많은 혁명 원로가 당의 역사상 이때가 아마도 가장 힘든 시기였으리라고 회상했다. 〈병사의 진실〉 편집자였던 알렉산드르 일린-제넵스키(Aleksandr Il'in-Zhenevskii)는 이 시기에 관해 얼마 뒤에 쓴 회고록에서 볼셰비키의 발간물을 기꺼이 인쇄해줄 인쇄소를 찾으면서 겪은 어려움을 기록해 놓았다. 그는 가는 곳마다 모욕을 당하고 내쫓기면서 종종 신원을 밝히기도 전에 사람들이 그의 겉모습만 보고 어떻게 볼셰비키 당원인지 알아보는지 희한하다고 회고했다.[15] 크론시타트의 볼셰비키 당원인 이반 플레롭스키(Ivan Flerovskii)는 7월 5일에 루나차르스키와 함께 했던 산책을 묘사했다. 넵스키 대로의 아니치코프(Anichkov) 다리 바로 밑에서 플레롭스키는 "어떤 사람에게 소매를 붙잡혔는데, 그 사람은 신사복 상의 앞깃에 성 게오르기 십자 훈장을 달고 '여기 …… 아나키스트들이 있다. …… 이놈은 크론시타트에서 왔어'라고 외쳤다." 적개심에 찬 군중이 곧바로 플레롭스키와 루나차르스키를 에워싸고는 그들을 질질 끌고 최고사령부 본부로 데려갔다. 회고록에서 플레롭스키는 이어 벌어진 괴로운 순간을 자세하게 이야기한다. 그 본부와 겨울궁전(Zimnii dvorets)을 가르는 광장은 당시 정부가 질서를 회복하려고 동원한 군대의 중간 정비를 하고 숙영하는 공간으로 쓰이고 있었다. 광장은 야영 천막, 기관총, 대포, 걸어총 한 소총들로 가득 차 있었다. 플레롭스키와 루나차르스키가 그곳을 거쳐 끌려가자, 잠을 자지 않고 어슬렁거리던 병사 무리가 "독일 간첩" 한 쌍에게 위협적으로 주먹을 흔들며 욕설을 퍼부었다.[16]

7월 이후 시기의 볼셰비키 신문에는 의심받은 좌익 분자가 당한 모욕에 관한 수많은 기사가 실려 있다. 이를테면 7월 14일자 〈프롤레타리아의 대의〉(Proletarskii delo)[17]에는 수감된 수병 두 사람, 즉 알레코 파데예프(Aleko Fadeev)와 미하일 미하일로프(Mikhail Mikhailov)의 괴로움에 찬 다음과 같은 편지가 실렸다.

우리는 7월 7일 아침 9시에 크론시타트에 있는 우리 부대로 가다가 갑자기 일단의 사관생도에게 붙잡혀서 최고사령부의 방으로 끌려갔다. …… 거리를 따라 끌려가는 동안 지식인들이 우리를 혼내줄 작정을 하고 우리에게 덤벼들었다. …… 해군본부 건물을 지나갈 때, 수위까지도 우리를 강변도로에 세워 총살하라고 우리 호송대를 부추겼다. …… 우리가 본부에 도착했을 때 …… 다른 호송대가 체포당한 열 명을 데려오고 있었다. 그들은 모두 얻어맞아 얼굴에 피가 흐르고 있었다.

이러한 방식으로 유치된 많은 사람들이 조회를 받고 바로 풀려났다. 그러나 어떤 이들은 몇 주, 심지어는 몇 달을 감옥에서 지냈다. 크레스티에 수감된 트로츠키는 이러한 수감자 일부와 만난 일을 적어놓았다. 안톤 이바신(Anton Ivashin)이라는 노동자가 대중목욕탕에서 얻어맞고 체포되었다. 이바신은 최근에 전선에서 온 용기병 몇 사람이 페트로그라드 수비대가 독일에게 어떻게 돈을 받고 있는지 이야기하는 것을 우연히 듣고는 때밀기를 멈추고 그 군인들에게 실제로 증거를 보았냐고 묻다가 봉변을 당했던 것이다. 그는 곧바로 감옥으로 연행되었다. 트로츠키의 또 다른 감방 동료인 이반 피스쿠노프(Ivan Piskunov)도 똑같이 부주의하게 말을 하다가 체포되었다. 우연히 거리 집회에 가서 어떤 병사가 7월사태 때 죽은 한 반란 병사의 호주머니에서 6천 루블이 발견되었다고 말하는 것을 듣고 무심코 "그럴 리가 있나!"라고 말했다가 호되게 얻어맞고 끌려온 것이다.[18] 7월사태 이후의 반동기 동안 이런 종류의 사건이 빈발했지만, 가장 주목할 만한 점은 살해당한 사람이 〈프라브다〉 배급소에서 조수로 일하는 스물세 살의 이반 보이노프(Ivan Voinov)라는 볼셰비키 당원한 명뿐이었다는 것이다. 보이노프는 7월 6일에 〈진실 신문〉(Listok pravdy)을 돌리다가 붙들렸다. 심문하려고 이송하는 도중 그를 사로잡은 자들 가운데 한 사람이 기병도로 보이노프의 머리를 쳐버렸다. 그 볼셰비키 청년은 그 자리에서 죽었다.[19]

  7월봉기 직후에 투옥된 볼셰비키의 수를 헤아리기는 어려운 일이다. 그 까닭은 얼마간은 체포되었던 많은 사람들이 곧 풀려나서 입수 가능한 간행 자료에 그 수가 집계되지 않았기 때문이며, 정치범이 시 곳곳에 흩어져 있는 많은 유치소에 억류되었기 때문이기도 하다. 이들 가운데는 표트르 다시케비치(Petr Dashikevich), 니콜라이 크릴렌코(Nikolai Krylenko), 쿠델코(Kudel'ko), 미하일 테르-아루튜냔츠(Mikhail Ter-Arutiuniants), 오스발드 제니스(Osval'd Dzenis), 니

안토노프-옵세옌코. 7월봉기 직후 투옥된 볼셰비키 중 한 명. 10월혁명의 가장 결정적 시기인 21~25일에 트로츠키와 함께 혁명군사위원회 의장 자격으로 활동했고 공격군을 총지휘할 야전 사령부를 통솔해 겨울궁전 점령을 주도했다.

콜라이 비시네베트스키(Nikolai Vishnevetskii), 유리 코추빈스키(Iurii Kotsiubinskii)가 있었다. 이들은 모두 '군사조직'의 부대 단위 수비대 지도부의 핵이었다. 뒷날 그 건물을 자주 지나치던 일린-제넵스키는 쇠창살이 쳐진 감방 창문을 통해 내다보는 절친한 옛 동료의 낯익은 얼굴을 보고 서로 웃으면서 손을 흔들었다고 회상했다.[20]

제2구 민병대 본부에는 거리에서 무차별 연행된 수감자 150명이 억류되어 있었다. 이들 가운데 크론시타트 수병이 차지하는 비율이 높았다. 크레스티에는 "정치범" 131명이 억류되었는데, 이들 가운데 많은 사람이 거리에서 그물에 걸려든 수배 대상 극좌 분자로서 단지 경솔하게 말을 하다가 체포된 경우가 많았다. 크레스티에도 정부가 가장 중요하게 여기는 일부 수감자가 있었다. 이들 가운데는 트로츠키, 카메네프, 루나차르스키, 라스콜니코프, 바실리 사하로프(Vasilii Sakharov), 로샬, 렘네프, 하우스토프를 비롯해서, 최초로 7월사태를 촉발한 제1기관총 연대 병사 일부, 첸트로발트의 안토노프-옵세옌코, 디벤코, 호브린이 있었다. 이름난 콜론타이를 비롯한 여성 재소자들은 비보르그 구 여성 전용 노동 교도소에 투옥되었다. 볼셰비키 스무 명은 호송 재소자용 임시 감옥에 갇혔다. 아마도 치료를 요구한 듯한 열 명이 넘는 당원은 니콜라옙스키(Nikolaevskii) 군병원에 억류되었다.[21]

유치소 관리 체제는 무척이나 제각각이었다. 그러나 모든 유치소의 조건은 아마도 음식을 빼면 차르 시대에 비해 억압이 한결 덜했다. 대다수 감옥에서 2월혁명 전부터 일하다가 유임된 간수의 비율이 매우 높았지만, 이 고참 간수들조차 이제는 비교적 너그러운 편이었다. 라스콜니코프는 크레스티에서 자기를 감시하는 교도관들이 "정치범"을 조심스레 대했으며, 실제로 두려워하기까지 했다고 회상했다. 2월 혁명 뒤 어제의 고관대작이 갑자기 감옥에 갇히는 신세가 되고 예전의 죄수들이 곧바로 각료가 되지 않았던가. 감옥 직원들로서는 그 같은 급변이 다시 일어나지 않을까 걱정하는 것도 당연했다.[22]

여러 명의 재소자를 가두는 일반 감방에 갇힌 볼셰비키도 비교적 형편이 좋았다. 7월사태의 여파에서 가장 고생한 죄수들은 정원 초과가 문제였던 제2구 민병대 본부에 억류된 사람들이었다. 특별히 이름난 인물은 처음에는 크레스티의 독방에 갇혔다. 이 가운데 라스콜니코프, 트로츠키, 루나차르스키가 있었다.[23]

투옥된 볼셰비키가 받는 처우는 지배적인 정치적 분위기에 따라 바뀌었다. 따라서 "정치범"이 받는 대우는 임시정부가 잠재적으로 강력하게 보이고 볼셰비키가 영구히 분쇄된 듯했던 7월사태 바로 뒤에 가장 거칠었다. 당의 운명이 나아지기 시작하자, 감옥 관리 체제가 눈에 띌 만큼 더 자유로워졌다. 몇 주 뒤에 독방에서 나온 라스콜니코프는 크레스티 감옥의 감방 문이 하루 종일 열려 있는 것을 보고 놀랐다. 그는 "그렇게 문을 열어두는 정책이 시행되면서 각 독방이 자코뱅 클럽으로 변했다. 우리는 시끄럽게 떼를 지어 이 감방에서 저 감방으로 옮겨 다니면서 논쟁을 벌이고 체스를 두고 읽은 신문을 놓고 토론을 했다"고 썼다. 라스콜니코프는 동료 죄수들 사이에 있던 상당한 견해 차를 회상하면서, 재소자들이 프롤레타리아가 끝내는 이기리라는 확신을 품고 있는 한편, 정치범들이 잘 다져진 이데올로기적 기반을 지닌 전형적인 직업 혁명가였던 혁명 전 시기와는 대조적으로 크레스티의 동료 재소자 상당수가 최근에야 볼셰비키의 대의 쪽으로 돌아선 젊은이였다고 평했다. 그 결과 7월에 권력 장악을 시도하지 않음으로써 당이 통탄할 만한 잘못을 저질렀다고 믿는 참을성 없는 성급한 자들과 당중앙위원회의 전술을 옹호하는 더 나이 많고 노련하고 규율 있는 볼셰비키 사이에서 혁명 전술을 놓고 치열한 논쟁이 자주 벌어졌다. 라스콜니코프가 노동자 대다수가 볼셰비키를 지지하기 전에는 권력을 장악할 수 없다고 주장하자, 성급한 자들은 정력적인 혁명 전위가 노동계급을 위해 독자적으로 권력을 잡을 수 있다고 반박했다. 라스콜니코프는 7월사태 동안 당중앙위원회의 신중한 정책을 전폭 지지했던 트로츠키가 감옥에 앉아서 이따금 다른 생각을 하곤 했다고 덧붙였다. "우리는 모험을 했어야 했는지도 몰라. 우리가 전선의 지지를 받았을지도 모르지. 그랬다면 만사가 다른 방향으로 나아갔을 텐데." 그러나 이 충동적인 생각은 필연적으로 현재의 상호 역관계에 관한 더 논리적인 분석에 밀려 순식간에 사라졌다.[24]

감옥에 갇힌 반도(叛徒) 대부분이 글쓰기를 허용받았고, 느슨한 보안을 이용해서 바깥 세계에 청원서, 기사, 전갈을 보내는 사람이 많았다. 일부 죄수는, 한 사람을 예로 들자면 로샬은 이때를 이용해서 회고록을 쓰기 시작했다. 크레스티 감옥 수감자 가운데 글을 가장 많이 쓴 사람은 트로츠키였던 듯하다. 그는 날마다 하는 산책 시간을 빼고는 책상에 붙박여서 정치 팸플릿을 쓰고 볼셰비키 신문에 보내는 기사를 준비했다.

체포되고 일주일 뒤 카메네프는 자기의 소송 절차가 빨리 처리되도록 도와 달라는 다음과 같은 개인 호소문을 소비에트 중앙집행위원회 앞으로 작성했다.

저는 사법당국이 정확히 공식화한 기소장을 즉시 제출하고 제게 해명서를 제출할 기회가 주어지리라 기대했기 때문에 사법 당국에 자수했습니다. 하지만 저는 일주일 내내 사법 당국 대표를 단 한 사람도 보지 못했습니다. …… 동시에 저는 감금되었다는 그 사실 때문에 제가 독일 자금에 관여했다는, 또는 전반적으로 독일 정부의 계획에 관여했다는 추악한 모략과 개인적으로 싸울 기회를 잃어버렸습니다. …… 저는 소비에트가 나름대로 조치를 취해서 저로 하여금 [당국에 자수하라는] 소비에트의 지시를 따르지 않은 동지들이 소비에트 중앙집행위원회가 바라는 대로 사법당국에 자수한 저보다 더 사려 깊게 행동했다고 깨닫게 만들지 않으리라고 믿고 싶습니다.[25]

얼마 뒤 "감옥에 내동댕이쳐진 병사들"이라고만 이름을 밝힌 일단의 정치범 수감자들이 "전선에서 온 자전거 부대원과 다른 군부대 병사들"에게 보내는 다음과 같은 호소문을 작성했다. "친애하는 동지 여러분은 우리의 노동자, 병사 동지들이 벌써 한 달 넘게 재판과 심리를 받지도 못한 채 피테르(Piter, 페트로그라드의 별칭)의 감옥에 앉아 있다는 것을 다 알고 있습니다. …… 여러분은 …… 우리의 병사, 노동자 동지들 가운데 많은 이가 단지 볼셰비키를 자칭하는 용기를 지녔다고 해서 반역죄로 비난받고 있다는 것을 알고 있습니까? 동지들이여, 만약 여러분이 알면서도 입을 다물고 항의하지 않는다면,

우리로서는 비통한 일입니다. 그것이 사실입니까? 우리는 아니라고 생각합니다! 우리는 여러분이 우리 편이고 우리에게 공감하며 우리에게 와주리라고 생각합니다. ……"[26] 이 같은 호소에 어떤 호응이 있었다는 기록은 없다.

당연히 아직 자유롭던 볼셰비키가 그들의 곤경에 관한 대중의 관심을 불러일으키고 그들을 풀어주라는 최대한 가장 강한 압력을 정부에 가하면서 체포당한 동지들을 도우려고 할 수 있는 모든 일을 했다. 볼셰비키 페테르부르크 위원회는 "프롤레타리아 적십자 (Proletarskii Krasnyi Krest)"라는 특별 조직을 만들어 수감자와 그들의 가족을 위한 기금을 모았다. 상호부조 조직이 구 차원에서 만들어지기도 했다.[27]

억류된 지 여러 주가 지나고 우익 쿠데타의 가능성을 보여주는 조짐이 늘어나자, 수감 조건이 개선되는데도 일부 수감자의 참을성이 한계에 이르렀다. 아마도 수감자들을 가장 압박한 것은 정부가 그들의 소송에, 특히 그들을 심문하고 공식 기소하는 데 무관심하다는 것이었다. 독일 간첩이라고 비난하는 것도 평소에 매우 자제심이 강했던 트로츠키를 비롯한 모든 수감자의 화를 돋웠다. 한 수감자는 뒷날 "돌 감방 속에서 이 비방은 우리에게 질식 가스로 작용했다"고 말했다.[28]

재소자들의 커 가는 좌절감은 점점 격해지는 그들의 편지와 선언문에 반영되었다. 그들의 편지와 선언문은 주로 좌익계 신문에 실렸다. 제2구 민병대 본부에 갇힌 정치범들이 8월 2일에 처우에 항의하는 새로운 방법을 생각해냈다. 단식 항의 선언이 그것이었다. 이 행동은 사흘 뒤 소비에트 중앙집행위원회의 대표들이 수감자들의 소송이 더는 지연되지 않고 처리될 것이며 특별한 혐의가 없는 사람은 곧 풀려나리라는 것을 보증한 다음에야 끝이 났다.[29] 제2구 민병대 본부의 재소자들은 8월 중순에 접어들 때 차츰차츰 풀려났고, 마침내 이 성공에 자극받아 다른 감옥에서도 단식 항의의 물결이 일어났다. 앞으로 이 항의는 많은 페트로그라드 주민의 동정심을 불러일으키게 된다. 그러나 당장은 투옥된 볼셰비키 가운데 실제로 풀려난 비율은 아주 낮았다.

4장
효과 없는 탄압

다분히 희망에서 나온 생각에서 당대의 많은 관찰자는 반(反)볼셰비키 감정이 뚜렷이 치솟고 7월봉기 직후에 정부가 겉으로는 단호해 보이는 질서 회복 조치를 취하는 것을 보고 볼셰비키가 치명적 패배를 당했다고 믿는 경향을 보였다. 이 무렵에 한 신문 편집자는 자신 있게 다음과 같이 썼다. "볼셰비키는 치욕당하고 위신이 실추되고 박멸되었다. …… 이것이 다가 아니다. 그들은 러시아의 삶에서 쫓겨났고, 그들의 가르침은 돌이킬 수 없이 실패했으며, 그 가르침의 전도사들은 전 세계 앞에서 평생 가는 창피를 당했다."[1] 그리고 다른 입헌민주당원 기고자 한 사람은 다음과 같이 주장했다. "볼셰비즘은 절망적으로 치욕을 당했다. …… 말하자면 비명횡사했다. …… 볼셰비즘은 독일의 돈으로 선동된 허장성세였음이 밝혀졌다."[2]

결과를 안다는 이점을 이용해보면, 1917년 한여름에 볼셰비즘을 무력한 정치 세력으로 경솔하게 깎아내린 사람들은 페트로그라드 대중이 지닌 기본 관심사와 거대한 잠재력, 그리고 볼셰비키의 강령 같은 혁명적 정치·사회 강령이 페트로그라드 대중에게 지니는 엄청난 매력을 전혀 감안하지 않았음을 알 수 있다. 동시에 그러한 사람들은 겨울궁전에서 잇달아 나오는, 말만 거창한 법령의 소나기에 속았음이 분명하다. 그들은 임시정부의 행동에서 존재하지도 않는 목표에 대한 전념, 힘과 효율성을 찾아냈던 것이다. 그런 것은 임시정부에 전혀 없었다. 케렌스키의 웅변이 불꽃 튀는 듯 강경했는데도 내각이 이 시기 동안 채택한 중요한 탄압책 모두가 완전히 이행되지도, 목적을 이루지도 못했다. 이를테면, 시민의 손에서 무기와 탄약을 거둬들이는 정책은 처음부터 장애에 부딪쳐 오래 지속되지 못했다. 비슷하게, 볼셰비키가 강력한 발판을 마련한 페트로그라드의 수많은 부대들 가운데 실제로 무장 해제된 부대는 제1기관총 연대와 제180보병 연대와 척탄병 연대뿐이었다. 급진화한 부대에서 7월 말과 8월에 부대원 상당수가 전선으로 전출되기는 했지만, 원래 의도에 어긋나게도 이 부대들 가운데 완전히 해체된 부대는 단 하나도 없었다. 7월봉기의 지도자들과 지지자들을 붙잡아 신속히 재판에 넘기겠다고 공언한 정부의 목표로 눈을 돌려보면, 반란이 붕괴된 뒤 많은 볼셰비키가 감옥에 갇혔는데도 약 32,000명에 이르는 페트로그라드 당 조직원 대부분이 당국의 제재를 받지 않았다. 실제로 감옥에 갇힌 좌파 분자들은 오랫동안 공식 기소되지 않았으며, 기소되었다 하더라도 재판에 회부되기 전에 10월혁명이 일어났다.

이 같은 사태에는 갖가지 요인이 작용했다. 아마도 민간인을 무장 해제하지 못했던 주된 이유로는 임시정부가 근본적으로 허약하고 대중에게 신뢰를 얻지 못했다는 점을 꼽을 수 있을 것이다. 임시정부는 무기 몰수를 정당화하면서 공식적으로는 전선에서 공격당하는 병사들에게 무기가 절실히 필요하다는 근거를 내세웠다. 그러나 사실 정부는 2월혁명 기간 동안 노동자들이 손에 넣어 7월에 정부와 소비에트를 위협하는 데 썼던 권총과 소총과 기관총을 압수함으로써 민간 소요가 다시 일어날 위험을 줄이는 데 관심을 주로 두었다. 소비에트 중앙 기구가 이러한 노력을 승인했다. 그러나 정부의 의도를 의심하고 반혁명의 위험이 점점 커진다고 느끼고 경계심을 품은 공장 노동자 대다수는 무기를 내놓으려 들지 않았다. 비록 일부 민간인은 정부가 이러한 취지의 명령을 공표한 뒤 즉시 순순히 무기를 내놓았지만, 무기를 소지하고 있는 노동자들은 대부분 조용히 무기를 반납할 뜻이 없음이 곧 분명해졌다. 그러자 정부군은 무기를 감춰놓았다고 의심이 가는 공장과 좌익계 지지자의 사무실을 급습했다. 이 습격은 무기를 찾아내는 데 번번이 실패했으며, 7월 말쯤 중단되었다. 그 결과, 공장 노동자들과 당국의 관계가 악화되었다.

볼셰비키의 영향을 강하게 받는 많은 군부대가 무장 해제를 모면할 수 있었던 것은 분명히 얼마간은 그 부대들이 정부의 수비대 관련 계획이 알려지자마자 과거 행동을 부인하고 새로운 케렌스키 정권에 열렬한 충성 서약을 한 결과였다. 볼셰비키화한 부대를 수도에서 전출하려던 정부의 계획이 일부만 실현된 것은 현 상태만으로도 골치가 아팠던 전선 지휘관들이 그처럼 믿을 수 없는 증원군을 받아들이기를 꺼렸던 탓도 있었다. 게다가 215,000명에서 300,000명에 이르는 페트로그라드 수비대 병력 가운데 어느 부대가 전선으로 이송되는 처벌을 받아야 마땅한지를 공정하게 결정하는 것도 쉽지 않은 문제였다. 심지어 가장 호전적인 연대에서도 7월에 의식적으로 정부 타도에 나섰던 병사들의 비율이 매우 낮았다. 페트로그라드 군관구 지휘부가 붕괴되고, 불가피하게 대체로 죄 없는 부대 다수가 수도에서 전출당하는 즉결 처분을 받은 반면, 7월에 항명 사태를 일으킨 일부 부대는 10월까지 페트로그라드에 남았다.

7월사태 뒤에 체포된 볼셰비키 지도자의 비율이 낮았다는 사실은 어느 정도는 전러시아 소비에트 중앙집행위원회가 전체 정치 집단이 아닌 각 개인에게만 조치를 취해야 한다고 단호하게 주장한 덕분이었다. 물론 임시정부에는 카베냐크* 같은 사람이 없었다. 이것은 얼마간은 정부가 대규모 항의를 제어할 능력이 없음을 제대로 이해했기

---

* 루이-외젠 카베냐크(Louis-Eugène Cavaignac, 1802~1857) 1848년 6월에 프랑스 파리에서 일어난 노동자 봉기를 무자비하게 진압한 장군.

때문이다. 정부 후원을 등에 업고 좌익을 앞뒤 가리지 않고 공격했다
가는 대규모 항의가 일어나기 십상이었다. 물론 7월사태의 뒤를 이은
반동의 절정기에 일부 좌익 기구가 군대의 공격을 받았다. 오늘날 소
련의 역사가들은 이러한 공격을 모든 볼셰비키 조직과 전투적인 노
동 운동 전반을 분쇄하려는 정부의 의도적인 총력 투쟁의 일부로 본
다. 그러나 신중하게 연구해보면 이 해석이 틀렸음을 알 수 있다. 군
대가 7월 이후에 좌익에 가한 공격을 하나하나 면밀히 살펴보면, 극
히 일부(이 가운데 가장 두드러진 것은 정부가 크셰신스카야 저택과
〈프라브다〉 사무실을 습격한 것이다)를 빼고는 볼셰비키 구위원회나
비당파 노동 조직이나 공장을 상대로 한 이러저런 공격은 무기를 압
수하려는 정부의 시도와 직접적인 연관이 있거나 고위 당국의 승인
을 받지 않은 채 열의에 넘친 이름 없는 일부 2급 관리, 때로는 차르
정권 잔당의 주도로 수행된 것이었다.

7월 9일에 리테이니 구 번화가에 있는 볼셰비키 본부가 습격당한
것도 그런 경우였다. 이 공격이 있기 며칠 전에 리테이니 구 위원회는
별다른 생각 없이 어떤 건물의 새로운 방으로 이사했다. 그 건물에는
지역 방첩국 사무실이 있었다. 그 사무실 직원의 눈에 볼셰비키는 죄
다 독일 간첩이었다. 그들은 독자 행동에 나서서 다음 일요일을 택해
새 이웃을 강제로 내쫓았다.[3] 비슷하게, 같은 날에 일어나 이웃에 있
는 멘셰비키 사무실이 파괴되는 결과를 빚은 볼셰비키당 페트로그라
드 구 본부 습격 사건도 페트로그라드 군관구 소속 하급 관리들이
시작하고 주도한 것이었다. 기자들의 조사로 타격대가 영장을 가지고
있지 않았음이 나중에 밝혀졌으며, 정부 대변인과 심지어 폴롭체프
장군도 그 작전을 사전에 알고 있었음을 부인했다.[4]

이때 세스트로레츠크 교외에서 일어난 습격도 명백히 하급 군인
들이 지나친 열정을 보인 결과였다. 세스트로레츠크의 한 지방 사냥

클럽의 회원들이 야영하고 있는 병사들에게 서툰 사격을 했을 때, 병사들은 공장 노동자들이 그랬을 것이라는 결론으로 비약해서는 페트로그라드 군관구 본부에 그렇게 보고했다. 폴롭체프 장군은 예하 부대에 세스트로레츠크 공장에 있다고 알려진 노동자 부대를 무장해제하라는 명령을 내렸다. 비록 이 명령은 임시정부의 무기 수거 명령이 공표되기에 앞서 내려지기는 했지만, 세스트로레츠크 공장에 파견된 부대의 지휘관은 노동자 부대 소속이든 아니든 상관없이 민간인 손에 있는 무기를 모조리 압수한다고 선언했다. 게다가 정부군은 많은 무기와 탄약을 수거했는데도 좌익계 조직원 일곱 명을 체포하고 세스트로레츠크 시에 있는 개인 아파트 수십 채와 노동조직 사무실을 수색해서 부수었다.[5] 분명히 폴롭체프 장군은 예하 부하의 지나친 행동이 빈발하는 것을 제어하지 못했다고 해서, 가능성이 좀 더 높기로는 억제하고자 하지 않았다고 해서 소비에트 중앙집행위원회의 주장에 따라 7월 13일에 사령관 자리에서 경질되었다.[6]

7월봉기 뒤에 체포된 볼셰비키를 기소하는 데 왜 그렇게 오랜 시간이 걸렸으며 왜 단 한 사람도 재판을 받지 않았는지는 복잡한 문제이다. 특히 정부가 왜 독일 간첩 혐의와 관련된 사건을 적극적으로 기소하지 않았느냐는 문제가 있다. 아마도 몇 가지 요인이 관련되어 있었을 것이다. 지금은 혁명 기간 동안 독일에서 나온 자금이 볼셰비키에 흘러 들어갔다는 사실이 확실히 밝혀졌지만, 우리는 7월봉기 때 정부의 기소가 완벽하지 않았다는 점을 고려해야 한다. 더군다나 추정되는 음모의 중심 인물인 레닌이 잡힌 것도 아니었다. 7월사태 뒤에 체포된 사람들 가운데는 그저 별 생각 없이 말을 하다가 붙잡혀 감옥에 갇힌 경우가 많았다. 정부로서는 그들을 기소한다는 깃이 그저 곤혹스러울 따름이었다.

투옥된 수많은 볼셰비키 하급 지도자, 특히 '군사조직' 지도자들을 겨눈 봉기 조직 연루 혐의는 상당히 탄탄한 근거에 기반을 두었다. 7월봉기의 배경과 발전을 공식 조사한 간행 자료 일부는 정부가 '군사조직'과 페테르부르크 위원회가 봉기를 조직하고 확대하는 데 상당한 역할을 했다는 설득력 있는 증거를 많이 모았음을 알려준다.[7] 그 사람들 가운데 일부가 왜 신속하게 재판에 회부되지 않았는지는 정말로 수수께끼다. 그들의 소송이 같은 시기에 추진되던 근거가 확실하지 않던 다수의 소송에 파묻혔다는 것도 어느 정도는 설득력이 있다. 더군다나 7월봉기를 조직하는 데 중요한 역할을 했음을 아주 명확하게 입증할 수 있는 많은 볼셰비키는 또한 입증하기가 훨씬 어려운 독일과의 공모 혐의로도 기소되었다. 이것이 소송 처리에 영향을 끼쳤다는 것은 의심할 여지가 없다.

더 근본적으로, 입수 가능한 증거들로 가장 확실하게 드러나는 점은 출범한 지 거의 다섯 달이 되고 그동안 시달릴 대로 시달린 임시정부가 이런 성격과 중요성을 지닌 사법 문제를 효율적으로 처리할 힘을 제대로 갖추지 못했다는 것이다. 2월사태 직후에 구체제 관리들을 조사하고 기소하기 위한 제도와 절차가 수립되었다. 그러나 임시정부는 7월사태 뒤에야 비로소 대규모 대중 반란을 처리하는 문제에 제대로 착수할 수 있었다. 적절한 절차들을 조금씩 조금씩 임시변통식으로 수립해야 했다. 내각 안에서는 차르 시대 형법의 어느 조항을 현 상황에 적용할 수 있는지를 놓고 견해 차가 벌어진 탓에 지연이 빚어졌다. 더욱이 정부가 기소된 반도의 심리와 기소에 관한 총책임을 단일한 권위(카린스키 페트로그라드 고등법원 검사)의 수중에 집중한다는 훌륭한 판단을 내렸지만, 군대와 민간의 몇몇 보조 기구가 관여할 수밖에 없었다. 이 기구들은 서로 조정하는 경우가 거의 없거나 아예 없었다. 이런 탓에 더 심한 혼란과 지연이 발생했다.

또한 7월사태 직후에 임시정부와 각 부처의 활동 체계가 눈에 띄게 무너졌다는 점을 기억하는 것이 중요하다. 돌이켜보면 정부의 가장 절박한 문제는, 만약 임시정부가 살아남기를 바랐다면, 어떻게 해서든지 대중 소요를 누그러뜨리고 극좌파를 단호히 다루는 것이었음이 확실하다. 그러나 시달리느라 지칠 대로 지친 임시정부 요인들에게는 이 점이 결코 분명하게 보이지 않았다. 우리가 살펴본 것처럼, 제1차 연립이 무너진 7월 2일부터 케렌스키가 드디어 완전한 내각을 짜맞추는 데 성공한 7월 23일까지 러시아에는 제대로 기능을 발휘하는 정부가 없었다. 볼셰비키는 영구히 진압되었다고 보였고, 당연히 케렌스키는 시간을 대부분 새로운 연립을 짜고 전선 안정화 계획을 세우는 게 목적인 정치 토론에 썼다. 케렌스키는 겨울궁전에서 열린 철야 협상 회의가 끝난 뒤 군 지휘관들과 협의하려고 페트로그라드를 떠나 모길료프(Mogilev)나 프스코프(Pskov), 또는 다른 최전선 지역으로 떠나려 했다.

이 기간 동안 각 장관들은 카드 한 벌처럼 이 각료직에서 저 각료직으로 뒤섞였다. "7월 3~5일 사건"에 관련된 소송 절차와 가장 밀접한 관련이 있는 부처인 내무부와 법무부가 그런 경우였다. 7월 8일에 르보프가 사임한 뒤 체레텔리가 내무부 장관이 되었다. 7월 24일에 니콜라이 압크센티예프(Nikolai Avksent'ev)가 그를 대체해서 근무했다. 압크센티예프도 8월 말에 물러났다. 법무부에서는 7월 11일에 사임한 페레베르제프를 이반 예프레모프(Ivan Efremov)가 대신했다. 내각은 7월 23일에 알렉산드르 자루드니(Aleksandr Zarudnyi)가 법무부 장관이 되었다고 공표했다. 자루드니는 9월 25일에 파벨 말랸토비치(Pavel Maliantovich)로 대체되었다. 이렇듯 장관들이 계속 교체되면서 혼란이 일어났다. 달리 어쩔 도리가 없었다.

한편, 수감된 좌익 분자를 어떻게든 하라는 요구가 공공연하게 높아졌다. 이러한 요구는 볼셰비키를 완전하게, 지체 없이 비난의 대상으로 만들기를 열망하는 자유주의자와 보수주의자는 물론, 볼셰비키를 적절하게 기소하든지 아니면 석방하라고 똑같이 단호하게 주장하는 사회주의자에게서 터져 나왔다. 7월 21일에 비판자들의 목소리를 잠재우려는 분명한 바람에서 카린스키는 조사가 어느 정도 진척되었는지 보고서를 발표했다. 보고서는 7월봉기를 교사하고 조직하고 지도한 모든 책임을 볼셰비키에게 돌렸다. 또한 볼셰비키당의 간첩 행위 혐의에 관해서는 다른 누구보다도 특히 레닌, 지노비예프, 콜론타이, 사하로프, 라스콜니코프, 로샬이 러시아의 적과 "러시아군과 후방을 무너뜨린다"는 협정을 맺고 "이를 위해 이 국가들에서 받은 자금으로 …… 국가의 최고 권력에 대항한 무장봉기를 조직했다"는 결론을 내렸다.[8] 보고서에서 카린스키는 이러한 혐의들을 뒷받침하기에는 어려운 취약한 정황 증거만 내놓으면서 더 구체적인 증거는 지금으로서는 공개할 수 없음을 빈번히 시사했다. 보고서가 좌익의 아우성을 불러일으켰음은 충분히 예상할 수 있는 일이다. 〈새로운 삶〉은 다음과 같이 썼다. "왜 사건에 관한 객관적 서술 대신에 …… 기소장이 그냥 …… 발부되고 있는지 깊은 의혹이 일고 있다. …… '반역' 기소와 관련된 기소장 부분은 너무나도 모호하고 근거가 없어서 어떻게 이런 류의 기소를 '검사단'의 일원이 발표할 수 있는지 정말 놀라울 따름이다."[9]

마르토프는 카린스키 보고서의 편향성을 고려해서 체포당한 좌익 분자들이 심리 절차 때 자기 변호를 할 수 있게 허용하도록 정부를 설득하라고 소비에트 중앙집행위원회에 권했다. 또한 마르토프는 소비에트 중앙집행위원회 대표가 정부의 심리 위원단에 들어가도록 노력해야 한다고 주장했다. 카린스키의 행동이 불러일으킨 파장이 얼마나 컸는지는 볼셰비키를 싫어하고 기본적으로 정부에 충성스러웠는데도 소비에트 중앙집행위원회 의원 과반수가 두 건의 사항을 곧바로 받아들였다는 사실에서도 알 수 있다. 또한 그들은 심리가 완결되기 전에 7월 3~5일 사건의 예비심리 자료가 공표된 데 항의하고 "이 명백한 법률 위반"은 새로운 사법 체계가 예전 차르 법정의 가장 나쁜 특징을 물려받았음을 보여주는 불길한 조짐이라고 비난하는 공개 성명서를 채택했다. 한편, 투옥당한 볼셰비키 가운데 다수가 아직 공식 심리에 들어가지도 않았으며, 그들의 곤경은 노동자와 병사들의 커다란 관심을 불러일으키는 정치 쟁점으로 떠올랐다. 7월사태의 직접적 여파 속에서 볼셰비키와 그들의 대의에 결정적 손상을 입힐 만한 기회가 설령 있었다고 하더라도 사라져 갔으며, 정부는 손아귀에 들어온 이들 볼셰비키를 하는 수 없이 차츰차츰 풀어주어야 했다.

7월사태 이후에 볼셰비키를 탄압하고 그들의 위신을 떨어뜨리려는 정부의 시도가 전반적으로 효과가 없었다는 것은 7월 후반과 8월 초순 동안의 볼셰비키 당중앙위원회, 페테르부르크 위원회, '군사조직'의 상황과 활동을 살펴보면 또렷해진다. 예를 들어, 4월협의회에서 선출된 9인 당중앙위원회 위원 가운데 창살에 갇혀 있는 사람은 카메네프뿐이었다. 레닌과 지노비예프는 어쩔 수 없이 숨어 있어야 했으므로 활동에 심각한 장애가 있었지만, 두 사람 모두 당과 연결이 완전히 끊기지는 않았다. 지노비예프는 집필 활동을 계속했으며, 실제로 이 기간 동안 글을 더 많이 썼다. 레닌은 라즐리프와 핀란드에서 빈번하게 글을 보냄으로써 볼셰비키 정책을 수립하는 데 계속 영향력을 행사했다.[10] 더군다나 모두 7월 말에 당중앙위원회에 선출된 모스크바 지도자들인 펠릭스 제르진스키(Feliks Dzerzhinskii), 안드레이 부브노프(Andrei Bubnov), 그리고리 소콜니코프(Grigorii Sokol'nikov), 니콜라이 부하린(Nikolai Bukharin)과 더불어 스탈린과 야코프 스베르들로프(Iakov Sverdlov)가 페트로그라드 볼셰비키 고위 간부가 감

볼셰비키 간사국을 이끈 우랄산맥 출신의 조직가 야코프 스베르들로프. 10월봉기 조직에 핵심 구실을 했으며, 11월에 전러시아 소비에트 중앙집행위원회 의장으로 선출된다.

옥에 갇히거나 몸을 숨기는 바람에 생겨난 틈을 메웠다.[11]

당 간사국을 이끄는 우랄산맥 출신의 지칠 줄 모르는 젊은 조직가 스베르들로프의 냉철한 지도 아래, 당중앙위원회는 도심 밖에 있는 한 수수한 아파트에서 소리 없이 업무에 착수했다. 공개적인 당 고위 기관 비판이 아직 용인되었던 1920년대 중반에 일린-제넵스키는 드러내놓고 향수에 젖어 이 시기의 당중앙위원회 활동을 다음과 같이 회상했다.

나는 거의 날마다 그곳(당중앙위원회)에 갔다. …… 평화로운 가족 같은 정경과 마주치는 일이 잦았다. 모두 식탁에 앉아 차를 마신다. 식탁 위에서는 커다란 사모바르*가 기분 좋게 끓고 있다. 어깨에 수건을 두른 멘진스카야(V. R. Menzhinskaia, 간사들 가운데 한 명)가 찻잔을 물에 헹구어 닦고는 새로 온 동지들에게 차를 따라준다. …… 저절로 오늘날

---

* 사모바르(samovar) 안에 숯불을 넣어 물을 끓이는 러시아 고유의 주전자.

의 당중앙위원회실과 비교된다. 일련의 각종 부서와 과가 있는 거대한 청사. 너무나도 급한 일 때문에 층층마다 뛰어서 돌아다니는 수많은 직원들. 물론 지금은 기능이 확대되었으므로 이렇게 하지 않고서는 당중앙위원회 업무를 다 할 수 없다. 그렇기는 해도 업무가 그처럼 소박하고 단순한, 그러나 동시에 깊은 동지애가 배어 있고 굳게 맺어져 하나가 된 시절이 가버리고 결코 되돌아오지 않는다니 웬일인지 섭섭하다.[12]

7월봉기 이후 첫 몇 주 동안 〈프라브다〉 폐쇄가 당중앙위원회 활동에 짐이 되었다. 〈프라브다〉는 8월 초순에서야 정기적인 신문 발행을 재개할 수 있었다.[13] 그런데도 심지어 반동이 페트로그라드를 완전히 휩쓸던 7월 중순에 스베르들로프는 지방의 당위원회에 "피테르의 분위기는 활기에 차 있다. 당황하지 않는다. 조직은 허물어지지 않았다"는 전보[14]를 칠 만큼 미래에 자신감을 느꼈다.

7월봉기 뒤 보름이 채 안 된 7월 13일에 당중앙위원회는 전략을 논의하려고 가까스로 비밀 협의회를 소집했는데, 이 협의회는 이틀에 걸쳐 페트로그라드에서 열렸다. 이때 당중앙위원회 위원들, '군사조직' 간부들, 페트로그라드 당위원회와 모스크바 당위원회 대표들[15]이 모였는데, 7월봉기로 달라진 정치 상황을 평가하고 러시아 전역의 당 하위 조직을 지도하는 적절한 전술 지령을 정식화하는 것이 주목적이었다. 이 협의회의 중요성은 레닌이, 명백히 이 협의회를 염두에 두고, 뚜렷이 7월 이전의 전술적 입장에서 벗어나 전술에 관한 일련의 테제를 준비했다는 사실로 입증된다.[16] 이 테제에서 레닌은 멘셰비키와 사회주의자혁명가들의 전폭 지지를 받은 반혁명이 정부와 혁명에 대한 완전한 통제권을 쥐는 데 성공했다고 주장했다. 온건 사회주의 정당뿐만 아니라 소비에트도 "반혁명의 치부를 가리는 무화과 나뭇잎"이 되었다는 것이다.

레닌은 현 상황을 이렇게 평가하고, 그 바탕 위에서 직접 윤곽을 그린 미래에 관한 전망을 내놓았다. 레닌의 판단에 따르면, 반혁명이 공고해졌고 소비에트가 무력하기 때문에, 혁명이 평화적으로 발전할 그 어떠한 가능성도 더는 존재하지 않았다. 7월 이전에 당이 소비에트로 권력을 이전하는 방향으로 택했던 진로 설정과 볼셰비키의 주요 슬로건인 "모든 권력을 소비에트로"는 포기해야 했다. 당에 남겨진 유일한 전술적 진로는 궁극적인 무장봉기와 프롤레타리아와 빈농으로 권력 이전을 준비하는 것이었다. (이때 레닌은 오르조니키제와 이야기를 나누다가 9월 또는 10월 무렵의 대중 봉기의 가능성과, 공장위원회 안의 볼셰비키의 활동에 초점을 맞출 필요성을 언급했다. 오르조니키제가 인용한 레닌의 말에 따르면, 공장위원회는 봉기 기구가 되어야 할 터였다.)[17]

7월 13~14일에 열린 당중앙위원회 협의회에 참석한 사람들이 레닌의 지령에 보인 반응을 제대로 이해하려면 다음과 같은 요인들을 짚고 넘어가야 한다. 6월 중순 무렵(즉, 7월사태 전에) 레닌이 품었을지도 모르는 무장 투쟁 없는 소비에트로의 권력 이전에 대한 모든 희망을 버렸다는 증거가 있지만, 레닌은 이러한 견해를 가장 가까운 동지 몇 사람에게만 털어놓은 듯하다.[18] 레닌이 6월 후반부에 때 이른 봉기를 막으려고 했던 것이 당 전체에 그의 견해가 여러 사건들 때문에 온건해졌다는 인상을 주었다. 따라서 테제에 표현된 생각들은 맑은 하늘에서 떨어지는 날벼락과도 같았다. 둘째, 당시 레닌이 구상한 진로로 말미암아 4월협의회에서 얼버무렸던, 그리고 다가올 당대회에서 토론에 붙일 근본적인 이론적 가정을 놓고 당내 논쟁이 불가피하게 재개되었다. 마지막으로, 앞으로 살펴보겠지만, 현 상황을 바라보는 레닌의 평가는 많은 볼셰비키 지도자의 분위기나 견해와 어긋났다. 그들은 레닌과 달리 반동의 충격을 피부로 가늠할 수 있었고 좌파 멘셰비키와 사회주의자혁명가 분파의 지도자들, 그리고 일반적으로 페트로그라드 대중과 날마다 접촉하고 있었다.

7월 13~14일에 있었던 볼셰비키 지도부의 토론에 관한 공식 기록은 간행되지 않았다. 우리는 당대의 관련 자료를 통해 레닌의 생각이 격렬한 논란의 주제였음을 알고 있다.[19] 페테르부르크 위원회의 볼로다르스키와 모스크바에서 온 노긴과 리코프는 "그 테제들에 언급된 모든 근본 문제에서" 레닌과 견해가 달랐다.[20] 협의회에 참석하지는 않았지만 볼로다르스키와 노긴과 리코프만큼이나 레닌의 방침에 극력 반대한 지노비예프가 참석자들에게 자기 견해를 글로 알렸다는 증거도 있다.[21] 스베르들로프와 사벨레프, 뱌체슬라프 몰로토프 (Viacheslav Molotov)가 틀림없이 레닌의 방침을 채택하기 위한 싸움의 선봉에 섰을 것이었다. 몰로토프는 이때 20대 중반의 무뚝뚝한 표정의 정치 활동가였으며 나중에 스탈린 통치기에 외무부 장관을 지냈다. 테제는 표결에 붙인 결과 단호하게 거부당했다. 협의회에 참석한 당 간부 15명 가운데 10명이 반대표를 던졌던 것이다.[22]

레닌과 협의회 다수파 사이의 기본적 견해차는 협의회 참가자들이 이어서 채택한 결의문에 반영되었다. 온건 사회주의자들이 완전히 배신을 하고 정부 편이 되어버렸으며 사실상 국가 권력이 반혁명적인 자본가와 대지주의 손아귀에 있다는 레닌의 견해와 대조적으로, 이 결의문은 케렌스키 정부가 독재임은 인정하면서도 아직은 전적으로 "반혁명의 손아귀 속에서 꼼짝 못하고" 있지는 않다는 것을 내비쳤다. 결의문에 따르면, 케렌스키와 체레텔리와 예프레모프의 독재는 (1) 농민 프티부르주아, 그리고 아직 프티부르주아에 대한 미몽에서 깨어나지 못한 일부 노동계급 (2) 부르주아와 지주 계급을 대표했다. 결의문은 이 두 편이 서로 담합하는 데 여전히 몰두하고 있음을 지적했다. 또한 소심한 멘셰비키와 사회주의자혁명가들이 프롤레타리아를 배신한 탓에 혁명을 적대시하는 계급들에게 계속 힘을 실어 주고 있다고 밝혔다. 그러나 결의문에는 멘셰비키와 사회주의자혁명가들이 혁명의 대의에서 돌아서서 돌이킬 수 없는 길로 들어섰다는 언급은 없었다. 이런 견해에 걸맞게 결의문은 "모든 권력을 소비에트로!"라는 슬로건을 철회할 필요성에는 침묵했다. 결의문은 케렌스키 정부에는 혁명의 기본 문제를 해결할 능력이 없다고 분명히 선언하면서, 결정적 조치를 취해서 전쟁을 끝내고 부르주아와 타협을 중단하며 농민에게 토지를 넘겨주고 공산품과 농산물의 분배에서 노동자 관리를 확립하며 반동의 요새를 처부술 혁명적 프롤레타리아와 농민의 소비에트 수중에 권력을 넘겨야 한다고 지적했다. (뒷날 볼로다르스키는 "모든 권력을 소비에트로!"라는 슬로건을 이렇게 한정한 것이 그와 추종자들이 이 슬로건을 완전히 폐기해야 한다고 주장하는 사람들에게 해준 유일한 양보였다고 회고했다.)[23]

결의문은 현 상황에서 당의 과제가 반혁명의 조짐을 모두 폭로하고 프티부르주아 지도자들의 반동 정책을 효과적으로 비판하며 할 수 있는 곳이면 어디서든지 혁명적 프롤레타리아와 그들 당의 지위를 강화하고 나라에서 정치 위기가 전개되는 상황에서 가능하다면 볼셰비키 강령을 이행하는 결정적 투쟁에 필요한 세력을 확실하게 대규모로 준비하는 것이라고 밝혔다.[24] 그것은 거의 어떤 것이든 자기 좋을 대로 의미를 규정할 수 있는 정식화였다. 결의문은 혁명 발전의 평화적 시기가 끝났다거나 무장봉기를 준비해야 한다고는 전혀 말하지 않았다. 당이 계속 소비에트 내 활동에 상당한 관심을 쏟을 것이라는 가정이 배어 있었다. 이 결의문을 레닌이 옹호하는 방침과 비교해볼 때, 가장 뚜렷하게 나타나는 것들 가운데 하나는 결의문을 작성한 사람들이 다른 사회주의 세력과 협력해서 소비에트 정부를 수립하려는 희망을 버리기를 주저하고 있었다는 점이다. 이 분위기는

7월 13~14일의 회의가 폐회될 때 내려진 결정, 즉 다가오는 당대회에 자문권을 가지고 동참하도록 "국제주의자"를 초빙한다는 결정에도 반영되었다. 십중팔구 사회주의자혁명가들의 입장이 무엇인지 떠보려고 그랬던 듯한데, 심지어는 사회주의자혁명가들까지 초빙되었다.[25]

7월 15일에 레닌은 당중앙위원회 협의회에서 무슨 일이 일어났는지 알고는 분노와 경악을 억누르지 못했다. 현 상황은 4월 초 러시아로 돌아왔을 때 그가 마주쳤던 것과는 달랐다. 레닌은 다시 한 번 볼셰비키 대오 안에 존재하는 강한 충동을 꺾어야 했다. 그 충동이란 급진적인 혁명적 행위를 포기하고 더 온건한 정치 그룹들과 합치지는 않더라도 밀착해서 활동하려는 것이었다. 그러나 레닌은 지금 신문도 정기적으로 받아보지 못하면서 페트로그라드에서 30킬로미터 떨어진 은신처에서 당의 정책들을 재조정해야 했다.

레닌은 〈슬로건에 관하여〉라는 긴 글에서 당중앙위원회 협의회가 자기의 테제를 거부한 행위에 대응했다.[26] 그는 글의 도입부에서 "역사가 급격한 전환을 할 때, 선진적인 당마저 다소 오랫동안 새로운 상황에 적응하지 못해 어제는 옳았지만 오늘은 완전히 의미가 없어져버린 슬로건을 되풀이하는 일이 아주 잦았다"고 날카롭게 관찰한 다음, 2월 27일부터 7월 4일까지의 기간 동안에는 유효했던 "모든 권력을 소비에트로"라는 슬로건이 그날 이후로는 분명히 효용성을 잃었다고 주장했다. 레닌은 "이 점을 이해하지 않고서는 현재 급박한 여러 문제에서 아무것도 이해하지 못한다"고 경고했다. 레닌은 이어서 사회주의자혁명가들과 멘셰비키가 그들의 잘못을 바로잡을지도 모른다고 믿는 당내 반대자들의 생각이 "어린아이 같은 순진함이거나 단순한 어리석음"이라고 말했다. 그는 "인민에게 모든 진실을 말해야 한다. 권력이 카베냐크 류의 군사 도당 손아귀에 있다는 것을. …… 이 권력은 타도해야 한다"고 주장했다. 레닌은 다음과 같이 덧붙였다. "소비에트는 이 새로운 혁명에서 등장할 수 있고 등장해야 한다. 그러나 지금의 소비에트는 아니다. …… 현재의 소비에트는 실패했다. …… 지금 이 순간 이 소비에트는 도살장에 끌려가 도끼 아래서 애처롭게 우는 양과 닮았다." 레닌은 〈슬로건에 관하여〉 종결부에서 "낡은 계급, 낡은 당, 낡은 소비에트가 개입하지 않은 [계급 투쟁의] 새로운 주기가 시작되고 있다"고 선언하고는 당은 "뒤가 아니라 앞을 바라보"아야 하며 "새로운, 7월사태 이후의, 계급적인, 당다운 범주를 활용"해야 한다고 주장했다.

그러나 당분간 레닌은 국외자로서 지켜보고 있었다. 당중앙위원회 협의회의 결의문은 전국 지도부의 주요 정치 평가이자 4월협의회와 제6차 당대회 사이의 전술에 관한 공식 성명이었다. 결의문은 신속하게 전단으로 복제되었고, 이 전단 묶음 340개가 전국 곳곳의 볼셰비키 하위조직에 서둘러 전해졌다. 결의문은 당의 모든 주요 지방 기관에서 제때 간행되어 7월 후반기 동안 당대회에 앞서 러시아 전역에서 열린 당협의회와 회의에서 채택한 정치 상황과 전술에 관한 결의문의 지침 구실을 했다.[27]

같은 시기에 볼셰비키 페테르부르크 위원회가 한 경험은 7월사태에 뒤이은 반동기 동안 볼셰비키가 입은 손해가 비교적 표면적이었고 쉽게 극복했음을 확인해준다. 페테르부르크 위원회는 선출된 50명 가량의 구위원회 대표로 구성되어 중요한 정치적 쟁점을 논의하려고 매주 모였으며 6인 집행분과위원회의 지도를 받았는데, 이 집행분과위원회 위원 가운데 7월사태 뒤에 체포된 사람이 아무도 없었다. 페테르부르크 위원회의 활동은 크셰신스카야 저택에 있던 사무실과 기록들을 잃어버리는 바람에 잠시 혼란에 빠졌다. 이때 한 집행분과위원회 위원은 낙심해서 "서류와 회계문서와 사무실 등 거의 모든 것을 잃어버렸다"고 보고했다.[28] 그러나 집행분과위원회와 구 당위원회 사이의 연락 단절은 결코 심각하지 않았다. 페테르부르크 위원회는 곧 비교적 안전한 비보르그 구에 임시 거처를 마련했다. 그곳에서 일찍이 7월 7일에는 당 일꾼들이 제정 시절부터 써 온 낡아빠진 수동식 인쇄기로 혁명 전단을 찍어내기 시작했다.[29]

7월봉기 이후 첫 몇 주 동안, 페테르부르크 위원회 간부들은 최근의 사건들, 특히 당 고위 지도부가 받는 간첩 혐의가 볼셰키비의 지지도와 그들이 페트로그라드 대중 사이에서 누리는 영향력에 어떻게 작용할까를 두고 가장 우려를 한 듯하다. 이에 대한 첫 해답은 7월사태 뒤 처음으로 전체 성원이 다 모인 회의인 7월 10일의 페테르부르크 위원회 회의와[30] 7월 16일의 제2차 페트로그라드 볼셰비키당 시협의회의 한 회기에서 나왔다. (제2차 협의회는 7월 1일에 시작되었다가 7월봉기로 7월 3일에 중지되었다. 협의회는 7월 16일에 재개되었다.) 두 회의에서 수도의 각 구 대표들은 자기 지역의 상황을 각각 보고했다. 이 보고들은 당에 쏟아지는 분노가 공장 노동자들 사이에서는 처음부터 그리 심하지 않았으며 그마저도 오래 가지 않았음을 보여주었다.

더 정확히 말하자면, 7월 10일의 보고서로 판단하건대 공업 지역이 아니고 수도에서 그런대로 잘사는 지역에 있는 공장의 피고용인들은 7월사태 직후에 볼셰비키를 정말로 적대시하는 것처럼 보였다. 이들 지역에서는 볼셰비키가 동료 노동자들에게 모욕을 당하고 실제로 작업장에서 쫓겨나는 일이 잦았다. 일례로 넵스키 구 대표는 넵스키 구 노동자들이 볼셰비키를 대하는 태도를 "포그롬 같다"고 일컬었다. 그에 따르면, 잘 알려진 당원들이 "추적을 당했다." 더욱이 당이 소유한 사무실들은 늘 거리의 군중에게 박살날 위험에 처해 있었다. 포로홉스키(Porokhovskii) 구 대표는 7월사태가 일어난 지 하루이틀

1917년 볼셰비키 페테르부르크 위원회 구성원(일부 누락). 맨 아래 열(왼쪽부터): 미하일로프, 몰로 토프. 두 번째 열: 톰스키, 표도로프, 시미트, 잘레시스키, 보키, 칼리닌, 유카 라햐. 세 번째 열: 포드 보이스키, 슛코, 안티포프, 코마로프, 넵스키, 라치스. 네 번째 열: 스베시니코프, 잘루츠키, 볼로다르 스키, 라비치, 프로호로프, 코시오르. 다섯 번째 열: 쿠바크, 멘진스카야, 쇼트만, 슬루츠카야, 나우모 프, 모스크빈. 맨 위 열: 파호모프, 하리토노프, 크렐라, 스코로호도프, 포제른, 페르부힌, 필랴예프.

만에 일하던 공장에서 내쫓긴 볼셰비키 여섯 명 가운데 한 사람이었던 볼셰비키가 "따돌림"을 당하고 "감시 아래" 놓여 있다고 하소연했다. 그는 매우 퉁명스럽게 포로홉스키 구 노동자들은 "고여 있는 늪"이라고 말했다. 또 다른 발언자는 콜핀스키(Kolpinskii) 구의 최근 사태 진전을 개괄하면서 7월 시위가 끝나자마자 그곳 노동자들이 볼셰비키에 등을 돌렸다고 보고했다.

이 직접적인 보고들은 수가 얼마인지 분명하지 않은 멘셰비키, 사회주의자혁명가당, 무소속 노동자들 사이에서 볼셰비키에 반감이 생겼을 뿐더러, 적어도 몇몇 공장 차원의 볼셰비키 조직가들이 고위 당지도부에 쏟는 신뢰가 7월의 사건들로 심하게 훼손되었음을 보여주었다. 비보르그 구의 라치스는 금속 공장(Metallicheskii zavod)에서 일어난 사태와 같은 충격적 징후를 보고했다. 노동자가 거의 8천 명에 이르는 이 공장은 페트로그라드에서 가장 큰 산업체 축에 들었다. 공장 내 볼셰비키당 조직은 7월 전에는 구성원이 3백 명이나 되고 활동이 활발해서 공장 차원의 페트로그라드 당 조직들 가운데 두드러진 존재였다. 라치스는 그날 일찍 군대가 금속 공장에 들이닥친 뒤 공장에 있는 모든 정치 조직의 지도자들이 최근의 사태를 논의하려고 모였다고 보고했다. 논의 도중에 멘셰비키와 사회주의자혁명가들이 볼셰비키가 반동을 대두시켰다는 비난을 퍼부었다. 이런 압력을 받고 그 자리에 있던 볼셰비키가 앞으로는 행동을 더 자제하겠다고 분명히 서약했다. 금속 공장의 볼셰비키가 소비에트를 지지하겠다고 맹세하고 자기 조직을 완전히 소비에트의 통제 아래 두겠다는 공식 결의문을 채택한 것은 당에서 볼 때 암담하기 짝이 없는 일이었다. 곧바로 여러 신문에 보도된 이 주목할 만한 결의문은 볼셰비키 당중앙위원회와 페테르부르크 위원회가 권위를 내던지고 자수해서 법정에 나가 "볼셰비키 노동자 10만 명이 독일 간첩일 수는 없다"는 점을 공개

적으로 보여줄 것을 요구하기도 했다.[31]

충성심이 무너졌음을 보여주는 이 같은 징후에 페테르부르크 위원회 위원들은 틀림없이 매우 당황했을 것이다. 그렇기는 하지만 더 의미심장한 것은 당원들 사이에서 금속 공장에서처럼 7월사태에 거세게 반발하는 경우가 매우 드물었다는 점이다. 실제로, 7월 10일의 구 보고로 판단해볼 때, 페테르부르크 위원회 위원들은 사태가 그리 나쁘지 않다며 마음을 놓는 편이었다. 물론 그 자리에 있던 사람들은 신입당원의 흐름이 그쳤다는 데 동의했다. 그러나 모든 사람이 가장 두려워하는 사태인 대량 탈퇴는 현실로 나타나지 않았다. 바실레프 섬의 한 조직가는 자기가 맡고 있는 공장에서 볼셰비키가 때때로 공격받기는 했지만, 이 공격이 당의 수적인 힘에 영향을 끼치고 있다는 징후는 없다는 소식을 전했다. 그는 분명 만족스러워하면서, 한 커다란 공장에서 사회주의자혁명가들이 "볼셰비키를 체포하려거든 우리 사회주의자혁명가들도 체포하라"고 선언하는 결의문을 채택했다고 보고하기도 했다. 거대한 푸틸로프 공장이 있는 나르바(Narva) 구 대표는 포그롬 선동이 가장 후진적인 공장들에서만 효력을 발휘하며 "저속한 신문을 믿는 사람은 많지 않다"고 주장했다. 라치스는 가장 중요한 비보르그 구에 관해 보고하면서 마찬가지로 들떠 있었다. 그는 "조직에서 대량으로 이탈하는 사례는 없다. 개별적 성격을 띤 이탈이 일어나고 있다"고 말했다. 그는 노동자들이 정치 집회에 모일 기회를 가진 공장에서는 혁명 그룹들이 모두 힘을 합칠 것을 바라는 열망을 찾아볼 수 있다고 지적하기도 했다.

7월 16일에 열린 제2차 시협의회에서 넵스키 구의 보고는 여전히 음울했다. 바실리 비노쿠노프(Vasilii Vinokunov)는 볼셰비키 개개인이 그들에게 당에서 탈퇴하라고 요구하는 동료 노동자들에게 얻어맞는 사례를 이야기했다. 그는 자기 구에서 애국주의인 반볼셰비키 포그룹의 물결이 아직도 아주 높이 솟구치고 있다고 지적했다.

그러나 다른 곳에서는 사태가 고무적이었다. 볼로다르스키는 페테르부르크 위원회 집행위원회를 대표해 연설하면서 협의회 대의원들에게 "구에서 들어오는 정보로 판단하건대, 어디서나 [노동자의] 분위기가 좋다"고 알릴 수 있었다. 포로홉스키 구를 대표한 발언자는 포그룹의 분위기가 이미 사그라들고 있다는 결론을 내렸다. 탈당은 "어쩌다가 우연히 입당한 자들, 예를 들어 당 회비조차 내지 않는 자들"에 국한된다고 말할 수 있을 정도였다. 나르바 구의 한 볼셰비키 지도자는 공장 노동자들의 분위기가 "좋다", "작업이 잘 이루어지고 있다"고 자신 있게 단언했다. 바실레프 섬 대표는 더 나아가 자기 지역 노동자들의 사기를 "드높다"고까지 할 정도였다. 그는 "후진적인 노동자층과 여자들 사이에서는 두려움이 존재하"는 반면 다른 곳에서는 "분위기가 전보다 더 좋기까지 하다"고 덧붙였다. 7월 10일에 그는 바실레프 섬 구의 전체 당원 4천 명 가운데 100명만 빠져나갔으니 당의 힘이 크게 줄지는 않았다고 말했다.

7월 10일에 페테르부르크 구 대표는 자기 구의 사기가 "흔들리고 있다"고 보고했다. 그러나 볼셰비키 지역위원회에 본부가 없는 이때 그 대표는 분위기가 "좋다"고 말했다. 제1시구(Peryi gorodskii raion) 대표는 "동지들이 구 집회에 평소보다 더 많이 왔다"고 자랑스레 말했다. 라치스는 여전히 금속 공장의 상황을 불안해했으나, 비보르그 구의 다른 모든 지역의 분위기는 "볼셰비키 측에 유리하게 조성되었다"고 보았다. 라치스는 "당원 가입이 그전보다 더 활발하지 않다면, 그것은 조직 기구가 조금 흐트러졌기 때문"이라고 평했다. 똑같이 중요하게, 그는 노동자들이 반혁명의 공격에 직면해서 지난날의 견해 차를 잊어버리고 정치적 대오를 강화하자는 열망을 내보이고 있다고 다시 한 번 강조했다.

1917년의 스탈린. 신경질적·공격적·고압적이고 그저 그런 이론가·저술가·연설가인 스탈린은 1917년에 혁명 지도자로서는 다른 혁명가들의 빛에 가려 있었다. 이것이 7월봉기 이후 정부의 수배 대상에서 벗어난 주된 이유였을 것이다.

제2차 시협의회 대의원들은 7월의 사건들이 대중 사이에서 당이 차지하는 위상에 끼치는 영향을 밝혀내려는 노력과 별도로, 앞으로의 적절한 행동 강령을 정식화하는 데 가장 많은 관심을 기울였다. 가장 저명한 당중앙위원회 의원 일부가 일시적으로 부재했으므로 이 문제에 관한 당의 입장을 밝힐 책임은 당시 서른여덟 살이었던 스탈린에게 떨어졌다. 깐깐하고 거칠며 고압적이고, 그저 그런 이론가, 저술가, 대중 연설가인 스탈린은 1917년에 혁명가로서는 레닌과 트로츠키, 심지어는 지노비예프와 카메네프의 빛에 가려 있었다. 이것이 십중팔구 그가 7월봉기 이후에 정부의 수배 대상에서 벗어난 주된 이유였을 것이다. 그가 그루지야 출신이라는 배경을 지녔기 때문에 그랬음이 분명한데, 스탈린은 당에서 민족 문제에 관한 지도적 권위자로 인정받았다. 때때로 스탈린은 페트로그라드 소비에트 집행위원회와 소비에트 중앙집행위원회에서 당중앙위원회를 대표하기도 했다. 이와 별도로 그는 〈프라브다〉 편집을 거들고 자질구레한 일상 행정 업무를 처리하면서 대부분의 시간을 보냈던 듯하다.

초기에 스탈린은 혁명의 발전에 관해 카메네프의 견해에 가까웠으나, 레닌이 러시아로 돌아온 뒤 급격히 좌경화했다. 스탈린은 6월 중순 무렵에는 볼셰비키 지도부 안에서 극단적인 호전론자로 간주될 수 있었다. (스탈린은 6월 10일 시위 취소에 반대하는 항의 표시로 스밀가와 함께 당중앙위원회에 사퇴서를 제출했다. 사퇴서는 곧바로 거부되었다.)

스탈린에게 제2차 시협의회에서 당중앙위원회를 대표하는 영예는 마냥 좋은 축복은 아니었다. 왜냐하면, 곧 밝혀졌듯이, 위에서 설명한 당중앙위원회 협의회 결의문의 견해가 스탈린 나름의 생각과 전적으로 일치하지는 않았기 때문이다. 스탈린의 임무는 일부 대의원들이 이미 현 상황과 적절한 당의 진로에 관한 레닌의 견해를 알고는 그에 동조하고 청문회를 열 것을 열망했다는 사실로 말미암아 더욱 복잡해졌다. 스탈린은 모호하고 어정쩡하고 때로는 모순된 전술적 입장을 취했는데, 이 입장은 실제로 모든 이들에게 만족스럽지 못했다.

따라서 그의 주요 보고서 〈현 시기에 관하여〉에서 스탈린은 레닌에게서 빌렸을지도 모르는 말을 써 가며 혁명의 발전에서 평화기는 끝났고, 7월사태 직후에 반혁명이 승리를 구가하며 등장했고, 소비에트 중앙집행위원회는 이러한 사태를 원조하고 부추겼으며 이제는 무력한 존재가 되었다고 선언했다. 이러한 주장들을 설명할 때 스탈린은 "반혁명의 승리"를 규정하는 데에서 레닌과 달랐다. 스탈린은 임시정부의 본성과 조건, 프티부르주아의 성격과 태도, 7월의 경험이 혁명의 발전에서 지니는 의미, 가까운 미래의 전망에 관한 자기 견해에서 레닌을 벗어나기도 했다. 스탈린에 따르면, 임시정부는 반혁명의 영향을 크게 받기는 하지만 결코 반혁명에 좌지우지되지는 않았다. 프티부르주아는 아직 "볼셰비키와 입헌민주당" 사이에서 흔들렸다. 7월사태가 그 일부인 정치 위기는 끝나지 않았다. 나라가 "날카로운 갈등과 파업과 충돌"의 시기로 휩쓸려 들어갔다. 이러한 시기에 노동자와 병사들의 당면 목표는 여전히 정부에서 자본가들을 내쫓아 "프티부르주아적 프롤레타리아 민주주의"를 만들어내는 것이었다. 더 나아가 스탈린은 이 상황에서 당의 주요 작업이 "대중에게 자제와 인내와 조직화"를 재촉하고, 볼셰비키 조직을 재건·강화하고, "그 어떠한 합법적 가능성도 무시하지 않는 것"이라고 설명했다.[32]

요컨대, 레닌은 당에 온건한 정치 그룹들과 단호히 관계를 끊고 소비에트와 별도로 권력을 무력으로 장악하는 쪽으로 대중을 돌아서게 할 것을 요구한 반면, 스탈린은 주된 강조점을 자제와 연대의 필요성에 두었다. 그러나 이런 의미에서 스탈린의 생각이 레닌의 견해에 동조하는 사람에게는 덜 만족스러웠던 반면, 반혁명이 승리했고 소비에트 중앙집행위원회가 권력을 잃었다는 설명과 더불어 혁명의 당면 진로가 폭력적일 수밖에 없다는 그의 단언은, 당중앙위원회 협의회 다수파의 견해를 공유하는 사람에게는 이해할 만한 일이지만, 걱정스러웠다. 게다가 제2차 시협의회의 거의 모든 대의원은 스탈린이 (모든 이에게 가장 중요한 문제인) 소비에트의 미래를 논의하지 않고 당이 대중 사이에서 앞으로 해야 할 정치적 역할을 비교적 소극적인 것으로 보는 데 짜증을 냈다.

스탈린의 논평에 쏟아진 이런 부정 일변도의 반응은 연설이 끝난 뒤 열띤 토론을 벌이던 와중에 드러났다. 특히 마슬롭스키(S. D. Maslovskii), 바실리 이바노프(Vasilii Ivanov), 모이세이 하리토노프(Moisei Kharitonov), 가브리일 바인베르그(Gavriil Vainberg), 뱌체슬라프 몰로토프, 안톤 슬루츠키(Anton Slutskii), 막시밀리안 사벨레프가 이 논의에 참가하고 있었다. 마슬롭스키는 당이 정부와의 갈등을 얼마만큼이나 조장해야 하는지, 그리고 당이 앞으로 무장 항의의 방향을 취해야 할지 여부를 묻는 것으로 토론을 시작했다. 이에 스탈린은

"무장 행동일 것임을 가정해야 하며, 모든 사태에 대비해야 합니다"라고 어정쩡하게 대답했다. 그러나 이바노프는 "모든 권력을 소비에트로!"라는 슬로건이 막다른 곳에 이르렀음을 암시하면서 그 슬로건에 대한 당의 태도가 무엇인지를 물었다. 답변을 요구받은 스탈린은 지금 이후로 "우리는 계급 투쟁의 언어로 이야기합니다. 모든 권력을 혁명적 정책을 수행하는 노동자와 빈농의 수중으로"라고 대답했다.[33]

오랜 볼셰비키 당원이며 망명객이었던 하리토노프는 러시아 혁명의 발전에 영향을 끼치는 국제 정세를 언급하지 않았다고 스탈린을 비판했다. 하리토노프는 다음과 같이 선언했다. "어디서나 우리는 만약 서구에서 혁명이 일어나지 않으면 망한다고 말합니다. 우리는 이런 결론을 내립니다. 서유럽의 혁명이 제때 일어나서 우리를 도와주지 못한다면 러시아 혁명은 더는 발전할 수 없다고." 그러나 하리토노프에게 미래에 대한 낙관론이 없지는 않았다. 그는 페트로그라드에서 반혁명이 승리했다는 스탈린의 생각을 비웃으면서 권력이 2월혁명 때부터 차츰차츰 소비에트로 넘어왔으며, 앞으로도 계속 그러리라고 주장했다. 하리토노프는 바로 전 시기를 언급하면서 "우리가 소비에트의 해산을 두려워하던 때가 있었습니다"라고 말하고는 "우리나라 부르주아는 소비에트 없이는 단 하루도 버티지 못할 것입니다"라고 덧붙였다.[34]

볼로다르스키는 발언할 차례가 되자 스탈린이 반혁명의 힘을 과장했다는 하리토노프의 논지를 지지했다. 그는 스탈린과 레닌을 염두에 두고 "반혁명이 승리했다고 말하는 사람들은 대중의 지도자를 보고 그 대중을 판단하고 있습니다"라고 설명했다. 그는 "[멘셰비키와 사회주의자혁명가의] 지도자들이 우경화하는 이때 대중은 좌경화하고 있습니다. 케렌스키, 체레텔리, 압크센티예프 등은 사라질 날이 얼마 남지 않은 패권자일 뿐입니다. …… 프티부르주아는 또다시 동요하다가 우리

쪽으로 넘어올 것입니다. …… 이런 시각에서 볼 때 '모든 권력을 소비에트로'라는 슬로건이 쓸모없어졌다고 말해서는 안 됩니다'라고 결론을 내렸다. 바인베르그는 다음과 같은 말을 덧붙였다. "정부는 경제 위기를 해결할 수 없으며, 소비에트와 당은 틀림없이 좌경화할 것입니다. 민주 세력의 다수파가 소비에트 주위에 집결했습니다. '모든 권력을 소비에트로'라는 슬로건을 내버리면 해로울 수 있습니다."[35]

이때 "현 시기"에 관한 의견을 과감히 표명하던 사람들 가운데 몰로토프와 사벨레프와 슬루츠키가 레닌의 견해에 가장 가까이 다가갔다. 몰로토프는 다음과 같이 주장했다. 최근의 사건들이 일어나기 전에 "소비에트는 바라기만 했다면 평화적 방법으로 권력을 손에 넣을 수 있었습니다. …… 이런 일은 일어나지 않았습니다. …… 소비에트는 7월 3일과 4일의 사건에 떠밀려 반혁명의 길에 들어섰습니다. …… 권력은 소비에트의 손에서 미끄러져 나와 부르주아의 손으로 넘어갔습니다. 우리는 프롤레타리아를 배신한 소비에트의 권력을 위해 싸울 수 없습니다. 우리에게 출구는 프롤레타리아의 뒤를 따를 수 있는 농민층을 자기 편으로 끌어들이고 있는 프롤레타리아의 투쟁에 있습니다."

슬루츠키는 볼로다르스키가 반혁명의 대승리에 눈을 감고 있다고 질책했다. 그는 "만약 우리가 반혁명을 권력이 특정 집단에게 넘어가는 것, 즉 전에 그 권력을 소유했던 집단이 그것을 되찾지 못하는 것으로 이해한다면, 반혁명이 승리한 셈"이라고 설명했다. 그러나 슬루츠키는 "그 누구도 우리가 이 슬로건을 쓸모없는 잡동사니처럼 내동댕이쳐야 한다고 주장하지 않습니다"라고 덧붙였다. 그가 레닌의 생각을 완전히 알고 있지 못했음이 확실하다.

사벨레프는 "우리가 노동자 혁명이 전개되는 순간을 경험하고 있으며 소비에트가 의식적으로 혁명과 싸우고 있는 이때, '모든 권력을 소비에트로'라는 슬로건은 사람들을 혼란스럽게 만들고 있습니다"라고 주장했다. 사벨레프는 다음과 같이 선언했다. "우리에게는 두 가지 선택이 있습니다. 혁명을 앞으로 더 발전시킨다. 아니면 멈춰 선다. 혁명적 프롤레타리아의 당은 멈춰 설 수 없습니다. 승리가 누구에게 돌아갈지는 역사가 결정할 것입니다. 혁명은 계속되고 있고, 우리는 돌격으로 나아가고 있습니다."[36]

원하는 사람 모두가 발언한 뒤, 스탈린이 당중앙위원회 협의회 결의문 전문을 읽었다. 결의문 전체를 고칠 위원회를 만들어야 한다는 제안이 세 표라는 근소한 차이로 패했다. 이후 결의문을 놓고 조목조목 검토에 들어갔다. 누군지 밝혀지지 않은 비보르그 구 대의원 한 사람이 토론 초기 단계에서 의장이 레닌의 테제를 낭독해야 한다고 요구했지만, 이 요구는 받아들여지지 않았다. (이 요구는 의장이 〈정치 상황〉과 〈슬로건에 관하여〉의 사본을 가지고 있지 않았다는 사실에도 불구하고 제기되었다.)[37]

결의문의 각 항목을 낭독할 때마다 "레닌파" 가운데 한 사람, 즉 몰로토프나 슬루츠키, 또는 사벨레프가 일어나 레닌의 테제에 맞춘 수정조항을 제안했다. 당중앙위원회 결의문을 옹호하는 것이 스탈린에게 불편했기 때문이거나, 아니면 스탈린이 처음에 보여준 행위에 결의문 지지자들이 만족하지 않았기 때문에, 볼로다르스키는 이 수정 조항을 반박했다. 한 대의원이 볼로다르스키는 주 발표자가 아니므로 그에게는 발언권이 없다고 항의하자 의장이 "볼로다르스키는 원래 결의문을 채택한 협의회의 대표자"라는 판정을 내렸다. 수정안을 둘러싸고 논쟁이 격하게 벌어지던 중 어느 시점에서인가 슬루츠키가 결의문에 반혁명이 승리했음을 선언하는 구절을 넣으려다가 실패한 뒤, 볼로다르스키는 화가 나서 "여기 이미 기각된 것을 무슨 일이 있어도 통과시키려는 욕구가 나타나고 있습니다. (레닌과 벌이는)

논쟁의 요점은 반혁명의 승리가 일시적이냐, 아니면 최종적이냐에 있습니다"라고 내뱉듯 말했다. 사벨레프는 "우리 협의회에서 나는 생각을 깊이 하지 않고 이 테제를 대하는 태도를 확인하지 않을 수 없습니다"라고 대꾸했다.[38]

몰로토프와 슬루츠키와 사벨레프는 스탈린이 읽은 결의문에 모두 합해 18개쯤 되는 수정 조항을 제시했지만, 하나를 빼고는 모조리 기각되었다. 그 결과 협의회에서 최종적으로 통과된 결의문은 거의 모든 점에서 당중앙위원회 협의회에서 채택한 결의문의 복사판이었다.

새로운 전술적 진로를 놓고 벌어진 논쟁으로 말미암아 이때 생긴 반목은 표결에서 드러났다. 대의원 28명이 결의안에 찬성, 3명이 반대, 28명이 기권을 했다. 모스크바 구(Moskovskii raion) 대의원 일부는 "결의문이 만족스럽지 않기" 때문에 투표를 하지 않았다고 밝히며 기권을 정당화했다. 몰로토프는 "이같이 중대한 순간에 불명료한 결의문을 채택할 수 없"기 때문에 기권한다고 선언했다. 끝으로, 빅토르 나르추크(Viktor Narchuk)는 비보르그 구 대의원 11명을 대표해 발언하면서 자기 그룹은 "레닌의 테제가 낭독되지 않았고 보고자가 결의문을 옹호하지 않았"기 때문에 기권하기로 결정했다고 밝혔다.[39]

7월봉기로 가장 심하게 피해를 입은 볼셰비키 기관은 의심할 여지 없이 '군사조직'이었다. 만들어질 때부터 '군사조직'의 주목적은 페트로그라드 수비대 병사들의 지지를 얻어내고 그들을 규율 있는 혁명군으로 조직하는 것이었다. 한여름까지 첫 번째 목표에서는 상당한 진전이 있었다. 병사 수천 명이 '군사조직'이나 프라브다 클럽에 가입했고, 대다수 수비대 부대에서 당 세포가 만들어졌다. 몇몇 부대에서는 볼셰비키의 영향력이 대단했다. 7월사태 직후에 정부가 봉기에 적극 참여한 볼셰비키화한 수비대를 무장 해제하고 해체하겠다고 공식화한 계획은 단지 일부만 실현되었을 따름이다. 그러나 이때 가장 경험이 풍부하고 능력이 뛰어난 당의 부대급 지도자들 가운데 상당수가 감옥에 갇혀 있었고, 엄청난 인기를 끌던 〈병사의 진실〉은 폐간되었으며, '군사조직'의 고위 지도부와 부대 사이의 연계가 일시적으로 끊겼다. 볼셰비키는 사실상 병영에서 배제되었으며, 일반적으로 말해서 수비대 안에서 당이 하는 활동은 거의 중단되었다.

7월의 경험 이후 페트로그라드 수비대 병사들은 노동자들의 경우보다도 더 표가 나게 볼셰비키에 등을 돌린 듯하다. 이는 십중팔구 어느 정도는 비교적 많은 볼셰비키 병사들이 규율이 없고 당에 대한 충성심이 옅고 정치 경험이 없는 신참자였기 때문일 것이다. 덧붙여서 평화를 바라는 병사들의 열망이 아무리 강하다고 해도 그들은 노동자들보다는 더 애국적인 경향이 있었으며, 따라서 볼셰비키가 독일을 위해 일하고 있다는 혐의에 흔들릴 가능성이 더 높았다. 또한 앞에서 말한 것처럼, 수비대 병사들은 볼셰비키와 관계를 끊음으로써 전선으로 전출되는 것을 모면할 수 있을지도 모른다는 희망을 품었다. 이것은 근거 없는 희망은 아니었다. 이러한 이유뿐만 아니라 틀림없이 다른 이유에서도 7월사태 뒤에 수비대 부대들은 곧바로 이미 알려진 볼셰비키를 부대와 접촉하지 못하도록 따돌리고 어떤 경우에는 그들을 당국에 넘겨서 종종 나름대로 정치적인 집안 단속을 했다.

이를테면, 7월 10일에 제1예비보병연대 병사위원회들의 회의에서 부대 안에서 주도적이었던 볼셰비키를 체포하고 과격 행위를 호소한 죄를 지은 병사들의 명단을 작성했다. 이 명단은 추정컨대 정부가 이용하도록 하기 위함이었을 것이다. 이 병사위원회들이 이틀 뒤에 채택한 공식 결의문은 7월 4일에 제1예비보병연대가 했던 행동은 볼셰비키인 바실리 사하로프(Vasilii Sakharov), 이반(Ivan)과 가브리일 오시포프(Gavriil Osipov) 형제와 소속 정당이 알려지지 않은 엘리자르

볼셰비키 '군사조직'의 핵심 구성원. 맨 아래 열(왼쪽부터): 하우스토프, 나힘손. 두 번째 열: 시베르스, 디만시테인. 세 번째 열: 사돕스키, 오를로프, 크릴렌코, 벨랴코프, 메호노신. 네 번째 열: 멘진스키, 술리모프, 일린–제넵스키, 케드로프, 로즈미로비치. 맨 위 열: 다시케비치, 포드보이스키, 넵스키.

슬라프킨(Eliazar Slavkin)이라는 병사에게 주요 책임이 있다고 선언했다. 또한 네 사람이 위험한 선동을 하고 부대원들에게 넋을 빼앗는 도발적 연설을 했다고 고발했다. 더욱이 그들이 7월 4일에 소비에트가 대중 행동을 승인했다는 잘못된 보고를 함으로써 "비열한 도발"을 했다는 것이다.[40]

같은 시기에, 7월사태에 연루되었다는 혐의를 벗고 싶어하는 수비대 부대들은 정부와 소비에트 중앙집행위원회를 지지하겠다는 열렬한 서약서를 채택했다. 7월 9일에 열린 리톱스키(Litovskii) 근위연대 병사들이 대중 집회에서 채택한 다음 결의문이 그 전형이었다.

> 7월 3일과 4일의 무장봉기에 의식적으로 가담하지 않은 우리는 이 행위를 혁명의 대의에 해롭고 수치스러운 일이라고 비난합니다. …… 우리는 모든 사람에게 노동자·병사·농민 소비에트 중앙위원회, 그리고 소비에트 중앙위원회가 지지하는 임시정부의 불굴의 의지를 무조건 수행하라고 호소합니다. …… 페트로그라드 수비대 동지들에게 우리는 강력한 목소리를 우리 결의문에 담아서, 반혁명분자와 하나가 되어 일부 병사·노동자 대중의 무지몽매함을 이용하고 있는 독일 간첩의 음해로부터 자유를 지켜려는 수비대의 의식 있는 단일 의지를 발휘해야 한다고 호소합니다.[41]

마치 당국의 공격과 수비대 병사들의 모진 비판이 충분하지 않다는 듯, 7월 중순에 '군사조직'은 성난 볼셰비키당 내 인자들의 공격도 견뎌내야 했다. 볼셰비키 최고위 간부 사이에서, 별도의 군사 기관을 유지해야 할 효용성은 1905년 혁명 뒤에 사회민주당 군사조직이 처음 구성될 때부터 지속되었던 논란거리였다. 군사 조직의 지지자들은 정규 군사력이 현대의 모든 혁명에서 핵심 요소라고 주장했다. 게다가 그들은 병사와 수병의 상황과 관심사가 민간인의 그것과 확연히 달라서 혁명 측이 병사와 수병을 획득해내어 혁명이 성사되도록 만들려면 상당한 자율성과 독립성을 지닌 군사조직이 반드시 필요하다고 주장했다. 한편 군사조직의 비판자들은 노력의 중복과 통제의 상실이라는 관점에서 그 같은 기관의 잠재 비용이 그로부터 나올지 모를 그 어떠한 이익도 훨씬 능가한다고 주장했다. 따라서 볼셰비키 '군사조직'이 당중앙위원회의 허락 없이 7월봉기의 준비에 명백히 연루된 탓에 그 조직에 거센 비판이 쏟아졌다는 것은 놀라운 일이 아니다. '군사조직'에 쏟아진 이러한 공격에는 전국 당 지도부뿐만 아니라 페테르부르크위원회도 분명히 가세했다.[42]

당시 당국의 수배를 받던 포드보이스키는 발각될 위험을 무릅쓰고 7월 16일에 열린 제2차 시협의회와 7월 28일에 열린 제6차 당대회에 나타나 '군사조직'을 옹호해야 했다.[43] 더욱이 제6차 당대회에서 '군사조직'은 특별히 조직된 군사 분과가 수행할 공식 조사 대상이었다. 시베리아 중부 당 사무국이 제6차 당대회에 파견한 대의원이며 군사부서의 일원임이 분명한 보리스 슈먀츠키(Boris Shumiatskii)는 당대회에서 부하린과 카메네프와 트로츠키가 (추정컨대 카메네프와 트로츠키는 서면 메시지나 매개자를 통해) 정규 당 기관들의 작업과 중복된다는 근거를 들어 '군사조직'을 반드시 해체해야 한다고 역설했다고 뒷날 말했다. 슈먀츠키에 따르면, 군사 분과의 과반수가 이 입장을 거부하고 당중앙위원회 산하에 특수한 군사조직을 유지할 필요성을 인정했다. 제6차 당대회 간행자료에서 '군사조직'에 관련된 논쟁과 결정은 다른 무엇보다도 8 대 4로 다음과 같은 결의문을 채택한다고 선언한 군사분과의 최종 공식 발표에 반영되었다. "군인 당원의 ― 생활상, 직업상, 조직상의 ― 삶과 활동의 일련의 모든 특성을 고려해서 분과는 군인들 사이에서 당의 일상 작업을 지도하는 특별한

제6차 당대회에서 선출된 볼셰비키 중앙위원회. 레닌을 둘러싼 원(왼쪽부터): 스베르들로프, 트로츠키, 지노비예프, 스탈린, 카메네프, 우리츠키, 부브노프, 소콜니코프, 제르진스키. 원 뒤의 맨 아래열: 노긴, 밀류틴. 두 번째 열: 요페, 크레스틴스키. 맨 위 열: 스타소바, 로모프, 스밀가, 리코프, 부하린, 세르게예프, 샤우만, 콜론타이. 이 사진에는 베르진과 무라노프가 빠져 있다. 요페, 스타소바, 로모프는 중앙위원회 후보위원이었다.

중앙 군사기관을 당중앙위원회 산하에, 당중앙위원회의 항시적이고 직접적인 지도 아래 둘 것을 인가한다."[44]

'군사조직'의 핵심 간부인 넵스키와 포드보이스키는 당국이 적극적으로 수배했는데도 7월사태 이후에 가까스로 체포를 모면했다. 포드보이스키는 군 순찰대에 두 차례나 붙들렸는데도 신원을 숨길 수 있었다. 7월 4일의 총격 사건 때 다리에 가벼운 총상을 입었던 넵스키는 지방으로 도망쳤다. 7월 중순에 넵스키가 페트로그라드로 돌아온 직후, 아직 잡히지 않은 '군사조직' 간부들, 그 가운데 특히 포드보이스키, 넵스키, 일린-제넵스키, 미하일 케드로프(Mikhail Kedrov)가 손실을 평가하고 앞으로의 전략을 논의하려고 겐리흐 야고다(Genrikh Iagoda)의 집에 남몰래 모였다. 일린-제넵스키에 따르면, 이 모임에 참석한 사람들은 당분간 "비합법 활동을 합법 활동과 결합"하려고 시도한다는 데, 즉 몰래 중앙 본부를 유지하면서 가능하면 부대에서 공개 조직과 선동 활동의 재개를 시도한다는 데 의견 일치를 보았다.[45]

이 회의에서 '군사조직' 간부들이 세운 목표 가운데 하나가 당시 불법화된 〈병사의 진실〉의 노선을 따르는 병사들을 위한 볼셰비키 신문 발행을 될 수 있는 대로 빨리 재개하는 것이었다. 7월 셋째 주 동안 포드보이스키가 드디어 그 같은 신문을 발행하겠다는 인쇄소를 찾아냈고, 7월 23일에 제1호가 나왔다. 새로운 기관지 〈노동자와 병사〉는 포드보이스키와 넵스키, 일린-제넵스키가 편집하고 케드로프와 야고다가 운영하게 된다.[46] 8월 4일에 열린 당중앙위원회 회의에서 분규가 일어날 때까지는 신문과 더불어 모든 일이 잘 돌아가는 듯했다. 이 회의는 제6차 당대회에서 선출한 새로운 당중앙위원회의 첫 회의였다. 새 당중앙위원회는 아직 〈프라브다〉를 대신할 신문을 가지고 있지 않았으므로 〈노동자와 병사〉를 기관지로 삼기로 결정했다. 더욱이 분명히 6월과 7월에 경험한 조직상의 통제 문제를 염두에 두고 당중앙위원회는 페테르부르크 위원회와 '군사조직'에 별도의 신문을 발행하는 것을 당분간 허용하지 않는다고 의결했다.[47]

당중앙위원회는 더 나아가 〈노동자와 병사〉 편집진이 당중앙위원회의 스탈린, 소콜니코프, 밀류틴, 그리고 '군사조직'과 페테르부르크 위원회를 각기 대표하는 포드보이스키와 볼로다르스키로 구성된다고 명기했다. 이 조정은 '군사조직' 간부들에게 퍽이나 쓰디썼다. 그들은 독자적으로 일하는 데 익숙했고, 자기들의 특권을 잃지 않으려 했으며, 당시 포드보이스키가 표현한 바에 따르면, "혼성 신문의 일종"은 '군사조직'의 목표를 이룰 수도 없고 '군사조직'의 선전, 선동 대상인 병사 대중의 요구를 채워줄 수 없다고 확신했다.[48] 〈노동자와 병사〉의 운명은 유난히 불꽃 튀는 사설이 임시정부에 신문을 폐쇄할 구실을 준 8월 10일에 정해졌다. 당중앙위원회는 이때 서둘러 새로 신문 발간 준비를 했다. 당중앙위원회의 허가 없이 '군사조직'도 똑같은 일을 했다. 이리하여 8월 13일에 7월사태 이후 처음으로 두 개의 볼셰비키 신문, 즉 당중앙위원회의 〈프롤레타리아〉(Proletarii)와 '군사조직'의 〈병사〉(Soldat)가 페트로그라드의 신문 판매대에 모습을 드러냈다.

당중앙위원회는 '군사조직'의 독자 행동을 알고는 〈병사〉를 접수하기로 결정했을 뿐만 아니라 스탈린에게 이 결정을 포드보이스키에게 알리라고 명령했다. 더욱이 '군사조직'이 계속 신문을 발간하는 모험을 하지 못하도록 막고자, 스밀가에게 〈노동자와 병사〉 발간에 배당했던 '군사조직' 소유 자금을 당중앙위원회 앞으로 돌리라는 명령을 내렸다.[49] 스탈린과 스밀가는 그 임무를 신속하고도 확고하게 수행했음이 분명하다. 8월 16일에 당중앙위원회는 '군사조직' 전러시아 사무국으로부터 격렬한 어조의 소원서를 받았기 때문이다.[50] 첫 번째 소원서는 '군사조직'이 별도의 신문을 펴낼 권리가 있다고 주장했다.

그 어투는 '군사조직' 지도자들에게 포기를 종용하는 것이 쉽지 않음을 보여주었다. 소원서는 스탈린과 스밀가가 '군사조직'을 다룰 때 보여준 "당내 민주주의의 형식적 시각에서도, 기본 원칙의 시각에서도" 묵과할 수 없는 행위에 항의하고 당중앙위원회가 '군사조직' 사무국과 더 원활한 관계를 정립해서 '군사조직' 사무국이 그 책임을 다할 수 있도록 해 달라고 요구했다.[51]

이 무렵에 당중앙위원회가 주로 7월봉기의 조직화와 〈노동자와 병사〉, 〈병사〉 발간에 관련된 '군사조직'의 활동을 조사할 또 다른 특별위원회를 만들었다는 증거가 있다.[52] 실제로 넵스키는 '군사조직' 지도자들이 당시 당의 "재판"을 받았고 재판이 진행되는 동안 부브노프, 제르진스키, 멘진스키, 스베르들로프가 '군사조직' 활동의 여러 양상을 점검할 권한을 위임받았다고 말했다.[53] 남아 있는 증거로 이 "재판"과 제6차 당대회에서 군사 분과가 수행한 활동의 관계를 정하기란 불가능하다. 여하튼 '군사조직'은 아마도 얼마간은 레닌이 개입한 결과로 혐의를 대부분 벗었음이 분명하다. 넵스키는 스베르들로프가 '군사조직'을 조사할 권한을 위임받았다는 것을 알았을 때 스베르들로프가 이미 레닌에게 조언을 받았다고 자기에게 했다는 말을 인용한다. 레닌의 조언은 다음과 같았다. "조사해야 합니다. 그들을 도와야 합니다. 하지만 절대로 억눌러서도 꾸짖어서도 안 됩니다. 오히려, 지지해야 합니다. 위험을 무릅쓰지 않는 자는 결코 이기지 못합니다. 패배 없이는 승리도 없습니다."[54]

8월 16일에 열린 당중앙위원회 회의의 회의록은 당중앙위원회가 '군사조직'의 소원서 두 건을 듣고 난 뒤 퉁명스럽게 당규에 따라서 '군사조직'은 독자적인 정치 중앙기관으로서 존재할 수 없다고 선언함으로써 '군사조직'이 당 위계상 하부에 있음을 재확인했음을 보여준다. 그러나 당중앙위원회는 이렇게 힐책을 하면서도 거부권을 가진 당중앙위원회 위원 한 명이 편집진에 포함된다는 단서 조항을 달아 '군사조직'이 〈병사〉를 계속 발간하도록 해주는 데 동의했다. 동시에 당중앙위원회는 스베르들로프와 제르진스키에게 '군사조직' 사무국과 적절한 양자 간의 관계 정립을 위한 논의를 수행하고 〈병사〉를 감시할 권한을 주었다.[55]

'군사조직'이 당내 조직에서 차지하고 있는 지위를 지키려고 싸우고 있는 동안, 수비대 병사들 사이에서 볼셰비키의 위상이 상당히 개선되었다. 의미심장하게도 이때 당 강령 지지의 부활은 전에는 볼셰비키의 영향력이 비교적 보잘것없었던 군부대에서 시작되었다. 멘진스카야는 당중앙위원회가 모스크바 지역 사무국에 보내는 7월 17일자 편지에서 흥분한 어조로 다음과 같이 전했다. "피테르에 가장 가까이 있는 연대와 피테르 안에 있는 연대에서 분위기가 우리에게 유리하게 바뀌고 있습니다. 이 연대에서 우리는 지금까지 성공을 거두지 못한 편이었는데 말입니다. 케렌스키가 최근에 내린 명령, 특히 사형에 관한 명령이 병사들 사이에서 격심한 흥분과 사령관에 대한 분노를 불러 일으켰습니다."[56]

7월사태 이후에 '군사조직' 간부와 페트로그라드 수비대 볼셰비키 그룹 대표자 사이에 열렸던 회의 의사록 요약본을 보면, 정부의 탄압과 반혁명의 위협이 미수에 그친 봉기가 가져온 최악의 결과를 '군사조직'이 극복하는 데 도움을 주었음을 확인할 수 있다. 7월 21일에 열린 첫 회합에서 대의원들은 7월 초에 있었던 사건들로 처음에는 부대에서 커다란 혼란이 일어났으며 볼셰비키를 대하는 태도에 나쁜 영향을 끼쳤다고 밝혔다.[57] 일주일 뒤에 열린 다음 '군사조직' 회의에서 대의원들은 여전히 풀이 죽어 있었고 당원들이 핍박을 받고 있다고 크게 걱정했다. 그러나 그들은 볼셰비즘에 동조하는 7월의 경험이 병사들에게 부정적 충격을 준 정도가 극히 미미했다는 데 의견 일치

를 보았다.[58]

8월 5일 무렵에 같은 부대의 대표들은 탄압과 두마 및 국정추밀원의 존속에 항의하려고 수비대 안에서 조직된 대중 집회를 자랑스럽게 묘사하고 있었다. 그들은 '군사조직' 조직원들이 다시 늘고 있음을 지적하기도 했다.[59] 8월 12일에 열린 '군사조직' 회의에서는 볼셰비키의 대의에 보이는 동조가 수비대에서 "급속도로 자라나고 있다"는 데 대다수 부대 대표의 의견이 일치했다. 분명히 대표들 가운데 일부는 이것이 '군사조직'이 노력한 결과라기보다는 정부와 온건 사회주의자의 행위가 가져온 결과라고 솔직하게 말했다. 대표들의 말을 다 듣고 난 뒤, '군사조직' 간사는 볼셰비키가 성공을 거둔 "원인은 선동이 아니다. 정권은 선동을 방해하고 있다. 그 원인은 가혹한 법률, 혁명적인 병사에게 가해진 징벌, '방위론자'의 타협 행위에 있다"고 기록했다.[60]

케렌스키 행정부가 취한 탄압책이 대중이 정부에 품는 의심을 부채질하고 페트로그라드 대중이 어쩔 수 없이 지난날의 정치적 견해차를 버리고 혁명 방위에 더욱 긴밀히 단결하게끔 만드는, 전혀 의도하지 않은 효과를 가져왔다는 사실이 당시의 무수한 자료에 반영되어 있다. 이 가운데 여러 권으로 된 1917년 페트로그라드 구소비에트의 회의록과 결의문집은 가장 풍부하고 가치 있는 자료에 속한다.[61]

앞에서 살펴보았듯이, 2월혁명 뒤 곧바로 수도 각 구마다 소비에트가 생겼다. 종종 노동자와 병사들이 직접 주도해서 만들어지기도 했던 이 소비에트들은 처음에는 시의 중공업 지구에서 생겨났다. 이를테면 비보르그 구소비에트와 페테르고프(Petergof) 구소비에트는 2월혁명 와중에 창설되었다. 지역 소비에트가 3월에 바실레프 섬 구에서 구성되었다. 이어서 비슷한 기구들이 도심에서 생겨나, 5월 말 무렵에는 열 개가 넘는 구소비에트와 동(洞)소비에트의 조직망이 페트로그라드와 그 근교를 뒤덮었다.

페트로그라드 소비에트의 경우, 차르 질서가 무너진 뒤 초기에 구소비에트에서 가장 강력한 정치 집단은 멘셰비키와 사회주의자혁명가들이었다. 그러나 얼마간은 전국 차원의 다수파 사회주의자 지도부가 이 같은 기관 안의 활동에 큰 의미를 두지 않았기 때문에, 페트로그라드 소비에트나 전러시아 소비에트 중앙집행위원회와는 달리 구소비에트는 중간 계급의 지식인과 정당의 지배를 받지 않았다. 평범한 노동자와 병사에게 쉽게 다가갈 수 있었던 구소비에트는 주로 식량 공급, 공공질서 유지, 노동 분규, 사회 복지 같은 직접적인 지역적 관심사에 바빴고, 더 광범위한 전국적 차원의 쟁점은 그 지역민에게 관심을 불러일으키는 것만을 논의하는 데 시간을 할애했다. 이런 까닭에, 페트로그라드 소비에트나 전러시아 소비에트 중앙집행위원회의 회의록보다는 구소비에트 의사록이 페트로그라드 대중의 분위기와 관심사의 변화를 보여주는 더 믿을 만한 척도이다.

4월 하순부터 8월 상순 사이의 구소비에트에 관한 연구에서 나타나는 가장 두드러진 관찰 결과 가운데 하나는 이 시기 동안 한쪽으로는 구소비에트, 다른 한쪽으로는 소비에트 중앙기관, 이 양자의 정치적 견해 사이에 균열이 커졌다는 것이다. 예를 들어, 7월 중순에 전러시아 소비에트 중앙집행위원회가 케렌스키 체제를 무제한으로 지지하겠다고 맹세하고 있을 때, 대부분의 구소비에트는 임시정부를 철저히 의심하게 되고 멘셰비키와 사회주의자혁명가 지도자들의 행위에 점점 더 분노하며 혁명적 소비에트 정부를 세운다는 생각에 더욱 강하게 이끌리고 있었다. (볼로다르스키가 제2차 시협의회에서 주장했던 것처럼, 온건 사회주의자 지도부가 우경화하는 동안 대중은 좌경화하고 있었다.)[62]

구소비에트들과 소비에트 전국 지도부 간의 견해가 갈렸다는 것과 구소비에트들이 자기들의 관심사에 소비에트가 충분히 주의를 기울이지 않는다고 느끼고 있다는 것은 소비에트 구간협의체(Mezhdu-raionnoe soveshchanie sovetov)로 알려진 조직이 7월 중순과 8월에 활성화한 현상에 반영되었다. 4월위기 때 처음 구성되었으나 7월 대부분과 8월 초반에는 잠잠했던 구간협의체는 페트로그라드의 각 지역 소비에트를 대표하는 두 명씩으로 구성된 구소비에트 대표들의 모임이었다. 그들은 필요할 때마다 모여 각 구소비에트의 활동을 조정했고, 구소비에트 전체의 의견을 모아 소비에트 중앙기구에 압력을 넣는 일이 많아졌다.[63]

1917년 여름 동안 페트로그라드 구소비에트 연구에서 나타나는 두 번째 특징은 구소비에트에서 멘셰비키 국제주의자, 메즈라이오네츠*, 볼셰비키 같은 좌파 집단의 영향력이 늘어났다는 점이다. 이를테면, 4월에 볼셰비키는 비보르그 구와 콜핀스키 구의 구소비에트에서만 영향력이 강했다. 초기에 구간협의체 구성원은 대다수가 멘셰비키와 사회주의자혁명가였고, 초대 의장은 멘셰비키 당원인 아니시모프였다. 그러나 한여름 무렵에는 비보르그 구와 콜핀스키 구의 구소비에트에 더하여, 지리적으로 수도 곳곳에 흩어져 있는 바실레프 섬 구와 콜로멘스키(Kolomenskii) 구와 제1시구의 구소비에트가 볼셰비키가 내놓은 결의안을 가결하는 일이 잦아지고 있었다.

그렇지만 비보르그 구 소비에트는 예외로 칠 수 있겠지만, 어느 구소비에트도 사실상 볼셰비키의 통제를 받지 않은 듯하다. 멘셰비키와 사회주의자혁명가, 더 엄밀하게는 멘셰비키 국제주의자와 좌파 사회주의자혁명가 분파가 적어도 1917년 늦가을까지는 대부분의 구소비

---

* 메즈라이오네츠(Mezhraionets) 1913년에 생겨나 주로 페트로그라드에 기반을 두고 활동한 러시아사회민주노동당 내 소규모 중도 분파와 그 구성원들을 가리키는 말. 1917년 5~6월에 볼셰비키와 제휴해서 활동하다가 7월 말에 볼셰비키와 합쳤다.

에트에서 영향력을 유지했으며, 심지어 볼셰비키가 과반수를 차지하고 있는 지역 소비에트는 본질적으로 민주적인 성격을 간직했다. 8월 초순에 멘셰비키 국제주의자인 알렉산드르 고린(Aleksandr Gorin)이 구간협의체 의장으로 뽑혔다. 그의 지도 아래 볼셰비키와 멘셰비키 국제주의자와 사회주의자혁명가 좌파의 화합적 연립이 혁명적 독자 항로를 따라 구간협의체를 이끌었다.[64]

페트로그라드 구소비에트의 회의록과 결의문은 7월사태 직후에 수도 일부 지역의 노동자와 병사 사이에서 반볼셰비키 감정이 높게 일었다는 생각을 지지해준다. 예를 들어, 네바 강 우안에 있는 오흐타(Okhta) 구의 소비에트는 며칠 전 전러시아 소비에트 중앙집행위원회가 표명한 적이 있는 볼셰비키 유죄 판결과 임시정부 무조건 지지 서약을 승인하는 결의문을 7월 13일에 채택했다.[65] 같은 시기에 네바 강을 건너면 곧바로 나타나는 매우 독립적인 로즈데스트벤스키(Rozhdestvenskii) 구소비에트가 다음과 같은 내용을 선언하는 결의안을 가결했다. 7월 3일과 4일의 사건 때문에 "조직화되고 의식 있는 전체 민주 세력으로 하여금 러시아 혁명의 운명을 걱정하게 만들고 있다. 무책임한 소수파가 무지한 대중에게 전러시아 민주 세력 대표들의 소리에 반대하는 슬로건을 던지면서 무의식적으로, 그러나 분명히 내란으로 몰아가고 있다. …… 우리는 7월 3~4일에 페트로그라드 거리에 뿌려진 피가 의식적으로든 무의식적으로든 늘 혁명의 힘을 흩뜨리는 정책을 수행한 무책임한 인물과 당의 전적인 책임이라고 선언한다."[66]

분명히, 오직 시종일관 전투적이었던 비보르그 구소비에트만 공개적으로 소비에트로 권력 이전을 계속 요구하고 볼셰비키에 쏟아지는 비판을 누그러뜨리려고 애쓰면서 이 국면의 조류에 맞서려 했다. 예를 들어, 전러시아 소비에트 중앙집행위원회가 정부의 탄압책을 최초로 승인한 날인 7월 7일에 비보르그 구소비에트는 정부 위기의 효과적 해결, 파탄에 이른 경제의 조정, 개혁책의 선언은 소비에트로의 권력이전에 달렸다고 도전적으로 주장했다.[67]

관계 자료가 극명하게 보여주는 것은 7월봉기 직후에 대부분의 구소비에트가 볼셰비키를 비난하거나 옹호하는 데 관심을 두지 않았다는 점이다. 구소비에트의 주된 관심사는 정부의 노동자 무장 해제 시도, 수도에서 급진적 병사들의 전출, 전선의 사형제 재도입, 좌파에 마구잡이로 가해진다고 보이는 공격, 극우의 부활 같은 문제에 있었다. 이러한 사태는 거의 모든 구소비에트에 혁명을 심각하게 위협하는 행위로 느껴졌다.

7월 17일에 구간협의체는 구소비에트가 주민들로부터 무기를 몰수하는 캠페인에서 정부에 협조할 것인지 여부를 논의하려고 한 달 반 만에 처음으로 회의를 열었다. 이 회의는 전선에서 온 병사들이 국가 방위를 위해 대의원들이 이 캠페인을 인준해 달라고 호소하면서 시작되었다. 병사들은 자기들이 모두 혁명의 방위에 헌신했으며, 따라서 자기들의 요구를 노동자들에게 적대적인 것으로 해석해서는 안 된다고 덧붙였다. 답변으로, 매우 회의적인 한 대의원이 노동자들이 전선에서 막 도착한 혼성 분견대를 기꺼이 신뢰할지는 모르지만 내일 무슨 일이 일어날지 예측할 방법이 없다고 완곡하게 돌려 말했다. 노동자들에게는 자기들의 무력함을 다른 누군가가 이용하지 않으리라는 확신이 없다는 것이었다. 또 다른 대의원은 화를 내며 "다른 무기고는 지금까지 해산되지 않은 '검은 무리' 패거리에게 있습니다"라고 소리쳤다. 그러자 다른 누군가가 노동자들이 설복당해 기관총과 폭탄, 어쩌면 소총까지도 내놓을지는 모르지만 결코 권총은 내놓으려 들지 않을 것임을 시사했다. 결국 협의체는 정부에 협력하는 것을 사실상 거절했으며, 문제를 각 구소비에트의 자유재량에 맡기자고 표

결함으로써 노동자의 무장 해제 시도를 도우려는 구소비에트의 모든 합동 노력이 좌절되었다.[68]

뒤에 몇몇 구소비에트는 노동자들의 무장 해제를 돕는다는 데 의견 일치를 보았다. 예를 들어, 7월 28일에 해군본부 구(Admiralteiskii raion) 소비에트는 무기 조달에 협조해 달라는 돈 카자크의 탄원을 듣고 난 뒤 군대의 무기는 개인의 신변 보호에 전혀 불필요하며 정부의 빈번한 호소를 고려할 때 무기 소지는 자유와 러시아군에 죄를 짓는 것이라고 선언하는 결의문을 채택했다.[69] 그러나 군사 행정 기관과 병영이 많이 있는 페트로그라드 중심구인 해군본부 구에는 공장이 거의 없어 노동자들이 아주 적었다. 주로 노동계급이 사는 지역의 구소비에트는 지역민의 분위기를 반영해서 무기를 몰수하려는 정부의 노력을 지극히 깊은 의심을 품고 보는 경향이 있었다.

따라서 7월 20일에 비교적 온건한 페트로그라드 구소비에트는 몇몇 전선 대표의 말을 듣고 무기 문제를 오랫동안 논의한 뒤 소총과 기관총의 반환은 승인하지만 권총과 총검의 몰수는 "노동계급에 대한 반혁명적 공격"이며 할 수 있는 모든 수단을 동원해서 저항해야할 행위로 간주한다고 단호하게 선언했다.[70] 페테르고프 구소비에트가 7월 29일에 노동자를 무장 해제하는 문제를 숙고할 때 대의원들은 무장해제해야 할 사람은 노동자가 아니라 "건물 지붕과 창문에서 총을 쏘았으며 …… 최근에는 공공연하고도 파렴치하게 혁명과 그 성과물을 적대하고 있는 반혁명 분자와 무뢰한"이라고 항의했다.[71] 정부가 노동자들로부터 무기를 되돌려 받는 데 페테르고프 구소비에트의 도움을 거의 받지 못했음이 분명하다. 이것이 극소수를 제외한 모든 구소비에트의 입장이었다고 말해도 무방하다.

사형제를 복원하려는 임시정부의 시도는 구소비에트로부터 비슷한 적대감에 맞부딪쳤다. 구소비에트가 이 조치에 보인 반응을 대표하는 것이 볼셰비키가 아직 미약한 소수파였던 로제스트벤스키 구소 비에트의 다음과 같은 선언이었다.

위대한 러시아 혁명의 가장 값진 성취 가운데 하나인 사형제 폐지가 임 시정부가 펜을 한 번 놀림으로써 무효화되었다. …… 단 한 가지 판결, 즉 사형밖에 모르는 야전 군법회의가 "혁명의 구제"라는 이름으로 열릴 것이다. 그리고 사형 집행인의 역할을 맡은 병사들이 세 해 동안의 야 만적 살육에 지치고 질린 동지들을 질질 끌고 가서는 …… 다른 사람의 눈길이 미치지 않는 모퉁이 어딘가에서, 단지 자기 목숨을 계급의 적을 위해 헌신적으로 바치지 않는다는 이유만으로 개처럼 쏘아 죽일 것이 다. ……

최대의 부조리가 그 결과로 나타나고 있다. 자유로운 나라가 니콜라 이, 그리고 [차르의 대신들이었던] 수홈리노프(Sukhomlinov)와 슈튀르머 (Shtuirmer)와 프로토포포프(Protopopov) 같은 고관대작 범죄자를 위 해서는 사형제를 폐지하고 아무 의미 없는 세 해 동안의 살육에 지친 병사를 위해서는 사형제를 유지했다. ……

자기의 괴로움이 한이 없음을 알고 미칠 지경에 이르고 이 한없는 전쟁 의 끝을 보지 못해 지치고 절망에 찬 사람을 죽이는 것은 범죄다. 혁명 의 가장 값진 성취에 맞서는 임시정부의 반동적 기도를 침묵으로 회피 하는 것은 범죄다. ……

사형제를 폐지하라!

법살(法殺) 행위를 중지하라!

혁명적 인터내셔널 만세![72]

모든 구에서 반혁명적 "폭력"이 있었다는 걱정스러운 보고 수십 건에 응답해서 구간협의체는 7월 17일의 회의에서 "활기를 띠며 조직화되고 있는 반혁명"의 뚜렷한 징후가 7월 3~5일의 사건과 그 직후 시기에 반영되었다고 선언하는 결의문을 채택했다. 결의문은 페트로그라드 소비에트에 반혁명 세포를 적발하는 데 열정과 단호함을 보여주고 정부가 반혁명과 싸우는 단호한 조치를 취해야 한다고 주장할 것을 요구했다. 또한 모든 부당한 수색과 체포를 철저히 조사하고 아직 실질적으로 기소되지 않은 정치범을 즉시 석방하라고 요구했다.[73]

이틀 뒤에 구소비에트 대의원들이 세간의 이목을 끈 국가 두마 임시위원회의 7월 18일 회의에 관한 상세한 신문 기사를 읽고 느꼈을 우려는 쉽게 상상할 수 있다. 7월 21일에 열린 구간협의체 비상회의에서 발언을 한 모든 대의원들이 국가 두마 임시위원회를 즉시 해체하라고 요구했다. 실제로 몇몇 발언자들은 이 요구의 이행을 보장할 직접적이고도 구체적인 대책을 주창했다. 일례로 로제스트벤스키 구소비에트의 한 연설자는 협의체의 견해를 소비에트 중앙집행위원회에 알리고자 협의체 전원이 타브리다 궁으로 행진하자고 제안했다. 이 제안은 두마 해산 요구에 덧붙여 구소비에트 대의원들이 군대의 민주위원회의 완전한 권리 회복, 좌익계 신문 재발간, 노동자 무장 해제 시도 중단, 특정 법률 위반으로 아직 기소되지 않은 모든 정치범의 즉각 석방, 푸리시케비치와 마슬렌니코프의 기소, 페트로그라드 수비대 연대 해체 정책 철회, 전선의 사형제 즉시 폐지를 요구하기도 한다는 단서를 달아 받아들여졌다.[74]

동시에 각 구소비에트는 좌익에 맞선 "교수대 올가미를 아끼지 말고 사용하라"는 푸리시케비치와 마슬렌니코프의 탄원에 나름의 항의 선언문으로 대응했다. 이 공개 성명서의 전형이 비보르그 구소비에트에서 만장일치로 통과된 다음과 같은 선언이다.

국가 두마 의원이었던 자들의 사적인 협의체와 그들이 국가 활동의 정치장에서 한 발언을 알게 된 비보르그 구 노동자·병사 대의원 소비에트는 지난날의 전제 체제가 만든 기구인 두마가 …… 해산되어야 마땅하다고 생각한다. 따라서 비보르그 구소비에트는 임시정부가 전러시아 소비에트대회의 결정에 따라 이 반혁명 기구를 해산하라는 포고령을 지체 없이 선포할 것을 요구하며, 혁명적 기관들을 감히 광신자, 사기꾼, 배신자 패거리라고 일컬은 '검은 무리' 두마 의원들에게 결연히 항의한다. …… 비보르그 구소비에트는 반혁명 분자, 특히 국가 두마 의원이었던 자들과 단호히 싸울 것을 요구하며, 소비에트로 대표되는 민주 세력 전체에 모욕을 준 그들을 반드시 재판에 넘겨야 한다고 생각한다.[75]

의미심장하게도 온건한 편이던 구소비에트조차 7월 말에는 볼셰비키가 몇 주 전에 한 행동을 탓하며 그들을 응징하기보다는 혁명을 지키기 위해 볼셰비키당을 비롯한 좌익 그룹 모두를 통합하는 데 관심을 더 많이 두었다. 예전에는 볼셰비키를 적대시하던 대의원들에게 볼셰비키는 이제 단지 분쇄될 위협에 처한 혁명의 왼쪽 날개로만 보였다.

지난날은 잊어버리자는 분위기, 그리고 반혁명에 직면한 경계심은 7월 21일의 구간협의체 비상회의에서 나타났다. 멘셰비키 국제주의자인 빅토르 라포포르트(Viktor Rappoport)는 민주 세력 전체가 뭉쳐서 대두하는 반혁명과 싸워야 한다고 감동적으로 호소하면서 반혁명이 볼셰비키를 공격하면서 시작되었지만 볼셰비키와 가까운 좌익 그룹에도 타격을 가할 수 있다는 견해를 밝혔다. 라포포르트는 "반혁명이 동원되고 있습니다. 우리는 흩어져서는 안 됩니다"라고 선언했다.

뒤이은 발언으로 판단해보면, 모임에 참석한 구소비에트 대표 대다수가 이러한 정서를 공유했다. 메즈라이오네츠 한 명(마누일스키)

과 멘셰비키 국제주의자 두 명(고린과 라포포르트)으로 구성된 3인 위원회는 각 구소비에트가 고려할, 궁극적으로는 소비에트 중앙집행 위원회에 전달하기 위한 반혁명과 현 정치 상황에 관한 선언문을 작성하라는 지시를 받았다. 이 위원회가 작성한 문건(광범위한 전국적 쟁점에 관한 구간협의체 최초의 공개 성명)은 7월봉기를 얼마간은 입헌민주당이 초래한 정치 위기의 직접적 결과인 "군부대와 노동자들의 자연발생적 행동"으로 묘사했다. 선언문에 따르면, 반혁명은 전반적으로는 혁명적 민주 세력, 특정하게는 혁명적 민주 세력의 왼쪽 날개를 공공연히 공격하고자 7월 3~4일의 사건들을 이용했다. 그러는 가운데 7월사태 이후로 볼셰비키가 핍박을 받아 혁명 세력이 분열되고 혁명의 왼쪽 날개가 고립화되었다. 혁명에 충성을 바치는 연대의 해체, 대량 체포, 노동자 신문의 폐간은 단지 혁명적 민주 세력의 약화에 이바지했을 뿐이다. 선언문은 또 다른 연립정부는 다만 현 정치 위기를 심화하고 대두하고 있는 반혁명에 문을 더 활짝 열어줄 뿐이라는 견해를 밝힌 다음 오직 혁명적 민주주의 분자로만 구성되고 소비에트 대회가 개괄한 강령에 따른 대내외 정책을 수행하는 강력한 혁명 정부만이 러시아와 혁명을 구할 수 있다는 결론을 내렸다.[76]

이 선언문에 반영된 것은 사회주의자로만 구성되어 반혁명과 싸우고 의미 있는 개혁 일정을 수행하고 지체 없는 강화를 위해 일할 소비에트 정부로 순수한 모든 혁명 분자를 통합하자는 열망이었다. 이 열망은 이때 소비에트 중앙집행위원회에서 마르토프가 표명하고 있었던 것이다. 혁명을 지키기 위해 뭉치자는 이 강한 충동은 볼셰비키의 지지를 받아 나르바 구소비에트 대의원들이 8월 1일에 가결한 다음과 같은 결의문에도 생생하게 표현되어 있다.

혁명적 민주 세력의 대오 안에 있는 분열에 주의를 기울이면서 우리는

…… 안팎에서 나라를 위협하고 있는 무시무시한 위험을 고려할 때 이러한 현상이 용납될 수 없으며 해롭다고 생각한다. 더군다나 모든 정치적 이합집산과 무수한 정파가 "위에서" 나왔다는 데 생각이 미칠 때, "아랫사람" 대다수는 그 뿌리를 이해하지도, 알지도 못하고 이해할 수도 없다. …… 우리는 …… 공동의 정치 투쟁에 몸담고 있고 얻은 지 얼마 안 되는 자유의 소중함을 아는 모든 이에게 부름에 응할 것을 호소하며 …… 민주주의 최고 기관으로서 노동자·병사 대의원 소비에트 주위에 집결할 것을 권한다. 우리는 "윗분들"에게 혁명의 적과 더욱 굳건하게 싸우기 위해 공통의 언어를 찾아볼 것을 제안한다.[77]

5장

다시 일어서는 볼셰비키

러시아 각지에서 온 볼셰비키 지도자 150여 명이 오랫동안 기다린 제6차 당대회[1] 개회식을 위해 7월 26일 밤에 비보르그 구 한복판에 있는 한 민간 협회의 널찍한 회의장에 모였다. 이 전국 볼셰비키 간부회의는 레닌, 트로츠키, 카메네프, 콜론타이, 루나차르스키를 대회 명예 공동의장직에 선출하는 것을 시작으로 열다섯 차례의 회기를 거쳐 여드레 뒤 〈인터내셔널〉가를 부르며 끝을 맺었다. 그동안 대의원들은 페트로그라드 노동조합 평의회, 미국사회주의노동자당(American Socialist Worker's Party), "투옥당한 수비대 장병들", 리가(Riga)의 21개 군 연대, 푸틸로프 공장 노동자 수천 명, 페트로그라드의 3개 구소비에트, 바쿠(Baku) 회교도 사회민주주의 조직, 그리고 열 개가 넘는 여타의 잡다한 나머지 노동 조직과 정치 기구의 공식 환영사와 격려사를 들었다. 대의원들은 당중앙위원회, 페테르부르크위원회, '군사조직', (이제는 볼셰비키당과 공식 합병한) 메즈라이오녜츠뿐만 아니라 19개 주요 지방 당 조직의 사절들에게서 상세하고 직접적인 현황 보고를 받았다. 그들이 레닌이 당국에 자수하기를 거부한 문제[2], 전쟁 문제, 러시아의 현 정치·경제 상황 같은 폭넓은 정치 문제에 관한 공식 입장을 정했다는 것이 가장 중요하다. 끝으로, 회의에 모인 대의원들이 모르고 지나치는 일이 없도록 4월협의회에서 채택한 모든 결의문을 다시 확인했다.

제6차 당대회의 작업은 케렌스키 행정부가 대회를 급습해 해산할 참이라는 풍문으로 주기적으로 고조된 몹시 긴장된 분위기에서 진행되었다. 풍문은 대회 사흘째인 7월 28일에 정부가 전쟁 수행 노력과 국가 안보에 해롭다고 간주되는 어떠한 집회나 대회도 금지할 수 있는 권한을 내무부 장관과 국방부 장관에게 부여한다는 포고령을 공표했을 때 신빙성을 더해 갔다.[3] 이에 따라 대회 장소를 외딴 곳에 있는 메즈라이오네츠 소유 노동자 클럽으로 소리 없이 옮겼다. 이 클럽은 수도 남서쪽 근교에 있는 나르바 구에 있었다. 거의 같은 시각에 당 간부들은 더 작은 규모로 열리는 대회 선정을 감시했다. 별도로 열린 이 소규모 대회는 당대회가 무산될 경우에 선포할 공개 선언문에 관해 의견을 같이하고 다음에 열릴 전국 당대회까지 볼셰비키의 활동을 지도할 새로운 당중앙위원회를 서둘러 뽑았다.[4]

견디기 힘든 상황에서 전투에 임한 대의원들의 분위기는 멘셰비키 국제주의자였던 유리 라린의 연설에 대의원들이 보인 열렬한 환영에 생생하게 반영되었다. 라린은 당대회 몇 주 뒤 볼셰비키당에 가입했다. 이 순간을 일린-제넵스키는 나중에 다음과 같이 썼다. "의장(야코프 스베르들로프)이 멘셰비키 국제주의자 지도자 가운데 한 사람인 라린 동지가 대회 환영 축사를 하고자 한다고 말했을 때 대회장을 사로잡은 열광이 어떠했는지를 기억하고 있다. 라린이 우레 같은 박수를 받으며, 마비된 다리를 간신히 천천히 끌면서 온몸이 긴장한 채 대열을 지나 연단으로 간다. 그가 연단에 다가갈수록 박수 소리는 더욱 커져 간다."[5]

라린이 한 말은 얼마간은 대의원들에게 혁명의 단결을 바라는 진지한 호소였다. 그는 "여러분이 난타당하고 있을 때, 성실한 국제주의자 각자의 의무는 여러분과 함께하는 것입니다. …… 지금 단일한 혁명적 사회민주당을 건설해야 할 순간이 왔습니다"라고 말했다. 당면 과제는 "권력을 혁명적 민주 세력의 손에 넘기는 것"이라는 것이었다. 동시에 라린의 연설은 폭력적 혁명 행위에 호소하지 말라는 경고이

기도 했다. 라린은 불쑥 다음과 같이 말했다.

우리 가운데는 볼셰비키가 '군사조직'에 지나치게 많이 양보했다고 걱정하는 사람들이 있습니다. 우리는 7월 3~5일의 운동 때 당의 정치 권력이 행동에 반대하는 선동을 했고 '군사조직'은 행동을 호소했음을 알고 있습니다. ······
나는 동지 몇 사람이 노동자·병사 대의원 소비에트가 반동적 관점에서 있으므로 "소비에트를 타도하라! 우리 나름의 조직을 만들자!"고 말하는 것을 들었습니다. 이것은 우리가 여러분과 함께 갈 수 없는 위험한 길입니다. ······
우리 과제는 소비에트를 없애버리고 새로운 조직을 만드는 것이 아니라 영향력을 행사해서 현 소비에트의 구성원을 교체하는 것입니다. ······
우리는 급속한 효과를 내는 수단에 반대합니다. 소비에트는 선거로 구성되는 기구입니다.[6]

라린이 한 연설은 분명히 레닌의 입장과 많은 부분에서 상충했다. 그러나 대회 공식 회의록은 라린이 연설을 마친 뒤에 터진 박수 소리가 연설에 앞서 나온 것만큼 컸음을 보여준다. 다시 일린-제넵스키는 이 일화를 다음과 같이 언급했다. "그가 연설을 마쳤을 때 대회에 무슨 일이 일어났는지를 서술하기란 어려운 일이다. 이것을 이해하려면 당시 우리 당이 중상모략에 빠져 있던 상황을 머릿속에 그려보아야 한다. 그 순간에는 어떤 것이든 공감과 지지의 표현이 유난히 소중했다. 마르토프 동지, 그리고 그와 함께 멘셰비키 분파 대오 안의 생명력 있고 재능 있는 모든 것이 우리 단일한 사회민주당의 대오로 되돌아오고 있는 것으로 보였다."[7]

주로 근본적인 이론적 쟁점에 관한 합의에 이르는 데에서 생긴 문제 때문에, 또한 레닌과 트로츠키와 카메네프, 그밖의 주요 당 지도 자들이 당대회에 참석하지 못해서 비롯된 난관 때문에 대의원들은 협의가 끝나갈 무렵 새로운 당 강령의 채택을 다시 한 번 미룬다는 데 동의했다. 따라서 혁명의 발전과 연관된 근본적인 이론적 문제는 당대회에서 "현 정치 상황"에 관해 논쟁할 때 주로 논의되었다. 이 논 쟁이 벌어진 7월 30~31일의 실무 회기가 의심의 여지 없이 당대회 전체에서 가장 중요했다. 레닌이 움직일 수 없었으므로 트로츠키가 기조 연설을 하고 "현 정치 상황"에 관한 결의문 초안을 제출하기로 되어 있었다.[8] 당대회 개막 이틀 전에 트로츠키가 체포되자, 이 일을 할 사람으로 스탈린이 급하게 선정되었다.

이때 레닌이 주창한 전술 강령을 지지하는 사람들이 만전을 기하 고 있었다는 데 주목할 만하다. 크론시타트 볼셰비키는 〈슬로건에 관 하여〉의 사본을 찍어내 스탈린이 연설을 하기 직전에 모든 대의원에 게 돌렸다.[9] 그리고 "레닌파"가 로비를 벌인 노력의 결과일 가능성이 아주 높은데, 스탈린이 제6차 당대회에서 현 상황과 앞으로의 진로 에 관해 한 발언은 그가 제2차 시협의회에서 했던 연설보다 레닌의 견해에 훨씬 더 가까이 다가간 것이었다.

그렇다고 해서 이것이 이제 모든 면에서 스탈린과 레닌의 입장이 일치했음을 시사해주지는 않는다. 예를 들어, 스탈린은 당대회 초기 에 벌어졌던 한 토론에서 "권력이 지금 누구 손에 있는지 아직도 분 명하지 않습니다"라고 단언했다.[10] 그리고 스탈린은 당대회의 다른 모 임에서 소비에트에 관해 토론을 벌일 때 자기가 소비에트를 레닌보 다 꽤나 덜 부정적으로 대하는 경향이 있음을 보여주었다.[11] 그러나 스탈린은 정치 상황에 관한 기조 연설에서 임시정부의 성격을 반혁 명에 조종당하는 꼭두각시라고 규정했다. 그는 "우리나라에서는 자 본주의의 발전이 미약하므로 사회주의 혁명에 관한 문제를 제기하는 것이 유토피아적이라고 말한" 동지들을 비판하고는 러시아가 "유럽이 '시작할' 때까지 사회주의 변혁을 미뤄야 한다"는 요구는 이론에 얽매이는 짓이라고 주장했다.[12] 이어서 스탈린은 레닌의 말을 되풀이하며 혁명의 평화적 단계는 끝났다고 선언하면서 낡은 슬로건인 "모든 권력을 소비에트로!"를 철회해야 한다고 주장했다.

스탈린은 연설을 마치자마자 〈정치 상황에 관하여〉라는 10개 항으로 이루어진 결의문 초안을 대회에 제출했다. 이 결의문 초안은 틀림없이 대부분 레닌이 썼을 것이다.[13] 이 결의문의 1항부터 7항까지는 레닌의 테제에 나타난 관점과 매우 비슷한 관점에서 러시아 혁명이 7월사태까지 거쳐 온 진로를 규정했다. 결의문의 이 부분은 "이 지점들에서, 즉 전선과 피테르에서 권력은 사실상 군사령부 군사 도당의 지지를 받는 반혁명 부르주아의 손아귀에 있다"고 씌어 있다. 결의문의 8항에서 10항까지는 소비에트의 상황과 역할과 당의 당면 전술 강령을 다루었는데, 역시 레닌의 영향이 강하게 느껴졌다. 8항은 아예 현재의 소비에트가 파산했으며 부담을 주는 짐에 지나지 않는다고 단언했다. 혁명이 평화롭게 발전하고 폭력을 쓰지 않고 권력이 소비에트로 넘어가는 것이 불가능해졌으며, 당에 가장 알맞은 슬로건은 반혁명 부르주아의 완전 박멸이라는 것이었다. 9항과 10항은 대다수 인민이 부르주아와 타협을 바라는 것이 얼마나 쓸데없는 일인지를 얼마나 빨리, 그리고 철저히 깨닫는지에 새로운 혁명의 성공이 달려 있으리라고 확언했다. 그러나 본문은 프롤레타리아, 특히 페트로그라드 노동자들은 국민 대중이 나름의 경험을 통해 새로운 혁명의 필요성을 인식하는지 여부에 상관없이 좋은 기회가 오면 (즉 정치, 경제, 군사적 상황이 충분히 파국에 이르렀을 때) 권력을 잡아야 한다고 암시했다.

제2차 시협의회에서처럼, 전반적으로는 현 정치 상황을 둘러싼 논쟁, 특정하게는 스탈린의 결의문은 주로 예전에는 대의원들의 모든 활동과 희망의 초점이었던 소비에트의 실질적 미래라는 주요 쟁점에 집중되었다.[14] 트로츠키의 측근인 콘스탄틴 유레네프(Konstantin Iurenev)는 회의에 젖어 "이때까지 우리는 단 한 기구, 즉 소비에트 주위에서 힘을 모았습니다. 이제는 어떤 형식으로 우리의 힘을 모아야 합니까?"라고 물으며 논쟁을 시작했다. 유레네프는 또한 왜 "모든 권력을 소비에트로!"라는 슬로건이 혁명의 폭력적 단계에 반드시 부적당한지를 의아하게 여겼다. 그는 다음과 같은 결론을 내렸다. 스탈린의 결의문은 "우리에게 혁명의 모든 성취물을 파멸로 이끄는 길로 접어들라고 제안하고 있습니다. …… 만약 우리 당이 스탈린의 결의문을 채택한다면 우리는 농민과 광범위한 주민 대중으로부터 프롤레타리아를 떼놓는 길로 빠른 속도로 접어들 것입니다. …… 8, 9, 10항을 확 뜯어고쳐야 합니다."[15]

유레네프가 내려온 뒤 볼로다르스키가 연단으로 뛰어 올라갔다. "사람들은 우리에게 혁명의 평화적 시기가 끝났으므로 '모든 권력을 소비에트로!' 슬로건은 그 수명을 다했다고 말하고 있습니다. 정말 그럴까요? …… 우리가 '모든 권력을 소비에트로!'를 7월 3~5일까지와 같은 형태로 내버려두어야 할까요? 물론, 아닙니다! 하지만 목욕물을 버리다가 아기까지 버려서는 안 됩니다. …… 우리는 다만 '모든 권력을 소비에트로!' 슬로건을 대략 다음과 같이 고치기만 하면 됩니다. '모든 권력을 노동자·병사·농민 대의원 소비에트로 조직화된 혁명적 민주 세력과 빈농의 지지를 받는 프롤레타리아에게로!'"[16]

전날 당중앙위원회 후보위원으로 뽑힌 바쿠의 볼셰비키 지도자 알렉세이 자파리제(Aleksei Dzhaparidze)도 같은 맥락의 연설을 했다. 자파리제는 7월사태 때 볼셰비키는 바쿠 소비에트에서 지지를 얻는 데 장족의 진전을 했고, 그의 표현에 따른다면, "(지방의) 소비에트를 소비에트 중앙집행위원회와 동일시"했다고 스탈린을 비판했다. 그는 "지방의 소비에트들은 예전에는 소비에트 중앙집행위원회의 시각을 표현했을지라도 이제는 소비에트 중앙집행위원회의 시각을 반영하지 않습니다. …… 우리는 반혁명의 시기를 거치는 동안에는 소비에트를 위해 싸워야 하며, 소비에트의 (조력을 얻어 지배한다는) 사상의 혁명적 옹호자로서 우리는 소비에트에서 으뜸가는 위치를 차지할 것입니다"라고 말했다.[17]

마누일스키는 다음과 같이 지적했다. "7월 4일 이후에 프롤레타리아 당의 전술에 변화가 생겼습니다. 당은 어쩔 수 없이 공격에서 혁명으로 쟁취한 지점의 방어로 전환해야 했습니다. 우리 당의 좌익이 하는 것처럼 이같이 불리한 역관계 속에서 최대 슬로건을 내놓는 것은 무모한 전술로 넘어가는 것을 뜻합니다. …… 우리는 소비에트에 대한 불신을 굳힘으로써 타브리다 궁과 스몰니 학원에서 그들을 밀어내는 일을 도와줄 위험 부담을 안고 있습니다. …… 우리는 러시아 국민 90퍼센트가 프티부르주아임을 인정해야 합니다. 따라서 프롤레타리아를 프티부르주아에게서 떼놓는 전술이 해롭다는 점을 인정해야 합니다."[18]

토론이 벌어지는 동안 대의원 열다섯 명이 연단에 섰으며, 그들 대부분이 할당된 연설 시간 15분을 마지막 1초까지 다 썼다. 그들 대의원 가운데 여덟 명이 "모든 권력을 소비에트로!" 슬로건을 그대로 유지하는 데 찬성한다고 밝혔고, 한 명(부하린)은 중간 입장을 취했으며,[19] 여섯 명이 스탈린 편에 섰다. 소콜니코프는 스탈린의 입장에 선 사람들 가운데 가장 목청을 높였던 축에 들었다. 스탈린과 마찬가지로 그는 7월사태 뒤에 반혁명이 확대되었음을 지적했다. 소콜니코프는 계속해서 말했다. "예전에 우리는 모든 권력을 소비에트 손에 넘기는데 찬성했습니다. …… 이제 이 전망은 존재하지 않습니다. 지금까지 소비에트는 봉기 기구였고, 우리는 소비에트를 권력 기관으로 내세울 수 있습니다. 소비에트가 노동계급에 포화를 퍼부은 그 순간부터 소비에트는 더는 봉기 기구가 아니게 되었습니다."

소콜니코프는 발언 속에서 소비에트가 다시 소생할 수도 있다는 가능성, 특히 다시 봉기 기구가 될 수도 있다는 가능성을 배제하지는 않은 듯했다. 그런 의미에서 현 상황에 관한 그의 평가는 레닌과 달랐다. 그러면서도 소콜니코프는 전 인민의 봉기가 러시아 혁명의 의사 일정에 올랐다는 데에서는 레닌과 견해가 일치했다. 소콜니코프는 "중요한 것은 봉기에 대중을 결집하는 것이지 소비에트가 아니라는 점을 (대중에게) 설명해야 합니다"라고 선언했다. 그는 계속해서 다음과 같이 말했다. "프롤레타리아의 봉기를 지지해야만 토지를 넘겨받을 수 있다는 점을 농민 대중에게 설명해서 그들을 프티부르주아 지도자들에게서 떼어놓아야 합니다. …… 프롤레타리아 전위를 지원할 때 사회 혁명으로 가는 길이 농민 대중에게 열립니다."[20]

예전에 당중앙위원회 위원들 가운데 일찍부터 단연 가장 전투적인 쪽으로 쏠렸던 이바르 스밀가가 소콜니코프의 견해를 그대로 되풀이했다. 스밀가는 〈슬로건에 관하여〉를 여기저기 인용하면서 다음과 같이 단언했다. "볼로다르스키 동지뿐만 아니라 고참 사회민주당원인 노긴도 실수를 저지르고 있습니다. 지금 권력은 군사 도당의 손아귀에 있습니다. …… 권력이 혁명의 발전에 봉사할 수 있는 계급의 손으로 넘어갈 수 있으려면 현 정권을 타도해야 합니다." 스밀가는 소비에트가 권력을 쥘 수 있었는데 권력을 거부함으로써 "자살했다"는 견해를 밝히면서, 새로운 혁명이 분출할 조건이 빠르게 무르익고 있으며 볼셰비키는 그 폭발이 일어났을 때 주도권을 잡지 않으면 안 된다고 말했다. 스밀가는 "운명이 다시 한 번 우리에게 운동의 선두에 설 기회를 준다면 그 누구에게도 우리에게서 주도권을 빼앗아 갈 권리가 없습니다"라고 주장하고는 "유레네프 동지는 신중하라고 말합니다. 나는 혁명에서는 대담하고, 대담하고, 다시 또 대담해야 한다고 말한 당통*을 …… 그에게 상기시킵니다."[21]

제6차 당대회에서 현 정치 상황을 둘러싸고 논쟁이 벌어지는 동안 마지막으로 연단에 선 사람은 새로 선출된 당중앙위원회 위원으로서 모스크바에서 온 안드레이 부브노프였다. 그는 현 상황을 규정하는 문제를 놓고 나타난 견해차의 중요성을 최소화하려고 일찍부터 애쓰던 노긴에게 이의를 제기하면서, 그 견해 차가 4월협의회 때 나타난 혁명의 발전에 관한 근본적 견해차를 반영하므로 매우 중요하다고 주장했다. 그런 다음 부브노프는 더 나아가 좌파의 논지를 옹호했다. 부브노프는 다음과 같이 확언했다. "지금은 소비에트에 어떠한 권력도 없습니다. 소비에트는 썩어 들어가고 있으며, 이 점에 관해서는 그 어떠한 환상도 품어서는 안 됩니다. …… 비록 예전에 우리가 권력 '이전'을 말했더라도 이것은 이제 낡아빠진 용어가 되었으며, 결전을 위해, 권력 '장악'을 위해 힘을 비축해야 합니다. 소비에트로의 권력 이전이라는 슬로건은 내던져야 합니다."[22]

7월 31일 오후에 현 정치 상황에 관한 논쟁이 끝나자마자 자파리제는 스탈린의 결의문을 곧바로 투표에 부쳐서는 안 되고, 대신에 새로운 결의문을 작성할 위원회를 구성해야 한다는 동의안을 내놓았다. 자파리제의 동의안에 따르면, 이 위원회의 작업은 스탈린의 결의문과 모스크바 볼셰비키가 며칠 전에 채택한 현 상황에 관한 성명서,[23] 이 두 문건에 바탕을 두고 수행될 터였다. 모스크바 볼셰비키의 성명서는 온건론자의 견해를 구체적으로 표현하고 있었다. 대회 대의

---

* 조르주 자크 당통(Georges Jacques Danton, 1759~1794) 프랑스 대혁명기의 자코뱅 혁명 지도자.

안드레이 부브노프. 7월 말 당 중앙위원으로 선출돼 제6차 당대회에서 좌파의 주장을 옹호한 볼셰비키 당원. 10월 초 페테르부르크 위원회에서 무장 봉기를 즉시 조직하자는 레닌의 호소를 적극 지지했다.

원들은 현 상황에 관한 표결을 뒤로 미루고 문제를 더 심의할 위원회를 만들자는 생각을 받아들이면서도 스탈린의 결의문이 이 위원회가 초를 잡을 결의문의 토대여야 한다는 것을 조건으로 내세웠다.[24]

이어서 스탈린, 소콜니코프, 부브노프, 밀류코프, 노긴, 그리고 모스크바 지역 사무국(Moskovskoe oblastnoe biuro) 대표인 부하린과 게오르기 로모프(Georgii Lomov)가 결의문 위원회에 선출되었다. 이 대의원 일곱 사람은 현 상황에 관한 상이한 평가를 해소하려는 데 많은 시간을 썼으며, 아마도 라즐리프에 있는 레닌에게서 약간의 조언을 얻었을 것이다. 그들이 정식화해서 8월 3일에 기권 4표, 나머지 전원 찬성으로 채택한 결의문은 서로 싸우는 두 편 사이에서 이루어진 타협이었다.[25] 멘셰비키와 사회주의자혁명가를 유난히 적대시하는 언급을 일부 삭제한 것을 별개로 친다면, 이 결의문 가운데 7월사태까지 혁명이 거쳐 온 진로를 규정한 전반부는 스탈린의 결의문 초안을 거의 그대로 따랐다. 위원회의 결의문은 권력을 평화적으로 소비에트로 넘기기가 불가능해졌다고 확언하고, "모든 권력을 소비에트로!"

슬로건을 "반혁명 부르주아 독재의 완전 청산"이라는 슬로건으로 대체했다.

동시에 위원회 결의문에는 모스크바 볼셰비키의 성명서에서 그대로 따온 완전히 새로운 부분이 들어갔다. 이 부분은 당이 "반혁명에 맞서는 선도적 투사"의 역할을 떠맡아 반혁명의 공격으로부터 전반적으로는 대중 조직을, 특정하게는 소비에트를 보호해야 한다고 되어 있었다. 소비에트 안에서 당은 가능한 모든 힘을 다해 일해서 "국제주의자"의 지위를 강화하고 반혁명에 맞선 투쟁에 헌신하는 모든 인자들을 당 주위에 결집할 터였다. 그러므로 가까운 장래에 당 활동의 주된 초점은 여전히 소비에트이며, 사실상 혁명 수호에 다수파 사회주의자와 함께 일할 가능성은 실질적으로 여전히 열려 있었다. 더군다나 당대회에서 채택한 결의문에는 볼셰비키가 지방에서 과반수 지지를 얻기 전에 권력을 장악할 가능성이 있다는 암시는 물론이고 "새로운 혁명"에 관한 확실한 언급이 완전히 빠져 있었다. 결의문 결론부는 프롤레타리아는 도발에 현혹당해서는 안 되며 전국 차원의 위기가 발생하고 대중이 거세게 들고 일어나서 도시와 농촌의 빈민이 부르주아에 맞선 투쟁을 지지하는 데 유리한 조건이 만들어지는 순간을 위해 그 힘을 조직화하고 준비하는 데 열정을 쏟아야 한다고만 되어 있었다. 이 국면에서 이들 계급의 과업은 자기 수중에 권력을 장악하는 것일 터였다.[26]

그렇다면 제6차 당대회의 결정 사항이 지니는 의의는 무엇이었을까? 이제 "모든 권력을 소비에트로" 슬로건은 공식적으로 철회되었다. 이 슬로건은 8월 한달 내내 볼셰비키당의 모든 공식 문서에서 빠졌다. 그러나 이와 별도로 그 결정 사항은 거의 아무런 실질적 영향력을 행사하지 못했던 듯하다. 4월 이후 죽 그랬던 것처럼, 당은 여전히 사회주의 혁명을 지향하고 있었다. 이 진로는 당의 굳건한 승인을 받은 바 있다. 그러나 "어떻게?"와 "언제?"라는 결정적 문제는 아직도 모호한 채로 남아 있었다. 당내의 강령상의 견해 차는 해소되지 않았다. 모스크바 지역 사무국 회의에서 제6차 당대회 활동 보고를 할 때 부브노프가 표현한 것처럼, "4월협의회에서처럼 당대회에서는 다시금 두 가지 관점, 두 가지 흐름이 눈에 띄었습니다. 이것들은 …… 아주 명확하게 드러나지 않고 숨겨진 형태로 남아 있었습니다."[27] 더군다나 당의 결정에도 불구하고 페트로그라드의 많은 조직은 계속해서 혁명적 소비에트 정부 창출을 자기들의 가장 절박한 문제를 푸는 해결책으로 보았다.[28] 페트로그라드의 노동자와 병사들은 8월 하순의 코르닐로프 사건 때 사회주의자로만 구성되는 정권이라는 목표를 거의 보편적으로 공유하게 되었으며, 볼셰비키 스스로 옛 구호인 "모든 권력을 소비에트로!"를 공식적으로 되살리지 않으면 안 되었다.

페트로그라드의 노동자와 병사들이 볼셰비키에 품은 반감과 적대감이 7월봉기 이후 몇 주 내에 사라진 한편, 8월 초순에는 당 기구를 온전하게 유지한 볼셰비키당이 새로운 성장기에 들어섰음을 보여주는 뚜렷한 조짐이 많았다.

볼셰비키의 부활은 자기들을 지지하던 사람들이 대거 빠져나가 볼셰비키 편으로 넘어갔다는 현지 멘셰비키-사회주의자혁명가 지도자들의 빈번한 불평에 반영되어 있다.[29] 그것은 크론시타트 지역 투표[30]와 여러 곳에서 치러진 페트로그라드 소비에트 선거에서 볼셰비키가 얻은 표 수에도 투영되었다. 공장 노동자와 수비대 병사들은 그래야 한다고 보면 자기들이 소비에트로 보낸 대표를 언제라도 소환할 수 있었고, 8월 전반기 동안 페트로그라드 몇몇 산업체의 볼셰비키 지지자들은 소비에트 중앙 기관의 정책에 불만이 증가한 상황을 이용해서 온건 사회주의자의 강령을 옹호하는 대의원을 볼셰비키로 교체했다.[31]

볼셰비키는 페트로그라드 소비에트에서는 9월이 시작될 때까지 과반수를 차지하지 못했다. 그러나 멘셰비키와 사회주의자혁명가들이 난관에 부딪쳤다는 조짐이 일찍이 8월 7일에, 7월사태 이후 처음 열린 노동자 부서(rabochaia sektsiia) 회의에서 나타났다. 그날 소비에트 지도부가 준비한 의사일정에 따르면, 노동자 부서는 조직상의 몇몇 문제를 논의하고 이튿날 수도에서 열릴 예정인 국가방위협의회도 준비하도록 예정되어 있었다. 그러나 노동자 부서의 볼셰비키 대표들은 사회주의자혁명가 좌파의 지원을 받아, 그 일정에 따를 생각을 전혀 하지 않았다. 그들은 회의에서 체포된 "국제주의자들"의 곤경과 전선에서 사형제를 부활한다는 정부 결정을 놓고 즉시 토론을 하자고 요구했다. 이 제안을 표결에 부쳐 과반수가 볼셰비키를 지지했다. 그 다음에 대의원들은 당국을 변호하는 단과 고츠의 말뿐만 아니라 지칠 줄 모르는 볼로다르스키가 감옥에 갇힌 좌파 분자를 위해 열정에 차 호소하는 것을 들었다. 그런 다음 그들은 극좌파에 속하는 동지들의 체포와 박해는 "혁명의 대의 전체에 가하는 타격, 오직 반혁명에만 좋은 일"이라는 볼셰비키 결의안을 압도적 표차로 지지했다. 그 결의안은 다른 무엇보다도 7월사태 이후에 체포되어 아직 정식 기소되지 않은 자를 즉시 석방하고 기소된 자는 빨리 공개 재판하고 "불법적으로 시민의 자유를 빼앗은" 죄를 지은 모든 관리를 기소하라고 요구했다.[32] 대의원들은 "트로츠키와 루나차르스키와 콜론타이, 그리고 체포당한 그 밖의 다른 사람들"에게 공감을 표명하고 직접 지지를 보낼 특별위원회를 지명하기까지 했다. 더군다나 그들은 사형제 부활을 노골적으로 반혁명적인 목적을 지닌 조치라고 비난하는 마르토프의 결의문을 채택했다. 결의문은 사형제에 반대하지 않은 소비에트 중앙집행위원회에 비난을 퍼붓고, 임시정부가 그 조치를 무효화해야 한다고 요구했다.[33]

8월 20일에 시 전체에서 치러진 새로운 페트로그라드 시의회 선거는 볼셰비키가 빠른 속도로 회복했다는 훨씬 더 구체적인 증거를 제공해주었다. 이 선거에 큰 의미를 부여했던 볼셰비키는 심지어 7월사태 전에도 선거에 일정한 관심을 기울였다. 7월의 패배는 반드시 성공을 거두겠다는 볼셰비키의 결의를 굳히는 데 이바지했을 따름이다. 8월 9일자 〈노동자와 병사〉 사설은 다음과 같았다.

"7월 3~5일 사건 이후로 이것은 완전히 바뀐 상황에서는 처음 일어나는 계급 투쟁의 발현일 것이다. …… 만약 선거가 입헌민주당 승리의 깃발 아래서 치러진다면, 혁명은 심대한 타격을 받을 것이다. …… 사회주의자혁명가·멘셰비키 방위론자가 승리할 경우에 우리는 이전처럼 딱한 처지에 놓일 것이다. …… 우리 당의 승리는 혁명이 반혁명에 거두는 첫 승리가 될 것이다."

8월 12일부터 15일까지 페트로그라드의 모든 정치 집단의 관심은 모스크바 국정협의회(Gosudarstvennoe soveshchanie)[34]에 집중되었다. 그러나 시의회 선거를 치르기 전 마지막 며칠 동안 득표 경쟁은 점점 치열해졌다. 이때 밀류코프, 싱가료프, 나보코프(V. D. Nabokov), 티르코바 같은 주요 입헌민주당원이 선거 유세를 했다. 밀류코프는 입헌민주당이 좋지 않은 결과를 거둔 5월의 구(區)의회 선거를 언급하고는 페트로그라드 시민이 이제 낙방한 적이 있는 "시험을 다시 칠" 기회를 얻었다고 선언했다.[35]

볼셰비키는 야심 찬 선거 운동 계획을 세웠고, 심판의 날이 다가올수록 당 간부들은 무언가 하지 않은 일이 있는지를 초조하게 점검했다.[36] 그러나 당 일꾼들은 꽤 많은 수의 정치 집회와 모임을 힘겹게 조직할 수 있었고 수도의 노동계급 지구를 선거 운동 전단으로 가득 채웠다. 선거 운동이 치열해지는 바로 그때 〈병사〉와 〈프롤레타리아〉가 발행됨으로써 당의 노력은 강력한 추진력을 얻었다. 게다가 경제사정의 악화, 정부와 다수파 사회주의자의 인기 없는 정책은 분명히 볼셰비키에 유리하게 작용했으며, 볼셰비키는 이러한 상황을 최대한 이용했다. 선거 전날 〈병사〉의 사설은 다음과 같았다. "각 노동자와 병사는 스스로 명확히 답해야 한다. 학교도 가로등도 변변한 통행로도 없는 노동자 지구의 진창과 악취 속으로 예전과 똑같이 빠져 들어가기를 바라는지 말이다. 그렇다면 우리의 적에게 표를 던져라. 만약 전염병 발생지인 노동자 지구를 정화하고 그곳에 포장도로를 깔고 가로등을 설치하고 학교와 공원을 열기를 바란다면, 볼셰비키에게 표를 던져라." 같은 날 나온 〈프롤레타리아〉는 "오직 우리 당만이 (자치)시설 운영 체계를 근본적이고도 급격하게 바꾸려고 애쓰고 있다. 오직 우리 당만이 조세 부담을 빈털터리 가난뱅이의 어깨에서 유산 계급의 어깨 위로 완전히 옮겨 지우려고 애쓰고 있다"고 주장했다.[37]

다른 무엇보다도 당은 볼셰비키의 모든 경쟁자를 극우의 공격과 관련지어서 반혁명의 위험에 연관된 대중의 공포에 편승하려고 시도했다. 8월 19일자 〈병사〉 사설의 표현에 따른다면, 이 선거에서 병사와 노동자는 "노동자를 상대로 자본가, 지주와 함께 가혹한 법률을 선포하고 사형제를 도입하고 노동자 임금이 많다며 우는 소리를 내고 대량해고를 획책하고 우리 동지를 감옥에 가두어 단식 투쟁과 죽음으로 몰고 가는 자들"이 시를 운영하기를 결정해야 할 터였다. 이와 똑같은 논지가 스탈린이 써서 〈프롤레타리아〉 일면에 실린 글에서 강조되었다. 선거날 표를 달라고 호소하는 이 글에서 스탈린은 다음과 같이 썼다.

당신 앞에 …… 국민자유당(입헌민주당)이 있다. 이 당은 지주와 자본가의 이익을 보호한다. …… 이 입헌민주당은 이미 6월 초에 전선에서 지체 없이 공세를 펴라고 요구했고, …… 반혁명의 승리를 획책했다. …… 밀류코프 당에 표를 던지는 것은 곧 자기와 처자, 전후방의 형제를 배반하는 셈이다. …… [멘셰비키와 사회주의자혁명가는] 도시와 농촌의 안정된 자영업자의 이익을 보호한다. 이들 당에 표를 던지는 것은 곧 노동자와 빈농에 맞서 반혁명과 맺은 동맹에 표를 던지는 셈이다. …… 이것은 후방의 체포와 전선의 사형제를 승인하는 행위에 찬성 투표하는 셈이다.[38]

가능한 한 가장 폭넓은 지지를 끌어내는 것이 선거 운동의 목적이므로, 당시 볼셰비키의 선거 운동 문건은 당의 이론적, 전술적 강령에 드러난 잠재적 분열 양상은 거의 언급하지 않았다. 심지어 "볼셰비키"라는 용어도 되도록 적게 사용한 듯하다. 아마도 그 용어에 아직 독일 간첩 혐의의 때가 묻어 있을 위험 때문에 그랬을 것이다. "6번 후보자 명부", 즉 "사회민주당 국제주의자" 명부에는 단지 "반혁명에 혁명의 타격을"이라고만 씌어 있었다. 8월 15일에, 다시 8월 18일과 19일에 〈프롤레타리아〉는 다음과 같이 목청을 드높였다.

모든 노동자, 모든 농민, 모든 병사는 자기 표를 이 입후보자 명부에 던져야 한다. 왜냐하면 날뛰고 있는 부르주아-귀족의 반혁명 독재에 맞서, 사형제 도입에 맞서, 노동자·병사 조직의 궤멸에 맞서, 인민의 피와 땀으로 얻은 자유의 파괴에 맞서 오직 우리 당만이 단호하고 용감하게 싸우고 있기 때문이다. 당신은 오로지 우리 당의 입후보자 명부에 표를 던져야 한다. 왜냐하면 오직 우리 당만이 농민과 함께 지주에 맞서, 노동자와 함께 공장주에 맞서, 모든 피억압자와 함께 모든 억압자에 맞서 단호하고 용감하게 싸우고 있기 때문이다.

시의회 선거가 끝난 뒤 투표 최종 결산을 하는 데에는 여러 날이 걸렸다. 결과가 나왔을 때, 수도 모든 지역에서 놀라운 힘을 보인 볼셰비키가 183,624표를 얻어 새로운 시의회에서 67석을 차지했다. 볼셰비키의 득표수는 205,659표와 75석을 얻은 사회주의자혁명가당에만 뒤진 2위였다. 이 결과는 5월 하순에 있었던 구의회 선거에서 거둔 성적보다 14퍼센트 오른 것이었다. 입헌민주당은 114,483표로 42석을 차지했고, 멘셰비키는 23,552표로 8석을 차지해서 뒤로 처졌다.[39]

투표 결과는 무엇을 뜻했을까? 당시의 일부 관찰자는 볼셰비키의 성공을 완전히 무시하고 싶어했다. 따라서 입헌민주당 신문인 〈말〉에 기고한 사람은 그다지 교묘하지 못한 수치 조작을 하고는 선거 결과 "토박이 페트로그라드 주민" 사이에서 입헌민주당의 입장에 대한 지지가 늘어나고 있음이 드러났다고 주장했다.[40] 〈새로운 삶〉의 한 정치 평론가의 선거 후 분석은 훨씬 더 솔직했다. 이 기고자는 선거가 "가장 분명하고 논란의 여지 없는 볼셰비키의 승리"였다고 드러내놓고 말했다. 그는 볼셰비키당의 승리는 노동자와 대다수 병사들의 분위기가 몹시 긴박했고 그들이 소비에트 다수파의 정책과 정부의 새로운 진로에서 소외되어 있음을 반영한다고 설명했다. 그는 다음과 같이 덧붙였다. 볼셰비키의 승리에는 "언제나 그토록 당당하게 시작해서 비누 거품처럼 사라지는 운동 지도자들[볼셰비키]의 뻔뻔스러운 중상모략이 주효했음은 의심할 여지가 없다. 혁명 극좌파 탄압은 그들의 인기와 영향력을 강화했을 따름이다. 볼셰비키 신문은 폐쇄되고 구두 선동은 억압당했다. 그러나 강요된 침묵은 가장 웅변적인 선전이었음이 입증되었다."[41]

〈말〉처럼 멘셰비키의 〈노동자 신문〉도 처음에는 볼셰비키의 엄청난 득표가 지니는 의의를 최소화하고 싶어했다. 선거에 관련된 〈노동자 신문〉의 첫 기사는 우파가 자기들의 정치 강령을 정당화하고자

빨갱이의 위협을 과장하려는 목적에서 볼셰비키에게 표를 던진 탓에 볼셰비키의 총득표수가 크게 늘어났다고 시사했다.[42] 그러나 바로 다음 날 같은 신문은 선거를 재평가하고 〈새로운 삶〉과 아주 비슷한 결론에 이르렀다. 〈노동자 신문〉은 다음과 같이 평했다. "볼셰비키의 승리는 그들 자신의 기대를 훨씬 넘어서는 엄청난 승리로 보아야 한다. 그리고 우리는 민주 세력 자체의 창조적 활동이 미약해서 피부로 느낄 수 있는 결과를 대중에게 주지 못한 탓에 볼셰비키의 승리를 거둔 셈이다. 그리고 볼셰비키의 승리는 그들에게 순교자의 후광을 얹어주어 노동자·병사 대중 사이에 남아 있는 7월 3~5일의 분별없고 무모한 범죄행위의 인상을 지워버린 허둥대고 때때로 서툴고 무지했던 혼란투성이 탄압 체계 덕분이기도 했다."[43]

6장
코르닐로프의 대두

7월봉기 뒤에 볼셰비즘이 소멸하고 정부가 굳건해지고 질서가 바로 잡혔다고 성급하게 환희에 젖었던 러시아의 자유주의자와 보수주의자들에게 7월 후반기와 8월 첫 몇 주 동안 전개된 사태는 놀라 자빠질 만한 일이었다. 이 뒤숭숭한 시기에 페트로그라드의 모든 신문은 러시아를 덮치고 있는 정치·사회 위기가 심해졌음을 보여주는 조짐으로 가득 차 있었다. 토지를 갈망하는 농촌의 농민들 사이에 무정부 상태와 폭력이 퍼지고, 도시에서는 소요가 일어나고, 공장 노동자의 투쟁성이 증대하고, 정부는 핀(Finn)인과 우크라이나인의 완전자치 운동에 저항할 능력이 없고, 전후방 병사들이 계속 급진화하고, 필수품의 생산과 분배가 무너지고, 물가가 하늘 높은 줄 모르고 치솟고, 주요 정치그룹 가운데 유일하게 이런 어려움으로 이익을 보고 있으며 제6차 당대회 이후 무장봉기를 조직할 기회가 머지않아 온다고 참을성 있게 기다리고 있는 듯한 볼셰비키가 재기해서 그 영향력을 키우고 있다는 새로운 보도가 날마다 들어 왔다.

8월 중순에 많은 군수 공장에서 까닭을 알 수 없는 폭발과 화재가 잇달아 일어났다.[1] 페트로그라드의 식량 사정은 전부터 걱정스럽기는 했지만 주로 국내 철도와 수로 운송 체계에서 혼란이 지속된 탓에 갑자기 극도로 나빠졌다.[2] 아마도 가장 암울했을 법한 소식이 8월 21일에 들어왔다. 독일이 발트(Balt)해의 요충지인 항구 도시 리가를 점령했다는 소식이었다. 이때 불안감에 찬 일군의 시민, 적어도 그럴 만한 재정 능력이 있는 사람들이 민간 소요가 심해지고 적이 곧 수도를 공격하리라 짐작하고는 서둘러 페트로그라드를 떠날 준비를 했다. 임대 광고를 낸 가옥과 아파트의 수가 급작스레 극적으로 늘었다는 것이 공황이 만연했음을 확연하게 입증해주었다.

계속되는 정치, 사회, 경제 붕괴의 불길한 조짐에 케렌스키보다 더 당황한 사람은 없었다. 그렇지만 케렌스키는 개혁으로 누그러지지 않은 채 적나라한 탄압을 자행하다가 소비에트를 자극해서 페트로그라드 대중을 다시 한 번 거리로 나서게 만들까 두려웠고 모종의 개혁 프로그램을 뒷받침하도록 내각을 결집할 수도 없었다. 결국 그에게는 사건의 진로에 영향력을 행사할 능력이 없었다. 그 결과로 국가 지도부가 마비되는 꼴을 보고는 점점 더 많은 상공업계의 거물, 지주 이익을 대변하는 사람, 군 장교 — 요컨대, 보수적 견해는 말할 것도 없고 자유주의적 견해의 넓은 스펙트럼 — 그리고 심지어는 러시아의 동맹국 대표들도 제2차 연립정부가 제1차 연립정부보다 생존 능력이 크지 않다는 결론을 내렸다. 이 그룹들은 전선의 질서를 회복하고 후방의 혼란을 막을 유일한 희망으로 사회주의에 반대하는 자유주의 세력과 보수 세력의 동맹, 그리고 분란을 일으키는 정치 권위의 근원(가장 중요하게는 소비에트)을 제거하고 혁명을 제어하고 러시아 국민을 조국 방위에 나서도록 만들 과업에 헌신할 강력한 독재의 수립을 꼽았다.

1917년 8월이 되자 대부분의 입헌민주당원들과 중요한 중도적 정치 압력 단체들이 이 방침을 공유했다. 그런 압력 단체로는 모스크바에 기반을 둔 전러시아상공업연맹(Vserossiiskii soiuz torgovli i promyshlennosti)과 지주연맹(Soiuz zemel'nykh sobstvennikov)이 있었다.[3] 입헌민주당 지도자들 가운데 소수파는 연립정부를 계속 지지하고 대중의 개혁 요구를 들어주고자 온건 사회주의자들과 긴밀히 협력하라고 호소하는 것으로 7월 하순과 8월에 일어난 사태에 대응한 반면, 밀류코프가 이끄는 당의 주류는 결정적으로 우선회했다는 사실이 최근에 밝혀졌다.[4] 동시에 이 계파에 속한 입헌민주당원들은 대체로 쿠데타 준비에 직접 가담하기를 회피하는 경향이 있었다. (이것은 전러시아상공업연맹과 지주연맹의 입장이기도 했다.) 그들은 내각과 소비에트, 양자의 승인을 받지 않은 독재를 수립하려다가는 실패할 가능성이 아주 높다고 믿었기 때문에, 당분간 법과 질서, 그리고 군대의 전투 능력을 회복하고자 될 수 있는 대로 강력한 조치를 취하라고 정부 안팎에서 압력만 넣으려고 할 따름이었다.[5]

이 시기에 케렌스키를 답답하게 여기던 상당한 규모의 다른 중도파와 우파 정치 집단은 독재를 어떻게 수립할지를 놓고 그렇게 머뭇거리지 않았다. 뻔하지만, 이렇게 더 호전적인 집단 가운데에서도 군 장교를 대표하는 갖가지 조직들이 가장 두드러지는 축에 속했다. 격분한 장교단의 일원들은 일찍이 1917년 4월에 처음으로 군사 독재의 가능성을 고려하기 시작했다. 그 뒤 그런 장교의 수가 급속히 불어났고, 일단의 군 조직 대표들이 모길료프의 군사령부에 벌통의 꿀벌들처럼 모여들어 2월혁명으로 일어난 변화들을 멈추어 되돌릴 책략을 치밀하게 짜기 시작했다. 7월과 8월에 장교를 대표하는 군 압력 단체 가운데 가장 중요한 단체는 육해군장교연맹(Soiuz ofitserov armii i flota)과 군부동맹(Voennaia liga)과 성게오르기훈장수여자연맹(Soiuz georgievskikh kavalerov)이었다. 육해군장교연맹의 중앙위원회, 즉 "주" 위원회는 모길료프를 영속적으로 본거지로 삼았고, 나머지 두 조직은 페트로그라드에 근거지를 두었다.[6]

비슷한 성향을 띠고 1917년 여름 동안 활동하던 민간 조직 가운데 러시아경제부흥협회(Obshchestvo ekonomicheskogo vozrozhdeniia Rossii)와 공화정본부(Respublikanskii tsentr)가 틀림없이 가장 두드러졌을 것이다. 1917년 4월에 최초로 결성되었고 알렉산드르 구치코프

와 알렉세이 푸틸로프(Aleksei Putilov)가 이끄는 러시아경제부흥협회
는 처음에는 실업, 공업, 보험계의 영향력 있는 인물들을 결집해서 반볼
셰비키 선전물을 준비하고 유포하는 일에 돈을 대고 헌법제정회의 선
거 입후보자를 후원했다.[7] 그러나 러시아의 정치 위기가 깊어지자 협회
는 군 고위층과 긴밀히 협력해서 군부 독재 수립 준비 지원에 점점 더
많이 관심을 기울이기 시작했다. 공화정본부의 발전 과정도 비슷했다.
막강한 시베리아 은행(Sibirskii bank)의 후원을 받아 재계와 군부의 보
수적 지도자들이 "자연발생적으로 시작된 [혁명] 운동을 제어하"려는
목적을 가진 선전 운동을 지원하려고 5월에 창설한[8] 공화정본부는
곧 적극적인 군부 일부를 포섭했다. 듀시메테르(L. P. Diusimet'er) 대
령을 우두머리로 삼고 당시 활동하고 있던 중요한 모든 군 장교 집단
의 대표를 망라한 이 기구는 거의 전적으로 권력 장악을 위한 기술
적 준비에만 관여했다.

1917년 봄 여름 동안 우익 계열의 군부와 민간 조직이 눈에 띄
는 군인 몇 사람을 독재자 직위에 오를 후보로 고려했음을 보여주
는 기록이 남아 있다. 알렉세예프(M. Alekseev) 장군과 브루실로프
(A. Brusilov) 장군과 콜차크(A. Kolchak) 제독이 물망에 올랐다.[9] 그
러나 7월 하순께 확실한 총아로 떠오른 사람은 다시 러시아군 최고
사령관에 임명된 라브르 코르닐로프(Lavr Kornilov) 장군이었다. 코
르닐로프는 땅딸막하고 여위었고 일어서면 눈에 띌 점도로 안짱다리
이며 단순하고 강인한 성품을 지닌 사람이었다. 그는 성성한 턱수염
과 우아하고 짙은 콧수염, 그리고 몽골계 조상에게서 물려받은 사팔
뜨기 눈과 불거진 광대뼈로 유명했다. 코르닐로프는 1870년에 카자
크 장교 집안에서 태어나 시베리아의 외딴 구석에서 자라 군사 교육
만 받았고, 자기의 직업 경력을 중국령 투르케스탄(Turkestan)과 페르
시아 동부 지역의 탐험가로서 시작했다. 러시아-일본 전쟁 때 만주에

7월 18일 러시아군 최고사령관에 임명된 직후의 라브르 코르닐로프. 제1차 세계대전에 참전해 1915년 오스트리아군에게 잡혀 포로수용소에 있다가 1916년 오스트리아 병사로 변장하고 탈출에 성공한 뒤 국민 영웅이 됐다. 우익 계열이 독재자 후보를 꼽던 7월 하순께 확실한 총아로 떠오른 인물이었다.

서 전투에 참가했으며, 1907년부터 1911년까지는 베이징 주재 러시아 공사관에서 육군 무관으로 근무했다. 코르닐로프는 제1차 세계대전이 벌어진 첫 몇 달 동안에 빠르게 승진해서 일찍이 1914년에 1개 보병사단 지휘권을 받았다. 그 뒤 얼마 안 되어 1915년 봄에 그의 사단 대부분이 오스트리아군에게 궤멸당했다. 코르닐로프 자신은 숲속을 헤매다가 사로잡혀 한 해 가까이 헝가리의 포로 수용소에서 보냈다.[10]

억류되어 있는 동안 코르닐로프의 심리 상태에 관한 느낌을 마르티노프(Martynov) 장군이 기록해놓았다. 만주에서 코르닐로프의 상관이었던 마르티노프 장군은 그와 같은 막사를 썼다. 마르티노프에 따르면, 인민이 러시아의 차르 체제에 품은 분노가 솟구친 이 몇 달 동안 코르닐로프는 야망이 좌절된 데 괴로워하면서 강요받은 여가 시간을 나폴레옹(Napoléon)에 관한 책에 몰입한 채 보냈지만, 그렇게 소일하는 것은 그의 좌절감만 키웠을 뿐이었다. 마르티노프는 코르닐로프가 이때 '검은 무리'에 동조했다고 주장했다. 오스트리아 신문에서 두마 진보 블록(Progressivnyi blok) 지도자들과 러시아 정부 사이에 벌어진 다툼에 관해 읽고서 코르닐로프는 끊임없이 "구치코프와 밀류코프 같은 이 작자들을 모두" 목 매달아야 속이 시원하겠다고 말했다는 것이다.[11]

1916년 7월에 코르닐로프는 오스트리아 병사로 변장하고 간신히 탈출해서 러시아로 되돌아왔다. 전황이 암울하던 이 시기에 아무리 사소한 것일지라도 승리를 갈구하던 러시아 신문의 선전 덕분에 코르닐로프는 하룻밤 새 국민 영웅이 되었다. 2월혁명 때 코르닐로프를 에워싼 용기와 용맹의 후광을 키운 것은 다름 아닌 그의 탈출이었다. 이것을 논외로 치면, 그의 군사적 업적은 보잘것없었다. 이 사실 때문에 브루실로프 장군이 퉁명스레 코르닐로프는 "용감한 파르티잔 부대장에 지나지 않는다"라고 말한 적이 있다.[12]

2월의 사건들 이후 코르닐로프는 비록 겉으로만 그랬을지는 몰라도 달라진 정치적 분위기에 재빨리 적응했다. 그는 질서와 평정을 회복하는 데 도움을 줄 유명하고 권위 있는 인물을 찾는 두마 지도자들의 재촉을 받아 페트로그라드 군관구 최고사령관에 임명되어[13] 3월 5일에 수도에 도착하자마자 기자들에게 혁명은 "우리가 적에게 승리를 거둘 확실한 담보물"이라고 논평했다.[14] 그 다음에 코르닐로프는 곧바로 페트로그라드 소비에트 집행위원회를 의전 방문하고는 알렉산드라(Aleksandra) 황후를 체포하려고 차르스코예 셀로(Tsarskoe Selo)로 출발했다. 그러나 이렇게 혁명적 열성을 밖으로 내보이기는 했지만, 코르닐로프는 여전히 구식 장교였다. 국가적인 정치 쟁점은 오직 그것이 군대의 복구라는 제1차 과제에 영향을 끼칠 때에만 그의 관심을 불러일으켰다. 마르티노프는 그를 "정치 영역에는 …… 완전한 문외한"으로, 또한 그를 잘 알았던 알렉세예프 장군은 "사자의

심장과 양의 머리"를 가진 사람으로 묘사했다.[15]

코르닐로프는 러시아 사회 안의 다양한 정치 집단과 계급의 상충하는 관심사에 관해서는 거의 아무것도 이해하지 못했다. 이를테면, 그는 협상을 통해 서로 타협해서 강화 조약을 체결하려고 애쓰는 한편, 러시아의 방위 노력을 흔들림 없이 지원하는 페트로그라드 소비에트 온건 사회주의 지도부와 전쟁과 방위 노력을 싸잡아 비난하는 볼셰비키를 구분하지 않았다. 어찌되었든 군대의 전통적 군율의 와해를 선도한 행위, 그리고 참견하기 좋아하는 위원회들과 정치위원은 소비에트 탓이 아니었는가? 4월의 시위가 한창일 때, 참다 못한 코르닐로프가 노동자와 병사들에게 사용하려고 예하 포병 부대를 호출했지만, 페트로그라드 소비에트가 이 호출 명령을 곧바로 취소했다.[16] 이에 대응해서 코르닐로프는 느닷없이 사령관 자리에서 물러나 소비에트에는 반감을, 그리고 그가 생각하기에 러시아 "내부의 적"을 다루는 데 줏대가 없는 임시정부에는 적대감과 원한을 가득 품은 채로 남서부 전선으로 떠났다.

이때부터 코르닐로프가 소비에트권에서 의심을 받고 페트로그라드 노동자와 병사들 사이에서 그의 이름이 곧바로 탄압과 반혁명의 동의어가 되었다는 것은 이해할 만하다. 동시에 코르닐로프가 민간 소요를 제어하는 문제에 대응하는 거친 방식이 보수주의자들의 관심을 끌었고, 그들은 그를 더 권위 있는 정부를 이끌 잠재력이 있는 강한 인물로 여기기 시작했다. 사실 바실리 자보이코(Vasilii S. Zavoiko)와 세묘노프(Semenov)가 3월 중순에 만든 배아 단계의 페트로그라드 우익 조직의 구성원들은 4월에 잠재적 독재자로 코르닐로프에게 관심을 집중하기 시작했다.[17] 이 무렵에 자보이코-세묘노프 서클의 한 구성원이 코르닐로프와 논의를 시작했고, 코르닐로프는 그 서클과 기꺼이 같이 일하겠다는 의사를 밝혔다. 자보이코는 장군이 예기

치 않게 전선으로 출발한 뒤 연락을 유지하려고 자진 입대해서 코르
닐로프의 전령이 되었다.[18]

훗날 어디서나 최악의 정치 협잡꾼이라는 비난을 받는 의심스러
운 인물인 자보이코는 곧바로 코르닐로프에게 크나큰 영향력을 행사
했다.[19] 나중에 장군은 자보이코가 주로 문필로 자기에게 봉사했다고
증언했다. 코르닐로프는 "자보이코는 펜을 놀리는 데 탁월했다. 그래
서 나는 특별히 박력 있고 수려한 문장이 요구되는 명령서와 문서를
작성하는 일을 그에게 부탁했다"고 말했다.[20] 그러나 자보이코가 수행
한 기능이 문필 작업을 훨씬 넘어섰음은 분명하다. 마르티노프는 둘
의 관계를 다음과 같이 더 정확하게 규정했다. "이렇듯 정치적 식견
이 모자랐으므로, 분명히 코르닐로프에게는 누군가의 지도가 있어야
했다. 자보이코라는 사람이 그의 밑에서 지도를 해줄 사람, 모든 국정
에 관해 일종의 교사 노릇을 했다."[21] 자보이코는 코르닐로프의 참모
로 임명된 순간부터 페트로그라드 정부에 관한 코르닐로프의 걱정
을 부채질하고 자기 상관의 개인적 야심을 부추기는 한편 코르닐로
프가 잠재적 국가 지도자로서 누리는 인기를 높이려고 끊임없이 활
동했으며, 시간이 지날수록 늘 장군을 둘러싸고 소용돌이치는 모든
정치 협잡의 중심에 서 있었다.

6월 공세가 시작될 때 코르닐로프는 남서부 전선에서 제8군을 지
휘했다. 독일이 그곳의 오스트리아군에 원군을 보내 강력한 반격을
개시하자, 제8군은 심하게 난타당했다. 그러나 제8군은 — 6월 23일
부터 29일까지 — 잠시 약간의 성과를 거두었다. 갈리치야의 고도(古
都)인 갈리치(Galich) 시를 점령하고 칼루시(Kalush)를 향해 전진하
고, 그 과정에서 적군 12,000명을 사로잡고 대포 200문을 노획했던
것이다. (신문은 이것을 자랑스레 "코르닐로프의 전리품"이라고 불렀
다.) 이 일은 다른 지역에서 러시아군이 퇴각할 때 일어났고, 페트로

그라드의 국수주의적 신문들은 환희에 찬 반응을 보였다. 다른 어느 장교보다도 코르닐로프가 러시아의 짧은 승전의 영예를 한몸에 차지했다. 그 뒤에 코르닐로프는 적잖이 선전 요원으로서 자보이코의 재능 덕택에 "공간과 인명을 맞바꿀 용의가 있다"고 말했다고 해서, 더 나아가 규율을 회복하는 수단으로 제멋대로 퇴각하는 병사들을 쏘아 죽여야 한다고 주장했다고 해서 널리 이목을 끌었다. 동시에, 러시아가 당한 패배의 책임을 러시아군 최고사령관 브루실로프 장군, 그리고 물론 볼셰비키가 지도록 만들어야 한다는 것이었다.

이 모든 선전으로 우익에서 코르닐로프의 인기가 올라갔다. 또한 이로써 사회주의자혁명가당 우파이며 제8군 정부 지도위원*인 막시밀리안 필로넨코(Maksimilian Filonenko)와 남서부 전선 지도위원이며 결국은 적잖은 역사적 중요성을 띤 인물이 되는 보리스 사빈코프의 관심이 장군의 자질에 쏠렸다. 사빈코프는 혁명적 극단주의자였으나, 제1차 세계대전의 충격으로 열렬한 국수주의자가 되었다. 출중한 정치 음모가였던 사빈코프는 1903년부터 1905년까지 테러 활동을 한 사회주의자혁명가당 전투 조직(Boevaia organizatsiia eserov)에서 가장 불꽃 같고 이름난 인물들 가운데 한 사람이었다. 실제로 그는 차르 관리를 많이 죽여 물의를 빚은 사건에서 두드러진 역할을 했다. 피살된 관리들 가운데는 니콜라이 2세가 미워한 뱌체슬라프 플레베(Viacheslav Pleve)와 세르게이(Sergei) 대공이 끼어 있었다. 사빈코프는 1905년 이후로는 외국에서 시간을 많이 보냈는데, 수많은 인기 소설을 쓰느라 바빴다. 한번은 보이틴스키가 인정사정 봐주지 않고 그 소설들을 "통속 잡지의 수법, 혁명의 일화, 프랑스에서 수입한

---

* 정부 지도위원 혁명기 러시아에서 정부가 정부 기관이나 상급 군부대에 파견한 행정 관원. 대개 비상대권을 부여받고 활동했다.

임시정부의 지도위원들과 자리를 함께한 보리스 사빈코프(의자에 앉아 있는 사람 중 왼쪽 끝). 남서부 전선 지도위원으로 임명되고 전투부대들이 사실상 와해되는 것을 지켜본 후, 질서를 회복하려는 혹독한 조처를 강하게 지지했고 케렌스키를 부추겨 7월 8일 코르닐로프가 남서부 전선 사령관에 임명되도록 했다.

에로티시즘으로 맛을 듬뿍 낸 도스토옙스키(Dostoevskii)의 싸구려 모방이 뒤섞인 잡동사니"로 묘사했다.[22] 제1차 세계대전이 터지자 사빈코프는 프랑스군에 입대했고, 1917년 4월에 러시아로 돌아와 임시정부에 몸을 의탁했다. 당시 국방부 장관이었던 케렌스키와 가까웠던 사빈코프는 초여름에 남서부 전선 정부 대표에 임명되었다.

전선 지도위원으로서 사빈코프는 러시아의 전투 부대가 사실상 허물어지는 꼴을 눈으로 지켜보았다. 그는 몹시 괴로워하면서 당시 펼쳐지고 있던 끔찍한 일을 7월 9일에 전보로 케렌스키에게 알렸다.[23] 군대 문제에 접근하는 방법에서 사빈코프는 혁명으로 군대 안에서 일어난 변화를 한사코 받아들이지 않은 사람들과는 당연히 달랐다. 오히려 그는 장교의 행동을 감시하고 장교와 급진화한 병사 대중 사이의 관계를 원활하게 만드는 민간인 지도위원의 역할이 중대하다고 강조했다.[24] 그보다는 강도가 조금 덜하기는 했지만, 사빈코프는 군내 민주위원회의 역할을 옹호했다. 비록 군내 민주위원회의 권한이 엄격히 제한되고 명확히 규정되었을지라도 말이다. 그렇기는 해도 사빈코프는 국내와 전선에서 질서를 회복하려는 혹독한 조처를 강하게 옹호하기도 했으며, 필로넨코와 생각이 같았다.[25] 7월 하순에 사빈코프가 군사독재 수립 가능성에 관해 밀류코프의 의중을 떠보았다는 증거가 약간 있다.[26] 동시에 사빈코프와 필로넨코는 코르닐로프에게 무단 전선 이탈의 홍수를 저지하는 지도력을 발휘하고 케렌스키에게 압력을 넣어서 권위주의적 정권 창출을 묵인하도록 도와주기를 기대하기 시작했다.

케렌스키가 7월 8일에 총리가 되자마자 처음 취한 조처 가운데 하나가 코르닐로프를 남서부 전선 사령관에 임명한 것이었는데, 사빈코프와 필로넨코의 부추김을 받았을 가능성이 매우 높다. 남서부 전선은 적군의 압박이 가장 거세서 러시아 군대의 와해가 가장 심했던 곳이었다. 코르닐로프는 조금도 지체하지 않고 강철처럼 확고하다는 자기의 평판을 굳혔다. 코르닐로프는 사령관 자리에 오른 그날로, 자보이코가 작성해서 케렌스키에게 보낸 전보에서, 사빈코프가 중재에 나서서 메시지를 수정해야 한다고 주장하지 않으면 안 될 만큼 위협적인 용어를 써 가며 도주병을 사형에 처할 권한을 달라고 요구했다.[27] 이튿날 케렌스키의 답신을 기다리지 않은 채 코르닐로프는 명령 없이 후퇴하는 부대에 기관총과 대포를 사용하라는 명령을 부하 지휘관들에게 내렸다.[28]

코르닐로프는 러시아가 처한 군사적 상황의 중대함과 당시 지리멸렬하게 싸움터에서 떠나는 러시아 병사들의 물결을 막을 과감한 조치의 필요성을 헤아리라는 경고를 굳이 케렌스키에게 할 필요가 없었다. 케렌스키는 코르닐로프의 첫 전보를 받기도 전인 7월 9일에 모든 사령관들에게 허가 없이 퇴각하는 부대에 발포하라는 명령을 내렸던 것이다. 사흘 뒤 코르닐로프의 권고로 임시정부는 전선의 규율을 유지하려고 공식적으로 사형제를 다시 확립했다. 그런데도 코르닐로프가 정부를 압박하려고 노력했다는 증거가 언론에 흘러들어 갔다. 꾀 많은 자보이코가 흘렸을 가능성이 매우 높다. 페트로그라드의 민족주의 계열 신문에 난 기사는 코르닐로프가 군율을 회복하기 위한 엄격한 조치를 허용하라고 정부를 밀어붙이고 있는(이것은 사실이다) 반면에 케렌스키는 이 압력에 대응해서 마지못해 움직이고 있다(이것은 전혀 사실이 아니다)는 인상을 주었다. 그 결과 우익권에서 코르닐로프의 주가가 솟구친 반면, 이에 상응해서 정부의 주가는 곤두박질쳤다. 한편 대중 사이에서는 반혁명의 최고 상징으로서 코르닐로프 이미지가 상당히 강화되었다.

케렌스키는 7월 16일에 테레셴코 외무부 장관과 사빈코프와 필로넨코를 데리고 모길료프에 있는 최고사령부(스타프카)에서 러시아군 수뇌부와 만났다. 이 비상회의는 적이 역공을 펼치는 데 성공을 거둔 뒤 모든 전선의 전황을 합동으로 평가하고 군의 와해를 저지할 방도를 생각해보라는 케렌스키의 지시로 소집되었다. 남서부 전선의 상황이 유난히 불안정했기 때문에 코르닐로프는 자리를 지키고 회의에는 전보로 보고서를 올리라는 지시를 받았다. 그러나 다른 러시아군 고위 장성은 대부분 참석했다. 참석자 가운데는 최고사령관 브루실로프 장군, 서부 전선 사령관 데니킨(A. I. Denikin) 장군, 북부 전선에서 온 클렘봅스키(Klembovskii) 장군, 일시적으로 직위를 받지 못한 루즈스키(G. N. Ruzhskii) 장군과 알렉세예프 장군이 있었다.[29] 예상하지 못한 바는 아니었지만, 이 장교들은 혁명이 군대에 몰고온 변화에 반감을 뿜어냈다. 그들은 차례로 소비에트와 임시정부뿐만 아니라 케렌스키 개인에게도 군의 붕괴를 직접적으로 조장했다는 비난을 퍼부어댔다. 장군들이 불만을 품은 핵심에는 무능한 지도위원과 끊임없이 늘어나면서 권력을 추구하는 군내 민주위원회가 있었다. 그들은 군내 민주위원회가 장교의 권위를 무너뜨리고 군사 작전에 계속 참견한다고 느꼈다. 일선 사령관 한 사람은 "군대에는 이중 권력이 있을 수 없습니다. 군대에는 한 명의 대장, 단일한 권력이 있어야 합니다"라고 선언했다. 브루실로프 장군은 장군들이 군의 회복에 뚜렷이 부여한 중요성을 다음과 같은 말로 표현했다. "임시정부가 페트로그라드에서 겪은 곤경, 러시아의 모든 어려움에는 한 가지 원인이 있습니다. 그 원인이란 우리나라에 군대가 없다는 점입니다."[30]

장군들의 논평에는 군이 겪는 어려움의 일차적 책임이 정부의 묵인에 있다는 확신, 적절한 법적·행정적 제재와 더불어 엄한 규율을 부대에 부과해야 군의 전투 능력이 되살아나리라는 확신이 배어 있었다. 장군들은 만약 케렌스키가 이런 면에서 더 지체하지 않고 단호히 행동할 용의가 없다면 어쩔 도리 없이 자기들이 문제를 직접 다룰 수밖에 없다는 점을 분명히 밝혔다. 훈장을 많이 받은 전쟁 초기의 영웅이었던 젊고 용감한 데니킨 장군이 가장 길고 가장 열렬한 발언을 했다. 데니킨은 혁명이 일어난 뒤 군이 처한 상황과 케렌스키를 규탄하고 정부가 즉시 이행하지 않으면 안 된다는 일련의 직설적 요구를 했다. 뒤를 이어 데니킨의 동료 대다수가 그의 요구를 강력하게 지지했다. 데니킨은 모든 군사 문제에서 장군들에게 완전한 행동의 자유를 주어야 한다고 주장했다. 그는 지도위원 제도와 군내 민주위원회를 즉시 없애고 '병사의 권리 선언(deklaratsiia prava voennosluzhashchikh)'[31]을 취소하고 장교의 전통적 권위를 완전히 복원하고 사형제를 다시 도입하고 후방 부대에 규율을 부과할 특별군

7월 중순까지 러시아군 최고사령관을 지낸 브루실로프 장군. 군의 와해를 저지할 방도를 생각하던 케렌스키는 7월 18일 브루실로프를 해임하고 코르닐로프를 최고사령관으로 임명했다.

사법정을 운용하고 군대 안에서 정치 활동을 완전히 금지해야 한다고 요구했다. 요컨대, 전투 지역에 있는 부대를 옛 질서로 되돌리는 데 그치지 않고 억압책을 러시아 전역의 군부대로 확대한다는 것이었다.

7월 16일의 스타프카 회의에 참석한 한 사람은 케렌스키가 멍한 상태에서 조용히 데니킨의 고발을 듣고 탁자 위에 웅크리고는 팔에 머리를 묻었으며, 테레셴코는 괴로운 보고에 눈물을 흘렸다고 기록해 놓았다.[32] 나중에 알렉세예프 장군은 감사해하며 일기에 "그렇게 표현할 수 있다면 데니킨은 그날의 영웅이었다"라고 기록했다.[33] 데니킨의 허장성세에 비해 코르닐로프가 회의에 보낸 보고서는 상대적으로 부드러웠다. 이것은 의심의 여지 없이 얼마간은 이때 자보이코가 없어서 보고서를 준비하는 데 사빈코프와 필로넨코가 일정한 영향력을 행사했기 때문이다.[34] 코르닐로프가 기본적으로는 데니킨에게 동조했다는 것은 코르닐로프가 데니킨의 연설 원문을 받아보자마자

즉시 그에게 보낸 "그런 내용이라면 기꺼이 서명하겠습니다"라는 전보가 증명한다.[35]

코르닐로프가 전신으로 보낸 보고서는 장교의 위신과 규율상의 권위를 회복해야 할 필요성, 군대 안에서 정치 활동을 엄격히 제한해야 할 필요성, 후방에 사형제와 특별법정을 확대해야 할 필요성을 확인하면서도 동시에 질서와 규율의 와해가 어느 정도는 지휘관들 탓이라고 시사했다. 코르닐로프는 사실상 장교단 숙청을 요구했던 것이다. 다른 장군들이 지도위원과 위원회를 싸잡아 비난한 것과는 대조적으로 코르닐로프의 보고서는 민간인이 군사 문제에 간섭하는 문제에는 입을 다물었다. 그밖에도 코르닐로프는 실제로 지도위원의 역할을 확대하자고 제안했다. (사빈코프의 영향을 보여주는 명백한 표시였다.) 마지막으로 코르닐로프는 군내 민주위원회의 권한이 미치는 영역을 엄격하게 정하고 좁게 제한해야 한다고 주장하면서도 다른 동료 사령관들과는 달리 군내 민주위원회를 즉시 없애라고 요구하지는 않았다.[36]

케렌스키는 7월 16일의 스타프카 회의를 마친 뒤 기차를 타고 페트로그라드로 돌아오는 길에 사빈코프와 필로넨코의 감언을 듣고서 브루실로프를 해임하고 코르닐로프를 최고사령관 자리에 올리겠다고 확실하게 결심했다. 이틀 뒤에 이 교체가 발표되었다. 동시에 케렌스키는 코르닐로프 대신에 남서부 전선 사령관 자리를 맡을 사람으로 블라디미르 체레미소프(Vladimir Cheremisov) 장군을 임명했다. 먼 훗날 사빈코프는 자기와 필로넨코가 브루실로프의 해임을 역설한 까닭은 그가 군의 위기에 대처하는 데 무능했기 때문이며 브루실로프를 대신할 인물로 코르닐로프를 민 까닭은 그가 남서부 전선 사령관직에 재직하는 (딱 한 주!) 동안 압박을 받으면서도 확고함과 냉정함을 보여주었기 때문이라고 회고한다.[37] 이 말은 사실일지도 모른다. 이때 사빈코프와 필로넨코는 명령에 잘 따르지 않는 부대에 단호하고도 굽힘 없이 힘을 사용하려는 지도자를 찾는 데 여념이 없었다. 그 나름의 개인적인 정치적 야망을 고려해볼 때 케렌스키가 그들의 추천을 왜 받아들였는지 이해하기란 더욱 어려운 일이다. 바로 이때 신임 총리는 극좌와 극우 양쪽의 공격으로부터 자신을 지키고 자유주의자와 사회주의자들로 중도 성향의 제2차 연립정부를 짜맞추려는 노력에 필사적으로 몰두해 있었다. 이 무렵에 코르닐로프는 자유주의자와 보수주의자 사이에서 인기가 높아진 덕분에 강력한 정치 인사가 되고 자연스레 케렌스키의 경쟁자가 되었다.

훗날 케렌스키는 자기가 코르닐로프를 등용한 까닭은 그가 야전 사령관으로서 쌓은 공적[38]과 군 개혁에 보인 개화된 입장, 특히 정치 지도위원과 군내 민주위원회의 향후 역할에 품은 견해[39]를 높이 샀기 때문이라고 주장했다. 그러나 이 설명은 사실로 들리지 않는다. 코르닐로프가 전장에서 올린 성과는 대단하지 않았고, 7월 16일의 전보에도 불구하고 코르닐로프가 전후방의 무질서를 제어하고자 군 사력을 대량으로 사용하기를 선호한다는 것은 널리 알려진 사실이었다. 케렌스키는 틀림없이 혁명이 가져온 변화를 기꺼이 받아들이겠다는 코르닐로프의 언명보다는 혹독하고 거칠다는 평판 때문에 그에게 끌렸을 것이다. 케렌스키는 군에 필요한 것은 강력한 지도자라는 결론을 내린 듯하다. 이 점에서 케렌스키는 기본적으로 사빈코프, 필로넨코와 의견이 일치했다. 걱정이 태산인 데다 자기의 정치적 입지를 굳히려고 일하는 신임 총리로서는 코르닐로프를 선택한 것은 불만에 찬 자유주의자와 보수주의자, 그리고 페트로그라드의 비사회주의 계열 신문에게 아주 인기가 높다는 부가적 이점이 있었다.[40]

또한 신임 사령관 문제에서 케렌스키의 선택 범위가 매우 제한되어 있었음을 기억해 두는 것이 좋다. 무능한 브루실로프를 교체해야 한다는 것은 그 무렵 널리 인정되었다. 그러나 스타프카 회의록으로 판단하건대, 대부분의 러시아군 상급 지휘관들은 적어도 코르닐로프만큼 반동적이면서 케렌스키에게 사적인 반감을 품고 있었다. 케렌스키는 7월 16일에 스타프카에 초청받지 못한 비교적 젊은 장교 두 사람, 즉 코르닐로프 대신 제8군 사령관이 된 체레미소프 장군과 모스크바 군관구 사령관인 베르홉스키(A. I. Verkhovskii) 장군을 고려했을지도 모른다. 그러나 체레미소프와 베르홉스키는 오직 억압책을 써야만 군율을 회복할 수 있다는 생각을 거부하고 기꺼이 군내 민주위원회와 지도위원과 함께 일하고 장교단에서 극단적 반동주의자를 숙청하려 했다는 바로 그 이유로 케렌스키가 지지를 얻으려고 애쓰는 많은 인사들에게 의심을 받았다. 코르닐로프가 독자적 정치 행동을 할 위험성에 관해, (이제 국방부 차관 자리에 오른) 사빈코프와 (같은 시기에 최고사령부지도위원에 임명된) 필로넨코는 자기들이 전에 코르닐로프의 행동을 누그러뜨릴 수 있었으므로 계속 그럴 수 있으리라고 기대했고 아무런 의심을 품지 않았다. 그들이 이런 자신감을 케렌스키에게도 전했을 가능성이 매우 높다.

케렌스키는 모길료프에서 극우분자들에게 둘러싸인 코르닐로프를 제어하기가 쉽지 않으리라는 점을 금방 깨달았다. 최고사령관에 임명된 다음날(7월 19일)에, 자보이코가 작성해서 즉시 언론에 흘러들어간 투박한 어조의 전보에서, 코르닐로프는 데니킨이 스타프카 회의에서 제시한 것만큼이나 불길한 요구를 케렌스키가 전폭 수용하는 것을 조건으로 걸고 군 지휘권을 받았다고 말했던 것이다. 코르닐로프는 자기는 최고사령관으로서 어떤 종류의 규제에도 종속되지 않으며 오로지 "자기 양심과 전체 국민에게"만 책임을 지겠다고 주장했다. 그는 작전 명령과 지휘관 임명에 관한 완전한 독립성을 요구했다. 규율을 부과하는 특별법정과 사형제 적용은 전선 병사뿐만 아니라 후방 병사에게도 적용될 터였다. 코르닐로프는 더 나아가 자기가 스타프카 회의에 보낸 다른 건의 사항을 정부가 모두 받아들여야 한다고 요구했다.[41] 이밖에도 7월 20일에 신임 최고사령관은 케렌스키에게 체레미소프를 남서부 전선 사령관에 임명한 것을 철회해야 한다고 고집하는 전보를 쳤다.[42]

케렌스키가 그 전보를 받은 뒤 코르닐로프를 최고사령관에 임명한 것을 재고하고 생각을 바꾸려다가 그 생각을 내버릴 것을 진지하게 고려했다는 증거가 있다.[43] 그러나 케렌스키는 이때 퍽이나 거북한 처지에 있었다. 코르닐로프의 임명은 공표되었으며, 그 장군이 내건 "조건"도 자보이코 덕분에 널리 알려졌다. 입헌민주당, 기타 모든 자유주의 그룹과 보수주의 그룹, 비사회주의 계열 신문이 이미 코르닐로프를 후원하는 굳건한 대오를 형성한 상태였다. 그들의 태도는 7월 20일자 〈신시대〉(Novoe Vremia)에 다음과 같이 표현되었다. "러시아가 치명적 위험에 빠진 이때 그보다 더 알맞은 지휘관과 최고사령관을 찾아내기란 어려운 일, 아니 불가능한 일일지도 모른다. …… 임시정부는 전선의 집회와 군의 와해와 러시아 남부의 궤멸이냐, 아니면 국가의 구제냐의 갈림길에서 선택을 해야 했다. 임시정부는 용기와 결단을 발휘해서 이 선택을 해야 했다." 이 시점에서 코르닐로프와 관계를 끊는다면 당시 입헌민주당과 새로운 연립정부를 구성하려고 진행하고 있던 미묘한 협상이 틀림없이 깨질 터였다. 그래서 코르닐로프와 케렌스키 사이에 여러 가지 타협이 이루어졌다. 코르닐로프는 정부에 책임을 지겠다는 약속을 하고 다른 조건을 곧바로 이행하라는 주장을 거두어들였다. 임시정부는 임시정부대로 장군들의 요구를 귀담아 듣고 서서히 그 요구에 따라 행동하겠다고 확약했다. 케렌스키는 체레미소프에게 다른 자리를 준다는 데에도 동의했다. 비록 이때는 이 양보가 중요하지 않아 보였지만, 케렌스키는 결국 매우

비싼 대가를 치르게 된다.[44]

뒤이어 코르닐로프 장군은 자기의 권고를 이행하도록 내각을 설득하려고 모길료프에서 페트로그라드로 두 차례 여행을 했다. 첫 방문은 8월 3일에 있었다. 여정에 오르면서 코르닐로프는 자기가 7월 19일에 주장한 조건뿐만 아니라 스타프카 회의에서 데니킨과 자기가 내놓았던 요구 사항, 즉 전후방 부대에 제재를 가하고 장교의 권위를 복원해달라는 요구 사항을 대부분 담아 명기한 공식 건의서(자보이코의 글 재주를 보여주는 또 하나의 예)를 들고 왔다. 코르닐로프는, 비록 8월 3일의 건의서에서 자기에게 무제한의 권위를 달라고 고집하지는 않았지만, 이제는 지도위원의 역할에 관해 앞으로는 지도위원의 권한을 늘리기보다는 엄격히 줄여야 한다고 요구함으로써 종전의 자기 입장을 뒤집었다.[45] 또한 그는 7월 16일자 각서에서 제안한 대로 군내 민주위원회의 역할을 더 줄이고 더 엄격한 통제를 받아야 한다고 상정했다. 그러나 케렌스키가 나중에 인정했듯이, 케렌스키와 사빈코프와 필로넨코는 원칙적으로 이 모든 조치를 지지할 태세가 되어 있었다. 그러나 세 사람 모두 다 코르닐로프의 공식 건의서가 비공개 각료회의에도 제출할 수 없다는 의견 일치를 볼 만큼 문체가 거칠고 어조가 자극적이라는 점을 발견했다. 따라서 8월 10일에 코르닐로프가 정부에 제출할 수 있도록 그 건의서를 더 완곡한 용어로 다시 작성하는 임무를 필로넨코가 맡았다.[46] 코르닐로프는 8월 3일에 수도를 떠나기에 앞서 내각에서 발언하는 동안 군의 현 상황에 관한 전반적 관찰에만 논평하면서 자기의 개선 건의안은 언급하지 않았다.

페트로그라드의 여러 신문이 코르닐로프 건의서의 내용을 알아채자,[47] 그 소식이 보도되면서 코르닐로프와 그의 프로그램을 처음부터 끝까지 지지하는 중도파 및 우익파 (특히 사형제를 후방으로까지 확대하고 군내 민주위원회를 억제하는 조치에 대한) 반대파로 다시 한 번 통일된 온건 좌파 및 극좌파 사이에 격렬하고도 기나긴 공개 논쟁이 시작되었다. 이를테면, 〈노동자 신문〉은 반감에 찬 8월 4일자 일면 사설에서 예전 군대를 전제정의 믿음직한 도구로 만들었던 것이 바로 이 전통적으로 가혹한 규율이라고 불평을 터뜨리면서 입헌민주당이 (그리고 간접적으로는 코르닐로프가) 구체제의 방식으로 복귀하는 것을 옹호하고 있다고 비난을 퍼부었다. 사설은 입헌민주당에 "당신들이 누구를 군사독재자로 내세울 채비를 하고 있는지, 누구를 나폴레옹으로 준비하고 있는지를 이제는 솔직하게 말해 달라"고 요구했다. 전선에 사형제를 재확립하는 조치에 항의하는 불길이 아직 꺼지지 않은 상태에서 보통 노동자와 병사와 수병들에게 코르닐로프의 프로그램에 대한 놀라움이 퍼지면서 항의의 불길이 다시 타올랐다. 그리하여, 뒤에서 살펴보겠지만, 8월 7일에 페트로그라드 소비에트 노동자 분과가 사형제 철회를 요구하는 강한 어조의 결의문을 채택했다.[48]

이 즈음에 재임명을 받으려고 페트로그라드에 와 있던 체레미소프 장군이 온건 사회주의자들과 긴밀히 접촉한 듯하다. 8월 4일자 〈이즈베스티야〉는 코르닐로프 장군이 각료들과 회의를 한 뒤 기자들과 전날 가진 기자회견과 **체레미소프** 장군의 기자회견에 관한 기사를 실었다. 코르닐로프는 기자들의 질문에 답하면서 정부가 광범위한 억압 조치를 승인하는 것이 중요하다는 점을 다시 한 번 강조하고 군내 민주위원회의 향후 역할에 극력 반대했다. 이와 대조적으로, 체레미소프가 한 논평의 기본 취지는 억압 조치만으로는, "심지어는 대량 총살"로도 규율을 회복할 수 없으며 규율은 병사들이 전쟁 수행의 필요성과 책임과 의무를 이해하지 못하는 한 회복될 수 없으리라는 것이었다. 체레미소프는 부대의 의식을 높이는 과제에서 장교들과 군내 민주위원회의 공동 노력에 커다란 중요성을 부여했다. 〈이즈베스티야〉는 두 발언을 다음과 같이 극명하게 대비했다. "오늘 우리는 같은 문제를 놓고 최고사령관 코르닐로프 장군과 나눈 대화와 …… 체레미소프 장군과 나눈 대화를 보도할 것이다. …… 그러나 두 대화의 내용이 얼마나 다른지를 보라! 코르닐로프 장군이 엄연히 존재하는 군대 조직(군내 민주위원회)을 무시하면서 …… 단호하고 가혹한 조치를 완고히 주장하는 반면, 체레미소프 장군은 …… 군의 와해를 막는 투쟁의 무게 중심을 지휘관들과 부대 조직(군내 민주위원회)의 공동 작업에 두고 있다. …… 민주 세력의 호감은 코르닐로프 장군 쪽에 있지 않다."[49]

8월 둘째 주가 되자 전혀 근거가 없지는 않은 소문이 수도에 돌았다. 코르닐로프가 최고사령관 직위에서 일하지 않을 것이며 체레미소프가 마땅한 대체 인물일지 모른다는 말을 케렌스키가 자기 측근에게 했다는 소문이었다. 케렌스키가 마음을 정하지 못하고 있다는 전갈이 모길료프에 도착했을 때, 코르닐로프와 측근은 당연히 놀랐다. 코르닐로프를 위한 자유주의 그룹과 보수 그룹의 움직임이 한층 빨라졌다. 비사회주의 계열 신문들은 코르닐로프를 지지한다는 장교연맹, 카자크부대연맹(Soiuz kazach'ikh voisk), 성게오르기훈장수여자연맹 같은 단체의 서약을 연일 대서특필했다.

8월 8일과 10일 사이에 모스크바는 널리 선전된 사회 활동가 협의회의 무대였다. 협의회에는 특별히 초빙 받은 상업, 공업, 농업, 전문직 종사자, 군대, 자유주의 및 보수 정치그룹의 지도자 수백 명이 참석했다. 협의회의 1차 목적은 8월 12일에 열릴 예정인 더 큰 규모의 모스크바 국정협의회[50]에 내놓을 주요 쟁점에 관해 서로 받아들일 수 있는 입장을 선택하는 것이었다. 대의원 가운데는 부유한 기업가들인 랴부신스키(Riabushinskii), 트레티야코프(S. N. Tret'iakov),

알렉산드르 코노발로프(Aleksandr Konovalov), 비시네그라드스키 (Vyshnegradskii), 밀류코프가 이끄는 대규모 입헌민주당 그룹, 군장성들인 알렉세예프, 브루실로프, 알렉세이 칼레딘(Aleksei Kaledin), 유데니치(G. N. Iudenich)를 비롯한 일군의 군 고위 지도자들이 있었다. 이 고관대작들은 8월 9일에 광범위한 정치 문제에 관한 논의를 멈추고 코르닐로프를 신임한다는 서약문을 채택했다. 코르닐로프에게 전달되고 같은 날 널리 배포된 이 선언문은 군과 러시아에서 코르닐로프가 누리는 권위를 공격하는 행위는 모두 "범죄"이며, "생각이 있는 전러시아"는 희망과 믿음을 지니고 코르닐로프를 바라보고 있다고 단언했다. 결의문은 "막강한 군대를 되살리고 러시아를 구원하는 당신의 위대한 과업에 하느님의 가호가 있기를"이라는 글로 끝을 맺었다.[51]

많은 사람이 코르닐로프에게 열광하는 동안, 필로넨코는 코르닐로프가 8월 3일에 제출한 건의서를 8월 10일에 내각이 논의할 수 있도록 고치는 일로 바빴다. 그는 그저 문서를 더 온건한 어투로 고치는데 만족하지 않고 철도와 공장에 대한 과감한 관리를 도입하라는 포괄적 건의 사항을 몇 개 집어넣었다. 즉, 필로넨코는 철도 전체에 계엄령을 적용해야 한다는 항목 하나를 보탠 것이다. 철도 노동자가 지시를 이행하지 않으면 전선에서 병사가 명령에 복종하지 않은 것과 같은 형벌, 다시 말해 약식 처형을 한다는 것이었다. 필로넨코는 이 조치들을 수행하기 위해 주요 철도역에 혁명적 군사법정을 설치하라고 권고했다. 필로넨코가 덧붙인 항목 하나는 아예 한술 더 떠 나라의 탄광과 (실제적으로 말해서, 거의 모든 공장을 포괄한다고 해석될 수 있는) 방위산업체를 군의 관할 아래 두어야 한다고 요구했다. 이들 기업체에서는 전쟁이 끝날 때까지 파업, 직장 폐쇄, 정치 집회, 사실상 모든 종류의 회합이 금지될 터였다. 피고용인에게는 최소한의 의무 노동량을 할당하고, 이것을 채우지 않는 노동자는 즉시 해고 당해 전선으로 이송될 터였다. 필로넨코는 수정 초안 말미에 "언급한 조치들은 강철같이 단호하고 철저하게 즉시 실행해야 한다"고 써 놓 았다.[52]

필로넨코의 건의 사항에 전적으로 동조하던 사빈코프는 그 건의 사항을 내각에서 지지해 달라고 케렌스키에게 간청했으며, 총리가 반 대하자 사퇴하기까지 했다. 케렌스키는 처음에는 사빈코프의 사퇴서 를 받아들이기를 거부했으나 나중에 사퇴서를 수리했고, 얼마간은 코르닐로프가 넣은 압력 때문에 결국은 사빈코프에게 제자리로 돌 아오라고 종용했다.[53] 케렌스키 스스로 공업과 운송이 완전한 혼돈에 빠져들어가지 않도록 막고자 필로넨코가 상정한 조치들을 실행하는 일에 기꺼이 앞장서려 했다고 인정했다. 물론 자유주의권과 보수권, 심지어 각료 사이에서도 그 같은 극단적 조치의 필요성이 이미 널리 논의되었다. 그러나 더 제한된 코르닐로프의 8월 3일자 프로그램이 불러일으킨 좌익의 분노를 고려할 때, 필로넨코의 수정조항이 틀림없 이 노동자와 병사는 말할 것도 없고 소비에트 지도자들에게 줄 충격 을 케렌스키가 염려했다는 것은 이해할 만하다. 그 같은 조치를 취하 면 소비에트와 돌이킬 수 없게 관계가 끊어지고 볼셰비키가 이끄는 대중과 결과를 알 수 없는 유혈 대결을 벌이고 잘해봤자 군부에 완 전히 좌지우지될 권위주의 정부를 세울 수 있으리라는 것이 케렌스 키의 결론이었던 듯하다. 이전의 많은 온건주의자와 달리, 케렌스키 는 그같이 과감한 진로에 나서기 직전에 잠시 멈추었다.

코르닐로프는 페트로그라드에서 자기를 해치려는 음모를 꾸미고 있다는 모길료프 측근의 경고를 듣고는 8월 10일 수도행을 취소하려 고 했다. 케렌스키로서는 아주 기분 좋은 일이었다. 그는 비록 전선 에서 억압책을 시행하는 일에 코르닐로프를 기꺼이 이용하고자 했지만, 장군이 우익에게서 얻는 인기와 그가 국정에 끼칠 잠재적 영향력에 신경이 쓰였음은 이해할 만하다. 반대로 사빈코프와 필로넨코는 코르닐로프의 압력을 이용해서 케렌스키가 수정된 코르닐로프 프로그램을 받아들이도록 만들겠다고 마음먹었다. 따라서 그들은 여행을 취소하지 말라고 최고사령관을 설득했다. 그러나 코르닐로프는 여전히 조심스러워서 투르크멘(Turkmen)인 호위병을 데리고 페트로그라드로 갔다. 코르닐로프가 탄 기차가 모길료프를 떠나 수도로 향한 뒤 얼마 되지 않아 케렌스키가 보낸 전보가 스타프카에 도착했다. 전보는 최고사령관에게 정부가 그를 부른 적이 없고 그가 꼭 와야 한다고 고집하지 않으며 전략 상황을 고려해서 그가 전선을 떠나는 데 대한 책임을 질 수 없다고 통보했다.[54]

페트로그라드에 도착한 코르닐로프는 수정된 보고서를 가지고 온 필로넨코와 사빈코프를 열차에서 만났다. 장군은 그 문서를 급히 승인한 다음 곧바로 겨울궁전으로 향했다. 이튿날 페트로그라드의 신문은 코르닐로프의 화려한 자동차 행렬을 상세히 묘사한 기사를 실었다. 이동 경로를 따라 삼엄한 군사 보안이 눈에 띄었다. 거리를 따라 느리게 움직이는 코르닐로프의 자동차는 사나운 얼굴 표정으로 진홍색 제복을 입고 흰 칼 여러 개를 묶지 않고 허리띠에 주렁주렁 매단 채 자동차 옆에서 달리는 투르크멘인 병사들의 호위를 받았다. 코르닐로프가 탄 차의 앞뒤로는 기관총으로 무장한 투르크멘인 병사를 더 많이 가득 태운 무개차가 있었다. 행렬이 겨울궁전에 가까이 왔을 때 케렌스키는 투르크멘인들이 차에서 뛰어내려 입구로 돌진하는 모습을 위층 창문으로 깜짝 놀라서 믿을 수 없다는 듯 쳐다보았다. 투르크멘인 병사들은 주요 현관에 기관총좌를 설치한 뒤 그 옆에 자리를 잡고서 필요하다면 사령관을 무력으로라도 구할 태세를 갖추었다.[55]

이 같은 광경은 케렌스키와 코르닐로프의 짧은 만남의 평범하지 않은 서곡이었다. 냉랭함을 예상할 수 있는 그 만남으로 말미암아 두 사람의 견해 차가 한결 더 심해지고 관계가 꼬였다. 처음에, 코르닐로프는 수정 확대된 자기의 프로그램을 공식적으로 제출했고, 우리가 알고 있듯이 케렌스키는 그 프로그램을 이미 훤히 알고 있었다. 비록 케렌스키가 건의 사항을 원칙적으로는 받아들일 수 있다는 인상을 주었을지 모르지만, 총리의 반응은 모호했다고 한다. 사실 모호했다.[56] 상황이 급박해서 더는 꾸물댈 수 없다는 확신을 품고 페트로그라드행을 감행한 코르닐로프는 심사가 뒤틀려서 그 문제를 덮어둘 마음이 싹 사라졌다. 코르닐로프는 그날 저녁에 내각 회의를 열어 자기의 제안서를 논의해 달라고 부탁했다. 케렌스키는 내각 전체 회의를 열기를 거부하고 그 대신 내각에서 자기를 지지하는 최측근인 네크라소프와 테레셴코 두 사람만 불러 비공식 회의를 준비했다. 코르닐로프의 프로그램에 찬성해서 단호한 싸움을 벌일 태세가 되어 있는 입헌민주당원 장관 네 사람과 이에 철석같이 반대할 것이 틀림없는 온건 사회주의자 장관 일곱 사람은 제외되었다. 8월 10일 저녁에 열린 이 회합의 결과는 케렌스키와 테레셴코와 네크라소프가 (사실상 코르닐로프가 8월 3일에 페트로그라드에 처음으로 가져온) 군 회복 관련 건의 사항을 전체 내각 앞에서 지지할 용의가 있음을 밝힌 반면, 필로넨코가 덧붙인 철도와 공장에 대한 관리를 다루는 새로운 조항은 제외해야 한다고 확고하게 주장했다는 것이다.[57]

8월 10일 밤에 페트로그라드를 떠나 모길료프로 향하면서 코르닐로프가 느꼈을 좌절은 충분히 상상할 수 있다. 8월 3일과 10일에 총리와 만나면서 코르닐로프는 개인적으로 케렌스키에게 느끼는 경멸감이 심해졌다. 설상가상으로 코르닐로프가 8월 3일에 내각과 만나는 동안에 일어난 한 사건이 코르닐로프에게 독일 간첩이 정부 최고

위층에 닿는 줄을 가질 만큼 페트로그라드의 정치가 타락했다는 두려움을 불러일으켰다. 코르닐로프가 군의 상태에 관한 보고서를 발표하는 동안 케렌스키가 그에게 실제 상황을 너무 정확하게 말하지 말라고 조용히 경고했던 것이다. 회의가 끝난 뒤 사빈코프는 코르닐로프 장군에게 장관들이 직접 정보를 적에게 누설하고 있다는 증거는 없지만, 각료 몇 사람이 전러시아 소비에트 집행위원회 위원들과 긴밀한 접촉을 하고 있는데 그 위원들 가운데 독일과 연계되어 있다는 의심이 가는 인물이 있다고 설명해 주었다.[58] 코르닐로프는 이 사건으로 틀림없이 그야말로 섬뜩했을 것이며, 그가 케렌스키 정부에 품은 우려가 깊어졌다는 데에는 의문의 여지가 없다. 그러나 다른 무엇보다도 비상 제안서를 내각에 내놓으려던 두 차례의 시도가 성공하지 못함으로써 그가 품은 의혹이 확인되었다. 처음에 페트로그라드 군관구 사령관 자리에 있을 때 고개를 들었다가 스타프카에서 그를 에워싸고 있는 우익분자들이 부채질한 그 의혹이란 임시정부가 너무 약하고 분열되어서 단호하게 행동할 수 없으며 나라를 통제하는 데 꼭 필요한 권위주의 정권을 세우려면 당연히 독립적 군부가 개입해야 할지도 모른다는 것이었다.[59]

수도를 첫 번째로 방문한 지 사흘이 지난 8월 6일에 코르닐로프는 그때까지 전쟁부 관할 아래 있던 페트로그라드 군관구를 자기의 직접적 지휘권 아래 두어야 한다는 요구를 하기 시작했다. 페트로그라드 지역이 곧 군사작전 지역이 되리라는 가능성으로 정당화된 이 변화는, 만약 받아들여지기만 한다면, 정부나 좌익과 무력 충돌을 할 때 코르닐로프에게 큰 힘을 실어줄 터였다. 동시에 코르닐로프는 명백히 페트로그라드에서 사용 가능한 군대를 보유하려는 목적에서 상당한 규모의 부대 이전 배치를 명령했다.[60] 오래 전부터 정변을 준비해 오던 극우파에게는 기쁘게도, 그 같은 준비가 코르닐로프의 두 번째 페트로그라드 방문 뒤에 강화되었다. 8월 11일에 코르닐로프는 자기의 참모장인 루콤스키(A. S. Lukomskii) 장군과 이야기를 나누다 가, 볼셰비키의 무장봉기가 예상되며 "레닌을 우두머리로 하는 독일 의 졸개와 간첩의 목을 매달고 노동자·병사 대표 소비에트를 해산할 때가, 어디에서도 모이지 못하게끔 해산할 때가 왔"으므로 이러한 조 치가 꼭 필요하다고 설명했다. 코르닐로프는 루콤스키에게 페트로그 라드 주위에 집중 배치되고 있는 부대의 사령관에 극단적 보수주의 자인 크리모프(Krymov) 장군을 임명하겠다고 말하면서 크리모프는 만약 해야 한다면 "노동자·병사 대의원 전원을 목매"다는 데 주저하 지 않을 터이니 즐거운 일이라고 털어놓았다.[61]

물론 이랬다고 해서 반드시 코르닐로프가 이때 정부에 대항하는 직접적 군사 행동에 돌이킬 수 없을 만큼 몰입했다는 것은 아니다. 코르닐로프의 프로그램에 상정된 조치들이 페트로그라드 대중 사이 에서 인기가 없다는 사실과 그 조치들이 시행될 때 대중이 보임직한 반응을 고려한다면, 8월 전반기에 코르닐로프가 지시한 부대의 이전 배치는 군이 궁극적으로 단독으로 행동에 나서야 할지, 아니면 케렌 스키와 협력해서 행동해야 할지를 떠보기 위함이었다. 자기를 따르는 수많은 지지자들과는 달리, 코르닐로프는 아직도 정부가 상황을 제 대로 평가하고 자기의 권위에 평화적으로 복종하리라는 희망을 버리 지 않았던 듯하다.[62] 루콤스키는 코르닐로프가 8월 11일에 자기에게 다음과 같이 말했다고 회고한다. "나는 임시정부에 맞설 준비를 하 고 있지 않아. 나는 마지막 순간까지 임시정부와 합의를 보는 데 성 공하기를 바란다네."[63] 그렇다고는 해도 당시에 코르닐로프가 필요성 이 입증된다면 독자 행동에 나설 태세를 갖추었다는 점도 분명하다.

7장

코르닐로프 대 케렌스키

케렌스키와 코르닐로프 사이에 적대감이 깊어지고 러시아 사회의 양극화가 심해지고 있으며 현 상황에서 케렌스키가 취약하다는 사실은 모스크바 국정협의회가 8월 12일부터 14일까지 열릴 때 가장 뚜렷해졌다. 이 협의회는 원래 러시아 전역에서 온 권위 있는 정치 명사들에게 나라의 중대한 문제들을 알리고 그들이 새로 만들어진 제2차 연립정부의 강령을 지지하도록 하고자 7월 하순에 케렌스키가 구상했는데, 실질적 입법 기능은 없었다. "러시아 사회의 꽃"[1]인 2,500명에 가까운 참석자 가운데는 케렌스키 내각의 각료, 군 고위 장교, 제1~4대 국가 두마의 위원들, 전러시아 노동자·병사 대의원 소비에트 중앙집행위원회 및 전러시아 농민 대의원 소비에트 집행위원회 위원들이 있었다. 게다가 노동조합, 시 자치위원회, 고등 교육 기관, 협동조합, 지방 젬스트보, 그리고 상공업과 관련된 각양각색의 대회와 위원회 대표들도 참석했다.[2]

정치적으로 대의원들은 대체로 코르닐로프와 엄격한 질서 회복 조치를 전폭 지지하는 자유주의자와 보수주의자들과, 확고한 정부의 필요성은 인정하지만 적어도 제한된 개혁 조치로 탄압의 충격을 누그러뜨려야 한다는 주장을 굽히지 않는 온건 사회주의자들 사이에서 분열되었다. 앞의 그룹이 과반수를 조금 넘었다. 관찰력 있는 한 기자는 다음과 같이 썼다. "이른바 '부르주아' 세계의 대표들이 민주 세력을 압도하고 있다는 느낌이 든다. 모닝코트, 프록코트, 풀 먹인 셔츠가 루바시카(러시아 서민이 입는 수수한 웃옷)를 압도하고 있다."[3]

극좌파의 대변자는 사실상 없었다. 처음에 볼셰비키 당중앙위원회는 전러시아 소비에트 중앙집행위원회의 볼셰비키당 대표들이 동료들과 함께 모스크바로 가서 기회가 닿는 대로 국정협의회를 공식적으로 거부한 다음 퇴장한다는 계획을 세웠다.[4] 그러나 이 의도가 알려지자 다수파 사회주의자 소비에트 지도부는 국정협의회 소비에트 대의원 전원에게 특별 허가 없이는 협의회에서 발언하지 않겠다는 데 미리 동의하라고 요구했다. 의도야 어떻든 간에 결과로 보자면, 소비에트 대표단과 함께 모스크바에 가 있던 볼셰비키는 다수파의 입장을 받아들일 것인가, 아니면 소비에트 집행위원회에서 쫓겨나야 하는가를 놓고 선택을 해야 하는 상황에 놓였다.[5] 상황이 이랬으므로 볼셰비키당은 협의회에 완전히 불참하기로 결정했다.

모스크바 국정협의회는 긴장된 분위기에서 개최되었다. 8월 12일이 되기 전 며칠 동안 모스크바에는 코르닐로프에게 충성을 바치는 군대가 모여들고 있으며 코르닐로프와 그의 추종자들이 정부에 대항하는 행동에 나설 참이라는 소문이 퍼졌다. 모스크바에 도착한 국정협의회 대의원들은 코르닐로프를 환영하는 포스터가 거리에 다닥다닥 붙어있고 "국민의 으뜸 가는 최고사령관"을 찬미하는 선전 책자가 널리 유포되고 있음을 발견했다.[6] 코르닐로프 자신은 8월 14일까지 모스크바 국정협의회에 나타날 예정이 아니었다. 그런데도 국정협의회 대의원들이 모였을 때 우익 쿠데타가 일어날지도 모른다는 공포가 너무 컸던 나머지 모스크바 소비에트는 정부와 소비에트를 확실하게 보호하려고 8월 12일에 6인 임시혁명위원회(Vremennyi revoliutsionnyi komitet)를 만들었다. 이때 우익이 공격을 할 가능성이 높았다는 것은 모스크바 볼셰비키인 빅토르 노긴과 니콜라이 무랄로프(Nikolai Muralov)가 멘셰비키 두 명, 사회주의자혁명가 두 명과 함께 임시혁명위원회 활동에 적극 참여했다는 사실로 알 수 있다.[7]

극좌 성향을 띤 볼셰비키 모스크바 지역 사무국은 모스크바 국정 협의회를 상대로 기선을 제압하려고 협의회 개회일인 8월 12일에 비공인 항의 파업의 조직을 주도했다. 이 파업은 나중에 노동조합 지도자, 더 보수적인 볼셰비키 모스크바 위원회, 모스크바 구소비에트와 볼셰비키 구위원회 대표들의 지지를 얻어 승인받았다.[8] 그러나 모스크바 노동자·병사 소비에트 합동 회의는 312대 284라는 표차로 그 같은 행동에 반대했다.[9] 그런데도 지정된 날에 대다수 모스크바 공장의 직원들은 출근 신고를 하지 않았다. 식당과 다방은 문을 닫았고, 전차 운행이 중단되었으며, 마차 마부들은 대부분 어디에서도 찾아볼 수 없었다.[10] 심지어 협의회가 열리는 볼쇼이(Bol'shoi)극장의 뷔페 식당 종업원까지 파업에 들어가서 협의회 대의원들은 다과를 손수 마련해야 했다. 가스 공장 종업원이 일을 하지 않았기 때문에 그날 밤 모스크바는 온통 암흑천지였다.[11]

파업의 충격은 노동계급의 힘과 정서는 물론 볼셰비키의 영향력이 부활했음을 입증해주었다. 다수파 사회주의자의 견해를 반영하는 편집 노선을 지닌 모스크바 소비에트의 기관지인 〈이즈베스티야〉의 한 기고자는 당혹해하면서 "볼셰비키가 '무책임한 집단'이 아니라 조직화된 혁명적 민주 세력의 일부이며, 그 뒤에는 늘 규율 있지는 않지만 그 대신 혁명의 대의에 헌신하는 폭넓은 대중이 버티고 있음을 깨달을 때가 마침내 왔다"고 인정했다.[12]

협의회 공식 의사록으로 판단하건대, 이 메시지는 대다수 대의원에게 아무런 영향을 주지 못했다. 밀류코프가 국정협의회 초기에 열린 한 회기에서 코르닐로프가 내놓은 요구 사항들은 의심받을 이유가 없다고 경고하고 정부가 질서를 회복하고 재산을 보호하려는 충분한 대비를 하지 않고 있다며 심한 두려움을 표명했을 때,[13] 볼쇼이 극장에는 "옳소!" 하는 외침, "잘한다!" 하는 소리, 박수의 물결이 터

모스크바 국정협의회가 열린 볼쇼이극장. 극좌 성향의 볼셰비키 모스크바 지역 사무국은 국정협의회를 상대로 기선을 제압하려고 협의회 개최일인 8월 12일에 비공인 항의 파업을 조직했다. 심지어 협의회가 열리는 볼쇼이극장의 뷔페식당 종업원까지 파업에 들어가서 협의회 대표들은 다과를 손수 마련해야 했다.

져 나왔다. 카자크 수령 알렉세이 칼레딘 장군이 "조국을 지키려면 무엇보다도 이길 때까지 전쟁을 계속 수행해야 합니다.""이 근본 조건에 나라의 모든 활동, 따라서 임시정부의 모든 활동이 종속되어야 합니다"라고 선언하자, 회의장 오른쪽 절반에서 똑같이 걷잡을 수 없는 열광이 터져 나왔다. 칼레딘은 정부가 따라야 할 일련의 기본 원칙을 내놓았는데, 이는 본질적으로 코르닐로프의 프로그램과 유사했다. 오른쪽에서는 "옳소!" 하는 외침과 왼쪽에서는 "집어치워라!" 하는 비탄에 찬 고함이 난무하는 가운데 칼레딘은 "중앙과 지방의 위원회와 소비에트가 국가 권력을 찬탈하는 행위에 종지부를 즉시, 그리고 단호히 찍어야 합니다"라고 선언했다.[14]

입헌민주당 창건자의 한 사람이며 뛰어난 웅변가인 바실리 마클라코프가 연단에 서서 정부를 향해 "저기 어딘가에, 전선에 있는 사람을 믿고 의지하"고 "무서운 심판이 다가오고 있으므로 용기를 내어 앞장서서 나라를 과감히 이끌라"고 간청하자, 우익 대의원들이 다시 일어나 환호했다.[15] 그러나 치혜이제가 전러시아 소비에트 집행위원회의 강령[16]을 소리 높여 낭독했을 때, 이 대의원들은 얼굴을 찌푸린 채 자리에 앉아 있었다. 이 강령은 법과 질서를 강조하고 국가 방위를 위해 전면적 희생을 하라는 자유주의자와 보수주의자의 요구를 대폭 수용하고 대중의 요구에는 아주 조금만 양보를 한 것이었다.[17]

케렌스키는 좌우익 사이에서 줄타기를 하면서 자기의 개막 연설에서 상세한 행동 강령에 관한 언급을 삼가고 늘 그랬듯이 강한 어조에서 구원을 찾았다. 그는 왼쪽을 쳐다보며 "이미 한 번 인민의 권력에 무력을 사용하려고 시도했던 모든 사람이 이 시도가 쇠와 피로써 끝장나리라는 것을 깨닫도록 만들어줍시다"라고 포효한 다음, 오른쪽을 쳐다면서는 같은 강도로 "그리고 성공하지 못한 시도를 추종하면서 총검에 기대어 혁명 권력을 뒤엎을 때가 왔다고 생각하는 자들이 훨씬 더 조심하도록 만들어줍시다. …… 그리고 누가 나에게 어떠한 최후 통첩을 제시한다 해도 나는 그를 최고 권력의 의지와 그 권력의 수반인 내 앞에서 무릎을 꿇도록 만들 수 있습니다"라고 (분명 코르닐로프와 그 지지자들에게) 큰소리쳤다.[18] 때때로 억제하지 못하는 듯 보이고 언짢을 정도로 연극조였던 케렌스키의 격앙된 연설은 두 시간 가까이 계속되었다. 뒷날 밀류코프는 그 일을 다음과 같이 기술했다. "이 사람은 가공의 적에게 가 박혀 있는 눈의 표정, 긴장된 손짓, 끊임없이 늘 절규까지 올라갔다가 비극조의 속삭임까지 떨어지는 목소리의 어조로 …… 마치 누군가에게 겁을 주고 힘과 권력을 가지고 있다는 인상을 주려고 하는 듯했다. …… 그러나 사실 그는 연민만을 불러일으켰다."[19]

8월 13일 오후에 코르닐로프가 열차로 모스크바에 도착했다. 그의 추종자들이 알렉산드롭스키(Aleksandrovskii) 역(지금의 벨로루스

국정협의회에 참가하기 위해 8월 13일 모스크바를 방문한 코르닐로프 최고사령관 (호위병들이 코르닐로프를 어깨에 들쳐 멘 모습). 훈장을 단 장교, 국정협의회에 참석하는 보수주의·자유주의 진영 지도자, 시 당국 관계자 등이 참가해 거대한 환영식이 진행됐다. 그러나 그 자리에 일반 시민이나 병사는 없었다.

키Belorusskii 역)에서 신중하게 계획한 환영식을 거행했다. 이 환영식은 이틀 전 정부 장관들이 모스크바에 도착했을 때 그들을 맞이한 쌀쌀맞은 영접과는 또렷한 대조를 보였다.[20] 코르닐로프가 도착할 시간이 다가오자 의장대, 알렉산드롭스키 사관학교 악대, 알렉산드롭스키 사관학교 여군 사관생도 부대가 플랫폼에 도열했다. "국민의 으뜸가는 최고사령관"을 맞이하려고 "밝은 색 드레스를 입은 숙녀들" 무리, 훈장을 단 장교 수십 명, 국정협의회에 참석하고 있는 보수와 자유주의 지도자들, 일단의 시당국 간부들, 코르닐로프를 지지하는 모든 애국 단체들의 열광적인 공식 대표단도 나와 있었다. 모스크바 여군 결사대대(Moskovskii zhenskii batal'on smerti)가 역이 내려다보이는 구름다리 위에 차렷 자세로 서 있었으며, 카자크 기마부대는 밖에 있는 광장에 정렬해 있었다.

열차가 속력을 줄이면서 멈추자, 붉은 옷을 입은 투르크멘인 코르닐로프 호위병들이 기병도를 빼들고 플랫폼으로 달려가 두 줄로 정렬했다. 악대가 팡파르를 연주하고 군중 사이에서 커다란 환호성이 터져 나오는 동안, 코르닐로프가 정장을 한 찬연한 모습으로 객차 발디딤판에 모습을 드러냈다. 그는 손을 흔들고 미소를 지으면서 플랫폼으로 걸어가 투르크멘인의 열을 지나 기다리고 있던 고관대작들에게로 나아갔다. 숙녀들은 코닐로프가 지나갈 때 청년 장교 몇 사람이 조금 전에 나누어준 꽃을 그에게 던졌다.

입헌민주당원 우파의 일원인 표도르 로디체프(Fedor Rodichev)가 짤막한 환영사에서 그 순간의 분위기를 전해주었다. 그는 다음과 같이 말했다. "당신은 지금 우리의 단결을 상징합니다. 당신을 믿는 가운데 우리 모두는, 모스크바 전체는 하나가 되었습니다. 러시아를 구하소서! 그리하시면 고마움을 느낀 국민이 당신에게 월계관을 씌워줄 것입니다."[21] 물론, 로디체프의 연설을 듣던 청중 가운데 적어도 몇 사람은, 한 기자가 평했던 대로, 보통 시민이나 일반 병사들은 나와 있지 않았다는 것을 깨달았음에 틀림없다. 그러나 이런 상황을 장군이 눈치채지 못한 듯하다는 것은 놀라운 일이 아니었다.

도착한 지 얼마 안 되어 코르닐로프는 길다란 자동차 행렬의 선두에 선 무개차에 앉아 성스러운 이베르스카야(Iverskaia) 전당을 참배했다. 이 전당은 차르가 모스크바를 방문했을 때 의례적으로 참배하던 곳이다. "기적을 일으키는" 이베르스카야 성모상 앞에 엎드린 다음 코르닐로프는 객차로 돌아갔다. 거기서 남은 저녁과 이튿날까지 잇달아 방문객을 맞이했다. 그중에는 밀류코프가 이끄는 일단의 영향력 있는 입헌민주당원들, 금융가인 알렉세이 푸틸로프와 비시네그라드스키, 악명 높은 푸리시케비치, 그리고 베르홉스키 장군과 알렉세예프 장군도 있었다. 모스크바 군관구 사령관으로서 모스크바 국정협의회 보안 조처를 수행해야 할 공식 책임을 진 베르홉스키는 정부에 맞선 어떠한 음모에도 가담하지 않도록 설득하려고 코르닐로프를 찾아갔다. 그는 방문 뒤에 "이자들은 마치 달나라에서 떨어진 사람들이라는 인상을 준다"고 할 만큼 코르닐로프의 지지자들이 현 상황과 대중의 분위기를 이해하지 못했다고 평했다.[22] 코르닐로프를 찾은 입헌민주당원들은 단독 쿠데타의 효력에 관해 계속 집요한 의심을 거두지 않으면서 장군에게도 자제를 촉구했을지 모른다. 일례로, 뒷날 밀류코프는 지방에 아직 총리를 추종하는 세력이 있기 때문에 케렌스키와 충돌하는 것은 시기상조라고 코르닐로프에게 경고했다고 주장했다.[23] 다른 한편 수많은 민간·군부 명사들이 모스크바에 있는 코르닐로프를 찾아와서는 무한한 지지를 확약했다. 러시아경제부흥협회를 대표해서 푸틸로프와 비시네그라드스키가 큰 액수의 보조금을 내놓고 사회주의자가 완전히 배제되는 권위주의 정권을 세우는 일에 돈을 대준다는 데 동의했음이 아주 명백하다.[24]

케렌스키로서는 8월 14일에 모스크바 국정협의회에서 하기로 예정된 연설에 관한 걱정이 점점 쌓여 갔다. 코르닐로프 장군은 자기가 내놓은 제안 사항을 채택하도록 정부에 압력을 넣기 위해 그 협의회를 이용하려 들까, 아니면 더 나쁘게도 자기의 개인적 야망을 지원하도록 모스크바 국정협의회를 몰아가려고 할까? 모종의 조처를 취하지 않도록 협의회에서 할 연설의 내용을 군사 작전과 전선의 상황에 국한하도록 코르닐로프를 설득하려는 노력의 하나로 케렌스키는 표트르 유레네프(Petr Iurenev) 운송부 장관을 보내 13일 저녁에 코르닐로프를 만나보게 했다. 케렌스키는 코르닐로프가 유레네프에게 보인 반응에 실망하여 그날 저녁 늦게 자기가 직접 장군에게 전화를 걸어 같은 내용의 권고를 했다. 그리고 이튿날 아침 볼쇼이극장에서 코르닐로프가 막 단상에 오르려 하기 직전까지 간청을 했다. 장군의 답변은 알쏭달쏭했다. "나는 내가 생각하는 대로 말할 것입니다."

케렌스키로서는 마음이 크게 놓이게도, 코르닐로프의 연설은 부드러운 편이었다. 그러나 그것은 케렌스키에게 공허한 승리였다. 코르닐로프에 관한 한, 케렌스키의 비난은 오히려 총리가 약하다는 증거였다.[25] 더군다나 찬성한다는 소리가 오른쪽에서 터져 나오는 가운데 코르닐로프의 뒤를 이어 혁명으로 일어난 변화에 혐오감을 표명하는 연사들이 잇달아 연단에 올랐으며, 그들이 임시정부에 품는 근원적 적대감은 코르닐로프와는 달리 결코 한계가 없었다.

모스크바 국정협의회는 8월 15일 밤에 끝났다. 임시정부를 후원하는 러시아 사회의 다양한 인자들을 결집하기 위한 장치로서는 완전히 실패작이었다. 케렌스키는 시련을 겪으면서 자기가 고립되었음을 더 확실히 깨달았다. 그는 당시 다음과 같이 비통하게 소리쳤다. "나는 힘이 듭니다. 왜냐하면 왼쪽의 볼셰비키와 오른쪽의 볼셰비키*와 싸우고 있는 나에게 사람들은 이쪽에 기대라고, 또는 저쪽에 기대라고 요구하기 때문입니다. …… 나는 가운데 길을 가고 싶습니다만, 사람들은 나를 도와주지 않습니다."[26] 케렌스키는 우익 프로그램의 지지도를 실제보다 더 높게 판단한 상태에서 모스크바를 떠났다. 모스크바 국정협의회의 폐막과 동시에 공업 시설에서 화재가 자주 일어났고, 며칠 뒤에는 리가가 갑자기 함락되었다.[27] 이러한 사태 탓에 케렌스키는, 코르닐로프를 지지하는 자들이 넣는 압력과는 전혀 상관없이, 민과 군을 더 엄격히 통제하는 문제를 다시 생각해보아야 했다. 이렇게 상황을 다시 판단한 끝에 케렌스키는 결국 소비에트와 대중과 결정적으로 관계가 끊기는 일이 일어난다고 하더라도 정치적 자유에 대한 중대한 억제와 비슷한 그 무엇을, 그리고 8월 10일의 코르

---

* 오른쪽의 볼셰비키 극우파를 빗대어 이르는 표현.

닐로프 건의서에 표명된 철저한 탄압을 더는 미룰 수 없다는 결론을 내린 듯하다. 케렌스키는 8월 17일에 무거운 마음을 안고 사빈코프에게 이러한 취지가 담긴 확약을 해주었고 내각이 취해야 할 조치에 관한 구체적 행동 법령을 작성하라는 지시를 내렸다.[28]

그러나 이때 케렌스키가 정치적으로는 코르닐로프에게 아주 가까이 다가섰다고 해도 두 사람 사이에는 결정적 차이가 하나 남아 있었다. 이 차이는 뒤이은 사건들을 설명하는 데 도움이 된다. 케렌스키와 코르닐로프는 각자 (상대방이 아닌) 자기 자신을 새로운 권위주의 정부의 실권자로 보았다. 두 사람은 점점 더 상대방을 멸시하고 우려했다. 케렌스키가 자기 나름의 목적에 코르닐로프를 이용하려고 마음먹은 것처럼, 코르닐로프도 같은 의도로 케렌스키를 대했다. 한편 전후방 우익 그룹들의 쿠데타 준비는 모스크바 국정협의회의 자극을 받아 절정에 이르고 있었다. 마지막 결전을 위한 무대가 마련되었다.

모스크바 국정협의회 직후에 코르닐로프는 상당수의 일선 부대를 페트로그라드 주위에 집중 배치하기 위한 준비를 계속했다. 수도 쪽으로 갈 주요 부대는 돈 카자크 제1사단과 우수리(Ussurii) 기마사단이었으며, 둘 다 크리모프의 제3기병군단[29] 소속이었다. 러시아군 최고사령부는 이 부대들을 군 전체에서 가장 규율이 잘 잡혔고 정치적으로 믿을 만한 군대라고 여겼다. 8월 전반기 동안 이 부대들은 루마니아 전선의 예비 진지에서 직선 철도 노선으로는 페트로그라드에서 480킬로미터쯤 떨어진 네벨-노보소콜니키-벨리키예 루키(Nevel'-Novosokol'niki-Velikie Luki) 지역으로 이동하기 시작했다. 8월 20일께에는 돈 카자크 제1사단이 프스코프 지역으로 옮겨와서 수도까지의 거리가 반으로 줄어들었다. 같은 시기에, 그 못지않은 정예 부대인

코르닐로프의 야만 사단 병사들. 이 부대는 주로 북부 캅카스의 산악 부족으로 편성됐는데, 이들이 싸울 때 보여 준 맹렬함과 잔인함이 전설적이었기 때문에 야만 사단이라는 이름을 얻었다.

야만 사단(Dikaia diviziia)이 제3군단에 배속되어 남서부 전선에서 프스코프 바로 동쪽에 있는 드노(Dno)로 이동했다.[30] 이 부대는 주로 북부 캅카스(Kavkaz)의 산악 부족으로 편성되었는데, 그들이 싸울 때 보여준 용맹과 잔인함이 전설적이었기 때문에 그런 이름을 얻었다. 발트해 연안에 주둔한 카자크 부대와 타격 부대들도 수도 평정에 결정적 역할을 맡기로 되어 있었다. 핀란드에 근거지를 둔 제1기병군단의 사령관인 돌고루코프(A. M. Dolgorukov) 장군이 제3군단 부대들이 남쪽에서 수도로 진공하는 동안 휘하의 주요 부대인 카자크 제5사단을 북쪽에서 페트로그라드로 진군하도록 만든다는 계획과 관련해서 8월 25일에 스타프카로 호출되었다. 이때 스타프카에서 나온 다른 부대 재배치 명령 가운데에는 레벨(Revel')의 "결사대대" 돌격대를 차르스코예 셀로로 옮긴다는 지령이 있었다.[31]

흩어져 있고 때로는 상충하는 여러 증거를 될 수 있는 대로 가장 정밀하게 짜맞추면, 장교연맹 주위원회와 공화정본부와 군사연맹의 군사분과가 전선부대의 접근과 동시에 페트로그라드에서 우익 폭동을 일으킨다는 정교한 계획을 세웠다는 그림이 드러난다.[32] 이 계획은 페트로그라드의 소비에트 지도부가 2월혁명 반 주년 기념일인 8월 27일 일요일로 일정을 잡은 일련의 자금 마련 집회들과 연관이 있었던 듯하다. 분명히 음모가들은 계엄령을 선포하고 볼셰비키 조직을 결딴내고 소비에트를 해산하고 군사 독재를 세울 구실로 이용할 수 있는 무질서가 집회에 따르리라고 추측했다. 우익계 신문은 적절한 소요가 일어나지 않고 사태가 끝나는 일이 없도록 수도에서 정치적 긴장을 부추기는 한편 볼셰비키로 가장한 선동가들이 공장을 돌면서 노동자들을 선동할 터였다. 음모가들이 최후의 수단으로 스스로 좌익 봉기를 일으킨다는 데 동의하기도 했다. 이 시점에서 질서를 회복하고 엄격한 신정권을 세우는 데 도움이 되도록 수도로 모여드는 군부대들을 불러들인다는 것이었다.[33]

행동에 나서기로 정한 날이 다가옴에 따라, 장교연맹 주위원회는 갖가지 구실을 붙여 엄청나게 많은 친(親)코르닐로프 장교를 불러들여 페트로그라드에 한데 모아 놓았다. 8월 22일에 군 참모총장은 전(全)전선의 보병사단·기병사단·카자크사단 사령부에 장교를 세 명씩 모길료프로 보내라는 지시를 내렸다. 겉으로는 새로 개발한 영국제 참호박격포 작동법을 교육한다는 이유를 내세웠다. 이 장교들은 실제로는 스타프카에 도착하자마자 브리핑을 받고 곧바로 페트로그라드로 파견되었다.[34]

정부가 이런 움직임을 얼마만큼이나 알았는지는 분명하지 않다. 8월 초순에 케렌스키는 사회주의자혁명가당중앙위원회로부터 장교연맹의 활동에 관한 놀라운 보고서를 받았다.[35] 모스크바 국정협의회 뒤에, 총리는 스타프카에서 자기를 상대로 음모를 꾸미고 있다는 걱정이 강박관념이 되었다. 케렌스키의 주장에 따라 정부는 장교연맹이 본부 자금을 이용해서 자기들의 활동에 돈을 대는 것을 금지하고 장교연맹 주위원회를 모길료프에서 내쫓고 가장 적극적인 구성원 일부를 체포하기로 결정했다.[36] 코르닐로프가 자기를 따르는 극단주의자들의 계획을 실행에 옮기는 데 얼마만큼이나 직접 연루되어 참여했는지도 확인하기 어렵다. 국정에 직접 개입하려는 코르닐로프의 명백한 태세와 수도의 우익계 활동에 대한 그의 지원은 과연 자기를 에워싸고 있던 음모가들이 부추긴 믿음, 즉 볼셰비키가 정부로서는 진압할 능력이 없는 대중 봉기를 일으킬 참이라는 진정한 믿음에서 비롯되었을까? 이 점에 관해 결론을 내려줄 만한 증거는 없다. 심지어 코르닐로프가 이때까지도 케렌스키가 소비에트의 영향에서 벗어난 더 강한 정부가 필요하다는 점을 마침내 깨닫고 그러한 정부를 세우는 데 협력하리라는 희망을 지니고 있었음을 보여주는 증거들이 있다.

코르닐로프는 어느 정도는 8월 23일 저녁과 이튿날 아침 사이에 모길료프에서 총리를 대변하는 사빈코프 국방부 차관과 토론한 뒤에 케렌스키가 협력할지도 모른다는 희망을 더 굳혔다.[37] 이 대화는 코르닐로프와 케렌스키 사이에 존재하는 많은 민감한 부분까지 건드렸다. 중심 쟁점 하나는 8월 10일에 케렌스키가 거부했던 코르닐로프의 프로그램 가운데 후방에 관련된 조항에 관해 무엇을 해야 하는지였다. 이 무렵에는 케렌스키가 8월 17일에 사빈코프에게 작성해 달라고 부탁했던 민간 통제 포고령의 초안이 마련된 상태였다. 요컨대, 이 포고령에는 코르닐로프가 요구한 사항이 많이 구현되었다. 코르닐로프는 포고령에 찬동한다는 뜻을 뚜렷이 밝혔고, 사빈코프는 그 포고령이 "며칠을 넘기지 않고" 채택되리라는 자신감을 내비쳤다. 이 포고령이 나오면 반드시 폭풍처럼 거세게 일어날 대중의 항의에 정부가 어떻게 대응할지는 서로에게 관심사였다. 다분히 바라는 바였겠지만, 사빈코프는 볼셰비키가, 어쩌면 소비에트도 그 포고령에 반발할 것이며 정부는 그 같은 반대를 무자비하게 다룰 것임을 시사했다. 이 힘든 신항로에 접어든 정부의 힘을 키우고자 사빈코프는 제3군단이 수도에 급파되어 국방부의 관할 아래 놓여야 한다고 제안했다. 그러나 그는 제3군단이 수도로 이동하기에 앞서 반동적인 크리모프 장군이 "정치적 이유"에서 제3군단 사령관 자리에서 물러나야 하며 정규 기병부대가 야만 사단을 대체해야 한다고 주장했다.[38]

코르닐로프는, 나중에 완전히 무시하기는 했어도, 이때는 이 조건에 동의했다. 사실상, 정부는 최고사령관이 몇 주 전에 독자적으로 시작한 부대 재배치를 인가하고 있었다. 코르닐로프가 제3군단이 도착하기 이틀 전에 사빈코프에게 전신으로 통보해야 한다는 결정을 내렸다. 정부는 통보를 받으면 페트로그라드에 계엄령을 선포하고, 그 뒤 새로운 법규를 공포한다는 것이었다.[39]

처음에는 분명히 전망이 그리 밝지 않았던 것이 사실이었는데도, 사빈코프와 코르닐로프는 8월 23일 오후에 처음 만난 자리에서 잠정적으로 이러한 협정에 도달했다. 코르닐로프는 내각에 있는 소비에트 사회주의자들에 관해 불평하고 케렌스키에게 인신공격을 퍼부어댔다. 뒷날 사빈코프는 코르닐로프가 노골적으로 "임시정부에는 굳건한 권력의 길로 들어설 힘이 없소.", 그리고 "이 길을 한 걸음 내디딜 때마다 조국의 영토 일부를 대가로 치러야 하오"라고 단언했다고 적어 놓았다.[40] 그러나 사빈코프가 만든 포고령 초안을 읽고 페트로그라드에 군대를 파견해도 된다는 허가를 받고 난 뒤 그의 노여움이 한결 풀렸다.[41] 따라서 사빈코프가 장교연맹을 공격하고 코르닐로프에게 그의 참모진이 장교연맹을 물질적으로 원조하지 못하게 막고 주위원회가 활동을 모스크바로 옮기도록 해 달라고 요청했을 때, 코르닐로프는 그렇게 하겠다고 동의했다.

이때 잠정적으로는 해결되었지만 잠재적으로는 훨씬 어려운 또 하나의 문제점은 일차적인 페트로그라드 군관구 통수권을 정부가 가질 것인지, 아니면 최고사령부가 가질 것인지였다. 코르닐로프는 8월 19일에 케렌스키에게 보낸 전보에서 페트로그라드 수비대 부대들을 자기의 직접적 관할 아래 두고 싶다는 열망을 다시 확인하고 며칠 뒤 리가 함락을 정부에 보고하려고 전신을 치면서 이 요구를 되풀이한 적이 있다.[42] 동시에 코르닐로프는 북부 전선의 진지를 방어하기 위해 더 많은 수비대 부대들이 이동해야 한다고 주장하기도 했다. 물론 급진화한 병사들을 수도에서 내보내는 것은 7월사태 이후 정부가 좇은 목표들 가운데 하나였다. 따라서 내각은 코르닐로프의 요구에 기민하게 응했고, 8월 말 무렵에 수도와 전선 간의 이동 수준이 꽤 증가했다. 그러나 수비대 병사 전원을 코르닐로프의 관할 아래 두는 것은 완전히 다른 문제였다. 뒷날 케렌스키는 만약 그렇게 됐다면 "우리는 그 자리에서 먹혔을 것"이라고 말했다.[43] 따라서 모길료프의 사빈코프는 사실상 수도에 바짝 붙어 있는 근교에 있는 부대를 제외한 페트로그라드 군관구 통솔권을 받아들이도록 코르닐로프를 설득하라는 지시를 받은 상태였다. 사빈코프·코르닐로프 회담 도중에 이 문제가 제기되었을 때, 코르닐로프는 사빈코프의 제안에 별 이의 없이 동의했다.

논의가 끝날 무렵에, 사빈코프는 코르닐로프 장군에게 정부를 어떻게 생각하느냐고 물었다. 코르닐로프는 답변으로, 성실성이 의심스럽기는 했어도, 케렌스키에 충성을 바치겠다고 약속했다.[44] 코르닐로프가 사빈코프의 방문을 받고 나서 드디어 자기의 관점에 찬동하도록 상황이 케렌스키를 밀어붙이고 있었으므로 정부에 무력을 사용할 필요가 없을지 모른다는 결론을 내렸을 수도 있다. 어쨌든 코르닐로프로서는 마음이 놓이고 신이 날 이유가 많았다. 비록 소비에트 사회주의자들의 영향력을 제거하고 군이 주도적 발언권을 지니고 비타협적인 크리모프 휘하의 믿을 만한 군대가 곧 사회주의자들을 다룰 수 있도록 해줄 강력한 거국 정부를 페트로그라드에 세우는 데에는 문제들이 더 있었을지라도 말이다. 모길료프에서 연 회합은 틀림없이 사빈코프에게도 위안을 주었을 것이다. 드디어 코르닐로프와 케렌스키가 질서 재확립에 협조해서 행동할 참이라고 보였다. 이것은 사빈코프가 내내 추구해 온 목표였다. 볼셰비즘의 위협과 소비에트의 간섭이 곧 끝나고 러시아가 전쟁 수행 노력을 재개한다는 일차 과제를 계속 수행할 수 있으리라는 희망이 보이는 듯했다.

사빈코프가 페트로그라드로 떠난 직후인, 8월 24일 저녁에 크리모프 장군은 "볼셰비키의 봉기"에 관한 전갈을 받자마자 페트로그라드로 밀고 들어가라는 코르닐로프의 지시를 받았다. 그리고 나서 그는 예하 병사들과 함께 있으려고 모길료프를 떠났다.[45] 이튿날 제5군단에는 경계령이 떨어졌으며, 크리모프는 수도에 입성하자마자 제3군단이 나누어줄 지령문 초안을 만들었다. 이 명령에서 크리모프는 핀란드와 크론시타트를 포함해서 페트로그라드 군관구 전체를 엄격한 계엄령 아래 두었다. 오후 7시와 오전 7시 사이에는 야간 통행 금지령을 내렸다. 잡화점과 약국을 제외한 모든 상점은 문을 닫으라는 명령을 받았다. 파업과 집회는 종류를 막론하고 일절 금지되었다. 화기를 소유한 민간인은 화기를 즉시 반납해야 했다. 모든 정기간행물에 대한 엄격한 검열이 공포되었다. (검열 규정을 예외로 하여) 이 법규들 가운데 어떤 것이라도 위반해서 잡히는 자는 총살당할 것이었다. 크리모프는 지령문에서 "최고사령부의 명령에 따라 군은 총을 허공에 쏘지 않을 것임을 모든 이에게 경고한다"고 주의를 주었다.[46]

8월 25일 그날 밤에 크리모프는 아침에 북쪽으로 이동을 개시하라는 추가 명령을 받았다. 이와 관련해서 북부 전선 사령관 클렘봅스키 장군은 아직 벨리키예 루키 지역에 있는 우수리 기마사단을 기차에 태워 프스코프와 나르바와 크라스노예 셀로(Krasnoe Selo)를 거쳐 수도로 진공하라는 지시를 받았다. 동시에 제3군단 소속의 다른 주요 부대인 드노의 야만 사단과 프스코프의 돈 카자크 제1사단은 각각 근교 도시인 차르스코예 셀로와 갓치나로 향해야 했다. 더욱이 제3군단의 각 주요 부대는 페트로그라드의 군사적 점령과 연관된 특별 임무를 받았다. 코르닐로프가 사빈코프에게 야만 사단을 페트로그라드에 파견하지 않겠다고 약속했는데도 야만 사단은 모스크바 구, 리테이니 구, 알렉산드로-넵스키 구, 로제스트벤스키 구를 점령하고, 사관생도를 제외한 페트로그라드 수비대 부대 전체와 노동자들을 무장 해제하고, 경비와 순찰 업무를 조직하고, 감옥 경비 책임을 맡고, 철도역을 담당하고, 힘이 필요하면 무력을 사용해서 모든 소요와 불복종 사태를 분쇄한다는 것이었다. 동시에 코르닐로프는 사빈코프에게 미리 준비한 전보를 쳤는데, 그 내용은 다음과 같았다. "군단은 8월 28일 저녁까지 페트로그라드 부근에 집결할 것임. 본인은 8월 29일에 계엄을 페트로그라드에 선포해줄 것을 요청함."[47]

페트로그라드에서는 이때, 사빈코프가 자신이 만든 새로운 민간 통제 포고령을 내각에서 표결에 부칠 준비를 하고 있는 동안 사빈코프와 코르닐로프사이에 맺은 협정을 잊어버렸거나 아니면 완전히 무시한 우익 극단주의자들이 집요하게 폭동 준비를 계속했다. 우익계 신문들은 날마다 목청을 드높여 27일에 좌익이 교사한 "피바람"이 불 것이라고 경고했다. 소비에트에서는 다수파 사회주의자나 볼셰비키 할 것 없이 모두 다 "군복을 입은 알 수 없는 자들"이 노동자에게 봉기를 호소하고 있다는 보고서의 쇄도에 시달렸다.

이 시점에서, 코르닐로프와 케렌스키가 협력하리라는 환상을 완전히 깨뜨리는 동시에 폭동 준비를 방해하는 일련의 놀라운 사태가 일어났다. 그 사태는 8월 22일에 케렌스키와 블라디미르 니콜라예비치

블라디미르 르보프. 비록 세상 물정 모르고 멍청해도 악의는 없고 참견하기 좋아하던 르보프는 코르닐로프의 쿠데타가 진행 중이라는 소문을 듣고 케렌스키와 코르닐로프 사이에서 매개자 노릇을 자청했다. 그러나 그의 중재는 오히려 코르닐로프와 케렌스키가 협력하리라는 환상을 완전히 깨뜨리는 결과를 가져왔다.

르보프가 겨울궁전에서 만나면서 시작되었다. 비록 세상물정 모르고 멍청하기는 하지만 선의에 찬 참견꾼이었던 르보프는 자유주의적인 제3대, 제4대 두마 의원이었으며, 2월혁명 이후의 1, 2대 내각에서 별 특색 없는 신성종무원* 원장으로 재직했다. 르보프는 자기와 연계한 모스크바의 수많은 농·공·상업계 지도자들의 신념을 공유했다. 그 신념이란 러시아의 생존은 모든 주요 애국적 그룹의 대표를 포함하고 법과 질서를 지향하는 "거국 내각"을 평화적 수단으로 창출하는 데 달렸다는 것이었다. 그러나 코르닐로프를 열렬히 지지하는 많은 사람과는 달리 르보프는 두마와 내각에서 낯을 익힌 케렌스키를 어느 정도는 계속 존중했다. 그는 케렌스키와 코르닐로프 두 사람 모두 권위주의 정권 수립이라는 동일한 목표를 향해 사심 없이 일하고

---

* 신성종무원(Sinod) 표트르 대제가 러시아 정교회를 국가 권력의 통제 아래 두고자 1721년에 만든 기관. 1917년까지 러시아 정교의 최고 기관 역할을 했다.

있다고 가정했다. 르보프는 권력을 잡을 준비가 스타프카에서 진행 중이라는 소문을 듣고 불안해져서, 자기가 할 수 있는 일을 해서 총리와 최고사령관 사이의 충돌을 막는 일을 돕는 것이 자기 의무라고 생각했다. 두 사람 사이에서 매개자 역할을 자청한 르보프는 서둘러 페트로그라드로 향했다. 그는 페트로그라드에서 8월 22일 저녁에 케렌스키를 접견했다.[48] 르보프는 "굉장한 힘을 지닌 특정 집단"을 대표해서 왔다는 알 듯 모를 듯한 말을 하고서 정부의 상황을 암울하게 묘사하고는 거국 정부의 구성 기반에 관해 핵심 정치 인사들의 속내를 타진해 보겠다고 자진해서 나섰다. 그 인사들 가운데 으뜸은 십중팔구 코르닐로프였을 것이다.

르보프가 회고록에서 이 대화에 관해 설명한 것을 믿는다면, 케렌스키는 총리 자리에서 물러날 뜻을 밝혀 가면서까지 자기 대신 정치 협상을 수행할 전권을 르보프에게 부여하는 것으로 응답했다.[49] 뒷날 케렌스키는 르보프의 이런 설명을 격하게 부인하면서 다른 해설을 내놓았다. 처음부터 르보프가 음모에 연루되었다고 의심하고 그의 제안을 적의 의도를 간파할 기회로 여겼기에 르보프의 비공식적 의사 타진을 반대하지 않았을 뿐 그 이상은 아니라는 것이었다.[50] 두 가지 설명 가운데 더 그럴 듯한 것은 케렌스키의 설명일 것이다. 케렌스키가 언제라도 진심으로 코르닐로프와 권력을 나누어 가질 뜻이 있었다는 다른 증거는 없다. 더군다나 케렌스키가 자기를 상대로 음모를 꾸미고 있다는 강박관념에 계속 시달렸음을 고려할 때, 정보를 얻을 목적으로 르보프를 이용했다는 데에는 웬만큼 일리가 있다. 르보프의 설명에 관해 말하자면, 그가 열정에 들떠서 케렌스키를 오해했는지, 아니면 자기를 중요시하고 위기감에 쫓긴 나머지 의식적으로 월권 행위를 하고 나서 그 사실을 감추려고 그랬는지 말하기란 어려운 일이다.[51]

어쨌든 르보프는 곧바로 페트로그라드를 떠나 모스크바에 잠시 들러 케렌스키가 정부의 재편성과 "거국 내각"의 창출, 그리고 그래야 한다면 자기의 사임을 흔쾌히 받아들이려 한다는 말을 퍼뜨린 뒤, 모길료프행 열차에 올라타서 8월 24일에 스타프카에 도착했다. 르보프는 코르닐로프와 이야기를 시작하면서부터 자기가 케렌스키가 참여하건 안 하건 새로운 내각을 구성하는 데 도움을 줄 권한을 케렌스키에게서 부여받았다는 인상을 전했을 가능성이 높다. 르보프는 8월 24일 저녁에 장군을 초대해서 새로운 정부의 성격과 구성에 관한 자기의 견해를 밝혔다. 코르닐로프의 첫 반응은 모호했다. 얼마간은 아직 자보이코에게 자문을 구하지 않았기 때문임이 틀림없다. 그러나 코르닐로프에게, 더 나아가 자보이코 같은 극단주의자에게도 사빈코프의 방문 바로 뒤에 르보프가 스타프카에 나타난 것은 케렌스키가 허약하며 타협할 의사가 있음을 더 확실하게 보여주는 것이었다.[52] 의미심장하게도, 자보이코와 모길료프의 다른 우익 지도자들은 이제 새로운 정부의 장관직 후보를 놓고 격렬하고 공공연하게 토론을 벌이기 시작했다.

이번에는 자보이코를 데리고 온 코르닐로프는 8월 25일에, 두 번째 만남에서 르보프에게 아예 탁 까놓고 자기의 요구 사항을 이야기했다. 그는 페트로그라드에 계엄령을 내려야 한다고 말했다. "누가 되든 간에" 군 최고사령관에게는 전국 어디서나 군사뿐만 아니라 민간 부문에서도 최고 권한을 주어야 할 것이었다. 코르닐로프는 계속해서 새로운 정부에서 케렌스키는 법무부 장관, 사빈코프는 국방부 장관이 될 여지는 있을 것이라고 말했다. 그는 두 사람이 자기 신변 보호를 위해 늦어도 8월 27일까지는 모길료프에 와야 한다고 재촉했다. 르보프에 따르면, 코르닐로프가 케렌스키에게 법무부 장관 자리를 줄 수도 있다고 말하자, 자보이코가 "교사가 학생에게 쓰는 말투

로" 그 생각을 퉁명스레 거부하고 대신 케렌스키를 부총리에 임명해야 한다고 제안했다.[53]

이 조건을 듣고서도 르보프가 이상하게 생각하지 않은 것을 보면 그가 얼마나 천진난만한지 확실히 입증해준다. 르보프는 새로운 내각을 구성하는 일에 참여하도록 입헌민주당 지도자와 상공업계 인물을 모길료프에 초빙해야 한다는 제안만 하는 대응을 보였다. 그렇지만 르보프가 페트로그라드로 되돌아가려고 막 열차를 타려는 차에 자보이코가 던진 몇 마디 말로 그의 마음에 케렌스키가 사실상 스타프카의 손아귀에 놓였을 경우 케렌스키가 당함직한 운명에 관한 의구심이 일었다. 자보이코가 무심결에 케렌스키는 "병사들에게 내걸 이름으로 필요합니다. 하지만 딱 열흘만 그렇고, 그 다음엔 쫓겨나겠지요"라고 말해버렸던 것이다.[54]

르보프는 지쳤지만 협상 결과에 풀이 죽은 것 같지는 않은 모습으로 케렌스키에게 보고하려고 겨울궁전에 되돌아왔다. 르보프가 총리를 접견하기 바로 전에, 사빈코프는 케렌스키에게 코르닐로프가 가능한 모든 방법으로 그를 도울 것이라고 장담했다. 이 장담은 르보프가 주제넘게 나서서 코르닐로프의 조건들을 열거하고 그 조건들을 즉시 내각에 알려야 한다고 주장하고는 가엾다는 듯 케렌스키에게 목숨을 구하려면 빨리 페트로그라드에서 되도록 멀리 벗어나야 한다고 애원했을 때 케렌스키가 보인 반응을 이해하는 데 도움을 준다! 총리는 르보프가 농담을 한다고 생각하고는 웃음을 터뜨렸다. 르보프는 "농담이 아닙니다"라고 말하면서 케렌스키를 보고 코르닐로프에게 양보하라고 간청했다.

뒷날 케렌스키는 당시 무슨 일이 일어나고 있는지 알지 못하고 서재에서 이리저리 서성거렸다고 인정했다. 그는 충격을 받은 상태에서 르보프에게 코르닐로프의 요구 사항을 서면으로 작성하라고 제안했고, 르보프는 즉시 그렇게 했다.[55] 또한 케렌스키는 코르닐로프의 반역을 더 확실히 확인하고 그에 대항한 행동에 나설 더 굳건한 기반을 찾고자 전신 인쇄기로 코르닐로프와 직접 대화를 나눌 준비를 했다. 뒤이어 1917년의 러시아 정치에서 가장 비극적이고 우습기도 하면서 지금까지 가장 널리 알려진 순간이 찾아왔다. 이 일화는 매우 유용한 정보를 주므로 아주 상세히 재현할 가치가 있다. 코르닐로프와 직접 대화를 나누려면 국방부에 있는 통신 설비를 이용해야 했다. 르보프는 8시 30분에 국방부에서 케렌스키와 만나는 데 동의했다. 르보프가 약속에 늦었지만, 당시 히스테리에 다다른 총리는 르보프가 없다고 해서 단념하지 않았다. 그는 코르닐로프를 호출한 다음, 마치 르보프가 짐짓 곁에 있는 것처럼 꾸미고는 다음과 같은 대화를 나누었다.

케렌스키: "장군, 안녕하십니까! 저희는 블라디미르 니콜라예비치 르보프와 케렌스키입니다. 블라디미르 니콜라예비치(르보프를 높여 부르는 호칭)가 전한 정보에 따라 케렌스키가 행동해도 되는지 확인해주시기 바랍니다."

코르닐로프: "안녕하십니까! 알렉산드르 표도로비치(케렌스키를 높여 부르는 호칭). 이 상황 묘사는 제가 국가와 군대를 보면서 느낀 바이며, 제가 블라디미르 니콜라예비치에게 전한 것임을 재차 확인하면서 다시 단언합니다. 주목할 만한 최근의 사태는 가장 빠른 시일 안에 명명백백하게 결정하기를 절대적으로 요구하고 있다고 말입니다."

케렌스키: "나 블라디미르 니콜라예비치는 귀하께 그 명백한 결정을 내려야 하는지 묻습니다. 귀하는 그것에 관해 알렉산드르 표도로비치에게 알릴 것을 전적으로 개인적으로만 제게 요청했습니다. 알렉산드르 표도로비치는 귀하에게서 이것을 직접 확인하지 못했기 때문에 완전히 믿기

를 주저하고 있습니다."

코르닐로프: "예, 그렇습니다. 저는 모길료프로 오라는 제 긴급 요청을 알렉산드르 표도로비치에게 전해 달라고 귀하게 부탁했음을 확인합니다."

케렌스키: "귀하의 답변을 나 알렉산드르 표도로비치는 블라디미르 니콜라예비치가 나에게 전한 말을 확인한 것으로 이해하겠습니다. 오늘 결정하고 출발하기는 불가능합니다. 내일 떠났으면 합니다. 사빈코프도 가야합니까?"

코르닐로프: "보리스 빅토로비치(사빈코프를 높여 부르는 호칭)가 귀하와 함께 출발하기를 강력히 요청합니다. 제가 블라디미르 니콜라예비치에게 한 말은 보리스 빅토로비치에게도 똑같이 적용됩니다. 부디 귀하의 출발을 내일 이후로 미루지 말기를 부탁합니다. 제가 귀하께 이토록 집요하게 부탁하는 것은 오로지 시기가 중차대함을 인식하기 때문임을 믿어주십시오."

케렌스키: "소문으로 떠도는 일이 일어날 경우에만 출발해야 합니까, 아니면 무조건 출발해야 합니까?"

코르닐로프: "무조건 출발하십시오."

케렌스키: "안녕히 계십시오. 곧 뵙겠습니다."

코르닐로프: "안녕히 계십시오."[56]

이 대화가 끝난 뒤 틀림없이 스타프카에서 억누를 수 없는 기쁨이 터져 나왔으리라는 것은 쉽게 상상할 수 있다. 케렌스키가 싸우지 않고 코르닐로프 밑에서 새로운 정부를 구성하는 데 순순히 따를 것이라는 희망이 솟아났다. 한편으로 그동안 케렌스키가 우려했던 최악의 공포가 바야흐로 현실로 나타나는 듯했다. 비록 전신 인쇄기로 나눈 대화에서 구체적으로 입증된 것은 코르닐로프가 케렌스키와 사빈코프가 모길료프에 오기를 바란다는 것뿐이었지만, 이때 케렌스키는 자기가 감쪽같이 속았으며 스타프카가 자기를 완전히 제쳐 놓고 거사를 벌이기로 결정했다는 결론을 내렸다. 갖가지 생각이 뒤엉켜 그의 뇌리를 스쳐 갔다. 케렌스키는 지난 한 주 동안 우익 쪽으로 선회했으며, 만약 이것이 완전히 드러나면 온건 사회주의자의 눈에는 중대한 타협을 하고 있다고 비칠 것이다. 그렇다면 코르닐로프와 싸우는 일에 온건 사회주의자의 지지에 기대는 것이 현실적일까? 그리고 변덕이 죽 끓듯 하는 페트로그라드 대중, 즉 자기가 탄압하려 했던 바로 그 집단은 이 새로운 위기에 어떤 반응을 보일까? 의심할 여지 없이 그들을 결집해 코르닐로프와 싸울 수 있다. 그러나 그렇게 되면 좌익이 당연히 되살아나지는 않을까? 코르닐로프와 싸우다가 패하고 질서 회복이라는 희망과 군의 전투 능력에 다시 한 번 타격을 주지는 않을까?

이런 여러 사항을 고려하다가 케렌스키는 내각 안에 있는 코르닐로프 동조자들이 자기를 버리고 장군과 타협을 시도하지 못하도록 선수를 치고 위기의 전개 과정을 좌익에 계속 감추는 동시에 제3군단이 페트로그라드 부근에 이르기 전에 코르닐로프를 최고사령관 자리에서 내치는 것이 가장 현명한 행동 방침이라는 결론을 내렸던 듯하다. 사실 거의 24시간 동안 케렌스키와 코르닐로프의 분규는 신문에, 또는 심지어 소비에트 지도부에도 알려지지 않았다.

8월 26일 밤 늦게 캐렌스키는 르보프를 체포해 겨울궁전의 한 뒷방에 가둔 뒤 자기의 최측근 동료인 네크라소프뿐만 아니라 사빈코프와 다른 국방부 고위관리에게도 자문을 구했다. 그런 다음 그는 공작석실(孔雀石室)에서 열리고 있던 (얄궂게도 사빈코프의 포고령을 토의하고 있던) 각료 회의를 중단하고 코르닐로프의 "반역" 소식을 털어놓았다. 케렌스키는 증거로서 장군과 나눈 대화가 담긴 종이 테이프를 소리 내어 읽고는 그것을 모두에게 돌렸다. 그런 다음 케렌스키는 동료 장관들에게 비상사태를 처리할 무제한의 권리를 자기에게 부여해 달라고 요구했다. 그는 마땅히 그래야 한다고 여겼다. 그는 상황 전개가 "내각의 탈바꿈"을 요구할 수도 있다고 말했다. 그 뒤에 일어난 일들을 보건대, 케렌스키는 (1795년부터 1799년까지 프랑스에 존재했던 것과 같이 여섯 명 남짓한 고위 지도자로 구성되는 강력한 국가 집행기구인) 일종의 총재정부(Direktoriia)를 구성할 수 있다고 생각한 듯하다. 그 다음에 무슨 일이 일어났는가에 관한 정보는 안개에 싸여 있다. 아마도 오래 전부터 케렌스키의 지도력에 불만을 품었으며 그가 "비상 대권"을 남용하리라고 걱정하던 입헌민주당원들인 코코시킨(F. F. Kokoshkin)과 유레네프가 그의 제안이 승인된다면 사임하겠다고 위협하면서 격렬하게 반대 의사를 표명한 듯하다. 그러나 대다수 각료는 총리를 지지했고, 그에게 새로운 정부를 구성하는 데 완전한 자유재량권을 주려고 순순히 사퇴서를 제출했다. 케렌스키는 그 사퇴서를 수리한 듯하나 각료들에게 새 정부를 구성할 때까지 "장관 대리"로 자리에 머물러 달라고 요청했다. 코코시킨만 유임을 거절했다.[57]

제2차 연립정부의 이 마지막 공식 회의는 (8월 27일) 오전 4시 가까이까지 질질 끌었다. 회의가 끝나자마자 케렌스키는 코르닐로프에게 간략한 전보를 보내 직위를 참모장 루콤스키 장군에게 넘기고 즉시 페트로그라드로 오라고 명령했다. 네 시간 뒤 모길료프에서 전신을 받아보고 어안이 벙벙해진 루콤스키는 곧바로 다음과 같은 내용의 전신을 다시 보냈다. "귀하의 인가를 얻어 시작한 일을 멈추기는 불가능합니다. …… 러시아를 구하기 위해서 귀하는 코르닐로프 장군과 함께 가야 합니다. …… 코르닐로프 장군을 경질하면 러시아가 아직 겪어보지 못한 참화가 일어날 것입니다. …… 코르닐로프 장군에게서 직위를 물려받을 수 있다고 생각하지 않습니다."[58]

당연히 코르닐로프를 신속히 없애서 분규가 공공연하게 분출되지 않도록 막아보겠다는 케렌스키의 희망은 루콤스키의 답변으로 산산조각 났다. 더욱이 코르닐로프가 파견한 전선 부대가 페트로그라드 쪽으로 계속 전진하고 있었다. 따라서 케렌스키는 8월 27일 정오 무렵까지 수도 방위 계획을 짜기 시작했다. 이와 관련해서 그는 페트로그라드에 계엄을 선포하고 군사 준비를 전담하는 페트로그라드 총독에 사빈코프를 임명한다는 명령을 내렸다. 사빈코프는 극좌파뿐만 아니라 코르닐로프와 벌이는 싸움에서도 의지할 수 있는 인물이었다. 또한 케렌스키는 위기에 관한 공개 성명서를 준비했는데, 처음에는 사빈코프가, 다음에는 마클라코프가 전신 인쇄기로 코르닐로프에게 자리에서 물러나라고 종용하다가 실패하는 동안 이 성명서의 발표가 여러 시간 늦추어졌다.[59] 한편, 케렌스키는 코르닐로프의 군대를 페트로그라드에서 다른 데로 돌리려고 노력했다. 이때 특히 북부 전선과 제3군단의 사령관과 코르닐로프에게 다음과 같은 전신을 보냈다. "본인은 페트로그라드와 그 주변 지역을 향해 운행하는 모든 열차를 멈춰 세우고 바로 이전 역이 있는 지점으로 보내라고 명령한다. 수도는 평온하며 봉기가 일어나리라고는 예상되지 않는다."[60]

이 명령은 쇠 귀에 경 읽기였다. 그래서 늦저녁에 케렌스키의 성명서가 발표되었고 사본이 코르닐로프에게 보내졌다. 성명서 내용은 만사를 고려해서 자제하는 편이었다. 적대적인 부대가 전선에서 수도 쪽으로 이동하고 있다는 언급은 없었다. 코르닐로프가 르보프를 보내 민간과 군사에 관한 전권을 넘기라고 임시정부에 요구했으며, 이 행동은 "혁명의 성취물에 대립하는 국가 질서를 나라에 세우"려는 어떤 집단의 열망을 반영하며, 이를 고려해서 정부는 신속하고도 단호한 대응책을 마련할 권한을 케렌스키에게 부여했다는 것만 대중에게 알렸다. 대응책에는 코르닐로프의 해임과 페트로그라드의 계엄령

선포가 들어있다고 공표되었다.[61]

시인 지나이다 기피우스(Zinaida Gippius)가 당시 일기에 쓴 것처럼, 이 성명서를 안 코르닐로프는 "처음엔 누군가 미쳤다고 생각했음이 틀림없었다. 그는 그 다음 순간 격분했다."[62] 코르닐로프는 르보프를 보내지도 않았고, 자기 생각에는 정부를 위협하지도 않았다. 그날 밤 늦게 자보이코는 열정적이기는 하지만 늘 그랬듯이 서툰 어조의 응답문을 만들어 모든 군 사령관들에게 보냈고, 그것은 즉시 기자들에게 낭독되었다. 일부를 보면 다음과 같다.

총리의 전보 …… 첫 부분은 새빨간 거짓말입니다. 제가 블라디미르 르보프를 임시정부로 보낸 것이 아니라, …… 그가 총리의 사절로 제게 온 것입니다. …… 이런 식으로 조국의 운명을 건 거대한 도발이 일어났습니다.

러시아인이여, 우리의 위대한 조국이 죽어가고 있습니다!

임종 시간이 가까이 있습니다.

부득이하게 공개적으로 발언을 해야 한다면, 나 코르닐로프 장군은 임시정부가 리가 시 해안에 적군의 상륙이 임박함과 동시에 소비에트의 볼셰비키 다수파의 압력을 받아 독일 최고사령부의 계획과 착착 맞아떨어지는 행동을 하고 있으며, 군을 해치고 안에서 나라를 뒤흔들고 있다고 선언합니다. 나라의 파멸을 피하기 어렵다는 비통한 생각에 본인은 이 엄중한 시기에 모든 러시아 국민에게 죽어가는 조국을 구하라고 호소합니다.

카자크 농부의 아들인 나 코르닐로프 장군은 모든 이에게 나는 위대한 러시아를 유지하는 것 외에는 그 어떤 것도 바라지 않으며, 국민을 — 적에 맞서 승리를 거두는 길을 거쳐 — 헌법제정회의까지 이끌고 가겠다고 맹세합니다. 국민은 헌법제정회의에서 자기의 운명을 스스로 결정하고 새로운 국가 운영 형태를 선택할 것입니다. ·······.

1917년 8월 27일

코르닐로프 장군[63]

이 선전포고를 공표한 뒤, 코르닐로프는 부하들에게 철도선을 따라 부대를 페트로그라드로 계속 이동시키라고 지시했다. 장군은 제3군단 부대원들이 사령관들을 따르리라고 확신했는데, 이것은 한동안 맞는 듯했다. 8월 27일에 야만 사단 부대는 드노에서 열차에 올라 수도로 전진하기 시작했다. 이튿날 아침에 사단 선두부대가 비리차(Vyritsa)에 이르렀다. 한편 프스코프에 도착한 우수리 기마사단은 계속해서 나르바-얌부르그(Narva-Iamburg)로 나아갔으며, 돈 카자크 제1사단은 프스코프에서 루가(Luga)로 이동했다.[64]

이때 군 고위사령관 상당수가 재빨리 코르닐로프에게 연대를 표명했다. 이렇게 행동한 사령관 가운데에는 북부 전선 사령관 클렘봅스키 장군, 서부 전선 사령관 발루예프(Valuev) 장군, 루마니아 전선 부사령관 셰르바토프(Shcherbatov) 장군, 남서부 전선 사령관 데니킨 장군이 있었다. 데니킨은 케렌스키에게 다음과 같은 전보를 보냈다.

나는 7월 16일에 임시정부 각료들과 협의를 하면서 임시정부가 일련의 군 관련 조치로 군을 망치고 더럽히고 우리의 군기(軍旗)를 진흙탕에 처박았다고 말했습니다. ······ 오늘 국가와 군대를 구할 수 있는 일정한 요구를 제시한 코르닐로프 장군이 최고사령관직에서 경질된다는 전갈을 받았습니다. 이로써 정권이 계획적으로 군대를 무너뜨려 나라를 망치는 길로 되돌아간다고 보기에 나는 임시정부와 함께 이 길을 가지 않을 것임을 임시정부에 알리는 것이 양심의 의무라고 생각합니다.[65]

장교연맹 주위원회는 임시정부가 "더는 러시아의 수반에 있을 수 없다"고 선언하면서 각지의 장교들은 코르닐로프를 "확고부동하게" 지지해야 한다고 촉구하는 전보를 전 육해군 사령부에 보냈다.[66]

코르닐로프가 승리를 거두리라는 예상으로 8월 28일에 페트로그라드 증권거래소의 주가가 폭등했다. 많은 정부 관리들은 케렌스키의 상황을 가망 없다고 보았다. 당시 나돌던 불길한 보고서들 가운데 전형적인 것이 모길료프의 외무부 대표 그리고리 트루베츠코이(Grigorii Trubetskoi) 공이 테레셴코에게 보낸 다음과 같은 전보였다. "상황을 냉철하게 평가하면 모든 사령관, 압도적 다수의 장교, 육군 최정예 전투 부대가 코르닐로프의 뒤를 따를 것임을 인정해야 합니다. 후방에서 모든 카자크 부대와 대다수 군관학교가, 그리고 육군 최정예 전투 부대도 그의 편에 서서 들고 일어날 것입니다. 물리적 힘에다가 허약한 정부 기구에 대한 군 조직의 우월함을 덧붙여야 합니다. …… 만사에 둔감해진 대다수 인민 대중과 도시민은 무관심하며, 무관심은 채찍질에 굴복할 것입니다."[67]

뒤이은 사태는 이러한 상황 판단이 얼마나 실수였는지를 드러내줄 것이다. 대중의 분위기를 감지하는 능력이 더 뛰어난 사회주의 지도자들은 코르닐로프 위기가 시작될 때부터 강력한 군사 독재를 창출하려 드는 세력은 결국 좌절당하리라고 자신했다.[68] 수하노프가 회고하는 것처럼, 노동자와 병사들과 긴밀히 연계한 일부 정치 지도자들에게는 코르닐로프가 전진한다는 소식이 "안도, …… 흥분, 환희, 그리고 무언가 해방의 기쁨 비슷한" 감정을 불러일으키기까지 했을지도 모를 일이다. "민주 세력이 다시 활기를 띠고 혁명이 오래 전에 잃어버린 자신의 올바른 길로 빠르게 들어서리라"는 희망이 고개를 들었다.[69] 그러나 케렌스키는 이런 분위기와 거리가 멀었다. 크리모프가 이끄는 코르닐로프의 군대가 페트로그라드를 양쪽에서 죄어 들어오고 좌우익이 정면 충돌할 태세를 갖추었다고 보임에 따라, 총리는 자기가 얼마나 심하게 고립되어 있는지를 마침내 깨달았다. 양쪽에서 협공을 당한 케렌스키는 누가 이기든 상관없이 보복당하리라 예상하고서 절망했다. 그의 정치 경력이 끝났음이 거의 확실해 보였다.

8장

코르닐로프의 패배와 볼셰비키

8월 27일 일요일에 페트로그라드는 거의 완벽한 날씨 속에서 깨어났다. 이날은 2월혁명 반 주년 기념 행사일로 지정된 날이었다. 계절이 계절인지라 날씨는 따뜻하고 하늘은 수정처럼 맑았다. 시 곳곳에 눈에 잘 띄도록 내걸린 플래카드의 굵은 글씨를 보고 시민들은 이날 시에서 가장 큰 집회·연주회장에서 기금 마련 집회가 열릴 예정이었음을 기억해냈다. 조간신문에는 코르닐로프와 케렌스키 사이에 터진 공공연한 분쟁을 알려주는 기사는 전혀 없었다. 〈이즈베스티야〉 제1면은 소비에트 유지 비용을 기부하라는 호소에 할애되었다. 표제는 "각 노동자와 병사와 농민의 의무, 그리고 의식 있는 모든 시민의 의무는 이 운명적인 암울한 시기에 자기가 할 수 있는 모든 것으로 전(全)러시아 혁명의 전권기관을 후원하는 것"이라고 권고했다. 〈노동자〉는 노동자와 병사들에게 혁명적 행동을 호소하는 도발에 응하지 말라고 이틀 연속으로 경고했다. 〈노동자〉는 "신원이 불분명한 자들이 일요일에 봉기가 준비되고 있다는 소문을 퍼뜨리고 우리 당의 이름을 도용해서 도발적 선동을 하고 있다. 러시아사회민주노동당 중앙위원회는 행동을 도발하는 호소에 속아 넘어가지 말고 인내심과 평정을 철저히 유지해줄 것을 노동자와 병사들에게 호소한다"고 주의를 주었다.

소비에트 고위 간부는 대부분 페트로그라드의 각 구를 돌며 기금 마련 집회에서 연설을 하면서 일요일 아침을 보냈다. 정오 무렵에 코르닐로프와 케렌스키의 불화설이 스몰니 학원을 거쳐 나돌기 시작했

스몰니 학원. 예전에는 귀족의 딸들이 다니는 일류 기숙학교였던 이 건물은 8월부터 페트로그라드 소비에트의 본부 구실을 했고, 10월 혁명기에 볼셰비키 본부로 쓰였다.

다. 예전에는 귀족의 딸들이 다니는 일류 기숙학교였던 스몰니 학원은 8월 초순 이후로 소비에트의 중앙본부 구실을 하고 있었다.[1] 소비에트 의원들은 오후 중반이 지나서야 정부가 직면한 비상 사태의 심각성을 알아차렸다. 이때 소비에트 내 각 정당 지도자들은 정당별 긴급회의를 열려고 동료들을 모으기 시작했다. 그러나 전러시아 소비에트 집행위원회가 위기를 논의하려고 비공개 합동 총회를 연 것은 케렌스키가 코르닐로프가 정부 전복에 몰두해 있다는 결론을 내린 지 24시간도 더 지난 그날 저녁 11시 30분이었다.

천장이 높고 웅장한 스몰니의 강당에 모인 소비에트 집행위원회는 간간이 끊어지기는 했지만 밤을 새우고도 모자라 8월 28일 아침 나절까지 협의했다. 의원들은 서로 연관된 두 가지 난제에 직면했다. 우선, 케렌스키와 코르닐로프의 담합과 뒤이은 분쟁, 제2차 연립정부의 침몰, 케렌스키의 총재정부 수립 의도를 고려해서 소비에트는 임시정부의 앞날에 관한 입장을 정해야 했다. 게다가 의원들은 군사적으로 수도 방위를 조직하는 일을 도와야 한다는 더 화급한 과제에 대처하지 않으면 안 되었다.

정부 문제를 둘러싼 논쟁은 치열했다. 볼셰비키의 대변자인 소콜니 코프는 현 정부는 즉시 물러나야 한다고 말하며 혁명적 민주 세력은 현 정부를 신임할 수 없다는 견해를 밝혔다. 소콜니코프는 "임시정부 스스로 반혁명이 자라날 토양을 만들었습니다. 공화국, 평화, 빵이라 는 단호한 강령을 이행해야만 대중에게 정권에 대한 신임을 불어넣 을 수 있습니다"라고 단언했다. 그러나 볼셰비키는 당분간 정부 문제 에 관한 공식 결의문을 내놓지 않았다. 온건 사회주의자측은 케렌스 키가 코르닐로프와 빚은 견해 차에 관해 설명한 것, 즉 혁명과 적법 한 정부에 맞서 신중하게 계획된 음모가 곧 드러나리라는 것을 액면 그대로 받아들였다. 이 상황에서 그들은 총리를 지지하는 것밖에는 다른 선택의 여지가 없었다. 따라서 베인시테인(S. L. Veinshtein)은 멘 셰비키를 대표해서 회기 초기에 다음과 같이 선언했다. "지금 정부를 구성할 수 있는 유일한 인물은 케렌스키입니다. 케렌스키와 임시정부 가 공격당하고 있습니다. 임시정부가 무너지면 혁명의 대의도 무너질 것입니다."

소비에트 집행위원회는 케렌스키와 협력해서 총재정부를 수립해 야 할지 모른다는 사회주의자혁명가당 대표 리흐테르(V. N. Rikhter) 의 완곡한 제언을 처음에는 단호히 거부했다. 대다수가 "어떤 것이든 총재정부는 반혁명을 낳는다"는 마르토프의 주장에 더 끌렸음이 분 명하다. 의원들은 정부 형태를 바꾸지 않고 그대로 놓아둘 것을 명문 화하고, 입헌민주당원들이 물러나 생긴 내각의 공석을 "민주주의 인 자"로 채울 권한을 케렌스키에게 부여한다는 결의문을 가결했다. 동 시에 그들은 빠른 시일 안에 또 다른 국정 "협의회"를 소집하기 위해 일한다는 데 찬성했다. 이 협의회는 모스크바 국정협의회에서 소비에 트의 강령을 지지한 민주주의 조직의 대표로만 구성될 터였다. 임시 정부는 이 협의회가 정부 문제를 재검토하고 또한 헌법제정회의가 소집될 때까지 협의회에 책임을 져야 함은 물론이었다. 의미심장하게도 볼셰비키는 케렌스키가 이끄는 연립정부를 유지하라고 요구하는 결의문에 반대표를 던지기보다는 기권했다. 또한 볼셰비키는 그 협의회가 "혁명적"이어야 한다는, 즉 사회주의 그룹으로만 이루어져야 한다는 요구만 내세워서 또 다른 국정협의회 소집 문제에는 사실상 멘셰비키와 사회주의자혁명가의 편을 들어주었다.

상임위원단 간부들은 소비에트 집행위원회 심의 도중 쉬는 시간을 틈타 잠시 겨울궁전으로 가서 앞에서 말한 결정 사항을 정부에 알렸다. 그러나 케렌스키는 전권을 지닌 6인 총재정부를 즉시 만들어야 한다는 입장에서 조금도 물러서려고 하지 않았다. 그는 관점이 완전히 일치하는 소수로 이루어진 정부만이 우익의 공격에 제대로 대처할 수 있으리라고 주장했다. 대표들이 스몰니로 돌아오자, 케렌스키의 태도를 놓고 새로이 격렬한 논란이 한바탕 벌어졌다. 일례로, 볼셰비키 의원단을 대표해서 발언한 루나차르스키는 제6차 당대회의 결정 사항을 무시하고서 "소비에트가 거국 정부를 세울 때가 왔습니다"라고 선언했다. 그는 코르닐로프의 움직임과 임시정부 모두에 반혁명적이라는 낙인을 찍고 (루나차르스키의 연설을 듣던 청중이 모든 권력을 소비에트로 넘기는 것을 뜻한다고 풀이한) 노동자, 농민, 병사의 정부를 세우라고 요구하는 결의안을 내놓았다. 이 정부는 "민주공화국"을 선포하고 헌법제정회의 소집을 앞당길 터였다.[2] 이 제안은 표결에 부치지 않았음이 틀림없다.

밤이 지나고 날이 밝자, 혁명을 위협하는 위험은 대의원들에게 더욱 더 놀라운 모습으로 다가왔다. 비로소 많은 의원들이 진군 도중에 있는 크리모프 예하 제3군단이 직접적 군사 위협을 하고 있는 데다가 여러 전선의 장군들이 공공연하게 코르닐로프 편에 섰다는 사실을 처음 알았다. 이렇게 긴장감이 감도는 가운데 "루가에서 전투가 벌어지고 있다!", "드노의 기차역이 폭파되었다!", "코르닐로프를 따르는 군인들이 벌써 니콜라옙스키 역에 내리고 있다!"는 뜬소문이 곧바로 신빙성을 얻었다. 이 같은 보고에 짓눌려 판단력이 흐려진 대의원들이 점점 케렌스키 편으로 넘어가 결국 총리를 전폭 지지하겠다고 서약하는 체레텔리의 결의문을 채택했다. 결의문은 대(對)코르닐로프 투쟁을 정력적으로 수행하겠다는 것만 규정하고서 정부 형태 문제는 케렌스키에게 맡겼다. 심지어 볼셰비키도 그 같은 대권을 케렌스키에게 주는데 격렬히 항의하면서도 정부가 반혁명과 싸우는 데 진정으로 전념한다면 "임시정부와 군사 동맹을 맺겠다"고 선언했다는 점에 주목할 만하다.[3]

소비에트 간부들은 직접적 군사 위협에 본격적으로 대처하면서 주요 기관과 그룹들, 즉 군위원회, 전선위원회, 지역 소비에트, 전신·우체국과 철도 노동자, 페트로그라드 수비대 병사에게 긴급 호소문과 지시문을 내려보냈다. 소비에트의 지령에 따르면, 스타프카에서 내리는 명령에 따라서는 안 되고 반혁명 세력의 이동을 면밀히 주시하면서 방해하고 혁명에 적대적인 분자들 사이에서 오가는 서신 교환과 통신을 교란하고 소비에트와 임시정부의 명령은 주저하지 말고 수행해야 했다.[4] 소비에트 중앙집행위원회는 코르닐로프 부대에 맞선 싸움의 조직과 지도를 돕고자 비상군사방위 기관, 즉 대반혁명인민투쟁위원회(Komitet narodnoi bor'by s kontrrevoliutsiei)를 만들었다. 이 위원회는 8월 28일 오후부터 기능을 발휘하기 시작했다.

맨 처음부터 대반혁명인민투쟁위원회에는 특별히 멘셰비키 대표 3명, 사회주의자혁명가 대표 3명, 심지어 볼셰비키 대표 3명도 들어가기로 했다. 볼셰비키 대표가 들어간 것은 대중 사이에서 볼셰비키의 위상과 영향력이 늘어나는 것을 마지못해 인정함을 뜻했다. 그러나 과연 볼셰비키가 코르닐로프에 맞선 투쟁에서 온건 사회주의자와 정부와 적극적으로 제휴할까? 반혁명 군대가 다가오고 수도가 전투 준비에 나섬에 따라, 이것은 온건 사회주의자 지도자들의 마음속에서 결정적 문제로 떠올랐다. 멘셰비키 국제주의자인 수하노프는 이때 볼셰비키가 지닌 중요성을 훗날 다음과 같이 지적했다.

> 방위를 조직하면서 혁명군사위원회(대반혁명인민투쟁위원회)는 노동자·병사 대중을 움직여야 했다. 그러나 대중이 조직되었다면, 볼셰비키가 대중을 조직했고 대중은 볼셰비키의 뒤를 따랐다. 그때 볼셰비키 조직은 기초적 규율로 결합되고 수도의 민주적인 하층민과 연계된 유일한 대조직이었다. 혁명군사위원회는 볼셰비키 조직 없이는 무력했다. 볼셰비키 조직이 없었다면 위원회는 오래 전에 모든 권위를 잃어버린 연사의 호소와 지겨운 연설로 근근이 버틸 수 있었을 것이다. 볼셰비키와 함께했기에 혁명군사위원회는 조직된 노동자와 병사들의 실질적인 힘을 활용할 수 있었던 것이다.[5]

볼셰비키에게 코르닐로프 위기 동안 적절한 행동 강령을 짜는 것은 단순한 문제가 아니었다. 비록 7월에 투옥된 (이를테면 카메네프 같은) 고위 간부 여럿이 이미 풀려나기는 했지만, 트로츠키는 아직도 감옥에서 고생하고 있었다. 트로츠키는 곧 당의 운명에 결정적 역할을 하게 된다. 레닌과 지노비예프는 여전히 지하에 있었다. 레닌은 핀란드에, 지노비예프는 페트로그라드 근교에 숨어 있었다. 레닌은 대코르닐로프 투쟁에 관련된 지령을 페트로그라드에 있는 동지들에게 될 수 있는 대로 신속히 보냈으나, 8월 30일에 쓴 레닌의 지시문은 위기가 다 지난 뒤인 9월 초에야 수도에 도착했다.[6] 물론 당 지도부는 실천 지침으로서 4주 전에 제6차 당대회에서 격렬한 논쟁 끝에 채택한 전술에 관한 여러 결의문이 있었다. 그러나 우리가 앞에서 본

대로, 그 결의문들은 아주 모호했다. 〈정치 상황에 관하여〉라는 당의 성명서는 반혁명과 싸우는 데 헌신한 모든 인자들과 협력하라고 권하는 반면, 멘셰비키가 "프롤레타리아의 적 진영으로 넘어갔다"고 분명하게 선언한 〈당의 통합에 관하여〉라는 결의문은 볼셰비키와 온건 사회주의자들 사이의 협조는 모두 배제하는 듯했다.[7] 이것은 당이 대 코르닐로프 방위 조치에서 정부는 말할 나위 없이 멘셰비키, 사회주의자혁명가당과 제휴할 수 없으며 오히려 완전히 독자적인 혁명 경로를 따라가야 한다는 뜻일까?

8월 27일과 28일 사이 밤에 페트로그라드 볼셰비키 지도자들에게는 레닌의 상황 판단이 〈당의 통합에 관하여〉에 나타난 견해와 같다고 가정할 만한 충분한 이유가 있었다. 레닌이 7월 중순에 했던 명료한 선언과 제6차 당대회에 보낸 지시를 제외하더라도, 볼셰비키 당중앙위원회에 보낸 여러 보충 지시와 레닌이 8월 18~19일에 쓴 〈음모에 관한 소문〉이라는 글이 직접 연관이 있었다.[8] 레닌은 8월 17일자 〈새로운 삶〉에서 모스크바 국정협의회 기간 동안 모스크바 소비에트가 만든 임시혁명위원회에서 볼셰비키가 온건 사회주의자들과 협조하고 있다는 기사를 읽은 뒤 이 글들을 준비했다.[9] 이 급보를 보고 레닌은 모스크바 볼셰비키가 예상되는 반혁명의 군사 공격을 막으려고 현장 멘셰비키와 사회주의자혁명가들과 긴밀히 제휴했다는 올바른 추측을 했다. 이 소식에 레닌은 격노했다. 이것은 영향력 있는 동지 다수가 멘셰비키와 사회주의자혁명가들과 단호히 관계를 끊기를 주저할 뿐더러 공동 목표를 좇으면서 "타협배"와 함께 활동하고 싶어한다는 점을 보여주는 또 다른 증거였다. 레닌은 그런 희망이 당 안에 있는 탓에 당이 시의적절한 시기에 권력을 잡으려고 대담하게 행동에 나설 전망을 망치지는 않을까 우려했다. 그래서 레닌은 모스크바 볼셰비키를 가차없이 공격했다.

레닌은 임시정부와 다수파 사회주의자들이 "코르닐로프와 그의 카자크들" 못지않게 혁명을 적대시한다는 가정에서 출발해서 8월 중순의 반혁명 공포는 멘셰비키와 사회주의자혁명가들이 대중의 눈을 어지럽혀 자기들이 혁명의 수호자임을 믿게 만들려고 인위적으로 꾸민 것이라며 다음과 같이 주장했다.

멘셰비키 배신자와 방위론자의 정치적 속셈은 명명백백하다. …… 볼셰비키 가운데 지금 방위론자와 블록을 구성하려는 얼간이와 멍청이를 찾을 수 있다니 믿기 어려운 일이다. …… 그런 볼셰비키 당대회 결의문이 있기는 하지만, 방위론자와 블록을 구성하려는 볼셰비키는 ― 그 보상으로 ― 당에서 즉시 쫓겨나야 마땅하다. …… 그들이 세상물정을 몰라서 정말로 소문을 믿었다고 치자! 그렇다고 해도 성실한 볼셰비키 당원이나 정신이 완전히 나가지 않은 볼셰비키 당원이라면 틀림없이 단 한 사람도 방위론자와는 어떠한 블록도 구성하지 않을 것이다. …… 심지어 이 경우에도 그런 볼셰비키 당원은 다음과 같이 말할 것이다. 우리 노동자와 우리 병사는 이 정부를 지키기 위해서가 아니라 …… 나름의 목표를 좇아 독자적으로 혁명을 지키기 위해서 반혁명군과 싸울 것이라고. …… 그런 볼셰비키 당원은 멘셰비키에게 다음과 같이 말할 것이다. 물론 우리는 싸우겠지만, 너희와는 절대로 정치적 연합을 맺지 않겠으며 너희에게 절대로 신임을 표명하지 않겠다고.

〈음모에 관한 소문〉에 덧붙인 지시문에서 레닌은 모스크바 국정협의회 기간 동안 현지 볼셰비키 지도자들이 한 행동에 대한 공식 조사에 착수하라고 요청하고 어떠한 당 간부라도 블록에 참여하는 잘못을 저질렀다는 판정을 받으면 당중앙위원회와 모스크바 위원회에서 해임해야 한다고 주장했다. 레닌은 모스크바 국정협의회가 불러일으킨 대중 항의는 7월사태와 비슷한 봉기가 멀지 않았음을 가르쳐주며 이 봉기가 일어날 때 당은 권력을 장악해야 할 것이라고 시사하면서, "오른쪽으로 흔들리지 않고 멘셰비키와는 절대로 블록을 형성하지 않는 사람, 움직임이 일어날 경우에 새로운 과제, 권력 장악이라는 새로운 슬로건을 이해할 사람이 모스크바에서 '키'를 잡는 것이 지극히 중요하다"고 주장했다.[10]

페트로그라드 볼셰비키 고위 지도자들이 코르닐로프가 임시정부를 공격한다는 소식을 듣고 처음에 보인 반응에 관한 정보는 단편적이다. 최근 사태를 검토하는 기구로서 당중앙위원회는 8월 30일이 되어서야 열린 듯하다.[11] 볼셰비키당 중앙위원회 위원이 몇 명 들어간 전러시아 소비에트 집행위원회 내 볼셰비키 의원단은 8월 27일 초저녁에 깊어지는 위기와 관련해서 처음으로 모였다. 이들은 십중팔구 한밤중이 지나 소비에트 집행위원회의 협의 중간의 긴 휴식 시간 동안 다시 모였을 것이다. 볼셰비키 소비에트 의원단에서는 1917년 여름 내내 카메네프 같은 온건주의자들의 영향력이 강했음을 염두에 두는 것이 좋다. 4월협의회와 뒤이은 제6차 당대회에서 레닌의 급진적인 혁명적 진로를 거부했던 볼셰비키당 우익은 8월 27일과 28일 사이 밤에도 똑같이 행동했다. 방금 설명한 전러시아 소비에트 집행위원회 회의가 시작되었을 때, 볼셰비키 대표들은 정부 문제에 관한 공식 결의문을 내놓지 않았다. 회의가 끝날 무렵에 볼셰비키당은 정치 상황을 재평가할 또 하나의 광범위한 거국적 협의회를 열자고 요구함으로써 멘셰비키와 사회주의자혁명가들을 지원했다. 케렌스키가 총재정부를 세우는 문제에서 확고하다는 것이 알려진 뒤, 루나차르스키는 소비에트가 단호하게 정부와 관계를 끊어야 할 뿐만 아니라 소비에트가 책임을 지고 새로운 정부를 직접 구성해야 한다고 주장했다. 민주공화국을 선포하고 즉시 헌법제정회의를 소집하자고 상정한 루나차르스키의 결의안은 온건론자들의 이론적 전망과 완전히 맞아떨어졌다. 〈음모에 관한 소문〉에 나타난 관점에서 본다면 더욱 암담하게도, 상황의 열기 속에서 볼셰비키 대표 한 사람이 혁명을 방위하기 위해 사실상 정부와 공식적으로 제휴하자고 제의했던 것이다.

볼셰비키 소비에트 의원단이 스몰니에서 첫 회의를 열 때쯤 페테르부르크 위원회는 시 반대편에 있는 나르바 구에서 비상회의를 열고 있었다.[12] 얄궂게도 이 모임은 당 고위 기구가 점점 거세지는 반혁명의 위협에 적절하게 대응하지 못했다며 불만을 품은 비보르그 구 볼셰비키 투사들의 주장에 따라 사흘 전에 예정되어 있었다. 비상회의는 안드레이 부브노프 당중앙위원회 위원이 최근의 사태 진전을 보고하면서 시작되었다. 부브노프는 학생 시절부터 이바노보-보즈네센스크(Ivanovo-Voznesensk)의 혁명 활동가였으며 열세 번쯤 체포당하고 다섯 차례 투옥된 서른네 살의 역전노장이었는데, 제6차 당대회에서 당중앙위원회에 선출된 뒤 모스크바에서 수도로 이사를 했기 때문에 페트로그라드에 도착한 지 얼마 되지 않았다. 부브노프는 모스크바에서 볼셰비키당 모스크바 지역사무국에 중심을 둔 일단의 젊은 급진주의자들과 가깝게 지내왔다.[13] 10월 초순에 부브노프는 페테르부르크 위원회 앞에 나타나 무장봉기를 즉시 조직한다는 데 찬성하고 더 신중한 전술을 옹호하는 사람들에게 반대하는 레닌의 탄원을 지지한다.[14] 부브노프는 8월 27일 밤에 모인 지역 당 간부 36명에게 스몰니의 당 지도자들이 추구하는 진로보다 훨씬 더 독자적이고 투쟁적인 진로를 제시했다. 그는 레닌의 〈음모에 관한 소문〉을 잘 아는 것이 분명했는데, 모스크바 국정협의회가 열리던 기간 동안 일부 모스크바 볼셰비키가 저지른 실수를 되풀이해서 멘셰비키와 사회주의자혁명가들에게 협력하지 말라고 페테르부르크 위원회에 경고했다. 부브노프의 말에 따르면, 모스크바에서 "그들(임시정부)은 처음에는 우리에게 도움을 청했다가, 다음에는 우리에게 침을 뱉었습니다." 그는 볼셰비키가 어떤 종류의 상호 방위 기관에도 참여하는 것을 단호히 거부하면서 "소비에트 다수파와 어떠한 교섭도 해서는 안 됩니다"라고 잘라 말했다. 대신에 부브노프는 볼셰비키가 나름의 이해관계를 추구하고 케렌스키도 코르닐로프도 돕지 않는 한편으로 대중의 행동을 제어하는 활동을 해야 한다고 주장했다.[15]

부브노프가 말을 마치자, 칼리닌이 당이 정부와 최고사령부 사이에서 벌어지는 갈등의 결과에 별다른 이해관계가 없다는 생각에 이의를 제기하고, 만약 코르닐로프가 케렌스키를 누르고 승리를 거둘 참이라면 볼셰비키는 케렌스키 편에 서서 개입을 해야 한다고 주장했다. 칼리닌의 온건한 입장에 찬성하지 않는 발언자들이 잇달아 코르닐로프뿐만 아니라 온건 사회주의자들과 정부에도 적개심을 터뜨렸다. 그들은 불만에 가득 차서 당 고위 기구들도 꾸짖었다. 즉, 지나친 "방위론"에 빠졌다며 소비에트 집행위원회의 온건 볼셰비키를, 사태를 회피했다며 '군사조직' 지도부를, 7월위기 동안 "기능이 모호했다"며 당중앙위원회를 비난했다. 페테르부르크 위원회 집행분과위원회뿐만 아니라 당중앙위원회도 대중을 너무 오랫동안 "식혔"고 제멋대로 독단적 행동을 했으며 "속물적(프티부르주아적) 관점"을 가졌다는 질책을 퍼부었다. 한편 조금은 모순되게도, 당의 두 위원회는 충분한 지도력을 발휘하지 않았다는 비판, 특히 당 하위 기구와 대중이 정치 상황의 변화에 뒤처지지 않고 따라가도록 만드는 데 충분한 주의를 기울이지 않았다는 비판을 받았다. 예의를 늘 차리지는 않는 비보르그 구의 라치스가 "요즘 들어 우리 중앙 기구 때문에 우리 당의 운명을 걱정하지 않을 수 없군요"라고 말했다.

회의 도중에 소비에트 집행위원회 내 볼셰비키 의원단에 품은 불만이 너무 거세서 의원단 구성원 전원이 그 자리에서 해임될 수도 있다고 보였다. 결국은 다음 회의에서 의원단을 새로 뽑는 선거를 치른다는 데 합의했다. 비록 페테르부르크 위원회 위원 몇 사람이 개인적으로는 대중 무장봉기를 조직할 적절한 시기가 온 것이 아닐까 생각했음이 틀림없지만, 이 노선에 따른 논의는 대다수 의원에게는 칼리닌의 말마따나 "사리에 맞지 않는 것"이었다. 격렬한 논쟁이 한창일 때, 누구인지 밝혀지지 않은 구 위원회 대표 한 사람이 갑자기 관심을 현실 문제로 돌렸다. "우리는 뒤죽박죽입니다. 일상적 논의사항에다가 집행위원회 비난에다가. 곧바로 구체적인 방어 대책을 논의합시다!"

이렇게 맞비난은 했어도, 페테르부르크 위원회 안에 생사가 달린 대코르닐로프 투쟁을 위해 당의 힘을 십분 활용하고 모든 노동자와 병사와 수병뿐만 아니라 대중 조직을 규합할 필요성을 의심하는 목소리는 거의 없었다. 위원회 위원들은 이제 관심을 전투 준비로 돌렸다. "정보를 얻을 목적으로" 당이 소비에트 지도부가 만든 방위 기구와 계속 접촉해야 할 것이라는 점이 뒤늦게나마 인정을 받았다. 심지어 부브노프도 그 점은 인정했다. 비상 연락망을 만든 다음 페테르부르크 위원회본부에 각 구 대표가 상주하고 구 본부와 공장위원회에 24시간 당직제를 실시했다. 집행분과위원회는 노동자와 병사에게 무기를 들라고 호소하는 전단을 준비하고 긴급 군사 계획을 마련할 책임을 맡았다. 당 선동가들이 모조리 동원되어 다음날 노동계급 구에서 활동하기로 결정했다. 무엇보다도 볼셰비키 개개인이 방위 준비를 수도의 주요 대중 조직의 방위 준비와 조정하도록 배정했다는 점이 가장 중요했다. 요컨대, 페테르부르크 위원회 위원들은 비록 자기들 나름의 목표와 케렌스키의 목표 사이의 차이를 잘 알았고 온건 사회주의자와 긴밀히 협력하는 데도 신중하기는 했지만, 다른 좌익 그룹의 구성원과 함께 노력했으며 자기들이 지닌 조직 재능과 막대한 자원 및 열정을 코르닐로프에 대항하는 투쟁에 쏟았다.

코르닐로프 사태 동안 코르닐로프뿐만 아니라 임시정부에 맞서 즉시 봉기를 일으키려는 충동이 페테르부르크 위원회보다 볼셰비키 '군사조직'에서 더 강했을지 모른다는 증거가 약간 있다. 8월 29일에 나온 일면짜리 〈병사〉 호외와 8월 29일자 정규판에 실린 사설 몇 편을 보면 적어도 '군사조직' 일부가 비교적 전투적이었음이 드러난다.[16] 8월 29일자 호외의 주사설은 상황을 다음과 같이 묘사했다.

음모가 드러났다. …… 드노 역에 머무는 2개 토착민 사단은 두렵지 않다. …… 두려운 것은 그(코르닐로프)의 손아귀에 있는 군대, 즉 그가 추악한 도발을 통해 혁명에 맞서 움직일 수 있는 …… 강력한 군사 기구다. 우리는 여기 피테르에서 그런 행위가 어떻게 이루어지는지를 보았다. 왜 코르닐로프에게는 …… 혁명 반 주년 기념일에 볼셰비키가 "피바람"을 준비하고 있다는 거짓 소문이 필요했을까? 이것은 그가 만든 일이다. 만약 도발이 성공하면, 만약 피테르의 거리에서 다시 총소리가 울리기 시작하면, 케렌스키와 소비에트의 두목들은 단 1분도 주저하지 않고 코르닐로프에게 도움을 청할 것이며, 코르닐로프는 체치냐(체첸)·인구시인(캅카스 북부의 소수민족)을 거느리고서 "구세주"의 후광을 업고 이리로 올 것이다.

반혁명의 힘은 엄청나며, 아마도 임시정부가 혁명을 완전히 발전시키기보다는 오히려 코르닐로프에게 더 쉽사리 양보하려 들 때 가장 막강할 것이다. 왜냐하면 혁명의 완전한 발전만이, 철두철미하게 혁명적인 권력만이 코르닐로프와도, 독일과도 거래를 하지 않을 것이기 때문이다. 혁명의 완전한 발전, 이것은 혁명적인 노동자와 빈농에게 모든 권력을 주고 인민의 모든 적과 가차없이 싸운다는 뜻이다. ……

지금 우리가 처한 상황은 마치 1871년에 파리의 성벽 밑에 적이 서 있던 상황*과 똑같다. 그때 부르주아는 노동자에게 양보하기보다는 적과 거래하는 쪽을 택했다. 노동자들은 부르주아를 뒤엎고 권력을 손에 거머쥐었다가, 오로지 정부군의 월등한 힘에 짓눌렸기 때문에 무릎을 꿇었다. 그들은 고립되었기 때문에 졌다.

지금은 그렇지 않다. 노동자 혁명, 혁명적 인민의 권력, 노동자와 극빈농의 독재가 혁명이 일어난 지 여섯 달 만에 흔적 없이 사라지지는 않을 것이다. 혁명 파리와는 달리 혁명 페트로그라드는 나라를 이끌고 나아갈 것이다. 다른 길은 없다.

'군사조직'이 코르닐로프 위기 동안 보인 투쟁성은 이 같은 성명서를 작성하는 노력 이상을 넘어서지 않았다고 말해도 괜찮다. 8월 28일 밤에 '군사조직' 지도자들이 대다수 수비대 부대의 대표들과 만나 회의를 했다. 당중앙위원회가 7월봉기 이후 '군사조직'의 활동을 감독하라고 임명한 스베르들로프가 회의를 주재했다. 모임에 나온 볼셰비키 병사들이 채택한 결의문에서 "소비에트의 타협배"는 반혁명의 강화를 조장했다는 비난을 받았다. 결의문은 "인민의 정부" 수립을 요구했지만, 이 정부에 "타협배"가 낄 수 있다는 뜻을 넌지시 비쳤다. 결의문은 소비에트의 온건 사회주의자 다수파가 진정으로 반혁명 부르주아와 관계를 끊을 태세가 되어 있음을 보여주려면, 다른 무엇보다도 특히 7월봉기 이후 감옥에 갇혀 있는 볼셰비키를 풀어주고 반혁명적인 장교를 체포하고 페트로그라드 수비대를 전투에 대비

---

* 1871년 프랑스-프로이센 전쟁에서 프랑스군이 프로이센군에게 패하면서 프랑스 제2제정이 무너지자, 파리의 사회주의 세력과 노동자들이 권력을 잡고 파리코뮌을 세웠다. 베르사유에 있던 프랑스 정부는 군대를 동원해서 파리코뮌을 무너뜨렸다. 본문에서 말하는 상황은 정부군이 파리를 공격하려고 집결한 상태를 가리킨다.

하게 하고 병사 조직 대표들이 참여한 가운데 반혁명 세력을 물리치고 진압할 계획을 짜야한다고 요구했다. 또한 결의문은 노동자를 무장하고 전선에서 사형제를 폐지하라고 주장했다.[17]

'군사조직' 대표들은 모임이 끝난 뒤 각기 자기 부대로 돌아가서 위기가 끝날 때까지 다시 모이지 않았다. '군사조직'과 '군사조직' 사무국이 그 뒤 코르닐로프에 맞선 투쟁에서 독립된 조직으로 활동했다는 증거를 보여주는 관련 사료는 거의 없다.[18] 그렇다고 해서 이것이 '군사조직' 구성원들이 이때 그다지 중요하지 않았다는 뜻은 아니다. 오히려 '군사조직' 지도자들은 코르닐로프 부대의 진군으로 빚어진 긴급 비상사태를 맞아 페테르부르크 위원회의 동지들과 마찬가지로 대반혁명인민투쟁위원회처럼 특별히 만들어진 기구, 기타 비당파 대중 조직, 소비에트를 통해서 혁명 방위를 거드는 일에 많은 노력을 쏟았던 듯하다. 볼셰비키 '군사조직' 구성원들은 이러한 기구들에서 활동하면서 노동자와 병사와 수병을 많이 동원해서 무장하는 작업을 거들고 이들의 노력에 계획적이고 전술적인 방향성을 부여하는 데 두드러진 역할을 했다. 위기 속에서 당이 취한 공식 입장은 당중앙위원회가 8월 29일에 20개 주요 지방 볼셰비키 위원회에 전신으로 보낸 방침에 관한 지령문 한 장에 요약되었다. 그 지령문은 다음과 같았다. "반혁명을 물리치기 위해 우리는 정치 노선의 독자성을 철저히 유지하면서 기술과 정보 면에서는 소비에트와 협력해서 일한다. ······ "[19]

대반혁명인민투쟁위원회와 비슷한 특별혁명위원회가 2월혁명 동안 러시아 곳곳에서 만들어졌다. 이런 기구들은 6, 7월의 위기 때, 그리고 8월 중순의 반혁명 소동이 벌어지는 동안 더 제한된 규모로 다시 나타났다. 이런 위원회는 엄청나게 많았으나 절대 다수가 잠깐 존속하다가 사라졌고, 이 점에서 더 영속적이었던 소비에트와 부분적으로 구별되었다. 이 같은 특별위원회들은 모든 좌익 그룹의 대표들을 통합함으로써 비상시에 신속하게 행동할 능력을 지닌 권위 있는 군사 혁명 조직의 역할을 했다. 코르닐로프 위기에 맞서 혁명위원회들이 비 온 뒤에 대나무순 자라듯 생겨났다. 8월 27일과 30일 사이에 240개가 넘는 혁명위원회가 러시아 각지에 구성되었으며, 도시 소비에트와 농촌 소비에트가 혁명위원회를 만든 경우가 많았다.[20] 페트로그라드 지역에서만 해도 전러시아 소비에트 집행위원회가 8월 27~28일 밤에 만든 대코르닐로프 인민투쟁위원회에 덧붙여 특별위원회가 서둘러 만들어졌다. 이러한 특별위원회는 페트로그라드 소비에트, 구간협의체, 여러 구소비에트, 레벨과 겔싱포르스와 크론시타트의 수병 소비에트들이 만들었는데, 대중을 동원해서 조직하고 무기와 탄약을 확보하며 필수적인 공공시설을 확실하게 유지하고 혁명 방위를 전반적으로 지도하고 조정할 터였다.

얼마간은 임시정부가 러시아 국민 가운데 코르닐로프를 가장 미워하는 계층 사이에서 따돌림을 받고 권위를 누리지 못했다는 이유에서, 그리고 많은 정부 고위 관리가 은밀히 코르닐로프에 동조해서 대코르닐로프 투쟁에 기껏해야 수동적이었다[21]는 의심의 여지가 없는 이유에서 대코르닐로프 인민투쟁위원회가, 특히 이 위원회 산하의 군사분과가 대우익 투쟁에서 자의반 타의반으로 전국 지휘소가 되었다. 8월 28일에 만들어질 때 이 위원회에는 볼셰비키, 멘셰비키, 사회주의자혁명가 대표 3명, 전러시아 소비에트 집행위원회 대표 5명, 노동조합중앙평의회(Tsentral'nyi Sovet profsoiuzov)와 페트로그라드 소비에트 대표 2명으로 구성되었고, 다음날 구간협의체 대표 1명이 추가되었다. 대코르닐로프 인민투쟁위원회는 산하에 군사분과에 덧붙여 정치위원실과 정보분과를 두었다.[22] 인민투쟁위원회는 끊임없이 긴급 상황 속보를 냈고, 이 속보는 페트로그라드 전신국을 통해 정부와 소비에트, 기타 대중 조직에서 나온 호소문과 지령문을 널리 알려 전 지역의 시민이 최근의 정치, 군사 상황을 빠짐없이 알 수 있도록 해주었다. 또한 인민투쟁위원회는 도움이 필요한 수비대 부대에 무기와 탄약을 나누어주는 작업을 돕고, 식량 공급을 보호하는 조치를 취하고, 적 부대와 만나 열변을 토할 영향력 있는 소비에트 간부를 많이 파견하는 한편 철도·통신 노동조합을 통해 활동을 벌여 코르닐로프의 수도 진공을 분쇄하려고 노력했다.[23]

이랬는데도 코르닐로프 사태의 결정적 순간이 너무 빨리 닥쳐와서 페트로그라드에서조차 대우익 투쟁을 효율적으로 조정할 수 없었다. 사실 그럴 필요가 없기도 했다. 입헌민주당 좌파에 이르는 모든 정치조직, 조금이라도 중요성을 띤 모든 노동 조직, 모든 병사·수병 위원회가 코르닐로프의 공격 소식에 자극을 받아 코르닐로프에 맞서 싸우려고 즉시 떨쳐 일어섰던 것이다. 최근 역사에서 대체로 자연발생적이고 통일된 대중 정치 행동이 이보다 더 강력하고 효율적으로 나타난 사례를 찾아내기는 힘들 것이다.

페트로그라드 소비에트 구간협의체[24]가 코르닐로프 위기 때 보여준 주도권과 열정과 권위는 관련 문서를 보면 유난히 선명하게 드러난다. (아직은 멘셰비키 국제주의자인 알렉산드르 고린이 이끌지만, 볼셰비키의 영향을 강하게 받고 있는) 이 구간협의체는 일찍이 8월 24일에 반혁명의 공격이 코앞에 닥쳤다는 두려움을 느끼고서 정부가 러시아를 민주공화국으로 즉시 선포해야 한다고 요구하고 (추측컨대 페트로그라드 소비에트가 3월에 규정한) 러시아의 전쟁 목적에 변함이 없다고 선언하는 결의문을 가결했다. 결의문은 반혁명 본부를 즉시 해체하고 군대 안의 민주위원회들의 권위를 공식적으로 인정해야 한다고 주장했고, 좌익 분자 탄압을 중지하라고 요구했으며, 혁명을 지킬 "공안위원회"와 노동자 및 실직자로 구성되는 전투단을 즉시 만들라고 요청했다.[25]

그 결과, 며칠 뒤에 코르닐로프의 의도가 드러났을 때 페트로그라드 소비에트 구간협의체는 곧바로 행동에 나설 모든 준비가 되어 있었다. 8월 28일에 열린 구간협의체 비상회의에서 구소비에트 대표들은 다음과 같이 행동하기로 표결했다. 인민투쟁위원회와 이 위원회 산하에 있는 각 분과에 대표를 보내고 항시 회의를 열며, 구간협의체와 구소비에트의 정치적 책임 아래 무장 노동자 민병대 조직화를 주도하고 정부가 현장에 파견한 정치지도위원의 행동을 구소비에트가 감시하고, 반혁명 선동가를 억류할 책임을 맡은 이동 순찰단을 파견하며, 모든 구의 소비에트 및 구의회와 긴밀하게 연락한다.[26] 이것들은 단순한 의사 표명에 그치지 않아서, 구간협의체는 곧바로 페트로그라드와 그 근교의 모든 구소비에트에 노동자 민병대의 충원과 조직화와 무장에 관련된 특별 지령문을 급송했다.[27] 코르닐로프 사태가 지속되는 동안, 스몰니에 있는 페트로그라드 소비에트 구간협의체 사무실과 각 구소비에트 본부는 혁명적 질서를 유지하고 반혁명에 맞선 대중 행동을 지도하는 중심지가 되었다.[28]

　　페테르고프 구소비에트의 활동은 구소비에트들이 주도적으로 벌인 활동을 보여주는 좋은 본보기이다. 페트로그라드 소비에트 구간협의체에서 페테르고프 구를 대표하는 볼셰비키 건설 노동자인 미하일 보그다노프(Mikhail Bogdanov)가 8월 28일에 구소비에트에 친정부 부대가 루가에서 패하고 있다고 보고했다. 실수로 밝혀진 보고였지만 말이다. 또한 보그다노프는 페테르고프 구 소비에트 대의원단에게 페트로그라드 소비에트 구간협의체의 노동자 민병대 조직 계획을 알렸다. 보그다노프의 보고를 들은 사람들은 현재의 비상사태에 대처하는 조처를 논의할 공장 집회를 준비하고 "붉은 근위대(Krasnaia gvardiia)"를 조직하고 지도할 "혁명위원회"를 구성한다는 데 동의했다.[29]

이튿날 아침에 "페테르고프 구혁명위원회, 페테르고프 구소비에트, 페테르고프 구의 공장위원회들"이 낸 포고문이 구 곳곳에 나붙었다. 포고문은 "반역자 코르닐로프 장군을 우두머리로 한 군사 음모가들이 일부 사단의 무지함과 무의식성을 등에 업고 혁명의 심장 페트로그라드를 향해 움직이고 있다"고 발표했다. 이 포고문은 이어서 반혁명 지지자들이 "주민들 사이에서 공황을 일으키고 때 이르게 노동자들을 거리로 나서도록 부추기려고 도발적인 소문과 호소문을 퍼뜨리면서, 페트로그라드를 지키는 혁명군의 등 뒤를 후려치려 하고 있다"고 주장했다. 포고문은 "도발에 넘어가지 말라. 음주를 허용하지 말라. …… 시의 혁명적 질서를 스스로의 힘으로 유지하라. …… 우리의 호소 없이는 어떠한 행동도 하지 말라. …… 시민들이여, 반혁명과 싸우는 데 온 힘을 쏟자! …… 무엇보다도 평정과 인내와 규율을 유지하라"고 경고했다. 많은 노동자가 페테르고프 구혁명위원회의 지도를 받아 무장을 했으며, 참호를 파고 바리케이드를 쌓고 시 남부 진입로에 철조망을 치는 작업에 투입되었다. 동시에 다른 노동자들은 잠재적 우익 지지자의 행동을 감시하고 공장을 지키고 질서 유지를 돕는 책임을 맡았다.[30]

페트로그라드 시의회, 페트로그라드 노동조합평의회(Petrogradskii sovet profsoiuzov),[31] 공장위원회 중앙평의회(Tsentral'nyi sovet fabrichno-zavodskikh komitetov), 각 노동조합과 공장위원회를 비롯한 다른 조직들도 한결같이 코르닐로프와 싸우는 일에 적극적으로 나섰다. 당시 볼셰비키가 제2당의 위치를 차지하고 있던 시의회의 비상회의는 8월 28일에 코르닐로프 부대들과 페트로그라드 주민에게 보내는 호소문을 준비한다고 표결했다. 또한 대의원들은 당국과 함께 충분한 식량을 확실하게 조달하고 분배하는 작업을 할 분과위원회를 구성하고 루가로 가서 코르닐로프의 부대를 설득할 대의원들을

선정했다.[32]

페트로그라드 노동조합 평의회와 공장위원회 중앙평의회는 8월 26일에 합동 회의를 열어 수도 방위 조직화를 도울 "공안위원회"를 구성하자는 페트로그라드 소비에트 구간협의체의 요청을 인준했다. 이때, 일정에 없이 8월 28일에 열린 한 회의에서, 볼셰비키의 영향력이 강한 페트로그라드 노동조합 평의회 집행분과위원회는 인민투쟁위원회에 보낼 대표 한 사람을 선정하라는 권고문에 따라 볼셰비키 당원인 바실리 시미트(Vasilii Shmidt)를 대표로 뽑았다. 이튿날 아침에, 한 사람도 빠짐 없이 모두 모인 노동조합 평의회는 식량 공급 행정기관장으로부터 수도의 식량 비축량에 관해 걱정스러운 보고를 들은 뒤 운송 노동자 노조 대표, 제분소 노동자 노조, 식당·식품점·식품업 노동자 대표, 노동조합 평의회 대표로 이루어진 자체 식량공급 분과위원회를 만들었다.[33] 8월 29일에 공장위원회 중앙평의회는 수도 전역에 있는 산업체의 공장위원회 대표들과 만나 회의를 열어 전투 준비를 점검하고 노동자에게 무기를 나누어주는 일을 조정하는 작업을 도왔다. 그날 저녁에 노동조합 평의회와 공장위원회 중앙평의회가 합동회의를 열었다. 이 회의에 참석한 사람들은 인민투쟁위원회의 활동에 관한 시미트의 경과 보고를 듣고 난 뒤 할 수 있는 모든 방법으로 위원회 활동을 지원하고 나름의 방위 노력과 인민투쟁위원회의 방위 노력을 조정하기로 합의했다. 또한 그들은 아직 감옥에 있는 혁명가들이 풀려나야하며 우익계 신문을 정간하고 반혁명 분자를 체포하는 단호한 대책을 채택해야 한다고 주장하기로 표결했다. 더욱이 그들은 노동자들에게 무기를 나누어주는 문제를 재검토한 뒤 그 같은 조치를 열렬하게 인준했다.[34]

20만 명이 넘는 노동자들의 대변자로서 단연 러시아 최강의 노동조합인 페트로그라드 금속 노동자 조합은 인민투쟁위원회에 노련한 대규모 임원진을 보냈을 뿐만 아니라 노조 금고에서 5만 루블을 할 당했다. 사회주의자혁명가 좌파가 이끄는 자동차 기사 노동조합은 자 기들이 제공할 수 있는 모든 운송·정비 서비스를 정부가 이용할 수 있다고 선언하는 한편, 멘셰비키가 이끄는 인쇄공 노동조합은 식자 공들에게 코르닐로프를 지지하는 신문을 찍어내는 인쇄소를 보이콧 하라고 명령했다.[35]

개별 노동조합들 가운데 코르닐로프 위기 동안 가장 중요했던 노 동조합은 당연히 철도원 노조였다. 8월 28일과 29일에 소비에트 중 앙집행위원회는 철도원들에게 불필요한 유혈을 막는 것이 그들의 책 무라고 주의를 주었다. 철도 노동자들은 페트로그라드를 향해 이동 하고 있는 군부대의 추이를 감시하고, 그 군부대의 이동을 저지하고 방향을 되돌리는 일과 관련된 정부와 소비에트의 명령에 주저하지 말고 따르고 코르닐로프측에서 나오는 지시는 무시하라는 지령을 받 았다. 거의 같은 시각에 케렌스키가 비슷한 내용의 전보를 전후방의 모든 철도 노선 책임자들과 철도위원회에 보냈다. (러시아어의 머리 글자를 따 통상 빅젤Vikzhel'로 일컫는) 전러시아 철도원 집행위원회 (Vserossiiskii ispolnitel'nyi komitet zheleznodorozhnykh sluzhashchikh) 는 훨씬 앞선 시기에, 즉 무척이나 빠르게도 8월 27일에 코르닐로프 의 군대에 맞서 투쟁하는 특별사무국을 만들었다.[36] 8월 28일에 빅젤 은 러시아 전체 철도망의 주요 분기점에 "의심이 가는 전보"를 차단 하고 철도 노선을 따라 이동하는 수상쩍은 모든 군부대의 규모와 행 선지를 빅젤에 계속 알리라고 지시하는 전보를 보냈다. 철도원들은 열차 은닉과 직무이탈, 필요하다면 선로 파괴와 통행 폐쇄 등을 비롯 한 어떤 수단을 써서라도 반혁명군의 이동을 차단할 권한을 부여받 았다. 또한 철도원들은 코르닐로프 지지자들이 점령한 지역으로 식 량을 운송하지 못하도록 막으라는 권고를 받았다. 이런 지령은 곧바

로 이행되기 시작했다.[57]

코르닐로프 사태가 공개 발표된 뒤 몇 시간 안에 페트로그라드 전역의 공장에서 경종이 울렸다. 노동자들은 상부 기관의 지시 없이 스스로 알아서 움직이면서 공장 건물과 구내 주위의 경비를 보강하고 전투단을 만들기 시작했다. 8월 28~29일에는 공단에서 전투단에 등록하려고 장사진을 치고 기다리는 노동자들의 모습을 볼 수 있었다. 이 전투단이 "붉은 근위대"로 불리는 경우가 점점 더 잦아졌다.[38] 이 신참자들의 무장을 도우려고 푸틸로프 공장 대포 작업장 노동자들이 각종 무기의 생산 속도를 높였고, 이 무기들은 시험 발사도 하지 않은 채 곧바로 야전에 투입되었다. 금속 노동자들이 그대로 그 생산품을 따라가 현장에서 무기를 정비했다. 세스트로레츠크 무기공장의 공장위원회는 최근에 구성된 노동자 붉은 근위대에 소총 수천 자루와 탄약 소량을 제공했다. 다른 무기는 페트로파블롭스크 요새의 병기창과 수비대 병사들에게서 입수했다. 그러나 무기 수요가 공급을 훨씬 넘어섰다. 코르닐로프 사태 동안 새로 충원된 여러 붉은 근위대가 병사들에게서 무기 조작 훈련을 받았다. 볼셰비키 '군사조직'이 이 작업에 병사들을 투입했다. 붉은 근위대는 기초 훈련을 서둘러 받은 뒤 파견되었다. 일부는 남쪽에 있는 나르바 구와 모스크바 구, 그리고 풀코보(Pulkovo) 언덕에 급조된 방어시설에 배치되었고, 일부는 철조망을 치고 참호를 파거나 수도로 이어지는 철도 노선의 선로를 파괴하는 일을 거들었으며, 또 일부는 크리모프 장군의 전진 부대와 교전할 준비를 했다.

부분 해체되었던 수비대의 병사 대다수는 똑같이 신속하게 위기에 대응했다. 8월 27일에 코르닐로프가 정부에 최후 통첩을 보냈다는 소식이 나돌기 시작한 뒤 곧바로 부대위원회, 수도와 근교 곳곳에 있는 군 병영에서 병사들의 대중 집회가 서둘러 조직되어 반혁명을

무기 사용법을 배우고 있는 붉은 근위대(위 사진). 페트로그라드 불칸 공장의 붉은 근위대(아래 사진). 코르닐로프 사태가 발표된 뒤 몇 시간 만에 페트로그라드 전역의 노동자들이 상부 기관의 지시 없이 스스로 공장 건물과 주위의 경비를 보강하고 전투단을 만들기 시작했다.

비난하고 혁명 방위를 도울 태세가 되었음을 표명하는 결의문을 가결했다. 수비대 병사들은 인접한 군부대와 인민투쟁위원회, 페트로그라드 소비에트의 병사분과,[39] 구소비에트, 볼셰비키 '군사조직' 같은 기구와 연락을 강화했다. 수비대 부대는 휴가를 미루고 보초 근무에 투입되는 병사의 수를 늘리고 무기와 탄약 재고를 조사하고 전선에서 활동할 선동가 대표단과 혼성 전투단을 구성했다.

리톱스키 근위연대는 8월 28일자 결의문에서 "사역반에 들어가지 않고 질병 의료 확인서를 지니지 않은 병사들은 모두 다 지정된 부대와 함께 출발해야 한다. 직무 이행을 기피했음이 분명한 장교와 병사는 모두 다 혁명 재판에 회부된다"고 선언했다. 제6공병연대가 600명으로 구성된 부대를 재빨리 편성해서 방어시설 축조를 지원했다. 페트로그라드 수송대대는 관할하는 마차 500대를 지원해서 소비에트를 방위하는 군부대의 보급을 거들기로 약속했다. 8월 28일 밤과 이튿날 저녁 사이에, 모든 근위연대와 예비보병연대에서 차출된 무장병사들로 이루어진 분견대, 그리고 수도의 많은 포병부대와 기술부대가 종종 장교들을 데리고 갓치나, 차르스코예 셀로, 크라스노예 셀로, 그 밖의 전략 요충지로 이동해서 — 일부는 수 시간 전에 공장 노동자들이 파놓은 — 참호에 자리를 잡고 초조하게 적을 기다렸다. (페트로그라드 수비대 안에서 카자크 부대와 사관학교 생도들만이 대반혁명 투쟁에 즉시 동참하지 않았다. 카자크 부대는 중립을 지킨 반면, 생도들은 공공연하게 코르닐로프 편에 섰다.)[40]

발트해 함대 편대도 거의 같은 방식으로 긴급 사태에 대처했다. 8월 28일에 레벨 소비에트는 에스토니아(Estonia) 소비에트 집행위원회와 육군위원회, 해군위원회와 주요 사회주의 정당 대표와 만나 회의를 열고 대반혁명 투쟁을 지도할 합동 집행위원회를 조직했다. 다른 무엇보다도 특히, 이 조직은 레벨 지역의 수비대와 해군 부대를 전투 태세에 들어가도록 하고 혁명 세력에게 인근의 주요 철도역을 점령하라고 지시했다. 같은 날에 겔싱포르스에서는 핀란드 노동자·병사 대의원 소비에트 지역위원회(Oblastnyi komitet Soveta rabochikh i voinskikh deputatov Finliandii), 겔싱포르스 육해군·노동자 대의원 소비에트 집행위원회(Ispolkom Gel'singforskogo Soveta deputatov armii, flota i rabochikh), 발트해 함대 중앙위원회(쳰트로발트) 위원, 핀란드 농민 대의원 지역 소비에트(Oblastnyi Sovet krest'ianskikh deputatov Finliandii), 지역 군대위원회와 함대위원회 대표(모두 합쳐 좌익 정치 지도자, 병사, 수병, 노동자 600여 명)는 긴급 합동회의를 열고, 코르닐로프와 그 지지자들을 "혁명과 국가를 배반한 자"로 낙인찍고 정부 권력을 "혁명적 민주 세력"에 넘기고 모든 부르주아 신문과 언론을 즉시 폐간하라고 요구하는 결의문을 가결했다. 회의는 핀란드에서 반혁명 활동을 막고 질서를 유지할 무제한의 권리를 지닌 혁명위원회를 만드는 데에서 절정에 이르렀다. 곧바로 활동하기 시작한 이 위원회는 코르닐로프가 지원을 기대한 핀란드 주둔 대규모 카자크 부대 몇 개의 활동을 마비시키는 데 도움을 주었고 1,500명으로 구성된 혼성 전투부대를 비보르그에서 페트로그라드로 급파했다. 핀란드에서 최고 정치 권위를 가진다고 천명한 겔싱포르스 혁명위원회의 성명서는 다음과 같이 시작되었다. "동지들! 무시무시한 시간이 왔습니다. 혁명이 그 모든 성취물과 함께 가장 큰 위험에 처해 있습니다. …… 당신의 힘과 당신의 희생, 어쩌면 당신의 생명이 혁명과 국가에 필요한 순간이 다가왔습니다. 이런 이유에서 혁명위원회는 여러분 모두에게 굳은 대오를 갖추고 혁명 방위에 나서서 …… 반혁명에 괴멸적 타격을 가하고 반혁명을 맹아 단계에서 짓누를 것을 호소합니다."

당시 페트로그라드에서 대대적 수리를 받던 순양함 아브로라(Avrora)호의 수병 몇 명이 8월 27일 밤에 코르닐로프 위기 소식

볼셰비키 크론시타트 위원회. 아래 열(왼쪽부터): 젬추진, 슬랏코프, 라스콜니코프, 로샬. 가운데 열: 브레슬라프, 플레롭스키, 펠리호프, 시탈, 류보비치. 위 열: 콘다코프, 데셰보이, 옌틴, 브레그만, 스미르노프, 콜빈.

을 크론시타트에 맨 처음 알렸다. 크론시타트 소비에트 집행위원회는 (새로 의장에 뽑힌 볼셰비키 당원 라자르 브레그만Lazar' Bregman의 지휘로) 곧바로 모든 통신시설과 무기고, 그리고 개인 소유 선박과 항만의 선박을 통제하고 군부대와 이노(Ino), 크라스나야 고르카(Krasnaia Gorka)에 있는 인근 해군 보루에 지도위원을 급파하고 "군사기술분과위원회(Voenno-tekhnicheskaia komissiia)"를 만들었다. 이 위원회에는 크론시타트의 모든 해군 부대를 관장하는 최고사령관, 크론시타트 보루 사령관, 크론시타트 민병대장, 소비에트 집행위원회 안의 모든 주요 정당 대표들이 들어갔으며, 사실상 크론시타트의 모든 군인에 대한 전적인 지휘권을 획득했다. 군사기술분과위원회는 인민투쟁위원회에서 부대를 지원해 달라는 급박한 요청을 받은 뒤 "이 순간 감옥에서 고생하고 있는 최정예 투사이자 혁명의 아들인 우리 동지들"을 석방해 달라는 요구로 맞대응했다. 동시에 군사기술분과위원회는 크론시타트 수비대 전체가 "똘똘 뭉쳐" 혁명 방위에 나설 태세가 되어 있음을 천명했다. 무장을 잘 갖춘 수병 3,000명이 8월 29일 이른 아침에 수도로 출발했다. 이들 중에는 최근에 페트로그라드로 가서 7월봉기에 참가했다가 돌아온 수병의 비율이 매우 높았다. 이들은 바실레프 섬의 부두에 내린 뒤 급파되어 철도역, 교량, 중요한 우체국과 전신 전화국, 겨울궁전, 그 밖의 주요 정부 청사의 방위를 도왔다.[41]

좌익이 친코르닐로프 세력에 비해 월등히 우세하다는 것이 곧 명백해졌다. 공장 노동자들이 우익 선동가에게 속아 넘어가지 않도록 하려고 온건 사회주의자들과 볼셰비키가 취한 조치들은 그 목적을 이루었다. 페트로그라드 신문들에 코르닐로프 사태 기간에 우익이 산발적으로 대중을 선동했지만 이 사건들은 음모가들이 기대한 대규모 시민 소요를 전혀 일으키지 못했다는 기사가 실렸던 것이다. 8월 27일에 위기가 터진 뒤 페트로그라드 어느 곳에서든지 공개적으로 반혁명 선동을 하는 행위는 위험했다. 더욱이, 수도의 우익 지도자들은 철도 노동자와 전신 노동자의 재빠른 행동으로 전진해 오는 반혁명군과 연락할 수 없었다.

페트로그라드 수비대 부대 안에서는 무모하게 코르닐로프에 동조를 표명했거나 그에게 반대하기를 주저한 비교적 적은 수의 장교들이 처음에는 무시당했다가, 나중에 시간이 있을 때 처벌을 받았다. 헬싱포르스 지역에서는 반혁명적 감정을 품었다는 의심을 받은 일부 장교들이 린치를 당했다. 비보르그에서는 헬싱포르스 혁명위원회가 파견한 지도위원의 권위를 인정하지 않은 몇몇 고위 장교 몇 명이 즉각 체포당했는데, 그 뒤 병사 한 무리가 유치장에 난입해서 그들을 죽였다. 헬싱포르스에 기지를 둔 전함 페트로파블롭스크호의 선상에서는 "민주주의 조직"에 충성 서약을 거부한 청년 장교 네 명을 처형할지 여부를 결정하는 표결에 승조원 전원이 참여했다. 그들을 처형하자는 감정이 월등했다. 사형을 집행할 총살대를 제비뽑기로 선정한 다음, 청년장교들을 살육했다.[42]

8월 29일에 페트로그라드 중심부에 있는 아스토리야(Astoriia) 호텔에서 코르닐로프 음모에 관련되었다고 추정되는 장교 14명이 한꺼번에 붙잡혔다. 더욱이 이날, "새로 개발된 영국제 참호 박격포 조작법 훈련"을 받기 위함인 양 꾸미고 전선에서 일시적으로 페트로그라드로 파견되었던 많은 장교가 수도행 열차에서 발견되어 억류되었다. (수도의 음모 집단과 스타프카를 이어주는 수석 연락장교인) 시도린(V. I. Sidorin) 대령, (공화정본부의 군사분과장인) 뒤시메테르 대령, (공화정본부의 부의장인) 피니소프(P. N. Finisov)를 비롯한 페트로그라드의 극우 지도자들은 8월 27일과 28일에 하릴없이 크리모프의 소재에 관한 전갈이 오기를 기다리면서 대부분의 시간을 보냈다. 그들은 페트로그라드의 인기 있는 야간 캬바레인 말리 야로슬라베츠(Malyi Iroslavets)와 빌라 로데(Villa Rode)의 밀실에서 보드카를 마구 퍼마시면서 시간을 보냈다. 듀시메테르와 피니소프는 크리모프의 소재를 알아내려고 28일 저녁에 루가로 떠났다. 시도린은 뒤에 남아 듀시메테르로부터 "지시에 따라 즉시 행동하라"는 암호 메시지를 받자마자 "볼셰비키의 폭동"을 꾸며내는 작업을 감독하기로 했다. 암호가 8월 29일 아침에 시도린에게 보내져 그날 저녁에 페트로그라드에서 접수되었다. 그러나 이때에는 우익 운동에 가망이 없음이 분명해졌다. 시도린이 알렉세예프 장군에게서 봉기를 유발하지 말라는 압력을 받았다는 말이 있다. 장군은 음모가들이 계획을 중지하지 않는다면 자살하겠다고 위협했던 것이다.[43] 결국 시도린은 슬그머니 사라졌다. 그가 군사 쿠데타에 돈을 대려고 푸틸로프와 러시아경제부흥협회가 준 상당한 액수의 돈을 지니고 있었다는 말이 있다.[44]

크리모프 장군 예하 부대에 관해서는 8월 27일에 코르닐로프가 제3군단 소속 부대에 페트로그라드로 계속 진군해서 시를 점령하라는 명령을 내렸음을 기억할 것이다. 다음날 이 부대를 태운 군용 열차가 수도에 이르는 주요 철도 노선들을 따라 수백 킬로미터 늘어섰다. 야만 사단은 드노와 비리차를 잇는 모스콥스코-빈다보-리빈스크(Moskovsko-Vindavo-Rybinsk) 선에, 우수리 기병사단은 레벨과 나르바, 그리고 나르바와 얌부르크(Iamburg)를 잇는 발트해 선에, 돈 카자크 제1사단은 프스코프와 루가를 잇는 바르샤바 선에 있었다.

야만 사단 소속 부대들이 수도를 가장 직접적으로 위협했다. 8월 28일 저녁에 인구시 연대와 체르케스(Cherkes) 연대가 수도에서 겨우 60킬로미터 떨어진 비리차에 도착했다. 그러나 비리차의 철도 노동자들이 목재를 가득 실은 열차 차량으로 통행로를 봉쇄하고 수 킬로미터가 넘는 궤도를 파괴해놓은 상태였다. 부대는 철로로 더 전진할 수 없었을 뿐만 아니라 사단의 다른 부대나 크리모프 장군, 스타프카, 또는 페트로그라드와 제대로 연락할 수도 없었다. 사단 장교들이 어찌지는 못하고 속만 끓이는 가운데 병사들은 밀려드는 선동가들의 사자후를 들었다. 선동가들 가운데에는 인민투쟁위원회, 페트로그라드의 여러 구소비에트, 페트로그라드의 수많은 공장, 게다가 비리차보다 더 북쪽에 있는 차르스코예 셀로의 외곽에서 전투에 대비해 참호에 들어가 있던 수비대 군부대에서 파견된 사절들이 있었다. 또한 전에 기관총병으로 야만 사단에 배속되었던 제2발트해 함대 소속 육전대 대원들 가운데 첸트로플로트(소비에트 산하 해군중앙집행위원회)가 가려 뽑은 100명에 이르는 선동가들, 그리고 전원 회교도인 소규모 대표단이 활동을 벌였다. 회교도 소비에트 연맹 집행위원회(Ispolkom Soiuza musul'manskikh Sovetov)가 급파한 이 이 대표단에는 전설적인 샤밀*의 손자도 있었다.

때때로 야만 사단 소속 부대는 혁명을 배반했다고 꾸짖는 지역 노동자와 농민들에게 둘러싸였다. 부대원들은 자기들이 북쪽으로 이동하는 진짜 이유를 듣지 못한 상태였으며, 입증된 바대로 부대원 대부분이 코르닐로프의 목적에 거의 동조하지 않았고 임시정부와 소비에트에 반대할 의사가 없었다. 8월 30일에 부대원들은 "토지와 자유"라는 문구를 새긴 붉은 깃발을 부대 본부 위에 내걸었으며, 이에 항의하는 본부장을 체포했다. 그런 다음 그들은 페트로그라드를 향해 더 이동하지 못하도록 막고 자기들이 반혁명에 어떻게 "이용"당하고 있

---

* 샤밀(Shamil) 캅카스 지역으로 침탈해 들어오는 러시아 제국에 맞서 캅카스 산맥의 여러 부족을 이끌고 30년 동안 게릴라 전쟁을 벌이다가 1871년에 숨을 거둔 무슬림 지도자.

는지를 사단의 다른 부대에 알리고 사단의 모든 부대 대표들이 모이는 집회를 열어 혁명위원회를 조직했다. 회교도 대표단도 참석한 이 같은 집회가 다음날 열렸을 때, 집회는 임시정부에 충성을 서약하는 문서를 휴대한 대표단을 즉시 페트로그라드로 보내기로 표결했다.[45]

우수리 기마사단도 비슷한 상황에 놓여 있었다. 나르바의 철도 노동자들이 8월 28일에 우수리 기마사단의 진격을 약 일곱 시간 동안 늦추었다. 그날 밤 늦게 사단의 선봉대가 얌부르그에 도착했으나, 다음 궤도가 막히고 부서졌기 때문에 더 나아갈 수 없었다. 8월 29일과 30일에 나르바 소비에트와 얌부르그 소비에트, 그리고 페트로그라드의 공장, 군부대, 대중 조직에서 온 여러 무리의 선동가뿐만 아니라 체레텔리가 이끄는 인민투쟁위원회에서 보낸 대표단이 부대 사이를 돌아다녔다. 우수리 기마사단 병사들은 야만 사단의 경우처럼 급속히 설득되어 장교의 명령에 불복하고 임시정부에 충성을 서약했다. 일부 부대는 케렌스키가 코르닐로프의 반역에 관해 초기에 낸 공개성명서를 읽기만 해도 설득되었다.[46]

중립화하기가 가장 어려운 부대는 십중팔구 크리모프 장군과 그 참모진과 함께 이동하던 돈 카자크 제1사단이었을 것이다. 이 사단에 속한 부대들은 8월 27일 밤에 루가에 이르렀으나, 여기서도 루가 소비에트와 협조해 활동하는 철도 노동자들의 신속한 조치 탓에 더는 철도로 전진할 수 없었다. 철도 노동자들이 철도 차량을 숨기고, 교량과 궤도를 파괴하고 크리모프의 부대 간 통신을 효과적으로 차단한 것이다. 그 결과 돈 카자크 제1사단을 태운 열차가 2만 명 병력의 루가 수비대에서 온 병사들에게 포위되었다. 루가 소비에트와 페트로그라드 시의회 대표단뿐만 아니라 수도에서 온 노동자·병사 대표들이 열차 주위에 몰려들어 열차 창문을 통해 탑승자들에게 열변을 토했다. 사단의 장교들이 볼셰비키 활동가의 출현에 항의했으나 아

핀란드

라도가
호수

비보르그

겔싱포르스

벨로오스트로프

판란드 만

크론스타트 페트로그라드
크라스노예 셀로 차르스코예 셀로
나르바 갓치나
비리차

발트 해

레벨

다고섬

페이푸스 그도프 루가
호수

외젤섬

노브고로드
일멘 호수

프스코프
호수

리가 만

발크

드노

프스코프

리가

러 시 아

노보소콜니키

북부 전선

벨리키예 루키

서부 전선

네벨

드비나 강

폴로츠크

비텝스크

네만 강

스몰렌스크

카우나스 독일군 러시아군

드네프르 강

빌나

민스크

모길료프

그로드노

코르닐로프의 진군

0   50   100   150
Miles

⟶ 코르닐로프 군대의 진군
┼┼┼┼ 철도선
▬▬▬ 리가에서 패한 후의 전선
------ 전선들 사이의 경계선
◉ 임시정부
▣ 최고사령부

폴란드

브레스트리톱스크

무 소용이 없었다. 크리모프는 장애에 개의치 말고 계속 페트로그라드로 진격하라는 코르닐로프의 명령을 받자마자 예하 부대를 남은 90킬로미터를 행군시켜 수도에 닿을 가능성을 가늠해보았다. 이 같은 행동에 루가 수비대에서 온 병사들이 무력으로 저항하고 카자크들이 그들에게 대항하지 않으리라는 것이 확실해지자 크리모프는 이러한 방침을 포기했다.

사실상, 사건 전체를 통해 코르닐로프 예하 부대와 정부 편에 선 부대 사이에는 사소한 전투도 거의 없었다. 돈 카자크 제1사단의 경우에는 크리모프가 빤히 지켜보는 가운데 선동가들이 부대원들을 곧바로 대중 집회에 끌어들이고 있었다. 선동가들은 대부분의 부대에서 대표병사들을 비교적 어렵지 않게 설득해서 자기들 편으로 끌어들였으며, 8월 30일 무렵에는 일부 카자크가 크리모프를 체포할 태세가 되어 있음을 밝혔다. 결국 8월 30일 오후 늦게 정부 사절 게오르기 사마린(Georgii Samarin) 대령이 크리모프에게 자기와 함께 페트로그라드로 돌아가 케렌스키와 대화하라고 권했다. 크리모프는 확실한 신변 보장을 받자 주저하면서 마지못해 따랐다.[47]

크리모프는 피니소프와 듀시메테르에게서 수도에서 언제라도 소요가 일어나리라는 전갈을 방금 전에 받았던 터라 여전히 케렌스키가 좌익을 억누르는 데 자기에게 도움을 구할지도 모른다는 한 가닥 희망을 품고 루가를 떠났던 듯하다. 그러나 그의 희망은 덧없이 사라졌다. 8월 30~31일 밤에 자동차로 페트로그라드에 도착한 크리모프는 도시가 너무나 조용하다는 것을 알았다. 이제는 사태가 거의 끝난 것이나 다름없다는 점이 명백했다. 군은 대부분 여전히 정부와 소비에트에 충성을 바쳤다. 남서부 전선에서는 거리낌 없이 말하는 데니킨 장군이 자기 부대원들에게 감금당했다. 코르닐로프를 대신해 최고사령관 자리를 맡으라는 케렌스키의 명령에 따르지 않았던 북부 전선의 노사령관 클렘봅스키 장군은 조용히 사임했으며, 곧 좌익 성향의 체레미소프 장군으로 교체되었다. 이때 러시아의 다른 주요 전선의 사령관들은 정부에 뒤늦게나마 충성을 서약했다. 케렌스키는 직접 최고사령관 자리에 올랐으며, 은퇴했던 조신한 알렉세예프 장군이 참모장이 되었다.[48] 사빈코프는 코르닐로프와 긴밀한 관계였다는 이유로 총독직과 국방부 차관직에서 쫓겨났다. 사빈코프 대신에 국방부 차관이 된 사람은 모스크바 군관구 사령관 베르홉스키 장군이었다. 몇 주 앞서 7월봉기에 관련된 기소장을 작성하려고 설치되었던 기구와 흡사하게 케렌스키가 지명한 고위 특별위원회가 음모를 조사하기 시작할 참이었다.

모스크바 국정협의회가 열릴 때 "국민의 최고사령관"을 환호하며 맞이하던 저명인사들이 이제는 서둘러 코르닐로프와 거리를 두었다. 로쟌코는 위선적으로 다음과 같이 선언했다. "나는 지금의 모든 사태를 오로지 신문을 보고 알았으며, 나 자신은 그 사태와 관련이 없습니다. 무릇 지금 내분과 불화를 일삼는 것은 조국에 죄를 짓는 짓이라는 한 가지는 말할 수 있습니다." 아직도 멍한 상태에 있는 듯한 블라디미르 르보프는 사건의 결과에 진정으로 기뻐했다. 그는 8월 30일에 감방에서 펜을 들어 다음과 같은 글을 써서 케렌스키에게 보냈다. "친애하는 알렉산드르 표도로비치. 진심으로 축하합니다. 벗이 코르닐로프의 마수에서 벗어나서 기분이 좋습니다. 언제 어디서나 당신의 르보프."[49]

크리모프 장군은 8월 31일 아침에 겨울궁전에서 케렌스키와 만나 대화를 했다. 비록 정확히 무슨 일이 일어났었는지는 정보마다 서로 엇갈리지만 모든 보고에 따르면 둘의 대화는 극히 격렬했다. 크리모프는 예하 부대가 임시정부에 대항해서 움직이지 않았으며 자기의 유일한 목표는 질서 유지를 돕는 것이고 늘 그랬다고 주장했음이 분명하다. 이 말을 듣고 케렌스키는 페트로그라드에 군정을 펴는 것에 관련된 크리모프의 8월 26일자 명령서를 읽어준 다음 분노로 얼굴이 새하얘진 채 크리모프의 표리부동함을 맹렬히 비난했다. 크리모프에게 그 경험이 얼마나 괴로웠을지는 이해할 만하다. 그는 애국심과 정직과 결단이라는 전통적인 군사적 덕목에 긍지를 지니고 있는 용감한 지휘관으로서 2월혁명 이후 혁명을 저지하고 강력한 중앙 정부를 다시 세우는 일에 도움을 주기를 희망해 왔다. 그렇게 하지 않으면 러시아는 파멸할 운명이라고 믿었던 것이다. 그러나 지금 크리모프는 언제인가 사적으로 같은 신념을 소리 높여 외치던 한 사람에게 대역죄로 고발당한 자신과 동료들을 구하려고 거짓말을 하지 않으면 안 되었다. 추가 심문, 거짓말을 더 많이 해야 할 필요성, 그리고 체포, 기소, 감옥이라는 치욕이 앞에 놓여 있었다. 절망에 빠진 크리모프는 오후 늦게 질문을 더 받기 위해 해군본부에 출두하겠다는 약속을 하고 오후 2시쯤에 케렌스키에게서 떠났다. 그는 겨울궁전에서 나와 한 친구의 아파트로 갔다. 그곳에서 그는 낙담한 채 특정한 상대 없이 "조국을 구할 마지막 카드가 실패했군. 더는 살 가치가 없어"라고 말했다. 그런 다음 크리모프는 짐짓 쉬려는 양 방으로 들어가서는 코르닐로프에게 보내는 짧은 글을 휘갈겨 쓰고 심장에 총을 한 방 쏘아 스스로 목숨을 끊었다.[50]

9장

신정부 문제

코르닐로프 운동이 급속히 무너지자, 소멸한 제2차 연립정부를 어떤 종류의 정부로 대체해야 하느냐는 난해한 문제가 전면에 등장했다. 코르닐로프 사태가 시작될 때, 강력한 총재정부를 만들겠다는 마음을 굳힌 케렌스키와 비록 총재정부를 만드는 데에는 한결같이 반대하기는 했어도 당장은 혁명을 지키는 일에 전념하던 소비에트 지도자들은 일시적으로 약정을 맺었다. 8월 27~28일 밤에 전러시아 소비에트 집행위원회가 가결한 정치 결의문에 따르면, 케렌스키는 어떤 것이든지 그가 바라는 정부를 만들어도 좋다는 허가를 얻을 터였다. 단 그 정부가 코르닐로프에 맞선 철저한 투쟁을 이끄는 데 전적으로 헌신한다는 조건에서였다.[1]

크리모프의 군대가 수도에 들어와 좌우익 세력 사이에 유혈 충돌이 일어나는 것이 불가피하게 보였던 8월 28일에는 잠시나마 케렌스키가 전러시아 소비에트 집행위원회의 결의문에 따라 행동하지 않아도 된다고 보았다. 위기의 절정에서, 입헌민주당 지도부는 크리모프 군단이 페트로그라드에 닿기 전에 케렌스키를 설득해서 코르닐로프가 기꺼이 협상 상대로 삼으려 할 권위주의적 인물에게 총리 자리를 양보하도록 함으로써 내전을 미연에 방지하려고 노력했다.

입헌민주당이 코르닐로프와 케렌스키 두 사람이 받아들일 수 있을만한 사람으로 고른 총리 후보는 알렉세예프 장군이었다. 28일 오후에 밀류코프가 정부와 최고사령부 사이에서 매개자로서 케렌스키를 돕겠다고 제안했다. 그 뒤 얼마 지나지 않아 또 다른 고위 입헌민

파벨 밀류코프. 입헌민주당의 주요 대변자인 밀류코프는 2월혁명 이후 외무부 장관을 맡았지만, 전쟁을 지속하겠다는 밀류코프에 반대하는 대중 항의가 벌어지면서 4월위기 이후 내각에서 물러났다. 코르닐로프 사건 이후에는 국정협의회에 참여해 코르닐로프와 케렌스키 사이에서 중재를 시도했으나 소비에트의 압력을 받아 성공하지 못했다.

주당원인 니콜라이 키시킨(Nikolai Kishkin)이 알렉세예프를 위해 케렌스키가 사임하는 특정 문제에 관한 케렌스키의 의사를 타진했다. 그날 저녁에 케렌스키의 차관들 대다수가 케렌스키를 알렉세예프로 대체해야 마땅하다는 데 분명히 동의했고, 그들 가운데 여러 사람이 자기 견해를 총리에게 알렸다. 영국의 조지 뷰캐넌이 이끄는 러시아 주재 연합국 대표들도 코르닐로프와 협상을 하라고 케렌스키를 설득하려고 시도했다. 이 같은 압력에 눌려 케렌스키가 자기 직위를 거의 포기하려 했음이 명백하다. 그러나 소비에트 지도부는 한사코 협상에 반대했다. 소비에트 지도부의 고집에 따라 케렌스키는 입헌민주당이 추진한 방침을 막판에 거부했다.[2]

물론 코르닐로프 소동은 다음날인 8월 29일에 가라앉았다. 이제 케렌스키는 장군들과 타협할 필요가 없었다. 어떤 이는 총리가 이 시점에서 우익의 손아귀 안에서 험한 꼴을 당하고 좌익의 엄청난 힘을 목격했으므로 좌익의 지지를 유지하려고 애썼으리라고 추측할지도 모른다. 그러나 이때 케렌스키는 극좌파의 공포에 더 심하게 사로잡히고 어떻게 해서든지 전쟁 수행 노력을 강화하는 데 여전히 몰두해 있었기 때문에 마치 코르닐로프 사건이 일어나지 않았다는 듯이 행동했다. 물론 케렌스키는 코르닐로프의 체포와 사빈코프의 즉각 사퇴를 주장했고, 이때 러시아를 공화국으로 선포했다. 그러나 코르닐로프 음모를 조사하기 위해 설치한 특설위원회의 위원장 자리를 맡은 케렌스키는 군 조직의 조사는 될 수 있으면 주요 연루자들의 공모에 국한해야 한다고 명시했다.[3] 게다가 케렌스키는 입헌민주당이 총리 후보로 내세웠던 알렉세예프 장군을 참모장에 임명했다. 알렉세예프는 군대 안의 변화가 혁명 탓으로 일어났다고 보는 데서 코르닐로프와 데니킨과 견해가 일치했으므로, 그는 자기가 새로운 직위를 받아들인 주요 동기는 코르닐로프와 그 지지자들이 처한 운명의 고통을 덜어주기 위해서였다고 사석에서 털어놓았다.[4] 가장 두드러진 점으로는, 코르닐로프의 위협이 사라지자 케렌스키가 법과 질서를 지향하는 권위주의 정부, 즉 입헌민주당의 영향력이 그 어느 때보다도 강한 사회주의 우파-자유주의자 연립내각을 구성할 계획을 짜기 시작했다는 것을 들 수 있다.

한편 온건 사회주의자들은 대코르닐로프 투쟁이라는 절박한 상황에 이끌려 왼쪽으로 쏠려서 정부와 갈등을 빚었으며 극좌파와 더 긴밀하게 제휴하게 되었다. 7월사태 이후에 멘셰비키와 사회주의자혁명가들은 대부분 노동자의 무장을 해제하고 볼셰비키를 억누르려는 케렌스키의 시도를 적극 지지해 왔다. 한편 코르닐로프 사태 기간에 대반혁명인민투쟁위원회는 어쩔 도리 없이 무장 노동자 부대의 편성을 인준하고 거들어야 했다.[5] 비록 이때 얼마나 많은 노동자가 처음으로 무기를 입수하고 폭력적 정치 행위를 위해 조직화되었는지를 추정하기는 어려워도, 이렇듯 무장 노동자 부대가 편성되는 바람에 온건 사회주의자들이 앞선 시기에 페트로그라드 대중의 호전성을 조금이나마 누그러뜨린 성과가 곧바로 도로아미타불이 되었다고 말해도 괜찮다.

볼셰비키가 상호 방위 기관에 참여하는 대가로 가장 줄기차게 요구한 것들 가운데 하나(코르닐로프 위기 동안 많은 대중 조직이 되풀이한 청원)가 7월봉기에 연루되었다는 혐의로 아직 감옥에 있는 볼셰비키 지도자들을 꾸물대지 말고 풀어주라는 것이었다. 8월 29일에 볼셰비키 병사 한 무리가 십중팔구 볼셰비키에 동조하는 일부 경비원들의 도움을 받아서 갇혀 있던 제2지구 민병대 본부 유치장에서 탈출했을 때, 인민투쟁위원회는 "코르닐로프 추종자들에 맞선 싸움에 가담하"도록 그들을 계속 자유롭게 내버려두어야 한다는 데 의견 일치를 보았다. 제1지구 민병대 본부에 억류된 좌익계 장교들이 대코르닐로프 투쟁에 힘을 보탤 수 있도록 허락해 달라는 공개 요구서를 내고 단식 투쟁을 선언해서 자기들의 요구를 널리 알렸을 때 수감자 문제에서 모종의 조치를 취해야 한다는 압력이 고조되었다. 당국은 인민투쟁위원회가 수감자 편에 서서 개입함으로써 더욱 거세진 압력에 굴복해 코르닐로프의 공포가 한창일 때 볼셰비키를 몇 명 석방했다. 다른 좌익 지도자 일부는 9월 초반에 풀려났다. 이런 식으로 9월 4일에 감옥 문이 활짝 열려 안토노프-옵세옌코와 디벤코가 나왔다. 같은 날 트로츠키도 페트로그라드 노동조합 평의회가 보석금을 내주어 석방되었다.[6] 제1지구 민병대 본부에서 벌어진 단식 투쟁에 참여한 볼셰비키 여러 명이 일주일 뒤에 자유를 얻었다. 이들 가운데에는 '군사조직' 지도자인 크릴렌코, 다시케비치, 쿠델코, 테르-아루튜냔츠가 있었다. 자유의 몸이 된 이들 볼셰비키는 모두 다 뒤이은 혁명의 발전에서 적극적 역할을 한다.[7]

코르닐로프와 전투를 벌일 준비를 하고 있던 인민투쟁위원회 간부들은 페트로그라드 군관구 본부 장교들이 시 방위에 가세하는 척하면서 남몰래 코르닐로프 장군을 도우려고 애쓰고 있다는 데 깜짝 놀랐다. 그들이 수비대 부대를 동원하고 무장하고 보급을 적절히 하는 일에서 일부러 꾸물대고 있음을 보여주는 증거가 많았다. 그들의 지령에 따라 급파된 일부 부대는 결국은 적의 공격에 좋은 먹잇감이 되도록 배치되었다. 군 참모진의 태업 행위가 명백해지자 인민투쟁위원회가 지도위원을 보내 참모진의 작전을 감시했다.[8]

8월 28일에 케렌스키가 알렉세예프 장군에게 자리를 넘겨주려고 막 물러날 것처럼 보였을 때, 온건 사회주의자들은 케렌스키에게 압력을 넣어서 그러한 행보를 막았다. 코르닐로프 사태를 겪은 직후에 저명한 여러 멘셰비키와 사회주의자혁명가들은 입헌민주당과 또 다른 연립을 구성한다는 케렌스키의 목표에 냉담했다. 이것은 어느 정도는 이때 입헌민주당이 공화국에 반대하며 개혁에 반대하고 전쟁에 찬성하는 정서의 상징이 되는 바람에 페트로그라드의 여론이 입헌민주당이 정부에 계속 참여하는 것을 못마땅해했기 때문이다. 또한 멘셰비키와 사회주의자혁명가당 지도자들이 코르닐로프 음모에서 입헌민주당이 수행한 역할을 진정으로 우려했기 때문이기도 했다.

주로 정부 문제를 검토할 전러시아 소비에트 집행위원회 합동 총회의 개최 예정일이 8월 31일 저녁으로 신속히 잡혔는데, 이것은 케렌스키의 정치적 의도가 알려진 지 얼마 안 된 시점이었다. 한편 부리나케 열린 멘셰비키 당중앙위원회 긴급회의에서 "반혁명 운동에 동조했다든지 반혁명과 벌이는 투쟁을 마비시킬 수 있는 자들"의 입각을 허용할 수 없다고 선언하는 결의문을 채택했다. 결의문은 입헌민주당의 지위에 관해 입헌민주당이 더는 임시정부에 참여할 수 없다고 딱 집어서 선언했다.[9] 이 견해는 곧바로 케렌스키에게 전달되었다. 이 중대한 시기에 케렌스키는 연립정부를 또 다시 구성한다는 계획을 버리고 대신 입헌민주당을 배제한 "과도" 5인 총재정부를

정치 집회에 모인 노동자들. 코르닐로프 쿠데타를 저지한 페트로그라드 노동자들은 환희에 젖어 수많은 집회를 열고 정치 성명서를 발표하며 "모든 권력을 노동자·병사·농민 대의원 소비에트로 이전해야 한다"고 요구했다.

구성하겠다고 발표했다. 총재정부는 케렌스키를 수반으로 하고, 계속해서 외교 업무를 맡을 테레셴코, 각각 해군부와 국방부를 이끌 더 젊고 비교적 진보적인 군 장교인 드미트리 베르데렙스키(Dmitrii Verderevskii) 제독과 베르홉스키 장군, 그리고 제2차 연립정부에서 노동부 장관이었으며 체신부 장관직을 맡은 평범한 우파 멘셰비키 당원인 알렉세이 니키틴(Aleksei Nikitin)으로 구성되었다.

온건 사회주의자들은 정부 문제에 관한 입장을 정식화하면서 여러모로 7월사태를 떠올리게 만드는 상황에 맞부딪혔다. 7월사태 때 수

많은 노동자와 병사가 거리로 뛰쳐나가 임시정부의 정책에 항의하고 소비에트가 권력을 잡아야 한다고 요구했다. 그들의 구호는 "10명의 자본가 장관 물러가라!"와 "모든 권력을 소비에트로!"였다. 지역 현장의 대중 조직과 반코르닐로프 운동에 참여했던 공장 노동자와 병사와 수병들이 이때 코르닐로프에게 승리를 거두었다는 환희에 젖어 소나기처럼 쏟아져 나오는 편지와 결의문과 정치 성명서에 향후 정부의 성격과 구성과 강령에 관한 견해를 밝혔다. 이 과정에서 이 시점에서도 대중의 요구가 근본적으로 두 달 전과 다를 바 없음이 드러났다.

전형적인 보기를 몇 개 들여다보면 이런 요구의 기조를 느끼는데 도움이 될 것이다. 페트로그라드 신관(信管) 공장(Petrogradskii trubochnyi zavod) 기계작업장 노동자들은 8월 28일에 "현 시기"에 관해 토론한 뒤 "부르주아 반혁명 운동이 일어난 점, 그리고 과거 차르의 오프리치니크(oprichnik, 경찰의 자객)가 자유를 해치고 러시아 프롤레타리아의 모든 민주적 성취물을 훼손하려고 시도한 점을 고려해서, 본 집회는 모든 권력을 노동자·병사·농민 대의원 소비에트로 이전해야 한다고 선언한다"고 밝혔다.[10] 같은 날에 금속 공장 노동자 8천 명이 "사회주의자 장관"들을 신임하지 않는다는 선언문을 승인했다. 아마도 그들이 부르주아와 제휴하려 했다는 이유에서였을 것이다. 이 노동자들은 즉시 "단호한 혁명 권력"을 창출하라고 요구했다. 29일에 격앙된 분위기의 집회에서 거대한 푸틸로프 공장의 노동자 수천 명이 "혁명적인 나라의 정부는 혁명 계급의 대표들로만 구성되어야 한다"는 데 의견 일치를 보고 "부르주아와 그들의 졸개인 코르닐로프가 인민과 싸우는 상황에서 우리는 지금부터 연립정부에 관한 일체의 협상을 자유의 대의를 배반하는 행위로 여기겠다"고 덧붙였다. 한편, 신해군본부 조선소(Novo-Admiralteiskii sudostroitel'nyi zavod) 노동자들은 현 정치 상황을 검토한 뒤 "국가 권력이 단 1분 도 반혁명 부르주아의 손아귀에 있어서는 안 된다. 국가 권력을 노동 자·병사·극빈농의 수중으로 이전해 노동자·병사 대의원 소비에트에 책임을 져야 한다"고 주장했다.[11]

페트로그라드 수비대의 거의 모든 부대가 코르닐로프 사건 직후 에 채택한 공개 성명서들도 마찬가지로 직설적이었다. 수도에 주둔한 4개 주요 군부대, 즉 프레오브라젠스키·리톱스키·볼린스키 근위연 대, 제6공병대대의 병사 2,500명은 8월 28일에 열린 비상회의에서 정 부를 혁명 계급의 대표로만 구성해야 한다고 주장하는 결의문을 가 결했다. 8월 31일에 같은 병사들이 노동자와 빈농의 대표들로 구성한 정부를 요구한다고 단언한 뒤 "인민의 믿음직한 아들은 모두 다 코 르닐로프와 싸웠던 것과 똑같이 …… 어떤 연립정부와도 싸울 것"이 라고 거리낌 없이 선언했다. 거리낌 없이 말하기로는 제2기관총 연대 병사들도 못지않았다. 그들은 같은 날에 코르닐로프에 관한 견해와 신정부가 즉시 수행할 과제에 관한 견해를 다음과 같이 밝혔다.

우리는 …… 코르닐로프와 그 공모자들에게 배반자라는 낙인을 찍는다. …… 이 "용감한" 장군이 노동자 동지들을 진압하기 위해 궁전 광장으 로 대포를 끌고 나가라고 명령했던 4월 21일부터 이미 우리는 코르닐로 프를 신뢰하지 않았다. …… 이 음모는 아주 단호하게 억눌러야 하며, 우 리 기관총병들은 소비에트 중앙집행위원회의 명령에 충실하게 따른다. …… 우리는 지휘관들 가운데 있는 반혁명분자를 즉시 체포해서 재판 에 회부해야 하며 코르닐로프와 그 동료들을 사형에 처한 다음에 사형 제를 폐지해야 한다고 요구한다. …… 우리는 해체된 혁명적인 연대들을 복원하고 성게오르기훈장수여자연맹과 육해군장교연맹과 군사동맹 등 …… 반혁명의 돌격대를 …… 해체하라고 요구한다. …… 오직 모든 권력을 근로 인민*의 손에 넘기는 것만이 현 상황에서 빠져나가는 단 하나의 출구일 수 있다.

우리는 7월 3~5일에 체포된 동지들을 즉시 석방하고 그들 대신 음모가들, 이를테면 구치코프와 푸리시케비치, 반혁명적 장교들을 (감옥에) 집어넣어야 한다고 요구한다. 대외 문제에서 우리는 러시아의 제국주의나 연합국의 제국주의와 단호히 관계를 끊고 민족 자결에 바탕을 둔 무병합, 무배상 강화를 위해 투쟁해야 한다고 요구한다. 병사에게 주는 일당은 20루블까지 올려야 하며, …… 여기에 들어가는 자금은 공장주 나리들의 초과이윤을 몰수해서 충당해야 한다. 우리는 기관총병 마지막 한 사람까지 이 모든 혁명적 조치를 지지하고 지킬 것이며, 이 일을 하는 정부는 우리의 전폭적 신임을 얻을 것이다.[12]

전기공학 군관학교에 편입된 병사 200명은 9월 1일에 "(코르닐로프를 알렉세예프로 교체하는 등) 인물을 바꿔치기했다고 해서 바뀐 것은 전혀 없다"며 "부르주아와 지주와 타협하는 …… 정책 탓에 불가피하게 코르닐로프의 음모가 일어났음이 틀림없고 또 일어났다"고 결의했다. 이 병사들은 또 다른 반혁명의 공격을 막으려면 모든 권력을 반드시 "혁명적인 노동자와 병사와 농민이 선출하는 조직이 이끄는 노동자와 병사와 농민의 대표들"에게 넘겨야 한다고 주장했다. 이

---

* 근로 인민 러시아의 자생적인 사회주의 운동인 인민주의는 도시의 임금 노동자(rabochii)보다는 농촌의 농민을 가장 중요한 혁명 세력으로 보았다. 또한 인민주의자는 육체노동을 통해 살아가는 인민을 이를 때, 농촌의 농민과 도시의 임금 노동자를 한꺼번에 일컫는 근로 인민(trudiashchiisia)라는 표현을 즐겨 사용했다. 반면에 노동계급, 즉 공장에서 일하는 도시의 임금 노동자들을 혁명의 주체 세력으로 여긴 러시아의 마르크스주의 이론가와 사회민주노동당 활동가는 인민주의를 생각나게 만드는 근로 인민이라는 표현을 쓰지 않으려고 애썼다. 그러나 공장 노동자나 일선 활동가는 노동자와 근로 인민이라는 표현을 엄격히 구분해서 사용하지는 않았다.

틀 뒤에 열린 페트로그라드 예비연대 병사들의 대중 집회는 "인민의 대의를 위하다가 감옥에서 고생하고 인생의 황금기를 머나먼 시베리아에서 허비한 사회주의자"들로 새로운 내각을 구성해야 한다고 요구했다. 제2기관총 연대와 마찬가지로 전기공학 군관학교와 페트로그라드 예비연대 병사들도 코르닐로프와 그 추종자들에게 사형을 선고하라고 요구했다.[13]

코르닐로프 사태를 겪은 뒤 케렌스키를 미워하는 감정과 정부 안에서 즉시 변화가 일어나기를 바라는 열망이 급진화한 발트해 함대 수병들 사이에서보다 더 거센 곳이 그 어디에도 없었다고 해서 놀랄 일은 아니다. 앞서 혁명에 충성 서약을 거부하는 장교를 처형한다고 표결했던 페트로파블롭스크호 승조원들은 8월 30일에 코르닐로프에게는 "사형이 가장 좋은 형벌일 수 있다"고 합의했다. 그들은 결의문에서 다음과 같이 주장했다. "지금은 소비에트 중앙집행위원회 대표와 병사·농민 대표 가운데 가장 훌륭한 자로 이루어지는 민주주의만이 나라를 구할 수 있다. 따라서 모든 권력을 소비에트의 손에 넘겨야 한다. 우리가 경험한 바대로, 어떠한 연립이나 책임 있는 내각도 위기 상황에서 나라를 끌어낼 힘이 없다. 소비에트가 조국 앞에 짊어진 진정한 책무는 모든 권력을 장악하는 것이며, 우리는 이 권력에 즐겁게 복종하며 그 권력이 내리는 명령을 기쁘게 이행할 것이다."

9월 2일에 열린 겔싱포르스 소비에트 집행위원회, 핀란드 노동자·병사 대의원 소비에트 지역 위원회, 겔싱포르스 지역 연대와 함대 위원회 대표들이 합동 회의에서 압도적 지지로 채택한 〈현 시기에 관하여〉라는 결의문은 유난히 온건 사회주의자들에게 비판적이었다. 결의문은 다음과 같은 결론을 내렸다. "지금까지 소비에트 중앙집행위원회는 혁명 발전 노선을 수행하지 않았을 뿐만 아니라 부르주아를 상대로 타협 정책을 견지함으로써 반혁명의 입지를 굳혔다. 소비

1917년 겔싱포르스에서 시위를 벌이는 발트해 함대 수병들. 깃발에 "부르주아지에게 죽음을"이라고 적혀 있다.

에트 중앙집행위원회의 이러한 행동은 끝나야 한다. 우리는 소비에트 중앙집행위원회에 다음과 같이 끈질기게 요구한다. (부르주아와의) 연립내각에 대한 어떠한 신뢰도 철회하고 지체 없이 제2차 전러시아 노동자·병사·농민 대의원 소비에트 대회를 소집하라고."[14] 다시 말해서 소비에트 권력을 수립하라는 것이었다.

발트해 함대 19개 선상위원회 위원들은 케렌스키가 총재정부를 구성하고 부르주아와 협상하는 한편 비민주적인 공화국을 선포한 데 항의하는 뜻을 밝히고자 9월 6일에 합동회의를 열어 "진정한 민주공화국이라는 요구가 충족될 때까지" 함대 선박들이 붉은 전투 깃발을 휘날릴 것을 권했다. 이튿날 첸트로발트가 이 항의 방법을 인준했고, 그뒤 붉은 깃발이 내걸렸다.[15] 당시 발트해 함대 수병들의 분위기는 〈크론시타트 소비에트 소식〉(Izvestiia Kronshtadtskogo soveta)에 '지난 실수로 충분하다'라는 제목으로 마슬렌니코프가 쓴 주사설에 표현되기도 했다.

부르주아와 타협하는 정책 탓에 ……우리는 서글픈 결과에 처했다. 타협배들은 나라가 망했다고 위선적으로 울부짖는 자들의 말을 믿고 만사를 그자들의 처방에 따라 처리했다. …… 프롤레타리아와 그 곁을 떠나지 않은 정당들의 경고는 모두 옳다고 판명되었다. …… [그러나] 이것이 다가 아니다! …… 이것은 무엇일까? 정치적 무지일까, 아니면 의식적으로 혁명에 맞서려는 행위일까? …… 아니다! 그럴 리 없다. …… 지금 해야 할 일은 …… 타협은 이제 그만두라고 말하는 것이다. 모든 권력을 일하는 인민에게![16]

8월 29일에 크론시타트 소비에트는 크론시타트 대표가 페트로그라드에서 소비에트 중앙집행위원회에 제출할 일련의 요구 조건을 채택했다. 볼셰비키가 작성하고 (크론시타트에서는 각기 사회주의자혁명가당과 멘셰비키당의 주요 분파인) 사회주의자혁명가 국제주의자들과 멘셰비키 국제주의자들이 곧바로 인준한 이 요구사항은 루나차르스키가 8월 27~28일 밤에 소비에트 집행위원회에 제출한 〈현 시기에 관하여〉라는 온건한 결의문을 본뜬 것인데, 그 결의문에는 자본가들과 단호히 관계를 끊고 혁명적인 노동자와 농민과 병사의 손으로 권력을 넘기고 민주주의 공화국을 수립하라는 요구가 담겨 있었다.

크론시타트의 이상은 여전히 3월 이후로 크론시타트 소비에트에서 사회주의자들이 국지적으로 수행해 오고 있는 것과 똑같이 모든 사회주의 그룹이 혁명적 강령을 추구하면서 효율적으로 협력하는 소비에트 민주공화국이었다. 크론시타트 수병들은 코르닐로프 사태의 경험이 온건 사회주의자들을 혁명의 품으로 되돌아오도록 만드는 데 이바지할지도 모른다는 전망에 힘을 얻었다. 희망에 찬 이런 태도는 페트로그라드에서 벌어진 최근 사태에 관해 8월 29일에 콜빈(I. N. Kolbin)이 한 보고에 크론시타트 소비에트 대의원들이 보인 반응에서 드러났다. 콜빈은 코르닐로프에 맞서 우유부단하게 투쟁했다는 비난을 케렌스키에게 퍼부은 뒤 설명을 이어가다가, 체레텔리가 소비에트 중앙집행위원회에서 지금은 타협할 때가 아니라 강력한 군사 행동에 나설 때라고 선언했을 때 체르노프가 연대의 제스처로 체레텔리를 껴안았다고 말했다. 크론시타트 소비에트 대의원들은 온건 사회주의자들이 혁명을 지키는 일에 단합했다는 이 표시를 우레 같은 박수갈채로 환영했다.[17]

지금까지는 멘셰비키와 사회주의자혁명가들의 요새였던 공장의 노동자들뿐만 아니라 정치적으로 더 온건했던 일부 수비대 연대, 이를테면 처음에는 중립을 지키다가 나중에는 7월봉기 진압을 거들었던 연대의 병사들마저도 이제는 정부에 등을 돌렸다는 사실은 언급할 가치가 있다. 이보다 더한 것은 7월사태 뒤에 전선에서 급파된 군부대의 일부까지도 이제는 반대파 대열에 가세했다는 것이다.

이 시기에 통과된 정치 결의문들은 어느 한 당이나 조직이 혼자 노력해서 나온 결과물이 아니었다. 그 결의문들의 일부는 볼셰비키가, 일부는 멘셰비키 국제주의자나 사회주의자혁명가당 좌파가, 또 다른 일부는 딱히 정치적 소속이랄 것이 없는 개인이나 이익집단 대표가 내놓은 것이었다. 이 성명서들은 항목을 상세히 살펴보면 아주 다양했다. 어떤 결의문은 노동자와 병사와 농민을 대표하는 정부를 세우라고 요구했다. 다른 결의문은, 권력을 소비에트에 넘기거나 소비에트에 책임을 지는 혁명 정부를 세워야 한다고 주장하면서 이 요구와 연결지어 전국 소비에트 대회를 한 차례 더 소집하자고 호소했다. 아마 이런 결의문이 대다수였을 것이다. 그러나 거의 모든 결의문에 한결같이 나타나는 사항은 코르닐로프와 그 추종자들을 준엄하게 다루어야 "반혁명"의 추가 공격을 피할 수 있다는 우려, 어떤 식으로든 유산 계급과 정치적 공조를 하는 데 대한 반감, 사회주의자로만 이루어지고 전쟁을 끝낼 모종의 정부를 즉시 세우자는 주장에 이끌리는 정서 등이었다. 볼셰비키를 비롯한 많은 사람들에게 코르닐로프의 급속한 패배가 모든 사회주의 그룹들이 함께 일할 수 있을 가능성이 높다는 점을 확인해준다고 보였음이 분명하다. 연구에 필요한 이런 전형적인 성명서는 간행된 문서집이나 당대의 신문에서 워낙 많이 구할 수 있고 다른 종류의 증거들이 확실하게 보강해주므로, 이 무렵에 어떤 식으로든 정치적 의사를 표현한 페트로그라드의 노동자와 병사와 발트해 함대 수병들은 이러한 정서를 거의 보편적으로 공유했다고 말해도 괜찮다.

8월 31일 오후 늦게 모인 전러시아 소비에트 집행위원회 위원들은 바로 이 같은 압력을 받으며 정부 문제를 검토했다. 9월 2일 이른 아침까지 휴회가 계속된 이 회의는 소비에트 지도부가 1917년 2월과 10월 사이에 연 가장 중요한 회의들 가운데 하나로 꼽을 만하다. 어쨌든 이 회의는 10월의 날들 이전에 멘셰비키와 사회주의자혁명가들이 자유주의자들과 관계를 끊고 혁명의 진로를 확 바꿨을지도 모를 훨씬 더 급진적인 정책을 채택할 뻔한 순간이었다고 보인다.

토의 초기에 카메네프는 내용과 어조에서는 온건한 편이기는 해도 예전의 소비에트 정책과는 단호하게 근본적으로 관계를 끊자고 주장하는 〈권력에 관하여〉라는 포괄적 정치 성명서를 내놓았다.[18] 카메네프가 손수 작성한 이 정치 성명서는 볼셰비키 당중앙위원회가 전러시아 소비에트 집행위원회와 페트로그라드 소비에트 내 볼셰비키 대의원단 대표들과 함께한 별도의 사전 회의에서 미리 승인을 받았다. 성명서는 "타협"과 "무책임"의 정책을 직설적으로 비판하면서 시작되었다. 이러한 정책 탓에 "최고사령부와 국가 권력 기구가 혁명을 노리는 음모의 근원지와 도구가 되어버릴 가능성이 생겼다"는 것이었다. 성명서는 입헌민주당원과 유산층의 대표자를 정부에서 모조리

레프 카메네프. 8월 31일 전러시아 소비에트 중앙집행위원회 회의에 카메네프가 제출한 "권력에 관하여"라는 성명서는 이전의 소비에트 정책과 완전하게 결별하는 내용이었고, 페트로그라드 노동자와 병사의 정치적 열망을 간결하게 정식화한 것이었다. 이 성명서는 소비에트의 정치 강령으로 채택됐다.

몰아내라고 요구했으며, 민주 세력이 선택할 수 있는 단 하나의 실행 가능한 진로는 "혁명적 프롤레타리아와 농민의 대표"로 이루어지고 "민주공화국" 선포를 첫째 과제로 삼을 거국 정부를 세우는 것이라고 단언했다. 이 새로운 정부가 해야 할 다른 기본 과제는 지주 토지를 무상 몰수해서 헌법제정회의가 열리기 전에 농민위원회에 넘겨주고 공업 생산에 대한 노동자 관리를 선언하고 주요 공업 부문을 국유화하고 모든 교전국이 한꺼번에 체결하는 민주적 강화조약을 제안하는 것일 터였다. 결의문은 즉시 이행해야 할 조처로 노동계급과 그 조직들에 가하는 탄압을 모두 중지하고 전선에서 사형제를 폐지하며 민주주의 조직이 군대 안에서 정치 선동과 활동을 할 완전한 자유를 복구할 것을 요구했다. 그리고 군부의 반혁명적 사령관들을 숙청하고 러시아에 거주하는 소수 민족의 자치권을 인정하고 헌법제정회의를 즉시 소집하고 모든 신분 특권을 폐지하라는 요구도 들어 있었다.

결의문이 프롤레타리아와 빈농의 독재보다 민주공화국을 세울 혁명정부의 수립을 강조한 것은 분명 카메네프의 솜씨였으며, 혁명의 발전과 관련해서 온건 볼셰비키가 시종일관 견지한 실용주의적 견해가 정확히 반영된 사례였다.[19] 동시에 카메네프의 성명서는 코르닐로프 사태를 겪은 직후에 표현된 페트로그라드 노동자와 병사의 정치적 열망을 간결하고 힘차게 정식화한 것이었다. 카메네프는 결의문을 전러시아 소비에트 중앙집행위원회에 제출하면서 코르닐로프와 맞서 싸우는 동안 출현했던 혁명 세력의 통일 전선을 유지하자고 호소했다. 그는 위기 동안 "진정으로 민주적인 모든 인자들을 결합한 시멘트 역할을 한" 소비에트의 결정적 역할을 유달리 강조하면서 "그 어느 누구도 지금 이 순간 소비에트보다 더 강력한 조직이 존재한다고 말할 수 없을 것"이라고 주장했다.

카메네프가 내놓은 정책 성명서를 일반적으로 정치 권력을 소비에트에 넘기라고 호소한 것으로 해석한 데 반해 카메네프 자신은 명목상으로는 소비에트의 일부가 아닌 노동조합, 젬스트보, 시의회, 협동조합 같은 "민주적" 기구의 대표들을 포함할 사회주의 내각의 가능성을 명백하게 상정하면서 정치 권력을 소비에트에 넘기라고 고집하지 않았다는 점에 주목하는 것이 매우 중요하다. 카메네프는 글을 맺으면서 다음과 같이 평했다. "볼셰비키 대의원단은 기술적 측면이 아니라 이 정부를 구성할 세력들에 관심이 있다. 그들이 현재의 과제를 똑같이 이해하고 민주 세력과 보조를 맞출 수 있을까?"[20]

소비에트 집행위원회 회의는 예전에 일정이 잡혀 있던 페트로그라드 소비에트 회의와 겹치기 때문에 카메네프의 결의문을 표결에 부치지 않은 채 7시 30분에 휴회했다. 정부 문제를 둘러싼 추가 논의는 이튿날 저녁까지 보류되었다.

그 다음에 카메네프의 결의문은 8월 31일에 열린 페트로그라드 소비에트 심야 회의[21]에 제출되었다. 열흘 만에 처음으로 열리는 회의였다. 페트로그라드 소비에트의 정치적 입장은 8월 한 달 내내 좌경화하고 있었다. 이것은 현 정치 상황을 바라보는 현직 대의원들의 우려가 커졌고, 3월과 4월에 뽑힌 온건 성향의 대의원들이 소환당하고 더 전투적인 공장 대표와 수비대 대표로 교체되면서 소비에트 구성이 바뀌었다는 두 가지 사실이 반영된 결과였다.[22] 이러한 변화는 곧바로 8월 31일에 뚜렷해졌다. 논의는 최근의 정치 사태에 관한 보고로 시작되었다. 멘셰비키 당원인 보리스 보그다노프(Boris Bogdanov)가 대반혁명인민투쟁위원회가 최근까지 벌인 활동을 대의원들에게 설명했다. 청중의 분노와 성마름에 대응해서, 보그다노프는 좌익을 강화하고 결집하고 정부가 코르닐로프와 타협하지 못하도록 막은 인민투쟁위원회의 노력에 초점을 맞추었다. 코르닐로프를 무력화하고 케렌스키를 다루는 데에서 인민투쟁위원회가 발휘한 위력을 지적할 때마다 대의원들은 박수갈채를 터뜨렸다.

신정부 문제에서는 체레텔리가 내각에 입헌민주당을 끼어주는 것이 어렵다는 것을 공개적으로는 처음으로 인정했다. 그러나 그는 아주 강한 어조로 다른 부르주아 그룹 대표들과 맺는 연립은 옹호했다. 그는 민주 세력 단독으로는 경제 붕괴에 대처할 힘이 없으며 그렇게 되면 반혁명에 유리할 것이라고 주장했다.

체레텔리의 발언은 시끄러운 항의와 야유 탓에 자주 끊겼고, 그래서 의장인 치혜이제가 자극을 받아 급기야는 퉁명스레 "아직도 소비에트에는 질서를 깨뜨리는 자들을 문 밖으로 내쫓을 힘이 있습니다"라고 말했다. 이와 대조적으로, 카메네프는 자기의 정치 성명서를 제출하고 앞서 소비에트 집행위원회에서 했던 대로 연립 정책을 다시 공격했을 때 열띤 갈채를 받았다. 스테클로프가 카메네프와의 연대를 밝히자 대의원들이 자리에서 벌떡 일어나기도 했다. 사회주의자혁명가당 대변인인 볼디료프(Boldyrev)는 소비에트 집행위원회가 새로운 내각을 구성해야 한다고 제안함으로써 예전의 온건 사회주의 정책과 관계를 끊었다. 볼디료프는 그 같은 정부가 비록 입헌민주당은 아니더라도 일부 부르주아 그룹의 대표들을 포함할 수도 있으며 "임시혁명의회"에 책임을 질 것이라고 명시한 결의문을 제출했다. 그러나 이러한 타협조차 냉담하게 받아들여졌다.

사회주의자만으로 이루어지는 정부 수립을 놓고 열띤 찬반 토론이 몇 시간 동안 더 벌어진 뒤 9월 1일 오전 5시에 대의원들은 사회주의자혁명가당 결의안을 부결하고 카메네프가 내놓은 성명서를 정치 강령으로 채택했다. 카메네프의 성명서를 투표에 부친 결과 찬성 279표, 반대 115표, 기권 51표가 나왔다. 볼셰비키가 거둔 성공의 의의를 평가할 때, 이때 출석해서 투표한 대의원 수가 페트로그라드 소비에트 전체 성원 가운데 비교적 적은 일부였다는 데 주목할 필요가 있다. 이것은 적어도 얼마간은 전투적인 대표 다수가 아직 소속 연대에서 근무하면서 코르닐로프에 맞서 수도를 지키고 있었기 때문이다. 조직상으로는 볼셰비키에 충성하지 않는 멘셰비키당과 사회주의자혁명가당의 좌파 평당원 다수가 이 문제에서는 볼셰비키 편에 섰다는 것도 사실이다. 그렇다고 하더라도, 앞서 시사했듯이, 페트로그라드 소비에트의 8월 31일 표결은 대의원들의 성향에 점진적이지만 결코 무시할 수 없는 좌경화 경향이 일어났음을 반영했다.

이와 관련해서는 3월 2일에 페트로그라드 소비에트에서 임시정부의 권력 접수에 반대하는 볼셰비키의 결의문이 겨우 19표를 받았던 반면, 조건부 정부 지지를 약속하는 멘셰비키-사회주의자혁명가 공동결의문은 400표를 끌어모았다는 점을 기억할 필요가 있다. 페트로그라드 소비에트 성원 수가 그 총원 수에 더 근접한 4월 2일에 — 사실상 전쟁에 대한 국민투표인 — 자유공채 구매 운동의 승인에 반대하는 볼셰비키 결의문이 112표를 얻은 반면, 운동을 지지하는 멘셰비키-사회주의자혁명가 결의문은 2,000표를 얻었다. 한달 뒤에 4월 위기의 여파 속에서 대의원들이 사회주의자의 내각 참여 여부를 정해야 했을 때, 참여에 반대하는 볼셰비키 결의문에 찬성 투표한 대의원이 100명인 반면, 멘셰비키-사회주의자혁명가는 2,000표를 굳게 지켰다. 7월사태 직전에 대중의 볼셰비키 강령 지지도가 올랐으며, 이것이 페트로그라드 소비에트에 반영되는 데에는 한계가 있었다. 그리하여 케렌스키의 공세를 승인하는 온건 사회주의자들의 결의문은 6월 20일에 반대 271표와 기권 39표를 얻었다.[23] 그러나 어떤 정치 쟁점을 두고 출석한 대의원의 확실한 과반수가 볼셰비키에 찬성표를 던지는 사건은 8월 31일 회기에서 처음으로 일어났다.

카메네프 결의문의 채택은 최우선 사항과 목표가 근본적으로 재조정되었음을 나타내주는 것인데, 이로써 페트로그라드 소비에트 지도부 전체의 재편성이 불가피해졌다. 이 재편성은 혁명의 발전에 결과적으로 굉장히 중요한 요인이었다. 그러나 페트로그라드 소비에트의 직접적 권위가 수도에 국한되었으므로 단기적으로는 전러시아 소비에트 집행위원회가 아직도 정부 문제에 확실한 입장을 정하지 않았다는 것이 당연히 훨씬 더 중요했다. 이제 정부의 운명은 전러시아 소비에트 집행위원회의 손에 있었다.

전러시아 소비에트 집행위원회는 9월 1일 저녁 늦게 정부 문제에 관한 토론을 재개했다.[24] 이 무렵에 케렌스키가 총재정부 수립을 선언했다. 그러나 페트로그라드 소비에트에서 볼셰비키의 결의문이 통과된 데서 드러나듯이 소비에트 정책을 재조정하라는 대중의 열망과 케렌스키가 총재정부 구성을 발표함으로써 소비에트 집행위원회에 총재정부 수립을 기정사실로 못 박았다는 사실에도 불구하고, 온건 사회주의자들이 현 정권과 완전히 관계를 끊기를 계속 내켜하지 않는다는 것은 처음부터 확실했다. 스코벨레프와 보그다노프를 비롯한 주요 멘셰비키와 사회주의자혁명가들이 줄지어 나와 볼셰비키의 입장에 반대하는 연설을 하고 적어도 민주협의회(Demokraticheskoe soveshchanie)까지는 현 정부를 지지해야 한다고 주장했다.

우파 멘셰비키 당원인 마르크 리베르는 "입헌민주당은 마차에서 떨어졌습니다만, 여러분이 그 마차에 홀로 남지 않도록 조심하십시오!"라고 말하며 민주 세력이 혼자 힘으로 해낼 수 있으리라는 바로 그 생각을 비웃었다. 압크센티예프는 사실상 총재정부를 환영하고 할 수 있는 모든 방법으로 총재정부를 지지해 달라고 부탁했다. 체르노프는 입헌민주당이 포함된 정부에 사회주의자혁명가는 동참하지 않겠다고 힘주어 말했다. 그러나 그는 다른 부르주아권의 대표들과 함께 연립정부를 구성할 가능성은 부정하지 않았다. 세르게이 즈나멘스키(Sergei Znamenskii)도 트루도비키를 대표해서 연립의 원칙을 옹호하며 "민주 세력은 내각을 사회주의자로만 구성하겠다고 나서면 안 됩니다. …… 입헌민주당 말고도 우리와 손을 맞잡고 갈 수 있는 사회, 정치 세력이 있습니다"라고 주장했다.

볼셰비키를 빼면 마르토프만이 훨씬 더 급진적인 입장에 섰다. 그는 민주적 의회에 책임을 지고 사회주의자로만 구성되는 내각을 지지했다.

랴자노프와 카메네프는 온건 사회주의자들을 반박하려고 노력했다. 앞서 스코벨레프가 한 발언에 관해 랴자노프는 다음과 같이 말했다.

이 회의장에서 페트로그라드가 러시아 전체는 아니라는 말이 나왔지만, 지방은 페트로그라드를 지켜보고 있습니다. 반혁명의 목을 매달 때 광범위한 인민층에서 지지를 얻으리라는 것을 우리는 의심하지 않습니다. 입헌민주당과의 연립을 거부한다면, 우리에게는 지금 밝혀진 대로 황색 언론을 키워 온 상공업계와 금융계가 남을 것입니다. …… 소비에트가 러시아의 과반수를 대표한다는 점을 생각할 때입니다. …… 소비에트에 책임을 지면서 가장 빠른 시일 안에 러시아에서 헌법제정회의를 소집할 임시정부를 소비에트가 선택하게 합시다. 오직 헌법제정회의만이 강화를 체결하고 필수적 개혁을 모두 이행하고 우리를 사회주의 체제로 이끌고 갈 수 있습니다.

카메네프는 카메네프대로 총재정부 수립 발표를 언급하면서 소비에트 집행위원회가 "케렌스키에게 한 방 얻어맞았으며, 그 의의가 완전히 사라졌다"고 푸념한 다음 계속해서 다음과 같이 말했다. "나는 여러분이 코르닐로프의 타격 못지않게 이 타격에도 결연히 반발하기를 바라고 있습니다. …… 우리에게 선포된 정부, 이것은 케렌스키를 위한 정부입니다. …… 소비에트 중앙집행위원회는 완전한 개인 독재 정권의 출현을 그 구성 방식에서, 그리고 최신의 임시정부에서 찾아내면서 사실상 혁명 정부는 오로지 결의문에서 언급한 방도를 따라서만 세워질 수 있다고 말합니다."

이 주장을 반박하려고 체레텔리가 "이 대회(민주협의회)가 열리는 순간에 민주 세력은 하나가 될 것입니다. 만약 나라에 활력 있는 세력이 우리밖에 없다고 밝혀진다면, 우리가 권력을 잡겠습니다"라고 말했다. 이것은 체레텔리와 그 지지자들이 사회주의자로만 정부를 구성할 가능성을 인정한 것이나 다를 바 없었다.

진이 다 빠진 대의원들이 9월 2일 아침 이른 시각에 표결에 들어가 볼셰비키와 멘셰비키 국제주의자 양자의 선언문을 버리고 멘셰비키와 사회주의자혁명가들이 합동으로 내놓은 결의문을 채택했다. 승인받은 결의문은 정부 문제에 관한 최종 결정을 내리도록 민주협의회를 빨리 소집할 필요성을 인정하는 한편, 케렌스키가 구성한 현 정권을 계속 지지해 달라고 요청했다.[25]

총재정부에 일시적으로 찬성한다는 소비에트 집행위원회의 결정은 돌이켜보면 극히 파멸적인 행보로 보이기는 하지만, 온건 사회주의자들이 달리 행동하기란 분명 무척이나 어려웠을 것이다. 멘셰비키와 사회주의자혁명가들이 볼셰비키가 내놓은 방침을 지지하려면 지난 여섯 달 동안 자기들이 펴 온 정책을 버리고 모든 계급을 대표하는 민주 정부를 수립한다는 이상을 포기하지 않으면 안 되었을 것이다. 그 방침을 지지한다는 것은 새로운 정치 체제를 구성해서 민간 질서를 유지하고 경제를 운영하고 없어서는 안 되는 식량과 연료와 용역을 제공하고 즉각적인 사회 개혁과 강화를 바라는 대중의 거세지는 요구를 들어줄 책임을 기꺼이 떠맡을 용의가 있다는 뜻이었을 것이다. 게다가 볼셰비키 결의문 채택은 온건 사회주의자들이 군부뿐만 아니라 자유주의 정치 지도자, 기업가, 대지주의 도움을 받지 않고, 사실은 그들의 일정한 반대를 무릅쓰고 이 과업을 수행할 태세가 되어 있다는 표시가 되었을 것이다. 끝으로, 멘셰비키와 사회주의자혁명가들이 카메네프와 랴자노프가 웅변적으로 주장한 대로 볼셰비키와 연합한다는 것은 좀처럼 믿음이 가지 않는 세력과 동맹을 맺는다는 뜻이었을 것이다. 볼셰비키의 정치 목표는 자유주의 부르주아의 정치 목표보다 그들의 정치 목표에 잘 들어맞지 않을 때가 더 많았던 것이다. 독일의 군사적 위협과 만연된 사회·경제 혼란과 더불어 볼셰비키가 보인 지난 행태를 감안한다면, 멘셰비키와 사회주의자혁명가의 주류가 이제는 케렌스키를 거의 한결같이 경멸하면서도 즉시 정부를 바꾸라는 대중의 압력에 왜 저항했는지를 이해하기가 아마 그리 어렵지 않을 것이다.

코르닐로프 사태를 겪은 뒤의 정치적 결과는 굉장했다. 당연히 우익운동은 당분간 지리멸렬했다. 우익의 총아 코르닐로프는 모길료프에서 가택 연금된 상태였다. 입헌민주당은 코르닐로프 사태 이전과 사태가 일어나는 동안에 한 행동 때문에, 어느 정도는 부당한 것이었지만, 코르닐로프와 결탁했다는 의심을 널리 샀다. 그들은 코르닐로프 사태 직후에 일시적으로 내각에서 배제되었고 심한 비난을 받았으며 사기가 뚝 떨어졌다. 밀류코프와 코코시킨은 "마치 체포를 피하려는 양" 크림(Krym)으로 떠났고, 마클라코프는 프랑스 대사가 되었으며, 다른 많은 입헌민주당원은 시골에 있는 다차에 틀어박혔다. 입헌민주당의 정치는 사실상 완전히 파멸했다.[26]

멘셰비키와 사회주의자혁명가당의 상태도 결코 더 낫지 않았다. 향후 정부의 성격과 구성을 둘러싸고 내부에서 벌어진 논쟁 탓이었다. 당시의 주요 정치 쟁점을 보는 근본적 차이가 9월 4일에 열린 소비에트 중앙집행위원회 사무국 회의에 참석한 멘셰비키 지도자들 사이에서 유난히 뚜렷하게 나타났다. 9월 중순에 열릴 예정인 민주협의회 목표를 두고 치열한 논쟁을 벌이던 중에 방위론자인 보그다노프가 "민주주의자"로만 이루어지는 정부의 구성을 옹호하면서 멘셰비키 국제주의자인 마르토프와 수하노프에 가세했다. 보그다노프는 민주주의를 위해 곧 열릴 민주협의회를 헌법제정회의로 전환해야 하며 헌법제정회의에서 구성되는 정부는 민주협의회에 책임을 져야 한다고 주장했다.

이 같은 생각은 치헤이제 전러시아 소비에트 중앙집행위원회 의장에게는 얼토당토않은 것이었다. 리베르와 더불어 치헤이제는 향후 모든 정부뿐만 아니라 민주협의회에 적어도 유산 계층의 대표 일부를 포함하는 것이 중요하다고 강조했다. 단과 체레텔리는 민주협의회의 1차 목적이 정부 문제에 최종 해결책을 내놓는 것임을 인정하고 그 문제에 관해 민주협의회가 어떤 결정을 내리든지 그 결정에 따를 태세가 되어 있음을 밝힘으로써 보그다노프파와 치헤이제파 사이에서 중간 입장을 취했다. 개인적으로는 연립을 선호한 체레텔리는 협의회에 대표를 보낼 모든 "민주주의" 그룹의 회의가 더 빨리 소집되지 못했다는 점에 유감을 표하고는 "소비에트 권력을 택할 경우 우리는 나쁜 결과를 당할 수 있습니다"라고 덧붙였다.[27]

이때 사회주의자혁명가들도 비슷한 논쟁으로 사분오열되고 있었다. 따라서 압크센티예프가 이끌었으며 아직 영향력을 유지하고 있던 사회주의자혁명가당 보수파는 입헌민주당을 비롯해서 광범위한 계층을 대표하는 연립정부를 유지해야 한다고 고집한 반면, 체르노프 전 농업부 장관은 입헌민주당과는 관계를 완전히 끊기를 바랐다. 그러나 체르노프는 입헌민주당을 빼고 의미 있는 개혁 강령을 실현하는 일에 사회주의자들과 기꺼이 협력하고자 하는 부르주아 대표를 내각으로 끌어들인다는 희망을 많은 멘셰비키 우파와 함께 공유하면서 정부를 사회주의자로만 구성한다는 생각에는 똑같이 반대했다.[28] 한편 체르노프의 왼쪽에는 점점 목소리를 높이고 강력해지는 사회주의자혁명가당 좌파가 있었고, 이 분파는 당시 거의 독립 정당이 되어 부르주아와 어떤 종류의 연립도 완강히 거부했다. 9월 둘째 주 동안 사회주의자혁명가당 좌파는 페트로그라드의 지역 사회주의자혁명가당 위원회에 대한 통제권을 획득했다.[29] 동시에 사회주의자혁명가당 좌파는 소비에트 전국 대회를 소집하고 민주주의에 책임을 지는 동질적 사회주의 정부를 세우자는 운동을 벌이기 시작했다.[30] 올리버 라드키의 말을 빌리자면, 사회주의자혁명가당 조직은 "최종 해체 단계에 들어갔다."[31]

7월 초순 이후로 케렌스키가 정부의 권위를 되찾고 군대를 강화하는 일에서 이룬 보잘것없는 성공 모두가 코르닐로프 사건 탓에 엉망진창이 되었다는 것은 놀라운 일이 아니다. 이제는 확연하게 더 급진적인 관점으로 돌아선 소비에트는 위기를 헤쳐 나오면서 대중 사이에서 인기가 엄청나게 높아졌다. 혁명 러시아는 경합하는 풀뿌리 정치 조직과 혁명위원회들로 이전 그 어느 때보다도 더 포화 상태에 이르렀다. 노동자의 투쟁성과 조직성이 더 높아졌고, 상당히 많은 노동자가 무기를 손에 넣었다. 동시에 군대 안의 민주위원회들이 코르닐로프 사태에 맞서 병사들을 조직하는 일에서 주도적 역할을 한 덕분에 다시 활기를 띠었다. 페트로그라드 수비대 안에서 수많은 연대위원회의 통제권이 온건 분자들에게서 볼셰비키의 손으로 넘어갔다.[32] 장교들이 아직 부대원들 사이에서 누렸던 모든 도덕적 권위가 코르닐로프 사태를 겪으면서 크나큰 상처를 입었다. 9월 전반기 동안 많은 부대에서 반혁명적 생각을 품고 있다는 의심을 받은 장교들이 두 번째로 숙청당한 한편, 심지어 극히 단순한 명령의 집행조차 아주 어려워졌다.[33]

정부는 이러한 사태 전개를 되돌리려고 애썼다. 이를테면 9월 1일에 케렌스키가 부대원 사이에서 벌어지는 정치 행위를 중지시키라는 지령을 전체 군사령관, 지도위원, 군조직에 내렸지만, 이 명령은 눈에 띌 만한 효과를 보지 못한 듯하다. 사흘 뒤에 케렌스키가 대반혁명인 민투쟁위원회를 비롯해서 코르닐로프 위기 동안에 세워진 특별혁명위원회를 모두 해체하라는 포고령을 발표했다.[34] 이 포고령은 케렌스키와 소비에트 지도부 사이의 관계가 틀어지는 데 이바지했을 따름이다. 포고령이 공표되자마자 인민투쟁위원회는 회의에 들어가서 (이것은 두말할 나위 없이 시민 불복종 행위였다.) 공들여 고른 낱말로 상황이 아직 위험하다는 점을 고려해서 모든 지역 혁명위원회가 예전처럼 끈기 있게 정력적으로 계속 활동하리라는 자신감을 표현하는 결의문을 채택했다.[35]

정부가 이러한 곤경에 대처하려고 헛수고를 하는 동안, 경제는 계속 빠른 속도로 붕괴했다. 페트로그라드에서 실업 문제, 식량과 연료 부족, 인플레이션이 훨씬 더 심각해졌다. 게다가 이 시기에 케렌스키

우유를 사려고 주전자를 든 채 길게 줄 선 페트로그라드의 여성들. 케렌스키가 정부의 권위를 되찾고 군대를 강화하는 일에 헛수고하는 동안, 경제는 계속 빠른 속도로 붕괴했다. 페트로그라드에서 실업, 식량·연료 부족, 인플레이션이 훨씬 더 심각해졌다.

의 개인적 평판이 사실상 완전히 땅에 떨어졌다. 패한 우익은 케렌스키가 개인적 야심이나 용기 부족 때문에 코르닐로프를 배반했다고 보았다. 한편 좌익과 페트로그라드의 노동자·병사 대중에게 케렌스키는 반혁명의 본질적 일부였다. 이때 북부 전선 지도위원이었던 보이틴스키는 귀중한 미간행 회고록에서 이런 요인에 관심을 집중해서, 모든 병사들이 케렌스키와 코르닐로프가 갈등을 빚기에 앞서 둘 사이에 협상이 있었으며 이 협상에서 사형제를 부과하고 병사 위원회를 제어하고 장교에게 권한을 되돌려주는 것, 요컨대 "구체제" 방식으로 복귀하는 문제가 논의되었음을 알고 있었다고 술회했다. 따라서 일반 병사들에게 코르닐로프 사건은 병사들과 혁명에 맞서 군 최

고사령부와 케렌스키가 꾸민 음모로 보였다.[36]

1917년의 권력 경합자들 사이에서 볼셰비키가 코르닐로프 사건의 승자였다는 점은 명백했다. 코르닐로프의 패배는 좌익의 거대한 잠재력을 입증해주었으며 볼셰비키 강령이 지닌 엄청난 매력을 다시 한 번 보여주었다. 그러나 혹자가 그러듯이 코르닐로프의 패배로 레닌의 승리가 불가피해졌다고 주장하는 것은 문제가 많아 보인다. 대중의 분위기는 볼셰비키 정부를 바라는 정서를 반영한다는 의미에서 딱 집어서 볼셰비키적이지는 않았다. 코르닐로프 사태 이후에 쏟아져 나온 정치결의문이 드러내주듯이, 페트로그라드의 병사, 수병, 노동자 들은 그 어느 때보다도 모든 사회주의 인자를 결합하는 소비에트 정부의 수립이라는 목표에 더 이끌렸다. 그들이 보기에 볼셰비키는 소비에트 권력, 즉 소비에트 민주주의의 상징이었다. 어쨌든 7월봉기와 이후의 반동은 대중의 분위기에 의존하는 행위가 얼마나 위험한지를 보여주었다. 게다가 2월혁명 이후의 당의 전체 역사는 볼셰비키 대오 안에 있는 강령상의 불협화음과 활동의 비조직성의 잠재성을 시사해주었다. 따라서 이 시점에서는 당이 권력을 잡는 데 꼭 필요한 의지의 힘과 조직상의 규율, 그리고 유동적이고 자칫 폭발할지 모르는 현 상황의 복잡성을 놓치지 않고 간파하는 감각을 어떻게 찾아낼지는 아직도 많은 부분에서 미해결 문제였다.

10장

"모든 권력을 소비에트로!"

레닌은 결정적이던 8월의 이 마지막 며칠 동안 핀란드 수도인 겔싱포르스에 잠적해 있었다. 1809년 이후로 러시아 제국의 일부였던 핀란드에서는 차르 체제가 무너진 뒤에 일어난 소요가 민족적 열망으로 복잡해지고 극심해졌다. 겔싱포르스는 볼셰비키가 유난히 활동적이고 영향력이 강한 발트해 함대의 주기지이기도 했다. 러시아 다른 곳처럼 핀란드에서도 1917년 늦여름과 초가을에 정치·사회적 반목이 깊어지고 인민의 극좌파 강령 지지도가 급격히 올라갔다. 9월 9~12일에 겔싱포르스에서 열린 제3차 핀란드 지역 육해군·노동자 소비에트 대회에서 상설 집행위원회(핀란드 지역 육해군·노동자 집행위원회)를 선출했는데, 볼셰비키와 사회주의자혁명가당 좌파가 대부분이었다. 위원장은 초급진적인 볼셰비키 당원인 이바르 스밀가였는데, 위원회는 스스로를 핀란드의 최고 정치 권위 기관으로 선포했다.

레닌은 겔싱포르스에 머무는 동안 이 지역의 사회민주당 지도자들과 약간 접촉했다. 레닌은 핀란드에서 좌익의 힘이 강하고 정치 상황이 점점 폭발성을 띠어 가는 것을 보면서 전반적으로 혁명의 향후 발전에 관한 생각을 가다듬는 데 도움을 받은 듯하다. 그러나 대체로 레닌은 여전히 페트로그라드의 혁명 정치에 몰두해 있었다. 레닌은 8월 9일에 라즐리프에서 핀란드로 옮긴 뒤 곧바로 당중앙위원회와 그런대로 확실하게 연락했을 뿐만 아니라 페트로그라드에서 신문이 배달되도록 했다. 신문은 대개 발행일 다음날 저녁쯤에 도착했다. 레닌은 뉴스를 탐독하고 검토하는 한편,《국가와 혁명》을 마무리하고

볼셰비키 신문에 실을 정치 평론을 쓰는 데 시간을 할애한 듯하다.[1]

레닌은 코르닐로프가 페트로그라드를 위협하고 있다는 것을 8월 28일에 처음 알았다. 그는 위기 진전에 관한 상세한 기사가 실린 28일자 신문을 29일 저녁에야 비로소 손에 넣었다. 심지어 이때까지도 레닌은 볼셰비키의 〈노동자〉를 받아보지 못했고, 따라서 당의 행동을 거의 모르는 상태였다. 그런데도 30일 아침에 그는 페트로그라드에서 올 다음 소식을 애타게 기다리면서 당중앙위원회에 보낼 전술 관련 권고사항을 정식화하는 편지의 초안을 작성했다. 이 문건은 혁명의 발전에 관한 레닌의 견해에 잠시나마 상당한 변화가 일어났음을 어렴풋이 보여주었다. 레닌이 우익 독재의 위협에 맨 처음 보인 반응은 현 정치 상황이 급작스레 근본적으로 바뀌었으며 따라서 당의 전술도 수정해야 하리라는 것이었다. 그는 모스크바 국정협의회 동안에 했던 행동과는 달리 반혁명 음모에 관한 소문을 더는 "숙고 끝에 나온 멘셰비키와 사회주의자혁명가들의 계략"으로 일축하지 않았다. 레닌은 대신에 볼셰비키에게 대코르닐로프 투쟁에 가세하라고 촉구했다. 그는 당원들이 방위 준비에서 다수파 사회주의자들과 얼마나 긴밀하게 협력해도 되느냐는 결정적 문제에는 입을 다문 채 볼셰비키가 케렌스키를 직접적으로 지지해서도 안 되고 당분간은 그를 쓰러뜨리려고 해서도 안 된다고만 경고했다. 오히려 볼셰비키는 모든 기회를 이용해서 케렌스키의 약점과 단점을 드러내야 하며 밀류코프를 체포하고 노동자를 무장하고 해군 부대를 페트로그라드로 불러들이고 국가 두마를 해산하고 농민에게 토지를 주는 것을 입법화하고 공장에 노동자관리를 도입하는 것 같은 "부분적 요구 사항"을 이행하도록 정부를 압박해야 한다는 것이었다.

코르닐로프와 싸우기 위해 다른 그룹들과 협조하는 것을 묵인하고 "부분적 요구 사항"을 이행하라고 압박해야 한다고 강조하는 것은 볼셰비키는 멘셰비키와 사회주의자혁명가들과 거리를 두어야 하며 당의 1차 과제는 가장 빠른 시일 안에 프롤레타리아의 직접적 권력 장악을 조직하는 것이라는 레닌의 예전 주장에서 벗어난 이탈이었다. 앞서 살펴본 대로, 이것은 바로 페트로그라드 당원 대다수가 8월의 마지막 며칠 동안 취한 입장과 같았다. 레닌이 그들의 행동 방침을 예기치 않게 승인했음은 그가 페트로그라드로부터 〈노동자〉한 부를 비롯한 새 신문 한 뭉치를 받은 뒤 30일 저녁 늦게 당중앙위원회에 보내는 편지에 덧붙인 추신에 반영되었다. 레닌은 "이 글을 쓴 뒤에 〈노동자〉여섯 호를 읽어보니 우리 견해가 완전히 일치했다고 말할 수밖에 없습니다"라고 덧붙였다.[2]

코르닐로프 사건이 터진 뒤 레닌의 생각에 일어난 변화는 그가 9월 1일에 쓰고 이틀 뒤 페트로그라드에 접수된 〈타협에 관하여〉라는 글에서 더욱 더 뚜렷하게 나타났다. 사실상 이 글은 레닌이 제6차 당대회에 보낸 지령의 밑바탕이 되는 주요 가정에서 물러났다고밖에는 달리 해석하기 어렵다. 그 주요 가정이란 혁명 기구로서 소비에트는 소멸했고 멘셰비키와 사회주의자혁명가들은 돌이킬 수 없이 파산했으며, 반드시 무력으로 권력을 장악해야 한다는 것이었다. 레닌은 케렌스키의 뚜렷한 취약성과 고립에 힘을 얻고 소비에트가 코르닐로프에 맞선 투쟁에서 보여준 힘에 깊은 인상을 받고 멘셰비키와 사회주의자혁명가들 사이에서 입헌민주당과 계속 협력하는 데 대한 반감이 눈에 띄게 커지는 데 이끌려, 이제 당 온건파가 줄곧 주장해 온 7월사태 이전의 "평화적" 전술 강령으로 되돌아갈 수 있다고 인정했다. 특히 레닌은 다수파 사회주의자들과 타협하라고 제안했다. 그가 말하는 타협은 대충 다음과 같았다. 당분간 볼셰비키는 프롤레타리아와 빈농의 대표로 이루어지는 정부에 권력을 넘기라는 요구를 버리고 "모든 권력을 소비에트로!"라는 7월사태 이전의 슬로건으로 공식적으로 되돌아간다. 그러면 멘셰비키와 사회주의자혁명가들이 권력을 장악해서 소비에트에 책임을 지는 정부를 만든다. 러시아 전역에 있는 지역 소비에트로 정치 권력이 넘어간다. 볼셰비키는 정부 밖에 남고 볼셰비키의 독자 강령을 위해 투쟁할 자유를 완전히 보장받는다. 본질적으로 〈타협에 관하여〉는 만약 멘셰비키와 사회주의자혁명가들이 부르주아와 관계를 끊는다면 무력 사용을 삼가고 대신에 소비에트 안에서 정치적 방법으로 권력 경쟁을 할 의사가 있음을 표현한 것이었다. 레닌은 이제 이 같은 방침으로 "러시아 혁명 전체의 평화로운 전진, 그리고 전 세계의 운동이 평화와 사회주의의 승리를 향해 성큼성큼 나아갈 아주 좋은 기회를 확보할 것임이 너무나도 명백하다"고 주장했다.

레닌은 9월 3일에 〈타협에 관하여〉를 페트로그라드로 막 보내려던 참에 총재정부가 수립되었고 온건 사회주의자 대다수가 사회주의자로만 구성하는 정부를 인가하기를 근본적으로 꺼리고 오히려 입헌민주당을 배제한 부르주아 대표들과 함께 새로운 연립내각을 구성하려고 애쓰고 있음을 알았다. 레닌은 이 보도의 영향을 받아 〈타협에 관하여〉에 짤막한 추신을 덧붙였다. 여기서 그는 비관적으로 다음과 같이 평했다. "나는 토요일자 신문과 오늘 일요일자 신문을 읽고 속으로 이렇게 말했습니다. 어쩌면 타협을 제안하기에는 이미 늦었을지도 몰라. 어쩌면 평화로운 발전이 아직 가능했던 며칠도 역시 지나가버렸는지도 몰라. 그래, 그날들은 이미 지나가버린 게 틀림없다니까."[3]

그러나 레닌은 심지어 이때에도 평화적 진로의 가능성을 머릿속에서 완전히 떨쳐내지는 않았다. 향후 정부를 둘러싸고 멘셰비키와 사회주의자혁명가 대오 안에서 지속되고 널리 보도된 논쟁, 그리고 이를테면 코르닐로프 위기 동안에 만들어진 혁명위원회를 해체하려는 정부의 시도에 대반혁명인민투쟁위원회가 보여준 강력한 저항에 반영된 것처럼 케렌스키와 소비에트 온건 사회주의자 지도부 사이의 곪아터진 반감 때문에, 9월 첫주와 전반기 동안 적어도 얼마간은 레닌은 분명히 가능한 "타협"에 관심을 기울이고 있었다. 어쨌든 레닌은 이 시기에 잇달아 나온 기사 세 편 〈혁명의 과제〉, 〈러시아 혁명과 내전〉, 〈혁명의 근본 문제 하나〉에서 온건파와의 타협 가능성과 혁명의 비폭력적 발전이라는 문제로 되돌아갔다.[4]

비록 9월 말에야 실렸지만 9월 6일쯤에 쓴 〈혁명의 과제〉에서 레닌은 〈타협에 관하여〉에서 처음으로 제시했던 정치 구도를 조금 상세하게 다듬었다. 그는 "소비에트는 — 틀림없이 소비에트의 마지막 기회일 텐데 — 지금이라도 모든 권력을 잡아서 혁명이 평화롭게 발전하고 인민이 자기 대표를 평화적으로 뽑고 소비에트 안에서 정당들이 평화적으로 겨룰 수 있도록 보장할 수 있을 것"이라고 주장했다.[5]

하루나 이틀 뒤에 쓴 (그러나 9월 14일에 실린) 〈혁명의 근본 문제 하나〉에서 레닌은 모든 혁명의 발전에서 국가 권력이 지니는 지대한 중요성과 자기가 "모든 권력을 소비에트로" 즉시 넘기는 것에 부여한 새로운 의미를 다음과 같이 상세히 설명했다.

> 권력에 관한 문제는 비켜 가서도 제쳐놓아서도 안 된다. 왜냐하면 이것은 혁명의 발전에서 모든 것을 결정하는 기본 문제이기 때문이다. ……
> 지금 모든 문제는 프티부르주아 민주 세력이 유난히 다사다난했던 이 위대한 반 년 동안 뭔가를 배웠느냐 배우지 못했느냐에 달렸다. 만약 배우지 못했다면, 혁명은 파멸할 것이며 프롤레타리아 봉기의 승리만이 혁명을 구할 수 있을 것이다. 만약 배웠다면, 흔들리지 않는 군건한 정부를 구성하는 일에 지체 없이 착수해야 할 것이다.
> 오직 소비에트 권력만이 군건할 수 있고, 오직 소비에트 권력만이 가장 격렬한 혁명의 가장 격렬한 시기에도 전복되지 않으며, 오직 그러한 권

력만이 혁명이 광범위하게 꾸준히 발전하고 소비에트 안에서 정당들이 평화롭게 겨룰 수 있도록 만들어줄 수 있을 것이다.

레닌은 멘셰비키와 사회주의자혁명가들에게 관심을 돌리고는 이어서 〈타협에 관하여〉에서 되살려냈던 "모든 권력을 소비에트로!"라는 슬로건의 의미를 다음과 같이 설명했다.

그런데 "권력을 소비에트로"라는 슬로건은 대다수 경우는 아닐지라도 아주 빈번하게 "소비에트 다수파 정당들의 내각"이라는 뜻으로 완전히 잘못 이해되고 있다. ……
"권력을 소비에트로", 이것은 낡은 국가 기구 전체, 즉 민주적인 모든 것을 방해하는 이 관료 기구를 그 바탕부터 뜯어고치는 것, 이 기구를 제거하고 새롭고 인민적인, 다시 말해서 소비에트의, 즉 조직화되고 무장한 노동자·병사·농민 대다수 인민의 참된 민주적 기구로 대체하는 것, 대의원의 선출뿐만 아니라 개혁과 변혁의 수행에서도 인민 다수파에게 주도권과 자율성을 부여한다는 것을 뜻한다.

레닌은 오로지 소비에트 정권만이 곡물 독점의 제도화, 생산과 분배의 효율적 관리, 지폐 발행의 제한, 곡물과 공산품의 공정 교환 확보 등등, 전례가 없는 전쟁의 부담과 고난, 그리고 들어본 적이 없는 최악의 경제 붕괴와 기근의 위협 때문에 필요한 이 모든 대책을 수행할 용기와 결단성을 갖출 수 있으리라고 시사했다. 레닌은 "굳건한 방침을 밀고나가는" 그러한 정부는 사실상 자신이 〈4월테제〉에서 그 필요성을 지적한 바 있는 "프롤레타리아와 극빈농의 독재"일 것이라고 설명했다. 그 정부는 코르닐로프와 그 일당을 강력하게 다루고 군의 민주화를 즉시 완수할 것이다. 레닌은 그 정부가 수립된 뒤 이

틀이 지나면 군대의 99퍼센트가 그 독재의 열렬한 지지자가 되리라고 독자들에게 장담했다. 그 정부는 농민에게 토지를, 지역 농민위원회에 전권을 줄 것이며, 따라서 틀림없이 농민의 지지를 얻을 것이다. 레닌은 대중에 기반을 둔 강한 정부만이 최고 수준의 용기와 결단성을 발휘해서 자본가의 저항을 분쇄하고 권력을 행사하고 군대와 농민의 열렬하고 사심 없는 영웅적 지지를 확보할 수 있으리라고 주장했다. 그는 모든 권력을 지체 없이 소비에트로 이전하는 것만이 진보를 점진적으로, 평화적으로, 마찰 없이 이룩하는 유일한 길이라고 역설했다.[6]

레닌은 연재물의 마지막 기사로 (9월 16일에 게재되었지만) 아마도 9월 9일에 완성했을 〈러시아 혁명과 내전〉에서 부르주아와 관계를 끊으면 피비린내 나는 내전이 촉진되리라는 온건 사회주의자들의 두려움을 누그러뜨리려고 애썼다. 그러면서 오히려 소비에트 정부를 세우는 일에 미적거릴수록 대중의 격분과 반감이 점점 더 커져서 노동자의 봉기가 불가피해지며, 피비린내 나는 내전은 될 수 있는 대로 피해야 하겠지만, 어떤 경우에도 결국은 프롤레타리아의 승리로 끝나리라고 주장했다. 레닌은 다음과 같이 설명했다. "볼셰비키가 사회주의자혁명가당과 멘셰비키와 동맹을 맺어야, 그리고 모든 권력을 지체 없이 소비에트로 이전해야 러시아에서 내전이 일어날 수 없을 것이다. 왜냐하면 그러한 동맹에 맞서, 노동자·병사·농민 대의원 소비에트에 맞서 부르주아가 시작하는 그 어떤 내전도 생각할 수 없기 때문이다. 이런 '전쟁'은 단 한 차례의 전투에도 이르지 못할 것이다." 이러한 추론을 뒷받침하고자 레닌은 부르주아가 코르닐로프 사건 동안에 무기력했다고 지적했다. 그는 볼셰비키와 사회주의자혁명가와 멘셰비키의 동맹 덕분에 그때 "반혁명에 여태까지 어떤 혁명에서도 본 적이 없을 만큼 쉽게 완승을 거두었으리라"고 단언했다.[7]

레닌의 새로운 온건론조차 반대 없이 받아들여지지 않았다는 점은 1917년에 볼셰비키 조직 안에 존재했던 자유분방한 토론 정신을 여실히 보여준다. 페트로그라드의 볼셰비키 지도자들이 〈타협에 관하여〉를 받았을 무렵에 전러시아 소비에트 집행위원회는 볼셰비키의 8월 31일 선언을 공식적으로 거부했다. 〈노동자의 길〉 편집자들에게 레닌이 상정한 것 같은 "타협"은 실행 불가능하게 보였다. 편집진의 일원인 그리고리 소콜니코프는 훗날 〈타협에 관하여〉의 게재가 처음에는 거부당했다고 회고했다. 레닌이 고집을 부려서 그 결정이 재고되었고, 그 글은 9월 6일에 게재되었다.[8]

시종일관 전투적이었던 모스크바 지역 사무국의 구성원들[9]과 더 급진적인 페테르부르크 위원회 지도자 일부는 〈타협에 관하여〉에 표현된 견해에 반발했다. 그들은 겨우 4주 전에 제6차 당대회에서 온건 사회주의자와 완전히 관계를 끊고 궁극적으로 독자적인 무장 권력 장악을 준비하는 문제에서 레닌의 편에 모여들었던 터라 최근 레닌의 견해에 갑작스레 일어난 변화에 완전히 어리둥절해했다. 페트로그라드의 지역 지도자 일부는 〈타협에 관하여〉가 실린 이튿날인 9월 7일에 모인 페테르부르크 위원회에서 "현 시기"를 평가하면서 이러한 반응을 보였다.[10]

거리낌 없이 말하는 슬루츠키가 페테르부르크 위원회 집행분과위원회를 대표해서 이 토의를 시작했다. 그는 대중과 온건 사회주의자들이 좌경화했고 어느 정도는 소비에트까지도 코르닐로프 사태를 겪으면서 다시 활기를 띠었다는 레닌의 주장은 받아들였다. 그러나 당의 주요 과제는 대중이 때 이른 행동에 섣불리 나서지 않도록 제어하고 소비에트를 권력 장악의 전투 본부로 이용할 준비를 하는 것이라고 주장하면서 멘셰비키와 사회주의자혁명가들과 화해한다는 생각에 반기를 들었다.[11]

토론이 후반부에 접어들자 레닌의 관점을 지지하는 논거에 대응해서 슬루츠키가 다시 발언했다. 그는 다음과 같이 선언했다. "우리는 공장에서나 가난에 찌든 농민 사이에서나 좌경화를 목도하고 있습니다. 지금 우리가 타협을 생각하는 것은 우스운 일입니다. 어떤 타협도 안됩니다! …… 우리 혁명은 서구에서 일어난 혁명과 다릅니다. 우리 혁명은 프롤레타리아 혁명입니다. 우리 과제는 우리 입장을 굳히고 무조건 전투 준비를 하는 것입니다." 7월에 당의 과격파에 속했던 독자적 사상가 콜로민(G. F. Kolomin)이 비슷한 맥락에서 소비에트와 멘셰비키와 사회주의자혁명가들이 코르닐로프 사건으로 어떻게든지 근본적으로 바뀌었다는 생각을 거부했다. 콜로민은 다음과 같이 주장했다. "그들이 좌경화했다고 해서 소비에트가 혁명의 길을 걷고 있다고 믿을 수는 없습니다. …… 우리 입장에는 변화가 없어야 합니다. 우리 목표는 소비에트의 지도자들과 손을 맞잡고 나아가는 것이 아니라 더 혁명적인 인자를 그들에게서 떼어내거나 우리를 따르도록 만들려고 노력하는 것입니다." 흥미롭게도, 당중앙위원회가 페테르부르크 위원회에 대표로 보낸 부브노프의 발언은 레닌이 〈타협에 관하여〉에서 밝힌 생각보다 슬루츠키와 콜로민의 견해에 더 가까워 보였다.

이 같은 감정이 이때 페테르부르크 위원회 구성원 사이에 얼마만큼 존재했는지를 측정하기란 어려운 일이다. 왜냐하면 9월 7일 회의에서 벌어진 현 시기에 관한 토론이 결의문 채택 없이 끝났기 때문이다. 어쨌든, 이 평화적 진로는 카메네프 같은 볼셰비키 우파와 레닌, 트로츠키, 페트로그라드의 지역 볼셰비키 지도자들, 이 두 집단이 강령을 보는 견해와 단기적으로는 7월 이전 시기처럼 양립 가능했다. 비록 앞의 집단은 러시아는 사회주의 혁명을 맞이할 준비가 되어 있지 않다고 여기며 볼셰비키를 비롯해서 사회주의자로만 이루어지고 폭넓은 기반을 가지는 연립정부의 구성과 헌법제정회의의 소집 이상은 당분간 바라지 않았고, 뒤의 집단은 소비에트로의 권력 이전과 멘셰비키-사회주의자혁명가 정부를 프롤레타리아와 빈농의 독재 수립으로 신속하게 이어질 사회주의 혁명 발전의 과도 단계로 보았지만 말이다. 레닌이 제안한 진로가 당중앙위원회 과반수의 공감을 불러일으켰다는 점은 분명하다. 그리고 당중앙위원회의 지도 아래 9월 첫 몇 주 동안에 페트로그라드 볼셰비키는 자기들과 온건주의자들 사이의 간극을 넓히거나 레닌이 제6차 당대회에 보낸 지령의 맥락에서 조속한 무장 권력 장악에 대중을 준비시키기보다는 혁명의 평화적 발전 가능성에 부합하는 과제에 더 힘을 쏟았다. 특히, 그들은 멘셰비키-사회주의자혁명가 진영에서 아직 흔들리고 있는 인자의 지지를 얻어내 부르주아와 완전히 관계를 끊는다는 원칙을 지지하도록 만들고, 대중 조직에서 (가장 중요하게는 페트로그라드 소비에트에서) 당의 영향력을 더욱 확대 강화하고 멘셰비키와 사회주의자혁명가들이 연립 문제와 신정부 성격의 문제를 최종 해결할 토론장으로 정해 9월 중순에 열릴 예정인 민주협의회에서 볼셰비키 대표가 많이 선출되도록 하는 데 힘을 쏟아부었다.

볼셰비키로서는 페트로그라드 소비에트에서 벌어지는 영향력 획득 경쟁에 특별한 주의를 기울여야 했다. 볼셰비키의 정치 강령에 과반수가 지지표를 던져 파문을 일으킨 8월 31일 소비에트 회의에 참석한 의결권자는 절반을 밑돌았다. 결석한 대의원들 가운데는 당시 수도 밖에 있는 방어 거점에 머무르던 병사들이 많았다. (병사들 사이에서는 이때까지도 사회주의자혁명가들의 영향력이 매우 컸다.) 따라서 온건 사회주의자들이 볼셰비키가 8월 31일에 거둔 승리의 의의를 얕보고 곧 역전되리라고 기대했다는 것은 놀라운 일이 아니다.

사회주의자혁명가와 멘셰비키 전략가들이 소비에트 안의 상대적

역학 관계를 직접 시험해보려고 골라잡은 쟁점은 향후 페트로그라드 소비에트 상임위원단의 구성이었다. 상임위원단은 3월에 처음 만들어졌을 때부터 멘셰비키와 사회주의자혁명가로만 구성되었다. 구성원 가운데는 치헤이제, 체레텔리, 체르노프, 단, 스코벨레프, 고츠, 아니시모프가 있었는데, 그들은 온건파에서 가장 널리 알려지고 가장 권위 있는 명망가들이었다. 이제 이 명사들이 만약 8월 31일의 표결이 공식적으로 거부되지 않고 구(舊) 지도부가 투표에서 신임을 얻지 못한다면 일괄 사퇴하겠다는 의사를 밝혔다. 이 전략으로 볼셰비키는 위태로운 상황에 빠졌다. 왜냐하면 그 같은 개개인의 신망 경쟁에서 이길 정도로 충분한 표를 얻지 못할 수가 있었고, 그럴 가능성이 높았다. 8월 31일 표결의 무효화와 멘셰비키와 사회주의자혁명가에 대한 신임 서약은 최근에 볼셰비키당이 폭넓은 대중의 지지를 얻고자 벌여서 성공을 거둔 운동에서 심각한 퇴보가 일어난다는 뜻일 터였다.

볼셰비키는 그 같은 패배의 가능성을 피하고자 절차 문제에 관심을 집중해서 상임위원단 표결의 정치적 의의를 흩뜨리려고 노력했다. 특정하게, 볼셰비키는 상임위원단이 예전처럼 다수파 대표로만 구성되는 것은 불공정하다고 주장했다. 볼셰비키는 정치 강령에 반대하는 것과 온건주의자의 제안대로 승자가 사실상 상임위원단을 구성하도록 하는 것 가운데 하나를 택하는 대신에, 이전에 대표를 배출하지 못한 그룹에서 적정 수의 구성원을 보태 상임위원단을 비례 원칙에 따라 재편하는 것이 민주적 절차라고 제안했다. 이 안은 좌파에 기울었으면서도 자기 당의 지도자들과 완전히 절교하면서까지 볼셰비키 편에 서기를 주저했을 많은 대의원에게 무척 합리적으로 보였다.[12] 이처럼 흔들리는 대의원들에게 호소하려는 노력의 하나로 카메네프는 페트로그라드 소비에트에서 비례대표제에 찬성하겠다고 주장하면서 멘셰비키와 사회주의자혁명가들이 "부르주아와 제휴를 인정했다면, 상임위원단에서 볼셰비키와 제휴하는 데에도 동의할 것"이라고 선언했다.

상임위원단 재편 절차에 관한 중대한 시험 표결은 페트로그라드 소비에트의 9월 9일 회기가 시작되면서 치러졌다. 볼셰비키의 입장이 과반수를 약간 웃도는 표를 얻었다.[13] 나중에 레닌은 소비에트 내 볼셰비키 대의원단 지도부가 상임위원단 선거에서 비례대표제를 옹호한 행위를 비판한다. 레닌이 보기에, 그들의 행동은 자기의 추종자들이 나름의 목표를 희생하면서 다른 사회주의 그룹들에 과도하게 협조한 또 하나의 사례일 따름이었던 것이다. 그러나 비례대표제 전술의 타당성은 뒤에 같은 회의에서 또 다른 볼셰비키 제안을 놓고 벌어진 토론에서 볼셰비키가 페트로그라드 소비에트에서 아직 확실한 과반수를 획득하지 못했음이 드러났을 때 입증되었다. 병사들이 소비에트에 대표를 보내는 방식을 바꾸자는 볼셰비키의 결의안이 과반수의 반대를 받았고, 볼셰비키는 확실한 패배를 피하고자 마지막 순간에 자기들의 결의안을 거둬들이지 않으면 안 되었다.[14]

당이 페트로그라드 소비에트에서 펼친 섬세한 전략은 궁극적으로 볼셰비키에 유리하게 작용했다. 비례대표제에 관한 9월 9일의 표결 결과가 공표되자 상임위원단을 구성했던 다수파 사회주의자들이 성을 내며 퇴장했고, 9월 25일에 페트로그라드 소비에트 지도부가 완전히 개편되었다. 사회주의자혁명가 2명, 멘셰비키 1명, 볼셰비키 4명(트로츠키, 카메네프, 리코프, 표도로프)이 새로운 상임위원단을 이루었고, 치헤이제 대신 트로츠키가 의장이 되었다.[15]

동시에 볼셰비키 지도부는 민주협의회에도 상당한 관심을 기울였다. 전국 각지의 37개 하위 당위원회에 보낸 9월 4일자 전신과 이튿날 보낸 후속 통신문에서 볼셰비키당 지도부는 당이 민주협의회에

새로 선출된 페트로그라드 소비에트 첫 회의. 9월 25일 페트로드라드 소비에트 지도부가 완전히 개편됐다. 상임위원단의 과반이 볼셰비키였고 트로츠키가 의장이 됐다.

대표를 많이 보내는 것이 중요하다고 강조했다. 볼셰비키는 민주협의회의 구성을 철저히 숙지하고 할 수 있는 곳이면 어디에서든지 당원이 대의원으로 선출되도록 활동하라는 통지를 받았다. 볼셰비키의 지원을 받아 선출된 대의원 전원은 수도에 도착하자마자 스몰니에 있는 소비에트 내 볼셰비키 대의원단 본부에 나가 사전 교육을 받아야 했다.[16]

　민주협의회가 연립 정책을 거부하고 새로운 정부를 사회주의자로만 구성하는 행보에 나서리라는 희망은 민주협의회의 구성 형태가 발표됨으로써 타격을 받았다. 민주협의회에서 대의원 1,198명이 노동자·병사·농민 소비에트, 시의회, 군대위원회, 노동조합, 열 개 남짓한 자잘한 기구를 대표할 터였다. 그러나 볼셰비키의 입지가 가장 막강한 기구인 도시 지역 노동자·병사소비에트와 노동조합에 할당된 의석의 비율은 여전히 온건주의자들이 지배하는 농촌의 농민 소비에트, 젬스트보, 협동조합에 주어진 대표 수에 비해 낮았다.

그렇다고 하더라도, 볼셰비키는 민주협의회가 사회주의 정부를 창출할지 모른다는 희망을 완전히 버리지는 않았다. 9월 13일에 열린 한 회의에서 당중앙위원회는 트로츠키, 카메네프, 스탈린, 밀류틴, 리코프에게 민주협의회에 제출하기에 알맞은 강령을 작성하라고 지시했다.[17] 그 결과 나온 강령은 어느 정도는 레닌이 9월 초순에 쓴 글에 근거를 두고 혁명의 평화적 발전은 아직 가능하며 민주협의회가 혁명 정부를 창출할 수 있고 창출해야 한다는 가정에 입각해 있었다.[18] 레닌의 〈타협에 관하여〉와 마찬가지로 민주협의회를 위한 볼셰비키의 강령은 기본적으로 이전의 연립 정책 지지자들에게 부르주아와 확실하게 관계를 끊으라고 호소하는 것이었고 소비에트가 혁명 정부 기구라는 믿음을 표현하는 것이었다. 강령은 볼셰비키가 다수 노동 대중의 조직화된 의지에 거슬러 권력을 잡으려고 시도하지 않았으며 시도하지도 않으리라고 확실하게 선언했다. 레닌과 비슷한 어투로 완전한 선동의 자유가 있고 소비에트가 아래로부터 끊임없이 혁신되므로 소비에트 안에서 영향력과 권력을 차지하려는 투쟁이 일어나리라고 확언했다.[19] 그러면서도 이 강령은 볼셰비키가 소비에트 정부에 참여할 가능성을 딱 집어서 배제하지는 않는다는 점에서 〈타협에 관하여〉와 달랐다.[20] 이것은 카메네프가 영향력을 행사한 결과였던 듯하다.

가장 가능성이 높은 민주협의회의 구성 형태에 관한 극좌파의 우려에 꽤 근거가 있음이 민주협의회가 열리기 전날에 명백해졌다. 수도에 도착해서 정치 성향을 기꺼이 밝힌 대의원들 가운데 532명이 사회주의자혁명가(이 가운데 71명은 사회주의자혁명가당 좌파)였고, 530명이 멘셰비키(이 가운데 56명은 국제주의자)였고, 55명은 인민사회주의자였으며, 17명은 특정한 당 소속이 없다고 밝혔다. 볼셰비키는 134명뿐이었다.[21]

그러나 각 정당의 간부회의와 소속 기관별로 모인 대의원 회의에서 벌어진 예비 토론에서 비사회주의 정당들과 연립을 지속해야 하느냐는 결정적 문제에 관해서 온건주의자 사이에 합의점이 없음이 곧바로 드러났다. 코르닐로프 위기 직후에 처음 나타났던 이 쟁점을 둘러싼 주요 의견 차이가 오히려 더 커져 있었다. 멘셰비키 당원인 보그다노프가 예전에 임시정부에 충성스러웠던 많은 멘셰비키 지도자와 사회주의자혁명가 지도자들이 품은 불쾌감을 표현했다. 그는 민주협의회 개막일에 다음과 같이 말했다. "우리가 겪고 있는 이 힘든 시기에 …… 우리는 우리에게 권력이 없음을 명백히 인정해야 합니다. 나라에서 차르 전제정 치하에 있었던 각료 교체와 조금도 다를 바 없이 정부 각료가 교체되었습니다. 정부의 이러한 각료 교체로 나라가 허약해지고 있습니다. 끊임없는 각료 경질은 아무런 성과가 없으며, 이것은 이 정권을 구성한 우리 혁명적 민주 세력 탓입니다. …… 나는 연립정부의 지지자이며, 정부가 무기력한 주요 원인이 민주 세력과 부르주아의 대표로 이루어진 연립 구성이라는 점을 고통스럽지만 인정하지 않을 수 없습니다."[22]

이렇듯 민주협의회가 진행됨에 따라 대의원 과반수가 케렌스키와 관계를 끊고 동질적 사회주의 정부를 창출하는 데 찬성 투표를 할지 모른다는 희망을 아직도 버리지 않은 페트로그라드 볼셰비키 지도자들의 힘을 북돋는 조짐이 적어도 조금은 있었다. 좀처럼 사라지지 않는 이 희망을 지노비예프가 〈우리의 승리와 우리의 과제들〉이라는 제목의 전면 사설에서 표명했다. 9월 13일자 〈노동자의 길〉에 실려서 도착한 대의원들에게 틀림없이 배포되었을 그 글은 다음과 같다.

지금 각 혁명가 앞에 놓여 있는 주요 문제는 혁명이 평화적으로 발전할 가망이 존재하는지와 이 가망성을 높이려면 무엇을 해야 하는지에 있다. 바로 여기서 스스로에게 다음과 같이 말해야 한다. 만약 가망이 있

다면, 그것은 우리 당을 끝까지 따른 노동계급, 그리고 사회주의자혁명
가와 멘셰비키의 뒤를 좇는 프티부르주아 대중 사이에 일정한 타협, 일
정한 협정이 성립하는 경우에만 그렇다. …… 프티부르주아 민주 세력과
맺는 정당한 협정. 그렇다. 이것은 바람직하며 일정한 상황 아래서는 가
능하다! …… 그리고 며칠 있으면 열릴 전러시아 민주협의회는 그러한
평화적 결말로 가는 길을 다시 열 수 있을 것이다.[23]

민주협의회는 현재는 푸시킨(Pushkin) 기념 레닌그라드 국립학술
원 연극장인 알렉산드린스키 극장에서 9월 14일 밤에 열렸다. 러시
아 각지에서 온 대의원들이 가득 들어찬 유명하고 유서 깊은 홀, 특
별석, 귀빈실, 발코니는 차르 시절에는 볼 수 없었던 모습을 띠었다.
객석과 관람석의 의자에 씌운 붉은 천이 혁명 깃발의 진홍색 바다와
어우러졌다. 무대 위에서 장막이 오르자 대강당 내부의 배치가 드러
났다. 대강당에는 문이 여러 개 있었고, 문 옆에는 인조 향나무와 야
자수가 늘어서 있었다. 민주협의회 상임위원단은 무대를 가로질러 늘
어선 길고 좁다란 탁자 뒤에 앉아 있었다. 탁자 앞에는 붉은 휘장이
드리워지고 "금연!"이라는 경고판이 붙은 연단이 있었다.
　민주협의회에서 새로운 정부가 창출되리라는 볼셰비키의 희망은
민주협의회 1차 회기에서 카메네프가 볼셰비키당을 대표해서 한 공
식 개막 연설과 다음날 오후에 트로츠키가 볼셰비키 대의원단 간부
회의에서 한 논평에 표현되었다. 긴 연설에서 카메네프는 지난 여섯
달 동안 여러 내각이 이룬 공과를 놓고 볼 때 케렌스키가 제시한 정
책을 계속 신임하기란 불가능하다고 단언했다. 카메네프는 상황이 악
화되어 연립정부 실험을 더 해볼 시간이 다 지나버린 비극적 상태에
이르렀다고 주장했다. 그는 정부가 농업, 식량 공급, 외교 업무 수행과
관련해 취한 조치들에서뿐만 아니라 군대 내 반혁명 운동의 분쇄에

실패한 것은 이런저런 사회주의자 장관의 실수가 아니라 부르주아가 하나의 계급으로서 정치적 영향력을 행사했기 때문이라고 주장하며 다음과 같이 말했다.

근로 인민들이 품은 이상의 실현이 반혁명 세력에게 엄청난 공포를 불러일으키지 않았던 혁명은 아직까지 단 한 번도 없었습니다. …… 만약 민주 세력이 지금 권력을 손에 넣기를 바라지 않는다면, 민주 세력은 스스로에게 이렇게 말해야 합니다. "우리는 우리 자신의 힘을 믿지 않는다. 따라서 브리시킨(A. A. Bryshkin)과 키시킨[24] 류의 무리가 나서서 우리를 지배한다. 우리 스스로는 능력이 없다"고. …… 근로 인민의 민주주의에 만족스러운 강령이야 얼마든지 작성할 수 있습니다만, 부르주아가 그 강령을 진심으로 정직하게 수행하리라고 생각하는 것은 가장 순진무구한 몽상일 것입니다. …… 단 하나의 가능한 출구는 국가 권력이 민주 세력에 이전되는 것입니다. 여기서 말하는 민주 세력은 노동자·병사대의원 소비에트가 아니라 이 민주협의회가 아주 잘 대표하고 있는 민주 세력입니다. 새로운 정부, 그리고 그 정부가 책임을 져야 하는 기구를 반드시 구성해야 합니다.[25]

볼셰비키 대의원들만을 대상으로 한 사전 설명회에서, 트로츠키는 가능한 한 볼셰비키 대의원들의 1차 목표는 민주협의회를 설득해서 특권 계급과 제휴를 거부하고 새로운 정부를 만드는 일에 착수하도록 만드는 것이어야 하며, 이것이 만약 성공한다면 소비에트로 권력을 이전하는 첫걸음이 될 것이라고 설명했다.[26]

카메네프가 (민주협의회에 초빙된 여러 그룹을 반영하는) 광범위한 민주적 연립정부 창출에 찬성하고 배타적 소비에트 정권에 반대하는 연설을 하는 동안 트로츠키는 모든 권력을 소비에트로 이전해야 한다고 촉구했음을 언급할 가치가 있다. 이 중요한 차이는 러시아 혁명의 발전에 관해 근본적으로 다른 견해들을 미리 보여주었으며, 그 다른 견해들이 곧 터져나와서 볼셰비즘의 역사에서 가장 격렬하고도 가장 중요한 내부 논쟁의 하나가 된다. 그러나 당시 논의의 맥락에서 볼 때, 대다수 페트로그라드 볼셰비키와 더불어 카메네프와 트로츠키, 두 사람이 민주협의회의 활동과 혁명의 평화적 발전 전망을 긍정적으로 보았다는 점은 아주 중요하다.

이 시기에 볼셰비키가 전반적으로 온건해졌음을 생각할 때, 그리고 9월 초순 이후로 레닌 스스로 그 같은 접근 방식을 부추겼음을 고려한다면, 볼셰비키 고위 지도부가 레닌이 9월 12일과 14일 사이에 쓴 편지 두 통을 9월 15일에 받아보고 얼마나 큰 충격을 받았을지 충분히 상상할 수 있다. 그 두 편지에서 레닌은 〈타협에 관하여〉에서 구체화한 온건한 입장을 완전히 포기하고 무장 봉기 준비에 즉시 나서라고 볼셰비키에 촉구했다.

겉으로는 극적으로 보이는 이 변화에는 상호 보완적인 이유가 여럿 있었던 듯하다. 레닌은 볼셰비키의 권력 장악이 도시에서는 강력한 지지를 얻고 지방과 전선에서는 더는 강한 반대를 받지 않으리라는, 그리고 진정으로 혁명적인 러시아 정부의 수립이 다른 유럽 국가들의 대중 반란에 촉매제 역할을 하리라는 희망을 품었던 듯하다. 이것은 한편으로, 핀란드에서 극좌파의 입지가 막강하고, 페트로그라드와 모스크바의 소비에트와 다른 지역의 여러 소비에트에서 볼셰비키 강령이 과반수 지지를 획득하고, 토지를 갈망하는 시골 농민 사이에서 사회적 소요가 널리 퍼져나가고, 전선에 배치된 부대가 계속 와해되고 병사들이 점점 더 줄기차게 즉각적 강화를 요구하고, 독일 함대에서 혁명적 소요의 조짐이 있다는 것과 같은 요인들에 힘입은 바 컸다. 그리고 레닌이 극좌파 정부의 창출이라는 문제가 신속히 해결될 가능성을 감지하기 시작하면서, 온건 사회주의 정당들과 "타협"하는 일에 관심이 식었음은 물론이다. 다른 한편으로, 조금은 모순되게도, 레닌은 정부가 단독 강화 협상을 하거나 페트로그라드를 독일에 넘겨주거나 헌법제정회의 선거를 조작하거나 비조직적 대중 봉기를 도발함으로써 아직도 혁명의 기세를 어떻게든 꺾으려 들지 모른다고 정말로 겁을 집어먹은 듯도 하다. 레닌은 만약 당이 너무 오래 머뭇거리면 대중 사이에서 영향력을 잃기 시작하고 러시아가 완전한 무정부 상태에 빠져 들어가지 못하게 막을 힘을 잃을 것이라고 걱정한 듯하다.

폭탄과도 같은 레닌의 편지 두 통 가운데 당중앙위원회와 페테르부르크 위원회와 모스크바 위원회 앞으로 보낸 첫 번째 편지는 이렇게 시작되었다. "볼셰비키는 양대 수도(페트로그라드와 모스크바)의 노동자·병사 소비에트에서 과반수를 획득했으므로 국가 권력을 장악할 수 있으며 장악해야 합니다. 양대 수도 대중의 혁명 세력 가운데 활동적인 과반수가 대중을 끌어들여 반대 세력의 반발을 극복하고 분쇄해서 권력을 쟁취하고 유지하기에 충분하기 때문에 그럴 수 있는 것입니다." 레닌은 다음과 같이 주장했다. "민주협의회는 혁명적 인민의 과반수가 아니라 타협을 일삼는 프티부르주아 상층만을 대표합니다. …… 볼셰비키는 왜 바로 지금 권력을 잡아야 할까요? 피테르가 함락되면 우리의 가망이 수백분의 1로 낮아질 것이기 때문입니다." 레닌에 따르면, 봉기 개시일을 확정하는 일은 현장의 지역 지도자들에게 맡길 터이며, 볼셰비키 고위 지도부가 즉시 해야 할 일은 당대회나 다름없는 것이 페트로그라드에 나타난 상황을 이용해서 "페트로그라드와 모스크바의 무장 봉기, 권력 장악, 정부 타도"의 조직을 과제로 삼는 것이었다. 그는 즉시 모스크바와 페트로그라드에서 권력을 잡음으로써 (어느 곳이 먼저인가는 레닌에게 문제가 아니었다.), "우리는 꼭, 그리고 틀림없이 승리할 것입니다"라고 끝을 맺었다.[27]

레닌은 〈마르크스주의와 봉기〉라는 제목을 달아서 당중앙위원회 앞으로만 보낸 두 번째 편지에서 "봉기를 기술로 다루는 것"은 "오늘날의 기회주의자들"이 말하는 것과는 달리 블랑키즘*이 아니라 마르크스주의의 근본 원칙이라고 주장했다. 그는 봉기가 성공하려면 음모나 일개 정당이 아니라 반드시 프롤레타리아에 의존해야 하며 인민의 혁명적 고양에 입각해야 한다고 썼다. 마지막 조건 하나는 성공적 봉기의 발생 시기를 선진 대열의 활동이 정점에 있는 반면 다른 한편으로 적 진영 안에서 동요가 가장 심할 때로 맞추어야 한다는 것이었다. 레닌은 이 전제 조건들이 존재할 때 봉기를 기술로 다루기를 거부하는 것은 "마르크스주의를 배신하고 혁명을 배신하는 행위"라고 확언한 다음 왜 즉각적 봉기가 "의사일정"에 올랐는지를 계속 설명했다. 레닌은 현 상황을 7월에 팽배했던 조건과 대비하면서 그때에는 볼셰비키가 아직 프롤레타리아의 지지를 얻지 못했는데, 지금은 볼셰비키가 핍박을 받고 코르닐로프 사태를 겪은 결과 당이 모스크바와 페트로그라드의 소비에트에서 과반수를 얻었다고 평했다. 7월에는 혁명의 기운이 전국적으로 솟구치는 일이 벌어지지 않았지만, 코르닐로프 반란 뒤에는 그런 일이 벌어졌다. 끝으로, 전에는 볼셰비키의 적들 사이에서 심각한 동요가 없었지만, 지금은 아주 거세게 동요가 일고 있다. 레닌은 다음과 같은 결론을 내렸다. "정치적으로 우

---

* 블랑키즘(Blanquism) 대중을 동원하기보다는 소수 혁명가의 음모와 봉기로 권력을 장악하려 했던 19세기 중반 프랑스의 혁명가 루이 오귀스트 블랑키(Louis Auguste Blanqui, 1805~1881)의 행태를 조금은 경멸조로 일컫는 표현.

리는 7월 3~4일에 권력을 유지하지 못했을 것입니다. 왜냐하면 코르닐로프 반란 이전에는 군과 지방이 피테르에 맞설 수 있었고 맞섰을 것이기 때문입니다. 지금은 양상이 완전히 다릅니다. …… 우리에게는 봉기를 성공시킬 객관적 전제조건이 모두 다 갖추어져 있습니다."

레닌은 〈마르크스주의와 봉기〉 끝부분에서 당중앙위원회가 "두려워하지 말고 동요하는 자들의 진영에 동요하는 자들을 놓아두고" 민주협의회에서 볼셰비키 그룹을 강화해야 한다고 요구했다. 볼셰비키 그룹은 "장황한 말의 부적절성, 전반적인 '말'의 부적절성, 혁명을 구하기 위한 지체 없는 행동의 불가피성, 부르주아와 완전히 관계를 끊고 현 정부를 완전히 교체해야 할 절대적 불가피성, …… 그리고 모든 권력을 혁명적 프롤레타리아가 선두에 선 혁명적 민주 세력의 손에 넘겨야 할 불가피성을 아주 단호하게 강조하면서" 짧은 선언문 ("선언문은 짧고 강렬할수록 좋다")을 만들어야 할 터였다. "이 선언문을 읽고 말하지 말고 결정하라고, 결의문을 쓰지 말고 행동하라고 호소한 다음" 볼셰비키는 "대의원을 모두 공장과 병영으로 파견"해야 할 터였다. 동시에 볼셰비키는 봉기를 마르크스주의적 방식으로, 즉 기술로 취급하고 단 일각도 놓치지 말고 "봉기부대 본부를 조직하고 병력을 분배하고 믿을만한 연대를 가장 중요한 지점에 보내고 알렉산드린스키 극장을 포위하고 페트로파블롭스크 요새를 점령하고 총참모부 구성원과 정부 각료를 체포하고 …… 무장한 노동자들을 동원하고 그들에게 최후의 결전을 호소하고 전신전화국을 즉시 점령하고 중앙전화국에 우리 본부를 설치하고 전화를 모든 공장과 모든 연대, 무장 투쟁이 벌어지는 모든 지점과 본부에 연결"해야 할 터였다.[28]

페트로그라드 볼셰비키 지도자들이 이 메시지에 보인 첫 반응이 앞서 레닌의 〈멀리서 보내는 편지〉에 보였던 반응을 뚜렷이 떠오르게 했다는 것은 놀라운 일이 아니다. 몇 해 뒤 부하린은 "우리는 모두 다 '앗!' 소리를 냈다. 어찌할 바를 몰랐다"고 회고했다.[29] 알렉산드린스키 극장에서 본부로 급히 달려온 당중앙위원회 위원들은 9월 15일 저녁에 모여서 비상 비밀회의를 열고 편지들을 토론했다. 보통 페트로그라드에서 당의 일상적 지도를 맡고 있는 (부브노프, 제르진스키, 요페A. A. Ioffe, 밀류틴, 스베르들로프, 소콜니코프, 스탈린, 우리츠키M. S. Uritskii 등의) 당중앙위원회 위원들뿐 아니라 카메네프, 콜론타이, 트로츠키(이것은 트로츠키가 감옥에서 풀려난 이후 두 번째로 열리는 당중앙위원회 회의였다.), 그리고 모스크바 볼셰비키인 부하린, 로모프, 노긴, 리코프와 캅카스 지방 볼셰비키 조직의 당중앙위원회 대표인 스테판 샤우먄(Stepan Shaumian)이 참석했다. 논의에 들어가기에 앞서 편지 사본이 참석자들에게 배포되었다.[30] 이어 벌어진 토론을 수록해서 간행한 회의록은 아주 불완전하다.[31]

당중앙위원회는 전술 문제만 특정하게 다룰 회의를 빨리 열도록 일정을 잡는 것이 바람직하다는 데 동의했다. 당중앙위원회뿐만 아니라 특히 페테르부르크 위원회와 모스크바 위원회도 첫 번째 편지의 수신인이었다는 사실에도 불구하고, 레닌의 편지를 유포해야 한다는 스탈린의 제안이 거부당했다. 배포하기는커녕 대다수 참석자들은 다른 무엇보다도 편지를 은밀히 없애버리는 데 관심을 두었음이 분명하다. 뒷날 부하린은 당중앙위원회가 편지를 태워버릴 생각을 했으며 실제로 그렇게 하는 데 만장일치로 동의했다고 주장했다.[32] 공식 회의록에 따르면, 당중앙위원회는 두 편지의 사본을 하나씩만 보존하고 운동이 거리로 나서지 못하도록 막는 조치를 취한다고 표결했다.

훗날 로모프는 이때 당중앙위원회가 최우선시한 관심사를 다음과 같이 지적했다. "우리는 이 편지가 페테르부르크 노동자들과 …… 페테르부르크 위원회와 모스크바 위원회에 전해지지는 않을까 두려웠다. 왜냐하면 그렇게 되면 곧바로 우리 대오 안에 극심한 다툼이 일어날 터이기 때문이었다. …… 우리는 만약 레닌의 말이 노동자들에게 퍼진다면 많은 사람이 전체 당중앙위원회 노선의 정당성을 의심하지는 않을까 두려웠다."[33] 추가 안전 대책의 하나로 당중앙위원회는 '군사조직'과 페테르부르크 위원회와 함께 일하는 임무를 맡은 위원들(각각 스베르들로프와 부브노프)에게 레닌이 요구한 노선에 따라 즉시 행동에 나서자는 호소가 병영과 공장에서 나오지 않도록 하는 책임을 맡기면서 9월 15일의 토론을 마쳤다.

이렇게 해서, 임시정부를 뒤엎으라는 레닌의 호소는 당분간 함부로 무시당했다. 레닌의 메시지를 받은 뒤 사실상 민주협의회에서 볼셰비키가 한 공개 행동에 일어난 유일한 변화는, 이를테면 트로츠키가 소비에트에 권력을 넘기는 첫걸음으로서 민주협의회가 정부를 구성할 가능성을 낮춰 보기 시작했다는 것이다. 대신 트로츠키는 이제 정치권력을 곧바로 소비에트로 이전해야 한다고 분명하게 주장했다. 미세하지만 중대한 이 변화는 9월 18일에 열린 민주협의회 내 노동자·병사 대의원 소비에트 대표단 회의에 반영되었다. 이 회의에서 트로츠키는, 민주협의회가 협의회에 초빙된 모든 주요 그룹의 대표들을 포함하는 광범위한 사회주의 정부를 만드는 데 찬성하는 마르토프와 열띤 논쟁을 벌였다. 트로츠키는 마르토프를 반박하면서 민주협의회의 구성형태를 감안할 때 이 협의회에 완전한 정부 권력을 부여한다는 것은 성급한 행보일 것이며, 오히려 스스로 강력하고 건설적인 정치 세력임을 여실히 입증한 소비에트에 권력을 이전하는 것이 절대적으로 필요하다고 주장했다.[34]

부르주아와 관계를 끊고 혁명 정부 창출을 향해 첫걸음을 내딛으라고 민주협의회 대의원들을 설득하는 볼셰비키의 노력은 끝나지 않았다. 정부 문제에 관한 당의 공식 성명서, 즉 9월 13일에 열린 당중앙위원회의 승인을 받았으며 살펴보았듯이 레닌의 〈타협에 관하여〉

를 부분적으로 본뜬 강령이 민주협의회 9월 18일 회기에서 공식적으로 낭독되었다. 그날 밤에 볼셰비키의 호소에 응해서 페트로그라드의 공장과 군부대에서 온 대의원 150명이 알렉산드린스키 극장 밖에서 사회주의자로만 이루어지는 정부 창출을 지지하는 시위를 벌였다. 이렇듯 당은 민주협의회에서 철수해서 레닌이 권고한 대로 대중에게로 가서 봉기하라고 호소하는 대신에 민주협의회에 더 급진적인 방침을 따르라는 압력을 넣으려고 노동자들과 병사들을 동원하고 있었던 것이다.[35]

레닌에게, 그러한 볼셰비키 강령이 민주협의회에 제출되었다는 것은 자기가 9월 중순에 쓴 여러 편지에 들어 있는 가정을 당 지도부가 거부했음을 보여주는 분명한 표시였다. 레닌은 자기가 더 앞선 시기에 쓴 〈러시아 혁명과 내전〉이라는 글을 글쓴이를 밝힌 채 대서특필한 9월 16일자 〈노동자의 길〉을 읽고 더욱 속이 상했다. 당중앙위원회가 즉시 봉기하라는 레닌의 호소가 당 전체에 영향을 끼치지 못하도록 막는 조치를 취했을 뿐만 아니라 그가 몇 주 전에 지녔던 더 온건한 견해를 퍼뜨려서 마치 그것이 지금 레닌의 생각이라는 인상을 전파하고 있었던 것이다.

당중앙위원회가 표면상으로는 레닌의 안전을 우려해서 그가 돌아오는 것을 분명하게 금지했는데도 레닌은 이때 페트로그라드로 즉시 되돌아가기로 마음먹었다. 그는 당중앙위원회의 승인 없이 9월 17일, 아니면 그 직후에[36] 겔싱포르스를 떠나 수도에서 13킬로미터가 채 안 되는 비보르그로 갔으며, 비록 당중앙위원회에는 아니지만 크룹스카야와 스베르들로프에게는 페트로그라드로 돌아가겠다는 결심을 알렸다.[37]

한편, 민주협의회에서는 대의원들이 향후 정부의 성격에 관련된 모든 문제들을 심사숙고하는 그룹별 모임과 정당별 회의와 공식 회의로 거의 나흘(9월 14~18일)을 보냈다. 이 쟁점은 9월 19일에 표결에 부쳐졌고, 이 표결은 관계된 모든 이에게 완전한 실패작이었다. 민주협의회 상임위원단이 미리 만든 절차에 따르면, 대의원들은 우선 연립에 관한 원칙적 견해를 등록한 다음 두 수정 조항에 투표를 해야 했다. 동의를 구하고자 대의원들에게 제시된 두 수정 조항은 다음과 같았다. (1) 코르닐로프 사건에 연루된 입헌민주당과 다른 그룹의 인자들은 연립 참여에서 배제해야 한다. (2) 입헌민주당은 전체를 배제해야 한다. 마지막으로 대의원들은 수정 결의안 전문에 투표를 해야 했다.

다섯 시간 동안 지속된 첫 기명투표에서 부르주아와 연립한다는 원칙이 찬성 766표, 반대 688표, 기권 38표로 수용되었다. 이 표결은 민주협의회의 구성에 관한 볼셰비키의 우려를 확인해주었다. 노동자·병사 소비에트 대의원들이 연립에 반대하는 몰표를 던졌지만, 연립을 지지하는 농민 소비애트, 군대위원회, 젬스트보, 협동조합의 대의원으로 이루어진 압도적 과반수의 힘에 밀렸던 것이다.[38] 그 다음에 민주협의회는 제출된 두 수정 조항의 처리에 착수했다. 트로츠키가 볼셰비키를 대표해서 두 수정 조항을 지지하는 연설을 했다. 멘셰비키 국제주의를 대표하는 마르토프와 사회주의자혁명가당 좌파를 대표하는 보리스 캄코프(Boris Kamkov)도 마찬가지였다. 두 수정 조항이 통과되자 원칙상의 연립을 옹호하는 사람 전부 다는 아니었지만 이들 가운데 많은 이가 당황했다. 수정 결의안 전문(全文)에 ─ 다시 말해서, 원칙적으로는 연립을 수용하지만 입헌민주당과 더불어 코르닐로프를 지지한 다른 그룹들을 배제한다는 안에 ─ 만족한 사람은 거의 없었다. 볼셰비키는 물론 부르주아와 연립한다는 그 결의안에 반대했다. 단순히 입헌민주당원 없이 존속할 수 있는 연립정부의 창출을 상상할 수 없었던 연립 지지자 다수가 볼셰비키에 가세했다. 183명의 대의원만이 수정 결의안에 찬성표를 던졌고, 813명이 반대하고 80명이 기권했다.[39]

따라서 극히 격렬한 토론과 논쟁이 벌어지는 나흘 동안 "민주주의 그룹들" 사이의 근본적 견해 차가 완전히 드러났지만, 향후 정부의 구성에 관련해서는 해결된 것이 전혀 없었다. 사회주의자들과 정부의 관계는 9월 19일의 모순적 표결 전보다 더 혼란스러웠다. 민주협의회 상임간부단이 보기에 이런 상황이 지속될 수 없음이 아주 명백했다. 상임위원단의 주장으로, 민주협의회 대의원들은 새로운 정부의 형성과 기능과 강령을 위한 상호 수용 가능한 조건들에 어떻게든 합의할 때까지 해산하지 않겠다고 의결한 다음에야 9월 19일 회기를 마쳤다.

이튿날 상임위원단은 현재의 교착 상태를 깨기 위한 공식 토론 일정을 잡았다. 이 모임에는 민주협의회 상임위원단 구성원들과 민주협의회에 참석한 여러 정당과 그룹의 대표들이 나왔다. 정부 문제를 둘러싼 격렬한 논쟁이 아침부터 초저녁까지 계속 벌어졌다. 체레텔리는 연립 문제에 관련해서 전날 민주 세력 안에 나타난 깊은 분열을 지적하면서 민주 세력 홀로는 생존 능력을 갖춘 정부를 만들 수 없다고 주장했다. 체레텔리에게 고츠와 압크센티예프가 가세했는데, 이들은 부르주아와 모종의 정치 동맹을 유지하는 것이 중요하다고 다시한 번 강조했다. 카메네프는 이 회의에서 볼셰비키의 주대변인이었다. 그는 연립정부 형성이 전날 결정적으로 거부되었다는 그다지 설득력 없는 주장을 하면서 "동질적 민주주의 내각"을 적극적으로 주장했다. 그 같은 정부에 대한 볼셰비키의 입장이 무엇인지에 관한 온건주의자들의 두려움을 누그러뜨리려고 카메네프는 분명하게 "우리는 그 같은 정부를 타도하지 않을 것입니다. 그 정부가 민주적 정책을 추구하고 나라를 헌법제정회의로 이끄는 한 우리는 그 정부를 지지할 것입니다"라고 덧붙였다. 대의원들은 목이 다 쉬도록 이야기를 한 다음 연립 문제를 공식 표결에 부쳤다. 찬성표를 던진 대의원이 50명이었고, 60명이 반대했다.

이렇게 찬반 대립이 팽팽하게 지속되자 체레텔리가 조금 다른 안을 내놓았다. 그는 향후 정부가 추구할 정치 강령에는 합의를 보고 내각의 명확한 성격은 민주협의회가 선정하고 정부가 헌법제정회의 소집 전까지 책임을 질 상설 대의체의 자유 재량에 맡겨보자고 주장했다. 이 안은 곧바로 채택되었다. 대다수 대의원은 새 정부가 추구할 강령에 관련해서 소비에트의 "8월 14일 강령"과의 유대를 밝혔다.[40] 볼셰비키만 반대 목소리를 냈다. 그러나 볼셰비키는 이 회의에 참석해서 상설 대의체의 창출을 지지하는 나머지 사람들에게 가세했다.[41]

카메네프는 이 새로운 기구가 "동질적"이리라고, 이 기구의 구성원 상당수가 노동자·병사 소비에트에서 나오리라고, 따라서 이 기구는 부르주아와 관계를 끊는 데 민주협의회보다 덜 저항하리라고 희망했다. 그러나 그 같은 희망이 모두 다 부질없음이 거의 곧바로 분명해졌다. 또다시 볼셰비키만 반대했을 뿐, 회의 참가자들은 (처음에는 "민주평의회Demokraticheskii sovet"로 명명되었지만 더 자주 "예비의회Predparlament"로 불린) 새로운 상설기구에 유산 계층 인자와 민주협의회에 참여한 그룹들의 대표, 양자를 포함해야 한다는 데 동의했다. 이것은 전날의 표결 양상과 정반대였다. 대의원들은 9월 19일 회기를 원칙상의 연립을 인정하면서 시작한 다음 입헌민주당의 참여를 거부함으로써 사실상 연립정부를 창출할 실질적 가능성을 모두 다 없애버린 바 있다. 그런 다음 대의원 특별회의가 9월 20일에 처음에는 연립을 거부한 뒤 입헌민주당을 배제하지 않은 채로 부르주아 대표들과 정치적 협력을 할 가능성을 간접적으로 되살리는 결의안을 채택했던 것이다.[42]

연립 옹호자들은 이 기회를 재빨리 움켜쥐었다. 같은 날인 9월 20일 밤 늦게 열린 민주협의회 총회에서 체레텔리가 결의안 하나를 제출했고, 곧바로 통과되었다. 이 결의안은 정부 문제를 최종 결정할 책임을 예비의회로 옮겼다. 다른 무엇보다도 이 결의안에서 새 정부는 8월 14일의 강령을 실현하기 위해 활동하고 모든 교전국이 체결하는 강화 조약을 목표로 삼는 외교 정책을 힘차게 추진하고 헌법제정회의가 소집될 때까지 대중의 의지를 반영할 상설 대의체에 책임을 지고 보고를 해야 한다고 규정했다. 결의안은 이 대의체, 즉 예비의회가 민주협의회 대의원들로 구성된다고 명기했다. 결의안에는 예비의회나 새 정부에 부르주아가 참여하는 문제에 관한 특정한 사항이 전혀 들어 있지 않았다. 그러나 결의안은 만약 부르주아 인자들이 이끌려서 정부에 끼게 된다면 부르주아 집단이 포함되어 상설 대의체가 확대되리라는 모호한 언급으로 또 다른 연립의 가능성을 암묵적으로 인정했다. 결의안은 그런 상황에서는 민주 세력 인자의 우위를 유지해야 한다고 명기했다. 끝으로, 결의안에는 이런 여러 단서 조항에 맞춰 정부 구성 작업을 쉽게 할 목적의 협상을 개시할 민주협의회 대의원 다섯 명(이 숫자는 나중에 두 배로 늘어난다.)을 선정하라는 규정이 있었다. 이 대의원들은 자기들이 수행한 노력의 결과를 민주평의회에 보고해야 하며, 이 결과보고는 민주평의회의 승인을 받아야 했다.[43] 따라서 오랫동안 기대를 받아 온 민주협의회의 최종 결과는 임무 회피나 다를 바 없었다. 러시아 곳곳에서 온 1,000명이 넘는 민주협의회 대의원들이 해결할 수 없었던 내각 위기를 두고 아직은 무명인 대표 몇 사람이 어떻게든 수용 가능한 해결책을 마련해내야 할 책임을 떠안은 것이었다.

앞으로도 부르주아와 더 협력하는 데 반대하는 사람들이 케렌스키와의 공식 논의에 참여하지 않았다는 이유가 얼마간 작용해서, 러시아가 살아남으려면 부르주아 가운데 권위 있는 계층이 정부에 반드시 참여해야 한다고 보는 협동조합과 젬스트보 그룹의 대표들과 나란히 소비에트의 — 체레텔리, 압크센티예프, 고츠, 치혜이제 같은 — 저명한 연립 정책 지지자들이 불가피하게 민주협의회의 협상단을 지배했다. 협상단은 9월 22~24일에 케렌스키, 다른 각료들, 입헌민주당 당중앙위원회 대표들, 페트로그라드와 모스크바의 상공업계 인사들과 만나 치열한 협상 회의를 했다. 예상대로, 부르주아의 대변자들은 소비에트의 8월 14일 강령을 정부 정책의 토대로 받아들이기를 꺼렸다. 그들은 예비의회라는 착상에 전적으로 반대하지는 않았지만, 그러한 기관을 창출할 권한은 법률상 오직 임시정부에만 있으며 새로운 내각은 어떤 경우에도, 어떤 상황에서도 예비의회에 책임을 질 수 없다고, 다른 말로 하자면 예비의회는 자문기관 이상일 수 없다고 고집했다. 동시에 케렌스키는 다른 연립내각을 구성해야 한다는 입장에서 조금도 물러서려 하지 않았다.

따라서, 사실상 민주협의회 협상단원들은 8월 14일 강령에서 더 논란이 많은 항목들을 포기하고 예비의회에 대한 정부의 우위와 예비의회의 독립성을 아무 말 없이 인정할지, 아니면 케렌스키와 관계를 끊고 부르주아 대표들을 정부 안에 끌어들인다는 전망을 버릴지를 놓고 선택을 해야 했다. 예상했던 대로, 그들은 첫 번째 대안을 선택했다. 체레텔리의 협상단이 9월 22~24일의 복잡한 정치 협상에서 추구한 전술은 어떤 점에서는 체레텔리가 민주협의회에서 구사한 전술과 반대였다. 민주협의회에서 체레텔리는 내각의 명확한 구성 형태라는 문제를 뒷전으로 제쳐놓고 관심의 초점을 그 구성에 상관없이 정부가 추구할 강령에 두어서 연립의 가능성을 허용하는 동의를 가까스로 얻어냈다. 지금 체레텔리는 8월 14일 강령을 정책의 토대로 삼아야 한다와 정부가 예비의회에 책임을 져야 한다는 두 입장에 대한 단호한 저항에 부딪쳐서 이 두 입장을 덜 역설하고 대신에 민주 세력과 부르주아 사이의 동맹이 러시아의 불행을 해소할 수 있는 단 하나의 토대로서 결정적으로 중요하다고 강조하지 않을 수 없었다.

9월 22~24일 협상의 마지막 국면에서 8월 14일 강령이 입헌민주 당의 입맛에 맞도록 수정되고 부드러워졌다. 이때 예비의회를 정식 으로 창설하는 포고령을 정부가 마련하고 선포해야 하며 이제는 공 화국회의(Sovet respubliki)로 개칭되었지만 여전히 예비의회로 불리 는 일이 잦은 이 기구를 민주협의회에서 이미 선출된 대의원 367명 에 유산계급 대표 150명을 보태 구성한다는 데 동의했다. 이 기구는 법적으로 순수한 자문기관이며 가장 중요하게는 정부를 공식적으로 구속하는 권한을 지니지 않는다는 양해도 얻었다.[44]

원래는 민주협의회가 막을 내릴 때 구성된 예비의회는 9월 23일 밤 늦게 회의를 열어 트로츠키가 제출한 볼셰비키 선언문을 간단 히 거부했다. 이 선언문은 체레텔리 대의원단의 협상을 대중의 의지 를 거스르는 배반으로 보아 거부하고 "참된 혁명 정부를 창출하라" 고 요구했다. 대신에 예비의회는 대의원단이 제출한, 새로운 협상 결 과를 묵인하는 결의문을 아슬아슬한 표 차이로 가결했다. 이렇게 일 을 처리해놓고 대의원들은 휴회에 들어가 임시정부가 확대된 회의체 를 재구성하기를 기다렸다. 이제 케렌스키가 새로운 연립내각을 공식 적으로 임명할 길이 열렸으며, 그는 9월 25일에 그렇게 했다. 새로운 내각에는 입헌민주당원들인 알렉산드르 코노발로프, 키시킨, 세르게 이 스미르노프(Sergei Smirnov), 안톤 카르타셰프(Anton Kartashev)가 들어 있었다. 장관의 과반수가 사회주의자라고는 하지만, 핵심 부처 인 외무부는 여전히 테레셴코가 쥐고 있었고 코노발로프가 부총리 겸 공업부 장관에 임명되었으며 케렌스키는 정부 수반 겸 군 최고사 령관으로 남았다.[45]

새 정부의 구성에 관해 케렌스키와 논의를 해도 된다는 체레텔리의 결의안을 민주협의회가 채택한 뒤 하루가 지난 (그러나 이 협상의 결과는 알려지지 않은) 9월 21일에 볼셰비키 당중앙위원회는 회의를 열고 당이 즉시 취해야 할 정치적 진로를 숙고했다. 아마도 이 회의에서 가장 두드러진 것은 민주협의회가 연립 정책과 관계를 끊지 못했는데도 도시 대중에게 무기를 들라고 호소해야 한다는 레닌의 권고를 전혀 검토하지 않았다는 점일 것이다.[46] 물론 이것은 분명 어느 정도는 카메네프와 리코프와 노긴 같은 볼셰비키 우파의 영향력 때문이었을 것이다. 그러나 러시아에서 사회주의 혁명을 빨리 일으켜야 하며 혁명이 일어날 수 있다는 레닌의 기본 가정을 전적으로 공유한 당 간부들조차 레닌이 생각한 "즉각적인 총검 돌격"에 대중을 동원하는 데 성공할지 회의적이었다는 사실은 남는다. 얼마간은 노동자와 병사들과 계속 상호작용을 했기 때문에 트로츠키, 부브노프, 소콜니코프, 스베르들로프 같은 지도자들에게는 당이 대중에게 지니는 영향력과 권위의 한계에 대한, 그리고 참된 혁명 그룹들이 혁명을 완수하기 위해 함께 일하는 적법한 민주주의 기관으로서 대중이 소비에트에 보이는 집착에 대한 현실적 평가 같은 것이 있었다. 또한 코르닐로프 사건을 겪은 결과, 좌익에 피해를 입힐 수 있는 케렌스키의 능력에 관해 그들이 느끼는 우려는 레닌보다 훨씬 덜했다. 따라서 그들은 이제 권력 장악과 신정부 창출을 머지않아 있을 소비에트 전국대회의 소집과 연계하기 시작했다. 이것은 대중의 눈에 소비에트의 적법성으로 보이는 것을 이용하는 것이었다.

민주협의회 직후에 볼셰비키 우파도 조속한 소비에트 대회 소집을 지지했고 말뿐이더라도 "모든 권력을 소비에트로!" 슬로건에 찬성했음을 덧붙여야 한다. 트로츠키 같은 "충심(衷心)의 레닌파"와 카메네프 같은 볼셰비키 우파는 본질적으로 다음과 같은 점에서 차이를 보였다. 전자가 소비에트 대회가 즉각적 강화와 근본적 내부 개혁 강령을 서약한 극좌파 정부에 권력을 넘기리라고 기대하는 데 반해, 후자는 소비에트 대회를 기껏해야 헌법제정회의 소집까지 사회주의 그룹 전체를 포괄하는 과도 연립정부를 구성할지 모를 "민주주의 그룹들"의 더 광범위하고 더 강력한 동맹을 형성하기 위한 매개체로 보았다.

따라서 민주협의회가 끝나갈 무렵에 페트로그라드 당 지도부를 쪼개놓은 주된 쟁점은 레닌의 최근 권고 사항을 은밀히 귀띔받은 몇 몇 고위 볼셰비키가 모두 다 명백히 거부한 즉각적 민중 봉기의 조직화나 모든 이가 받아들인 즉각적인 소비에트 대회 소집이 아니었다. 오히려 민주협의회에서 공식적으로 퇴장할지 여부와 예비의회에 참여할지 여부가 가장 주된 쟁점이었다. 민주협의회는 마지막 몇 시간이 남아 있었고, 예비의회는 형성 과정에 있었으며 9월 23일에 열리기로 일정이 잡혀 있었다. 카메네프 일파에게, 민주협의회의 폐막과 예비의회의 활동을 이용해서 연립 정책의 신용을 떨어뜨리고 멘셰비키-사회주의자혁명가 진영 안에서 동요하는 세력과 동맹을 유지하는 것은 다가오는 소비에트 대회에서 가능한 최강의 광범위한 사회주의 블록을 강화하는 것과 본질적으로 같았다. 한편 트로츠키 계파의 당 지도자들에게, 민주협의회에서 보란 듯이 철수하고 예비의회를 보이콧하는 것은 소비에트 대회를 이용해서 타협적인 그룹과 단호하게 관계를 끊고 권력을 소비에트로 이전하고 동반자가 될 의향을 지닌 다른 모든 참된 혁명 그룹들과 함께 혁명의 경로를 새로 열어젖히는 데 없어서는 안 될 서곡이었다.

볼셰비키 당중앙위원회는 9월 21일에 연 아침 회의에서 민주협의회 문제에 꽤나 타협적인 입장을 취했다. 민주협의회에서 손을 떼고 공식적으로 철수하기보다는 민주협의회 상임위원단의 볼셰비키 위원들을 소환함으로써 연립론자의 행위에 항의를 표시하기로 결정한 것이다. 그런 다음 당중앙위원회는 9 대 8로 예비의회에 참여하지 않기로 표결했다. 이 쟁점을 둘러싼 대립이 팽팽했기 때문에, 예비의회 보이콧에 관련된 최종 결정은 대의원들이 모일 수 있게 되자마자 열릴 민주협의회 볼셰비키 위원단과 볼셰비키 당중앙위원회의 합동회의의 자유재량에 맡긴다고 합의했다.

당대회와 그다지 다를 바가 없는 이 회의는 같은 날 더 늦은 시각에 열렸다. 트로츠키가 보이콧에 찬성하는 이들의 대변인, 리코프가 반대하는 이들의 대변인 노릇을 했다. 다른 누구보다도 특히 스탈린이 트로츠키 편에 섰고, 카메네프와 노긴과 랴자노프는 리코프를 후원했다. 훗날 트로츠키는 뒤이어 벌어진 논쟁이 길고도 아주 치열했다고 회고했다. 사안이 표결에 붙여지자, 당중앙위원회의 이전 결정이 뒤집혔다. 좌파의 대패였다. 러시아 전역에서 모여든 당 대표들은 77대 50으로 예비의회 참가에 찬성 표를 던졌던 것이다. 당중앙위원회는 그 결정을 즉시 승인했다.[47]

이틀 뒤 9월 23일에 볼셰비키의 재촉을 받아 소비에트 중앙집행위원회가 지방 소비에트에서 온 민주협의회 대의원들과 함께 회의를 열어 전국 규모의 소비에트 대회를 10월 20일에 페트로그라드에서 열기로 합의했다. 이제 소비에트 대회의 일정이 잡히자, 볼셰비키는 예비의회에서 당이 벌일 활동과 다가오는 소비에트 대회에서 소비에트로 권력을 이전하기 위해 진행할 투쟁의 관계를 제시하는 주요 정책 성명서를 채택했다. 이 성명서는 당중앙위원회와 페테르부르크 위원회 대표, 막 구성된 예비의회 볼셰비키 대의원단의 합동회의에서 9월 24일에 채택했는데, 이에 따르면 현 상황에서 당의 1차 과제는 소비에트로의 권력 이전을 지지하는 광범위한 대중을 동원하고 소비에트의 정치적 권위를 정부의 정치적 권위와 경합하는 수준까지 확대 강화하는 것이었다. 이와 관련해서, 당원들은 지역 소비에트 사이의 연계를 강화하고 다른 노동자, 병사, 농민의 혁명 기관들과 접촉을 확고히 하면서 아직도 온건주의자들이 이끄는 전국과 지역 소비에트 집행기구에서 재선거를 치를 수 있도록 지방 소비에트 대회를 열고 전러시아 소비에트 대회가 실제로 확실하게 열리도록 하는 데 관심의 초점을 두어야 했다. 성명서는 예비의회 안에서 벌이는 활동이 이러한 대중 투쟁의 요구 사항에 엄격히 종속되어야 한다고 역설했다.[48]

한편, 페트로그라드 소비에트의 사태 진전은 악화되는 경제 상황과 함께 제3차 연립내각의 형성이 극좌파에 얼마나 유리하게 작용하는지를 반영했다. 9월 25일에 볼셰비키가 주를 이루는 새로운 상임위원단이 공식 취임했다. 트로츠키가 혁명의 강력한 호민관으로 처음 두각을 나타냈던 1905년에 맡은 적이 있는 페트로그라드 소비에트 의장직을 다시 맡았는데 찬성을 외치는 소리가 가득 했다. 트로츠키는 의장직을 받아들이면서 지난날로 되돌아가서는 그때를 다음과 같이 술회했다.

페트로그라드 소비에트는 격변의 순간을 겪고 있었고, 격변은 우리의 패배로 끝이 났습니다. …… 우리는 우리가 지금 그때보다 훨씬 더 굳세다고 느끼고 있습니다. 그러나 석간신문에 발표된 새로운 각료 명단 …… 은 혁명이 [또 한 차례] 심각한 순간에 이르렀음을 증명하고 있습니다. 우리는 새로운 상임위원단이 새롭게 혁명이 솟구치는 가운데 활동해야 한다고 확신합니다. 우리는 모두 다 정당인이며, 우리는 저마다 활동을 할 것입니다. …… 그러나 우리는 모든 정파의 권리와 완전한 자유가 보장되도록 페트로그라드 소비에트의 활동을 지도할 것이며, 상임위원단이 손을 써서 소수파를 억누르는 일은 결코 없을 것입니다.[49]

민주적인 분위기에서 페트로그라드 소비에트의 활동을 지도하겠다는 트로츠키의 서약이 있은 지 얼마 되지 않아, 볼셰비키는 트로츠키의 승인을 받은 결의문을 대의원들에게 내놓았다. 이 결의안은 페트로그라드 노동자와 병사들이 새로운 연립을 지지하는 데 내켜하지 않는다고 밝혔다. 압도적 표차로 즉시 가결된 이 결의안은 "혁명적 민주세력 전체가 신정부의 구성에 관한 소식을 '사퇴하라!'는 단일한 요구로 맞이하리라"는 확신을 표명하고, "진정한 민주주의가 내는 이 일치된 목소리에 기대어 전러시아 노동자·병사 대의원 소비에트 대회가 참된 혁명 정부를 세울 것"이라고 주장했다.[50]

소비에트 대회에서 새로운 정부를 창출한다는 이 기본적 방향 설정이 9월 하순 동안 볼셰비키가 벌인 활동의 방향을 정할 터였다. 한가지 예로, 이것이 이 기간 동안 〈노동자의 길〉이 걸은 노선이었다. 이 신문은 9월 27일부터 날마다 "노동자, 병사, 농민 동지들이여! 10월 20일의 전러시아 소비에트 대회를 준비하라! 지체 없이 지역 소비에트 대회를 소집하라!"는 제1면 전단 표제를 실었다. 지노비예프는 9월 26일자 제1면 사설에 이러한 견해를 밝히면서 새로 공표된 연립정부, 이른바 9월 블록을 다음과 같이 비난했다. "우리는 10월 20일에 소집되는 소비에트 대회가 전권을 지닌 러시아 땅의 주인이라고 생각한다. 우리는 이 대회가 열리면, 그때까지 '새로운' 연립의 실험이 최종적으로 실패하고 동요 세력이 마침내 우리의 '모든 권력을 소비에트로!' 슬로건에 합세하리라고 확신한다. 우리의 힘은 나날이 강해지고 9월 블록이 내딛는 걸음걸음은 우리 관점이 옳음을 증명해줄 것이다."[51]

당의 새로운 전술 방침은 9월 30일자 〈노동자의 길〉에 발표된 대(對)노동자·병사 호소문에 교묘하게 반영되었다. (이 글은 지노비예프가 작성하고 당중앙위원회 전체가 공식적으로 논의해서 승인했음이 분명하다.) 〈소비에트 대회를 앞두고〉라는 제목이 달린 이 호소문은 반혁명이 전국 규모의 소비에트 대회와 헌법제정회의의 소집을 막으려고 별별 짓을 다 할 것이라고 경고했다. 이런 상황에서 노동자와 병사들은 경계를 늦추지 않는 동시에 연립에 반대하는 대회 대의원이 반드시 선출되도록 모든 노력을 다해야 한다면서, 호소문은 다음과 같이 선언했다.

조심하십시오, 동지들! 자기 자신밖에는 그 누구에게도 기대를 걸지 마십시오. 단 한 시간도 허비하지 말고 소비에트 대회를 준비하고 지역 대회를 소집하고 타협 행위 지지자들이 대회에 파견되도록 힘을 쓰십시오. …… 개별 행위는 절대로 해서는 안 됩니다! …… 10월 20일 소비에트 대회의 준비에 온 힘을 쏟으십시오. 오직 소비에트 대회만이 헌법제정회의의 소집과 혁명적 활동을 보장할 것입니다.
러시아사회민주노동당 중앙위원회[52]

11장

봉기를 위한 레닌의 투쟁

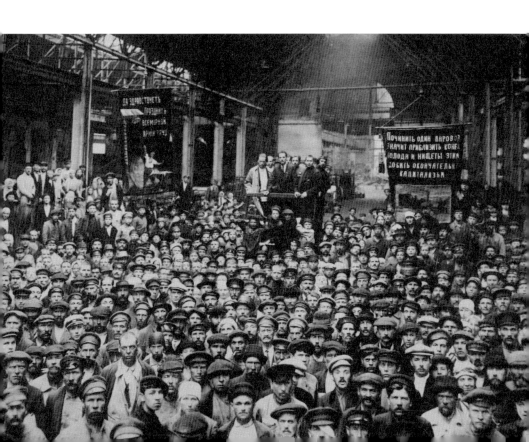

페트로그라드 소비에트 회의록과 9월 말에 좌익계 신문에 나온 정치 결의문의 논지로 판단해보면, 페트로그라드 노동자와 병사들은 혁명 정부를 창출할 소비에트 대회를 빨리 연다는 생각에 열광적 반응을 보였다. 레닌도 그랬다고는 말할 수 없다. 그는 페트로그라드의 당지도부가 임시정부를 손쉽게 타도할 수 있는 절호의 기회를 놓치고 있다고 확신했다. 처음에는 비보르그에서, 다음에는 남몰래 지내고 있는 마르가리타 포파노바(Margarita Fofanova)의 (비보르그 구 맨 북쪽에서 철도 핀란드 선 바로 옆에 있는) 아파트에서[1] 레닌은 수도에 있는 자기의 추종자들을 맹렬히 꾸짖는 일련의 글을 보냈다. 이 글들은 더 지체하지 말고 임시정부를 타도해야 한다는 훨씬 더 집요한 요구와 결부되어 있었다.

지면을 통한 첫 번째 공격은 〈사기(詐欺)의 영웅에 관하여, 볼셰비키의 실수에 관하여〉라는 제목을 달고 〈노동자의 길〉에 실을 의도로 쓴 논설 형태를 띠었다. 이 글은 민주협의회와 다수파 사회주의자들과 케렌스키를 통렬하게 비난하는 것으로 시작해서 볼셰비키 스스로를 철저하게 비판하는 것으로 끝이 났다. 레닌은 다음과 같이 썼다.

볼셰비키는 [민주협의회에서] 나왔어야 했다. …… 볼셰비키 대의원의 99/100는 공장과 병영으로 갔어야 했다. …… 볼셰비키는 ('헌정'이 아니라) 혁명이 위기에 몰린 순간에 의회주의에 올바르지 않은 입장을, 사회주의자혁명가들과 멘셰비키에 올바르지 않은 입장을 취했다. …… 피테르에서 승리한 코뮌이 마치 1871년의 프랑스에서처럼 패할 수 있다는 결론이 나는 식으로 지노비예프 동지가 코뮌에 관해 모호하게 (점잖게 말해서, 모호하게) 글을 쓴 것은 실수였다.[2] 이것은 전혀 맞지 않다. 피테르에서 승리한 코뮌은 러시아에서도 승리했을 것이다. 그가 페트로그라드 소비에트에서 상임위원단을 비례대표제로 구성하자고 제안함으로써 볼셰비키가 일을 잘했다고 쓴 것은 실수였다. …… 카메네프 동지가 민주협의회에서 순전히 "입헌적인" 어투로 첫 연설을 하면서 정부 신임이냐, 아니면 "불신임"이냐는 우스꽝스러운 문제를 제기한 것은 실수였다.[3]

민주협의회가 끝나갈 무렵에 씌어진 〈사기의 영웅에 관하여, 볼셰비키의 실수에 관하여〉는 직접적인 볼셰비키 비판이 모조리 삭제된 채로 9월 24일자 〈노동자의 길〉에 〈사기의 영웅에 관하여〉라는 제목으로 실렸다.

9월 22일과 24일 사이에 레닌은 일기 형식을 취한 〈한 평론가의 일기에서〉라는 또 다른 신문 논설을 작성했다. 9월 22일자 논설은 다음과 같다.

이른바 민주협의회의 의미를 곱씹을수록 …… 거기에 우리 당이 참여하는 잘못을 저질렀다는 믿음이 더욱 확실해진다. …… 예비의회를 보이콧해야 한다. 노동자·병사·농민 대의원 소비에트로, 노동조합으로, 일반 대중에게로 가야 한다. 그들을 싸움에 불러들여야 한다. 보나파르트적인 케렌스키 패거리를 그의 거짓 예비의회와 더불어 몰아내라는 올바르고 선명한 슬로건을 그들에게 주어야 한다. ……… 멘셰비키와 사회주의자혁명가들은 심지어 코르닐로프 사건 뒤에도 권력을 소비에트로 평화적으로 이전한다는 우리 타협안을 받아들이지 않았다. …… 그들은 또다시 입헌민주당과 더럽고 지저분한 거래라는 구렁텅이에 빠졌다.

멘셰비키와 사회주의자혁명가를 타도하라! …… 모든 혁명 조직에서 그들을 인정사정 봐주지 말고 쫓아내라! 이들 키시킨 같은 친구들, 코르닐로프 같은 지주와 자본가의 친구들과는 어떤 협상도, 어떤 접촉도 해서는 안 된다.

다음날인 9월 23일에 레닌은 다음과 같이 적어놓았다.

트로츠키가 보이콧에 찬성했다. 잘했다. 트로츠키 동지! 보이콧 전술은 민주협의회에 모였던 볼셰비키 대의원단 안에서 패했다. 보이콧 만세! 우리는 어떠한 경우에도 참여를 받아들일 수 없으며 받아들여서도 안 된다. 여러 협의회 가운데 한 협의회의 대의원단은 당 최고기관이 아니다. 최고기관의 결정일지라도 현실의 경험에 바탕을 두고 재검토 대상으로 삼아야 한다. 무슨 일이 있어도 집행위원회 총회와 비상 당대회에서 보이콧 문제가 해결되도록 해야 한다. …… 우리 당의 "상층부"에 자칫하면 파멸적일 수 있는 현저한 동요가 있다는 데에는 어떠한 의심도 있을 수 없다. ……[4]

소콜니코프, 트로츠키, 카메네프, 스탈린, 볼로다르스키로 이루어진 〈노동자의 길〉 편집진은 〈한 평론가의 일기에서〉를 감추고 대신에 9월 26일에 〈혁명의 과제〉를 싣기 시작했다. 〈혁명의 과제〉는 레닌이 온건주의자들과 타협할 가능성을 진지하게 고려하고 있던 9월 초순에 온건한 입장을 보일 때 쓴 글들 가운데 하나였다.

레닌의 참을성은 한계점에 다다르고 있었다. 9월 27일에 레닌은 자기의 좌절감을 토로하고 정부를 타도할 준비를 하는 데서 주도권을 잡으라고 부추기는 장문의 편지를 스밀가에게 써 보냈다.

(케렌스키는 버젓이 스타프카에서 코르닐로프 추종자들과 함께 볼셰비키를 진압할 부대에 관해 상의하고 …… 있습니다.) 그런데 우리는 무엇을 하고 있습니까? 겨우 결의문이나 채택하고 있습니까? …… 내 생각에는, 무장 봉기에 진지한 입장을 취하도록 당내에서 선동을 하고, 이를 위해 이 편지도 인쇄기로 찍어 피테르 동지들과 모스크바 동지들에게 보내야 합니다. …… 나는 당신이 당신의 높은 지위(핀란드 육해군·노동자 지역위원회 의장)를 이용해서 …… 임박한 케렌스키 타도를 위해 핀란드의 군대와 함대의 전투 준비에 모든 관심을 쏟아야 한다고 생각합니다. …… 전쟁과 케렌스키의 "코르닐로프식 반란 준비"를 왜 3주 더 참고 견뎌야 합니까?[5]

레닌은 (그가 페트로그라드로 돌아온 날일 가능성이 아주 높은) 이틀 뒤에 〈위기가 무르익었다〉라는 글에서 이 주제로 되돌아갔다. 이 글에서 그는 유럽의 모든 주요 국가에서 일어나고 있는 사태 진전이 세계 프롤레타리아 혁명이 머지않았음을 가르쳐주며, 러시아에서 볼셰비키가 유리한 상황에 있으므로 볼셰비키가 특별한 임무를 걸머지게 되었으며, 만약 권력 장악을 더 늦춘다면 볼셰비키는 "프롤레타리아 대의의 가엾은 배신자"이리라는 테제를 내놓았다. 발표할 의도 없이 볼셰비키 당중앙위원회와 모스크바 위원회와 페테르부르크 위원회 위원들에게 보낸 이 글의 마지막 부분에서 레닌은 당 지도부가 추구하고 있는 정책에 가장 맹렬한 비판의 펜을 휘둘렀다. 레닌은 당중앙위원회 사퇴서를 내놓기까지 했다. 그는 다음과 같이 썼다.

우리의 당중앙위원회와 당 상층부에 소비에트 대회를 기다리고 조속한 권력 장악에 반대하고 조속한 봉기에 반대하는 경향이나 의견이 있다는 사실을 인정 …… 해야 합니다. 이 경향이나 의견을 극복해야 합니다. 그러지 않으면 볼셰비키는 영원히 **모욕당하고** 당은 **무용지물**이 될 것입니다. …… 소비에트 대회를 '기다리는 것'은 바보 같은 짓입니다. 왜냐하면 그 대회는 **아무것도 주지 않을** 것이며, 아무것도 줄 수 없기 때문입니다! …… 우리에게는 피테르에 무장한 노동자와 병사 수천 명이 있습니다. 그들은 겨울궁전, 총참모부, 전화국, 모든 대형 인쇄소를 **즉시** 장악할 수 있습니다. …… 만약 우리가 세 지점, 즉 피테르와 모스크바와 발트해 함대에서 **즉시**, 기습적으로 공격을 한다면, 7월 3~5일보다 희생을 더 적게 치르고 승리할 확률이 99퍼센트입니다.

레닌은 사퇴서를 제출하면서 다음과 같이 해명했다.

당중앙위원회가 민주협의회 시작부터 **심지어 답변도 없이** 나의 주장을 이런 식으로 내팽개쳤다는 것, 중앙기관지(《노동자의 길》)가 내 글에서 예비의회에 참가하기로 한 수치스러운 결정, 소비에트 상임위원단에서 멘셰비키에게 자리를 내준 것 따위와 같이 개탄할 만한 볼셰비키의 실수에 관한 언급을 삭제하고 있다는 것, 이런 것을 고려할 때 나는 여기서 당중앙위원회가 이 문제를 논의하고 싶어하지 않는다는 "미묘한" 암시, 입을 다물라는, 그리고 나에게 사퇴 제의를 하고 있다는 미묘한 암시를 볼 수밖에 없습니다.

나는 당중앙위원회 사퇴에 관한 유감을 표명하는 글을 제출하지 않을 수 없습니다만, 그러면서도 당 하층부와 당대회에서 선동을 할 자유는 간직합니다.

왜냐하면 만약 소비에트 대회를 "기다리다" 지금 순간을 놓친다면 우리가 혁명을 망치리라는 것이 나의 굳은 믿음이기 때문입니다.[6]

당중앙위원회가 이 사퇴서를 정식으로 고려했다는 증거는 없으며,

앞으로 살펴보겠지만 레닌은 사퇴서를 제출한 일이 없었던 것처럼 곧 중앙위원회의 논의에 참여한다.

당 전체의 지지를 얻으려는 레닌의 투쟁은 이틀 뒤(10월 1일)에 합동으로 당중앙위원회와 모스크바 위원회, 페테르부르크 위원회 앞으로, 그리고 페트로그라드와 모스크바 소비에트 볼셰비키 의원 앞으로도 보낸 편지로 시작되었다. 레닌은 "꾸물거리는 것은 범죄 행위다", "볼셰비키에게는 소비에트 대회를 기다릴 권리가 없으며, 볼셰비키는 당장 권력을 잡아야 한다"는 증거로서 다음과 같은 점을 거론했다. 정부가 농민 사이에서 일어나는 혁명적 소요를 억누르고, 독일 해군에서 항명 사태가 일어나고 독일에서 혁명적 소요가 번지기 시작하는 것이 분명하며, 모스크바의 지역 선거에서 볼셰비키가 이겼고 병사들 사이에서 볼셰비키 지지도가 오르고 철도 노동자와 우편 노동자가 연루된 대규모 노동 분규가 일어나고 있다. 볼셰비키는 권력을 장악함으로써 "세계 혁명", "러시아 혁명", "전쟁에서 수만 명의 생명"을 구할 터였다.[7]

동시에 레닌은 분명히 가장 광범위한 대중에게 유포할 목적으로 〈노동자, 농민, 병사에게〉라는 호소문을 준비했다. 그 일부는 다음과 같다.

동지들, 농촌에서 무슨 일이 일어나고 있는지, 군대에서 무슨 일이 일어나고 있는지 여러분 주위를 둘러보십시오! 그러면 당신은 농민과 병사들이 더는 참고 견딜 수 없음을 알게 될 것입니다. ……
동지들! 군대를 노동자·병사 대표 소비에트에 맞서도록 하고, 권력을 소비에트에 주지 않으려고 코르닐로프류의 장군이나 장교들과 다시 협상을 벌이고 있음을 깨달으십시오. ……
모두 다 병영을 돌아다니십시오! 카자크 부대로 가십시오! 근로 인민들에게 가서 인민에게 다음과 같은 진실을 설명하십시오!

만약 소비에트가 권력을 잡으면, …… 러시아에 노동자와 농민의 정부가 생겨날 것입니다. 그 정부는 지체없이, 단 하루도 잃지 않고, 모든 교전 국가의 인민들에게 공정한 강화를 제안할 것입니다. ……

만약 소비에트가 권력을 잡으면, 지주의 토지가 지체없이 전체 인민의 소유물과 재산으로 선언될 것입니다. ……

안 됩니다. 인민은 단 하루라도 더 질질 끄는 것을 참는 데 동의하지 않습니다! ……

농민을 억누르고 농민에게 총을 쏘고 전쟁을 연장하려고 코르닐로프류의 지주 출신 장군들과 협상을 벌이고 있는 케렌스키 정부를 타도하십시오!

모든 권력을 노동자·병사 대의원 소비에트로![8]

당중앙위원회가 레닌의 호소가 퍼지는 것을 더는 성공적으로 저지할 수 없다는 — 사실상 레닌의 호소가 이미 하위 당조직에 충격을 주고 있다는 — 조짐이 10월 초에 나타났다. 행동하라는 레닌의 호소 가운데 하나가 9월 말에 모스크바 지역의 볼셰비키 조직의 호전파가 확고하게 장악한 모스크바 지역 사무국 손에 들어갔다. 10월 3일에 열린 당중앙위원회 회의에서 모스크바 지역 사무국 성원이면서 당중앙위원회 후보위원인 로모프가 사무국을 대표해서 공식 보고를 했다. 당중앙위원회가 권력을 장악할 준비에 착수하게끔 압박하려는 의도였다. 로모프는 모스크바 지역의 분위기가 극히 팽팽하고, 볼셰비키가 많은 소비에트에서 과반수를 차지했으며, 대중은 구체적 행동에 나설 뜻을 굽히지 않고 있는데 당원들이 머뭇거리고 있을 따름이라는 우려를 표명했다. 당중앙위원회는 로모프의 말을 끝까지 들었지만 그의 보고를 논의하는 것은 거부했다.[9]

거의 같은 시기(10월 3일 아니면 4일)에 레닌의 호소문들 가운데 일부가 볼셰비키 페테르부르크 위원회의 전투적인 지도자들 손에도 들어갔다.[10] 7월사태 이전 시기에 페테르부르크 위원회 지도부는 혁명의 발전에 관한 쟁점을 둘러싸고 자주 당중앙위원회보다 훨씬 강하게 좌파의 관점을 고수했으며, 주요 정책 문제를 결정하는 일에서 때로 매우 독자적으로 행동했다. 이 때문에 페테르부르크 위원회와 당중앙위원회 사이에 알력이 있었고, 7월봉기 직후에 두 기구는 겉보기에는 협정 비슷한 것을 암묵적으로 맺었다. 그 협정이란 페트로그라드 조직(페테르부르크 위원회)은 먼저 당중앙위원회의 동의를 얻지 못하면 전국에 영향을 끼칠 가능성이 있는 결정을 내리지 않을 것이며, 반면 당중앙위원회는 당중앙위원회대로 주요 정책 결정을 내리기에 앞서 페테르부르크 위원회의 견해를 확인해 본다는 것이었다. 두 위원회 사이의 조정을 손쉽게 하고자 부브노프가 페테르부르크 위원회에서 당중앙위원회를 대표할 권한을 위임받았다.[11]

레닌의 편지를 받아본 페테르부르크 위원회 지도부는 그제서야 당중앙위원회가 이 암묵적 동의를 무참히 깨뜨렸음을 깨달았다. 당중앙위원회는 페테르부르크 위원회에 자문을 구하지도 않은 채 무장봉기를 조직해야 한다는 레닌의 제안을 기각했을 뿐만 아니라, 레닌의 견해를 9월 하반기 내내 감추고 올바로 전하지 않으려고 기를 썼던 것이다. 입증된 것처럼, 페테르부르크 위원회 산하 9인 집행분과위원회는 레닌의 호소를 따르려는 강력한 다수파와 레닌의 호소를 시기상조로 보고 불만을 토로하는 소수파로 갈렸다. 그랬는데도 집행분과위원회는 당중앙위원회가 레닌의 견해를 검열한 데 격노해서 일치단결했다.[12] 집행분과위원회의 첫 대응은 당중앙위원회, 페트로그라드와 모스크바 대표들이 모여 즉시 회의를 열어 당의 향후 전술방침을 논의하자고 당중앙위원회에 공식 요청한 것이었다.[13]

10월 5일에 급송된 이 요청은 의문의 여지 없이 당중앙위원회가 정책을 재평가하도록 만드는 데 한몫 했다. 그러나 이미 당중앙위원회 안에서도 전략과 전술에 관한 견해에서 변화가 일어나고 있었다. 완전히 개편된 예비의회가 10월 7일에 열릴 예정이었고, 10월 5일에 열린 당중앙위원회 회의에서 보이콧 옹호자들은 예비의회에 참여하는 문제를 재고해야 한다는 주장을 굽히지 않았다. 예비의회에 유산 계층이 들어간 데다 여하튼 정치적 권한이 거의 없었으므로, 10월 5일에 참석한 사람들 가운데 예비의회 참여를 반길 만한 이는 카메네프뿐이었다. 당이 개막 회의부터 예비의회에서 퇴장한다는 데 한 명을 뺀 전원이 합의했다.[14]

카메네프는 이 결정에 충격을 받은 나머지 "그 첫 회의에서 빠져나온다는 결정으로 당의 전술이 …… 당에 아주 위험한 방향으로 나아갈 것"이라고 주장하고 소비에트 중앙집행위원회와 다른 정치 기구에서 당을 대표하는 모든 직책에서 해임해 달라고 요청하는 공식 각서를 당중앙위원회에 곧바로 제출했다.[15] 아마 틀림없이 카메네프의 주장에 따라, 예비의회 볼셰비키 의원단 회의에서 10월 7일 오후에 보이콧 문제를 더 논의했을 것이다. 8월 21일처럼, 전국 각지의 하위 당 조직에서 온 볼셰비키 대표들이 모인 이 회의에서 논쟁은 한 없이 질질 끌었고 때로는 극히 격렬했다. 트로츠키가 다시 보이콧 옹호론을 폈다. 반대로, 카메네프와 랴자노프를 비롯해 당에서 더 타협적인 진영의 구성원들은 예비의회 참여를 더는 고집하지 않았지만 퇴장할 만한 뚜렷한 명분을 제공하는 심각한 쟁점이 나올 때까지 철수를 미루자고 주장했다. 그러나 대의원단은 결국 아슬아슬한 표 차로 즉각적 보이콧을 승인했다.[16]

한편, 당중앙위원회의 답변을 기다리지 않은 채 페테르부르크 위원회 집행분과위원회는 확실하게 레닌의 편지를 논의할 페테르부르크위원회 총회를 요청했다.[17] 이 회의는 스몰니에 모인 당중앙위원회가 예비의회 보이콧을 논의하던 바로 그때 10월 5일에 페테르부르크 위원회의 나르바 구 정기 회합 장소에서 소집되었다. 페테르부르크 위원회 집행분과위원회는 이 회의를 정식으로 선출된 구 대표들을 제외한 다른 사람들에게 공개해서는 안 된다는 데 동의했다. 따라서 정식으로 인정을 받지 못한 당원들은 사전에 미리 떠나라는 요청을 받았다. 그런 다음 정부를 즉시 타도하자고 요구하는 레닌의 10월 1일자 편지를 낭독했고, 그 뒤 유카 라햐(Iukka Rakh'ia)[18]가 집행분과위원회를 대표해서 현 시기에 관한 공식 보고를 했다.

라햐는 7월봉기 직전 페테르부르크 위원회에서도 초급진주의자였으며, 봉기 직후 투옥되었다. 그는 지금 레닌의 호소에 동조하는 집행분과위원회 내 다수파의 대변인 노릇을 했다. 라햐는 즉각적 봉기 옹호론을 펴면서 자기의 출신지인 핀란드 상황에 특별한 관심을 두었다. 그는 핀란드에 있는 부대의 분위기가 확실하게 볼셰비키적이며 정치 권력이 사실상 볼셰비키 지역위원회의 손에 있다고 단언했다. 지역위원회와 임시정부는 전쟁 상태에 있으며, 지역위원회가 진지를 내주고 항복하든지, 아니면 치고 나가든지 해야 할 판이라는 것이었다. 라햐는 크론시타트를 무장 해제하려 한다는 소문이 돌고 있으며 거기서 폭발적 상황이 고조되고 있다고 덧붙였다. 그는 이런 이유를 들어 당이 죽느냐 사느냐 하는 상황에 있다고 주장하고는 오로지 레닌의 권고와 봉기 준비에 연관된 기술상의 문제에만 논의의 초점을 맞추자고 촉구했다.

다음에는 열정적이면서도 늘 냉철하고 실용적인 볼로다르스키가 일어나서 즉각적 봉기의 효용성에 여전히 회의를 품고 있는 집행분과위원회 내 소수파의 우려를 표명했다. 볼로다르스키는 모인 사람들에게 심사숙고해서 행동하자고 촉구했다. 그는 "우리는 근로 인민들에게 일련의 약속을 할 것입니다. 다만, 현재 군대가 빵의 80퍼센트, 고기의 90퍼센트 등을 가져가고 있습니다. 이러니 어떤 대책도 효과를 볼 수 없습니다"라고 주장했다. 볼로다르스키가 판단하기에는 전선 부대의 사기 저하 역시 잠시 멈춰서서 숨을 골라야 할 이유였다. 그는 다음과 같이 단언했다. "지금 군대에 있는 것이라고는 피곤함뿐입니다. …… 병사들은 전쟁이 끝나길 바라고 있습니다. …… 우리는 강화 조건을 내놓고 있지만 만약 우리 조건이 받아들여지지 않으면 제국주의자들과 싸우겠다는 말을 합니다. [하지만] 군대는 결코 싸우지 않을 것입니다." 볼로다르스키는 지역과 전국, 두 차원에서 이루어질 당의 구체적 군사 지원에 관해서도 의문을 제기했다. "페트로그라드와 크론시타트가 러시아 전체는 아닙니다. 그리고 나는 심지어 여기에서조차 우리를 진압하려고 전선에서 이동해 올 부대에 비해 우리 힘이 충분하지 않다고 확신합니다. 만약 우리에게 10~15일치 식량을 얻을 희망이 있다면, 그리고 우리가 배급량을 늘릴 수 있다면, 우리의 영향력은 강화되고 군대를 고무할 수도 있을 것입니다. 그러나 지금 우리는 이것을 수행하지 못하고 있습니다. 지금은 곡물을 조달하기가 가장 힘든 달입니다. …… 설령 모든 농민이 우리 뒤를 따르고 곡물을 주는 데 동의하더라도, 우리는 그 곡물을 수송할 수 없을 것입니다."

볼로다르스키는 외국의 혁명 상황도 봉기를 서두르지 말아야 할 또 다른 요인이라고 주장했다. 그는 다음과 같이 단언했다. "서구에서 혁명이 불 붙는 조건만이 우리를 구할 수 있습니다. 서유럽 노동자들 사이에서 혁명 운동이 자라나고 있습니다. 우리가 사태를 강제로 촉진하지 않더라도 우리는 이 동맹자들을 버리는 것이 아니라 단련하는 것입니다." 볼로다르스키는 신중할 것을 권고하면서 당 우익이 옹호하는 정책과는 거리를 두고 레닌과 자기의 견해 차이가 목표보다는 전술을 둘러싼 것이라는 점을 시사하려고 애썼다. 그는 다음과 같이 말했다. "나는 민주협의회에서도 예비의회 참가에 반대해서 싸웠습니다. 우리는 용서받을 수 없는 실수를 저질렀습니다. …… 만약 우리가 모험을 하지 않기를 바란다고 했을 때, 우리가 가야 할 혁명의 길은 타협을 거부하고 …… 억지로 유리한 상황을 만들어내려고 애쓰지 않으면서도 권력을 잡지 않으면 안 될 순간에 권력을 잡기 위해 우리의 전투 능력을 강화하는 것입니다." 그는 어려운 일은 권력을 장악하는 것이 아니라 권력을 유지하는 것이라고 주장했다. 볼로다르스키는 다음과 같이 끝을 맺었다. "우리가 권력에 다가서면서 거치는 길, 오직 그 길만이 옳다는 것을 대중에게 보여주어야 합니다. …… 우리는 권력의 자리에 선 다음에는 임금을 낮추고 일자리를 줄이고 테러를 도입해야 하는 상황에 내몰릴 수도 있다는 점을 깨달아야 합니다. 우리에게는 이 방법을 거부할 권리가 없습니다만, 서둘러 이런 방법을 쓸 필요도 없습니다."

볼로다르스키와 견해가 같았음을 분명히 확인할 수 있는 유일한 집행분과위원회 위원인 미하일 라셰비치(Mikhail Lashevich)가 이때 일어나 자기의 동지를 지원했다. 라셰비치는 1906년 이후로 거의 혁명 활동에만 전념했다. 그는 1915년에 징집되어 1917년 한여름에는 반란을 일으킨 제1기관총 연대에 배속되었다. 7월사태 전야에, 그는 아마도 때 이른 봉기의 전망에 진정으로 놀란 유일한 기관총 연대 볼셰비키 활동가였을 것이다. 라셰비치는 페트로그라드 소비에트 업무에 자기 시간 대부분을 바쳤고, 페트로그라드 소비에트 볼셰비키 위원단 총무로 선출되었다. 그는 제6차 볼셰비키 당대회에서는 볼로다르스키와 더불어 레닌 지지자들의 공격에 맞서 소비에트를 혁명적 기구로 완고하게 옹호한 사람들 가운데 끼어 있었다. 라셰비치는 이때에도 여느 때처럼 거리낌이 없어서, 뒤이은 사건들이 보여주는 대로 다른 이들도 느끼고 있었지만 이 시점에서는 나서서 말하려는 사람이 별로 없었던 실질적 우려를 직설적으로 표현했다.

라셰비치는 혁명이 결정적 순간에 이르렀음을 인정했지만 자기 말을 듣는 사람들에게 너무 멀리 너무 빨리 움직이려 하지 말라고 경고했다. 라셰비치는 페트로그라드 소비에트와 민주협의회에서 보고된 문서를 인용해서 "우리는 …… 전 지역에 관한 보고를 들었고, 따라서 러시아가 현재 어떤 상황에 처해 있는지는 여러분보다는 우리가 더 잘 압니다"라고 말했다. 그는 이어서 다음과 같이 말했다.

러시아가 여러 경제 부문에서, 즉 공업과 농업 부문에서 벼랑으로 가고 있다는 데에는 의심의 여지가 없어졌습니다. 멘셰비키조차 벼랑으로 치닫는 질주를 멈춰 세우려면 혁명적 조치를 꼭 취해야 한다는 점을 인정했습니다. 심지어 곧바로 강화를 체결해도 붕괴를 막지는 못합니다. 우리에게 권력이 오고 있습니다. 이것은 사실입니다. 우리가 …… 패할 가능성이 98퍼센트라 하더라도 권력을 잡아야 합니다. …… 하지만 권력을 지금 잡아야 할까요? 나는 사태를 억지로 촉진해서는 안 된다고 생각합니다. ……지금 권력을 잡으면, 우리는 나중에 우리 편이 될 세력을 떨구어 내버리게 될 것입니다. …… 동요하는 세력이 우리가 두 달 전에 취한 혁명적 조치를 끊임없이 인정해 가고 있습니다. 레닌 동지가 내놓는 전략 계획에는 허술한 구석이 아주 많습니다. …… 동지 여러분. 자신을 속이지 마십시오. 우리는 빵을 주지 못할 것입니다. 우리가 평화를 주지 못할 가능성도 매우 높습니다. 나는 전쟁 중에 독일에서 혁명이 일어난다고는 생각하지 않습니다. …… 토지를 농민에게 이양한다는 포고령을 지체 없이 발표해도 대중의 사기는 오르지 않으며, 대중은 싸우려 들지 않을 것입니다. 우리가 결정을 내릴 때에는 이 모든 것을 냉철하게 고려해야 합니다. 레닌 동지는 권력을 왜 지금, 즉 소비에트 대회가 열리기 전에 잡아야 하는지를 우리에게 설명해 주지 않았습니다. …… 소비에트 대회에서 우리는 기구를 얻을 것입니다. 만약 러시아 전역에서 모여들 대의원들이 모두 다 권력 장악에 찬성한다면, 그때는 문제가 달라집니다. 나는 우리가 준비를 해야 한다는 라햐 동지의 생각에 동의합니다. 우리는 화산 위에 서 있습니다. 나는 아침에 일어날 때마다 생각합니다. 이미 화산이 터지기 시작했을까?

이때 페테르부르크 위원회의 보키(G. I. Bokii) 간사가 토론을 멈추고는 레닌이 (1차로 10월 7일에 열리기로 일정이 잡혀 있는 시 당대회에서 논의할 의도로) 하루 이틀 앞서 작성한 테제 다섯 항목을 큰소리로 읽었다. 이 테제에서 레닌은 예비의회에 참가하고 정부 타도를 소비에트 대회와 연계하는 데 반대하는 주장을 개괄한 다음 될 수 있는 대로 빨리 무장 봉기를 조직해야 한다고 되풀이했다. 레닌의 전투적 입장의 영향을 받아 연사 몇 사람이 일어나 볼로다르스키와 라셰비치의 견해를 공격하고 레닌의 견해를 옹호했다. 하리토노프는 다음과 같이 비꼬았다. "볼로다르스키 동무와 라셰비치 동무는 스몰니 학원의 분위기에 감염되었습니다. …… 정당으로서 우리는 권력을 추구하고 있으며, 나는 이것을 이룰 수 있는 순간이 왔다고 생각합니다."

라햐가 다시 한 번 발언했다. 그는 "여기서 나는 우리가 모두 다 혁명가라고 생각했습니다. 그런데 볼로다르스키 동지와 라셰비치 동지의 말을 들었을 때, 내 생각이 흔들렸습니다"라고 말했다. 라햐는 볼셰비키 정부가 공업 생산을 유지하고 필수적인 식량 공급을 제공할 능력이 없기 때문에 무너지리라는 주장에 맞서 러시아의 경제 파탄은 대부분 기업가의 사보타주에서 비롯되었으며, 그 문제는 혁명 정부가 들어서면 사라지리라는 의견을 밝혔다. 더욱이 라햐는 볼셰비키가 권력 장악을 늦춤으로써 지지를 얻기는커녕 소외당하고 있다고 주장했다.

이 무렵 페테르부르크 위원회의 토론이 여러 시간째 계속되고 있었다. 같은 시각에 열렸던 당중앙위원회 회의가 끝나자마자 부브노프와 소콜니코프와 스밀가가 페테르부르크 위원회 회의 장소로 갔고, 이들이 도착했을 때 회의는 아직 진행 중이었다. 물론 세 사람 모두 정치 성향에서 카메네프보다는 레닌에 훨씬 더 가까웠으며, 이 사실을 즉시 분명하게 보여주었다. 사실 이 세 사람의 1차 관심사는 노동자, 병사들과 가장 긴밀히 접촉하는 현장 지도자들이 느끼기에는 대중이 당중앙위원회가 이제 막 결정한 볼셰비키의 예비의회 보이콧에 어떤 반응을 보일지, 그리고 현장 지도자들이 보기에는 권력을 언제 어떻게 가장 쉽게 잡을 수 있을지를 확인하는 것이었다.

만약 볼로다르스키와 라셰비치를 따로 떼어놓고 이 회의에 참석한 사람들이 모두 다 즉각적 봉기에 반대하는 쪽으로 기울었다면, 부브노프와 소콜니코프, 스밀가는 그 투쟁성 때문에 분명히 발언 기회를 얻지 못했을 것이다. 비록 페테르부르크 위원회 위원들 가운데 레닌이 권고해 온 바대로 즉시 봉기에 나서자고 제안하는 사람은 단한 명도 없었지만 라치스, 칼리닌, 몰로토프, 그리고리 예브도키모프(Grigorii Evdokimov)를 비롯한 가장 영향력 있는 페테르부르크 위원회 의원 다수가 전투적 진로에 찬성하는 발언을 했다. 지칠 줄 모르는 라치스가 러시아 해군이 발트해에서 당한 패배를 거론하고는 발트해 함대의 붕괴가 머지않았다는 두려움을 표명했다. 사태가 그렇게 된다면 권력을 잡기가 훨씬 더 어려워질 터였다. 칼리닌은 권력 장악이라는 문제가 지금 당 앞에 놓여 있으며 알맞은 공격 시기를 정하는 어려운 문제만 남아 있다고 조금은 모호하게 주장했다. 몰로토프도 비슷한 맥락에서 "우리는 지금 격변 전야에 있습니다. …… 지금 우리의 과제는 대중을 제지하는 것이 아니라 행동에 나서기에 가장 알맞은 시기를 골라잡는 것입니다"라고 말했다. 끝으로, 공장위원회 중앙평의회 의원인 예브도키모프가 "제2의 코르닐로프가 나타나 이번에는 강화 슬로건을 내놓을 수도 있고, 그렇게 되면 우리는 목이 졸리게 될 것"이므로 평화를 바라는 병사들의 깊은 갈망은 정부에 맞서는 행동에 빨리 나서야 할 또 다른 이유라고 주장했다.

회의가 끝날 무렵 라햐가 페테르부르크 위원회가 산회하기에 앞서 봉기 준비에 관한 결정을 내려 보자고 제안했다. 그러나 볼로다르스키가 공식 결의안 통과를 이틀 뒤에 규모가 훨씬 더 큰 페트로그라드 당대회가 소집될 때까지 늦추자고 권했다. 이 제안은 과반수가 받아들일 만한 것이었음이 분명하다. 왜냐하면 간행된 기록이 여기서 갑자기 끝나기 때문이다.[19]

그러나 페테르부르크 위원회 총회가 산회한 지 얼마 안 되어 페테르부르크 위원회 집행분과위원회가 레닌의 권고 사항을 이행하기 시작했다. 훗날 라치스가 설명한 것처럼, 중대한 전투에 대비해야 했지만 여태껏 체계적 준비가 이루어지지 않았다.[20] 집행분과위원회는 소속 의원 세 명에게 — 즉, 야코프 페닉시테인(Iakov Fenikshtein)과 이반 모스크빈(Ivan Moskvin)과 라치스에게 — 당의 군사 역량 평가를 시작하고 전반적으로 구위원회들이 정부에 대항하는 행동을 준비하도록 만들 권한을 부여했다. 라치스는 이 모든 일들이 당중앙위원회에 알리지 않은 채 이루어졌다고 기록하고 있다.[21]

페테르부르크 위원회 집행분과위원회가 무슨 일을 하려는지를 전하는 소식이 당중앙위원회에 들어가기까지는 긴 시간이 걸리지 않았다. 뒤에 다시 언급하겠지만, 당중앙위원회 의원들은 레닌이 9월 중순에 쓴 편지를 받았을 때부터 급진 성향의 현장 지도자들이 나중에 크게 문제가 될 반응을 보이지 않을까 걱정해 왔다. 당중앙위원회는 즉시 회의를 열고 이 문제를 논의했다. 10월 7일에 열린 이 회의의 간행 기록은 간략한데, 부브노프가 페테르부르크 위원회 집행분과위원회가 대중의 분위기를 확인하고 대중과 당 중앙 사이의 긴밀한 연락을 위해 사무국을 만들었다는 사실을 보고했고, 적절한 조정과 정확한 정보의 중요성을 고려하고 논의한 뒤 당중앙위원회 부속기구로 "대(對)반혁명투쟁관련정보" 사무국을 둔다는 결정이 내려졌다는 것만 알려줄 뿐이다. 트로츠키와 스베르들로프와 부브노프가 이 사무국의 당중앙위원회 대표에 임명되었다.[22] 뒤이어 '군사조직'에서 넵스키와 포드보이스키, 페테르부르크 위원회에서 라치스와 모스크빈이 함께 사무국에 임명되었다.[23] 이 사무국이 활발하게 활동했다는 증거는 없다. 당중앙위원회가 이 같은 기구를 설치한 일차 목적은 당분간 페테르부르크 위원회 집행분과위원회가 주도하는 움직임을 저지하는 데 있었던 것 같다.

10월 7일 저녁에 케렌스키와 그의 내각, 동맹국 외교단 대표들, 러시아 각지에서 온 거의 500명에 이르는 의원들, 대규모 언론 취재단이 예비의회 공식 개회식에 참석하려고 예전에는 제국 국정추밀원(Imperatorskii gosudarstvennyi sovet)회의 장소였던 마린스키 궁전의 웅장한 홍백색 강당에 모였다. 연단 위에 있는 제국 문장과 일리야 레핀(Il'ia Repin)이 그린 국정추밀원 100주년 기념 단체 초상화는 시대에 맞게 붉은 휘장 뒤에 조심스레 가려놓았다. 볼셰비키 대의원 53명이 스몰니에서 열띤 논의를 마치고 곧바로 개회식장에 도착했을 때 대부분의 청중은 제자리에 앉아 있었다. 제1차 회기는 주로 케렌스키, 연로한 인민주의자이자 예비의회 원로 의원인 예카테리나 브레시코-브레시콥스카야(Ekaterina Breshko-Breshkovskaia), 예비의회 의장인 압크센티예프의 애국적 선언과 법과 질서에 대한 호소에 할애되었다. 회기가 끝나갈 무렵 트로츠키가 긴급 동의를 위한 발언권을 신청했다. 연단에 오른 트로츠키는 임시정부와 예비의회를 반혁명 부르주아의 도구라고 비난하기 시작했고, 바야흐로 혁명이 분쇄당할 참이라고 경고했다. 트로츠키는 명백히 지금 자기 눈앞에 있는 청중보다는 페트로그라드의 노동자와 병사를 겨냥한 용어를 골라 쓰면서 다음과 같이 선명한 선동 구호를 외쳤다. "빌헬름의 군대가 페트로그라드를 위협하고 있는 이때 케렌스키와 코노발로프의 정부는 페트로그라드를 내팽개치고 도망칠 준비를 하고 있습니다. …… 임시회의(예비의회)를 떠나면서 우리는 눈을 부릅뜨고 지켜볼 것과 용기를 내라고 전러시아의 노동자와 병사와 농민에게 호소합니다." 트로츠키는 중도파와 우파에서 터져나오는 폭풍 같은 항의에 목소리가 묻히지 않도록 애쓰면서 다음과 같이 외쳤다. "페트로그라드가 위험에 처해 있고, 혁명이 위험에 처해 있고, 인민이 위험에 처해 있습니다. 정부는 이러한 위험을 강화하고 있습니다. 지배 정당들이 이 위험을 강화하고 있습니다. 오직 인민만이 스스로 자신과 나라를 구할 수 있습니다. 우리는 인민에게 다음과 같이 호소합니다. 공정하고 조속한 민주적 강화 만세, 모든 권력을 소비에트로, 모든 토지를 인민에게, 헌법제정회의 만세!" 이때 볼셰비키 대의원들이 자리를 박차고 일어나서 야유와 조소가 뒤따르는 가운데 줄지어 회의장을 떠났다. 누군가 "나쁜 놈들!"이라고 외쳤다. 볼셰비키의 마지막 일원이 문을 지나 사라질 때, 회중 가운데 한 사람이 "네놈들이 타고 온 독일의 밀봉 열차로 가라!"고 고함쳤다.[24]

예상대로, 트로츠키의 선동적 선언과 볼셰비키의 예비의회 시위 퇴장은 뭇 사람들의 이목을 끌면서 당의 다음 행보를 두고 숱한 추측을 불러일으켰다. 〈새로운 삶〉의 기자는 10월 8일자에 "볼셰비키가 봉기를 준비하고 있다는 소문이 말 그대로 여기저기에서, 즉 기다란 줄에서, 거리에 우연히 모인 사람들 사이에서 나돌고 있다"라고 적었다.

그러나 10월 10일 저녁, 늦가을의 한기와 부슬부슬 내리는 비를 막으려고 두터운 외투로 몸을 감싼 볼셰비키 당중앙위원회 위원들이 스몰니에서 한 사람씩 슬그머니 빠져나가는 것을 눈여겨본 사람은 없었을 것이다. 그들은 네바 강 건너 멀리 페테르부르크 방면구에 있는 비밀 회합장소에서 열리는 전략회의에 참석하려는 것이었다.

레닌의 지시에 따라 스베르들로프가 신중하게 조직한 이 회의에서 레닌은 핀란드에서 돌아온 이후 처음으로 당중앙위원회와 직접 대결한다. 얄궂은 운명의 장난으로 회합은 멘셰비키 좌파인 수하노프의 아파트에서 열렸다. 수하노프는 2월혁명 이래 페트로그라드에서 열린 거의 모든 주요 정치 회의에 어떻게든 모습을 나타낸 최고의 혁명 기록가였다. 그러나 이때 수하노프는 자리에 없었다. 그의 부인이며 1905년 이후로 볼셰비키 활동가였고 1917년에는 〈이즈베스티야〉임원이자 당중앙위원회 간사실 보조임원이었던 갈리나 플락세르만(Galina Flakserman)은 예전에 한 번 스베르들로프에게 필요하면 수하노프의 아파트를 이용해도 좋다고 한 적이 있었다. 그곳은 출입문이 여러 개 있는 널찍한 아파트여서 드나드는 사람이 많아도 특별한 주의를 끌지 않았다. 스베르들로프는 10월 10일 회의에 이 장소를 이용하기로 마음먹었다. 플락세르만은 오지랖 넓은 남편에게 이 역사적인 밤에 멀리 나가 있으라고 단단히 일러두었다. 플락세르만은 그날 아침 일찍 남편이 일하러 나갈 때 "날씨가 지독하네요. 당신, 오늘밤 내내 집에 돌아오지 않겠다고 약속해 줘요"라고 간절히 부탁했다.[25]

10월 10일 당중앙위원회 회의가 시작되자, 스베르들로프는 지각한 몇 사람이 들어오는 동안 일상적 의사 일정을 처리하고 당 사무실에 뒤늦게 들어온 보고서를 전했다. 보고서에는 북부 전선과 민스크의 서부 전선 본부에서 반혁명 음모를 꾸미고 있다는 불길한 내용이 담겨 있었다. 스베르들로프는 이 소문이 아직 확인되지 않았다고 주의를 주고 민스크의 초기 음모를 다루는 알맞은 방법은 그곳의 군참모

레닌이 턱수염을 깎고 가발을 써서 변장한 모습. 7월사태 후 핀란드로 피신해 있던 레닌은 10월 10일 페트로그라드에서 열리는 볼셰비키 중앙 위원회 회의에 참가하기 위해 변장을 했다. 이 회의에서 레닌은 즉시 행동에 나서야 한다고 열렬히 호소했다.

본부를 장악하는 것이라고 제안했다. 그는 민스크의 친볼셰비키 부대를 페트로그라드로 파견할 부대로 이용할 수도 있다는 말을 덧붙였다.

곧 레닌이 나타났다. 훗날 콜론타이는 "면도를 깨끗이 하고 가발을 써서 그는 어느 모로 보나 꼭 루터 교회 목사처럼 보였다"고 회고했다. 오후 10시가 되자 당중앙위원회 위원 스물한 명 가운데 레닌, 부브노프, 제르진스키, 지노비예프, 카메네프, 콜론타이, 로모프, 소콜니코프, 스탈린, 트로츠키, 우리츠키, 야코블레바를 비롯해서 적어도 열두 명이 넘는 위원들이 천장에 달린 전등이 어슴푸레 뿜어내는 조명 아래 수하노프 집 식당 탁자 둘레에 앉았다. 그들의 관심은 곧 주요 의사 일정, 즉 "현 시기"로 향했다.

레닌이 즉시 행동하자는 열렬한 탄원으로 토론을 시작했는데, 이 탄원은 거의 한 시간 동안 계속되었다. 처음부터 레닌은 동료들이 "문제의 기술적 측면에 관심을 쏟지 않는다"고 꾸짖었다. 레닌은 당이 오래전에 이 문제의 기술적 측면에 관심을 가졌어야 했다고 비난했다. 레닌은 시간이 극히 중요하다는 자기 주장을 뒷받침하려고 정부가 혁명의 숨통을 조이는 수단으로 페트로그라드를 독일군에 넘겨줄 참이라는 확신을 다시 표명했다. (이때 케렌스키가 싸움 한 번 하지 않고 페트로그라드를 포기할 생각을 하고 있다는 근거 없는 소문이 널리 떠돌고 있었음은 분명하지만, 레닌이 실제로 이 같은 조치가 취해질 가능성이 있다고 믿었는지, 아니면 단지 즉시 행동에 나서자는 주장에 가능한 한 최고의 설득력을 부여하려는 것이었는지를 가리기란 어려운 일이다.) 러시아를 희생하는 강화 협정이 체결될 가능성이 있다는 또 다른 막연한 소문과 외국에서 혁명적 소요가 있다는 조짐을 언급함으로써, 레닌은 또한 국제 상황이 볼셰비키가 즉시 주도권을 잡아야 할 또 다른 이유를 제공한다는 주장도 했다.

레닌은 이전에 쓴 몇몇 편지에서 제시했던 논거를 되풀이하면서 현 상황과 유산된 7월봉기를 비교하고 지지도를 올리는 일에서 볼셰비키가 그사이에 엄청난 진척을 이루었다는 결론을 내렸다. 대중이 혁명적 행동에 무관심한 현상은 대충이 말과 결의문에 싫증을 느끼는 탓으로 설명할 수 있었다. 레닌은 "과반수가 지금 우리를 따르고 있습니다. 권력 이전이 이루어질 만큼 정치 상황이 무르익을 대로 무르익었습니다"라고 주장했다. 지금은 정부 타도의 기술적 측면을 논의하는 것이 아주 중요한데, 볼셰비키는 그러는 대신에 방어론자마냥 체계적 봉기 준비를 일종의 정치 범죄로 여기는 경향을 보인다는 것이었다. 레닌은 "우리와 함께하지 않을 것이 분명한" 헌법제정회의를 기다리는 것은 쓸데없는 짓이며 단지 일을 복잡하게 만들 뿐이라고 주장했다. 레닌은 정부에 맞선 봉기를 언제 어떻게 시작할 것인가에 관한 몇 가지 구체적 제안으로 말을 끝맺었다. 그 제안이란 당은 결정적 행동을 개시하기 위해 민스크에서 온 병사들을 제공받고 민스크 군참모본부 인원을 활용하는 것과 더불어 이튿날 아침에 스몰니에서 열릴 북부지역 소비에트 대회를 이용해야 한다는 것이었다.

레닌의 호소 뒤에 벌어진 토론에 관한 의사록은 공식 간행문서집에 불완전하고 짧게 들어 있다. 레닌의 주요 맞수인 카메네프와 지노비예프의 발언은 공식 기록에 전혀 남아 있지 않다.[26] 당대의 다른 공식 기록과 몇몇 회고록은 이 회의에서 토론이 "길고도 격렬"했고, 밤을 지새워 이른 아침까지 계속되었으며, 결국은 사실상 참석자 전원이 발언했음을 보여준다. 로모프와 야코블레바는 모스크바 볼셰비키 지도자들의 전술적 견해와 모스크바 지역 전체의 정치 상황을 분명하게 보고했다. 우리츠키는 페트로그라드에서 당이 기댈 수 있는 군사력에 심각한 우려를 표명하면서도 조금은 모순되게 만약 볼셰비키가 봉기를 결심했다면 확실한 봉기 준비에 착수해야 한다고 단언했다. 스베르들로프는 당중앙위원회 간사실로 흘러 들어오는 정보를 이용해서 러시아 다른 지역의 상황을 보고하고 봉기 계획을 분명하고 강력하게 지지했다.

모여 있던 지도자들은 밤 늦은 시각에 집요하게 문을 두드리는 소리에 벌벌 떨었다. 문을 두드린 사람은 플락세르만의 남동생인 유리(Iurii)였다. 그는 사관학교 생도이자 볼셰비키 당원이었으며, 사모바르를 들고 차를 권하려고 온 것이었다. 이 한순간의 놀람이 가라앉은 뒤 얼마 지나지 않아서 카메네프와 지노비예프가 이론과 현실, 두 차원의 근거를 들어 무장 봉기 계획을 공격하면서 온 힘을 다해 레닌의 주장을 반박했다. 유별난 턱수염을 보란 듯 기르고 곱슬머리를 짧게 바싹 깎은 지노비예프와 함께 카메네프는 이때 4월협의회에서처럼 프티부르주아가 러시아 혁명의 발전에서 중요하다고 강조했다. 두 사람이 나중에 자신들의 주장을 담은 요약문[27]에서 표현한 대로, 러시아 노동계급은 혼자 힘으로는 현재의 혁명을 완수할 수 없었다. "우리와 부르주아 사이에 프티부르주아라는 엄청난 제3의 진영이 있음을 우리는 잊지 않았고 지금도 잊어서는 안 됩니다. 이 진영은 코르닐로프 반란 때 우리 편이 되어 우리에게 승리를 안겨주었습니다만, 한 번 더 우리 편이 되지는 않을 것입니다. …… 의심할 여지 없이, 지금 이 진영은 우리보다는 부르주아에 훨씬 더 가까이 서 있습니다."

카메네프와 지노비예프는 러시아 국민 과반수가 지금 볼셰비키를 지지하며 국제 프롤레타리아가 대부분 볼셰비키에 찬성한다는 레닌의 가정에도 회의를 표명했다. 두 사람이 보기에는 러시아 노동자 과반수와 병사 상당수가 볼셰비키를 지지하지만 "나머지는 모두 다 확실하지 않다." 이를테면, 두 사람은 만약 지금 상황에서 헌법제정회의 선거가 치러지면 농민 과반수가 사회주의자혁명가당에 투표할 것이라고 생각했다. 지금 볼셰비키를 지지하는 병사들은 그들대로 볼셰비키가 어쩔 수 없이 혁명 전쟁을 수행해야 한다면 "뒷걸음"칠 것이다. 두 사람은 독일 정부가 민주적 강화를 제안한 혁명 러시아와 싸우기 어려우리라는 레닌의 주장이 어느 정도는 타당하다고 인정하면서도 그 같은 장애물이 독일을 저지할 것 같지는 않다고 생각했다.

한편, 카메네프와 지노비예프가 판단하기에, 러시아의 볼셰비키가 외국의 혁명적 노동자들이 보내줄 막대한 지원에 기댈 수 있다는 생각에는 근거가 없었다. 두 사람은 독일과 이탈리아에서 혁명적 소요가 자라고 있다는 중요한 조짐을 인정하면서도, 그 혁명적 소요가 성장해서 부르주아 세계 전체에 선전포고를 한 러시아 일국의 프롤레타리아 혁명을 어떻게든 적극 지지하는 단계에 이르기까지 거쳐야 할 길은 머나멀다고 주장했다. 더군다나 만약 러시아의 볼셰비키가 패하기라도 한다면, 외국의 혁명 운동이 크나큰 타격을 입을 터였다.

그들은 유럽에서 혁명이 제대로 일어날 때에는 볼셰비키가 러시아에서 즉시 권력을 잡아야 할 의무가 있다고 주장했다. 이런 외국의 격변이 시작되어야만 러시아의 프롤레타리아 혁명이 성공을 보장받을 수 있을 터였다. 그들은 그런 때가 오고 있음을 인정했지만, 아직은 그때가 오지 않은 것이 너무나 분명했다.

끝으로, 카메네프와 지노비예프는 레닌이 페트로그라드에서 볼셰비키가 지닌 힘과 정부의 고립과 취약성을 지나치게 부풀려서 평가했다고 주장했다. 한판 싸우고 싶어 안달인 노동자나 병사도 없었고, 정부 휘하의 군부대는 어쨌든지 혁명을 지지하는 군부대보다 훨씬 더 강했다. 더구나 임시정부는 소비에트 중앙집행위원회의 지지를 받고 있으므로 거의 틀림없이 전선에 원조를 요청할 수 있을 것이다. 이 점을 고려할 때, 당은 코르닐로프와 싸울 때와는 아주 다른 상황에서 싸워야만 할 터였다. 코르닐로프와 싸울 때에는 당이 사회주의혁명가들과 멘셰비키, 심지어는 케렌스키의 절친한 동맹자 일부와 함께 싸웠는데, 이제는 "'검은 무리' 더하기 입헌민주당 더하기 케렌스키와 임시정부 더하기 소비에트 중앙집행위원회(사회주의자혁명가들과 멘셰비키)"와 반드시 대결해야 했다. 그런 싸움을 벌이면 당은 패배를 피할 수 없을 터였다.

카메네프와 지노비예프는 레닌이 주장하는 즉각적 봉기의 대안으로 당이 폭력적이지 않은 정치 노선, 즉 대중의 지지를 얻어 가능한 한 가장 많은 헌법제정회의 대의원을 배출하는 것을 목표로 삼는 "방어 자세"를 고수해야 한다고 주장했다. 두 사람은 시간이 더 많이 주어지면 정부가 헌법제정회의를 분쇄하는 데 성공하리라는 레닌의 주장을 반박하면서, 부르주아가 너무 약해서 반혁명 목표를 실행할 수 없거나 심지어는 헌법제정회의 선거에 실질적 영향을 끼칠 수조차 없다는 확신을 표명했다. 카메네프와 지노비예프는 다음과 같이 주장했다. "군대를 통해서, 노동자들을 통해서 우리는 부르주아의 관자놀이에 권총을 대고 있습니다. 부르주아는 지금 만약 헌법제정회의를 깨보겠다고 머리를 굴렸다가는 오히려 프티부르주아 정당들을 다시 우리 편으로 오도록 떠밀고 자신들을 겨눈 권총의 방아쇠를 당기게 되는 상황에 처해 있습니다." 볼셰비키에 대한 동조는 계속 늘어나는 반면 입헌민주당-멘셰비키-사회주의자혁명가 블록은 차츰 해체될 것이었다. 소비에트와 제휴해서 활동하면 헌법제정회의에서 볼셰비키당의 지지도가 높아져서 볼셰비키의 적들은 어쩔 도리 없이 단계마다 양보를 하거나 볼셰비키와 사회주의자혁명가당 좌파와 비정당 농민 대표, 볼셰비키당의 강령을 성취하고자 하는 기타 세력의 다수파 블록이 생겨날 위험 부담을 안아야 할 터였다. 지노비예프와 카메네프는 그 같은 시나리오가 어긋날지도 모르는 유일한 상황은 당이 레닌이 제안한 봉기처럼 때 이른 봉기를 주도함으로써 프롤레타리아가 프티부르주아 민주주의와 제휴한 전체 반혁명의 공격을 받는 경우일 것이라는 결론을 내렸다.

요컨대, 카메네프와 지노비예프가 내놓은 논거는 이러했다. 어쩌면 민주협의회가 열리는 동안 페트로그라드에 마련된 것처럼 더 광범위한 당 공개 토론장에서였다면, 심지어 이때도 그들이 강력한 지지를 받았을지도 모른다. 그러나 역사적인 10월 10일 회의에는 노긴과 리코프 같은 잠재적 동조자가 없었고, 그밖에 다른 모든 이는 레닌의 편이었다. 카메네프와 지노비예프를 빼놓으면, 이때 당중앙위원회 위원들 사이의 견해 차는 근본적인 이론상의 쟁점, 또는 임시정부를 타도하고 권력을 소비에트로 이전해야 하느냐는 문제 주위를 맴도는 것이 아니라 정부 타도와 권력 이전을 어떤 방식으로 얼마나 빨리 실행할 수 있는지, 그리고 봉기를 소비에트 대회와 꼭 연계해야 하는지에 집중되었다. 이 쟁점들은 10월 10일 회의가 끝날 때 레닌이 내놓은 결의안에서 조금 무뎌졌다. 학생용 공책에서 뜯어낸 종이에 몽당연필로 급히 휘갈겨 쓴 결의안의 일부는 다음과 같다.

당중앙위원회는 러시아 혁명의 국제적 상황이나 …… 전황이나 …… 프롤레타리아 당의 소비에트 과반수 차지 등 이 모든 것이, 농민의 봉기, 인민의 신뢰가 우리 당으로 확 쏠린 변화, 마지막으로 제2의 코르닐로프 사태 …… 와 연관되어, 무장 봉기를 의사일정에 올려놓았음을 인정한다.
이렇게, 당중앙위원회는 무장 봉기가 불가피하고 완전히 무르익었음을 인정하면서 이것을 지침으로 삼고 이 관점에서 모든 실천적 문제들(북부지역 소비에트 대회, 페트로그라드에서의 군대 철수, 모스크바와 민스크 등지에 있는 [동지들의] 행동)을 논의하고 해결하라고 모든 당 조직에 명한다.

무기를 들라는 이 호소는 10대 2라는 표 차로 채택되었다. 콜론타이는 표결을 하자마자 팽팽했던 긴장이 사라지고 모든 사람이 갑자기 허기를 느꼈다고 기억했다. 유리 플락세르만이 약간의 치즈, 소시지, 흑빵과 함께 사모바르를 꺼냈고, 허기진 사람들은 곧바로 음식에 달려들었다. 콜론타이는 토론이 잠시 더 계속되었지만 우스갯소리와 — 카메네프와 지노비예프에게 던지는 악의 없는 농담으로 — 토론이 간간이 끊겼다고 회고했다.[28]
이렇게 해서 레닌과 볼셰비키 당중앙위원회 사이의 역사적 회합이 끝났다. 소련 역사가들은 곧잘 10월 10일 밤을 전투적 혁명 노선을 둘러싼 당중앙위원회 내부의 의심이 사실상 제거되고 그 뒤 전국의 볼셰비키 조직이 레닌이 주장한 노선에 따라 대중 무장 봉기 준비에 힘차게 나선 순간으로 보아 왔다. 이 해석은 상황을 정확하게 서술 레닌이 급히 휘갈겨 쓴 결의문의 첫 쪽. 무장봉기를 승인하는 내용의 이 결의문은 10월 10일 볼셰비키 중앙위원회에서 채택됐다.

한 것이 아니다. 봉기의 엄밀한 성격 규정과 시기 선정 문제를 볼셰비키 하급 조직에 맡긴 10월 10일의 당중앙위원회 결의문에서는 레닌과 페트로그라드의 특정한 정치 상황에 더 정통한 다른 당 지도자들 사이에 혁명 전술에 관련해서 여전히 존재하는 아주 깊은 견해 차가 해소되지 않았다. 앞으로 살펴보겠지만, 이 전술적 차이는 뒤이은 혁명의 발전에서 커다란 의의를 지니게 된다.

그렇다고 해서 10월 10일의 당중앙위원회 회의가 중요하지 않다고 주장하는 것은 아니다. "현 시기"에 관한 10월 10일의 결의문으로 권력 장악이 "의사 일정"이 되었다. 볼셰비키에게 이것은 (무장 봉기의 필요성을 단지 인정하기만 했던) 제6차 당대회의 해당 결의문을 넘어서는 중요한 진전일 뿐더러 9월 내내 당 정책을 형성했던 혁명의 평화 발전 지향 노선의 공식 파기였다. 카메네프와 지노비예프가 낙담해서 지켜보는 가운데, 당중앙위원회의 결정에 관한 소식과 무기를 들라는 호소가 전국의 주요 당 위원회로 퍼져나갔다. 코르닐로프 사건과 10월 10일의 결정 사이의 시기를 돌이켜보면, 4월에 그랬던 것처럼 당 최고위권의 견해가 급격하게 전환한 주요 원인이 레닌이었음을 알 수 있다. 몇 주에 걸쳐 번갈아 가며 동료들을 회유하고 압박하고 위협한 사람, 논쟁과 개인적 권위의 힘으로 당중앙위원회 과반수를 봉기 노선 쪽으로 돌리는 데 마침내 성공한 사람은 바로 레닌이었다. 10월 10일과 볼셰비키의 권력 장악 사이에 벌어진 페트로그라드의 정치적 발전과 당내의 전술 논쟁을 고려할 때 레닌이 거둔 이 중요한 개인적 승리를 마음에 새겨야 한다. 역사적 사건에서 개인이 가끔 수행하는 결정적 역할을 이보다 더 잘 보여주는 현대사의 일화는 거의 없다.

12장

봉기의 장애물

볼셰비키 당중앙위원회가 격렬한 논쟁 끝에 권력 장악을 의사 일정에 올리기로 한 결정은 당의 주요 신문인 〈노동자의 길〉에 곧바로 실리지 않았다. 9월 27일 이후로 날마다 신문 발행인란 옆에 나오던 "노동자, 병사, 농민 동지여! 10월 20일의 전러시아 소비에트 대회에 대비하라!"는 전단 표제가 한동안 계속 실렸다. 그렇다고 해서 10월 10일의 결의문이 즉각적 효과가 없었다는 뜻은 아니다. 이때 배후에서, 당의 극히 전투적인 새 노선을 지지하는 볼셰비키가 한시바삐 무장 봉기를 준비하는 일치된 노력을 슬며시 개시했다.

처음에는 주로 10월 11일부터 13일까지 페트로그라드에서 열린 북부지역 소비에트 대회에 이목이 집중되었다. 뒷날 라치스가 말한 대로, "그것[북부 지역 소비에트 대회]이 스스로 정부로 선언하기로 결정하고 여기서 출발한다는 생각이었다."[1] 다가오는 전러시아 대회에 대비해서 러시아 각지에서 소집된 수많은 소비에트 지역 내회들 가운데 하나인 북부 지역 소비에트 대회에는 주로 러시아 북서부의 군대위원회, 해군위원회, 지역 소비에트를 대표하는 대의원 94명이 모였다.[2] 크릴렌코가 주재하고 좌파 일색이었던 이 대회에는 볼셰비키 51명, 사회주의자혁명가당 좌파 24명, (사회주의자혁명가당의 소규모 테러리스트 분파인) 최대주의자(maksimalist) 4명 , 멘셰비키 국제주의자 1명이 참가했다. 사회주의자혁명가는 딱 10명이었다. (멘셰비키 4명은 대회가 열린 뒤 얼마 지나지 않아 대회에서 떠나버렸다.) 바로 이런 극좌파의 분명한 힘 때문에 레닌과 다른 당 지도자들이 이 대회를 케렌스키 타도를 조직화하기에 알맞은 기구로 보았다.

볼셰비키가 이끄는 핀란드 육군·해군·노동자 지역 집행위원회가 북부 지역 소비에트 대회의 일정을 잡고 대회가 헬싱포르스가 아닌 페트로그라드에서 열리도록 만들었다. 집행위원회는 북부 지역 소비에트 대회를 봉기를 일으키고 정당화하는 데 알맞은 기구로 보았다. 핀란드 지역 집행위원회의 스밀가 의장은 정부 타도 준비에 직접 나서라고 촉구하는 레닌의 9월 27일자 편지를 받은 뒤 대회를 열 계획을 세웠다. 10월 8일자 〈노동자의 길〉과 이틀 뒤 크론시타트의 〈프롤레타리아의 대의〉에 실린 북부 지역 소비에트 대회 관련 기사에서 스밀가는 "이 대회가 나라의 정치 활동에서 크나큰 역할을 해야 한다는 것은 분명하다"고 선언했다. 그는 계속해서 다음과 같이 주장했다. "온갖 분파의 방위론자들이 전러시아 소비에트 대회에 반대하는 운동을 맹렬하게 벌이고 있다는 것은 누구에게도 비밀이 아니다. …… 우리가 가만히 앉아서 20일을 기다린다면 소비에트 대회가 열리지 않을 것이 너무나도 뻔하다. 공격하는 방위론자들에게 대항해야 한다. 말뿐 아니라 행동으로 …… 위기는 아주 빠르게 자라나고 있다. 현재의 상황은 며칠만 지나면 또 바뀐다. …… 이 순간 지역 대회는 엄청난 의미를 지닐 수 있다."[3]

10월 7일에, 즉 당중앙위원회가 봉기를 준비한다고 의견을 모으기 전에도, 페트로그라드 볼셰비키 시협의회 참가자들은 북부 지역 소비에트 대회가 정부에 대항한 행동을 시작할 가능성에 대비했다.[4] 이어서 콜론타이가 11일 아침에 민주협의회 참가자들에게 당중앙위원회가 가결한 결의문을 알렸다. 콜론타이가 북부 지역 소비에트 대회에 맡겨진 중요한 역할을 언급했음은 의심의 여지가 없다.[5]

레닌은 북부 지역 소비에트 대회에 참가한 볼셰비키에게 보내는 10월 8일자 메시지에서 대의원들이 만약 "그저 …… 결의문이나" 채택하고 손을 놓는다면 "인터내셔널을 배신하는 자들"일 것이라고 주장했다. 레닌은 다음과 같이 꾸짖었다. "전러시아 소비에트 대회를 기다려서는 안 됩니다. 소비에트 중앙집행위원회가 대회를 11월로 미룰 수 있습니다. …… 발트해 함대와 핀란드 부대가 즉시 움직여야만 …… 러시아와 전 세계의 혁명을 구할 수 있습니다. …… 함대, 크론시타트, 비보르그, 레벨은 피테르로 가서 코르닐로프를 추종하는 부대를 쳐부수고, 양대 수도를 일깨우고, 대중을 선동해서, 케렌스키 정부를 무너뜨려 새로운 권력을 세워야 하고 세울 수 있습니다. 그 새로운 권력은 지체없이 농민들에게 토지를 넘겨주고 지체없이 강화를 제안할 것입니다. 지연은 죽음과 마찬가지입니다."[6] 이틀 뒤 당중앙위원회의 10월 10일 회의에서 레닌은 당이 결정적 행동을 개시하는 데 북부 지역 소비에트 대회를 이용해야 한다고 촉구했다.

북부 지역 소비에트 대회 볼셰비키 대의원들은 10월 11일 아침에 스몰니에 도착하자마자 당중앙위원회가 봉기를 조직하기로 결정했다는 전갈을 받았다. 실제로, 대회 첫 회기 동안, 이들은 봉기를 시작하라는 지령이 언제라도 떨어질 수 있다고 믿게 된 듯하다.[7] 훗날, 대회 간사진의 일원인 크론시타트 볼셰비키 당원 보리스 브레슬라프(Boris Breslav)는 대회가 열렸을 때 많은 대회 참가자 가운데 이 대회가 봉기의 중심지가 되리라고 가정한 사람이 적지 않았다며 "그들은 언제라도 당중앙위원회의 행동 개시 신호가 떨어질 수 있다는 느낌을 받았다"고 술회했다.[8]

10월 11일 아침에 열린 북부 지역 소비에트 대회 볼셰비키 당 대의원단의 첫 회의에서 당중앙위원회를 대표해서 소콜니코프가 발표한 현시기에 관한 보고서가 이런 생각을 부추겼다. 소콜니코프의 메시지는 다음과 같았다. "소비에트의 승리를 위해 싸워야 할 순간이 왔습니다. …… 페트로그라드에서 대회가 열리는 것은 우연이 아닙니다. 왜냐하면 아마도 바로 이 대회가 봉기를 개시할 것이기 때문입니다."[9]

안토노프-옵세옌코가 아직 크레스티 감옥에 있는 정치범들이 단식 투쟁을 시작했다고 발표하자, 북부 지역 소비에트 대회의 분위기가 일찍부터 후끈 달아올랐다. 발표에 호응해서 대의원들은 "단식 투쟁을 멈추고 힘을 비축하십시오! 여러분이 풀려날 시간이 다가오고 있습니다"라는 수감자에게 보내는 호소문을 가결했다.[10] 그러나 시작이 이랬는데도, 볼셰비키 지도부는 케렌스키 타도 조직화를 거들고자 대의원들을 소환하기를 망설였다. 그 대신, 대회는 소비에트 정부 창출을 사실상 전러시아 소비에트 대회와 연계하는 매우 온건한 볼셰비키-사회주의자혁명가당 좌파 합동 결의문을 통과시킨 뒤 10월 13일 늦은 시각에 막을 내렸다.[11]

북부 지역 소비에트 대회가 봉기를 촉발하지 못한 것은 서로 연관된 몇 가지 요인으로 설명할 수 있다. 우선 4월 이후로 권력 장악을 준비하는 주된 책임을 맡았던 볼셰비키 '군사조직' 지도자들이 과연 당이 무장 봉기에 선뜻 나서겠냐는 의심을 품었다. 결과를 아는 상태에서 돌이켜보면, 이 의심에는 근거가 있었다. 앞에서 살펴보았듯이, 볼셰비키는 지난 몇 주와 몇 달 동안 거의 전적으로 혁명의 평화적 발전에 부합하는 행동에만 관심을 쏟아 왔다. 병영이나 공장에서, 당이 조직하는 봉기를 지원하는 데 필요한 세심한 기술적 준비에는 별다른 노력을 기울이지 않았다. 7월사태에 연루된 페트로그라드 수비대 소속 부대들에서 볼셰비키는 아직 통제력을 회복하지 못한 상태였다.[12] 코르닐로프 위기 동안에 생겨난 노동자 붉은 근위대 부대들 가운데 다수가 그 뒤에 해체되었다. 10월 중순까지도 페트로그라드 시 전체 차원에서 붉은 근위대 부대들을 통합하고 훈련하려는 움직임은 시작되지 않았다. 봉기가 일어났을 때 수도가 다른 지역과 곧바로 단절되지 않도록 철도 노동자들의 협조를 확보하는 일도 10월 중순까지 전혀 이루어지지 않았다.

넵스키는 이 같은 문제를 염두에 두고 몇 해 뒤에 나올 솔직한 회고록에서 다음과 같이 썼다. "7월사태의 쓰라린 경험에서 교훈을 얻은 '군사조직' 구성원들은 행동 계획을 늦추고 숙고했다. 아직 준비하지 않은 것, 조정하고 고쳐야 할 것이 많았으며, 참으로 놀랄 만한 흠이 여기저기에 널려 있었다." 이어서 넵스키는 이 같은 이유를 들어 자기와 포드보이스키가 봉기 시작을 보름쯤 늦춰야 한다고 강하게 고집했다고 밝혔다.[13] 나중에 넵스키는 다른 지면에서 "군사조직'은 …… 행동에 따르는 어려움을 전혀 모르고 싸움을 하고 싶어 안달인 피 끓는 모든 동지들에게 찬물을 끼얹었다"고 술회했다.[14] 이것은 누구보다도 특히 레닌에게 적용할 수 있는 평가였다.

볼셰비키당 전략가들이 임시정부에 맞선 봉기를 늦춘 두 번째 요인은 일상에서 대중과 가장 긴밀히 접촉하는 현장 지도자들 때문이었다. 그들은 이때 소비에트 대회가 열리기 전에 무장 봉기를 지원할 만큼 충분한 수의 페트로그라드 노동자와 병사들을 동원할 가능성을 두고 한결같이 예사롭지 않은 우려의 목소리를 냈다. 9월 23일 이후로 볼셰비키, 사회주의자혁명가당 좌파, 멘셰비키 국제주의자가 똑같이 점점 더 소리를 높여 소비에트 대회를 정부 문제를 적법하게 해결할 공개 토론장으로 선전해 왔다. 이 노선에 따라 10월 10일에 열린 페트로그라드 시 당협의회, 10월 1일에 열린 페트로그라드 지역(즉, 페트로그라드 인근의 여러 도시) 당 대표 협의회, 10월 둘째 주에 열린 '군사조직' 사무국 구성원들과 페트로그라드 수비대 부대 대표들의 회의에서 유난히 심한 머뭇거림이 나타난 듯하다. 페테르부르크노동계급해방투쟁동맹 시절부터 러시아 사회민주주의 운동에서 활동해 온 레닌의 막역한 동료였으며 지역 조직 간부였던 알렉산드르 쇼트만의 회고에 따르면, 세 회의에서 모두 다 과반수가 제2차 소

비에트 대회가 열리기 전에 봉기를 일으킨다는 데 반대했다.[15]

실제로, 북부 지역 소비에트 대회가 확고하게 급진적인 성향을 띠기는 했어도, 10월 12일 저녁까지는 이 대회에서도 즉각적 봉기를 지지하는 과반수 표를 얻기가 사실상 불가능하리라는 것이 거의 확실했다. 우선, 트로츠키와 소콜니코프, 그리고 10월 10일 결의문을 지지하는 다른 당중앙위원회 위원들이 이 결의를 어떻게 하면 가장 훌륭하게 수행할 수 있을지 궁리하는 동안, 카메네프와 지노비예프는 봉기를 막으려고 필사적으로 활동하고 있었다. 두 사람은 당이 조직하는 즉각적 봉기가 7월봉기 뒤에 일어난 것보다 훨씬 더 심각한 재앙으로 끝날 수 있다고 확신하고는 지방의 당 지도자 과반수가 이 견해를 지지하지 않겠냐는 믿음을 품었는데, 이 믿음에는 근거가 없지 않았다. 10월 10일 당중앙위원회 회의가 끝난 뒤에 카메네프와 지노비예프는 권력 장악에 반대하는 자기들의 논지를 담은 문건을 전국의 주요 당위원회, 소비에트 중앙집행위원회 볼셰비키 대의원단, 페트로그라드 소비에트, 북부 지역 소비에트 대회 앞으로 발송했다. 두 사람은 다음과 같이 썼다. "우리는 지금 무장 봉기를 선언하는 것은 우리 당의 운명뿐만 아니라 러시아 혁명과 국제 혁명의 운명을 카드 한 장에 건다는 뜻이라고 깊이 확신합니다. 역사에서, 싸움 한 번 하지 않고 무릎을 꿇기보다는 차라리 싸워 패하는 편이 더 낫다는 점을 피억압 계급이 깨닫는 경우가 분명히 있습니다. 과연 지금 러시아 노동계급이 바로 그런 상황에 처해 있습니까? 천부당만부당합니다!!!"[16]

페트로그라드에서 카메네프와 지노비예프는 무모한 혁명적 행동을 늦추려고 전반적으로는 현장 당 지도자들에게, 특정하게는 북부 지역 소비에트 대회 대의원들에게 직접 로비 활동을 폈다.[17]

북부 지역 소비에트 대회에서, 카메네프와 지노비예프처럼 무장 봉기에 소극적 태도를 보였던 사회주의자혁명가당 좌파도 대회를 이용해서 정부를 뒤엎는다는 계획에 적극적으로 반대했다.[18] 이때 사회주의자혁명가당 좌파는 무엇보다도 다가오는 제2차 전러시아 소비에트 대회에서 사회주의자로만 이루어지고 각 정파의 대표가 널리 참여하는 정부를 순조롭게 창출하는 데 관심이 있었다. 〈노동자의 길〉의 경우처럼 사회주의자혁명가당 좌파의 신문 〈노동의 깃발〉(Znamia truda)은 9월 27일부터 매호 "동지여 10월 20일의 전러시아 노동자·병사·농민 대의원 소비에트 대회를 준비하라"는 전단 표제를 달았다.[19] 그러나 〈노동의 깃발〉 편집자들은 〈노동자의 길〉과는 달리 이 메시지를 시종일관 임시정부를 상대로 무장 봉기를 빨리 일으키지 말라는 단호한 경고와 연계했다. 세르게이 므스티슬랍스키(Sergei Mstislavskii)는 10월 13일자 주요 사설에서 이 메시지를 다음과 같이 밝혔다. "지금 노동자와 병사들이 나서는 것은 가장 극악한 범죄이며 …… 현 정권이 아니라 소비에트 자체 …… 에 타격을 입히는 일일 것이다. …… '권력 장악을 위해' 나서라고 대중에게 호소하는 자들은 거짓말쟁이다. 그들의 호소는 인민 의지의 승리가 아니라 인민 의지의 자기 파멸을 호소하는 것이다."

므스티슬랍스키의 동지인 보리스 캄코프는 이때 사회주의자혁명가당 좌파가 추구한 정책을 나중에 이렇게 밝혔다.

민주협의회 뒤에, 즉 방위론자들이 해로운 연립 정책을 단념하지 않았음이 확인되었을 때, …… 사회주의자혁명가당 좌파는 …… 만약 케렌스키가 이끌고 있는 연립정부가 …… 조직화된 사회주의 정부를 또다시 인정하지 않는다면 모든 수비대와 노동계급의 조직적 무장 지원이 중요하고 필요하다는 점을 지적했습니다. ……

볼셰비키당이 오로지 전러시아 대회가 동질적 사회주의 권력을 수립하고 소비에트 권력을 선언할 경우에만 그 권력을 …… 지지하려고 자기 세력을 동원하는 것이 아니라는 점은 이미 전러시아 대회를 앞둔 며칠 동안 공장과 병영에서 활동하는 사회주의자혁명가당 좌파에게 분명했습니다. 볼셰비키가 전러시아 소비에트 대회가 열리기 전에 봉기해서 권력을 잡을 준비를 하고 있음이 분명해졌습니다. 이 문제에서 우리는 볼셰비키와 근본적으로 갈라졌습니다. …… 우리에게 이 방법은 한편으로는 가장 위험하고 한편으로는 부적절하게 보였습니다. 우리는 만약 연립정부가 파산한 뒤에, …… 연립정부가 아무것도 들어 있지 않은 빈껍데기가 된 뒤에, 연립이라는 말이 노동자와 병사들 사이에서 욕설이나 다름없이 된 뒤에, 여러분이 노동자와 병사 사이에서 연립정부를 지키려고 떨쳐 일어날 굳센 그룹을 단 하나도 찾지 못한 뒤에, 전러시아 소비에트 대회가 열린다면 이 잔존물을 고통 없이 제거할 수 있다고 보았습니다. …… 동시에 우리는 만약 이것(무장 봉기)이 다른 식으로 이루어진다면, 즉 이것이 소비에트 대회가 열리기 전에 페트로그라드에서 권력을 잡는다는 기치 아래 진행된다면, 이후에 정치적 모험, 즉 노동자·병사 대의원 소비에트가 아닌 특정 정당의 권력을 위한 투쟁이라는 인상을 줄 수 있다고 보았습니다. 그리고 이 때문에 곧바로 상황이 복잡해지고, …… 내전이 일어날 수 있습니다. 사회주의자혁명가당 좌파는 내전을 혁명적 계급 투쟁과 헷갈린 적이 단 한 번도 없습니다.[20]

북부 지역 소비에트 대회에서 봉기를 조직할 가능성을 진지하게 찾고 있던 볼셰비키 지도자들은 사회주의자혁명가당 좌파의 반대와 이와 결합된 카메네프와 지노비예프의 로비로 어려움을 겪었는데, 이 것은 사회주의자혁명가당 좌파가 사회주의자혁명가들과 멘셰비키-국제주의자들과 함께 대회에서 90표 가운데 35표 가까이 모을 가능성이 높았다는 점을 염두에 두면 쉽게 이해할 수 있다. 따라서 카메네프와 지노비예프는 즉시 행동하는 것을 막으려면 나머지 볼셰비키와 최대주의자 대의원 55명 가운데 10명 남짓한 대의원 사이에서 봉기의 타당성을 우려하는 소극적 태도를 조장하기만 하면 되었다. 그 문제를 표결에 부쳤다면 그들이 그렇게 하는 데 별 어려움이 없었으리라는 데에는 의심의 여지가 없다.

그런데 북부 지역 소비에트 대회가 끝나갈 무렵 대회 참가자들의 가장 큰 걱정거리는 헌법제정회의를 준비하는 데 지장을 준다는 이유를 들어 소비에트 중앙집행위원회가 전러시아 소비에트 대회를 연기하거나 완전히 취소해버릴지도 모를 가능성이었다. 따라서 북부 지역 소비에트 대회의 마지막 의결 사항들 가운데 하나는 전러시아 소비에트 대회가 중요하며 이 대회가 권력을 잡는 것이 적절하게 선출된 헌법제정회의가 더 지체되지 않고 소집되도록 보장하는 유일한 수단임을 강조하는 대중 호소문을 채택한다는 것이었다.[21]

대의원단은 상설 집행위원회(북부 지역 소비에트 집행위원회)도 만들었다. 이 위원회의 몇몇 볼셰비키 위원이 위원회를 주로 봉기 기구로 본 것은 명백한 사실이다. 나중에 안토노프-옵세옌코는 북부 지역 소비에트 대회 직후에 스밀가는 헬싱포르스로 되돌아가 봉기를 지원할 수병, 보병, 포병 부대를 편성하고 자기는 페트로그라드에서 집행위원회의 활동을 지도한다는 취지의 협정을 스밀가와 맺었다고 회고했다. 안토노프-옵세옌코에 따르면, 스밀가가 동원하는 병력은 "정관을 보내라"는 전보를 받자마자 페트로그라드로 파견될 터였다. 그러나 안토노프-옵세옌코는 이 준비가 은밀하게 이루어져야 한다는 점을 분명히 했다.[22] 북부 지역 소비에트 대회가 만든 상설 위원회의 표면적 목적은 다가오는 전러시아 소비에트 대회를 지키고 지원할 병력을 조직하고 준비하는 것이었다. 그랬기 때문에 사회주의자혁명가당 좌파마저도 그 활동에 참여하기로 동의했던 것이다.

입증된 것처럼, 북부 지역 소비에트 대회는 대체로 초급진주의 정서가 시끌벅적하고 아주 눈에 띄게 표현되는 장이었다. 더욱이 대회가 열리는 동안 볼셰비키 선동가들이 페트로그라드의 노동자 거주 지역 곳곳을 돌면서 언제 내려올지 모를 전투 개시 명령에 대비해서, 성공하기도 하고 실패하기도 했지만, 노동자와 병사들이 현 정부에 적대감을 품도록 부추기려고 열정적으로 노력하고 있었다. 그러나 당의 관점에서 볼 때, 볼셰비키가 예비의회에서 퇴장한 직후에 벌인 이 활동에는 정부 지지자들이 볼셰비키의 의도와 관련해서 품는 우려가 당분간 고조되는 대체로 부정적인 효과가 뒤따랐다.[23] 이때 페트로그라드의 거의 모든 일간신문은 볼셰비키의 계획과 행동을 둘러싼 억측으로 가득했다. 이를테면, 10월 15일에 고르키의 〈새로운 삶〉에 실린 주사설은 볼셰비키가 봉기를 일으키려고 광범위한 선동을 하고 있다고 보도했다. 사설은 다음과 같이 주장했다. "대중의 분위기는 한결같지 않다. 일부는 분명히 행동에 나설 준비가 된 듯하고, 일부는 싸운다는 쪽으로 특별히 쏠리지 않아서 적극적 행보를 억제하는 쪽으로 더 기울고 있으며, 행동에 나서는 데 적대적이거나 완전히 수동적인 집단도 있다."

비슷하게, 10월 14일자 〈가제타 코페이카〉는 독자들에게 "볼셰비키가 10월 20일에 행동에 나설 준비를 열심히 하고 있다는 확실한 정보가 있다"고 보도했다. 며칠 뒤 우익계 〈생생한 말〉은 "볼셰비키가 행동에 나서고 있다"는 표제 아래 다음과 같이 단언했다. "7월 3~5일의 비열한 유혈 사태는 그저 예행 연습일 뿐이었다. 지금 볼셰비키는 본색을 드러낼 준비를 하고 있다. …… 모든 공장과 병영에서 선동이 강화되고 있다. 볼셰비키는 노동자와 병사들에게 첫 신호를 보내면 손에 무기를 들고 거리로 나가 권력을 잡고 임시정부를 뒤엎고 부르주아를 처절하게 처단하라고 호소하고 있다." 필자들은 한결같이 자기들의 경고를 혁명 행위의 결과에 관련된 으스스한 경고, 그리고/또는 너무 늦기 전에 정부가 좌익을 상대로 단호한 조처를 취해야 한다는 일관된 호소와 결부시켰다. 10월 14일 아침 〈사업 통보〉의 한 기고자는 "행동할 때가 되었다"는 표제의 사설에서 다음과 같이 선언했다. "볼셰비키는 대중이 나설 때가 가까워졌다고 훨씬 더 명확하고 확실하게 말하고 있다. …… 볼셰비키가 정부와 혁명의 방위를 파괴하려고 하는 모든 짓이 소리 없이, 그리고 저항 없이 권력과 정부의 민주주의 세력의 용인을 받고 있다. …… 정부는 …… 이 순간을 이용해서 혁명 페트로그라드를 무정부 상태에서 단호히 지키겠다는 의사를 표명해야 한다."

물론 스몰니의 온건 사회주의 지도자들과 겨울궁전의 각료들은 이때 볼셰비키가 이끄는 조속한 봉기의 가능성에 똑같이 공감했다. 10월 14일에 열린 전러시아 집행위원회 총회에서 표도르 단은 극단주의적 선동이 이루어지고 볼셰비키가 봉기를 준비하고 있는 것이 확실하다는 보고가 쇄도하고 있다며 다음과 같이 선언했다. "우리는 우리 볼셰비키 동지들에게 분명하게 물어야 합니다. 당신들이 이런 정책을 펼치는 저의는 무엇인가? …… 이 연단에서 볼셰비키는 …… 그들이 혁명적 프롤레타리아의 투쟁을 호소했는지를 밝혀야 합니다. …… 나는 볼셰비키당이 이 질문에 딱 부러지게 예나 아니오로 솔직하게 답변해야 한다고 요구합니다." 라자노프가 연단에서 "우리는 평화와 토지를 요구합니다"라고 답변했지만 청중의 걱정을 누그러뜨리는 것과는 거리가 멀었다. 의미심장하게도, 이 회기가 끝날 무렵에 멘셰비키 국제주의자를 대표하는 마르토프와 사회주의자혁명가당 좌파를 대표하는 리프시츠(Livshits)조차 일어서서 단이 제출한 결의문을 지지했다. 이 결의문은 노동자와 병사와 농민에게 냉정을 유지하라고 호소하고 어떤 종류의 "행동"도 일절 허용할 수 없다고 비난했다.[24]

언론 보도로 판단해보면, 이 시기에 날마다 열린 케렌스키 각료회의는 상당 부분 볼셰비키의 위협을 논의하는 데 시간을 할애했다. 키시킨 내무부 장관은 10월 17일에 열린 한 회의에서 정부 예하의 병력이 일단 소요가 터지면 그것을 진압하기에는 충분하지만 좌익을 선제 공격하기에는 약하다고 보고했다. 키시킨은 정부가 입수한 정보에 따르면 봉기가 원래는 10월 18일로 계획되었지만 준비가 부족해 23일까지로 미뤄졌다고 덧붙였다.[25]

내각은 갖가지 대응책을 강구했다. 그러나 현 상황의 복잡성을 인식한 내각은 페트로그라드 군관구 사령관 게오르기 폴코브니코프(Georgii Polkovnikov) 장군에게 정부를 지킬 태세를 갖추라고 지시하고 날마다 질서를 지키라는 호소문을 발표하는 정도의 선을 넘어서지 않았다. 분명히 장관들은 볼셰비키가 먼저 행동에 나서 스스로를 망치리라고 기대했다. 베르홉스키 장군은 국방부 장관으로서 실제로 다음과 같이 선언했다. "계획이 있습니다. 상대방이 행동에 나서기를 기다려야 합니다. 볼셰비즘은 소비에트 안에 퍼져 있는데, 볼셰비즘을 내쫓을 만한 세력이 없습니다."[26] 누군지 밝혀지지 않은 한 장관은 북부 지역 소비에트 대회가 끝난 날인 10월 13일 밤에 열린 각료회의에서 나오면서 기다리고 있던 기자들에게 조금은 더 자신 있게 다음과 같이 논평했다. "현재 정부는 그 무엇보다도 충돌을 바라지 않습니다. 그러나 우리가 어떻게 해야 할까요? 만약 볼셰비키가 행동에 나선다면, 우리는 외과수술로 종기를 째서 그것을 영원히 없애버리겠습니다."[27]

북부 지역 소비에트 대회 직후에 레닌은 즉시 봉기하라고 계속 재촉한 반면에 카메네프와 지노비예프는 그들대로 때 이른 봉기를 막고 봉기가 일어날 수 있다는 볼셰비키 반대자들의 걱정을 누그러뜨리려고 레닌 못지않게 열심히 노력했다. 한편 수비대, 공장, 대중 조직과 긴밀히 연계한 현장 당 활동가들은 당중앙위원회의 10월 10일 결의를 이행할 실질적 가능성을 계속 모색했다. 그들이 전러시아 소비에트 대회가 열리기 전에 봉기를 일으키려고 준비하면서 맞닥뜨린 어려움은 북부 지역 소비에트 대회에 뒤이어 열린 두 차례의 중요한 당 전략회의에서 분명하게 표면으로 떠올랐다. 첫 번째 회의는 10월 15일의 페테르부르크 위원회 비상회의였고, 두 번째 회의는 다음날 밤에 페테르부르크 위원회, '군사조직', 페트로그라드 주 볼셰비키 위원회, 페트로그라드 소비에트, 노동조합, 공장위원회 지도부의 대표들과 당중앙위원회 사이에 급하게 마련된 협의회였다.[28]

10월 15일에 열린 페테르부르크 위원회 회의에는 페트로그라드의 여러 구에서 온 볼셰비키 위원회 대표 35명이 참석했다. 이날 저녁의 주요 의사 일정인 봉기 준비에 관한 토론은 페테르부르크 위원회에 배속된 당중앙위원회 위원인 부브노프가 현 시기에 관한 공식 보고를 하면서 시작되었다. 부브노프는 "우리는 우리와 대립하는 세력과 싸움에 이끌려 들어가고 있습니다. …… 우리는 행동 전야에 서 있습니다"라고 단언하면서 정부에 대항하는 행동에 나서라고 강력히 호소했다. 부브노프는 봉기에 필요한 모든 요소가 갖추어졌다고 주장하면서 다음과 같이 역설했다. "모든 세력은 행동에 나설 준비를 해야 합니다. …… 모든 선동가를 모아야 합니다. 혁명을 구하기 위해서 우리는 방어 정책뿐만 아니라 공격 정책을 수행해야 합니다."

그러나 부브노프가 보고를 마치자마자 넵스키가 앞으로 달려 나가 봉기의 조직화를 훨씬 더 늦춰야 한다는 주장을 내놓았다. 7월사태의 경험이 '군사조직' 지도부에 끼친 엄청난 충격이 이때 넵스키가 조심스럽게 표현한 연설에 뚜렷하게 반영되어 있다. 처음에 그는 이렇게 말문을 열었다. "'군사조직'을 대표해서 나는 대회의 관심을 우리가 마주쳐야 했던 그 숱한 난관으로 돌려야겠습니다. '군사조직'은 단숨에 우경화했습니다." 지방에서는 임시정부 타도에 대비한 준비가 전혀 되어 있지 않으며, 사실 볼셰비키는 농촌에서 이제 막 발판을 마련하기 시작했을 따름이라고 경고하면서, 넵스키는 몇몇 지역의 농민이 봉기가 일어날 경우에는 곡물을 내놓지 않겠다고 선언했다고 주장했다. 그는 당이 대중의 분위기를 무시한다면 승리를 바랄 수 없다고 덧붙였다. 그리고 이어서 철도 노동자의 지원과 북부 전선 제5군단의 협조처럼 필수적 요인들을 확보하지 못했음을 지적했다. 전반적으로 봉기를 위한 기술적 준비가 갖춰지지 않았으며 현 상태로는 볼셰비키가 임시정부에 승리를 거두는 데 없어서는 안 될 초반 기세의 우위를 보장할 수 없다는 것이었다. 넵스키는 이러한 이유를 들어 10월 10일의 당중앙위원회의 결의가 시기상조라는 결론을 내렸다.

넵스키의 연설에 뒤이어, 페테르부르크 위원회 간사인 보키가, 대회 참석자들의 요청에 응해서 그랬음이 분명한데, 당중앙위원회의 10월 10일 결의문과 장문의 카메네프-지노비예프 메모, 이 두 문서의 전문을 낭독했다. 넵스키의 경고에 뒤이어 곧바로 나온 카메네프와 지노비예프의 직설적 경고는 참석한 지역 당 임원들에게 큰 충격을 주었던 것이 분명하다. 왜냐하면 이때 당중앙위원회의 결의를 "대폭적으로", 다시 말해 기본적 가능성과 실행 가망성 양자의 관점에서 검토해야 한다는 동의가 이루어졌기 때문이다.

당중앙위원회는 이 점을 염두에 두고 각 구의 현재 상황에 관한 보고를 들었다. 그 보고들은 대부분 즉각적 봉기의 타당성에 관한 우려를 강화하는 작용을 했다. 물론, 보고들이 한결같이 비관적이었다고 말한다면 사실을 오도하는 것이다. 이를테면, 지칠 줄 모르는 라치스는 중요한 비보르그 구에서 노동자들이 수행하고 있는 권력 장악 준비에 아낌없이 칭찬을 퍼부었고 그들을 믿고 기댈 수 있다는 자신감을 피력했다. 넵스키 구 대표인 비노쿠노프는 라치스와 달리 괜한 과장 없이 "분위기가 우리에게 유리하"며 "대중은 경각심을 높이기 시작하고 있다"고 말했다. 그리고 핀인을 대변해서 유카 라하는 봉기를 보는 핀인의 입장은 "빠를수록 좋다"는 것이라고 선언했다.

다른 한편, 공장과 병영의 상황에 관한 전반적 묘사는 대부분 가망성이 없는 쪽이어서 당원들의 분위기에 초를 치는 효과를 불러오지 않을 수 없었다. 아마도 이 토론에서 분명해진 가장 놀라운 요소는 페트로그라드 노동자와 병사 다수가 겉으로는 무기력해 보인다는 것이었다. 여기서 문제가 되는 것은 노동자와 병사들이 소비에트로의 권력 이전에 동조하는지 여부가 아니었다. 대중이 볼셰비키의 강령을 폭넓게 지지한다는 것은 누구나 다 인정했다. 문제는 그들이 소비에트 대회가 열리기 직전에 봉기하라는 볼셰비키의 호소에 응해서 실직, 즉각적 전선행, 투옥, 또는 심지어 죽음까지 무릅쓸지 여부였다. 이 점을 기억해야 한다. 이와 관련해서, 자기 지역의 상황을 보고한 구 대표 19명 가운데 8명만이 대중이 싸우려는 분위기에 있고 즉시 봉기할 태세에 있다고 느꼈고, 6명은 현재 분위기를 불명확하고 기다려보자는 쪽으로 기울어졌다고 여겼던 반면, 5명은 대중이 행동에 나서려는 어떠한 열망도 없다고 분명히 언급했다.[29]

장차 소비에트 국가의장이 될 칼리닌은 (커다란 비보르그 구의 일부인) 레스놉스코-우델닌스키(Lesnovsko-udel'ninskii) 구에서는 일에 진척이 없다고 말했다. 치과 의사인 모스크바 구의 사바 라비치(Savva Ravich)는 대중은 만약 소비에트가 지시를 내리면 행동에 나서겠지만 당의 명령에는 호응하지 않으리라는 견해를 밝혔다. 목수이면서 페테르부르크 구 대표인 세르게이 프로호로프(Sergei Prokhorov)는 다음과 같이 보고했다. "우리의 영향력이 센 곳에서는 분위기가 관망하는 쪽이고, 그렇지 않은 곳에선 냉담합니다. …… 심지어 소비에트가 행동을 호소해도, 이를테면 우리 공장 같은 몇몇 공장은 나서지 않을 것입니다." 로제스트벤스키 구의 알렉산드르 악셀로드(Aleksandr Aksel'rod)와 페트로그라드 노동조합 평의회를 대표하고 전기노조 의장이기도 한 나움 안첼로비치(Naum Antselovich)는 대중의 분위기가 대중이 반혁명의 공격을 받는다면 반격에 나서겠지만 단독으로 공격할 그런 분위기는 아니라는 데 동의했다. 악셀로드는 공장 소개와 연관된 정리해고 때문에 분위기가 가라앉아 있다고 덧붙였다. 페트로그라드 주 볼셰비키 조직을 대표하는 하리토노프는 페트로그라드 주 볼셰비키 협의회에서 발표한 보고를 요약했는데, 비슷하게 비관적이었다. 하리토노프는 대중의 분위기가 가라앉았다는 데 의견이 일치한다고 말했다. 그는 "크라스노예 셀로에서 …… 5,000명 가운데 500명은 [봉기에 가담하려고] 이곳으로 오겠지만, 나머지는 크라스노예 셀로에 남아 두고 볼 것"이라고 단언했다. 그는 크론시타트에서 분위기가 크게 가라앉았고, 심지어는 볼셰비키 사이에서도 술을 퍼마시고 주정을 부리는 행위가 퍼져 있다고 덧붙였다.

겉으로 대중이 냉담해 보인다는 것이 볼셰비키가 권력을 잡기로 정해놓은 시기 직전에 하급 당 수준에서 퍼져 나오는 비관적 정세 파악에 이바지한 유일하게 중요한 문제는 결코 아니었다. 10월 15일의 각 지역 보고는 봉기를 위한 기술적 준비가 전반적으로 부족하다는 우려가 퍼져 있다는 것도 드러내주었다. 사실, 붉은 근위대와 연관된 심각한 조직상의 문제들이나 무기와 탄약의 결정적 부족을 언급하지 않은 발언자가 거의 없었다. 보고를 종합해 보았을 때 봉기 기구가 여지껏 창설되지 않은 게 분명했다. 나르바 구의 게센(S. M. Gessen)은 전투 본부가 없기 때문에 전투 부대, 아마도 코르닐로프 위기 동안에 생겨났을 부대가 해체되어 버렸다고 매몰차게 말했다. 넵스키 구 노동자들의 분위기를 낙관했던 비노쿠노프는 넵스키 구에 붉은 근위대부대가 없으며 구의 조직 기구를 자랑할 수 없다고 인정했다. 프로호로프는 대놓고 "붉은 근위대의 상태는 좋지 않습니다. …… 대개는 구에서 완전히 붕괴한 상태입니다"라고 단언했다. 실리셀부르그 구 대표는 붉은 근위대 1개 부대가 편성되었지만 무기가 거의 없어서 사람들이 지원하기를 꺼린다고 보고했다.

부브노프가 분명히 논의의 급전에 깜짝 놀라서 차례는 아니지만 발언권을 신청했다. 그는 페테르부르크 위원회가 다그치는 바람에 10월 10일에 당중앙위원회가 현 시기에 관해 고려하기 시작했음을 페테르부르크 위원회 위원들에게 상기시켰다. 부브노프는 사람들에게 실천적 대책에 관심을 집중해 달라고 간청했다. 그 뒤 얼마 안 되어, 회의에 참석한 지역 당 대표들은, 다른 무엇보다도, 슬로건을 선전할 당 선동가들의 협의회를 소집하고 석간신문 발행을 조직하고 통신과 연락을 개선하고 철도 및 체신·전신 노동자들과 접촉을 강화하고 노동자들의 무기 조작법 교육 속도를 높인다는 데 동의했다. 이러한 조치에 찬성표를 던진 대다수 페테르부르크 위원회 위원들은 그 조치들이 신속한 결과를 가져오리라는 데 아마도 칼리닌보다는 더 큰 희망을 품었을 것이다. 칼리닌은 각 구의 보고를 듣고 나서 다음과 같이 평했다. "당중앙위원회의 결의, 이것은 당중앙위원회가 지금껏 채택한 가장 훌륭한 결의들 가운데 하나입니다. …… 하지만 이 봉기가 언제 가능할지는 미지수입니다. 어쩌면 한 해가 지난 다음에나 가능할까요." 그러나 페테르부르크 위원회가 10월 15일 밤에 채택한 대책에는 당이 아직 즉시 전투를 벌일 준비를 갖추지 못했다는 가정이 뚜렷이 반영되어 있었다.

다음날 밤에 당중앙위원회 협의회가 급히 소집되었는데, 소집 목적은 즉시 봉기하라고 호소하는 일에서 발생한 어려움에 직면해서 당 전략을 다시 평가하는 것이었다. 볼셰비키 지도자 25명쯤이 참석한 그 모임은 수도 북쪽 변두리 멀리 떨어진 곳에 있는 레스놉스코-우델닌스키 구의 구의회 본부에서 쇼트만과 칼리닌이 준비해 놓은 일정에 따라 열렸다. 이때 칼리닌은 레스놉스코-우델닌스키 구의회 의장이었다 (야코프 스베르들로프의 아내인) 스베르들로바(Sverdlova)는 참가자들이 어디서 회의가 열릴지 마지막 순간까지 몰랐다고 회고했다. 참가자들은 통과 암호와 회합 장소를 통보받았고, 다 모이자 한 번에 몇 명씩 구의회 건물로 인도되었다. 가장 마지막에 도착한 이들 가운데 한 사람이 레닌이었다. 레닌은 급하게 가발을 벗은 다음 나머지 참석자들이 모여 있는 연결된 두 개의 방에 들어갔다. 방에는 의자가 몇 개 없었다. 사람들은 대부분 그냥 마룻바닥에 앉았다.[30] 레닌은 구석에 있는 방석을 깔고 앉아 호주머니에서 메모지를 몇 장 꺼내더니 그것을 검토하기 시작했다. 그는 버릇 때문에 가발을 매만지려고 손을 올렸다가 (가발이 없음을) 깨닫고는 슬며시 웃었다.[31]

청소도 하고 다른 허드렛일도 하면서 레스놉스코-우델닌스키 구 구의회 건물에서 일하던 젊은 볼셰비키 당원인 예카테리나 알렉세예바(Ekaterina Alekseeva)는 이 사건에 관한 생생한 회고담을 남겼다. 알렉세예바의 가장 커다란 두려움은 어떤 외부인이 의심을 품고 관헌을 부르지 않을까 하는 것이었다. 알렉세예바는 아침 이른 시간에 마지막 당 간부가 떠날 때까지 걱정으로 미칠 지경에 이르러 수상쩍은 소리에 귀를 기울이고 이웃 건물을 세심히 살피며 이상이 없는지 확인했다. 알렉세예바는 누가 올 때마다 이웃집의 세인트 버나드 종 개가 크게 짖으면서 맞이하는 바람에 자신이 창문에서 망을 보거나 사모바르를 끓이지 않을 때 꽤 긴 시간 동안 그 개를 달랬다고 회고했다. 오후 8시쯤에 시작된 회의는 이튿날 아침 오전 3시에 끝났으며, 그 무렵 그해 첫눈이었던 진눈깨비가 내리기 시작했다. 알렉세예바의

회고에 따르면, 참석자들은 쓰레기를 엄청나게 많이 남기고 떠났다.[32]

10월 16일 회의는 봉기를 즉시 조직한다는 당중앙위원회의 결정을 레닌이 강력히 옹호하면서 시작되었다. 레닌은 처음에 온건 볼셰비키가 멘셰비키와 사회주의자혁명가들과 협력하는 데 연연해하면서 미련을 버리지 못하는 데 대응해서 그들과 타협을 해보려고 이미 갖은 노력을 했지만 지금은 온건 사회주의자들과 협정을 맺기가 불가능하다는 점이 분명해졌으며 대중이 볼셰비키를 따른다는 점도 확실해졌다고 강조했다. 이어서 레닌은 "대중의 분위기에 좌지우지될 수는 없습니다. 왜냐하면 대중의 분위기는 변하기 쉽고 추측하기가 어렵기 때문입니다. …… 대중은 볼셰비키를 신뢰해 왔고, 볼셰비키에게 말이 아니라 행동을, 즉 전쟁과의 투쟁, 붕괴와의 투쟁에서 단호한 정책을 요구하고 있습니다"라고 주장하면서, 전날 저녁에 현장 당 활동가들의 보고에서 확연하게 드러난 대중의 의기소침한 분위기에 큰 의미를 두지 않았다. 레닌은 발언을 마칠 무렵에 자기가 지금 상황이 러시아의 사회주의 혁명에 유리하다고 믿는 까닭을 대략 설명하고는 "지금 행동에 나서면 우리는 유럽 프롤레타리아 전체를 우리 편으로 얻게 될 것입니다"라는 결론을 내렸다. 그는 정부의 계획과 관련해 우려를 표명하는 것으로 끝을 맺으면서 다음과 같이 주장했다. "부르주아는 [혁명을 분쇄하려고 독일군에게] 피테르를 넘겨주고 싶어합니다. 따라서 우리는 페트로그라드를 우리 손에 넣어야만 [혁명을] 구할 수 있습니다. 러시아와 유럽에서 일어나는 계급 투쟁의 정치적 분석에서 도출되는 것은 가장 단호하고도 가장 적극적인 정책의 불가피함이며, 그 정책은 무장 봉기일 수밖에 없습니다." 레닌은 거듭 되풀이해서 다음과 같이 말했다. "권력을 즉시 잡아야 합니다. 그냥 지나가버리는 하루하루가 파멸을 불러올 수 있습니다. 만약 우리가 지금 권력을 잡지 않는다면 역사가 용서하지 않을 것입니다!"[33]

10월혁명 이전과 이후에 빈번하게 레닌이 연설하는 것을 들었던 쇼트만은 이것이 레닌의 가장 뛰어난 연설들 가운데 하나였다고 1924년에 회고했다.[34] 쇼트만은 봉기의 실행 가능성을 논의했던 이전 모임들에서는 참석자들의 분위기가 10월 16일 회의에서보다 훨씬 더 비관적이었다고 평가했는데, 이 평가에는 일리가 있었다. 의심의 여지 없이 이것은 레닌이 지닌 전설적인 설득력의 반영이었다. 설사 그렇다고 해도, 레닌의 연설에 뒤이어 '군사조직'을 대표하는 니콜라이 크릴렌코가 병사들의 혁명적 분위기가 가라앉고 있으며 과반수가 당이 "문제를 억지로 밀어부쳐서는 안된다"고 믿는다는 것이 바로 '군사조직' 지도부가 받은 인상임을 재차 확언했다. 아마도 당에서 트로츠키 다음으로 가장 능력 있고 인기 있는 당의 대변자일 볼로다르스키는 페트로그라드 소비에트 대의원들의 태도를 보고하면서, "아무도 거리로 뛰쳐나가려고 하지는 않지만, 소비에트의 호소에는 모두가 호응할 것"이라는 전반적 인상을 표명했다. 페트로그라드 노동조합 평의회의 주도적 인물인 바실리 시미트와 금속노조 위원장이면서 노동조합 평의회 고위간부이기도 한 알렉산드르 실랴프니코프는 노동조합원들이 보이는 정치적 태도의 특징을 묘사하려고 시도했다. 시미트는 모든 사람이 소비에트로의 권력 이전을 요구하지만, 주로 파면과 정리해고의 공포가 퍼져 있는 탓에 50만 명이 넘는 페트로그라드 노동조합원들의 적극적 행동은 기대할 수 없다고 주장했다. 실랴프니코프는 금속노조에서 당의 영향력은 막강하지만 볼셰비키의 봉기는 인기가 없다고 덧붙였다. 그 같은 행위에 관한 뜬소문들이 막연한 공포를 일으키기까지 한다는 것이었다.

10월 16일 회의가 시작될 무렵에 카메네프와 지노비예프는 직접 레닌에게 응수할 기회를 버린 바 있다. 그랬다가 이 같은 부정적 보고에 힘을 얻은 지노비예프가 이 시점에서 발언권을 얻어 "봉기가 확실히 성공할지 근본적인 의심이 존재한다"고 주장했다. 그는 봉기에 반대하는 일련의 논거를 끌어내고는, 할 수 있다면 당중앙위원회의 10월 10일 결의를 재고해야 한다고 촉구했다. 카메네프는 봉기의 조직을 시도하면서 지금은 봉기를 위한 여건이 갖추어지지 않았음을 확인했다고 선언했다. 지노비예프는 당의 준비는 다만 정부가 방어를 강화하도록 만드는 결과만을 낳는다고 역설했다. 볼로다르스키는 카메네프의 주장을 되풀이하면서 당중앙위원회의 10월 10일 결의가 하나의 명령으로서 나왔다면, 그 명령은 아직 이행되지 않았다고 시사했다. 볼로다르스키는 이어서 다음과 같이 확언했다. "만약 봉기 문제가 진정 내일 봉기하는 문제로 제기된다면, 우리가 아직 준비를 갖추지 못했음을 인정해야 합니다. 나는 날마다 대중에게 호소했는데, 우리의 호소로 대중이 혼란에 빠지고 있습니다."

그러나 레닌은 봉기의 엄밀한 형태와 시기 선정은 당중앙위원회와 페트로그라드 소비에트, 전러시아 소비에트 중앙집행위원회의 당 지도부의 일로 남겨놓고 당중앙위원회의 10월 10일 결의를 공식 인준해야 한다는 뜻을 굽히지 않았다. 지노비예프는 제2차 소비에트 대회 볼셰비키 대의원단과 협의할 때까지는 실질적 봉기 준비를 금지한다는 결의문을 채택하자고 권유함으로써 레닌의 제안에 반격을 가했다. 결의안들을 표결에 부쳤을 때, 회의 참석자 19명은 레닌의 결의안을 지지하고 2명은 반대하고 4명은 기권했다. 지노비예프 결의안 표결은 찬성 6명, 반대 15명, 기권 3명이었는데, 이 두 번째 표결은 회의에 참석한 당 지도자들 가운데 9명이라는 — 즉, 표결한 사람의 3분의 1이 넘는 — 꽤 큰 소수파가 사전 협의에 찬성하거나 이 문제에서 어느 편에 서기를 피하는 식으로 즉각적 봉기를 준비하는 데 크게 망설였음을 보여준다.[35] 이밖에도 이 수치를 회의에서 나온 각각의 발언과 비교해보면 소비에트 대회가 열리기 전에 무장 봉기를 조직하려는 노력의 타당성에 관해 아직도 망설이는 마음을 품고 있던 당 간부들 가운데서도 몇 사람은 분명히 레닌의 결의안에는 찬성 투표를, 지노비예프의 결의안에는 반대 투표를 했음이 드러난다. 왜냐하면 겉으로는 레닌의 제안을 지지한 여러 발언자의 논평에 당이 조직하는 봉기를 위한 조건이 아직은 무르익지 않았다는, 그리고 10월 10일의 결의안은 즉시 수행해야 할 정책 지령이라기보다는 적절한 기회가 오는대로 정부를 타도하겠다는 의도의 확인이라는 가정이 들어 있었기 때문이다.

이러한 견해는 10월 16일 회의에서 밀류틴이 가장 공개적이고도 직접적으로 드러냈다. 트로츠키는 회의에 참석하지는 않았지만 이 견해를 공유했음이 분명하다. 소련의 역사가들은 이 태도를 소심성 — 레닌의 표현을 사용한다면, "헌정적 환상" — 탓으로 자주 돌리면서 카메네프와 지노비예프의 입장과 동일시하는 경향이 있다. 그러나 더 정확히 말한다면, 트로츠키, 그와 생각이 같은 사람들이 취한 입장은 페트로그라드와 지방과 전선의 전반적 분위기와 상호 역관계를 보여주는 증거들을 입수해서 분석한 다음에 내린 현실적 평가에 바탕을 두고 취한 입장으로 보인다.

어쨌든 10월 10일의 결의를 이렇게 인준해도 봉기 준비를 둘러싸고 볼셰비키 지도부 안의 논란이 결코 잠잠해지지 않았다는 점에 주목해야 한다. 10월 16일 회의가 끝날 때, 카메네프는 당중앙위원회의 최근 결정에 반영된 관점을 옹호할 수 없다고 선언하고 이 입장이 당과 프롤레타리아의 패배를 불러오리라고 믿으면서, 당중앙위원회 사퇴서를 제출했다. 동시에 카메네프는 지노비예프와 함께 전신으로 당중앙위원회 총회를 즉시 소집해야 한다고 정식으로 요구했다. 다른 온건론자 세 명, 즉 노긴과 밀류틴과 리코프는 〈노동자의 길〉에 호소문을 게재하려고 애썼지만 실패했다. 그 호소문의 요지는 끝내 실리지 않았다.[36] 카메네프는 볼셰비키 신문에서 발언권을 얻을 수 없자 봉기에 반대하는 자기의 논거를 고르키의 신문인 〈새로운 삶〉 10월 18일자에 발표했다. 카메네프의 성명서가 나온 뒤 심지어는 레닌까지도, 그의 편지로 판단컨대, 타격을 가할 기회를 잃었는지 모른다고 잠시 두려워했다. 격분해서 제정신을 잃어버린 레닌은 이때 카메네프와 지노비예프에게 선전포고를 하고 그들을 당에서 내쫓으려는 시도에 착수했다.[37] 그러나 당중앙위원회는 10월 20일에 연 회의에서 레닌의 요구에 단호히 저항하면서 카메네프의 당 지도부 사퇴를 받아들이고 카메네프와 지노비예프에게 당중앙위원회의 결정에 거스르는 어떤 종류의 공개 성명서도 발표하지 말라고 경고하는 선에서 그쳤다.[38]

봉기에 반대하는 카메네프의 선언문이 〈새로운 삶〉에 실린 10월 18일 저녁 때, 스몰니에서 열린 볼셰비키 활동가 200여 명의 집회에서도 당내 논쟁이 공개적으로 터져 나왔다. 이 집회는 권력 장악 준비를 조정하려고 소집한 회의였다. 여기서 온건 볼셰비키인 랴자노프와 라린이 발언권을 얻어 봉기 준비를 공격했다. 그리고리 추도논스키(Grigorii Chudonovskii)도 같은 맥락의 발언을 했다. 소비에트 대회에 참석하려고 남서부 전선을 떠나 수도에 막 도착한 추도놉스키는 볼셰비키가 굳건한 발판을 마련하지 못한 남시부 전선의 부대원들 사이에서 자기가 겪은 일을 거론하면서 볼셰비키가 조직하는 봉기는 틀림없이 패한다고 아주 열정적으로 선언했다.[39]

13장

수비대 위기와 혁명군사위원회

레닌과 마찬가지로 임시정부를 끝장내고 싶어 안달인 볼셰비키 지도자들은 즉각적 무장 봉기와 연관된 장애물들에 다양한 반응을 보였다. 무장 봉기를 수행하는 데 필요한 봉기 기구와 무기와 훈련된 인원이 아직 준비되지 않았고, 볼셰비키가 단독으로 권력을 잡으면 다른 주요 정당, 지방의 농민과 전선의 병사들이 반대할 가능성은 물론이고, 실제로 어쩌면 소비에트와 노동조합 같은 대중 민주주의 기구뿐만 아니라 볼셰비키당 내 인자의 반대를 받으리라는 우려, 그리고 끝으로 페트로그라드의 노동자와 병사마저 소비에트 대회가 열리기 전에 봉기하라는 호소에 호응하지 않으리라는 끊임없는 우려에 직면해서, 일부 볼셰비키 간부는 준비가 더 진전될 때까지 봉기의 개시를 미뤄야 한다고 고지식하게 권고했다. 우리가 살펴보았듯이 이것은 시종일관 권력 장악을 순전히 군사적 관점에서 보는 '군사조직' 지도자, 포드보이스키와 넵스키의 반응이었다.[1]

전술상 신중을 기하는 볼셰비키, 종종 소비에트나 다른 지역 대표 기구에서 아주 적극적으로 활동해서 대중의 전반적 분위기에 유달리 민감한 사람들의 머릿속에 차츰 떠오른 또 다른 접근 방법은 다음과 같은 노선에 따른 것이었다. (1) 당 기관이 아니라 (노동자와 병사의 눈에서 차지하는 위상 때문에) 소비에트를 임시정부 타도에 활용해야 한다. (2) 가장 폭넓은 지지를 얻으려면 정부를 공격하는 것은 모두 소비에트를 지키는 방어 작전으로 가장해야 한다. (3) 따라서 전투를 벌일 알맞은 구실이 하나 나타날 때까지 행동을 늦춰야 한다. (4) 잠재적 저항을 줄이고 성공 확률을 극대화하려면 임시정부의 권력을 평화적으로 뒤엎을 모든 기회를 이용해야 한다. (5) 공식적인 정부 타도는 제2차 전러시아 소비에트 대회의 결정과 연계하고 대회의 결정으로 정당화해야 한다.[2] 이 전술은 여러모로 볼셰비키 좌파가 10월 10일 전에 취한 정책과 입장의 연장이었는데, 이제는 더욱더 공격적으로 추구할 터였다. 완전히든 부분적으로든 이런 견해를 지닌 볼셰비키 대다수가 다가오는 소비에트 대회에서 과반수가 소비에트로 권력을 이전하는 것을 지지하리라는 자신감에 차 있었다는 점도 마음에 새겨야 한다. 그들의 가장 영향력 있는 대변자는 트로츠키였다. 그러나 스탈린을 비롯한 다른 고위 볼셰비키 상당수도 그와 입장을 공유했다.

이런 배경에서, 10월 둘째 주에 갑작스레 임시정부가 발표한 성명서는 볼셰비키에게 커다란 횡재로 다가왔다. 그 성명서는 페트로그라드 수비대 대부분을 전선으로 이전한다는 계획을 밝힌 것이었는데, 케렌스키 정권과 결전을 개시할 수 있는 완벽하고도 직접적인 대의명분을 주었다.

러시아 정부가 수비대를 재배치하기로 한 결정은 겉으로는 독일군이 발트해 지역으로 전진한 것과 관련 있었다. 독일군이 8월 20일에 핵심적인 항구인 리가를 점령했음을 상기해야 할 것이다. 기나긴 전쟁에서 처음으로 적이 머잖아 페트로그라드로 전진할지도 모를 일이었다. 또한 코르닐로프 사건 직전에 케렌스키가 독일군이 더 진격할 가능성을 이용해 볼셰비키화한 수비대 상당수를 북부 전선으로 이전하는 것을 합리화하려 했음을 기억해야 한다.

독일의 항공부대와 상륙부대가 성공적으로 기습 공격을 감행해서 리가 만 입구에 있는 작지만 전략상 중요한 외젤(Ösel)섬과 몬(Moon)섬(오늘날 에스토니아의 사아레마Saaremaa섬과 무후Muhu섬), 그리고 핀란드 만 어귀에 있는 다고(Dago)섬을 점령한 10월 첫째 주에, 적이 페트로그라드를 공격하리라는 우려가 다시금 급격히 고조되었다.[3] 그 결과 러시아 발트해 함대 전체가 핀란드 만으로 쫓겨 들어갔다.[3] 러시아군 참모총장 니콜라이 두호닌 장군은 예비의회에서 이 패퇴의 의미를 다음과 같이 평가했다. "우리에게 말 그대로 발트해의 열쇠였던 이 섬들을 잃어버리는 바람에 우리는 사실상 차르 알렉세이 미하일로비치(Aleksei Mikhailovich, 1645년부터 1676년까지 러시아를 다스린 차르) 시대로 되돌아가고 있으며, 우리의 해로(海路)는 독일의 통제 아래 놓여 있습니다."[4]

최근에 일어난 이 군사적 재앙 소식이 전해지자, 페트로그라드에서는 맹렬한 상호 비난이 일었다. 자유주의권, 보수권과 더불어 정부는 이 재앙의 책임이 주로 명령에 따르지 않는 발트해 함대 수병들에게 있다고 시사했다. 심지어 독일의 공격이 성공리에 이루어지기 전에도 케렌스키는 언론에 곧바로 공개된 메시지에서 수병들에게 "고의든 아니든 이적 행위"를 그만 두라고 요구함으로써 이런 비난이 폭증하도록 거들었다. 그는 "크론시타트 수병들이 결정적 순간에 모든 방어수단이 제 기능을 발휘하지 못하도록 하는 데 이미 성공했다"고 단언했다.[5] 케렌스키는 섬들이 함락된 뒤에는 예비의회 산하 방위위원회의 비공개 회의에서 그 섬들을 지키는 완벽한 군사 계획이 비겁함과 규율 부족, 그리고 방어를 전담한 해군 부대의 사기 저하 탓에 무산되었다고 주장했다.[6]

한편 극좌파는 목소리를 드높여 수병들을 옹호하면서, 러시아군이 예기치 않게 리가에서 후퇴한 뒤 맨 먼저 민간과 군 고위당국에 제기되었던 질책을 되살려 정부와 총참모부가 정치 탄압을 정당화하려고 일부러 러시아 방위를 소홀히 했다고 비난했다. 이 같은 비난은 케렌스키가 혁명의 숨통을 조이려고 페트로그라드를 내줄 준비를 하고 있다는 대중의 공포를 부추기는 데 곧바로 도움이 되었다. 이런 우려는 임시정부가 모스크바로 급히 이전할 준비를 하고 있다는 (나중에 사실로 판명된) 풍문이 퍼진 뒤에, 그리고 유력한 미하일 로쟌코 전임 국가 두마 의장의 발언이 널리 알려져 물의를 일으킨 뒤에 극에 달했다. 로쟌코는 독일군이 페트로그라드를 점령할지 모른다는 가능성을 거론하면서 대놓고 다음과 같이 선언했다. "페트로그라드가 위험에 처해 있습니다. … 그놈들, 페트로그라드에서 없어져버려라. … 사람들은 페트로그라드에서 중앙 기구들이 무너질까 봐 걱정하고 있습니다. 이에 나는 만약 이 기구들이 몽땅 무너지면 무척 기쁘겠다고 대꾸했습니다. 왜냐하면 그것들이 러시아에 준 것이라곤 해악밖에는 없기 때문입니다."[7]

임시정부가 싸움 한번 하지 않고 독일군에게 페트로그라드를 내주겠다는 생각을 진지하게 했다는 직접적 증거는 없다. 더욱이 러시아의 군 지도자들은 1917년 가을에 독일군이 곧 페트로그라드를 공격할 것 같다고 생각하지는 않은 듯하다.[8] 8월 하순처럼 난관에 봉착한 케렌스키가 눈에 보이는 독일군의 위협을 수비대 안의 다루기 힘든 인자들을 영구히 수도에서 내보낼 훌륭한 구실로 인식했다는 것이 실상인 듯하다.[9]

이때 임시정부의 북부 전선 지도위원인 보이틴스키에게, 믿을 수 없는 수비대 연대들을 수도에서 내보내고 야전군에서 가려뽑은 덜 "썩은" 부대들로 바꿔치기하는 일을 서두르라는 임무가 주어졌다.[10] 동시에 정부는 10월 5일에 페트로그라드 군관구 사령관인 폴코브니코프 장군에게 예하 부대를 전선으로 이전 배치할 준비를 하라고 지시했으며, 이튿날 폴코브니코프는 주요 지휘관들에게 예비 지령을 내렸다.[11]

보이틴스키에 따르면, 체레미소프는 페트로그라드에서 군대가 이

전해 오면 전선에서 문제가 커질 뿐이라고 느끼고는 그 같은 작전을 달가워하지 않았다. 이것은 체레미소프가 10월 17일에 전쟁부에 보낸 기밀 전보로도 확인된다. 그는 전보에서 수비대 부대들을 받아들이는 데 대한 자기 입장을 다음과 같이 밝혔다. "페트로그라드 수비대를 보낸다는 제안은 본인이 아니라 귀하에게서 나왔습니다. … 페트로그라드 수비대 부대들에게 … 전투 능력이 없음이 분명해졌을 때, 본인은 작전의 관점에서 그 부대들이 우리에게 도움이 되지 않는다고 말했습니다. … 전선에서 그런 부대는 이미 충분합니다. … 귀하가 그 부대들을 전선으로 보내겠다는 희망을 밝힌 점을 고려해서 본인은 만약 귀하가 여전히 그 부대들을 페트로그라드에서 내보낼 수밖에 없다고 생각하신다면 그에 반대하지는 않습니다."[12] 체레미소프는 망설이기는 했지만 10월 9일에 보충 명령을 내렸다. 보이틴스키가 작성한 그 보충 명령은 폴코브니코프의 지령을 인준하고 그 같은 행동이 수도를 독일군으로부터 방어하는 데 절대적으로 중요하다는 근거를 들어 지령을 정당화하는 것이었다.

페트로그라드의 병사들은 이 소식을 듣고 예상대로 격렬하게 반발했다. 수비대 부대들은 한 목소리로 임시정부를 신뢰하지 않는다고 선언하고 권력을 소비에트로 넘기라고 요구했다. 코르닐로프 위기 직후에 그랬던 것처럼, 7월봉기 동안 볼셰비키를 따르기를 망설였던 모든 주요 수비대 연대가 이제는 임시정부와 관계를 끊고 페트로그라드 소비에트를 지지한다고 서약했다. 더욱이 정부가 가장 굳게 믿었던 부대, 이를테면 카자크 부대들과 7월사태 뒤에 페트로그라드에 급히 파견되어 들어왔던 전선 병사들마저 수비대 배치를 놓고 페트로그라드 소비에트와 군 당국이 갈등을 빚고 있는 상황에서 중립을 표명하거나 드러내놓고 소비에트 편에 섰다.

10월 12일에 예게르스키(Egerskii) 근위연대 병사들의 대규모 항의 집회에서 통과된 결의문은 이때 수비대 부대에서 채택한 수많은 반정부 결의문의 전형이었다. 병사들은 결의문에서 다음과 같이 주장했다.

페트로그라드 수비대의 전출은 다만 소비에트 대회를 해산하고 헌법제정회의 소집을 결렬시킨 뒤 혁명의 숨통을 누르려는 특권 부르주아에게나 필요하다. 권력이 공공연한 반혁명주의자와 코르닐로프 추종자와 반(半)코르닐로프 추종자의 손아귀에 있는 한, 우리는 혁명의 본산인 페트로그라드에서 혁명적 수비대를 내보내는 데 맞서 단호한 투쟁을 개시한다. 우리는 페트로그라드를 떠나는 것을 거부하면서 노동자와 빈농의 진정한 혁명적 지도자, 즉 노동자·병사 대의원 소비에트의 목소리에만 귀를 기울이겠으며, 오직 소비에트만을 신뢰하며 오직 소비에트만을 따를 것임을 숨김없이 떳떳하게 선언한다. 왜냐하면 그 나머지는 모두 다 세계 혁명을 완전히 배신하고 뻔뻔하게 우롱하는 행위이기 때문이다.[13]

위 결의문에서 예게르스키 연대 병사들은 자기들이 볼셰비키나 다른 어느 한 정당보다는 소비에트에 충성과 지지를 바친다는 점을 강조했다. 앞에서 언급한 대로 현장 볼셰비키 지도자들이 간파했던 이 입장은 이 시기에 노동자와 병사와 수병의 조직들이 채택한 여러 정치 성명서에서 표명되었다. 이러한 입장은, 예를 들면 볼셰비키가 20일에 무장 봉기를 일으키려고 준비하고 있다는 소문이 끈질기게 나돈 뒤 10월 19일에 개최된 페트로그라드 주둔 제2발트해 함대 육전대원*들의 총집회에 생생하게 반영되었다.[14] 집회는 이 부대의 소비에트 중앙집행위원회 지도위원인 크라스놉스키(Krasnovskii)가 인

---

* 육전대원 해군에 소속된 지상 전투원. 우리나라의 해병대원에 해당한다.

내와 질서를 요구하는 그날의 〈이즈베스티야〉 호소문을 읽는 것으로 시작했다. 이어서, 공식적으로는 어느 정당에도 소속되지 않았지만 7월봉기 뒤에 수감된 첸트로발트 대의원단의 일원이었다는 사실로 혁명적 성향을 알 수 있는 함대 간사 아브구스트 로스(Avgust Loos)도 수병들에게 "헌법제정회의 선거를 치르기 전에 그런 봉기를 일으키면 지금 좌익 정당들이 누리는 광범위한 주민층의 신뢰가 훼손될 수 있"으므로 한동안은 행동에 나서지 말아 달라고 요청했다.

이때 볼셰비키 당원인 니콜라이 네바롭스키(Nikolai Nevarovskii)가 발언권을 얻어 자기 신분을 크론시타트 수병이라고 밝히자마자 커다란 박수가 쏟아졌다. 네바롭스키는 〈이즈베스티야〉가 시대에 뒤떨어지고 근로 계급의 이익을 지키는 데 별로 한 일도 없다고 잘라 말하고는 그런 신문을 인용했다고 크라스놉스키를 꾸짖었다. 그러면서도 네바롭스키는 어떤 봉기도 반드시 자제해야 한다고 주장했다. 다음으로, 역시 볼셰비키 당원으로 추정되는 그 부대의 수병위원회 의장인 볼로딘(Volodin)이 목소리를 드높여 자기가 "임시정부의 정책을 견디다 못한 노동자 30,000명이 행동에 나섰다"는 정보를 입수했다고 말했다. 볼로딘은 제2발트해 함대 해병대원이라면 단지 결의문을 통과시키는 선에서 그치지 않으리라는 희망을 밝혔다. 그러나 수병들은 바로 그렇게 행동했다. "어떤 것이든 비조직적 개별 무장 행동"을 지정해서 거부했지만, 그러면서도 만약 페트로그라드 소비에트가 그같은 행동을 지정해서 인가한다면 수병들이 "행동에 나설" 태세를 갖추고 있음을 선언하는 공식 성명서를 채택하면서 집회가 끝났던 것이다. 성명서는 다음과 같이 끝을 맺었다. "우리는 연립 임시정부의 철저한 반대자로서 이 정부의 행위가 민주주의에 해롭다는 점을 인식하면서 …… 노동자·병사 대의원 소비에트 대표 대회의 성대한 개회식을 열렬히 기다린다. 우리는 소비에트를 믿으며 권력을 잡아서,

인민에게 빵을 줄 수 있고 근로 민주주의 세력이 선언한 원칙 위에서 강화조약을 가장 빨리 맺을 기관을 만들라고 소비에트에 제안한다."

수비대가 연루된 새로운 위기가 공개적으로 표면에 떠오른 시기는 10월 9일 월요일이었지만, 그 다음 주에 가서나 절정에 이르렀다. 이 기간 동안에 볼셰비키는 위기를 십분 활용했다. 볼셰비키는 언론에서, 페트로그라드 소비에트에서, 그리고 가장 중요하게는 공장과 병영에서 제2의 코르닐로프 사건의 공포를 부채질하면서 "전러시아 소비에트 대회가 위기에 처했다"는 슬로건을 소리 높여 외쳤다. 따라서 10월 11일에 〈노동자의 길〉 주사설은 6월 18일 공세도 겉으로는 "전략상 필요하다는 미명 아래 준비되었지만 나중에 주도적인 사회주의자혁명가들과 멘셰비키가 그 공세는 정치적 이유에서, 즉 군대를 제어하려고 개시했음을 공개적으로 인정했다"고 주장하면서, 수비대 부대들이 전략상 이유로 페트로그라드 밖으로 이동하라는 명령을 받고 있다는 주장을 비웃었다. 〈노동자의 길〉은 8월에 똑같은 양상이 되풀이된 적이 있다며 다음과 같이 주장했다.

코르닐로프의 "개혁책", 즉 사형제와 군대 조직 탄압은 "외부의" 적과 싸우기 위해 군 전투 능력을 높여야 한다는 필요성으로 정당화되었다. 그러나 나중에 코르닐로프의 전략이 노리는 것은 혁명과 싸우는 것이었음이 모든 사람에게 명백해졌다. 음모가들은 코르닐로프 폭동이 시작되기 전에 모든 연대를 페트로그라드에서 내보내라고 요구했다. 전략적 필요성을 들먹이면서 그랬음은 물론이다. 볼셰비키는 병사들에게 말했다. 당신들은 파괴되고 있다고. 그러나 병사들은 여전히 사회주의자혁명가·멘셰비키 허풍선이를 믿었다. 그래서 병사들은 참호를 파기 위해 이송되었고, 혁명은 코르닐로프가 혁명을 잡으려고 파놓은 구덩이에 하마터면 빠질 뻔했다.

정부는 이런 주장을 반박하려고 독일군이 공격해 올 위험성을 훨씬 더 경악스러운 어조로 표현하려고 애썼다. 정부가 수비대와 갈등을 빚는 상황에서 기대를 걸 수 있었던 가장 중요한 동맹 세력에는 분노에 찬 전선 병사와 전선위원회가 있었다. 전선 병사는 후방으로 이동하고 싶어 안달이었고, 전선위원회는 대부분 아직도 온건주의자의 수중에 있었다. 따라서 군 당국은 전선 군대위원회의 압력을 이용해서 수비대 연대들이 이전 배치를 받아들이도록 하려고 시도했다. 주요 수비대 연대들은 10월 14일에 페트로그라드 군관구 사령부가 보낸 긴급 전보를 받았다. 체레미소프 장군의 인가를 받은 이 전보는 프스코프에 있는 북부전선 본부에서 다음날 열릴 예정인 전선 지휘관과 전선 군대위원회 대표들과의 협의회에 보낼 대의원을 뽑으라는 명령이었다. 이 모임의 목적은 수비대 부대에게 수도에서 철수하지 않으면 안 되는 상황을 브리핑하고 전선 군대 조직이 이 문제를 보는 입장을 알려주는 데 있었다.[15]

한편 그동안 정부와 온건 사회주의 계열 신문을 통해 수비대에 전선의 압력*이 가해졌다. 온건 사회주의 계열 신문에 수비대 연대에게 "자신의 혁명적 의무를 다하라"고 요구하는 전선위원회의 무수한 결의문과 편지가 실렸다. 그래서 10월 17일에 〈병사의 목소리〉가 제12군 병사 대의원 소비에트 집행위원회가 채택한 강한 어조의 결의문을 제1면 전체에 실었다. 결의문은 "페트로그라드의 연대들이여, 그대들은 전선을 지킴으로써 혁명의 수도를 구할 수 있다"고 선언하고 "전선은 그대들에게 혁명적 의무에 대한 복종과 무조건적 희생을 요구한다. …… 참호 속에 있는 그대의 형제를 죽음으로 몰지 말라"

---

* 전투가 벌어지는 일선에 배치된 병사들은 수비대 병사들이 후방에서 편히 지내고 있다고 불평하면서 수비대 병사를 전선에 배치해야 한다고 주장했다.

고 끝을 맺었다. 제1군 병사위원회가 보낸 비슷한 선언문이 이틀 뒤에 〈병사의 목소리〉에 실렸는데, 이 글의 어조는 훨씬 더 강했다. 선언문은 후방의 병사들이 "자유를 방종으로, 혁명을 포그롬으로 바꾸었다"고 통렬하게 공격하고는 만약 수비대 부대들이 자발적으로 이동하려 들지 않으면 그들을 무력으로 전선으로 보낼 태세가 충분히되어 있다고 밝혔다.[16]

보이틴스키는 회고록에서 이 무렵 급진화하고 평화를 갈망하는 참호 속 병사들과 더 온건하고 방위론적인 전선위원회는 워낙 관점이달라서 아마도 전선 부대를 후방에서 온 병사로 대체하는 문제에서만 양자의 의견이 일치했으리라고 주장한다.[17] 그렇다고 해도 이전 배치 문제를 놓고 참호의 병사들이 후방 부대에 품은 뚜렷한 분노는7월에 그랬던 것처럼 케렌스키가 전선 부대를 동원해서 수도를 평정할 가능성을 높이는 작용을 했기 때문에 볼셰비키에게는 상당한 걱정거리였다.

페트로그라드 소비에트 볼셰비키 지도자들의 정책이 이러한 위험성을 충분히 감안하고 있었다는 점은 볼셰비키가 얼마나 대중의 분위기를 잘 파악했으며 전반적 행동에서 그러한 분위기의 영향을 얼마나 많이 받았는지를 보여주는 또 다른 징표이다. 10월 15일 이른아침에 페트로그라드 소비에트의 볼셰비키 지도부는 프스코프에 가도록 지명 받은 수비대 대표들을 불러 모았다. 이 모임의 목적은 전선위원회의 요구에 대한 공동 대응책을 마련하는 것이었다. 이와 관련해서 대표들은 수비대 이전 배치 문제가 핵심적 정치 쟁점이고 이문제는 페트로그라드 소비에트 집행위원회의 권한이므로 집행위원회가 검토할 때까지 프스코프에 대표들을 파견하는 것을 연기해야 한다는 볼셰비키의 주장을 선뜻 받아들였다.

이 시한부 거절에 북부 전선 군대위원회들은 페트로그라드 소비에트나 수비대 단독이 아니라 전선 대표와 수비대 대표의 합동 협의회만이 부대 이전의 타당성을 결정할 권리를 가진다는 선언문으로 대응했다. 그러므로 수비대 대표들에게 10월 17일에 열릴 예정인 합동 협의회에 출석해야 한다고 요구했다.[18] 한편, 페트로그라드 소비에트 집행위원회는 프스코프에서 협의회를 열자는 요구를 어떻게 처리할 것인가를 급히 검토했다. 집행위원회는 결국은 대의원단 파견을 승인했지만, 대의원단의 성격과 구성은 확 바꾸었다. 페트로그라드 소비에트 집행위원회가 정한 바에 따르면, 수비대 대의원단은 페트로그라드의 혁명적 방위에 관해 페트로그라드 소비에트와 관점을 같이하는 대규모의 소비에트 대의원단을 추가함으로써 확대될 터였다. 10월 16일에 열린 페트로그라드 소비에트 총회는 이 조치를 승인하면서 대의원단에 정보를 수집하고 교환하는 권한만 부여한다고 규정했다.[19]

물론 페트로그라드 소비에트의 대응으로 프스코프 협의회가 임시정부에 유리하게 작용할 가능성이 사실상 완전히 제거되었다. 10월 17일 오후에 소집된 프스코프 협의회는 상이한 관점들의 공명판 역할을 했지만, 그 이상은 아니었다. 체레미소프와 그의 동료 장교들은 전투용 지도에 둘러싸여 북부 전선과 발트해의 전황을 요약해서 설명했다. 보이틴스키는 체레미소프가 건성으로 말하면서 페트로그라드 연대가 전선으로 이전하든 말든 자기에게는 사실상 별 차이가 없으며 자기는 그 문제에 말려들기를 바라지 않는다는 인상을 뚜렷이 주었다고 주장한다. 분노에 찬 전선 대표들은 잇달아서 전선 병사들이 처한 참을 수 없는 상황과 수비대 부대들에 품은 분노를 생생하게 묘사했다. 전선 병사들은 수비대 병사들이 공동의 방위 노력을 지원하기를 꺼리면서 후방에서 편하게 빈둥거린다고 믿었다.

이에 대응해서 페트로그라드 대의원단은 혁명과 러시아 방위를 위해 대다수 수비대 병사들이 이미 바쳤다고 일컬어지는 희생을 거론했다. 보이틴스키로서는 실망스럽게도, 뒤이어 벌어진 토론은 새로운 연대를 참호로 보내는 문제만큼이나 소비에트로 권력을 이전하고 강화할 필요성, 그리고 오랫동안 고생한 일선 병사들이 고향에 돌아가야 할 필요성에 관한 것이었다. 2월혁명 때 "명령 제1호"를 작성하는 데 두드러진 역할을 했으며 볼셰비키 '군사조직' 지도자이자 페트로그라드 소비에트 군사분과장인 안드레이 사돕스키(Andrei Sadovskii)가 회의가 끝날 무렵 페트로그라드 대의원단을 대표해서 공식 성명서를 낭독했다. 스베르들로프가 작성한 이 메시지에는 수비대를 이전 배치하려는 노력의 배후에 반혁명적 동기가 있다는 좌파의 우려가 표명되어 있었다. 보이틴스키는 그 나름대로 페트로그라드 대의원단에게서 수비대가 병력 지원 요청에 자발적으로 따르도록 만들겠다는 약속을 받아내려고 노력했다. 페트로그라드에서 온 대의원들은 제한된 권리에 따라 그러한 협정을 맺기를 거절했고 심지어는 토론의 구두 보고를 인준하는 데 이의를 제기하기까지 했다.[20]

사실 이때는 임시정부의 의도에 대한 불신이 널리 퍼져 있어 온건사회주의자들마저도 수비대 부대가 어떤 식으로든 페트로그라드 소비에트의 통제를 받지 않는 재배치 명령에 따르리라는 기대를 할 수 없음을 인정해야 했다. 체레미소프가 수비대에 보낸 지령이 공개된 지 얼마 되지 않은 10월 9일 아침에 페트로그라드 소비에트 집행위원회가 수도를 군사적으로 방위하는 문제와 정부의 동기와 관련된 수비대 부대의 의심을 논의했다. 토론에 참가한 사람들은 하나같이 병사들의 두려움이 정당하다는 점을 적어도 은근히 인정했다. 멘셰비키 당원인 마르크 브로이도(Mark Broido)가 멘셰비키-사회주의자혁명가 합동 결의안을 대의원단에게 내놓았다. 결의안은 수비대 병사들에게 전선으로 이동할 준비를 시작하라고 요청하는 동시에 방어의 필요성을 평가하고 대중에게 신뢰를 불어넣을 군사 방어 계획을 마련할 특별위원회를 설치해야 한다고 규정해서 수비대 병사들을 달래려고 노력한다는 내용을 담고 있었다. 기본적으로 이 결의안의 의도는 전쟁 수행 노력을 위해 페트로그라드 소비에트와 정부의 협력을 쉽게 만드는 것이었다.[21]

볼셰비키는 이 제안을 트로츠키가 급히 만든 훨씬 더 투쟁적인 제안으로 맞받아쳤다. 볼셰비키의 제안은 케렌스키가 나라를 망치고 있다고 비난하고 러시아가 구원받을 유일한 희망은 즉시 강화 조약을 맺는 데 있다고 선언했다.[22] 이것을 구체화한 결의안은 부르주아가 케렌스키와 더불어 "혁명의 주요 요새"인 페트로그라드를 독일군에 넘길 준비를 하고 있다고 비난했다. 결의안은 페트로그라드 소비에트가 정부의 군사 전략, 특히 군대를 페트로그라드에서 빼내는 이전 배치 책임을 결코 떠맡을 수 없다고 확언하고, 생존을 확보하는 길은 권력을 소비에트로 넘기는 것이라고 주장했다. 볼셰비키의 제안은 온건 사회주의자의 결의안과 마찬가지로 수비대에게 전투 준비 태세에 들어가라고 호소했다. 심지어 이때도 외국의 적에 저항하려는 대중의 결의가 워낙 굳세서 볼셰비키가 이것을 완전히 무시할 수는 없었던 것이다. 그러나 내심 이 전투 준비의 의도는 독일군에게서만큼이나 정부와 우익에게서 혁명을 지키는 것이었다. 볼셰비키의 결의안에는 "혁명방위위원회(revoliutsionnyi komitet oborony, 이 다음의 혁명군사위원회[Voenno-revoliutsionnyi komitet; VRK])"를 창설한다는 규정이 명시되어 있었다. 이 위원회의 주요 목적은 수도 방위와 관련된 모든 정보를 철저히 숙지하고 "군부와 코르닐로프 추종자들이 공공연하게 준비하고 있는 공격으로부터 페트로그라드의 혁명적 방어와 대중의 안전에 조력"하고자 할 수 있는 조치를 모두 다 취해서 노동자들을 무장하는 것이었다. 이것은 소비에트 지도부가 코르닐로프 사건

때 조직한 대(對)코르닐로프 인민투쟁위원회를 모형으로 삼은 듯하다. 그러나 두 기구 사이에는 근본적 차이가 한 가지 있었다. 8월 하순에 만들어진 인민투쟁위원회의 목적은 공식적으로 반혁명의 공격에 맞서 임시정부를 지키는 데 있었지만, 볼셰비키가 제안한 방위위원회의 주적(主敵) 가운데 하나가 바로 그 임시정부였던 것이다.

보통 이제는 완전히 볼셰비키가 통제한다고 추정되던 페트로그라드 소비에트 집행위원회에서 10월 9일에 멘셰비키-사회주의자혁명가 결의안과 볼셰비키 결의안을 표결에 부친 결과 놀랍게도 멘셰비키-사회주의자혁명가 결의안이 통과되었다. 온건론자들은 볼셰비키의 결의안을 채택하면 임시정부의 군사 본부와 나란히 존재하는 독자적 군사본부가 만들어져서 방위 노력이 심한 손상을 입으리라고 주장했는데, 이에 대의원단 가운데 가까스로 과반수를 넘긴 인원이 명백히 동조했다. 그러나 두 결의안은 곧이어 그날 늦저녁에 여느 때와는 달리 유난히 붐비고 활기가 넘쳤던 (나중에 한 기자가 혁명 초기를 생각나게 하는 회의 분위기였다고 평한) 페트로그라드 소비에트 총회에 제출되었다. 여기서는 투쟁적인 볼셰비키 동의안이 뚜렷하게 공감을 더 많이 불러 일으켜서 공장과 병영 대표들로부터 압도적 지지를 얻었다.[23]

요컨대, 이것이 볼셰비키가 그 며칠 뒤에 임시정부를 쳐서 뒤엎는 데 이용한 기구인 혁명군사위원회의 원래 구상이었다. 스탈린 시대에 소련에서 씌어진 10월혁명사들은 혁명군사위원회의 창설이 무장 봉기를 조직한다는 10월 10일 볼셰비키 당중앙위원회 결정의 직접적 결과이며 봉기의 조직화가 처음부터 혁명군사위원회의 원래 목적이었다는 인상을 주었다.[24] 사실, 이 견해는 심지어 1960년대 중반에 소련학술원(Akademiia nauk SSSR; AN SSSR)이 세 권으로 펴낸 귀중한 혁명군사위원회 관련 자료집에도 은근히 배어 있다.[25] 이 해석은 명백히 틀렸다.[26] 혁명군사위원회 같은 비정당 기구를 구성하는 문제가 당중앙위원회에 제기된 적은 10월 전반기 동안 한 번도 없다. 사실, 혁명군사위원회가 구상된 시기는 10월 9일, 즉 당중앙위원회가 봉기 준비 결정을 내리기 전날이었다.

페트로그라드 소비에트 병사분과 지도자들이 10월 11일에 혁명군사위원회 조직 계획안을 검토했다. 이 계획안은 10월 12일에 열린 페트로그라드 소비에트 집행위원회 회의와 10월 13일에 열린 소비에트 병사분과 회의에서 압도적 승인을 받았으며, 소비에트 집행위원회의 프스코프 협의회 계획이 승인을 받은 회의였던 10월 16일 페트로그라드 소비에트 총회에서 공식적으로 승인되었다. 혁명군사위원회 조직 계획안이 10월 16일에 등장했을 때, 계획안은 페트로그라드 자체에 필요한 (따라서 이전 배치 대상이 될 수 없는) 최소 병력을 정하고 수비대 전체 인원, 식량과 무기 비축분을 정확히 계산하고 수도 방위 실제 계획안을 짤 위원회를 설치해야 한다고 규정했다. 혁명군사위원회 설치를 규정한 의결 사항은 "수비대 협의체"의 설치도 규정했다. 수비대 협의체는 원래는 혁명군사위원회와 수비대, 그리고 각 연대 사이의 연락을 원활하게 하고자 정기적으로 회합하는 수비대 전 부대 대표들의 모임이었다.[27]

이 계획안이 처음에는 소비에트 집행위원회에서 거부되었다가 나중에 10월 9일에 열린 페트로그라드 소비에트 총회에서 채택한 안보다 훨씬 덜 도발적이었다는 점에 주의를 기울일 필요가 있다. 10월 16일에 채택한 계획안에는 혁명에 가해지는 외부의 위협뿐만 아니라 내부의 위협을 상대로 하는 방위나 노동자들을 무장시키는 작업에 관해 아무런 언급이 없다. 물론 이것은 사실상 어느 정도는 예의를 고려한 결과였다. 그렇기는 해도 볼셰비키조차 처음에는 대부분 새로운 위원회의 주목적을 볼셰비키화한 페트로그라드 수비대를 전선으로 보내 버리려는 정부의 시도를 저지하는 것으로 보았음을 의심할 이유는 없다. 우리가 살펴보았듯이. 이 며칠 동안 레닌과 다른 볼셰비키 투사들은 페트로그라드 소비에트가 아니라 볼셰비키 '군사조직'과 북부 지역 소비에트 대회에 기대어 봉기를 조직하려고 했다. 당 지도자들이 혁명군사위원회를 상호 자위기관을 넘어서는 그 무엇으로 바라보기 시작한 때는 북부 지역 소비에트 대회가 끝난 뒤(소비에트 대회가 열리기 전에 정부에 맞서 소비에트와 소비에트 대회를 지키려고 나서는 것이 결정적으로 중요하다는 점을 인식했던 10월 15일과 16일의 당 전략회의 때)였다. 10월15일 페테르부르크 위원회 회의에서 현장 당 지도자들이 이때 막 틀을 잡아 가던 혁명군사위원회가 자기들 나름의 봉기 계획과 어떤 관계인지 확실히 알지 못했다는 사실은 이 점과 관련이 있다. 라치스는 다만 혁명군사위원회의 창설을 눈치채고는 공식 입장을 결정해야 한다고 말했다. 페테르부르크 위원회는 그저 대표들을 혁명군사위원회에 파견하는 문제를 검토했지만, 그에 앞서 당중앙위원회에서 혁명군사위원회의 위상에 관한 해명을 받아낸다는 데 동의하면서 결론을 맺었다.[28]

당중앙위원회는 10월 16일 회의에서 10월 10일의 결정을 거듭 확인한 다음 스베르들로프, 부브노프, 우리츠키, 제르진스키로 구성한 "혁명군사본부"를 뽑았다. 그런 다음 이 본부가 "소비에트 혁명위원회의 구성원이 된다"고 명문화함으로써 혁명군사위원회가 권력 장악을 위한 지휘 기구가 될 가능성을 처음으로 시사했다.[29] 그러나 혁명군사위원회는 10월 20일이 되어서야 조직 회의를 열었다. 이때 위원회는 볼셰비키 3명(안토노프-옵세옌코, 포드보이스키, 사돕스키)과 사회주의자혁명가당 좌파 2명(라지미르Lazimir와 수하르코프Sukhar'kov)으로 이루어진 5인 지도사무국을 뽑았다. 그 전에는 이 위원회에서 멘셰비키와 사회주의자혁명가들의 대표들이 현저하게 많을 가능성이 있다고 생각했다. 이런 까닭에 볼셰비키 전략가들은 혁명군사위원회의 실질적 구성과 지도부가 분명해진 다음에야 비로소 웬만큼 자신감을 가지고 혁명군사위원회를 자기 나름의 계획에 완전히 연계할 수 있었다.

의미심장하게도, 10월 9일과 22일 사이에 〈노동자의 길〉을 비롯한 다른 모든 신문에서는 주요 뉴스 거리였던 혁명군사위원회의 형성과 첫 활동이 〈병사〉에서는 사실상 무시되었는데, 이것은 '군사조직' 지도부가 아직도 수비대와 관련된 문제에서 '군사조직'의 우위를 끝까지 잃지 않으려고 몹시 경계하고 있었다는 사실을 반영해 준다. 10월 19일, 아니면 20일에 '군사조직'이 무장 봉기 지휘를 일반적인 당 기관이나 페트로그라드 소비에트보다는 '군사조직'에게 맡기는 것이 결정적으로 중요하다는 주장을 분명하게 담은 각서를 당중앙위원회에 보냈다.[30] (그 문건은 발간되지 않았다.) 그러나 아마도 혁명군사위원회의 제1차 조직 회의가 열린 다음이었을 가능성이 높은데 10월 20일에 당중앙위원회는 "우리의 모든 조직은 (페트로그라드 소비에트가 만든) 혁명 본부에 들어가서 거기서 관심이 가는 모든 문제를 논의할 수 있다"고 단언하면서 '군사조직'의 주장을 받아들이지 않았다.[31]

레닌도 이때, 비록 트로츠키와 당의 다른 여러 당 전략가들과는 대조적으로 무장 봉기로 권력을 잡아야 하며 그에 못지않게 10월 18일에 10월 25일로 다시 일정이 잡힌 제2차 소비에트 대회 이전에 권력을 잡아야 한다는 입장에서 한치도 물러서려고 하지 않기는 했지만, 겉으로는 비정당 봉기 기구인 혁명군사위원회의 잠재적 중요성을 인식하게 되었다는 점에 주목하는 것이 중요하다. 틀림없이 10월 20일과 23일 사이의 어느 날[32] 저녁 늦게, 레닌이 고집을 부려 (북부 지역 소비에트 대회가 설치한 집행위원회 의장 자격으로) 안토노프-옵세옌코와 더불어 '군사조직' 지도자인 포드보이스키와 넵스키에게 긴급히 상의할 일이 있으니 스몰니에서 비보르그 구에 있는 작은 아파트로 오라는 호출이 떨어졌다. 이 회의에 관한 포드보이스키, 넵스키와 안토노프-옵세옌코의 회고록으로 판단해보면, 이 시점까지도 '군사조직' 지도부에는 레닌과 마찬가지로 권력 장악을 여전히 군사적 관점에서, 즉 현 정부에 대항해서 철저히 조직된 무장 봉기로 보는 경향이 있었다. 포드보이스키는 임시정부 타도를 준비하면서 '군사조직'이 우위를 차지해야 한다는 승인을 레닌에게서 얻어내려고 애썼지만 허사였다. 오히려 레닌은 당중앙위원회가 얼마 전에 내린 결정을 되풀이하면서, '군사조직'은 혁명군사위원회 안에서 활동해야 한다고 주장했을 뿐만 아니라 '군사조직'이 혁명군사위원회의 정책을 좌지우지하려 해서는 안 되고 혁명군사위원회는 될 수 있는 대로 폭넓게 구성되어야 하며 당의 목적에 어긋나지 않는 한 각 조직의 자발성은 고취해야 한다고 주장했다.[33]

넵스키에 따르면, 레닌이 이 회의를 소집한 주된 목적은 '군사조직' 안에서 봉기에 관련된 "마지막 고집을 없애버리"는 데 있었다.[34] '군사조직' 지도자들은 심지어 이때에도 중대한 준비를 추가로 하지 않고 봉기에 착수하는 것이 타당한지를 놓고 의견이 갈려 있었는데, 대체로는 비관적이었기 때문이다. 이 늦은 밤에 레닌과 벌인 대결에서 안토노프-옵세옌코는 핀란드의 혁명적 상황을 보고하면서, 스베아보리(Sveaborg)의 포병부대원들이 아직도 멘셰비키와 사회주의자혁명가의 영향력 아래 있고 핀란드에 주둔한 쿠반(Kuban') 카자크들의 징치적 태도가 걱정거리라고 말했다. 안토노프-옵세옌코는 볼셰비키가 발트해 지역의 혁명 세력에게 기대할 수 있는 원조에 관해 언급하면서 함대가 봉기 호소에 적극 호응하리라는 확신을 밝혔다. 그러나 그는 수병들에게 기대할 수 있는 실제적인 직접적 무력 지원의 의의를 최소한도로 평가하면서. "혁명화한 대형 함선의 수병들이 수로가 충분히 깊지 않아서 잠수함과 어뢰정을 두려워하고 있으며, 끝으로 전선을 무방비 상태로 내버려두기를 바라지 않습니다"라고 경고했다. 이에 레닌은 "하지만 그들은 혁명이 발트해 지역보다 피테르에서 더 큰 위험에 빠졌음을 이해해야 합니다"라고 응수했다. 안토노프-옵세옌코는 "그들은 제대로 이해를 못하고 있습니다. 어뢰정 두어 척을 네바강으로 보내고 수병과 비보르그 노동자로 이루어진 총 3,000명의 수비 부대를 파견할 수 있습니다"라고 대답했다. 레닌은 "부족해요"라고 말하며 투덜댔다.[35]

넵스키와 포드보이스키는 보고할 차례가 되자, 둘 다 봉기 개시를 열흘에서 열닷새 늦춰야 한다고 주장했다. 넵스키는 함대의 급진화한 인자들을 쓸 수 있도록 제때 수도로 보내기가 어렵다고 거듭 강조했고, 포드보이스키는 전선과 지방 수비대에서 봉기 준비를 조정할 시간을 더 달라고 간청했다. 적어도 포드보이스키에게는 시간은 볼셰비키 편이며 위험은 때이른 행동에 있었다.

레닌은 주저하는 이 모든 발언을 조금도 귀담아 듣지 않았다. 포드보이스키는 지연을 말할 때마다 레닌이 "극도로 못 견뎌했다"고 회고했다. 레닌은 "시간은 정부 편"이지 볼셰비키 편이 아니라고 주장하며, "우리 쪽이 조금이라도 꾸물대면 집권당은 전선에서 불러들인 믿을 만한 부대의 도움을 받아 우리를 쳐부술 준비를 더 용의주도하게 할 가능성이 생깁니다"라고 말했다.[36] 레닌은 거듭해서 "어떤 형태로든 소비에트 대회가 노동계급이 권력을 잡았다는 기정 사실에 마주치도록" 반드시 대회가 열리기 전에 임시정부를 타도해야 한다는 점을 되풀이했다.[37] 안토노프-옵세옌코는 자기와 넵스키는 레닌의 주장에 크게 감화를 받았지만 포드보이스키는 여전히 회의했다고 회고했다. 어쨌든 그들의 토론은 혁명군사위원회 안에서 활동하고 전반적으로 준비를 최대한도로 강화한다는 데 '군사조직' 지도자들이 동의하

는 것으로 끝이 났다.[38]

한편, 혁명군사위원회와 10월 16일에 페트로그라드 소비에트의 공식 인정을 받은 수비대 협의체, 두 기구가 기능을 발휘하기 시작했다. 두 기구 가운데 수비대 협의체가 먼저 활동을 개시했다. 페트로그라드와 근교에 있는 대다수 주요 군부대 대표들이 10월 18일에 열리는 수비대 협의체 제1차 회의를 위해 스몰니로 대표를 보내라는 페트로그라드 소비에트 군사 부서의 요청에 적극 호응했던 것이다. 이 첫 모임의 주된 목적은 각 부대가 페트로그라드 소비에트를 얼마나 지지할지, 특히 상당수의 수비대를 수도에서 내보내는 문제에서 정부에 얼마나 반대하는지를 확실하게 가늠하는 것이었다. 모임에 온 대표들은 저마다 자기 부대의 정치적 입장, 특정하게는 임시정부에 맞서 무기를 드는 데 대한 태도를 설명했다. 정부 관점에서 볼 때, 전선으로 보내겠다는 위협으로 병사들이 좌경화했음을 포착한 비공식 조사 결과는 지극히 걱정스러웠다. 18명의 대표가 한 보고가 기록되었는데 3명을 빼고는 하나같이 임시정부를 믿지 않으며 소비에트로 권력 이전을 굳건히 지지한다고 선언했다. 동시에 이 보고들은 볼셰비키에게도 전적으로 마음이 놓이도록 하는 것은 아니었다. 소비에트 정부를 지지한다고 밝힌 대표자의 반쯤이 무장 행동에 모호한 태도를 보였으며, 나머지 대표자는 "무장 봉기"를 페트로그라드 소비에트나 전 러시아 소비에트 대회가 조직할 경우에만 지지하겠다는 뜻을 드러내 놓고, 또는 넌지시 밝혔던 것이다. 예게르스키 근위연대 대표는 다음과 같이 말했다. "우리는 페트로그라드 소비에트의 명령이 떨어질 경우에만 행동에 나서겠지만, [그럴 경우에] 조직적으로 행동에 나서겠으며 지체 없는 임시정부 타도와 소비에트로의 권력 이전을 요구하겠습니다."[39]

이 회의 직후에 소비에트 중앙집행위원회의 멘셰비키와 사회주의혁명가들은 볼셰비키가 수비대를 둘러싼 위기를 활용해서 병사들을 봉기에 동원하는 데 성공할지 모를 위험에 신경을 바짝 곤두세웠다. 그들은 그렇게 행동하지 말라고 부대를 설득하려 애쓰면서, 다음 날 수비대 대표들의 독자적인 모임을 마련했다. 그들은 페트로그라드 주둔 부대의 대표자들과 함께 전선의 군대위원회를 대표한다는 온건 성향의 군인들을 이 회의에 초청했다. 그러나 이런 묘책에도 불구하고 이 회의는 정부 지지자들에게 앞선 회의 못지않게 걱정을 불러일으켰다.

회의 초기에 표도르 단은 병사들에게 헌법제정회의 준비에 열정을 쏟고 조직을 만들어 "독일인과 반혁명분자, 온갖 폭동"에 맞서 싸우라고 호소했다. 그러나 놀랍게도 청중은 트로츠키에게 명백히 더 큰 호응을 보였는데, 그는 헌법제정회의를 지원하는 가장 효과적인 방법은 소비에트로 권력이 넘어가도록 만드는 것이며 그렇게 되면 소비에트가 타협적 성향이 더 강한 군대위원회가 아닌 광범위한 병사 대중이 헌법제정회의에 많은 대표를 보낼 수 있도록 보장하리라고 주장했다. 수비대 대표들이 잇달아 자리를 박차고 일어나 페트로그라드 소비에트를 신뢰하며 페트로그라드 소비에트를 위해 기꺼이 행동에 나서겠다고 말했다. 전선에서 온 대표들은 정부에 충성스럽다고 여겨졌는데, 실제로는 이들마저도 현 상황에서는 무장 봉기에는 반대한다고 말하면서도 소비에트로 권력을 이전하고 즉각 휴전하고 농민에게 토지를 양도하는 것을 지지한다고 열광적으로 선언했다. 소비에트 중앙집행위원회가 페트로그라드 소비에트의 승인 없이 회의를 소집했으므로 어떠한 공식 결의안에도 표결하지 않겠다는 데 과반수가 합의했을 때, 수비대 대표 회의를 조직한 사람들은 한 차례 더 타격을 받았다.[40]

혁명군사위원회. 맨 아래 열(왼쪽부터): 제르진스키, 안토노프-옵세옌코, 사돕스키, 우리츠키. 가운데 단독 사진: 포드보이스키. 첫 번째 단체 사진: 요페, 메호노신, 넵스키. 두 번째 단체 사진(왼쪽 아래부터): 트로츠키, 스베르들로프, 운실리흐트, 구세프, 페스트콥스키, 코츄빈스키. 세 번째 단체 사진: 스크리프니크, 라셰비치, 추드놉스키, 예레메예프, 디벤코, 몰로토프, 보키, 라스콜니코프, 브레슬라프, 크릴렌코.

혁명군사위원회는 10월 16일과 21일 사이에 구체적인 모습을 갖추었다. 임시정부를 타도할 때까지 틀림없이 수십 명을 넘지 않았을 혁명군사위원회 위원들에는 볼셰비키, 사회주의자혁명가 좌파, 몇몇 아나키스트뿐만 아니라 페트로그라드 소비에트, 농민 대의원 소비에트, 첸트로발트, 핀란드 육해군·노동자 지역집행위원회, 공장위원회, 노동조합 등의 대의원들도 들어 있었다. (멘셰비키는 처음부터 위원회에서 철저하게 손을 떼었다.) 앞에서 언급했듯이, 처음에는 볼셰비키와 사회주의자혁명가당 좌파로 이루어진 혁명군사위원회 사무국이 혁명군사위원회의 일상 업무 지휘를 거들기 위해 구성되었다. (선임 보좌군의관이자 페트로그라드 소비에트 병사분과장인) 사회주의자혁명가 좌파 파벨 라지미르가 볼셰비키의 승인을 얻어 혁명군사위원회 사무국과 전체 혁명군사위원회의 공식 의장이 되었다. 이로써 위원회가 지닌 외양상의 비정당적 성격이 강화되었다. 그러나 페트로그라드에서 일어난 10월혁명의 가장 결정적인 시기 동안, 즉 10월 21일과 25일 사이에는 포드보이스키와 안토노프-옵세옌코와 트로츠키가 거의 라지미르만큼이나 자주 혁명군사위원회 의장 자격으로 행동했다.

처음부터 혁명군사위원회는 스몰니 학원 3층에 있는 방 몇 개에 터를 잡았다. 언제나 붐비고 분주한 이 방에 나오는 좌파 지도자의 수는 늘 일정하지는 않았는데, 그들은 여기서 최근에 터진 사태를 논의했다. 위원회 전체가 모이는 경우는 드물었고, 누구든 간에 때마침 그 자리에 있던 위원들이 가장 결정적인 시기에 위원회의 전술을 결정했음이 분명하다. 위원들은 현 상황을 바라보는 각양각색의 인식과 혁명전반의 발전에 관한 견해에 따라 행동했다.[41]

서구 역사가들은 얼마간은 볼셰비키가 혁명군사위원회에서 차지한 월등한 우세 때문에 이 위원회를 단순히 볼셰비키 당중앙위원회나 '군사조직'의 면밀한 통제를 받는 일선 조직으로 보는 경향이 있다.[42] 그러나 그러한 평가는 부정확하다. 볼셰비키는 혁명군사위원회 안에서 주도적 역할을 수행했다. 그러나 볼셰비키가 혁명군사위원회에서 적극적이었던 유일한 구성원은 아니었으며, 심지어 볼셰비키 참가자들조차 위원회의 과업이 무엇인지를 두고 결코 의견이 일치하지 않았다. 게다가 이 기간에 당중앙위원회의 활동을 기록한 간행물을 보면, 당중앙위원회 회의에서 혁명군사위원회의 활동에 그다지 관심을 보이지 않았음을 알 수 있다. 이때 당중앙위원회는 주로 카메네프와 지노비예프에게 취할 적절한 조치와 다가오는 소비에트 대회를 보는 입장을 정식화하는 것 같은 당내 문제에 집중했다. '군사조직' 지도부는 그들대로 적어도 권력 장악이 절정에 이르기 전까지는 당중앙위원회가 10월 20일에 내린 의결 사항을 준수했으며 겉으로는 비정당 기구인 혁명군사위원회의 틀 안에서 활동했다.

혁명군사위원회는 10월 20일에 열린 제1차 조직 회의에서 다른 무엇보다도 공격에 맞서 페트로그라드 소비에트의 방위를 강화하고 수비대 부대 사이에서 위원회의 지위를 한층 더 굳히는 데 관심을 두었던 듯하다. 이 시점에서 혁명군사위원회 위원들은 특히 10월 22일 일요일에 일어날지도 모를 분규를 불안해했다. 그날은 페트로그라드 소비에트 지도부가 '페트로그라드 소비에트의 날'로 공식 지정한 날이었다. 이 행사에서는 연주회와 연설이 있을 예정이었으며, 원래는 소비에트를 위한 기금을 모금하는 것이 목적이었고, 최근 들어 대중이 페트로그라드 소비에트의 급진적 정치 강령을 지지하는 정도를 가늠할 기회로 삼으려는 것이었다. 그러나 10월 22일은 공교롭게도 모스크바가 나폴레옹으로부터 해방된 105주년이기도 했다. 카자크군연맹회의(Sovet soiuza kazach'ikh voisk)가 이 사건을 기념해 정오에 종교 행렬을 하겠다는 계획을 발표했다. 좌파 지도자들은 극우파가 달아오른 분위기 속에서 카자크의 행진을 이용해서 무장 충돌을 도발할지 모른다고 두려워했고, 이런 우려는 너무나 당연했다.[43] 실제로는, 카자크들이 11시에 행렬을 취소했다. 그러나 10월 20일에 혁명군사위원회가 취한 첫 조처들 가운데 하나는 일어날지 모를 반혁명 책동을 미리 막는 조치로서 핵심적인 전투 부대와 무기고에 대표를 파견한 것이었다.[44]

혁명군사위원회는 10월 20일에 산회하기에 앞서 수비대 협의체의 또 다른 회기의 일정을 다음날 아침으로 잡았다. 이 회의와 10월 22일 회의, 23일 회의에서, 새로 만들어진 혁명군사위원회와 각 수비대 부대 사이에 굳건한 유대가 형성되었다. 10월 21일의 수비대 협의체 회기는 흥분을 자아내는 트로츠키의 연설로 시작되었다. 트로츠키는 카자크의 종교 행렬을 분명하게 가리키면서 "위협적인 사건이 닥쳐오고 있다"고 경고하고는 노동자들과 병사들에게 페트로그라드 소비에트 주위에 모여 혁명군사위원회를 지지하고 권력 투쟁에서 소비에트를 도우라고 호소했다. 멘셰비키-사회주의자혁명가당의 기관지 〈병사의 목소리〉의 기자는 청중의 반응을 다음과 같이 포착했다.

트로츠키가 연설한 뒤 발언자들은 권력이 지체 없이 소비에트로 이전되어야 한다고 잇달아 발언했다. 청중은 감전된 듯 흥분해서, 연단에서 골드베르크(Gol'dberg)라는 일병이 논의되고 있는 문제를 온전히 이해하지 못하겠다고 말하자 "물러가라", "꺼져라"라고 외쳐댔을 뿐만 아니라 발언자가 말하고자 하는 바를 설명하지 못하도록 철저히 방해했다.
돈 카자크 제4연대 대표는 자기 연대위원회가 예정된 종교 행렬에 참가하지 않기로 결정했다고 말했다. 돈 카자크 제14연대 대표는 자기 연대는 어디서 비롯했는지 상관없이 반혁명 행위를 지지하지 않을 뿐만 아니라 온 힘을 다해 반혁명과 투쟁하겠다고 말함으로써 활기를 불러일으켰다. "이런 뜻에서 나는 제4연대 동지들과 악수를 하겠습니다"[라고 그가 말했다). (그러면서 발언자는 연단에서 몸을 아래로 굽혀 제4연대 카자크들과 악수를 했다.) 이에 호응해서 모든 참석자가 뜨거운 지지의 함성과 귀가 먹먹해질 정도의 박수를 터뜨렸고, 이 소리는 오랫동안 가라앉지 않았다.

집회는 혁명군사위원회. 페트로그라드 소비에트의 날, 전러시아 소비에트 대회의 임무와 관련해서 트로츠키가 작성한 결의문들을 가결하면서 끝이 났다. 전체적으로 볼 때, 이 결의문들은 전선으로 이전 배치하겠다는 위협을 받은 페트로그라드 수비대의 공격성이 늘었다는 점과 혁명군사위원회가 페트로그라드 소비에트와 권력 장악을 지지하는 세력을 동원하려고 혁명 수호를 활용한다는 전략을 가지고 있었다는 점을 예증한다. 10월 21일에 수비대 협의체에서 통과된 혁명군사위원회에 관한 결의문은 위원회의 탄생을 반기고 "혁명을 위해 전선과 후방을 더 긴밀하게 결합하는 모든 조처"를 전폭적으로 지지하겠다고 위원회에 약속했다. '페트로그라드 소비에트의 날'에 관한 결의문은 혁명의 적에게 속아 넘어가지 말라고 "카자크 형제들"에게 경고하고 대신 좌파가 계획한 집회에 참여하라고 권고했다. 동시에 결의문은 혁명의 대오에 혼란과 분규를 퍼뜨리려는 코르닐로프 추종자와 부르주아의 어떠한 시도도 무자비한 저항에 맞닥뜨리리라고 경고했다. 끝으로, 수비대 협의체는 소비에트 대회에 관한 결의문에서 페트로그라드 소비에트의 모든 정치적 결정 사항을 승인하고 곧 열릴 전러시아 소비에트 대회에 "권력을 잡아서 인민에게 평화와 토지와 빵을 보장하라"고 요청하고 수비대 관할 아래 있는 모든 자원을 이 요구 사항을 이행하는 데 투입하겠다고 맹세했다.[45]

이 지지 보장에 힘입어 혁명군사위원회는 이제 수비대의 최종 통제권을 둘러싸고 정부와 벌일 결정적 대결에 착수했다. 우선 혁명군사위원회는 모든 수비대 부대와 모든 무기·탄약고에 친(親)정부 지도위원을 대신할 자체 지도위원을 파견하기 시작했다. 그런 다음 혁명군사위원회는 수비대 부대 상급 지휘권을 가질 권리가 있다고 주장하고자 10월 21일에 (라지미르와 사돕스키와 메호노신K. A. Mekhonoshin이 들어간) 대표단을 최고사령부 본부로 보냈다. 자정 무렵에 도착한 대표단은 안내를 받아 폴코브니코프 장군의 집무실로 들어갔다. 사돕스키는 곧바로 용건으로 들어가서, "지금부터는 지도위원의 서명이 없는 명령은 무효"라고 선언했다.[46] 폴코브니코프는 수비대는 자기 책임이라고 응수했다. 그는 이미 소비에트 중앙집행위원회에서 온 지도위원이 자기와 함께 일하고 있다고 말하고는 "우리는 다만 중앙집행위원회[의 지도위원]만 알고 있고, 당신들의 지도위원들은 인정하지 않소. 만약 그들이 법을 어긴다면, 우리는 그들을 체포하겠소"라고 덧붙였다.[47] 대표단은 이 말을 듣고 스몰니로 돌아갔다.

라지미르, 사돕스키, 메호노신은 혁명군사위원회 본부로 돌아가서 안토노프-옵세옌코, 스베르들로프, 트로츠키와 만났다. 그들은 함께 페트로그라드 군관구의 비협조적 자세를 활용할 계획을 짰다.[48] 가장 중요한 점은 트로츠키가 수비대 협의체의 승인을 받아 그날 늦게 모든 부대에 돌릴 공식 선언서를 작성했다는 것이다. 페트로그라드 10월혁명의 발단이 되는 문서들 가운데 하나가 될 이 선언서는 수비대 부대에 대한 임시정부의 권한을 완전히 부정하는 것이나 다름없었다. 트로츠키는 다음과 같이 썼다.

10월 21일 회의에서 페트로그라드의 혁명적 수비대는 지휘 기관으로서 …… 혁명군사위원회를 중심으로 뭉쳤다. 이런데도 페트로그라드 군관구본부는 10월 22일 밤에 혁명군사위원회를 인정하지 않고, 소비에트 병사분과 대표들과 함께 업무를 수행하기를 거부했다. 이런 식으로 본

부는 혁명적인 페트로그라드 수비대와 페트로그라드 노동자·병사 대의
원 소비에트와 관계를 깨고 있다. 본부는 반혁명 세력의 직접적 무기가
되고 있다. …… 반혁명 음모로부터 혁명적 질서를 지키는 것은 혁명군
사위원회의 지도를 받는 여러분에게 달려 있다. 혁명군사위원회가 서명
하지 않은 어떠한 수비대 관련 명령도 무효다. …… 혁명이 위기에 처해
있다. 혁명적 수비대 만세.[49]

몇 해 뒤에 트로츠키는 라지미르가 혁명군사위원회 활동에 협력
하면서 그가 임시정부를 타도하려는 의식적 계획에 참가하고 있음을
인식했는지, 아니면 그의 견해가 단지 "사회주의자혁명가당 좌파의
이도저도 아닌 성향"을 반영할 뿐이었는지 곰곰이 생각해 보았다.[50]
트로츠키는 뒤엣것이 맞다는 결론을 내렸으며, 실제로 이것이 사실
이었는지 모른다. 그러나 사돕스키와 메호노신과 스베르들로프, 그리
고 물론 트로츠키는 마음 속으로 혁명군사위원회의 행위가 의식적이
고 점진적인 임시정부 전복의 일부라는 것을 거의 의심하지 않았다.

주로 현재의 정치적 고려 때문에 소련 역사가들은 대부분 10월봉
기가 10월 24일 어느 때 시작되었다고 생각한다. 그러나 이 해석은
10월 21~22일에 열린 혁명군사위원회가 취한 조처의 결정적 의의를
무시하는 것이다. 오늘날 정평 있는 체코인 러시아 혁명 전문가인 미
하일 레이만(Mikhail Reiman)의 주장을 인용하면, "혁명군사위원회는
10월 21일과 22일에 이미 사실상 수비대 지휘권을 장악했다. 위원회
의 행동은 실질적으로뿐만 아니라 법률적으로도 어느 국가에서건 완
전한 폭동과 봉기 행위로 간주될 것이다."[51]

페트로그라드 소비에트의 날인 10월 22일 일요일에 트로츠키, 볼
로다르스키, 라셰비치, 콜론타이, 라스콜니코프, 크릴렌코를 비롯한

가장 인기 있는 볼셰비키 연설가들이 수도 곳곳에 있는 공장과 공공 집회장에서 열리는 대중 정치집회에서 연단에 올랐다. 심지어 카메네프까지 연설에 참여한 것이 돋보였다. 그는 당중앙위원회의 결정 사항에 거슬리는 발언을 공개적으로 하지 말라는 당중앙위원회의 특별 금지령을 무시하고 이 기회를 이용해서 소비에트 대회 이전에 일어날 봉기에 당이 연루될 가능성을 다시 한 번 더 비웃었다.[52]

10월 22일에 페트로그라드 소비에트를 대표해 마련되어 큰 성공을 거둔 집회의 전형은 네바 강 우안에 있는 인민의 집(Narodnyi dom)에서 열린 집회였다. 식순이 시작되기 훨씬 전에 수많은 공장 노동자와 병사, 약간의 중하층 시민이 다른 무엇보다도 전설적인 특별연사 트로츠키의 모습을 보고 그의 말을 들어보려고 웅장한 오페라홀을 가득 메웠다. 트로츠키의 연설에는 이미 볼셰비키가 끝없이 되풀이해 온 것 이상은 담겨 있지 않았다. 그는 페트로그라드가 독일군에게 넘겨질 참이라고 경고하고는 노동자와 병사들 스스로 수도로 가는 접근로를 지키는 책임을 맡을 것이라고 선언했다. 이어서 그는 소비에트 정부가 뽑을 새로운 정부가 붙이는 혁명의 불길은 너무도 거세서 전 러시아뿐만 아니라 전 세계를 뒤덮으리라고 말했다. 그리고 소비에트는 권력을 잡은 뒤 즉시 평화를 가져을 터이며, 또한 사유재산을 폐지해서 대지주가 감추어둔 곡물과 부르주아 수중에서 남아도는 돈과 옷과 신발을 몰수하고 생필품이 모자란 사람에게 돈, 빵, 옷, 신발을 나누어줄 뿐만 아니라 토지를 농민에게 분배할 터였다.[53]

아마도 이 놀라운 일들이 벌어질 때가 눈에 선했기 때문에, 아니면 트로츠키의 연설 솜씨 덕분에, 또는 양자가 결합해서, 청중은 그의 말에 유난히 자극을 받았다. 현장에 있던 〈말〉 기자는 흠칫 놀라서 소비에트가 말을 행동으로 옮길 때 소비에트를 지지하겠다는 맹세를 트로츠키가 요구하자 엄청나게 많은 청중이 손을 들어 "선서합니다!"라고 외쳤다고 보도했다. 역시 트로츠키의 연설을 들었던 수하노프는 나중에 다음과 같이 기록했다.

> 내 주위는 황홀경에 가까운 분위기였고, 군중은 지금 지시가 없는데도 누구랄 것도 없이 종교 찬가라도 부르기 시작할 듯했다. …… 트로츠키는 무엇인가 별것 아닌 짧은 결의안을 내놓고 있었다. …… 누가 찬성하는가? 군중 수천 명이 마치 한 사람인 양 손을 들었다. …… 트로츠키는 계속 말을 했다. 무수한 군중은 손을 계속 들고 있었다. 트로츠키는 낱말을 또박또박 끊어서 다음과 같이 말했다. "여러분이 할 이 표결이 혁명을 승리로 이끌고 토지와 빵과 평화를 줄 거대한 책무를 떠맡은 소비에트를 온 힘을 다해서, 모든 수단으로 지지한다는 여러분의 맹세가 되도록 하십시오!" 무수한 군중이 손을 들었다. 군중이 찬성한다. 군중이 선서한다. ……[54]

집회들이 진행되는 동안, 군 장교들은 혁명군사위원회에 대처하려는 노력을 개시했다. 아침 이른 시각에 폴코브니코프 장군은 최고사령부 본부에서 긴급회의를 열고 수비대의 연대위원회와 여단위원회의 대표뿐만 아니라 전러시아 소비에트 집행위원회와 페트로그라드 소비에트의 임원을 초청했다. 혁명군사위원회를 압박해서 위원회가 정규군 지휘권을 거부할 권리를 가진다는 주장을 그만하도록 만들 속셈이 분명했다. 그러나 심지어 폴코브니코프가 회의를 진행하기 전에도 스몰니에서 긴급 소집된 수비대 협의체가 표결을 해서 전날 트로츠키가 내놓은 선언문을 정식 인준했다. 그 뒤 얼마 안 되어 최고사령부 본부에서 열리는 회의에 대표를 보내 달라고 폴코브니코프가 보낸 초청장이 접수되었다. 이에 응해서 다시케비치가 이끄는 수비대 협의체 대표단이 회의에 잠시 나타났다. 곧바로 다시케비치가 수비대 협의체를 대표해서 모든 군 지휘 명령서는 앞으로는 혁명군사위원회의 승인을 받아야 한다고 다시 단언했다. 대표단은 그런 다음 퇴장했다.[55] 이 행보에 폴코브니코프가 이제까지와는 달리 수비대 안의 권위를 둘러싼 갈등을 평화적으로 해결하려고 노력했다는 사실은 현상황에서 페트로그라드 군관구가 약하다는 것을 보여준다. 이때 그는 최고사령부 본부에 소비에트 대표를 두는 것을 논의할 목적으로 다음날 만나자는 초청장을 혁명군사위원회 앞으로 띄웠던 것이다.

케렌스키는 10월 22~23일 밤낮에 걸쳐 간간이 주요 조언자들과 깊어 가는 위기를 협의했다. 혁명군사위원회가 수비대 안에서 정부 권위에 직접적으로 도전한다는 소식과 더불어 볼셰비키가 조직한 대규모 집회에서 대중이 좌파를 열렬히 지지하고 있다는 보고가 시 전역에서 올라왔다. 초저녁에 페트로그라드 군관구 참모장 야코프 바그라투니(Iakov Bagratuni) 장군이 북부 전선 본부에 1개 보병여단, 1개 기병연대, 1개 포병중대를 신속히 수도로 보낼 수 있도록 준비하라고 요청했다. 보이틴스키는 북부 전선에서 이 부대들을 어떤 목적에 사용할지 모른 채로는 미리 준비할 수 없다는 답변을 보냈다. 그러한 조처에 병사들이 의심을 품고 저항할 것이기 때문이었을 것이다.[56] 조금 지난 뒤에 케렌스키가 체레미소프 장군에게 페트로그라드로 오라는 긴급전신을 보냈다. 아마도 충성스러운 부대를 수도로 급히 보내는 문제를 논의하려고 했을 것이다. 게다가 케렌스키는 이용 가능한 병력을 파견해서 더 지체하지 말고 혁명군사위원회 위원들을 체포하고 위원회를 해체하자고 동료 장관들에게 제안했지만, 잠깐 동안 폴코브니코프 장군의 설득을 받고는 이 방침을 실행하지 않기로 했다. 페트로그라드 군관구 사령관이 이튿날 열릴 토론에서 혁명군사위원회가 설복을 당해서 자기의 선언을 거둬들일지 모른다는 희망을 피력했던 것이다. 곧바로 총리는 10월 22일 선언을 즉시 취소하지 않으면 군 당국이 법과 질서를 회복하는 데 필요한 어떤 조치도 불사하겠다는 강경한 최후 통첩을 소비에트에 보내라는 명령을 바그라투니 장군에게 내렸다.[57]

한편, 10월 21일에 도시 전역에서 정부 지도위원을 혁명군사위원회가 뽑은 지도위원으로 대체하기 시작했는데, 이 작업이 강화되었다. 새 지도위원들은 대부분 최근에야 감옥에서 풀려난 저명한 볼셰비키 '군사조직' 구성원들이었다. 그들은 가는 곳마다 열렬히 환영을 받았다. 혁명군사위원회는 10월 23일에 새로운 지도위원 임명이 거의 마무리되자 지도위원에게 무제한의 군사 명령 거부권을 부여한다는 명령을 내렸고, 이로써 구(舊) 본부 작전 통제권은 어느 정도는 군더더기가 되었다. 이 명령은 즉시 좌익계 신문에 실려 수도 전역에 배포되어 반혁명측의 침해로부터 혁명과 혁명의 성과물을 지키고자 혁명군사위원회의 지도위원이 수도와 그 근교에 있는 군부대와 특히 중요한 지점에 임명되었음을 주민들에게 알렸고 그 지점에 내려지는 명령과 지시는 지도위원이 승인할 경우에만 이행된다고 규정했다.[58]

수도에서 정부의 군사적 지위가 계속해서 급격히 떨어진다는 것은 10월 23일에 혁명군사위원회가 전략상 결정적으로 중요한 곳인 페트로파블롭스크 요새와 그 옆에 있는 핵심적인 무기탄약고인 크론베르크(Kronverk) 병기창을 획득한 데에서도 드러났다. 페트로그라드 수비대를 통제하는 권위를 획득하는 투쟁에서 혁명군사위원회가 겪은 차질은 몇 차례밖에 안 되는데 그런 차질 가운데 하나가 바로 페트로파블롭스크 요새에 주둔한 부대를 대표하는 위원회가 10월 19일에 "행동"에 반대하는 결의안을 가결했을 때 일어났다. 혁명군사위원회가 사흘 뒤 지도위원 한 명을 요새에 보냈을 때, 그 지도위원이 적대적인 병사들에게 체포될지 모른다는 우려가 있었다.[59] 7월사태 이후에 전선에서 올라와 요새에 배치된 자전거 부대원 수천 명이 좌파를 대하는 태도가 요새와 관련해 특히 걱정스러웠다.

특별히 트로츠키, 포드보이스키, 안토노프-옵세옌코, 라셰비치가 참석한 혁명군사위원회가 10월 22일 오전에 페트로파블롭스크 요새 문제를 논의했다. 뒤에 안토노프-옵세옌코는 자기가 이 논의에서 볼셰비키화한 파블롭스키(Pavlovskii) 연대 소속 부대의 일부를 보내 그 오래된 요새를 점령하자고 다그쳤다고 회고했다. 그러나 여전히 모양새를 우려한 트로츠키는 그 요새를 내부에서 접수해보자고 위원회를 설득했다. 트로츠키는 "그곳에 있는 부대 전체가 우리에게 동조하지 않는다는 것은 있을 수 없는 일입니다"라고 말했다고 한다.[60]

요새를 설득으로 접수하려는 노력의 하나로 혁명군사위원회는 자전거 부대원과 다른 병사 전원이 함께하는 대중 집회를 준비해서 10월 23일 정오에 연병장에서 집회를 시작했다.[61] 집회에 도착해보니 요새 사령관뿐만 아니라 부대의 충성을 놓고 볼셰비키와 경쟁하려고 나타난 한 무리의 사회주의자혁명가 우파와 멘셰비키의 저명 인사들도 있었다고 라셰비치는 회고한다. 집회가 몇 시간 동안 진행된 뒤 혁명군사위원회를 위한 투쟁을 주도하던 라셰비치, 추도놉스키와 더불어 트로츠키가 도착해서 병사들을 상대로 자기의 설득이 통하는지 시험해보았다. 라셰비치는 나중에 다음과 같이 썼다. "추도놉스키가 연설할 때 갑자기 귀가 먹먹해질 정도로 '와' 하는 외침과 박수소리가 울렸다. 추도놉스키는 이 폭발의 원인을 알아내려고 두리번거리기 시작했다. 그의 얼굴에 곧 만족스러운 웃음이 번져 올랐다. 그는 큰 소리로 '트로츠키 동무에게 제 자리를 양보하겠습니다'라고 말했다. 트로츠키가 연단에 올랐다. …… 마침내 정적이 흘렀고, 연설이 아닌 감격에 겨운 노래가 뒤를 이었다."[62]

요새 연병장에서 열린 대중 집회는 트로츠키가 연설을 마친 뒤에도 오랫동안 질질 끌었다. 병사들은 날이 어둑어둑해지자 요새 밖으로 나가 부근에 있는 모데른 원형극장으로 갔다. 드디어, 대다수 병사들이 소비에트로 권력 이전을 지지하고 혁명군사위원회의 지령에 따르겠다고 표결했다. 라셰비치는 다음과 같이 회고했다. "저녁 8시에 극히 긴장된 분위기에서 문제가 표결에 부쳐졌다. …… 혁명군사위원회에 찬성하는 사람은 왼쪽으로, 반대하는 사람은 오른쪽으로 이동한다. '와' 소리와 함께 병사의 압도적 다수가 왼쪽으로 내달렸다. 혁명군사위원회 반대파에는 얼마 안 되는 한 무리의 장교와 자전거 부대원들이 남아 있었다."[63]

페트로파블롭스크 요새 통제권은 심리적으로나 전략적으로나 엄청나게 중요한 승리였다. 요새의 대포들이 겨울궁전을 내려다보고 있었던 것이다. 더군다나 크론베르크 병기창을 확보함으로써 수도에 있는 모든 주요 무기고를 사실상 혁명군사위원회가 관할하게 되었고, 위원회는 이제 비축된 다량의 무기와 탄약을 지지자들에게 쏟아 부었다. 그러나 예기치 못한 이 손쉬운 승리는 소비에트 대회가 열리기 전에 정부를 타도하려고 대중 조직들의 지지를 이끌어내려는 모든 움직임에 사회주의자혁명가당 좌파가 계속 완고하게 저항한다는 사실로 상쇄되었다.[64] 게다가 전선의 정치적 태도에 관한 최신 보고는 크게 엇갈렸다. 일반 전선 병사들의 분위기가 수비대 병사들과 크게 다르지 않음을 보여주는 전보가 쇄도해 들어오는 한편으로, 소비에트 대회에 참석하려고 수도에 도착하고 있는 많은 전선 대의원들은 만약 소비에트 대회가 열리기 전에 수도에서 봉기가 일어나면 소비에트 중앙집행위원회의 원조 요청에 많은 대규모 전선 부대가 호응할 것이라는 인상을 전해주었다. 실제로 페트로그라드의 볼셰비키 전략가들은 정부에 대항하는 즉각적인 직접 군사 행동을 지원할 노동자와 병사에게 얼마나 의지할 수 있을지 아직도 확신하지 못했다. 그들은 초군사적인 독자적 방침이 소비에트 대회 볼셰비키 대의원단에 많이 선출된 지방 당 간부들의 저항을 받을 가능성을 무시할 수 없었다. 이런 종류의 저항은 이미 제1차 전러시아 소비에트 대회의 볼셰비키 대의원단이 당중앙위원회를 압박해서 6월 10일로 계획했던 무장 시위를 저지하는 데 일조했던 초여름에,[65] 수도 밖에서 온 대의원들이 당중앙위원회가 7월봉기에 관련되어 한 행동에 비판을 퍼부었던 제6차 당대회 때, 그리고 더 가깝게는 민주협의회 볼셰비키 대의원단이 예비의회를 보이콧한다는 당중앙위원회의 편협한 결정을 뒤엎은 민주협의회 직후에 일어났다.

한편, 당이 만약 정부가 공격해 오기를 기다린다면 그 공격이 소비에트 대회 개막에 앞서 발생하든 대회가 소비에트 정부를 선언한 뒤에든 상관없이 당이 사회주의자혁명가 좌파, 전후방의 병사, 한데 뭉친 볼셰비키당, 페트로그라드 소비에트에서 공장위원회에 이르는 대중조직의 폭넓은 전선의 지원에 기댈 수 있으리라는 강한 희망이 있었다. 그렇게 되면 유혈 사태가 벌어져도 모든 책임이 케렌스키 정권에 돌아갈 것이고, 좌파가 권력을 유지할 가능성이 엄청나게 높아지리라는 것이었다. 그 같은 방침은 당연히 극좌파만의 정부보다는 온건주의자가 포함되는 사회주의 연립정부의 창출로 이어질 터였다. 레닌은 즉시 좌파만으로 정권을 창출하고 싶은 열망에 사로잡힌 나머지 독자적이고 초급진주의적인 방침의 위험성을 무릅쓴 몇 안 되는 볼셰비키 고위 지도자들 가운데 하나였던 듯하다.

따라서 의심할 여지 없이 앞에서 언급한 이유와 또 다른 이유들 때문에 혁명군사위원회는, 성공을 거두었는데도, 정당한 방어로 보일 수 있는 행동과 소비에트 대회의 대권을 찬탈했다고 보일 수 있는 행동 사이에 놓여 있는 루비콘(Rubicon) 강을 건너지 않았다. 안토노프-옵세옌코는 10월 23일 밤에 열린 페트로그라드 소비에트 총회에서 혁명군사위원회의 주요 활동을 보고하면서 위원회가 이전 시기에 보여준 각 행보를 혁명과 소비에트 대회와 헌법제정회의를 지키는 조치로 조심스레 묘사하고 합리화했다. 그가 보고를 마친 뒤, 대의원들이 압도적으로 볼셰비키가 제출한 결의문을 지지했다. 결의문은 혁명군사위원회가 취하는 조처는 물론이고 상황 전개에 따라 필요한 비슷한 성격의 조치 또한 무조건 승인한다는 내용이었는데, 다음과 같은 문구에는 좌파가 여전히 추구하는 전술의 정수가 잘 나타나 있다. "페트로그라드 소비에트는 혁명군사위원회가 열심히 활동한 덕분에 페트로그라드 소비에트와 혁명적 수비대 사이의 유대가 굳건해졌음을 확인하며, 앞으로도 바로 이 방향으로 활동할 때에만 이제 막 시작된 전러시아 소비에트 대회가 자유롭고 방해받지 않고 활동할 가능성이 보장되리라는 확신을 표명한다. …… "[66]

혁명군사위원회가 버리지 않은 전략적 신중함은 같은 날 밤 더 늦은 시각에 위원회가 돌연 10월 22일의 선언을 철회하라는 페트로그라드 군관구의 최후 통첩을 받아들인다고 선언했을 때 더욱 두드러지게 나타났다.[67] 어떻게 해서 이런 일이 일어났는지를 알 수 있는 정보는 단편적이다. 분명히, 온건 멘셰비키인 고츠와 보그다노프가 군 지휘권에 대한 무제한의 통제권을 고집하지 말라고 혁명군사위원회 위원들을 설득하기 위해 혁명군사위원회의 협의에 직접 개입했다. 고츠와 보그다노프는 이 호소에 따라 나타난 첫 반응에 만족하지 않았음이 틀림없다. 왜냐하면 그 뒤에 두 사람은 소비에트 중앙집행위원회가 혁명군사위원회와 관계를 끊고 스몰니를 떠난다는 성명서를 발표했기 때문이다.[68] 이 회의에 관해서는 유일하게 안토노프-옵세옌코의 회고담이 간행되었다. 몇몇 세부 사항에서는 헷갈린 것이 명백하지만, 그의 회고는 고츠와 보그다노프가 회의에서 떠나간 뒤 혁명군사위원회가 (그 선언을 철회하지 않으면 위원회에서 물러나겠다고 위협했음이 분명한) 사회주의자혁명가당 좌파, 그리고 랴자노프가 이

끄는 온건 볼셰비키의 확고한 주장에 따라 선언을 사실상 철회했음을 보여 준다.[69]

스몰니에서는 여전히 신중함이 표어였다면, 겨울궁전에서는 그렇지 않았다. 이때 겨울궁전에서는 케렌스키가 좌파를 억누르기 위한 직접 행동을 더는 지체할 수 없다고 결심했던 것이다. 그는 혁명군사위원회가 선뜻 페트로그라드 군관구와 합의를 보려는 듯하다는 전갈을 받고는, 사실 그러했지만, 정부와 정면 무력 충돌을 잠시 늦추려는 전술로 여기고 그 성명을 물리쳤다. 그는 수도에서 정부를 잠재적으로 지지하는 군사 세력이 어느 정도로 붕괴했는지를 명백하게 과소평가하고 어쨌든 전선에서 응원 부대가 신속하게 오리라고 기대하고는 즉시 혁명군사위원회 위원을 모조리 체포하겠다는 의도를 밝혔다. 그러나 케렌스키는 전날 밤에 그랬듯이 더 냉정하게 판단한 끝에 그처럼 과감한 조치를 시도하지 않기로 했다. 그 대신 내각은 시민 불복종과 합법 정부에 대항한 행동에 나서라는 호소를 유포했다는 혐의로 혁명군사위원회 위원들을 정식 형사재판에 회부하는 절차에 착수한다는 데 찬성했다. 더 직접적으로, 각료들은 7월봉기에 참여해 기소되었다가 보석으로 풀려나 있는 동안 어떤 식으로든 반정부 선동을 한 볼셰비키를 감옥으로 되돌려 보내기로 결정했다. 이 계획이 이행되었다면 트로츠키를 비롯한 좌파의 고위 지도자 다수가 검거되었을 것이다. 또한 내각은 〈노동자의 길〉과 〈병사〉의 폐간령을 내리면서, 명백히 공평성을 과시하고자 극우지인 〈생생한 말〉과 〈노바야 루스〉(Novaia Rus')도 폐간한다고 공포했다. 이 신문들의 편집인들은 봉기를 호소하는 기사를 쓴 사람들과 함께 나란히 형사 혐의로 기소되었다.[70]

이때 페트로그라드 군관구 본부는 이 목표를 이행하는 데 필요한 모든 대책을 세우라는 지시를 받았다. 바그라투니 장군은 페트로그라드의 파블로프(Pavlov) 군관학교, 블라디미르(Vladimir) 군관학교, 콘스탄티노프(Konstantinov) 군관학교, 페테르고프와 갓치나에 있는 준위 양성소 생도들, 파블롭스크(Pavlovsk) 기마포병 1개 중대, 차르스코예 셀로의 상이군인 1개 소총연대, 레바쇼바(Levashova)의 제1페트로그라드 여성타격대대에게 궁전광장으로 출동하라고 명령했다.[71]

케렌스키는 민주 세력이 이 대책에 부정적 반응을 보이리라고 예상하고는 이튿날 예비의회에 몸소 나가 그 대책을 정당화하고 해명하라는 동료들의 권고를 받아들였다. 그러나 임시정부는 극좌파를 직접 공격하기를 뒤로 미루지 않았다. 사관생도와 경찰로 이루어진 부대가 10월 24일 동이 트기 전에 〈노동자의 길〉을 발행하는 트루드 인쇄소를 습격해서 인쇄소를 공식 폐쇄했다. 갓 찍어낸 그날의 〈노동자의 길〉 수천 부가 압수되고 식자판이 부서졌다. 그 뒤 곧바로 건물 입구가 봉인되고 인쇄소를 다시 열지 못하도록 보초를 붙박이로 배치했다.

14장

전야

로모프와 리코프는 전략 회의와 토론으로 긴장된 하루를 보낸 뒤 10월 23~24일 자정이 훨씬 지나서 제2차 전러시아 소비에트 대회에 참석하려고 페트로그라드에 갓 도착한 다른 지방 볼셰비키 지도자 몇 사람과 함께 프리보이(Priboi) 인쇄소에서 책과 선전책자 더미 위에 누워 잠을 청했다. 볼셰비키가 운영하는 프리보이 인쇄소는 스몰니 학원에서 멀리 떨어져 있지 않았다. 서너 시간이 채 지나지 않아 로모프는 전화가 계속 울리는 통에 잠에서 깼다. 누군가 다른 사람이 새벽녘의 한기를 무릅쓰고 일어나 전화를 받기를 잠시 기다리던 그는 스스로 몸을 일으켜 어둠 속에서 더듬어 전화기를 찾았다. 자기와 동지들을 혁명군사위원회 본부로 호출하는 트로츠키의 천둥 같은 목소리가 들렸다. "케렌스키가 행동에 나섰어요. … 모두 다 스몰니로!"[1]

케렌스키가 수도 바깥에 있는 친(親)정부 부대를 호출했다는 두서없는 보고와 정부가 극좌파 탄압에 나섰다는 소문이 간간이 스몰니로 들어오기 시작하자, 트로츠키는 페트로파블롭스크 요새 통제권 획득을 돕는 데 성공한 것을 즐길 여유도 없었다. 곧 근교에 있는 혁명군사위원회 망원들이 전화를 걸어 자기 지역에 있는 군부대에서 걱정스러운 움직임이 있다고 알리기 시작했고, 트루드 인쇄소에서 노동자들이 와서 〈노동자의 길〉이 습격당했다는 소식을 알렸다. 당 간부들의 거처와 사무실에 전화를 거는 사이에 (트로츠키, 라지미르, 스베르들로프, 안토노프-옵세옌코, 포드보이스키, 라셰비치를 비롯해서) 이미 스몰니에 있던 혁명군사위원회 지도자들은 경고문을 작성해서 페트로그라드 전역에 있는 군대와 군사 시설의 연대위원회와 지도위원에게 보냈다. "지령 제1호(Predpisanie No. 1)"라는 이름이 붙은 이 명령은 다음과 같았다. "진짜 위험이 페트로그라드 소비에트를 위협하고 있다. 야밤에 반혁명 음모가들이 근교에 있는 사관생도와 타격대대를 페트로그라드로 불러들이려고 시도했다. 〈병사〉와 〈노동자의 길〉이 폐간되었다. 현재 연대를 전투 태세로 두라는 지령이 내려지고 있다. 앞으로 있을 지시를 기다려라! 어떠한 지체와 혼란도 혁명을 배신하는 행위로 간주될 것이다."[2]

봉기 세력이 전투 태세를 갖추도록 하는 것과, 뻔히 있을 정부의 공격에 대응해서 행동을 취해야 한다면 과연 어떤 직접적 군사 행동을 취해야 할지를 결정하는 것은 전혀 다른 별개의 문제였다. 혁명군사위원회는 겨우 몇 시간 전에 지지 기반이 심각하게 약해질 것을 두려워한 나머지 정부와 무력 충돌을 하기 일보 직전에서 물러난 바 있다. 그런 두려움의 근거는 아직도 존재했다. 10월 24일 아침까지 소비에트 대회 대의원들이 수도에 도착했는데, 확실한 대회 과반수를 기대하기에 충분한 수였다. 그 과반수는 사회주의자혁명가당 좌파와 합치면 소비에트에 권력을 넘기고 대회가 사회주의자만으로 정부를 창출하는 것을 지지하는 데 필요했다.[3] 그러나 케렌스키가 좌파를 공격하면서 한 가지 새로운 요소가 주요 변수로 떠올랐다. 케렌스키에게 반격을 하지 않는다면, 그리고 그가 대규모 친정부 군사력을 동원해서 좌파 지도자들을 다시 감옥으로 되돌려 보낸다면, 소비에트 대회가 열리지 못할 가능성이 여전히 존재했다. 비록 대회가 해산당하지 않는다 해도 정부를 타도할 발판을 마련하려는 혁명군사위원회의 신중한 노력, 지금까지는 성공을 거둔 것으로 보이는 노력이 대회 개회 직전이나 직후에 큰 타격을 입을 터였다.

이 같은 고려 사항을 염두에 두고 이때 혁명군사위원회 위원 몇 사람이 무장 봉기를 더 미루지 말고 개시하자고 목청을 높였다. 그러나 트로츠키가 이끄는 다수파는 확고하지만 더 자제하는 대응을 고집했다. 트로츠키는 수비대에서 조직성과 혁명성이 가장 뛰어난 두 부대, 즉 리톱스키 연대와 제6공병대대의 병사위원회에 보내는 명령서를 급히 휘갈겨 썼다. 명령서는 두 부대에 트루드 인쇄소를 다시 열고 인쇄소의 안전을 확보하라고 지시했는데, 그 내용은 다음과 같았다. "노동자·병사 대의원 소비에트는 언론 자유의 억압을 용납할 수 없다. 포그롬 행위자들의 공격을 물리치고 있는 인민을 위해 공정한 언론을 확보해야 한다."[4]

이 명령은 즉시 이행되었다. 다시케비치가 지휘하는 리톱스키 근위대 소속 1개 중대가 기관총으로 무장하고 오전 9시에 트루드 인쇄소가 입주해 있는 건물에 도착했다. 다시케비치는 혁명군사위원회가 전날 밤에 공표했던 성명을 무시하고서 무뚝뚝하게 "혁명군사위원회가 확인하지 않은 정부 명령은 무효"라고 선언했다. 그의 부대는 정부에 충성하는 경찰을 제압하고 정부의 봉인을 떼어버렸다. 두어 시간만에 〈노동자의 길〉 제작이 재개되었다. 〈사업 통보〉의 한 기자는 10월 24일자 석간판에서 이 사태를 서술하면서 병사 동지들이 같이 폐간되었던 "〈생생한 말〉의 발행을 위해서는 같은 노력을 하지 않았다"고 평했다.

한편, 스몰니에서는 스베르들로프가 당중앙위원회 회의를 간신히 소집했다. 로모프, 제르진스키, 스베르들로프, 부브노프, 노긴, 밀류틴, 요페, 우리츠키, 트로츠키, 베르진(Berzin)이 참석했다. 뿐만 아니라 카메네프도 참석했는데, 전에 그가 당중앙위원회에서 사퇴했던 것은 간단히 무시되었던 듯하다.[5] 위기 상황인 데다 당중앙위원회 위원들을 급히 불러 모으기가 어렵다는 점을 고려해서 위원 누구도 그날 나머지 시간 동안 특별 허가 없이는 스몰니를 떠나지 않기로 처음부터 동의했다. 당중앙위원회가 논의한 첫 번째 주요 쟁점은 아주 흥미롭게도 정부가 좌파에 가하는 공격이 아니라 페트로그라드 소비에트가 군사 작전에 끼치는 영향력의 성격을 놓고 혁명군사위원회와 폴코브니코프 장군이 벌이는 협상이었다. 처음에 당중앙위원회 위원들은 페트로그라드 군관구가 제안한 조건을 혁명군사위원회가 받아들이기에 앞서 정부가 행동에 나섰다는 잘못된 인상을 받았던 듯하다. 카메네프가 앞서 합의한 내용을 보고한 뒤에야 당중앙위원회는 트루드 인쇄소의 분쟁으로 관심을 돌려 마침내 인쇄소를 지킬 호위대의 파견뿐만 아니라 당 신문을 정상 발행하는 데 필요한 다른 모든 조치에 착수하라고 승인했다.

이와는 별도로, 당중앙위원회 위원들은 여전히 온건 사회주의자의 영향을 강하게 받고 있는 체신·전신 노동자, 철도원들이 임시정부 타도에 반대하고 소비에트에 권력을 넘기는 것에 대해 수도를 나머지 지역과 차단하는 행동으로 대응할지 모를 가능성을 가장 걱정한 듯하다. 소비에트 대회와 관련된 정치적 사태 진전이 절정에 이르는 듯하고 혁명 정권이 금방이라도 들어설 듯 보이자, 당중앙위원회 위원들은 식량을 공급하는 문제와 사회주의자혁명가당 좌파와 긴밀히 협조하는 문제를 걱정하기도 했다. 그래서 부브노프가 철도 노동자들과, 제르진스키가 체신·전신 직원들과 계속 접촉하는 책임을 맡는 한편 밀류틴은 식량 공급을 조직하는 일을 맡았고, 카메네프와 베르진은 사회주의자혁명가당 좌파와 협상을 진행하도록 지명되었다. 트로츠키의 주장에 따라, 당중앙위원회는 휴회하기에 앞서 한 가지 추가적 사전 예방조처에 합의했다. 스몰니가 정부 지지자들에게 함락될 경우에 대비해 새로 확보한 페트로파블롭스크 요새에 예비 본부를 설치한다는 것이었다.

사실상 10월 24일에 열린 당중앙위원회 회의의 역사적 중요성은 실제로 제기된 쟁점만큼이나 회의에서 논의되지 않은 것에서도 비롯된다. 지적했듯이, 10월 24일 아침에 혁명군사위원회 위원 몇 사람이 즉시 대중 봉기를 호소해야 한다고 주장했다. 거의 같은 시각에 10월 15일 이후로는 처음 모인 볼셰비키 페테르부르크 위원회가 최근의 사태 진전에 "즉시" 봉기를 준비하라는 공식 호소로 대응했다.[6] 그러나 틀림없이 레닌이 없는 탓이기도 했을 텐데 당중앙위원회 내부에서는 임시정부를 즉시, 아니면 어쨌든 소비에트 대회가 열리기 전에 없애 버릴 시도를 할지 여부에 관한 결정적 문제가 명백하게 진지한 고려 대상이 되지 않았다. 오히려 이 시점에서 대다수 당중앙위원회 위원들은 소비에트 대회를 활용해서 결국은 정부에 앙갚음을 할 가능성을 최대화하기 위해 적의 행동을 무력화하고 좌파의 힘을 유지하고 굳히는 일에 몰두한 듯하다. 이에 관련해서 10월 24일 오후에 소비에트 대회 볼셰비키 대의원 회의에서 스탈린이 당중앙위원회의 견해를 두고 한 논평이 의미심장하다. 그는 다음과 같이 말했다. "혁명군사위원회 안에는 1) 즉각적 봉기와 2) 우선 힘을 모으는 것, 이렇게 두 흐름이 있다. 러시아사회민주노동당 중앙위원회는 2번에 찬성했다."[7]

볼셰비키 당중앙위원회와 혁명군사위원회는 임시정부를 뒤엎고 혁명적인 소비에트 정권을 만들어내는 과제를 완수하는 데서 소비에트 대회가 수행할 역할을 계속해서 강조했는데, 이것은 10월 24일 정오를 지난 어느 때인가 거리에 배포된 〈노동자의 길〉에 실으려고 스탈린이 준비한 주요 사설에서 가장 뚜렷하게 나타났다. 〈우리에게 무엇이 필요한가〉라는 표제로 머리를 장식한 그 사설은 노동자와 병사들에게 케렌스키 정부를 혁명 정권으로 대체하라고 소비에트 대회를 압박할 대의원단을 구성하라고 요청했다. 스탈린은 다음과 같이 썼다.

…… 인민이 선출하지 않고 인민에게 책임을 지지 않는 현재의 자칭 정부를 인민의 인정을 받고 노동자와 병사와 농민의 대표가 선출하고 이 대표들에게 책임을 지는 정부로 바꿔야 한다. ……

여러분은 지주와 자본가의 현 정부를 대신해서 노동자와 농민의 새 정부가 권력의 자리에 오르기를 바라는가?

여러분은 러시아의 새 정부가 …… 지주의 토지 소유권 폐지를 선언하고 모든 지주 소유지를 빠짐없이 농민위원회에 넘기기를 바라는가?

여러분은 러시아의 새 정부가 차르의 비밀 조약을 인민에게 공개하고 그 비밀 조약에 구속력이 없다고 인정하고 모든 교전국의 인민에게 공정한 강화를 제안하기를 바라는가?

여러분은 러시아의 새로운 정부가 굶주림과 실업, 경제 파탄과 물가 앙등을 심화하려는 직장 폐쇄 획책자와 투기꾼들을 모두 다 억제하기를 바라는가?

만약 그러기를 바란다면, 온 힘을 모아 똘똘 뭉쳐 일어나서 집회를 열고 대의원단을 뽑아서 여러분의 요구 사항을 그 대의원단을 통해서 내일 스몰니에서 열리는 소비에트 대회에 제출하라!

볼셰비키 전국 지도부가 보인 전술상의 신중함은 10월 24일에 크론시타트 볼셰비키 신문 〈프롤레타리아의 대의〉, 그리고 볼셰비키가 새로이 관장하며 페트로그라드 소비에트가 발행하는 석간신문 〈노동자와 병사〉에도 반영되었다. 10월 24일 저녁에 〈노동자와 병사〉 1면을 모두 차지한 것은 "전러시아 대회가 10월 25일에 시작될 것이다"라는 전단 표제였다. 한 면을 다 채운 혁명군사위원회의 다음과 같은 성명서가 그 뒤를 이었다.

시민들이여, 반혁명이 그 반역의 모습을 드러냈다. 코르닐로프 추종자들이 전러시아 소비에트 대회를 쳐부수고 헌법제정회의를 깨려고 세력을 동원하고 있다. 동시에 포그롬 행위자들이 페트로그라드 거리에서 소요와 학살을 불러일으키려는 시도를 할 수도 있다.

페트로그라드 노동자·병사 대의원 소비에트는 반혁명 포그롬 행위자들의 음모에서 혁명적 질서를 수호할 책임을 지고 있다.

페트로그라드 수비대가 어떠한 폭력과 난동도 허용하지 않을 것이다. …… 시민들이여! 우리는 여러분에게 철저한 자제와 침착함을 호소한다. 질서와 혁명의 대의는 확고하게 유지되고 있다!

혁명군사위원회

이렇게 소비에트 대회 쪽으로 계속 기울어지고 있음은 언론뿐만 아니라 공개 성명서에서도 나타났다. 스탈린이 당중앙위원회의 전술적 입장으로 관심을 이끌어 갔던 소비에트 대회 볼셰비키 위원단의 오후 회의에서 한 연설에서 트로츠키는 다른 무엇보다도 러시아 전역에서 모여든 볼셰비키 지도자들이 느낄지 모를 모든 두려움을 쫓아버리려고 안달하는 듯했다. 그 두려움이란 혁명이 절박한 위험에 처했다거나 혁명군사위원회의 행동들이 어떻게든 소비에트 대회의 기능을 찬탈한다는 것이었다. 트로츠키는 다음과 같이 선언했다.

정부는 무력합니다. 우리는 정부를 조금도 무서워하지 않습니다. …… 왜냐하면 우리에게 힘이 충분히 있기 때문입니다. …… 우리 동지들 가운데 몇 사람은, 이를테면 카메네프와 랴자노프는 상황 평가에서 우리와 견해가 다릅니다. 그러나 우리는 오른쪽으로도 왼쪽으로도 기울지 않고 있습니다. 현실, 바로 그것이 우리의 노선을 정하고 있습니다. 우리는 나날이 강해지고 있습니다. 그러나 우리의 임무는 스스로를 지키면서 우리 영향권을 차츰 넓혀 내일 열리는 소비에트 대회를 위한 굳건한 토대를 마련하는 것입니다. 내일이면 …… 인민의 진정한 의지가 드러납니다. 그 외침에 페트로그라드만 응하지는 않을 것입니다.[8]

이 회의에 참석한 미하일 자코프(Mikhail Zhakov)가 이튿날 쓴 편지에 따르면, 트로츠키는 연설을 끝낼 무렵에 임시정부 각료 체포를 독자적 과제로 계획하고 있지 않다고 애써 역설했다. 기록에는 트로츠키가 다음과 같이 선언했다고 되어 있다. "만약 소비에트 대회가 권력을 창출했는데 케렌스키가 복종하지 않는다면, 이것은 치안 문제가 아니라 정치 문제입니다. 정부 각료를 체포하려고 겨울궁전을 '수비하고 있는' 장갑차를 파견하는 것은 잘못일 것입니다. 반면에 〈노동자의 길〉 인쇄소를 열고 사관생도들 대신에 용맹한 리톱스키 연대에게 호위를 맡긴다는 혁명군사위원회의 결정은 잘못이 아닙니다. 이것은 방어입니다. 동지 여러분, 이것은 방어인 것입니다." 자코프는 이때 폭풍 같은 우렁찬 박수가 터져 나와 트로츠키의 연설이 중단되었다고 적었다.[9]

몇 시간 뒤에 열린 페트로그라드 소비에트 회의에서 트로츠키는 비슷한 맥락에서 목청을 높여 "전러시아 소비에트 대회 문턱에 서 있는데, 오늘이나 내일 봉기해서 격돌하는 것은 우리 계획에 들어 있지 않습니다"라고 역설했다. 그는 계속 말했다. "우리는 소비에트 대회가 큰 힘과 권위를 지니고 이 슬로건을 실행하리라고 생각합니다. 하지만 만약 정부가 그들에게 남은 존속 시한, 즉 24시간, 48시간, 아니면 72시간을 이용해서 우리에게 대든다면 우리는 반격으로, 즉 타격에는 타격으로, 철에는 강철로 대응하겠습니다."[10] 게다가 이때와 거의 같은 시각에, 사회주의자혁명가당 좌파의 주장에 따라, 혁명군사위원회는 무장 봉기가 준비되고 있음을 한사코 부인하는 다음과 같은 보도 자료를 발행했다. "온갖 소문과 풍문에도 불구하고, 혁명군사위원회는 현재 본 위원회가 결코 권력 장악을 준비하고 실행하기 위해서가 아니라 오로지 반혁명의 (그리고 포그롬의) 음해 시도로부터 페트로그라드 수비대와 민주주의의 이익을 수호하기 위해 존재한다고 선언합니다."[11]

볼셰비키가 소비에트 대회에서 자기들의 강령에 대한 지지세를 키우는 활동을 벌이고 대회가 혁명 정부를 창출하는 상황에 대비하는 동안, 케렌스키는 미친 듯이 좌파 진압 계획을 실행하고 자기의 신변 보호를 강화하려고 시도하고 있었다. 그는 10월 24일 아침 시간을 대부분 최고사령부 청사에서 전선에 있는 친정부 부대를 더 빨리 수도에 파견하도록 노력하는 데 썼다. 이때 혁명군사위원회 지도위원을 모조리 즉각 해임한다는 명령을 내렸고, 수비대의 모든 부대원들에게 페트로그라드 군관구 본부의 특별 허가 없이 병영을 떠나는 것을 엄격히 금지했다.[12]

아침과 낮 동안, 부대원의 압도적 다수가 정규 군사령부가 아니라 극좌파가 내리는 명령에 따르고 있음이 분명해졌다. 리톱스키 연대 병사들이 트루드 인쇄소 재개를 지원하라는 트로츠키의 명령을 얼마나 재빨리 수행했는지는 이미 언급한 바 있다. 500명이 넘는 순양함 아브로라(Avrora)호 승조원들의 행동도 전형적이었다. 아브로라호는 불로조선소(佛露造船所, Franko-russkaia verf')에서 한 해 동안의 대대적 수리를 막 마치고 있었다. 급진화한 아브로라호 승조원들이 혁명군사위원회를 지지하리라는 것을 알아챈 정규 해군 사령부는 아브로라호에 바다로 나가서 엔진을 시험하라고 명령했다. 그러나 첸트로발트가 혁명군사위원회의 부추김을 받아 이 명령을 취소했고, 이에 호응해서 수병들이 장교들에게 맞서 일어나 페트로그라드에 남았다.[13]

또한 시간이 흐르면서 정부 수호자들에게 페트로그라드 외부의 주요 응원군 도착이 잘되어 봤자 크게 지연될 것임이 분명해졌다.

10월 24일과 25일 사이 밤에, 그리고 이튿날 호출을 받은 군부대들 가운데 몇몇 부대는 정부를 도우러 가지 않겠다고 즉시 선언한 반면, 다른 부대들은 혁명군사위원회를 지지하는 지역 부대에 막혀 수도로 가지 못했다. 이때에도 코르닐로프 사건 때처럼 전선에서 이동해 오는 부대가 수도 훨씬 바깥에서 멈춰섰다. 대다수 전선 병사는 정부와 페트로그라드 소비에트가 충돌했다는 설명을 듣자마자 기꺼이 혁명군사위원회를 지지하겠다고 서약했다.

200명이 채 안 되는 병력으로 레바쇼바에서 온 여성타격대대가 정오께에 겨울궁전에서 출동 보고를 했다. 미하일롭스키 포병학교에서 온 68명의 사관생도 부대가 오후 2시에 여성타격대대에 가세했다. 또한 페테르고프, 오라니옌바움, 갓치나에 있는 준위 양성소에서 온 장교 134명과 생도 2,000여 명이 이미 겨울궁전에 있거나 10월 24일 낮과 밤 동안에 겨울궁전에서 출동 보고를 하고 있었다. 혁명군사위원회가 끌어 모을 수 있었던 병력의 몇 분의 1밖에 되지 않는 이 미약한 병력이 당분간 케렌스키가 소집할 수 있는 최대 병력이었다.[14] 이 병력의 일부를 이용해서 케렌스키는 정부청사, 철도역, 네바 강의 여러 다리, 주요 공공시설 주위의 치안을 강화하는 데 최선을 다했다.

총리는 한낮에 자동차를 타고 마린스키 궁으로 가서 그곳에서 정부를 지지하는 예비의회를 소집해서 이미 개시된 좌파 진압 조치를 승인 받으려고 시도했다. 케렌스키가 이 회의에서 감정에 북받쳐 두서없이 행한 연설은 그가 러시아에서 마지막으로 한 대중 연설이 될 터였다. 최근에 한 역사가가 "파산한 한 정치가의 신경질적인 울부짖음"[15]이라고 묘사한 연설은 우익의 박수갈채와 좌파의 야유 소리로 자주 끊기면서 한 시간을 훌쩍 넘겨 계속되었다. 케렌스키는 극우와 급진 좌파가 헌법제정회의의 소집과 자유로운 민주적 정부 체제의 창출을 뒤엎으려는 활동을 하고 있다고 비난하면서 연설을 시작

궁전 광장에 모인 여성타격대원들.

했다. 그는 비판의 예봉을 볼셰비키에게 겨누었다. 케렌스키는 볼셰비키당 비난을 뒷받침하려고 10월 19일과 21일 사이에 〈노동자의 길〉에 연재된 레닌의 〈동지들에게 보내는 편지〉에 담긴 즉각적 봉기 지지 논거를 골고루 인용했다. 또한 그는 자기가 "볼셰비키의 되풀이되는 무장 봉기 호소"라고 이름 붙인 것이 공공집회와 당 신문에 나왔다면서 그것들을 일일이 열거했다.

이어서 케렌스키는 다음과 같이 주장했다.

[볼셰비키는] 봉기를 조직함으로써 …… 독일의 프롤레타리아가 아니라 독일의 지배 계급에 협조하고 있으며, 빌헬름과 그 패거리의 철권 앞에서 러시아 국가의 전선을 열어젖히고 있습니다. …… 그러나 나는 이 연단에서 나의 책임을 인식해서 러시아 정당의 그 같은 행위를 러시아 국가에 대한 배신과 반역으로 규정합니다. …… 페테르부르크 주민의 일부가 봉기 상태에 있습니다. …… 상응하는 체포령도 내려지고 있습니다.

…… 의식적, 무의식적 배신 행위로 말미암아 국가가 파멸해 가고 있고 파멸의 벼랑 끝에 선 지금 이 순간, 나를 포함해서 임시정부는 죽음과 파멸을 택할지언정, 삶과 명예와 국가의 독립을 배반하지는 않겠습니다.

이때 멘셰비키 국제주의자와 사회주의자혁명가당 좌파를 제외한 예비의회 의원들이 자리에서 일어나 케렌스키에게 오랫동안 우렁찬 박수를 보냈다. 이런 상황에 흥분한 나머지 입헌민주당원 모이세이 아제모프(Moisei Adzhemov)가 좌파의 좌석으로 달려가 "이것들이 자리에 앉아 있는 모습을 사진으로 찍어두자!"고 외쳤다.[16]

케렌스키는 어렵사리 질서가 잡힌 뒤 연설을 계속했다. 그는 당시 시 전역에 돌고 있던 혁명군사위원회의 "지령 제1호"를 발췌해서 낭독하고는 "이것은 현 질서에 맞서도록 폭도를 부추기고 …… 헌법제정회의를 깨고 빌헬름의 철권이라는 밀집 부대 앞에서 전선을 열어 젖히려는 시도입니다!"라고 외쳤다. 그는 좌파에게 몸을 돌리고는 "지금은 각자 — 공화국과 자유와 민주주의에 찬성하느냐, 아니면 반대하느냐 — 제자리를 찾아야 합니다"라고 주장했다. 케렌스키는 결론에서 다음과 같이 거침없이 선언했다.

나는 여러분에게 자유로운 러시아 인민이 여러 세대에 걸쳐 숱한 희생과 피와 목숨을 바쳐 싸워 얻어낸 자유의 성과물을 지키기 위해 경계를 늦추지 말라고 호소하러 왔습니다. …… 현재 러시아 사회의 인자, 즉 러시아 인민의 자유 의지를 해치려 들면서 동시에 독일에 전선을 열어 젖히려고 위협하는 집단과 정당을 즉시, 단호하게, 완전히 쓸어내 없애 버려야 마땅합니다. …… 나는 바로 오늘 임시정부가 이 지고한 모임의 지지를 받으며 그 의무를 확실하게 이행할 수 있는지 여러분에게서 대답을 얻기를 요구합니다.[17]

나중에 케렌스키는 오후 2시 30분쯤에 연설을 마치고 마린스키 궁을 떠나면서 몇 시간 안에 예비의회의 굳건한 지지 서약을 받으리라고 확신했다고 기억했다.[18] 그런 일은 일어나지 않았다. 예비의회 대의원들은 격렬한 대표단 회의에서 케렌스키의 신임 투표 요구에 대응하는 최선의 방법을 논의하며 10월 24일의 나머지 오후와 초저녁을 보냈다. 오후 7시에 대의원들이 다시 모였을 때, 좌파를 대대적으로 공격하는 데 쓰일 백지수표를 케렌스키에게 주는 데 반대하는 세력이 예비의회에서 늘어나면서 급부상했다.

연장되어 길어졌던 휴회 기간이 끝난 뒤 첫 연사로 나선 이는 사회주의자혁명가당 좌파의 주요 대변인인 캄코프였다. 그는 케렌스키가 "어떤 승인을 받든 이 봉기를 제압할 사람이 없다는 사실을 알지 못한 채 볼셰비키의 봉기를 진압할 전권을 달라고 요구"할 때 느꼈던 고민을 4주 뒤에 제1차 사회주의자혁명가당 좌파 대회에서 한 연설에서 회고한다. 캄코프는 뒤를 이어 "페트로그라드의 사회 하부에서 활동하는 사람들에게는 케렌스키가 연립정부 대표로서 자기를 지키려고 나설 단 열 사람을 페트로그라드 수비대에서 찾지 못하리라는 것이 분명했다"고 설명했다.[19] 10월 24일 저녁에 캄코프는 예비의회에서 다음과 같이 선언했다.

내각 의장(케렌스키)이 여기에 와서 이러이러한 폭도가 봉기하고 있다고 알리고는 그 폭도를 처단할 허가를 우리 회의에 요구하고 있으니 아마도 압도적 다수가 그것을 승인해줄 것입니다. 하지만 나는 러시아 인민과 혁명적 군대와 근로 농민이 그것을 승인해줄지 모르겠습니다. 우리는 진실을 보지 않고 모르는 척하지는 않겠습니다. 지금 이 정부를 신뢰하는 사람이 있기나 합니까? …… 정부의 기반은 혁명적 군대나 프롤레타리아에 있지 않으며, 폭도가 아니라 바로 혁명적 민주 세력의 가장 의식 있는 인자들이 정부에 맞서고 있습니다. 우리가 만약 내전의 공포가 자라고 있는 토양을 없애기를 진정으로 바란다면, 코르닐로프를 떠받드는 시위를 조직하는 자들이 들어가지 않은 동질적인 혁명적 민주 권력을 창출하는 것이 이 상황에서 빠져나가는 단 하나의 길이라고 공개 선언해야 합니다.

그 다음에 멘셰비키 국제주의자를 대표해서 발언한 마르토프도 마찬가지로 현 정부에 비판적이었다. 그가 연단에 나타나자, 오른쪽에 있는 누군가가 "향후 내각의 외무장관이 여기 있구만"이라고 외쳤다. 이에 마르토프는 자기를 비난한 자가 있는 쪽을 응시하면서 곧바로 "나는 근시라서 코르닐로프 내각의 외무장관이 그 말을 했는지 잘 보이지 않는군요"라고 쏘아붙였다. 마르토프는 다음과 같이 선언했다.

비록 잘못된 목표를 향하고 있을지라도 프롤레타리아와 군대의 중요한 부분의 움직임을 언급하면서 그것을 폭도의 움직임이라고 해버린 총리의 말은 내전을 도발하는 말입니다. 하지만 나는 …… [우리가] 혁명의 발전을 막으려고 상황을 이용하려는 사람들이 바라는 바를 허용하지 않으리라는 희망을 잃지 않았습니다. 민주주의 세력은 만약 정부가 인민의 절박한 요구를 실현하겠다는 보장을 지체 없이 해주지 않는다면, 민주 세력에게서 어떠한 지지도 받을 수 없다고 선언해야 합니다. 혁명의 요구를 채워줘야 할 필요성을 탄압으로 대신할 수는 없습니다. 러시아가 강화를 지체 없이 제안하는 정책을 수행하고 마땅히 이양해야 할 토지를 토지위원회의 관할 아래 두고 군대의 민주화를 막지 않으리라는 선언이 있어야 합니다. 만약 구성이 지금과 같은 정부가 그런 선언을 할수 없다면, 정부를 개편해야 합니다.

이 같은 캄코프와 마르토프의 선언에 예상치 못한 것이라고는 없었다. 정말로 놀라운 것은 멘셰비키와 사회주의자혁명가의 주류 대표자들, 즉 코르닐로프 이래 연립정부를 지지하는 입장에서 처음으로 흔들리는 모습을 공공연하게 보였던 단과 고츠 같은 사람들이 케렌스키의 요구에 보인 반응이었다. 단은 그러한 관점을 예비의회의 10월 24일 회기에서 밝혔다. 단은 처음부터 볼셰비키의 행동에 철저한 반대와 반감을 표시했다. 그러나 똑같은 강도로 그는 만약 정부와 좌파의 충돌이 평화적으로 해결되지 않으면, 최종 승자는 극우파일 것이라고 주장했다. 더욱이 그는 참혹한 유혈 사태를 피할 수 있는 단 하나의 길은 지금 볼셰비키를 따르는 대중의 열망에 더는 지체하지 말고 호응하는 것이라고 선언했다. 단은 이를 다음과 같이 표현했다.

내일 볼셰비키의 봉기가 어떻게 끝나든 상관없이, 그러나 만약 봉기가 피 속에 잠기고 무기의 힘으로 질서가 확립된다면, 이것은 실제로는 볼셰비키, 정부, 민주주의, 혁명을 쓸어버릴 제3 세력의 승리일 것입니다. 만약 여러분이 볼셰비즘이 썩은 버섯처럼 자라고 있는 볼셰비즘의 토양을 짓밟아 못 쓰게 만들기를 바란다면, 일련의 정치적 대책을 세워야 합니다. 정부와 공화국회의(예비의회)도 분명하게 행동해야 합니다. 그래야 인민은 볼셰비키가 아니라 이 정부와 공화국회의가 인민의 정당한 이익을 수호하고 있음을 깨달을 것입니다. …… 우리 정부가 이 길을 따라 굳세게 뚜벅뚜벅 걸어가고 있다는 데 한 치의 의혹이 노동자 단 한 사람에게도 병사 단 한사람에게도 생기지 않도록 평화와 토지와 군대 민주화 문제를 제기해야 합니다.[20]

훗날 회고록에서 단은 자기가 케렌스키의 연설에 보인 반응을 회상하면서 당시 자기의 생각을 이렇게 밝혔다.[21] 10월 초순에 예비의회의 토의가 시작되는 바로 그때부터, 단은 견해가 비슷한 다른 멘셰비키와 사회주의자혁명가당 지도자들과 함께 급진 개혁 강령을 신속하게 입법화할 능력을 갖춘, 사회주의자로만 이루어지는 민주적 좌파 정부를 최종적으로 창출하기 위해 활동해 왔다. 단은 자기들이 오직 즉각적이고 과감한 정치 행보를 통해서만 볼셰비키와 성공적으로 싸울 희망이 있다는 믿음으로 그 일을 했다고 주장했다. 단은 예비의회의 자기 진영에서는 "군사적 수단만으로 볼셰비키와 싸우는 것은 정부에 그럴 힘이 없다는 이유에서라도 무익하다는 것이 자명하다고 여겼다"고 주장했다. 단은 이 견해를 예비의회 우파가 거부했다고 지적했다. 예비의회 우파는 정부 예하의 군사력이 볼셰비키를 분쇄하기에 충분하다는 잘못된 믿음에 사로잡혀 "볼셰비키와 공개적으로 싸우기"를 고대했던 것이다. 10월 24일 오후에 케렌스키가 예비의회에서 연설한 뒤, 단과 그의 동료들은 자기들이 구원의 희망이 있다고 믿는 유일한 노선을 정부에 보여주고 그 노선을 따르는 정부와 끝까지 함께할 각오가 되었음을 거듭 강조하는 것이 자기들의 의무라고 여겼다.

예비의회의 10월 24일 회기가 끝나갈 무렵, 세 가지 결의안이 제출되었다. 협동조합과 입헌민주당을 대표하는 한 결의안은 수도에서 일어날 반란을 진압하기 위한 단호한 조처를 채택하는 데 정부에 전폭적 지지를 보내겠다고 맹세했다. 카자크 지휘부가 내놓은 훨씬 더 선동적인 두 번째 결의안은 좌파 전체를 맹렬히 비난하고 임시정부가 약해 빠졌다고, 심지어는 임시정부가 "볼셰비키를 방조한다"고 대놓고 꾸짖었으며, 정부가 "이번에는 볼셰비키에게 조금도 관용을 베풀지 않겠다"는 보장을 해야 한다고 요구했다. 예비의회 좌파가 작성하고 단이 제출한 세 번째 결의안은 임시정부가 절박한 정치, 사회 개혁을 공표하는 데 꾸물거린다고 분명하게 비판하고 예비의회의 지지를 얻으려면 급진적인 "토지와 평화" 강령의 즉각적 공표와 시 자치단체와 소비에트의 대표들로 이루어지고 임시정부와 함께 일해서 질서를 회복할 "공안위원회"를 설치해야 한다는 조건을 내걸었다. 사실상 케렌스키 "불신임" 투표인 좌파의 결의안이 오후 8시 30분에 찬성 123표, 반대 102표, 기권 26표라는 근소한 차이로 채택되었다.[22]

단은 회고록에서 이 결의안이 통과되자마자 자기와 고츠가 훨씬 더 보수적인 압크센티예프 예비의회 의장을 데리고 서둘러 겨울궁전의 각료 회의로 가서 정부에게 예비의회의 권고를 받아들이라고 요구했다고 밝혔다. 단에 따르면, 단과 고츠는 정부가 그 권고를 군말 없이 받아들이고, 임시정부가 모든 군사 행동을 즉시 끝내고 일괄 강화를 위한 협상을 개시하자고 정식으로 제안하고 모든 장원 소유지를 토지위원회에 이양한다고 토지위원회에 전화로 통보하고 시민들에게 헌법제정회의 소집이 가속화되었음을 공표하는 중요한 선언문이 인쇄되어 바로 그날 저녁에 수도 전역에 나붙기를 열망했다.

단과 고츠는 그 같은 조처가 대중의 분위기에 변화를 일으키고 봉기에 반대하는 볼셰비키 지도자들의 영향력을 강화하리라고 케렌스키에게 분명하게 주장했다. 그러나 예비의회의 행보를 전해 듣고 총리가 길길이 뛴 것은 놀라운 일이 아니었다. 훗날 단은 "케렌스키는 완전히 녹초가 되었다는 인상을 주었다"고 썼다. 케렌스키는 처음에는 이튿날 아침에 사임하겠다는 의사를 밝혔다. 결국 그는 정부가 "훈시와 지시를 받을 필요가 없으며 스스로 알아서 봉기에 대처하겠습니다"라는 단언과 함께 단과 고츠와 압크센티예프를 그대로 내보냈다.[23]

이것은 단처럼 케렌스키를 압박해서 더 급진적인 강령을 채택하게 하거나 이에 실패했을 때에는 대응력이 더 뛰어난 새 정부에 길을 내주도록 그를 몰아붙여서 대중의 소요를 잠재우고 볼셰비키의 뒤통수를 후려치기를 희망한 사람들에게는 크나큰 타격이었다. 그러나 이 목표를 달성하려는 노력은 중단되지 않았다. 멘셰비키 중도파와 좌파는 10월 25일 자정을 막 지난 시각에 시작되어 오전 4시까지 계속된 전러시아 소비에트 집행위원회 비상 합동회의에서 볼셰비키를 비난하고 공안위원회 설치를 승인하면서도 예비의회가 앞서 채택했던 즉각적 개혁에 대한 단호한 요구를 재확인하는 결의문이 확실하게 통과하도록 만들었다.[24]

게다가 이때 일련의 열띤 당 대의원단 전략회의에서 사회주의자혁명가당 좌파와 멘셰비키 국제주의자들은 소비에트 대회가 사회주의자로만 이루어지는 연립정부를 창출하도록 만드는 운동을 활발히 벌였다. "방위론자"와 "국제주의자", 두 파가 모두 포함된 소비에트 대회 멘셰비키 대표단 회의에서 대회에 제출할 정치 결의안에 들어갈 일련의 "테제"를 채택했다. 이 테제는 예비의회 결의안보다도 훨씬 더 멀리 온건 사회주의자의 예전 정책에서 벗어났는데, 철저한 개각을 요구하고 새 정부가 "동질적"이고 "민주적"이어야 한다고 명시했다. 테제는 볼셰비키의 행위를 비난하면서도 임시정부의 정책을 거부했다. 정부의 정책이 볼셰비키의 반란을 도발했다고 본 것이다. 테제에는 볼셰비키의 반란을 군대로 진압하려는 정부의 시도에 "거세게 저항"해야 한다는 충고도 들어 있었다.[25]

한편 10월 25일 아침에 열린 소비에트 대회 사회주의자혁명가당 대표단 회의에서 사회주의자혁명가당 좌파가 여유 있는 과반수를 차지했다. 사회주의자혁명가당 중앙위원회가 이 회의에 내놓은 결의안이 표결에서 92대 60으로 패했고, 그 다음에 다수파는 명백히 "동질적" 사회주의 정부 창출 노력을 조율하고자 "멘셰비키 국제주의자들과 접촉한다"는 데 동의했다.[26] 이 승리 직후 사회주의자혁명가당 좌파 지도자 몇 사람이 당대회에서 대표단 전체가 좌파의 강령 아래

결집할지 모른다는 희망을 버리지 않았다는 점도 똑같이 중요하다.[27]

10월 24일 오후와 초저녁에 페트로그라드에서 일어난 정치적 사태 진전을 분석하는 그 누가 보더라도 이때 자기가 독자적으로 좌파를 다룰 수 있다고 큰소리치는 케렌스키의 자신감은 완전히 터무니없어 보인다. 페트로그라드에서 발행되는 10월 25~26일자 신문의 "최신 소식"란을 채운 개략적인, 때로 혼란에 찬 목격자의 보고는 정부의 처지가 얼마만큼 나빠졌는지를 보여주었다.

케렌스키가 예비의회에서 애처로운 모습을 보인 뒤 오래지 않아서 스몰니 주변에 우려할 만한 수의 무장 노동자와 병사들이 모여 있다는 보고로 최고사령부 본부에 있던 군 장교들의 우려가 커졌다. 따라서 그들은 이때 네바 강을 가로지르는 리테이니 다리, 트로이츠키 다리, 니콜라옙스키 다리를 들어 올리고 정부군은 네바 강에서 유일하게 도개교가 아닌 궁전 다리(Dvortsovyi most)를 엄격히 통제하라는 명령을 내렸다. 봉기 세력이 네바 강 우안에 있는 노동계급 지구에서 도심지로 흘러들어가지 못하게 막으려는 명령이었다.[28] 볼셰비키 '군사조직' 지도자인 일린-제넵스키는 나중에 10월 24일에 네바 강의 다리에 관련된 정부의 의도를 알게 되었을 **때**를 기록하면서 다음과 같이 썼다. "7월사태가 절로 떠올랐다. …… 내게는 다리를 들어 올리는 것이 우리를 없애려는 시도의 첫걸음으로 보였다. 과연 임시정부가 다시 우리를 이길는지?"[29]

이번에는 그러한 위험은 없었다. 미하일롭스키 포병학교의 친정부 생도들은 리테이니 다리에 도착하자마자 한 무리의 성난 시민들에게 검문을 당했다. 그들 가운데 다수가 무기를 지니고 있었다. 생도들은 어쩔 도리 없이 무기를 포기한 채 치욕스럽게도 감시를 받으며 학교로 되돌아갔다. 가능한 한 사실에 가장 가깝게 결론을 내린다면, 이 행동은 혁명군사위원회의 특정한 명령 없이 일어났다. 비슷하게, 다리를 차지하려는 싸움이 시작되자마자 일린-제넵스키가 역시 독자적 판단에 따라 행동에 나서서 수비대 병사들이 볼샤야 넵카(Bol'shaia Nevka, 네바 강의 세 지류 가운데 가장 북쪽에 있는 지류)를 가로질러 비보르그 구와 페트로그라드 방면구를 이어주는 더 작은 교량인 그레나데르스키(Grenaderskii) 다리와 삼프소니옙스키 다리의 통제권을 반드시 장악하도록 조치했다.[30]

군관구 사령부는 제1페트로그라드 여성타격대대 소속 1개 중대에 트로이츠키 다리를 들어 올리라는 책임을 부여했다. 대대가 받은 명령은 다리를 통한 이동을 저지하는 데 소화기를 사용해도 된다고 특별히 허용했다.[31] 여성 병사들은 이 명령을 수행하려고 진지하게 노력하지 않은 듯하다. 틀림없이 페트로파블롭스크 요새의 벽을 따라 설치된 기관총들의 사거리에 들어 있었기 때문일 것이다. 생도들은 붉은 근위대와 한 차례 짧은 싸움을 벌인 뒤 바실레프 섬과 도심을 잇는 니콜라옙스키 다리를 들어 올리는 데 성공했다. 한동안 궁전 다리는 생도들과 여성타격대대원들이 확고하게 통제하고 있었다. 그러나 초저녁 무렵에 "다리를 차지하기 위한 중대한 전투"에서 반정부 세력이 승리를 거둔 것이 분명하다. 볼샤야 넵카와 말라야 네바 (Malaia Neva, 네바 강의 세 지류 중 가운데 지류) 위에 놓인 다리들과 더불어 네바(네바 강의 본류로 가장 남쪽에 위치)의 주요 교량 네개 가운데 두 개가 모두 반정부 세력의 수중에 들어갔다.

7월사태가 일어난 뒤 수도로 이전 배치될 때부터 겨울궁전 주변의 치안을 일차적으로 책임져 왔던 자전거 부대원들이 오후 4시에 돌연히 담당 지역에 더는 머무르지 않겠다는 성명을 발표했다. 한 시간 뒤에 혁명군사위원회의 일원인 스타니슬라프 페스트콥스키 (StanislavPestkovskii)가 위원회의 명령에 따라 중앙전신국의 통제권을 장악했다. 핵심적인 통신 시설을 차지하려는 싸움에서 거둔 이 첫 번째 성공은 전신국 직원 3,000명 가운데 볼셰비키가 단 한 사람도 없었다는 사실에도 불구하고 총 한 방 쏘지 않고 이루어졌다. 이 승리의 주요인은 이때 전신국의 정규 위병 근무자들이 오래 전부터 혁명군사위원회에 충성을 공언해 온 켁스골름스키(Keksgolmskii) 연대에서 파견된 병사들이었다는 점이다. 그리고 그 병사들을 지휘하는 사령관의 지원을 받아 페스트콥스키는 사회주의자혁명가당 우파의 일원인 체신·전신 노동조합 위원장을 압박해서 자기의 권한을 인정하도록 만들었다.[32]

한 사관생도 분견대가 오후 8시쯤에 중앙전신국을 탈환하려고 시도했으나 성공하지 못했다.[33] 그 뒤 오래지 않아 또 다른 혁명군사위원회 지도위원이자 겔싱포르스의 볼셰비키 당원인 레오니드 스타르크(Leonid Stark)가 무장한 수병 열두 명만을 데리고 통신사의 하나인 페트로그라드 전신소(Petrogradskoe telegrafnoe agentstvo)를 점령해서 장악했다. 스타르크가 맨 처음 취한 조치들 가운데 하나가 바로 그때 막 예비의회가 가결한 정치 결의문이 전신을 타고 흘러나가지 못하도록 막은 것이었다.[34] 거의 동시에, 7월에 정부를 도우러 왔던 최초의 주요 수비대였던 이즈마일롭스키(Izmailovskii) 근위연대의 대원들이 핀란드 만을 따라 배를 타고 와서 시의 맨서쪽 끝에 내릴 친정부 응원군이 이용할 철도 종점인 발티스키 역의 통제권을 장악했다. 페트로그라드 군관구 사령부가 취할 수 있었던 최선의 대응책은 "정부와 소비에트 중앙집행위원회에 충성을 바치는 부대를 태운 열차들이 전선을 떠나 이동하고 있다"는 경고를 전신으로 보낸 것이었다.[35]

이때 좌파가 취했던 궁극적으로 가장 중요한 조처 가운데 어떤 것들은 비밀리에 수행되어서 한동안 널리 알려지지 않았다. 겔싱포르스에 있던 디벤코는 드디어 북부 지역 소비에트 대회 기간 동안 안토노프-옵세옌코와 합의를 해놓은 전보를 10월 24일 초저녁에 받았다. 전보는 "정관을 보내라"였는데, 이것은 "페트로그라드로 어뢰정들을 파견하라"는 뜻이었다.[36] 또한 안토노프-옵세옌코는 크론시타트 수병들을 이튿날 수도로 파견해 달라는 요청서를 손으로 써서 크론시타트 소비에트에서 온 알렉세이 프로닌(Aleksei Pronin)이라는 볼셰비키 연락원에게 건네주었다.[37] 몇 시간 뒤, 혁명군사위원회를 대표해서 알렉세이 바라노프(Aleksei Baranov)가 해군 부대의 파견을 확인하려고 페트로그라드에서 디벤코에게 전화를 걸었다. 바라노프는 "분위기가 뒤숭숭합니다. 지원이 때맞춰 오기를 기대해도 될까요?"라고 말했다. 디벤코는 "어뢰정들은 새벽녘에 출동합니다"라고 응답했다.[38]

특정한 군사 임무를 수행하라는 혁명군사위원회의 명령을 받은 각 수비대 부대와 붉은 근위대를 제외하면, 이렇게 정부군과 첫 싸움이 벌어지는 동안, 50만 명을 훨씬 웃도는 페트로그라드 지역의 노동자, 병사, 수병 들은 대부분 공장과 병영에 남아 있었다. 10월 24일 한낮과 저녁 내내, 그리고 이튿날에도 수도의 노동계급 거주구들과 발트해 함대 주요 주둔지에서 집회가 열렸다. 거의 한결같이, 이 모임들에서는 페트로그라드 소비에트와 그 강령을 지지한다는 의사를 표명했다. 당분간 대중의 소요는 거의 일어나지 않았다. 사람들이 좌파와 정부 사이의 마지막 충돌의 시작을 알리는 신호가 되리라고 생각하던 2월과 7월의 대중시위 같은 시위는 전혀 없었다.

오후 중반쯤, 네바 강의 다리들을 들어 올린다는 소식이 알려지자 초중등학교 학생들과 정부 관청 직원들은 그날 하루 휴가를 얻었고 도심지의 은행과 상점은 문을 닫고 전차는 단축 운행을 했다. 그러나 거리는 여전히 평온했다. 저녁에 유행 따라 옷을 차려 입은 군중이 넵스키 대로를 거닐었고, 창녀들은 늘 그랬듯이 거리에서 사람들에게 계속 달라붙었다. 식당, 도박장, 영화관, 극장은 비록 손님이 줄

한 병사의 연설을 듣고 있는 페트로그라드 공장 노동자들. 10월 24일과 25일 정부군과 첫 싸움이 벌어지는 동안 노동자와 병사는 대부분 공장과 병영에 남아 집회를 열고 페트로그라드 소비에트를 지지한다는 의사를 표명했다.

기는 했지만 정상 영업을 했다. 알렉세이 톨스토이(Aleksei Tolstoi)의 작품을 메이예르홀드(Meierkhol'd)가 연출하여 재공연하는 연극 〈이반 뇌제의 죽음〉(Smert' Ioanna Groznogo)이 알렉산드린스키 극장에서, 오페라 〈보리스 고두노프〉(Boris Godunov)가 마린스키 극장에서 일정대로 공연되었다. 이런 상황은 혁명군사위원회가 봉기를 계속 부인하는 것과 맞물려, 당시 수도 널리 여기저기에서 일어나고 있던 결정적 사태 진전이 현실이 아니라는 느낌을 강하게 주면서 당대의 관찰자들에게 무척 심한 혼란을 불러일으켰다.

혁명군사위원회의 전술에 레닌보다 더 큰 혼돈과 짜증을 느낀 사람이 없는 듯하다는 것은 놀라운 일이 아니다. 레닌은 이 중차대한 역사적 시기 내내 전투 현장에서 떨어져서 수도 변두리에 있는 포파노바의 아파트에 머물렀다. 이것은 레닌이 페트로그라드에 있다는 소문 때문이었음이 분명한데, 법무부 장관이 그 볼셰비키 지도자를 체포하라는 새로운 명령을 10월 20일에 내렸다. 이로써 이제는 레닌이 은신처에서 나와도 안전할지 모른다는 희망이 모두 사라져버렸다. 10월 21일과 23일 사이에 레닌은 혁명군사위원회가 페트로그라드 수비대의 통제권을 놓고 페트로그라드 군관구와 벌인 싸움에서 성공을 거두자 기뻐했다. 그러나 그는 트로츠키와 달리 이 승리를 만사가 잘 진행되면 임시정부의 권위를 차츰차츰 뒤엎어 결국은 소비에트 대회에서 비교적 고통 없이 소비에트로 권력을 넘기는 과정의 일부가 아니라 오로지 대중 무장 봉기의 전주곡으로만 보았다. 그리고 만약 즉시 힘으로 권력을 잡는다면 볼셰비키가 지배하는 정부를 창출할 전망이 극대화되리라는 오랫동안 지녀 온 신념이 날이 갈수록 강해질 뿐이었다. 레닌이 느끼기에는, 소비에트 대회를 기다리는 것은 곧 단순히 정부에 자기 세력을 준비할 시간을 더 많이 내주는 일일 뿐이며 기껏해야 우유부단한 소비에트 대회가 사회주의자로 구성되는 미지근한 연립정부를 창출할 위험을 쓸데없이 안게 될 뿐이었다. 레닌은 (10월 22일, 아니면 23일에) 카자크 행렬이 마지막 순간에 취소되었음을 안 뒤, 스베르들로프에게 보내는 편지에 "카자크 시위 취소는 대승리입니다! 만세! 온힘을 다해 공격하세요. 그러면 며칠 안에 우리가 완전히 이길 것입니다"라고 썼다.[39]

레닌은 10월 24일자 조간신문에서 혁명군사위원회가 페트로그라드 군관구가 내놓은 "타협안"을 받아들이기로 결정했다는 기사를 읽었다. 그는 그날 내내 의문의 여지없이 주로 포파노바를 통해서 스몰니와 연락을 유지했다. 그래서 레닌은 정부가 좌파를 급습했다는 것과 온건 사회주의자 일부가 정부로 하여금 더 급진적인 개혁 강령을 채택해서 즉시 발표하게 만들려고 노력한다는 것을 거의 동시에 알았다.[40] 이러한 사태 진전 소식을 들은 레닌은 속이 바싹바싹 타들어 갔다. 포파노바는 레닌이 그날 하루 동안 여러 차례 자기를 당중앙위원회로 보내 스몰니로 와도 된다는 허가를 내려 달라고 요청했다고 회고했다. 이 요청은 번번이 그 자리에서 거부당했다. 해가 저물 때쯤 레닌은 당중앙위원회가 또 한 차례 어정쩡한 대응을 했다는 것을 알려주는 메모를 읽자마자 꾸깃꾸깃 뭉쳐서 바닥에 내던졌다. 그는 격분해서 말했다. "나는 그 사람들을 이해하지 못하겠어요. 그 사람들은 무엇을 무서워하는 거죠? 그저께까지만 해도 포드보이스키가 이 군부대도 완전히 볼셰비키고 저 부대도 그렇다고 보고했는데 말입니다. …… 이제는 갑자기 아무 일도 일어나지 않았다니요. 그 사람들에게 믿을 만한 병사 100명이나 총을 가진 붉은 근위대원 100명이 있는지 물어보세요. 나한테는 그 정도만 있으면 됩니다!"[41]

오후 6시쯤에 레닌은 당중앙위원회를 거치지 않고 그 아래에 있는 기관들, 특히 페테르부르크 위원회와 볼셰비키당 구위원회에 직접 나서서 혁명을 완수하라고 호소하기로 다시 한 번 결심했다. 레닌은 재빠르게 작성한 호소문[42]을 포파노바에게 주면서 크룹스카야에게, "오직 그에게만" 전달하라는 임무를 맡겼다.

동지들! 나는 24일 저녁에 이 글을 쓰고 있고, 상황은 극히 위태롭습니다. 지금 봉기에서 꾸물거리는 것은 사실상 죽음이나 마찬가지임은 명명백백합니다.

온 힘을 다해서 나는 지금 만사가 위태롭다는 것, 협의회가 아니라 (설령 소비에트 대회라 할지라도) 대회가 아니라 오직 인민, 대중, 무장한 대중의 투쟁으로만 해결되는 문제가 닥쳤다는 것을 동지들에게 설득하고 있습니다.

코르닐로프 추종자들의 부르주아적 공격과 베르홉스키의 해임은 우리가 기다려서는 안 된다는 것을 보여주고 있습니다. 무슨 일이 있어도 오늘 저녁에, 오늘 밤에 (만약 저항을 한다면 쳐부숴서) 사관생도 등등을 무장 해제한 다음 정부 각료들을 체포해야 합니다.

기다려서는 안 됩니다! 모든 것을 잃을 수도 있습니다! ……

누가 권력을 잡아야 할까요?

지금 이것은 중요하지 않습니다. 혁명군사위원회가, "아니면 다른 기관이" 권력을 잡도록 하십시오. ……

모든 구, 모든 연대, 모든 병력을 즉시 동원하고 지체 없이 대의원단을 혁명군사위원회로, 볼셰비키 당중앙위원회로 파견해서 어떤 경우에도 절대로 25일까지 케렌스키와 그 도당의 손에 권력을 남기지 말고 지체 없이 오늘 저녁이나 밤에 일을 처리하라고 요구해야 합니다.

역사는 오늘 승리할 수 있는 (그리고 오늘 반드시 승리할) 혁명가가 모든 것을 잃을 위험을 무릅쓰고 늑장부리는 것을 용서하지 않을 것입니다.

오늘 권력을 잡는다면, 우리는 소비에트에 대항해서가 아니라 소비에트를 위해서 권력을 잡는 것입니다.

권력 장악은 봉기의 문제입니다. 권력의 정치적 목표는 권력 장악 뒤에 명확해질 것입니다.

10월 25일의 동요하는 표결을 기다리는 것은 파멸이거나 허식일 것입니다. 그 같은 문제를 표결이 아니라 힘으로 해결할 권리와 의무가 인민에게 있습니다. 인민에게는 혁명이 위태로운 시기에 자기의 대표들을, 심지어는 가장 훌륭한 대표들을 기다리지 않고 그들을 지도할 권리와 의무가 있습니다.

정부는 흔들리고 있습니다. 무슨 일이 있더라도 정부를 쳐야 합니다!

공격에서 늑장부리는 것은 죽음이나 마찬가지입니다![43]

이 마지막 호소문을 지닌 포파노바를 보낸 지 몇 시간 뒤 레닌은 더는 자신을 억제할 수 없었다. 레닌은 여주인이 보도록 ("나는 당신이 내게 가지 말라고 한 곳으로 갔습니다"라는) 쪽지를 부엌 식탁 위에 남기고는 가발과 낡은 모자를 쓰고 얼굴에는 붕대를 둘렀다. 그런 다음 그는 움직이지 말라는 당중앙위원회의 절대 금지령을 한 달 동안 두 차례 어기며 에이노 라햐를 데리고 스몰니를 향해 출발했다.[44] 두 사람은 거의 텅 빈 전차를 타고 비보르그 구를 거쳐 핀란드역까지 갔다. 그동안 흥분한 레닌은 최근의 정치 사태에 관한 질문을 여차장에게 퍼부어댔다. 그 여 차장이 좌파임을 알아챈 레닌은 그의 귀에 혁명적 행동에 관한 실천적 조언을 쏟아 붓기 시작했다. 레닌과 라햐는 불운한 보이노프가 7월 6일에 최후를 맞이했던 곳인 시팔레르나야(Shpalernaia) 거리를 지나 걸어서 스몰니에 다가갈 때 순회하는 사관생도 기마순찰대를 피해 다녀야 했다. 라햐는 순찰대에 놀란 나머지 반쯤 넋이 나갔다. 두 사람은 자정이 되기 전에 마침내 목적지에 무사히 도착했다.

레닌이 도착했을 때 스몰니는 전투 전야의 군대 숙영지처럼 보였다. 중무장한 순찰대가 인근 길모퉁이에서 경계를 서고 있었다. 주위 광장과 옆 골목에서는 병사들과 붉은 근위대원 무리가 타오르는 모닥불 주변에 몰려 있었다. 정문 안쪽의 안마당에는 쉴새없이 들락날락거리는 화물차와 승용차와 오토바이의 소음이 울리고 있었으며, 스몰니 학원의 육중한 건물 정면은 빛으로 휘황했다. 중앙 현관의 오른쪽과 왼쪽에 기관총좌가 설치되었고, 여기서 보초들이 건물 출입을 통제하려고 애썼다. 존 리드*는 그 건물을 "거대한 꿀벌통"에 비유

---

* 존 리드(John Reed, 1887~1920) 미국 기자. 10월혁명을 현장에서 목격하고 《세계를 뒤

10월 혁명기의 스몰니 학원. 10월 24일, 스몰니는 전투 전야의 병영처럼 보였다. 중무장한 순찰대가 길모퉁이에서 경계를 서고 있었다. 중앙 현관에는 기관총이 설치돼 있고 보초들이 건물 출입을 통제하고 있었다.

했다. 라하에게도 레닌에게도 제대로 된 통행증이 없었다. 처음에는 입장을 거부당한 뒤, 그들은 밀려들어오는 군중 속에 몸을 숨겨 보초를 지나쳐 가까스로 들어갈 수 있었다.[45] 흥분해서 모자를 벗다가 잘못해서 가발까지 벗은 레닌은 곧바로 최측근 동지들을 꾸짖기 시작해서, 임시정부를 끝장내는 일을 밀고 나가라고 다그쳤다.

볼셰비키의 권력 장악 과정에서 트로츠키를 깎아내려 레닌의 역할을 최대한 드높이려고 애쓰는 소련 저술가들의 10월혁명 서술은 당이 트로츠키의 영향을 받아 케렌스키의 힘을 과장하고 좌파의 힘을 과소평가했으며 혁명 정부를 창출하는 소비에트 대회의 표결을 수동적으로 기다렸다는 인상을 준다. 이 해석은 물론 심한 왜곡이다. 우리가 살펴보았듯이, 10월 21일과 24일 사이에 혁명군사위원회가

흔든 열흘》을 집필했다. 레닌의 친구였던 그는 미국에 최초로 공산당을 창립하기도 했다.

취한 정책은 소비에트 대회가 열리기에 앞서 임시정부를 효과적으로 타도하는 쪽을 지향했다. 이 목표는 이미 10월 24일 밤까지 대체로 완수되었다. 또한 이 전술은 다른 무엇보다도 당시의 상호 세력 관계와 대중의 분위기를 현실적으로 평가한 것에 따라 정해졌다.

그러나 레닌이 10월 24~25일 밤늦게 스몰니에 나타나기 전에 당중앙위원회는 말할 것도 없고 혁명군사위원회의 다수파가 너무 멀리 너무 빨리 갔을 가능성, 즉 소비에트 대회의 기능을 찬탈한 것처럼 보임으로써 결정적 요인으로 작용할 가능성이 있는 지지를 잃어버리거나 심지어는 대회가 깨질 가능성을 여전히 걱정하고 있었다는 소련 학자들의 견해에는 상당한 진실이 있다. 우리가 살펴보았듯이, 정부가 좌파를 상대로 공세에 나선 직후에 혁명군사위원회가 맨 처음에 했던 노력은 좌파 세력의 경계심을 일깨우고 일어날지 모를 싸움에 대비하도록 하려는 것이었지, 거리로 나서라고 대중에게 호소하는 것이 아니었다. 그리고 혁명군사위원회가 10월 24일에 벌인 후속 군사작전은 정부의 공세에 대한 반작용으로 해석할 수 있다. 그래서 정부가 〈노동자의 길〉 인쇄소를 폐쇄한 뒤에야 수비대 병사들을 파견해 인쇄소를 다시 열었던 것이고, 정부가 네바 강의 다리들로 이동하는 것을 차단하기 시작한 뒤에야 혁명군사위원회 병력이 그 다리들의 통제권을 장악했던 것이다. 비슷하게, 페테르고프와 북부 전선에서 온 친정부 부대들이 수도행 열차에 오르고 있다는 보고가 들어온 다음에야 혁명군사위원회를 지지하는 세력이 발티스키 역을 점령했다.[46]

현 상황에서 케렌스키의 무력함이 더 뚜렷해지고 소비에트 대회 개회 시간이 가까워짐에 따라 레닌이 현장에 나타났든 그렇지 않든 상관 없이 혁명군사위원회가 벌이는 작전의 속도가 빨라졌을 가능성이 매우 높다. 그러나 또한 거의 모든 다른 사람들과는 대조적으로 레닌이 소비에트 대회가 열리기 전에 임시정부를 타도하는 데 결정적 중요성을 부과했다는 점도 명심해야 한다. 레닌이 스몰니에 도착함으로써 더욱 과감하게 행동하라고 좌파 지도부에 가하는 압력이 거세졌다. 어쨌든 어떤 이유에서든 10월 25일 동이 트기 훨씬 전에 혁명군사위원회의 행동이 갑자기 훨씬 더 공격적으로 변했다. 혁명군사위원회는 다만 혁명을 방어하고 있을 따름이며 다른 무엇보다도 소비에트 대회가 의지를 표현하기 전까지 현 상태를 유지하려고 노력하고 있다는 겉치레가 모두 다 돌연 사라졌다. 그 대신 소비에트 대회 대의원들이 협의를 시작하기 전에 임시정부가 전복되었다는 현실에 맞닥뜨리게 만들려는 공개적이고도 전면적인 노력이 시작되었다.

이 결정이 내려진 정황을 알려주는 확실한 증거는 거의 없다. 훗날 라치스는 "정부에 관한 문제를 결정하고 당중앙위원회가 흔들리던 그 유명한 밤이 끝나갈 무렵, 레닌이 페테르부르크 위원회실 안으로 달려들어와서는 '자네들, 삽을 가지고 있나? 피테르 노동자들이 자네들의 요청에 따라 참호로 갈까?' 하고 물었다"고 회고했다. 라치스는 그렇다는 대답이 나왔다고 기록하면서, 레닌과 페테르부르크 위원회의 단호함이 흔들리던 사람들에게 영향을 끼쳐서 레닌이 자기 식으로 행동할 수 있게 되었다고 덧붙였다.[47] 뒤이어 사회주의자혁명가당 좌파지도자들의 불평이 터져 나온 점으로 미루어보아, 그들이 알지 못하는 가운데 혁명군사위원회가 입장을 바꾼 것이 명백해 보인다.[48]

어쨌든, 이 근본적 전술 변화가 일어난 시기는 꽤 정확하게 짚을 수 있다. 이를테면 10월 24일 저녁에 파블롭스키 연대의 혁명군사위원회 지도위원인 오스발드 제니스가 페트로그라드 방면구와 전쟁기념광장(Marsovoe pole) 사이에 놓인 트로이츠키 다리의 통제권을 장악하라는 명령을 받았다. 그는 그 다리를 장악한 뒤 오후 9시쯤 궁전광장을 드나드는 교통량이 급격히 늘어났음을 알아챘다고 회고한다. 그는 독자적 판단으로 바리케이드를 치고 겨울궁전으로 가는 곳에 검문소를 세우고 정부 관리들을 체포해서 그 가운데 가장 중요한 관리들을 스몰니로 호송하라고 지시했다. 제니스는 이 조치들에 착수한 뒤 얼마 되지 않아서 포드보이스키로부터 급한 전화를 받았다. 포드보이스키는 제니스에게 그가 체포해서 스몰니로 보낸 관리들이 풀려나고 있고 그가 제멋대로 때 이른 행동을 한 셈이며 혁명군사위원회는 더 적극적인 작전을 언제 개시할지 아직 결정하지 않았고 이튿날에나 결정할 것이라고 알려주었다.

포드보이스키는 제니스가 정부 관리들을 그만 억류하고 검문소를 없애야 한다고 고집했다. 제니스는 이 명령이 너무 근시안적이어서 명령을 수행하지 않았다고 주장한다. 분명히 오전 2시쯤이었을 텐데, 몇 시간 뒤에 제니스는 새로운 명령을 받았다. 이번에는 전초선을 증원하고 그 전초선을 지나는 모든 움직임을 엄격히 통제하라는 지시가 내려온 것이다.[49]

이 무렵에, 즉 10월 25일 오전 2시에 제6공병대대 제1중대가 알렉산드르 3세의 육중한 청동 기마상이 우뚝 솟아 있는 즈나멘스카야 광장 옆에 있는 니콜라옙스키 역을 점령했다. 한 공병대원은 그 순간을 훗날 다음과 같이 회고했다. "그날 밤은 추웠다. 북풍이 뼛속까지 파고들었다. 니콜라옙스키 역 옆에 있는 거리에서 옹기종기 모여 있는 공병대원들이 추위에 떨며 어슴푸레한 밤을 뚫어져라 노려보며 서 있었다. 달 때문에 환상적 장면이 연출되었다. 커다란 건물은 중세의 성처럼 보였고, 거인의 그림자들이 공병대원을 따라다녔다. 이런 광경에 마지막 황제 선황의 동상이 무서워서 말고삐를 움켜쥐고 있었다."[50]

또한 오전 2시쯤에 혁명군사위원회 지도위원인 미하일 파이예르만(Mikhail Faierman)이 페트로그라드 발전소의 통제권을 장악했다. 그의 지시에 따라 대다수 정부기관 청사에 전기 공급이 차단되었다. 같은 시간대에 봉기 병사들이 중앙체신국을 점령했고, 혁명군사위원회 지도위원 카를 카들루봅스키(Karl Kadlubovskii)가 그곳을 담당했다. 자정이 지난 어느 때인가 아브로라호 승조원들이 "가지고 있는 모든 수단을 써서" 니콜라옙스키 다리를 지나는 교통을 복구하라는 명령을 받았다.[51] 아브로라호 함장이 처음에는 이 명령에 관여하기를 거절했기 때문에 혁명군사위원회 지도위원 알렉산드르 벨리쇼프(Aleksandr Belyshev)와 수병 몇 명이 직접 함선을 몰았다. 그러나 수심이 얕고 구불구불한 네바 강을 따라 아브로라호를 모는 것은 꽤나 까다로운 일이었고, 함장은 곧 두 손을 들었다. 함장은 "아브로라호가 좌초하도록" 내버려둘 수 없다고 말하고는 새로 수리한 함선이 목적지에 도달하도록 돕겠다고 동의했다. 오전 3시 30분에 아브로라호는 유일하게 아직도 정부 통제 아래 있는 네바 강의 교량인 니콜라옙스키 다리 옆에 닻을 내렸다. 아브로라호 승조원들이 탐조등을 다리에 비추자, 교량 경비를 책임진 사관생도들이 어둠 속으로 달아났다. 아브로라호의 전기병이 다리 연결을 감독했다. 그 뒤 얼마 되지 않아서 다리를 다시 들어 올리려고 파견된 정부군 타격대 분견대원 32명이 현장에 도착했을 때, 그들은 노동자와 병사 200여 명이 확실하게 다리를 장악했음을 발견했다.[52]

수병 분견대원 40명이 오전 6시에 국립은행을 점령했다. 그곳을 경비하던 세묘놉스키 연대 병사들이 중립을 지켜서 저항은 없었다. 한 시간 뒤 켁스골름스키 연대에서 온 병사 분견대가 라셰비치와 또 다른 혁명군사위원회 지도위원인 칼랴긴(P. S. Kaliagin)과 함께 와서 페트로그라드 중앙전화국을 점령하고는 곧바로 군사령부와 겨울궁전으로 가는 전화선을 대부분 끊었다. 중앙전화국을 점령하는 동안 유혈 사태는 일어나지 않았는데, 이것은 아마도 사관학교 생도로서 중앙전화국 위병 근무를 자주 했던 자하로프(A. Zakharov)라는 사람이

10월 혁명기에 페트로그라드 중앙전화국에서 교환대 조작을 돕고 있는 수비대 병사들. 10월 25일 오전 7시에 중앙전화국을 점령한 병사들은 군사령부와 겨울궁전으로 가는 전화선을 대부분 끊었다.

지휘를 맡은 덕분일 것이다. 전화국의 보안 절차를 훤히 아는 자하로 프는 경비를 선 사관생도들을 얼른 고립시키고는 무장을 해제했다.[53] 이리하여 10월 25일 이른 아침에 정부는 대부분 전화가 불통이거나 전기가 끊긴 상황에 처했다. 오전 8시에는 페트로그라드 3대 철도 종 착역 가운데 수도를 북부 전선과 프스코프의 육군 사령부와 연결하 는 철도 노선의 종착역인 바르샤바 역도 마지막으로 혁명군사위원회 에 떨어졌다.

겨울궁전에서는 좌파에 대처할 추가 조처를 논의하는 비밀 내각 회의가 오전 1시에 끝났다. 오전 3시에 케렌스키는 상황 전개에 관 한 걱정스러운 추가 보고를 받았다. 그는 부총리인 코노발로프를 데 리고 다시 최고사령부 청사로 서둘러 향했다.[54] 그날 밤 나머지 시간 동안 그가 최고사령부에서 받은 보고는 한결같이 암담했다. 주요 지 점이 차례차례 혁명군사위원회의 수중으로 빠르게 넘어가고 있었다.

동궁에 있는 케렌스키 총리(오른쪽에서 두 번째)와 그의 보좌관들. 케렌스키가 페트로그라드에서 찍은 마지막 사진으로 알려져 있다.

이때 겨울궁전에 있는 주요 부대인 사관학교 생도들과 여성타격대대 병사들이 조바심을 낸 것은 이해할 수 있는 일이다. 그들은 돌연 수비대 병사들과 싸울 능력이 없다고 선언했지만, 전선에서 시시각각 부대들이 오고 있다는 믿음으로 말미암아 잠시 진정되었다. 그러나 돌이켜보면 그 믿음은 틀린 것이었다.

케렌스키의 명령으로, 동이 틀 무렵 다음과 같은 필사적인 마지막 호소문이 수도의 카자크 부대에 하달되었다. "최고사령부는 우리가 태어난 땅의 자유와 명예와 영광의 이름으로 제1, 제4, 제14 카자크 연대에게 소비에트 중앙집행위원회와 혁명적 민주 세력과 임시정부를 도우러 출동해서 파멸해 가는 러시아를 구하라고 명령했다."[55] 이에 대응해서 카자크 대표는 보병도 "출동"하는지 여부를 물었다. 만족스럽지 못한 답변이 돌아오자 비교적 소수를 제외한 모든 카자크의 대표들이 "단독으로 출동해서 총알받이 노릇을 할" 의향이 없음을 알렸다.[56]

페트로그라드에 있는 레비츠키(B. A. Levitskii) 장군이 전선에 있는 미하일 디테리흐스(Mikhail Diterikhs) 장군에게 페트로그라드의 사태 진전에 관해 10월 24일에 보낸 진솔한 보고서에 당시 상황이 잘 나타나 있다. 레비츠키는 수비대 통제권을 차지하려고 혁명군사위원회와 페트로그라드 군관구 사령부 사이에 벌어진 싸움에 관한, 그리고 수비대 부대들에게 페트로그라드 군관구 사령부의 명령에 복종하지 말라고 요청하는 혁명군사위원회의 지령에 관한 최근 소식을 디테리흐스에게 알려주었다. 레비츠키는 다음과 같이 평했다.

> 사정이 이런 탓에 …… 총리가 어제 공화국회의(예비의회)에서 분명하고도 명백하게 상황을 설명하고 임시정부의 행동 노선을 언급하지 않을 수 없었습니다. …… 이 일이 있은 뒤 페트로그라드 수비대 부대들이 …… 볼셰비키 편으로 넘어갔습니다. 그들은 들어 올려졌던 다리들을 다시 내렸습니다. 도시 전체가 수비대의 초소로 뒤덮였지만, 거리에는 움직임이 전혀 없습니다. 전화국은 수비대의 수중에 있습니다. 겨울 궁전 안에 있는 부대는 행동에 나설 결의를 적극적으로 하지 않았기 때문에 궁전을 수비하는 시늉만 하고 있습니다. …… 임시정부는 마치 적국의 수도에 있는 듯합니다.[57]

10월 25일 아침 무렵에는 그때까지도 둔감하게 자신감에 차 있던 페트로그라드 군관구 사령관 폴코브니코프 장군에게조차 마침내 정부의 절망적 상황이 분명하게 보였다. 그는 이때 케렌스키에게 보내는 보고서를 작성했는데, 이 보고서에서 상황이 "위급하다"고 평가하고 사실상 "정부 예하의 군대는 전혀 없다"는 결론을 내렸다.[58] 이 국면에서 케렌스키가 살아남을 수 있는 유일한 희망은 전선에 있는 군대로부터 확고한 지원을 성공적으로 동원해내는 데 있다고 보였다. 이

점을 고려해서 케렌스키는 오전 9시쯤에 코노발로프에게 내각을 일시적으로 맡기고 프스코프로 곧바로 출발할 준비를 하기 시작했다.

이보다 몇 시간 앞서 볼셰비키 당중앙위원회가 스몰니에서 열렸다. 역사적으로 중요한 이 회의의 의사록은 기록되지 않은 듯하다. 어쨌든 아무것도 간행되지 않았으며, 그 회의에서 무슨 일이 있었는지를 알려주는 단편적인 기존 정보는 개략적인 회고담 몇 편에서 나온 것이다. 회의 장소는 틀림없이 당중앙위원회의 상설 회의장인 1층 36호실이었을 것이다. 그곳에는 레닌이 있었고 특히 트로츠키, 스탈린, 스밀가, 밀류틴, 지노비예프, 카메네프, 베르진도 있었다. 라햐는 구석에 틀어박혀 레닌을 기다리면서 회의 진행을 지켜보았다. 가끔 누군가가 바깥 거리에서 일어나는 권력 투쟁의 진행에 관한 보고서를 가지고 와서 문을 두드렸다. 레닌은 진척 사항마다 만족을 표시하면서도, 겨울궁전을 장악하고 임시정부 각료를 체포하라고 안달이 나서 다그쳤다. 심의 도중 가진 짧은 휴식 도중에 당중앙위원회 위원 한 사람이 다음날 소비에트 대회에 제출할 정부 각료 명단을 작성해보자고 제안했다. 신정부와 그 구성원들을 어떻게 불러야 하느냐는 문제가 곧바로 제기되었다. 임시정부라는 용어가 모든 이에게 "진부"하게 들리며 정부 구성원을 가리키는 장관이라는 용어는 받아들이기 힘든 "곰팡내 나는 관료주의"의 느낌을 주었다고 회고하는 사람이 있다. 새로운 장관을 "인민위원(narodnyi komissar)"이라고 부르자는 의견을 재빨리 내놓은 사람은 트로츠키였으며, 자리에 있던 사람이 그 제안에 모두 즐거워했다. 레닌은 "그래, 그거 좋은데. 혁명의 냄새가 풍겨. 그러면 우리는 정부 자체를 '인민위원회의(Sovet Narodnykh komissarov)'로 부를 수 있겠군"이라고 하며 감탄했다. 밀류틴은 종이와 연필을 들고 인민위원 후보 제안을 받아적을 준비를 했다. 그러나 임시정부에 대항한 전투가 아직 끝나지 않았으며, 당중앙위원회 위원 몇 사람에

게는 각료 명단을 작성하는 일이 시기상조로 보여서 처음에는 그것을 농담으로 여겼다.[59]

15장

볼셰비키가 권력에 이르다

10월 25일 수요일 아침에 동이 트기 훨씬 전부터 발트해 함대 주 기지에서 행동이 개시되었다. 혁명군사위원회의 명령에 따라 수도로 향하는 대규모 무장 수병 3개 부대 가운데 1차 부대가 오전 3시에 겔싱포르스에서 기차로 출발해서 핀란드 선을 따라갔다. 오전 5시 에는 2차 부대가 이동 중이었고, 3차 부대는 아침 나절에 떠났다. 거 의 같은 시간에, 초계정 야스트레브(Iastreb)호와 급하게 불러 모은 구축함 다섯 척, 즉 메트키(Metkii)호, 자비야카(Zabiiaka)호, 모시니 (Moshchnyi)호, 데야텔니(Deiatel'nyi)호, 삼손(Samson)호로 이루어진 해군 소함대가 페트로그라드를 향해 출발해서 전속력으로 약 320킬 로미터를 항해했다. 삼손호가 "연립정책 집어치워라!", "전러시아 소비 에트 대회 만세!", "모든 권력을 소비에트로!"라는 슬로건을 새긴 커 다란 깃발을 한 폭 휘날리며 선두에 섰다.[1]

크론시타트에서도 이러한 활동이 벌어지고 있었다. 플레롭스키는 혁명적 급진주의의 한복판에서 보낸 10월 24~25일 밤을 서술하면서 훗날 다음과 같이 회고했다.

이날 밤에 크론시타트에서 과연 눈을 붙인 사람이 있었을까? "해군 집 회"는 수병과 병사와 노동자로 꽉 들어차 있다. …… 혁명 본부는 작전 계획을 꼼꼼히 세우고 출동할 부대를 정하고 재고품을 계산하고 명령서 를 보내고 있다. …… 출동 계획이 마련되었을 때 …… 나는 거리로 나 갔다. 거리에는 거대하지만 소리 없는 움직임이 있다. 수병과 병사들의 부대가 군항으로 가고 있고, 횃불의 빛을 받아서 앞쪽 줄에 있는 진지하고 결연한 얼굴들만 보인다. 요새 병참창고에서 재고품을 배로 수송하는 화물차의 굉음만이 밤의 정적을 깨고 있다.[2]

오전 9시 직후에 검정색 웃옷을 입고 소총을 어깨에 메고 탄약 주머니를 허리띠에 매단 수병들이 함선에 탑승을 마쳤다. 그 배들은 구축함 두 척 아무르(Amur)호와 호포르(Khopor)호, 예전에는 요새 사령관의 요트였다가 병원선으로 개장한 자르니차(Zarnitsa)호, 연습선 베르니(Vernyi)호, 발트해 함대의 "다리미"라는 애칭으로 불렸으며 예인선 네 척의 도움을 받아야 할 만큼 낡은 전함 자유의 새벽(Zaria svobody)호, 그리고 한 무리의 소형 외륜객선과 바지선이었다. 아침이 지나자 배들은 닻을 올리고는 한 척 한 척 차례로 수도 방향으로 나아갔다.[3]

이때 스몰니에서는 혁명군사위원회 지도자들과 시 여기저기에 있는 핵심 지점에서 온 지도위원들이 겨울궁전을 점령하고 정부 각료를 체포할 계획을 마무리하고 있었다. 포드보이스키, 안토노프-옵세옌코, 콘스탄틴 예레메예프(Konstantin Eremeev), 게오르기 블라곤라보프(Georgii Blagonravov), 추도놉스키, 사돕스키가 이 협의에 참여했다고 알려졌다. 이들이 마련한 청사진에 따르면, 계획은 다음과 같았다. 봉기 부대가 마린스키 궁을 장악하고 예비의회를 해산한다. 그다음에 겨울궁전을 포위한다. 정부에 평화적으로 항복할 기회를 준다. 정부가 항복을 거부하면 아브로라호와 페트로파블롭스크 요새에서 겨울궁전에 포격을 가한 다음 돌격을 감행한다. 이 작전에 가담하도록 지정된 주력 부대는 파블롭스키 연대, 비보르그 구와 페트로그라드 구와 바실레프 섬 구에서 온 붉은 근위대 부대, 켁스골름스키 연대, 크론시타트와 겔싱포르스에서 도착하는 해군 부대, 페트로그라드 주둔 제2발트해 함대 해병대의 수병들이다. 지휘소는 파블롭스키 연대와 제2발트해 함대 해병대의 병영에 설치한다. 예레메예프가 파블롭스키 연대를, 추도놉스키가 제2발트해 함대를 지휘한다. 안토노프-옵세옌코가 통솔할 공격군을 총지휘할 야전사령부를 페트로파블롭스크 요새에 설치한다.[4]

페트로그라드 임시정부의 마지막 보루를 장악하려는 이런 준비 사항들이 마무리되고 있을 때, 레닌은 스몰니의 다른 어디선가 초조하게 시계를 쳐다보고, 모든 증거로 보아 이제 겨우 몇 시간밖에 안 남은 소비에트 대회 개회 이전에 반드시 케렌스키 정권이 완전히 제거되기를 열망하고 있었다. 오전 10시쯤에 그는 정치 권력이 케렌스키 정부에게서 혁명군사위원회로 이전되었음을 포고하는 〈러시아 시민에게〉라는 선언문을 작성했는데, 다음과 같다.

1917년 10월 25일
러시아 시민에게!
임시정부는 타도되었다. 국가 권력은 페트로그라드 노동자·병사 대의원 소비에트 산하 기관이며 페트로그라드의 프롤레타리아와 수비대의 선두에 선 혁명군사위원회의 손으로 넘어왔다.
인민이 쟁취하려던 대의였던 민주적 강화의 지체 없는 제안, 지주 토지소유 폐지, 노동자 생산관리*, 소비에트 정부 창출, 이 대의는 확보되었다.
노동자·병사·농민의 혁명 만세!
페트로그라드 노동자·병사 대의원 소비에트 산하 혁명군사위원회[5]

---

* 노동자 생산관리 노동자가 자기가 일하는 공장의 생산과정 관리와 경영을 경영진에게만 맡겨두지 않고 개입해서 공장 운영에 일정한 발언권을 행사하려고 한 운동.

Отъ Военно-Революціоннаго Комитета при Петроградскомъ Совѣтѣ Рабочихъ и Солдатскихъ Депутатовъ.

Къ Гражданамъ Россіи.

Временное Правительство низложено. Государственная власть перешла въ руки органа Петроградскаго Совѣта Рабочихъ и Солдатскихъ Депутатовъ Военно-Революціоннаго Комитета, стоящаго во главѣ Петроградскаго пролетаріата и гарнизона.

Дѣло, за которое боролся народъ: немедленное предложеніе демократическаго мира, отмѣна помѣщичьей собственности на землю, рабочій контроль надъ производствомъ, созданіе Совѣтскаго Правительства — это дѣло обезпечено.

ДА ЗДРАВСТВУЕТЪ РЕВОЛЮЦІЯ РАБОЧИХЪ, СОЛДАТЪ И КРЕСТЬЯНЪ!

Военно-Революціонный Комитетъ
при Петроградскомъ Совѣтѣ
Рабочихъ и Солдатскихъ Депутатовъ.

25 октября 1917 г. 10 ч. утра.

1917년 10월 25일에 레닌이 작성한 선언문 "러시아 시민에게". 정치권력이 케렌스키 정부에서 혁명군사위원회로 이전됐음을 선언하는 내용이다.

소비에트 대회 대의원들이 소비에트 정부가 창출되었다는 기정 사실에 처음부터 직면하도록 만드는 데에 레닌이 부여한 중요성이 시간이 지날수록 점점 더 커진다는 점은 이 포고문이 심지어 위에서 기술한 혁명군사위원회의 전략회의가 끝나기도 전에 인쇄되어 이미 전신을 타고 전국에 흘러나갔다는 사실로 분명하게 예증된다.

10월 25일이 좌파에게는 열정적 활동과 희망의 날로 시작되었을지라도, 구(舊)정부 지지자들에게도 똑같이 그랬다고는 말할 수 없다. 이 무렵이면 케렌스키가 겨울궁전에서 북부 전선에서 수도를 향해 오고 있는 부대를 만날 채비를 마친 상태였다. 이 시점에서 임시정부가 고립되고 무력했음을 극명하게 보여주는 것은 혁명군사위원회가 모든 철도 종점을 통제함으로써 열차로 페트로그라드 밖으로 나가는 것이 차단된 한편 한동안 최고사령부가 장거리 여행에 알맞은 자동차를 단 한 대도 총리에게 제공할 수 없었다는 사실이다. 군 장교들은 마침내 피어스 애로(Pierce Arrow) 무개차 한 대와 르노(Renault) 한 대를 가까스로 구했다. 르노는 미국 대사관에서 빌린 차였다. 오전 11시에, 즉 정부의 전복을 공표하는 레닌의 선언문이 나돌기 시작한 것과 거의 정확히 일치하는 시각에 귀족적인 피어스 애로 앞에서 르노가 미국 국기를 휘날리면서 최고사령부 청사의 대형 아치를 부르릉대며 지나가고, 벌써 겨울궁전 주위에 만들어지고 있는 혁명군사위원회의 초계선을 질주해 지나쳐서 수도를 빠져나가 남서쪽을 향해 속도를 올렸다. 피어스 애로의 뒷좌석에는 쿠즈민 페트로그라드 군관구 부사령관, 참모장교 두 명과 창백하고 초췌한 케렌스키가 비좁게 끼어 앉아 있었다. 케렌스키는 전선에서 친정부군을 필사적으로 찾아 나서는 길이었다. 이 임무는 그뒤 일주일이 채 안 되어 참담한 실패로 끝난다.[6]

케렌스키 일행이 마린스키 궁을 질주해 지나갈 때, 그리 많지 않은 예비의회 대의원이 그곳에 모여 그날의 회기가 시작되기를 기다리면서 최근의 정치 상황 소식을 주고받고 있었다. 한 시간 안에 무장한 병사와 수병의 대부대가 추도놉스키의 지휘 아래 인근 거리를 봉쇄하고 궁전의 모든 출구와 입구에 위병을 배치하기 시작했다. 장갑차 올레그(Oleg)호가 붉은 기를 휘날리며 덜커덩거리면서 움직여 궁의 서쪽 모서리에 자리를 잡았다.

이런 준비가 끝났을 때 누군지 밝혀지지 않은 혁명군사위원회 지도위원 한 사람이 궁전에 들어와 압크센티예프를 찾아내고는 그에게 마린스키 궁을 지체 없이 비우라고 명령하는 혁명군사위원회 지령문을 내밀었다. 그러는 사이에 일부 병사와 수병들이 소총을 휘두르며 건물 안으로 밀고 들어와 궁전의 장중한 계단을 따라 죽 늘어섰다. 놀란 대의원들 다수가 외투를 찾아 달려가서는 무장한 병사와 수병들의 대열을 헤치고 나갈 각오를 하는 동안, 압크센티예프가 마음을 가라앉히고 예비의회 운영위원회 대의원 일부를 소집했다. 대의원들은 허둥대며 혁명군사위원회의 공격에 정식으로 항의한다는 데 동의했지만, 저항하려 들지는 않았다. 또한 그들은 압크센티예프에게 현실적으로 가능한 가장 빠른 시기에 예비의회를 재소집하라고 지시했다. 그들이 궁전을 떠나도 된다는 허가를 받기 전에 대의원들은 개별적으로 신원조사를 꼼꼼하게 받았지만, 억류된 사람은 없었다. 당분간 혁명군사위원회 부대는 정부 각료를 마구잡이로 체포하지 말라는 지시를 받았음이 분명하다.[7]

이 무렵 다른 어디에선가는, 7월사태 이후로 크레스티 감옥에 갇혀 있던 나머지 볼셰비키가 감옥에서 풀려나는 바람에 봉기군이 증강된 상태였다. 10월 25일 아침에 그 유서 깊은 감옥에 혁명군사위원회 지도위원 한 사람이 붉은 근위대 소부대와 함께 정치범을 모두 다 풀어주라는 명령을 가지고 불쑥 나타났다. 다른 누구보다도 세묜 로샬, 사하로프, 톨카쵸프(A.Tolkachev), 하우스토프 같은 볼셰비키가 곧바로 풀려났다.[8] 오후 2시에 크론시타트에서 함대가 도착하면서 혁명군사위원회 예하 병력이 훨씬 더 늘어났다. 아무르호 갑판 위를 꽉 채운 1,000명을 웃도는 수병들 가운데 한 사람이었던 파블로프(I. Pavlov)는 나중에 10월 25일 페트로그라드 밖의 바다를 다음과 같이 회고했다.

> 12시에 크론시타트 지역과 페트로그라드의 핀란드 만이 어떤 모습이었는지 당시 유명했던 노래의 가사를 말하는 것으로 충분할 것이다. "크론시타트 섬에서 온 수많은 배가 볼셰비키를 태우고 드넓은 네바 강 위에 떠간다." 만약 이 가사로 핀란드 만의 광경이 충분히 묘사되지 않았다면, 그것은 다만 배라는 말이 나오기 때문이다. 배 대신에 현대식 함선을 넣어보라! 그것이 10월의 전투가 벌어지기 몇 시간 전의 활기찬 핀란드 만을 충실하게 묘사한 광경일 것이다.[9]

예인선 네 척에 이끌린 자유의 새벽호가 항구 운하로 들어가는 입구에 닻을 내렸다. 수병 부대가 상륙해서 리고보(Ligovo)와 오라니엔바움을 잇는 발티스키 철도 노선 점령에 착수했다. 나머지 배들이 좁은 수로를 따라 조금씩 움직이고 있을 때, 아무르호에 탄 플레롭스키에게는 만약 정부가 안목이 있어 수뢰를 몇 개 띄우고 운하 제방 난간에 기관총이라도 10정쯤 설치했더라면 꼼꼼하게 마련된 크론시타트 부대의 계획이 좌절되었으리라는 생각이 떠올랐다. 그는 잡다한 혼성 함대가 아무런 방해를 받지 않고 운하를 지나 네바 강에 들어서자 안도의 한숨을 내쉬었다. 네바 강의 강변도로에 무리지어 모인 노동자들이 함대를 열렬한 환호로 맞이했다. 아무르호의 선상위원회가 있는 선실에서 플레롭스키가 어디에 닻을 내릴지 의논하고 있을 때 기쁨에 넘쳐 내지르는 커다란 환호성이 대기를 뒤흔들었다. 플레롭스키가 갑판으로 뛰어올라갔더니, 아브로라호가 겨울궁전이 더 잘 보이는 각도를 잡으려고 강 한복판에서 선회하는 모습이 제때 눈에 들어왔다.[10]

아브로라호와 크론시타트에서 온 배들에 탄 사람들이 서로를 발견하자, 환영의 환호와 함성이 울려 퍼지고 수병들의 둥근 모자들이 하늘에 가득 찼으며 아브로라호의 악대가 승리의 행진곡을 연주하기 시작했다. 아무르호는 아브로라호 옆 가까이에 닻을 내린 반면, 소형선 몇 척은 계속 나아가서 해군본부에 닿았다. 잠시 뒤에 안토노프-옵세엔코가 아무르호로 가서 크론시타트 부대 지도자들에게 지시를 내렸다. 상트페테르부르크대학의 학생과 교수들이 강변도로 쪽으로 나 있는 강의실 창문에서 바라보고 있던 그때, 모두 합쳐서 3,000명쯤 되는 수병들이 배에서 내렸고 이들 가운데 대다수는 겨울궁전 포위를 준비하고 있는 병력에 합세했다. 이 부대의 한 수병은 훗날 일부 수병들이 수비대 병사들과 만나자마자 7월사태 동안 비겁했다고 그 병사들을 꾸짖었다고 기억하면서, 이때 병사들이 자기들 잘못을 선뜻 뉘우쳤다고 만족스레 회고했다.[11]

한편 스몰니에서는 중대한 일이 벌어지고 있었다. 트로츠키가 오후 2시 35분에 페트로그라드 소비에트 비상회의를 열었을 때 스몰니 대강당은 최신 사건 소식을 듣고 싶어하는 페트로그라드 소비에트 대의원들과 지방 소비에트 대표들로 빈 구석이 없을 만큼 꽉꽉 들어찼다.[12] 아마도 페트로그라드 소비에트의 역사에서 가장 큰 중요성을 띨 이 모임이 시작되면서 당의 전술이 밤 사이에 근본적으로 바뀌었다는 점이 분명해졌다. 채 24시간도 안 되는 과거에 트로츠키가 페트로그라드 소비에트의 다른 회기에서 무장 충돌은 "전러시아 소비에트 대회 문턱에 서 있는 오늘이나 내일, 우리 계획에 들어 있지 않다"고 역설했던 것을 기억할 것이다. 그로부터 하루도 채 지나지 않은 이때 트로츠키는 연단으로 올라가자 곧바로 임시정부의 부고를 발표했다. 그는 "임시정부가 더는 존재하지 않음을 혁명군사위원회 이름으로 선언합니다!"라고 외쳤다. 폭풍우 같은 박수와 "혁명군사위원회 만세!"를 외치는 소리에 그는 예비의회가 해산되었고, 정부 장관 일부가 체포되었으며, 혁명군사위원회가 철도역, 우체국, 중앙전신국, 페트로그라드 통신사, 국립은행을 점령했다고 재빨리 공표했다. 트로츠키는 다음과 같이 보고했다. "겨울궁전이 점령되지 않았지만, 그곳의 운명도 곧 결정될 것입니다. …… 나는 역사상 이토록 엄청난 대중이 가담하고 이렇게 피를 흘리지 않고 진행된 혁명 운동의 사례를 알지 못합니다. 케렌스키가 우두머리로 있는 임시정부의 권력은 죽었으며 역사의 비질을 기다리고 있습니다. 역사의 빗자루는 그 권력을 틀림없이 치워 버릴 것입니다. …… 주민들은 평온하게 잠들어 있어서 한 권력이 이 시간부터 다른 권력으로 대체되었다는 것을 모르고 있습니다."

트로츠키의 연설 도중에 레닌이 강당에 나타났다. 그를 본 청중이 벌떡 일어나 우레 같은 박수를 보냈다. 트로츠키가 "우리 곁으로 다시 돌아온 레닌 동지 만세!"라는 인사말과 함께 동지에게 연단을 내주었다. 레닌과 트로츠키는 나란히 서서 군중의 환호에 답했다. 요란한 소리 속에서 레닌은 "동지 여러분!"하고 외치고는 다음과 같이 말했다.

볼셰비키가 늘 반드시 일어난다고 말하던 노동자와 농민의 혁명이 완수되었습니다.

이 노동자와 농민의 혁명은 어떤 의미를 지닐까요? 무엇보다도 먼저 이 변혁의 의미는 우리가 소비에트 정부, 부르주아가 참여하지 않은 우리고유의 권력기관을 우리가 소유하게 된다는 데 있습니다. 억압받는 인민이 스스로 권력을 세울 것입니다. ……

지금 러시아 역사의 새 시대가 시작되고 있으며, 이 제3의 러시아 혁명은 틀림없이 결국은 사회주의의 승리로 끝날 것입니다.

당면 과제 가운데 하나는 무슨 일이 있어도 전쟁을 즉시 끝내는 것입니다. ……

우리는 지주의 재산을 없애 버릴 포고령 하나로 농민의 신뢰를 얻고 있습니다. 농민은 자기들이 노동자와 동맹해야만 구원을 받는다는 점을 깨달을 것입니다. 우리는 진정한 노동자 생산관리를 확립할 것입니다.

지금 우리는 어울려 일하는 것을 배워 왔습니다. 이제 막 일어난 혁명이 이것을 증언하고 있습니다. 모든 것을 이기고 프롤레타리아를 세계 혁명으로 이끌어 갈 대중 조직의 힘이 우리에게 있습니다.

러시아에서 우리는 지금 프롤레라리아 사회주의 정부 건설에 전념해야 합니다.

전 세계 사회주의 혁명 만세!

레닌의 발언은 짧았다. 그러나 이때 청중 대다수가 후진적인 러시아와 적대적인 세계 속에서 노동자의 정부가 어떻게 살아남겠느냐는 문제를 고민하지 않았다는 것은 아마도 놀라운 일이 아닐 것이다. 레닌이 발언을 마친 뒤, 트로츠키가 전선과 나라 곳곳에 특별지도위원을 즉시 파견해서 모든 곳의 일반 대중에게 페트로그라드에서 봉기가 성공했음을 알리자고 제안했다. 이때 누군가가 "당신은 제2차 소비에트 대회의 의지를 예단하고 있소!"라고 외쳤다. 트로츠키는 곧바로 다음과 같이 대꾸했다. "전러시아 소비에트 대회의 의지는 오늘밤에 일어난 페트로그라드 노동자와 병사들의 봉기라는 중대한 사실로 사전에 결정되었습니다. 지금 우리에게는 우리의 승리를 발전시키는 일만 남았습니다."

회의장에 있던 몇 안 되는 멘셰비키가 이른바 "실행되고 있는 음모의 비극적 결과"에 책임이 없다고 정식으로 선언하고는 페트로그라드 소비에트의 여러 집행기관에서 물러났다. 그러나 대다수 청중은 참을성 있게 루나차르스키와 지노비예프의 환영사를 들었다. 지노비예프는 레닌과 마찬가지로 7월 이후 처음으로 공식석상에 나타났다. 대의원들은 레닌이 작성하고 볼로다르스키가 제출한 정치 선언문을 승인한다고 열정적으로 외쳤다. 선언문은 임시정부의 전복에 환호하면서 모든 곳의 노동자와 병사들에게 혁명을 지지하라고 호소했다. 선언문에는 사회주의의 대의가 완전하고도 안정적인 성공을 거두도록 서구의 프롤레타리아가 도와주리라는 자신감도 표출되어 있었다.[13] 그런 다음 대의원들은 해산해서 공장과 병영으로 가 기쁜 소식을 퍼뜨리거나 수하노프처럼 전러시아 소비에트 대회 개회 전에 요기를 하러 갔다.

해질녘이 다가오고 있었으며, 볼셰비키는 아직 겨울궁전을 장악하지 못했다. 일찍이 오후 1시에 이반 슬라드코프(Ivan Sladkov)가 지휘하는 수병 부대가 겨울궁전에서 몇 발자국 안 되는 해군본부를 점령하고 해군 사령부 구성원들을 체포했다. 같은 시각에 파블롭스키 연대원들은 밀리온나야(Millionnaia) 거리, 모호바야(Mokhovaia) 거리, 볼샤야 코뉴셴나야(Bol'shaia Koniushennaia) 거리와 예카테린스키(Ekaterinskii) 운하에서 모이카에 이르는 넵스키 대로로 둘러싸인 겨울궁전 주변 지역을 점령했다. 장갑차와 대공포가 배치된 초소들이 예카테린스키 운하와 모이카 운하에 놓인 다리들과 모르스카야(Morskaia) 거리에 설치되었다. 페트로그라드 구와 비보르그 방면구에서 온 붉은 근위대 부대들이 저녁 무렵에 파블롭스키 연대원들에게 합류했으며, 켁스골름스키 연대원들이 모이카 운하의 북쪽으로 해군본부에 이르는 지역을 점령함으로써 궁전광장을 에워싸는 봉기 세력의 포위진을 연결했다. 훗날 다시케비치는 임시정부가 "쥐덫에 갇힌 것처럼 겨울궁전 안에" 들어 있었다고 회고했다.[14]

원래는 정오가 겨울궁전 점령 마감 시간이었다. 이 마감 시간은 그 뒤 오후 3시로, 그 다음에는 6시로 늦춰졌다. 포드보이스키의 말을 인용하면, 오후 6시 이후에는 혁명군사위원회는 "더는 시한을 정하지 않았다."[15] 합의된 대정부 최후 통첩은 발송되지 않았고, 그 대신 친정부군이 방어를 강화할 시간을 벌었다. 따라서 오후 늦게까지 봉기 부대는 궁전광장의 사관생도들이 최고사령부 청사에서 가져온 통나무로 육중한 바리케이드와 기관총좌를 세우는 모습을 안달이 나서 지켜보았다.

오후 6시 무렵에 날은 저물고 부슬비가 내리고 추웠으며, 여러 시간 전에 궁전 주변 지역에 배치된 병사들 가운데 점점 허기와 불안을 느끼는 이가 많아졌다. 이따금 병사들 가운데 참지 못하고 사관생도들에게 총을 쏘는 이가 나왔지만, 꾸중을 들었으며 "동지들, 명령 없이 사격하지 마시오!"라는 엄한 명령을 받았다. 페트로그라드 방면구에서는, 한 사람을 꼽자면, 볼셰비키 '군사조직' 지도자인 타라소프-로디오노프(Tarasov-Rodionov)가 도심에서 무슨 일이 일어나는지 걱정스러워서 제정신이 아니었다. 훗날 그는 "바보처럼 질질 끄는 겨울궁전 공격을 앞당기려 만사를 제치고 그곳으로, 그들[혁명군사위원회]에게로 달려가고 싶었다"고 회고했다. 이 몇 시간 동안 레닌은 포드보이스키와 안토노프-옵세엔코와 추도놉스키에게 메모 십여 통을 보냈다. 그는 메모에서 그들이 꾸물거리는 바람에 소비에트 대회 개막이 늦어지고 쓸데없이 대회 대의원 사이에서 우려가 일어나고 있다고 화를 냈다.[16]

안토노프-옵세옌코는 회고담에서, 봉기 병사들을 동원하는 과정에서 일어난 예기치 못한 지연, 불완전한 조직화, 그밖에 자질구레하지만 골치 아픈 문제들이 정부에 최후의 공격을 가하는 데 시간이 오래 걸리게 된 주요 원인이었다고 시사했다.[17] 이 견해는 프레오브라젠스키 연대와 세묘놉스키 연대의 부대원들을 공격에 동원하는 과정에서 마지막 순간에 이런저런 까닭으로 문제가 발생했다는 증거들이 뒷받침해준다. 더욱 중요한 이유는 혁명군사위원회가 공격에 투입하려 했던 겔싱포르스의 수병 부대들이 대부분 늦저녁까지, 심지어 이튿날까지도 도착하지 않았다는 점이다. (사례를 하나 들자면, 무장 수병들을 태운 열차가 기관차 굴뚝이 터진 뒤 몇 시간 동안 비보르그 바깥쪽 허허벌판에서 지체했다. 정부에 동조하는 비보르그 역장이 일부러 쓸 수 있는 기관차들 가운데 가장 형편없는 기관차를 수병들에게 내주었던 것이다.)[18]

실제로 혁명군사위원회는 자잘한 여러 가지 어려움에 부딪혔다. 그때는 걱정을 불러일으켰지만, 돌이켜보면 거의 우스꽝스럽게 보이는 어려움이었다. 블라곤라보프는 겨울궁전 포격에 대비해서 페트로파블롭스크 요새의 대포를 점검하기 시작했을 때 궁전을 바라보고 있는 요새 누벽에 있는 6인치 포들이 여러 달 동안 사용되지 않았거나 손질되지 않았음을 발견했다. 그는 포병장교들의 설명을 듣고는 그 대포들을 사용할 수 없음을 깨달았다. 그래서 블라곤라보프는 병사들을 시켜 연습용 3인치 중포 여러 문을 포격할 수 있는 위치로 끌고 갔지만, 그 대포들 역시 하나같이 부품이 없거나 결함투성이라는 사실을 알았다. 그는 당장 적정 구경의 포탄을 구할 수 없다는 점도 깨달았다. 시간을 상당히 허비한 뒤에야 6인치 포를 작동하는 것이 전혀 불가능하지 않음이 확인되었다.[19] 훨씬 더 야릇한 일은 사전에 약속한 대로 불을 켠 붉은색 등을 요새 깃대 꼭대기에 올려놓는 것이

10월 혁명기에 겨울궁전에 있던 사관생도들. 10월 25일 오후 겨울궁전에 남아 임시정부를 지키던 병력은 사관생도를 포함해 거의 3,000명에 이르렀으나 동요하던 이들이 계속 빠져나가 버려 26일 새벽에 막상 혁명군사위원회가 진입했을 때는 거의 아무런 충돌도 없었다.

겨울궁전을 최종적으로 밀어붙이라는 개시 신호였는데, 행동에 옮길 순간이 왔을 때 붉은색 등을 찾을 수 없었다는 것이다. 블라곤라보프는 "오랫동안 찾은 끝에 그런 등을 찾아내기는 했지만, 그 등을 잘 보이도록 높은 깃대 위에 올려 놓기란 무척이나 힘든 일이었다"고 회고했다.[20]

포드보이스키는 훗날 쓴 글에서, 계속되는 겨울궁전 공격 개시 지연을 혁명군사위원회가, 사상자가 나오는 싸움을 피하기를 바란 탓으로 돌리는 경향을 보였다. 그 바람은 대체로 실현된다. 포드보이스키는 나중에 다음과 같이 회고했다. "이미 승리를 확보했으므로 우리는 임시정부의 굴욕적 종말을 기다렸다. 우리는 그 순간 우리가 대표하고 있던 혁명의 힘 앞에 임시정부가 무기를 내려놓도록 만들려고 애썼다. 우리는 더 막강한 우리의 무기가, 즉 계급 투쟁이 겨울궁전의 벽 뒤에서 작용하도록 내버려둔 채 포격을 개시하지 않았다."[21] 이러한 고려는 조금은 효과를 보았다고 보인다. 10월 25일에 겨울궁전에 있는 거의 3,000명에 이르는 장교, 사관생도, 카자크, 여성 병사에게는 식량이 별로 없었다. 그날 낮에 동에 번쩍 서에 번쩍 하는 미국인 저널리스트 존 리드가 어떻게 했는지 용케도 궁전으로 들어가서는 이 부대들이 묵고 있는 방들 가운데 하나에 들어가 자신이 본 음울한 상황을 다음과 같이 기록했다. "나무 쪽모이 세공을 깐 바닥 양쪽에 지저분한 매트리스와 담요가 줄지어 있고, 그 위에는 가끔 군인들이 늘어져 있었다. 담배꽁초, 빵 조각, 옷, 값비싼 프랑스제 상표가 붙은 빈 병이 여기저기에 어지러이 널려 있었다. 담배 연기와 씻지 못한 몸에서 나는 냄새로 퀴퀴한 공기 속에서 사관학교의 붉은 견장을 단 채 이리저리 돌아다니는 군인이 훨씬 더 많았다. …… 겨울궁전은 거대한 병영이었으며 바닥과 벽의 상태로 보아 여러 주 동안 그랬음이 분명했다."[22]

시간이 흐르고 온다던 보급과 원군이 전선에서 도착하지 않자 정부방위 부대의 사기는 더욱더 떨어졌고, 이 상황이 공격 부대에 알려졌다. 미하일롭스키 포병학교 사관생도들의 대부대가 오후 6시 15분에 궁전에 있던 중포 6문 가운데 4문을 가지고 떠났다. 오후 8시쯤에는 경비를 하던 카자크 200명도 병영으로 돌아갔다.

혁명군사위원회 대표들은 정부를 방어하는 다른 부대원들에게 평화적으로 떠나라고 설득하는 시도에 최소한 두 차례 참가했다. 초저녁에 오라니엔바움 사관생도 대표 한 명이 추도놉스키에게 자기와 함께 궁전으로 가서 자기 부대원들이 평화적으로 철수하도록 도와 달라고 설득했다. 사관생도들은 추도놉스키의 안전 통행을 보장했고 그 약속을 지켰다. 그러나 정부 방위의 지휘를 거들고 있던 공학기사이자 상공부 차관인 표트르 팔친스키(Petr Pal'chinskii)는 추도놉스키를 체포해야 한다고 주장했다. 그러나 사관생도들은 항의를 하고 추도놉스키를 풀어주도록 했다. 다시케비치도 일부 사관생도들을 설득해보려고 궁전 안으로 슬쩍 들어갔다. 그는 추도놉스키처럼 붙들려 있다가 떠나도 좋다는 허락을 받았다. 어느 정도는 추도놉스키와 다시케비치가 노력한 결과로 겨울궁전을 수비하던 사관생도의 절반 이상이 오후 10시쯤에 궁전을 떠났다.[23]

혁명군사위원회가 10월 25일의 겨울궁전 공격에서 맞닥뜨린 어떠한 난관도 겨울궁전 2층의 커다란 공작석실에 모인 임시정부 각료들이 직면한 어려움에 비하면 아무것도 아니었다. 케렌스키가 전선을 향해 서둘러 출발한 지 한 시간 뒤인 정오에 코노발로프가 공작석실에서 내각회의를 소집했다. 케렌스키와 세르게이 프로코포비치(Sergei Prokopovich) 식량부 장관을 뺀 장관 전원이 참석했다. 빼어난 경제학자인 프로코포비치는 아침에 봉기 순찰대에게 한동안 붙잡혀 있는 통에 겨울궁전이 완전히 봉쇄되기 전에 궁전에 도달할 수 없었다. 역사가에게는 다행스럽게도, 이 불운한 마지막 케렌스키 내각회의에 참석한 대여섯 사람이 자기들의 마지막 몇 시간에 관한 상세한 회고록을 집필했다. 고통에 찬 이 서술들은 이때 임시정부가 거의 완전히 고립되었고, 그로 말미암아 장관들이 혼란에 빠지고 의지가 점점 더 심하게 마비되었음을 증언해준다.[24]

코노발로프가 수도의 정치 상황을 보고하는 것으로 회의를 시작했다. 그는 지난 밤에 혁명군사위원회가 사실상 방해를 받지 않고 성공을 거두었고 이른 아침에 폴코브니코프가 힘을 쭉 빠지게 만드는 현황 보고를 했으며 케렌스키가 전선으로 달려가기로 결심했음을 장관들에게 알렸다. 각료 전원은 처음으로 페트로그라드 군관구가 진행 중인 봉기를 다루는 데 완전히 무력하며 사실상 장관들의 신변보호를 해줄 능력조차 없다는 사실을 깨닫고 충격에 빠졌다. 코노발로프의 평가에 대응해서, 해군부 장관 베르데렙스키 제독이 매정하게도 다음과 같이 말했다. "뭘 하려고 이 회의를 열었는지, 우리가 뭐 하려고 회의를 더 해야 하는지 이해가 가지 않습니다. 우리에게는 실병력이 전혀 없고, 그래서 뭔가를 실행할 힘이 없으므로 회의를 계속하는 것은 무의미합니다."[25] 그는 예비의회와 합동회의를 소집하는 것이 더 현명했으리라고 넌지시 말했다. 이 발상은 잠시 뒤 예비의회가 해산되었다는 소식이 전해지자 의미를 잃어버렸다. 그러나 협의를 시작할 때 장관들 대부분이 베르데렙스키의 비관론을 전적으로 공유하지는 않았다. 의문의 여지없이 희망 사항이었겠지만, 장관들은 정부의 곤경을 대부분 폴코브니코프 탓으로 돌리려는 경향을 보이면서, 폴코브니코프를 질서를 복구할 무제한의 권한을 부여받을 "독재자"로 대체한다는 데 동의하고 비상사태가 계속되는 동안 내각은 겨울궁전에서 회의를 계속 연다고 의결했다.

회의가 열린 뒤 내각은 "독재자" 자리에 오를 만한 후보에 관한 산만하고 체계 없는 토론에 몰두하면서 거의 두 시간을 흘려보냈다. 그러는 동안 간간이 코노발로프는 겨울궁전 구내로 카자크를 더 많이 불러 모으려다가 실패했으며, 다른 장관들은 최근에 터진 사태에 관한 두서없는 보고를 받고 수도 다른 어떤 곳으로 아직 작동 중인 몇 대 안 되는 전화와 일선으로 연결되는 직통 전화에 대고 도와 달라고 필사적으로 호소하고 있었다. 토론 끝에 내각은 키시킨 사회복지부 장관을 선정함으로써 대중의 일반적 분위기에 둔감하다는 것을 보여주었다. 물리학자가 직업인 모스크바 출신의 키시킨은 페트로그라드에서 아무런 명망을 얻지 못했다. 설상가상으로 그는 입헌민주당원이었다. 사실, 키시킨을 선정한 것은 전날 예비의회가 케렌스키에게 택하라고 다그친 더 회유적인 노선의 정반대 결정이었다. 민주주의권에 대한 노골적 도발이었고 극좌파에게는 기대하지 않은 횡재였다.

키시킨은 오후 4시 직후에 공식 취임해서 총독이 되었다. 키시킨은 팔친스키와 표트르 루텐베르그(Petr Rutenberg) 페트로그라드 군관구 부사령관을 보좌관으로 임명한 뒤, 봉기에 대항한 투쟁을 지휘하러 군본부로 달려갔다. 그곳에서 키시킨은 폴코브니코프를 곧바로 해임하고 그를 참모장 바그라투니 장군으로 대체했다. 이 임원 교체는 오히려 본부를 지배하고 있던 혼란이 상당히 가중되는 결과를 낳았다고 할 수 있다. 폴코브니코프가 받은 대접에 항의해서 병참감 니콜라이 파라델로프(Nikolai Paradelov) 장군을 비롯한 폴코브니코프의 최측근들이 화를 발끈 내며 곧바로 사임했기 때문이다. 이들 가운데 몇몇 사람은 지체 없이 짐을 챙겨 집으로 가버렸다. 다른 사람은 그냥 일손을 멈추었다. 그들은 봉기한 병사와 수병과 노동자의 무리가 모이카 운하 제방을 따라 밀리온나야 거리까지 전진하는 광경을 최고사령부 청사 창문을 통해서 때때로 내다보는 모습을 보여주었다.[26]

한편, 겨울궁전에서는 나머지 각료들이 대중에게 돌릴 지지 호소문을 인쇄할 준비에 몰두했다. 오후 6시 15분에 장관들은 미하일롭스키 포병학교 사관생도들이 떠났다는 소식을 들었다. 그들은 15분 뒤에 3층에 있는 케렌스키 전용 식당으로 자리를 옮겼다. 그곳에서는 보르시(borshch, 고기와 야채를 넣고 끓인 러시아의 전통 수프)와 생선과 식용 엉겅퀴꽃으로 차린 저녁 식사가 — 그리고 더 고통스러운 타격이 — 그들을 기다리고 있었다.

이 무렵 페트로파블롭스크 요새에서는 블라곤라보프가 계속되는 스몰니의 독촉을 받고 정부 공격의 최종 단계를 더는 지연할 수 없

10월 25일에 "공산주의"라고 쓰인 현수막을 들고 거리를 따라 행진하는 병사들. 겨울궁전이 함락되기 직전 노동자, 병사, 수병 무리는 모이카 운하 제방을 따라 밀리온나야 거리까지 행진했다.

다고 결심한 상태였다. 그는 대포와 신호용 등에 관련된 어려움을 아직 완전히 극복하지 못했음에도 불구하고 결단을 내린 것이다. 오후 6시 30분에 그는 최고사령부 청사에 자전거 부대원 두 명을 보냈고, 20분 뒤에 그 두 사람은 다음과 같은 최후 통첩[27]을 지니고 최고사령부 청사에 도착했다.

페트로그라드 노동자·병사 대의원 소비에트 산하 혁명군사위원회의 의결 사항으로 임시정부가 타도되었음이 선언되었다. 모든 권력이 노동자·병사 대의원 소비에트의 수중으로 넘어가고 있다. 겨울궁전은 혁명군에게 포위되었다. 페트로파블롭스크 요새의 대포와 아브로라호와 아무르호 등의 함포가 겨울궁전과 최고사령부 청사를 겨누고 있다. 혁명군사위원회의 이름으로 임시정부 각료들과 임시정부에 충성을 바치는 부대에게 항복할 것을 제안한다. …… 답변을 위해 여러분에게 20분이 주어진다. 답변은 사전에게 전하라. 최후 통첩 시한은 19시 10분에 만료되며, 그 뒤에는 곧바로 포격이 개시될 것이다. ……

안토노프-옵세옌코 혁명군사위원회 의장

블라곤라보프 페트로파블롭스크 요새 지도위원

이 메시지가 전달되었을 때 최고사령부 청사에는 키시킨과 바그라투니 장군과 파라델로프 장군, 팔친스키와 루텐베르그가 있었다. 그들은 자전거 부대원 한 명에게 10분을 연장해 달라는 요청서를 가지고 페트로파블롭스크 요새로 돌아가라고 설득했다. 정부의 답변을 전화로 받아 그 답변을 남은 자전거 부대원에게 넘기도록 파라델로프를 남겨두고 키시킨과 바그라투니와 다른 사람들은 내각과 상의하러 겨울궁전으로 달려갔다.[28]

장관들은 혁명군사위원회의 최후 통첩 소식과 더불어 또한 예전부터 동요하던 오라니옌바움과 페테르고프 사관생도 다수가 이제 궁전을 떠나려 한다는 것도 알았다. 게다가 안토노프-옵세옌코가 정한 원래의 최종 시한이 벌써 만료되어 가고 있었다. 장관들은 서둘러 공작석실로 되돌아가서 항복할지 여부를 곧바로 논의했다. 각료 한 명이 사람들이 모여 있는 네바 강과 페트로파블롭스크 요새를 바라보다가 "아브로라호가 포문을 열면 궁전에 어떤 일이 닥칠까요?" 하고 큰소리로 물었다. 베르데렙스키 제독이 "궁전은 폐허더미로 바뀔 겁니다"라고 대답하고, "아브로라호의 포탑은 다리들보다 높습니다. 건물 단 한 채에도 해를 끼치지 않고 궁전을 박살낼 수 있습니다"라고 자신있게 덧붙였다.[29]

그러나 베르데렙스키를 비롯한 장관들은 모두 다 현 상황에서 항복하는 것은 생각도 할 수 없는 일이라는 데 동의했다. 장관들은 최후통첩을 그냥 무시하기로 의결했고, 키시킨과 그보즈제프와 코노발로프가 즉시 달려가서 사관생도들에게 제자리에 남으라고 달랬다. 파벨 말란토비치 법무장관은 일기에서 내각의 결정을 해명하려고 시도했다. 그는 장관들이 비록 이 시점에서 외부의 원조가 도착할 때까지 버틴다는 희망을 잃어버리기는 했지만 임시정부는 법률상 오직 헌법제정회의에만 그 권한을 양도할 수 있다고 굳게 믿었다고 시사했다. 그들은 절대적으로 압도적인 힘에 굴복했을 따름이라는 점이 의문의 여지없이 분명해지도록 최후의 순간까지 저항해야 한다는 엄숙한 의무감을 느꼈다. 말란토비치는 그 순간이 아직 오지 않았으므로 혁명군사위원회에 답변을 주지 않고 계속 저항한다는 내각의 결정이 나왔다고 확언했다.[30]

얄궂게도, 혁명군사위원회의 최후 통첩이 최고사령부 본부에 전달되던 바로 그 순간 체레미소프 장군이 프스코프에서 직통 전신으로 바그라투니 장군과 상의를 하고 있었다. 통신이 시작되었을 때, 체레미소프는 수도의 상황을 보고해 달라고 요청했다. 특별히 그는 정부가 어디 있는지, 겨울궁전의 상태는 어떤지, 수도에서 질서가 유지되고 있는지, 전선에서 파견된 부대들이 페트로그라드에 도착했는지를 물었다. 바그라투니는 이 질문에 최선을 다해 답변하던 중에 불려나가 최후 통첩을 받았다. 이때 파라델로프 장군이 바그라투니를 대신해 직통 전신으로 키시킨의 임명과 행동에 관한 자기의 우려를 체레미소프에게 전하고는, 임시정부가 파멸할 운명에 처했다는 믿음을 대놓고 말했다. 체레미소프는 자기 차례가 되자 파라델로프에게 겨울궁전에 연락해서 그곳 상황이 어떤지 정보를 더 많이 입수해 달라고 부탁했다.[31] 파라델로프는 그 일을 하러 떠나려고 했으나, 이때 막 최후 통첩을 가지고 겨울궁전으로 출발하려던 바그라투니 장군의 제지를 받았다. 파라델로프는 대기하고 있다가 정부의 전화 응답을 받으라는 지시를 받았다. 파라델로프가 겨울궁전에서 올 전갈을 기다리고 있을 때, 반군 병사와 노동자들이 갑자기 청사로 밀려 들어왔다. 저항은 불가능했다.[32] 한편 아직 직통 전신의 다른 쪽에 있던 체레미소프는 안달이 나서 "파라델로프 연대장은 어디 있는가, 그가 곧 응답할 것인가?" 하고 물었다. 전신병이 가까스로 다음과 같이 응답을 타전했다. "[지금 찾는 중입니다.] 사령부가 혁명군사[위원회] 부대에게 점령되었습니다. 저는 업무를 중단하고 떠나겠습니다."[33]

최고사령부 청사가 점령당했다는 소식이 바그라투니 장군과 내각에게 전해졌다. 내각은 공격에 더 취약한 위치에 있는 공작석실에서 궁전 안뜰 쪽을 향한 한 케렌스키 보좌관의 2층 집무실로 이동해 있었다. 바그라투니는 자기의 참모진과 본부를 잃은 사태에 사직서 제출로 대응했다. 그가 궁전을 떠난 뒤 곧 반군 순찰대가 영업용 마차에서 그를 끌어내 체포했다.

이때 장관들은 러시아 인민에게 다음과 같은 무선 전신을 쳐 보냈다.

여러분

······ 페트로그라드 노동자·병사 대의원 소비에트는 임시정부가 타도되었다고 선언하고 페트로파블롭스크 요새의 대포와 네바 강에 정박한 순양함 아브로라호의 함포로 겨울궁전을 포격하겠다고 위협하면서 권력을 소비에트로 넘기라고 요구했습니다.

정부는 헌법제정회의에만 권력을 넘길 수 있으며, 따라서 항복하지 않고 신변 보호를 민과 군에게 의탁하기로 의결했습니다. 이 의결은 전보로 스타프카(최고사령부)로 타전되었습니다. 스타프카는 부대를 보내겠다고 답변했습니다.

싸우고 있는 군대의 후방에서 봉기를 일으키려는 볼셰비키의 정신 나간

시도에 국가와 국민은 대응을 해야 합니다.[34]

또한 장관들은 시의회 청사에 있는 시례이데르 페트로그라드 시장과 가까스로 전화 연락을 했다. 장관들은 시장에게 겨울궁전이 아브로라호와 페트로파블롭스크 요새로부터 포격을 당할 참이라고 알리고, 정부 지지 세력 동원을 도와 달라고 호소했다. 아직도 사회주의자혁명가당과 입헌민주당이 과반수를 차지하고 있는 시의회는 전날에 혁명군사위원회의 행동에 깊은 우려를 품고 진상조사단을 스몰니에 파견했으며, 이어서 볼셰비키 의원들이 맹렬히 반대하는데도 예비의회와 마찬가지로 시의 질서 유지를 돕고 주민을 보호할 공안위원회를 만드는 조처를 선도했다. 시례이데르는 임시정부의 호소를 받자마자 곧바로 시의회 비상회의를 소집했다. 그는 우선 "몇 분 뒤 포성이 울리기 시작하고 겨울궁전의 폐허 속에서 러시아 공화국 임시정부가 파멸할 것"이라고 말하고는 가능한 모든 수단으로 정부를 도우라고 시의회에 요청했다. 대의원들은 자체 군사력이 없으므로 겨울궁전의 포위를 풀고 정부와 혁명군사위원회 간의 견해 차를 중재하려는 노력의 하나로써 특사를 아브로라호와 스몰니와 겨울궁전에 즉시 파견한다는 데 동의했다.[35]

한편, 페트로파블롭스크 요새에서는 대포와 신호용 등 문제가 드디어 풀리고 있었으므로 블라곤라보프와 안토노프-옵세옌코가 겨울궁전을 포격할 준비를 하고 있었다. 그들은 겨울궁전이 항복했다는 보고를 받고는 한 차례 더 공격을 늦추었다. 그 보고는 실수로 밝혀졌다. 틀림없이 최고사령부 본부의 항복으로 빚어진 실수였을 것이다. 블라곤라보프와 안토노프-옵세옌코가 차를 몰고 네바 강을 건너가 소문을 직접 확인했다. 오후 9시 40분에 블라곤라보프가 마침내 요새로 돌아와 아브로라호에 포격 개시 신호를 보냈다. 아브로라

10월 25일 네바 강으로 진입한 아브로라호 함대. 밤 9시 40분, 마침내 겨울궁전 공격 명령이 내려졌고 곧 아브로라호는 겨울궁전을 향해 위협용 포격을 시작했다. 겨울궁전 안에 있는 병력은 포성에 위협을 느낀 뒤 더욱 줄어들었다.

호는 선수에 있는 함포로 공포탄을 한 발 쏘아 응답했다. 공포탄 포격의 폭발음은 전투용 실탄 포격 때보다 훨씬 커서, 아브로라호가 첫 포격을 하자 귀를 찢는 반향음이 수도 전역에서 느껴졌다. 네바 강의 강변도로에 줄지어 서서 멍하니 바라보고 있던 구경꾼들은 포성에 위협을 느끼고 땅바닥에 탁 엎드리고는 공포에 질려 기어 다녔다. 포성으로 말미암아 겨울궁전 안에 있는 병력이 더욱더 줄어들었다. (많은 사관생도가 이 시점에서 결국 제자리를 버렸고, 얼마 안 되어 다수의 여성 병사가 그 뒤를 따랐다.) 전해지는 이야기나 베르데렙스키의 예견과는 달리, 아브로라호의 포격은 아무런 물리적 피해를 입히지 않았다.

아브로라호가 행동에 나선 뒤 페트로파블롭스크 요새의 포병들은 겨울궁전을 떠나기를 바라는 부대원들에게 그럴 시간을 주었다. 그 사이에 아무르호의 당직 사관이 네바 강 어귀에서 빛 한줄기를 발견하고 "배들이 다가온다!"는 경보를 울렸다. 배들의 윤곽이 시야에 들어왔을 때, 아무르호의 고참 갑판병들은 그 배들이 헬싱포르스

에서 다른 배 몇 척을 거느리고 온 구축함 삼손호와 자비야카호임을 확인하고 의기양양해졌다.[36]

오후 11시쯤에 블라곤라보프는 본격적으로 포격을 개시하라는 명령을 내렸다. 이어서 발사된 포탄은 대부분 장관을 이루면서도 아무런 피해를 끼치지 않고 네바 강 위에서 폭발했다. 그러나 한 발이 궁전의 처마돌림띠를 부수었고, 다른 한 발은 3층 모서리에 있는 창문하나를 날려버리면서 정부가 회의를 열고 있는 방 바로 위에서 터졌다. 폭발음은 장관들의 용기를 빼앗고, 적어도 장관 몇 명에게 영향을 주어 계속 저항하는 것이 타당한지를 재고하도록 만들었다. 그동안 타라소프-로디오노프는 페트로파블롭스크 요새 누벽 위에서 장관을 이루는 불꽃놀이를 지켜보았다. 그 파동으로 말미암아 그에게는 소총과 기관총의 사격 소리와 불을 켠 채 외줄 전선을 따라 천천히 움직이며 트로이츠키 다리와 궁전 다리를 건너가는 전차의 윙윙거리는 소리가 잠시 들리지 않았다. 그는 믿을 수 없게도 "노동자 소비에트가 부르주아 정부를 타도하고 있는데, 평화로운 도시 생활은 단 1분도 중단되지 않고 있다"고 의아해했다.[37]

이즈음에 포위된 채 겨울궁전에 있는 장관들과 혁명군사위원회 사이에서 중재를 하겠다는 희망이 실현되지 않으리라는 것이 시의회 의원들에게 너무도 명확해졌다. 혁명군사위원회 지도위원 한 사람은 시의회 대표들이 아브로라호에 조금이라도 가까이 오는 것을 허락하지 않았다. 겨울궁전에 파견된 대표단은 몇 번이나 포위군에게 저지당하다가 결국에는 겨울궁전 위층 창문에서 사격을 받은 뒤 어쩔 수 없이 시의회 청사로 허둥대며 되돌아갔다. (훗날 한 대표단원은 "사관생도들이 우리가 든 백기를 못 본 게 틀림없어"라고 말했다.) 스몰니로 간 시의회 사절단은 일이 잘 풀렸다. 사절단에는 시레이데르 시장도 끼어 있었다. 그들은 간신히 몇 분 동안 카메네프를 만났고, 카메네프는 몰로토프가 사절단을 데리고 겨울궁전으로 가도록 주선하는 데 도움을 주었다. 그러나 이 사절단도 물샐 틈 없는 봉기 세력의 포위진과 정부 방위군이 쌓은 바리케이드를 갈라놓는 좁다란 무인 지대를 통과할 수는 없었다.[38]

또한 시의회는 이러한 실패를 통보받았을 무렵 사회주의자혁명가당 우파인 세묜 마슬로프(Semen Maslov) 농업장관으로부터 비통한 전화 통지를 받았다. 역시 사회주의자혁명가인 나움 비홉스키(Naum Bykhovskii)가 전화를 받아 숨을 죽이고 있는 시의회에 마슬로프의 말을 전했다. 비홉스키가 옮긴 바에 따르면, 마슬로프는 다음과 같이 선언했다. "우리는 여기 겨울궁전에서 완전히 내동댕이쳐져 버림받았습니다. 민주 세력이 우리를 임시정부로 들여보냈습니다. 우리는 정부에 들어가고 싶지 않았지만, 우리는 들어갔습니다. 재앙이 닥쳐 온 지금, 우리에게 사격이 가해지고 있는 지금, 우리는 누구의 지원도 받지 못하고 있습니다. 결국 우리는 여기서 죽겠지만, 나의 유언은 다음과 같습니다. 우리를 보낼 줄은 알았지만 우리를 지킬 줄은 몰랐던 민주 세력에게 멸시와 저주 있으라!"[39]

비홉스키는 시의회 전체가 다 함께 겨울궁전으로 행진해서 "우리의 선량(選良)들과 함께 죽자"고 즉석에서 제안했다. 그는 "우리 동무들에게 우리가 그들을 버리지 않았음을 알려줍시다. 그들에게 우리가 그들과 함께 죽을 각오가 되어 있음을 알려줍시다"라고 외쳤다. 이 의견은 볼셰비키를 제외한 거의 모든 의원들에게 공감을 얻었다. 그 자리에 있던 기자들은 의원들이 대부분 일어나 몇 분 동안 환호했다고 기록했다. 그 제안을 실제로 표결에 부치기 전에, 시의회는 농민 소비에트 지도부가 "밖으로 나가 시의회와 함께 죽"을 수 있도록 허락해 달라는 전러시아 농민 대의원 소비에트 집행위원회 대표의 요청을 받았다. 시의회는 프로코포비치 식량장관의 연설도 들었다. 그는 눈물을 흘리면서 "동지들과 운명을 함께하도록" 겨울궁전으로 가는 행렬에 끼게 허락해 달라고 탄원했다. 저명한 입헌민주당원인 소피야 파니나(Sofia Panina) 백작부인도 뒤질세라 "대포 앞에 서기"를 자원하면서, "내 목숨을 내던져 볼셰비키가 임시정부에 포격을 하지 못하도록 막겠습니다"라고 덧붙였다. 누군가가 비홉스키의 동의안에 호명 투표를 요구했기 때문에 겨울궁전을 향한 행진이 조금 지연되었다. 호명 투표를 하는 동안 의원 대부분은 "찬성"을 외치기 전에 "정부와 함께 죽겠다"는 각오를 개별적으로 선언해야 한다고 고집했다. 반면 볼셰비키 의원들은 "소비에트로 갈 준비를 한다"고 엄숙히 선언한 다음에 각자 "반대!"를 힘차게 외쳤다.[40]

이런 일들이 일어나는 동안, 레닌은 스몰니에 남아 겨울궁전 점령이 지연될 때마다 길길이 뛰었고, 전러시아 소비에트 대회가 열릴 때까지 임시정부 각료들이 확실하게 감옥에 갇히지 않을까 봐 아직도 초조해했다. 훗날 안드레이 부브노프는 "10월 25일 밤에 …… 일리치는 겨울궁전을 점령하라고 무척이나 독촉했고, 공격이 진행되고 있다는 연락이 없을 때면 모든 사람을 한 명씩 엄청나게 다그쳤다"고 회고했다.[41] 비슷하게, 포드보이스키도 훗날 다음과 같이 회상했다. "그는 우리에 갇힌 사자처럼 스몰니의 작은 방에서 이리저리 돌아다녔다. 그에게는 무슨 일이 있어도 겨울궁전이 필요했다. 겨울궁전은 노동자의 권력으로 가는 길에 남은 마지막 관문이었다. 블라디미르 일리치는 욕을 해댔다. …… 소리를 질렀다. …… 그는 우리에게 총이라도 쏠 기세였다."[42]

그러나 소비에트 대회의 시작은 오후 2시로 일정이 잡혀 있었다. 늦저녁까지 대의원들은 몇 시간 동안 이리저리 돌아다니고 있었다. 레닌의 바람과 상관없이, 그들을 더 오래 붙잡아 두기란 불가능했다.

단이 드디어 밤 10시 40분에 의장 벨을 울리고 대회가 회기에 들어갔음을 공식 선언했다. 그는 처음에 다음과 같이 말했다. "소비에트 중앙집행위원회는 이 회의를 정치적 발언으로 여기는 것이 쓸데없다고 생각합니다. …… 지금 우리 당 동지들이 소비에트 중앙집행위원회가 부여한 장관의 의무를 헌신적으로 수행하면서 총격을 받으며 겨울궁전에 있습니다."[43]

회의장 문에서 떠들어대는 군중을 밀치고 나아가던 존 리드는 소비에트 대회가 열리는 스몰니의 백색강당(Belyi zal)의 광경을 나중에 다음과 같이 묘사했다.

줄지어 있는 좌석에서, 하얀 샹들리에 아래, 통로와 그 옆에 옴짝달싹할 수 없게 꽉 차서, 창턱마다, 심지어는 단상 가장자리에 걸터앉은 채로, 전러시아의 노동자와 병사의 대표들은 긴장된 침묵이나 소란한 환희 속에서 의장의 벨이 울리기를 기다렸다. 강당에는 온기라고는 없었지만, 씻지 못한 사람의 몸에서 뿜어 나오는 숨 막힐 듯한 열기가 있었다. 매캐한 담배연기가 군중 사이에서 푸른 구름같이 솟아올라 탁한 공기 속을 떠다녔다. 이따금 주최자 측의 누군가가 연단에서 일어나 동지들에게 담배를 피우지 말아 달라고 부탁했다. 그러면 담배를 피우는 사람까지 포함해서 모든 사람이 "동지들, 담배를 피우지 마시오!"라고 따라 외치고는 계속 담배를 피웠다. ……

단상에 전임 체이카(소비에트 중앙집행위원회)가 앉았다. …… 단이 벨을 울리고 있었다. 한순간에 침묵이 흘렀다. 침묵은 문 쪽에 있는 사람들의 다툼과 말싸움으로 갑자기 깨졌다.[44]

자격심사위원회의 예비 보고에 따르면, 대회에 참석하러 페트로그라드에 모인 대의원 670명 가운데 300명이 볼셰비키, 193명이 사회주의자혁명가(이 가운데 절반 이상이 사회주의자혁명가당 좌파), 68명이 멘셰비키, 14명이 멘셰비키 국제주의자였고, 나머지는 군소 정치 집단 소속이거나 어떠한 공식 조직에도 속하지 않았다.[45] 지난 몇 달 동안 볼셰비키 지지세가 급증한 것은 볼셰비키당 대의원단이 6월에 열린 제1차 전러시아 소비에트 대회 때의 세 배라는 사실에 반영되어 있었다. 볼셰비키는 이제 소비에트 대회에 참가한 정당들 가운데 단연 최대의 단일 정당이었다. 그러나 이런 성공을 거두었는데도 대회가 열렸을 때 볼셰비키가 사회주의자혁명가당 좌파의 상당한 도움 없이는 절대 과반수를 얻지 못했음을 반드시 명심해야 한다.

대의원들은 스몰니에 도착하자마자 자세한 신상 설문서를 작성하라는 요구를 받았기 때문에, 우리는 대다수 대의원의 정당 소속뿐만 아니라 대회에 대표를 보낸 402개 지방 소비에트 각각의 성향과 이 지방 소비에트들이 새로운 전국 정부의 수립에 보이는 공식 입장도 확인할 수 있다. 이 설문서를 도표로 만들어보면 대의원의 압도적 다수가, 즉 대의원 가운데 505명이 "모든 권력을 소비에트로" 넘기는 것, 즉 소비에트 대회의 정당별 구성이 틀림없이 반영될 소비에트 정부의 창출을 원칙적으로 지지한다는 입장을 밝히면서 페트로그라드에 왔다는 주목할 만한 사실이 드러난다. 대의원 86명은 농민 소비에트와 노동조합과 협동조합 등의 대표가 참여하는 동질적 민주주의 정부를 뜻하는 "모든 권력을 민주 세력에게"에 막연히 찬성 투표를 할 것인 반면, 입헌민주당원은 아니지만 일부 유산 계층 인자가 대표로 들어가는 민주주의 연립정부를 지지한다는 입장을 밝힌 대의원이 21명이었다. 대의원 55명만이, 즉 10퍼센트에 훨씬 못 미치는 대의원들이 입헌민주당과 연립한다는 소비에트의 이전 정책을 지속하기를 여전히 선호하는 지지층을 대표했다.[46]

정당별 상대 득표율을 산정한 결과, 대회 개막 직후에 볼셰비키

14명이 사회주의자혁명가당 좌파 7명과 나란히 대회 상임의원단 의석을 차지했다. (상임의원단의 3석을 할당받은 멘셰비키는 의석을 채우기를 거부했고, 멘셰비키 국제주의자는 자파에 할당된 1석을 채우지는 않았지만 의석보유권을 버리지는 않았다.) 3월 이래로 소비에트 활동을 지도해 온 단, 리베르, 브로이도, 고츠, 보그다노프, 바실리 필리폽스키(Vasilii Fillipovskii)가 이제 소비에트 최고지도부가 앉을 자리로 마련해둔 강당 맨 앞에 있는 좌석을 비웠고 그 자리를 트로츠키, 콜론타이, 루나차르스키, 노긴, 지노비예프, 캄코프, 마리야 스피리도노바(Mariia Spiridonova), 므스티슬랍스키, 그밖의 저명한 볼셰비키와 사회주의자혁명가당 좌파가 천둥 같은 박수를 받으며 차지했다.[47]

이 중대한 교체에 마침표를 찍는 양 멀리서 위협적인 소리가 들려왔다. 굵직하게 쿵 소리를 내며 떨어지는 포탄이 터지는 소리였다. 비상사태를 선언하려고 일어선 마르토프가 날카롭고 떨리는 목소리로 대회는 다른 무엇보다도 현 정치 위기를 푸는 평화적 해결책을 찾는 데 동의해야 한다고 요구했다. 그가 보기에, 비상사태에서 벗어나는 유일한 길은 우선 싸움을 그친 다음 민주 세력 전체가 받아들일 수 있는 통일된 민주 정부를 만들어내는 협상을 시작하는 것이었다. 이 점을 염두에 두고 그는 거리에서 터진 충돌을 즉시 끝낼 목적으로 다른 정당, 조직과 논의를 선도할 특별의원단을 선정하자고 권했다.

사회주의자혁명가당 좌파를 대표해서 발언한 므스티슬랍스키가 마르토프의 제안을 즉시 인준했다. 많은 볼셰비키가 이 제안을 분명하게 흔쾌히 받아들였다는 점이 더 의미심장하다. 이를테면, 강당을 훑어보고 있던 수하노프는 "아주 많은 참석자가 마르토프의 연설을 우레 같은 박수로 환영했다"고 적어 놓았다. 한 〈인민의 대의〉 기자는 "회의장 곳곳에서 터져 나오는 폭풍우 같은 박수가 마르토프의 발언에 쏟아지고 있다"고 보도했다. 소비에트 대회 대의원 대다수가 소비에트에 대표를 보낸 정당들로 이루어지는 연립정부가 소비에트에서 만들어지는 것을 지지할 임무를 띠고 왔다는 점을 기억한다면, 그리고 마르토프의 동의안이 바로 그 목적을 겨냥한 것이었으므로, 이 논평들을 의심할 이유는 없다. 간행된 대회 의사록은 볼셰비키를 대표하는 루나차르스키가 "볼셰비키 의원단은 마르토프의 제안에 반대할 까닭이 조금도 없습니다"라는 말로 마르토프의 연설에 대응했음을 보여준다. 대회 문서는 마르토프의 제안이 만장일치로 즉시 통과되었다는 사실도 보여준다.[48]

그러나 대회가 민주주의 연립정부 창출을 승인하자마자 발언자들이 잇달아 일어나 볼셰비키를 비난했다. 그들은 모두 다 전에 다수파였던 온건 사회주의 블록의 대표자들이었다. 발언자들은 볼셰비키의 행동에 항의하고 저항하는 수단으로써 대회에서 즉시 퇴장하겠다는 의사를 밝혔다. 이런 견해를 밝힌 첫 발언자는 멘셰비키 군 장교이자 제12군 위원회 대의원인 야코프 하라시(Iakov Kharashi)였다. 하라시는 다음과 같이 선언했다. "볼셰비키당의 정치적 위선 때문에 대회 배후에서 범죄나 다름없는 정치 모험이 벌어지고 있습니다. …… 멘셰비키와 사회주의자혁명가당은 지금 진행되고 있는 모든 일과 관계를 끊고 남은 힘을 모아서 권력 장악 시도에 강력히 저항해야 한다고 생각합니다." 역시 장교이면서 저명한 멘셰비키 당원인 게오르기 쿠친(Georgii Kuchin)이 전선의 군대위원회에서 온 온건 성향의 대의원들의 블록을 대표해 연설하면서 다음과 같이 덧붙였다. "대회는 주로 정부를 구성하는 문제를 논의하려고 조직되었습니다. 그런데도 사실상 우리는 권력을 잡으려는 모험이 이미 벌어지고 대회의 의지가 미리 결정되는 꼴을 보고 있습니다. …… 이 정신 나간 시도로부터 혁명을 구해내야 합니다. 우리는 혁명 구제의 이름으로 군대와 나라에 있는 의식 있는 혁명 세력을 모두 동원할 것입니다. [우리는] (점점) 이 모험의 결과에 따르는 모든 책임에서 벗어나 …… 이 대회를 떠납니다."⁴⁹

이 직설적 발언으로 말미암아 참석한 많은 대의원 사이에서 폭풍우 같은 항의와 "코르닐로프 같은 놈들!", "너희는 누구를 대표하는 거냐?" 같은 고함이 터져 나왔다. 그러나 카메네프가 가까스로 질서를 회복한 뒤에, 모스크바 소비에트에서 온 레프 힌추크(Lev Khinchuk)와 변호사이면서 사회주의자혁명가당 중앙위원회 위원인 미하일 겐델만(Mikhail Gendel'man)이 각각 멘셰비키와 사회주의자혁명가를 대표해서 똑같이 격렬하고 적개심 어린 호전적 선언문을 읽었다. 힌추크는 "이 상황에서 평화적으로 벗어날 수 있는 유일한 출구는 민주주의 전 계층에 입각한 권력의 구성을 임시정부와 협상하는 것"이라고 고집했다. 수하노프에 따르면, 이때 "강당에서 심한 소음이 일어난다. 볼셰비키만 화를 내는 것이 아니다. 발언자는 오랫동안 연설을 속행하지 못하고 있다." 마침내 힌추크는 "우리 의원단은 …… 우리처럼 볼셰비키의 행위에 책임을 지기를 거부하는 다른 모든 의원단에게 즉시 모여 상황을 논의하자고 요청하면서 이 대회를 떠납니다"라고 소리쳤다. 강당에서 "탈주병 같은 놈들!"이라는 소리가 나왔다. 겐델만은 되풀이해서 다음과 같이 말했다. "볼셰비키가 약속을 지키지 않아서 틀림없이 인민의 분노가 터지리라고 예상하면서 …… 사회주의자혁명가당 대의원단은 나라의 모든 혁명 세력에게 스스로 조직화해서 혁명을 지킬 것을 호소합니다. …… 사회주의자혁명가당 대의원단은 볼셰비키당의 권력 장악을 확인하면서 …… 그들의 정신 나간 범죄 행위의 결과에 따르는 모든 책임을 그들에게 지우며, 따라서 그들과 함께 일할 수 없음을 확신하며 … 대회를 떠납니다."⁵⁰

강당 안의 분위기가 이때 하늘 끝까지 달아올랐다. 강당에서 발구르는 소리와 휘파람과 욕설이 한바탕 격하게 터져 나왔다. 멘셰비키와 사회주의자혁명가들은 혁명군사위원회가 이제 공공연하게 봉기를 선언하자 이에 대응해서 우경화했고, 그들과 극좌파를 가르는 간격이 갑자기 전에 없이 더 커져 버렸다. 24시간도 채 안 되는 과거에 소비에트대회의 멘셰비키 대의원단과 사회주의자혁명가당 대의원단이 양 당의 당내 분파들을 두루 묶어내 마침내 부르주아 정당들과 관계를 끊고 평화와 개혁의 강령을 약속하는 동질적 사회주의 정부의 창출을 승인할 참이었다는 점을 기억하면, 10월 24~25일의 사건이 준 깊은 충격이 뚜렷해진다. 멘셰비키와 사회주의자혁명가들이 왜 그렇게 반응했는지를 분명하게 이해할 수 있다. 동시에, 온건 사회주의자들은 볼셰비키와 볼셰비키를 기꺼이 따르는 노동자와 병사들의 행동을 완전히 부정함으로써, 더군다나 대회에서 물러남으로써 멘셰비키 국제주의자, 사회주의자혁명가당 좌파와 온건 볼셰비키가 수행하던 타협 시도를 무위로 만들었다. 이렇게 함으로써 그들은 전에는 공개적으로 거론하지 못하던 정부, 즉 볼셰비키로만 이루어지는 정권으로 가는 길을 불시에 닦음으로써 레닌에게 직접적으로 이익이 되는 행동을 한 셈이 되었다는 결론을 피하기 어렵다. 수하노프는 혁명에 관한 자기의 회고록 겸 역사서에서 멘셰비키–사회주의자혁명가의 퇴장이 당장은 드러나지 않았지만 실상은 엄청난 역사적 의의를 지닌다고 시인했다. 수하노프는 다음과 같이 썼다. "우리는 볼셰비키의 손을 완전히 풀어주고 그들을 모든 상황의 주도자로 만들어주고 그들에게 모든 혁명의 장을 모조리 양보한 채로 떠났다. 대회에서 민주세력의 통일전선을 형성하는 투쟁은 성공할 수 있었다. …… 대회에서 떠남으로써 …… 우리는 우리 자신의 손으로 볼셰비키에게 소비에트와 대중과 혁명을 독점할 권리를 넘겨주었다. 우리는 멍청하게도 자진해서 레닌의 모든 '노선'에 승리를 확보해준 셈이다."[51]

이 모든 것은 그때 당시보다는 시간이 지나고 돌이켜보면 의문의 여지없이 더 분명하다. 어쨌든 하라시, 쿠친, 힌추크, 겐델만의 선언에 뒤이어 급진 성향의 병사 대의원 몇 명이 연단에 올라 하라시와 쿠친의 견해가 결코 일반 병사의 생각을 대표하지 않는다고 주장했다. 얼굴이 야윈 카를 페테르손(Karl Peterson)이라는 젊은 병사가 라트비아 소총연대를 대표해서 갑자기 "그자들이 떠나도록 내버려두세요. 군대는 그들과 함께하지 않습니다!"라고 소리쳤다. 그의 평가는 모든 사람에게 더없이 명백한 것이었다. 이때 강당이 열광적 환호성으로 뒤흔들렸다. 전선에 있는 제2군에서 온 볼셰비키 병사인 프란츠 그젤샤크(Frants Gzhel'shchak)가 "쿠친은 힘의 동원을 말했습니다. 누구에 대항해서? 혁명을 지키려고 나서는 노동자와 병사에 대항해서?"라고 외치고는 다음과 같이 물었다. "그가 누구를 조직할까요? 그가 벌이려는 전쟁의 상대인 노동자와 병사는 분명 아닙니다." 제3군에서 온 병사이면서 역시 볼셰비키 당원인 표도르 루캬노프(Fedor Luk'ianov)는 "쿠친의 견해는 지난 4월에 선출되어 광범위한 병사 대중의 분위기를 반영하지 않은 지 이미 오래된 군 고위 조직의 견해"라고 단언했다.[52]

이 시점에서 분드(Bund, 유대인 사회민주주의 조직) 대표인 겐리흐 에를리흐(Genrikh Erlikh)가 끼어들어 방금 전에 시의회의 과반수가 모두 다 함께 겨울궁전으로 행진하기로 결정했다고 소비에트 대회에 알렸다. 에를리흐는 전러시아 농민 대의원 소비에트 집행위원회의 멘셰비키당 대의원단과 사회주의자혁명가당 대의원단이 시의회 대의원들에 가세해서 임시정부에 폭력이 가해진 데 항의하기로 결정했다고 덧붙이면서 "유혈 사태를 바라지 않는" 모든 대회 대의원들에게 그 행진에 동참해 달라고 요청했다. 바로 이 시점에서 멘셰비키, 사회주의자혁명가, 분드 조직원, "전선그룹" 구성원들이 자리에서 일어나 "탈주병 같은 놈들!", "부르주아의 주구!", "인민의 적!"이라는 고함소리에 파묻힌 채 강당 밖으로 나갔다.

멘셰비키와 사회주의자혁명가의 주요 블록이 떠난 뒤 곧바로 마르
토프가 발언권을 얻어 멘셰비키 국제주의자를 대표해서 결의안을 제
출했다. 무엇보다도 온건 사회주의자들과 급진 좌파 사이의 평화적
타협을 촉진하려는 뜻을 여전히 굽히지 않은 마르토프의 결의안은
소비에트 대회가 열리기 전에 쿠데타를 일으킨 볼셰비키를 비난하면
서 폭넓은 기반을 가진 민주 정부를 창출해서 임시정부를 대체하자
고 촉구했다. 결의안의 일부는 다음과 같다.

> 이 격변이 유혈 사태와 내란, …… 반혁명의 승리를 불러일으킬 위험이
> 있다는 점과 …… 내전이 일어나지 않게 저지할 수 있도록 이 상황에서
> 벗어나는 유일한 출구는 봉기한 일부 민주 세력과 나머지 민주주의 조
> 직 사이에 모든 혁명적 민주 세력의 인정을 받고 임시정부의 권력을 진
> 통 없이 넘겨받을 수 있을 민주 정부의 형성에 관해 이루어지는 타협일
> 수 있다는 점을 감안해서 멘셰비키 [국제주의자] 대의원단은 범민주 정부
> 를 형성하는 방법으로 현재의 위기를 반드시 평화적으로 해소해야 한
> 다는 결의를 채택하고 …… 이 목표를 위해 민주 세력의 다른 조직 및
> 모든 사회주의 정당과 협상할 대표단을 지명할 것을 대회에 제안합니다.
> 멘셰비키 국제주의자 대의원단은 이 대표단의 활동 결과가 나타날 때까
> 지 대회가 그 활동을 중지할 것을 제안합니다.[53]

레닌의 관점에서 볼 때 마르토프 결의안이 통과되는 것이 재앙이
리라는 것을 알아채기란 쉬운 일이다. 다른 한편, 온건주의자들의 이
탈은 그들과 결렬을 굳히는 데 활용할 수 있는 기회를 제공했다. 마
르토프가 자기 자리로 돌아간 뒤 오래지 않아, 대회 대의원들은 시
의회 볼셰비키 대의원단이 나타나자 자리에서 일어나 환호했다. 시의

회 볼셰비키 의원들은 혼잡한 강당 안으로 밀치고 들어가면서 "전러시아 대회와 함께 승리하든지 죽든지" 하러 왔다고 선언했다. 그러자 누구에게나 볼셰비키의 가장 강력한 웅변가로 널리 인정받는 트로츠키가 연단에 올라 다음과 같이 선언했다.

인민 대중의 봉기는 정당화하지 않아도 됩니다. 현 사태는 봉기이지 음모가 아닙니다. 우리는 페테르부르크 노동자와 병사들의 혁명적 에너지를 담금질했습니다. 우리는 음모가 아니라 봉기를 향한 대중의 의지를 공개적으로 단련했습니다. …… 인민 대중은 우리의 깃발 아래로 왔고, 우리의 봉기는 승리했습니다. 그런데 사람들이 지금 우리에게 제안을 하고 있습니다. 우리의 승리를 포기하고 양보하고 타협하라고. 누구와? 나는 묻습니다. 우리가 누구와 타협해야 합니까? 이곳을 떠나버린, 이런 제안을 하는 저 불쌍한 무리와? 하지만 우리는 그들을 낱낱이 파악하지 않았습니까? 러시아에는 이제 그자들을 따르는 사람이 더는 없습니다. 이 대회에 대표를 보낸 수백만 노동자와 농민이 동등한 당사자로서 그들과 타협해야 합니까? 그들이 노동자와 농민을 부르주아의 호의와 맞바꿀 준비가 된 것은 처음도 아니고 마지막도 아닙니다. 안 됩니다. 여기서 타협은 쓸데없는 짓입니다. 이곳을 떠난 자들에게, 그 제안을 받아들이라고 설치는 자들에게, 우리는 다음과 같이 말해야 합니다. 너희는 한 줌도 안 되는 가련한 소수다. 너희는 파산했다. 너희 역할은 끝났으니, 이제 너희가 지금 있어야 할 그곳으로 가라. 역사의 쓰레기통 속으로 ……

폭풍우 같은 박수가 터지는 가운데 마르토프는 "그렇다면 우리는 떠나겠습니다"라고 외치면서 경고했다. 그러자 트로츠키가 멘셰비키 대의원과 사회주의자혁명가 대의원들의 대회 이탈을 "대중의 전위가 무기를 손에 쥐고 반혁명의 습격으로부터 소비에트 대회와 혁명을 지키고 있는 바로 이 순간 전권을 부여받은 전러시아 노동자·병사 대중의 정부를 거꾸러뜨리려는 무력한 범죄적 시로"로 비난하는 결의안을 단숨에 읽었다. 그 결의안은 임시정부에 대항한 봉기를 인준하고 다음과 같이 끝을 맺었다. "소비에트는 타협배가 이탈해서 약해지지 않고 도리어 강해졌습니다. 반혁명의 불순물이 떨어져 나가 노동자·농민의 혁명이 깨끗해졌기 때문입니다. 제2차 전러시아 대회는 사회주의자혁명가와 멘셰비키의 발언을 듣고 나서 계속 활동하고 있으며, 그 활동 과제는 근로 인민의 의지와 10월 24일과 25일의 봉기로 미리 정해져 있습니다. 타협배를 타도하라! 부르주아의 앞잡이를 타도하라! 병사·노동자·농민의 봉기 승리 만세!"[54]

멘셰비키와 사회주의자혁명가에 대한 이 통렬한 비난과 페트로그라드에서 일어난 무장 봉기의 일괄 승인을 사회주의자혁명가당 좌파, 멘셰비키 좌파, 온건 볼셰비키가 받아들이기란 물론 마르토프의 결의안이 레닌 지지자들에게 그랬던 것만큼 어려운 일이었다. 캄코프는 이 순간에, 즉 러시아 사회주의자들을 가르는 간극이 벌어지고 사회주의자혁명가당 좌파가 애를 쓰는데도 혁명군사위원회가 봉기 기관으로 전환해서 임시정부를 타도해버리고 온건 사회주의자들이 이러한 사태 진전을 부정하고 그에 맞서 싸우려고 움직일 때 사회주의자혁명가당 좌파가 어떤 생각을 했는지, 이 사건들이 아직도 머릿속에 생생한 11월에 열린 제1차 사회주의자혁명가당 좌파 대회에서 보고를 하면서 다음과 같이 설명하려고 했다.

정치 활동가로서 우리는 러시아 혁명의 운명뿐만 아니라 국제 혁명의 운명에도 나름대로 엄청난 역사적 의미를 지닌 사건이 일어나고 있는 순간, 우리는 …… 도덕적 평가에 전혀 관심을 두지 않을 수 없습니다. 혁명 수호에 관심을 둔 사람으로서 우리는 무엇보다도 먼저 봉기가 현실이 된 오늘 무엇을 해야 하는지를 물어야 했습니다. …… 러시아 혁명의 현재 국면에서 혁명의 당, 혁명적 사회주의의 당을 위해 …… 우리에게는 우리 자리가 혁명의 옆에 있음이 명확했습니다. …… 우리는 스몰니에 남을 뿐만 아니라 가장 열정적으로 참가하기로 결정했습니다. …… 우리는 새 정부가 수립되도록, 만약 혁명적 민주주의 세력 전체가 아니라면 그 과반수라도 그 정부를 인정하도록 온 힘을 다해야 합니다. 우리는 페트로그라드의 봉기가 불러일으킨 분노에도 불구하고 …… 다만 러시아 혁명을 잘못 이해하고 있을 따름인 성실한 혁명가들이 오른쪽 부분에도 많다고 알고 있기에 우리의 과업은 민주 세력 간의 관계가 날카로워지지 않도록 하는 데 있다고 생각합니다. …… 우리는 또한 우리의 과업, 사회주의자혁명가당 좌파의 과업을 러시아 민주 세력의 두 전선을 이어주다가 끊긴 고리를 잇는 과업으로 보았습니다. …… 그리고 우리는 그들[혁명적 민주 세력의 오른쪽 부분]이 조금 늦게 한 분파나 한 당의 강령이 아닌 역사의 강령을 받아들이고 새 정부를 형성하는 데 참여하리라고 확신했습니다.[55]

제2차 소비에트 대회 10월 25~26일 밤 회기에서 캄코프가 트로츠키의 뒤를 이어 연단에 올라 "사회주의자혁명가당 우파는 대회에서 떠났지만, 우리 사회주의자혁명가당 좌파는 남았습니다!"라고 낭랑하게 선언하자 커다란 환호성이 터져 나왔다. 그러나 박수가 가라앉은 뒤, 캄코프는 "반혁명 시도가 계속되고 있음을 고려하면" 트로츠키가 제안한 조치는 시의적절하지 않다고 주장함으로써 트로츠키의 행동 방침에 요령 있게, 그러나 강하게 반대했다. 그는 "농민은 혁명의 보병이며, 이들이 없다면 혁명은 틀림없이 파멸할 것입니다"라고 말하고 볼셰비키가 농민의 지지를 얻지 못했다고 덧붙였다.[56] 이 점을 염두에 두고 캄코프는 좌파 세력이 "온건 민주 세력으로부터 고립되어서는 안 되며, 그들과 타협을 모색해야 합니다"라고 주장했다.

트로츠키보다 자제력이 더 강한 루나차르스키가 일어나 캄코프에게 답변을 한 것은 아마도 의의가 없지 않았을 것이다. 답변은 다음과 같았다.

우리에게 맡겨진 과업이 중대하다는 데에는 조금도 의심의 여지가 없습니다. 이 과제를 해결하는 데 성공하려면 다양한 인자들, 진정으로 혁명적인 민주 세력의 인자들이 단결해야 합니다. 캄코프 동지가 우리에게한 비난은 근거가 없습니다. 만약 우리가 회의를 시작한 다음 다른 인자를 없애거나 쓸어버리는 어떤 조처를 취하기라도 한다면 캄코프 동지가옳았을 것입니다. 하지만 우리는 평화적으로 위기를 해소할 수단을 논의해보자는 마르토프의 제안을 전원 만장일치로 받아들였습니다. 그러나선언서가 우리에게 우박처럼 쏟아지지 않았습니까? 우리는 정식으로 공격을 받았습니다. …… 그들은 우리 말을 듣지도 않고 자기들이 내놓은제안을 논의하지도 않은 채 곧바로 자기들을 우리와 분리하려고 노력했습니다. …… 우리는 우리 결의문에서 그들이 배신을 했는데도 불구하고우리 일을 계속하겠다고, 우리는 프롤레타리아와 군대를 투쟁과 승리로이끌겠다고 분명하게, 솔직하게, 공공연하게 말하고 싶었습니다.[57]

근본적으로 다른 마르토프와 트로츠키의 견해를 둘러싼 논쟁은밤까지 질질 끌었다. 결국 사회주의자혁명가당 좌파의 대표 한 사람이 휴회가 선언되지 않으면 사회주의자혁명가당 좌파도 즉시 퇴장하겠다고 위협하면서 당 대의원단별 논의를 위한 휴식을 요구했다.그 문제는 표결에 부쳐져 오전 2시 40분에 통과되었다. 카메네프는30분 뒤에 대회를 재개한다고 예고했다.[58]

이 무렵 겨울궁전을 향한 시의회의 행진은 맥이 빠져 완전한 실패로 끝나버렸다. 자정 무렵에 (합치면 300명에 가까운) 시의회 의원과 농민 소비에트 집행위원회 위원들, 스몰니에서 막 퇴장해 나온 소비에트 대회 대의원들이 이제 찬비가 내리기 시작한 넵스키 대로에 있는 시의회 청사 밖에 모였다. 시레이데르와 (한 손에는 우산을 들고 다른 한 손에는 등을 든) 프로코포비치가 앞에 선 행렬이 "장관들에게 줄" 빵과 소시지를 싼 꾸러미만으로 무장한 채 4열 종대로 걸으며 〈라마르세예즈〉를 부르면서 해군본부 방향으로 출발했다. 대의원들은 한 블록도 채 안 떨어진 카잔 광장에서 수병 부대의 제지를 받고 더는 전진하지 말라는 권고를 받았다. 옆에 서 있던 존 리드는 그 광경을 다음과 같이 서술했다.

…… 바로 예카테리나 운하의 모퉁이에서, 아크등의 불빛 아래, 무장 수병들의 초병선이 넵스키 대로를 가로질러 설치되어 4열로 줄을 선 한 무리의 사람들이 가지 못하도록 길을 막고 있었다. 약 300명 내지 400명이 있었다. 그들은 프록코트를 입은 남자, 잘 차려입은 여자, 장교였고 …… 맨 앞에는 흰 턱수염을 기른 늙은 시레이데르 페트로그라드 시장과 그날 아침에 붙들려 있다가 풀려난 프로코포비치 임시정부 식량부 장관이 있었다. 〈러시아 통보〉(Russkie vedomosti)의 말킨(Malkin) 기자가 눈에 들어왔다. 그는 "겨울궁전에서 죽으러 간다네"라고 쾌활하게 외쳤다. 행렬은 멈추었지만, 행렬 앞에서 언성이 높은 말다툼이 터져 나왔다. 시레이데르와 프로코포비치가 지휘관인 듯한 덩치 큰 수병에게 고함을 치고 있었다. "우리는 통과를 요구한다!" …… "우리는 당신들이 지나가도록 내버려둘 수 없다니까요"[라고 수병이 대꾸했다.] …… 다른 수병 한 사람이 화가 머리끝까지 난 채로 다가왔다. 그가 힘이 뻗쳐 다음과 같이 소리쳤다. "우리가 네놈들 엉덩이를 때려주겠다! 그리고 만약 그래야 한다면 네놈들에게 총도 쏠 수 있어. 이제 집으로

가란 말이야. 그리고 우리를 성가시게 하지 마!"

여기서 분노와 격분이 한바탕 크게 터져 나왔다. 프로코포비치는 어떤 궤짝 위에 올라가서는 우산을 흔들면서 연설했다.

"동지와 시민 여러분!" 그는 다음과 같이 말했다. "우리에게 폭력이 가해지고 있습니다! 우리는 이 무식한 놈들의 손에 우리의 죄 없는 피를 묻힐 수는 없습니다! …… 시의회로 돌아가서 나라와 혁명을 구할 최선의 방법을 논의합시다!"

이리하여 행렬은 장엄한 침묵 속에서 4열 종대를 유지한 채 걸어서 넵스키를 되돌아갔다.[59]

이제 시각은 자정을 훨씬 지났고, 겨울궁전에 있는 내각의 상황은 시시각각 점점 더 절망적이 되었다. 친정부군이 꾸준히 줄어들어서 이때쯤에는 겨울궁전의 동쪽 건물의 일부가 거의 완전히 무방비 상태가 되었다. 궁전 건물의 이쪽 구역에 있는 창문을 통해서 봉기 부대원들이 궁전으로 침투할 수 있었고, 그 수가 늘어나고 있었다. 2층 회의실에 있는 장관들 가운데 다수가 이때 기운 없이 안락의자에 축 늘어져 있거나 아니면 말랸토비치처럼 소파에 누워서 최후를 기다렸다. 코노발로프는 줄담배를 피우면서 초조하게 방을 걸어 다니다가 아직 작동하는 전화 한 대를 사용하러 가끔 옆방으로 사라졌다. 장관들은 자기들에게 여전히 충성하는 장교와 사관생도들이 혁명군을 막으려고 쓸데없이 싸울 때 일어나는 고함소리와 나직한 폭발음, 소총과 기관총 사격 소리를 들을 수 있었다. 장관들이 가장 걱정한 순간이 왔다. 페트로파블롭스크 요새에서 쏜 포탄이 위층 방에서 폭발하고 조금 뒤에 침투해 들어온 수병들이 위층 회랑에서 던진 수류탄 2개가 아래층 홀에서 터진 것이다. 수류탄이 터질 때 다친 사관생도 2명이 응급처치를 받으려고 키시킨에게 운반되어 왔다.

팔친스키가 이따금 들러서 장관들을 진정시키려고 애썼다. 그는 들를 때마다 궁전 안으로 기어 들어오는 봉기군 대원들이 붙잡히고 있으며 아직은 상황을 통제하고 있다는 말로 불안한 장관들의 마음을 달랬다. 말랸토비치는 그 순간을 다음과 같이 기록했다. "우리는 행렬이 시의회에서 떠났다는 소식을 밤 1시에, 어쩌면 더 늦은 시각에 받았다. 위병들에게 알려주었다. …… 또다시 시끄러운 소리가 났다. …… 그런 소리에는 이미 익숙해졌다. …… 다시 볼셰비키가 돌입하고 물론 다시 무장 해제되었음이 분명하다. …… 팔친스키가 들어왔다. 물론, 그렇다고 판명되었다. 그리고 다시 저항 없이 무장 해제되었다. 그리고 다시 많은 볼셰비키가 있다. …… 이미 겨울궁전 안에 들어온 볼셰비키는 몇 명일까? …… 사실상 지금 누가 궁전을 차지하고 있을까? 우리일까, 아니면 볼셰비키일까?"[60]

소련에서 씌어진 대다수 설명과는 달리, 겨울궁전은 돌격으로 점령되지 않았다. 훗날 안토노프-옵세옌코가 다음과 같이 설명했다. 늦저녁까지 "겨울궁전 공격 전체는 대체로 극히 무질서한 성격을 띠었다. …… 마침내 남아 있는 사관생도가 얼마 되지 않는다는 것이 밝혀지자 나와 추도놉스키는 공격 대원들을 이끌고 겨울궁전 안으로 들어갔다. 우리가 들어갈 때 사관생도들은 이미 저항을 하지 않았으며, 우리는 임시정부 각료들을 찾아서 궁전 깊숙이 마음대로 침입해 들어갔다."[61] 이 일은 새벽 2시 무렵에 일어났음이 틀림없다. 이때 코노발로프가 시레이데르 시장에게 전화를 걸어 다음과 같이 보고했기 때문이다. "임시혁명위원회(혁명군사위원회)가 침입했습니다. …… 우리에게 남은 사관생도는 얼마 안 됩니다. …… 우리는 몇 분 뒤에 체포될 것입니다." 잠시 뒤에 시레이데르가 겨울궁전에 다시 전화를 걸었을 때, 누군가 쉰 목소리로 답변했다. "무슨 용건입니까? 어디서 전화를 하는 겁니까?" 이에 시레이데르는 "시 자치기관이오. 여러분에게 별일 없는지 알고 싶습니다"라고 대답했다. 그 낯선 목소리가 "저는 보초입니다. 우리에게는 아무 일 없습니다"라고 답했다.[62]

그사이에, 임시정부가 차지한 방 밖에서 갑자기 더 불길한 소리가 들려왔다. 말랸토비치는 다음과 같이 회고했다. "갑자기 어디선가 시끄러운 소리가 나더니 이내 커져서 퍼지더니 가까워지기 시작했다. 잡다한 소리가 섞여 있었지만, 하나의 파동으로 합쳐지더니 이전의 소음과 비슷하지 않은 특이한 소리가 들리기 시작했다. 갑자기 마지막이 왔다는 것이 곧바로 분명해졌다. …… 누워 있거나 앉아 있던 사람들이 벌떡 일어나더니 모두 외투를 집어 들었다. …… 그리고 시끄러운 소리가 더 심해지고, 더 빨리 커지고, 커다란 파동으로 우리에게 다가왔다. …… 이 모든 일이 몇 분 안에 벌어졌다. …… 벌써 우리 위병실 입구에서 소리가 들린다. 여러 목소리가 외치는 날카롭고 격앙된 외침, 단발적인 몇 발의 총성, 발 구르는 소리, 무엇인가 쿵하는 소리, 움직이는 소리, 점점 한 덩어리가 되는 소리의 혼돈과 점점 커지는 불안."[63]

이런데도 장관들이 있는 방 밖에 있던 소수의 사관생도가 계속 저항할 각오가 되어 있는 듯했다고 말랸토비치가 덧붙인다. 그러나 "방어해봤자 소용없고 희생해봤자 무의미하다"는 것이 이제는 모든 사람에게 분명했다. 마침내 항복할 때가 온 것이다. 키시킨이 경비대장에게 정부의 항복 의사를 알리라고 명령했다. 그런 다음 장관들은 탁자 주위에 둘러앉았고 문이 활짝 열리더니, 말랸토비치가 쓴 바에 따르면, "방 안으로 우르르 밀려 들어와 마치 물처럼 곧바로 사방의 구석으로 퍼져 방을 채운 군중의 압력에 떠밀려 한 왜소한 사람이 파도가 우리에게 내동댕이친 나무토막처럼 방 안으로 뛰어 들어오는 모습"을 무덤덤하게 지켜보았다. 그 왜소한 사람은 안토노프-옵세옌코였다. 코노발로프가 "임시정부는 여기 있습니다. 당신들이 바라는 것이 뭡니까?"라고 물었다. 안토노프-옵세옌코는 "임시정부 각료 여러분 모두에게 여러분이 체포되었음을 알립니다"라고 대답했고, 추도놉스키가 그 자리에 있던 관리들의 이름을 받아 적고 공식 조서를 준비하기 시작했다. 그들이 가장 노리던 사람인 케렌스키가 방에 없음을 깨닫고는 많은 공격 대원이 격분 상태에 빠졌다. 누군가 "이 빌어먹을 놈들. 동지들! 이놈들을 바로 이 자리에서 모두 다 찔러 죽입시다!"라고 외쳤다. 말랸토비치는 "동지들, 진정하세요! 임시정부 각료는 모두 다 체포되었습니다. 이 사람들은 페트로파블롭스크 요새에 감금될 것입니다. 나는 이 사람들에게 가해지는 어떤 폭력도 허용하지 않겠습니다"라고 단호하게 말해서 각료들이 린치당하지 않도록 어떻게든 간신히 막아낸 사람이 바로 안토노프-옵세옌코였다고 기록하고 있다.[64]

선정된 무장 수병들과 붉은 근위대가 장관들을 겨울궁전에서 궁전광장을 거쳐 호송했는데, 구경꾼들이 욕설과 조롱을 퍼붓고 주먹을 흔들어대며 따라다녔다. 차를 구할 수 없어서 그들은 어쩔 도리 없이 구치소까지 걸어서 가야 했다. 행렬이 트로이츠키 다리에 다가가자, 장관들을 에워싼 군중이 또다시 사나워져서 장관들의 목을 쳐 네바 강에 던져버리라고 요구했다. 임시정부 각료들은 이때 차 한 대가 다가오면서 뚜렷한 표적 없이 마구잡이로 기관총을 쏘는 바람에 목숨을 구했다. 페트로파블롭스크 요새의 기관총 사수들도 총소리를 듣고는 자기들이 공격당하고 있다고 믿고 사격을 개시했다. 장관들과 호송대와 구경꾼들이 엄폐물을 찾아 흩어졌다. 체포된 장관들은 뒤이은 혼란 속에서 안전한 곳을 찾아 다리를 건너 요새로 내달렸다.[65]

장관들은 그을음이 나는 등유등 단 하나로 덩그러니 불을 밝힌 조그만 수비대 클럽 방으로 인도되었다. 그들은 방 앞에서 추도놉스키가 겨울궁전에서 작성하기 시작했던 조서를 작은 책상에 앉아 마무리하고 있는 안토노프-옵세옌코를 발견했다. 안토노프-옵세옌코는 그 조서를 큰소리로 읽고는 체포된 관리들의 이름을 부르고 조서에 각자 서명을 하라고 요청했다. 그런 다음 장관들은 2월 이후로 제정의 전직 관리들이 감금되었던 곳에서 멀리 떨어지지 않은 유서 깊은 트루베츠코이(Trubetskoi) 능보(稜堡)의 축축한 감방으로 인도되었다. 그리로 가는 도중에 코노발로프는 갑자기 자기에게 담배가 없다는 것을 깨달았다. 그는 자기를 데리고 가는 수병에게 담배를 한 개비 달라고 조심스럽게 부탁했는데, 그 수병이 자기에게 담배가루와 종이를 내준 데다 그것들을 어떻게 하는지 몰라서 당황해하는 모습을 보고는 담배 한 대를 돌돌 말아주자 마음을 놓았다.[66] 니키틴은 감방 문이 쾅 하고 닫히기 직전에 자기 호주머니에서 까맣게 잊고 있던 전보문을 한 장 발견했다. 우크라이나 라다(Rada, 소비에트에 해당하는 우크라이나어)가 내무장관에게 보낸 전보문이었다. 니키틴은 그것을 안토노프-옵세옌코에게 건네주면서 "우크라이나 중앙 라다에게서 이것을 받았습니다. 이제는 당신이 이것을 해결해야 할 거요"라고 담담하게 말했다.[67]

한편, 스몰니에서는 이때 소비에트 대회 회기가 재개되었다. 얄궂게도, 임시정부의 사망을 선포하는 일을 맡은 사람은 한 달 반 동안 봉기에 반대해서 격렬하게 싸웠던 카메네프였다. 그가 "겨울궁전에 숨어 있던 반혁명의 우두머리들이 …… 페트로그라드의 혁명적 수비대에게 붙잡혔다는 소식이 들어왔습니다"라고 선언하자마자 강당은 완전히 아수라장이 되었다. 카메네프는 이어서 감금되어 있는 전직 관리들의 명단을 읽었다. 혐오스러운 전쟁의 지속과 동의어인 테레셴코의 이름이 불리자 대의원들은 다시 한 번 미친 듯이 함성과 박수를 터뜨렸다.

마치 혁명에 직접 가해지는 위협이 없다고 소비에트 대회를 안심시키려는 듯, 카메네프는 케렌스키가 전선에서 수도로 불러들인 제3자전거대대도 혁명의 편으로 넘어왔다고 발표했다. 이 신나는 소식 바로 뒤에 차르스코예 셀로에 있는 수비대에서 온 혁명군사위원회 지도위원이 앞으로 달려나와 차르스코예 셀로에 주둔한 부대들이 페트로그라드로 가는 접근로를 방어하겠다는 약속을 했다고 선언했다. 그는 다음과 같이 보고했다. "우리는 자전거 부대원들이 다가온다는 것을 알고 난 뒤 저항할 준비를 했습니다. 그러나 경계 태세는 필요 없었습니다. 자전거 부대원 동지들 가운데에는 전러시아 소비에트 대회의 적이 없다고 판명되었으니 말입니다. [회의록에는 이 발언으로 또 한 차례 열렬한 박수가 오랫동안 터져 나왔다고 기록되어 있다.] 우리가 지도위원을 그들에게 보내자 그들도 소비에트 권력, 토지의 지체 없는 대농민 양도, …… 노동자 생산관리 도입을 지지한다는 것이 밝혀졌습니다."[68]

차르스코예 셀로 수비대에서 온 지도위원들이 발언을 마치자마자, 바로 그 제3자전거 대대의 대표가 발언권을 신청했다. 그는 자기 부대의 입장을 다음과 같은 식으로 설명했다.

우리는 최근까지 남서부 전선에서 복무했습니다. 우리는 며칠 전에 전신으로 내려온 명령에 따라 북쪽으로 이동했습니다. 그 전신에는 우리가 페트로그라드를 지키러 가는 것이라고 되어 있었습니다. 그런데 누구에게서 페트로그라드를 지킨다는 말인가? 이것을 우리에게 말해주는 사람이 없었습니다. 우리는 눈을 가린 사람처럼 행군했습니다. 우리는 어디로 파견되고 있는지 몰랐지만, 무슨 일인지를 어렴풋하게 추측했습니다. 어디로? 뭘 하려고? 이런 물음이 길을 가는 우리 모두를 괴롭혔습니다. 우리는 페레돌스크(Peredol'sk) 역에서 현 상황을 규명하려고 제2자전거대대와 함께 긴급회의를 열었습니다. 이 회의에서 모든 자전거 부대원 가운데 형제에 대항해서 자기의 피를 흘리는 데 찬성할 사람이 단한 명도 없다는 것이 밝혀졌습니다. 우리는 임시정부에 복종하지 않겠다고 결의했습니다. 우리는 말했습니다. 임시정부에는 우리의 이익을 지키기를 바라지 않고 우리를 우리 형제들에게 맞서도록 보내는 자들이있다고 말입니다. 나는 여러분에게 구체적으로 다음과 같이 선언합니다. 안 된다. 우리는 부르주아와 지주가 우두머리로 있는 정부에 권력을 주지 않겠다!

잠시 뒤에 크릴렌코가 전선 병사들이 임시정부를 지키기를 꺼린다는 것을 한 번 더 확인했다. 그는 소비에트 대회에 북부 전선에서 들어온 최신 보고를 알렸다. 그곳에서도 구 정부를 지지하는 군 부대를수도로 보내려는 시도를 막으려고 혁명군사위원회가 조직되었다는것이었다. 또한 크릴렌코는 체레미소프 장군이 이미 이 위원회의 권위를 인정했고, 케렌스키의 북부 전선 지도위원인 보이틴스키가 사임했으며, 이미 수도로 이동하던 이 부대들의 대표단이 하나둘씩 차례로 북부 전선의 혁명군사위원회에 와서는 자기들은 페트로그라드 수비대와 연대한다고 선언했다고 발표했다.[69]

이 시점에서 멘셰비키 국제주의자 대의원단이 적어도 일부는 강당에 다시 들어온 듯하며, 그들의 대표인 카펠린스키(Kapelinskii)는 대표단을 보내서 대의제 민주정부 창출에 관한 모든 사회주의 조직의의사를 타진해보는 동안 소비에트 대회를 휴회한다는 마르토프의구상에 대의원들의 관심을 돌리려고 애썼다. 이때는 카펠린스키를무시하거나 야유했던 대의원들 가운데 다수가 오래지 않아 온건 그룹들과 화해를 모색하는 데 다시 관심을 보였다. 그러나 이 순간 그들은 겉보기에 고통 없이 케렌스키 정권에 승리를 거두었다는 첫 환희에 젖어 있던 터라, 화해를 모색할 기분이 아니었다. 볼셰비키를 대표해서 카메네프가 위기에 대처하는 평화적 방법을 찾아보자는 마르토프의 제안이 실현되지 않은 사실은 오로지 온건 사회주의자 자신들 탓이라는 주장으로 카펠린스키의 청원을 간단하게 물리쳤다. 그러면서도 카메네프는 멘셰비키와 사회주의자혁명가를 비난하는 트로츠키의 결의안을 잠시 접어두고 논의를 연기하자고 제안함으로써, 그들과 관계를 재개하기 위한 문을 어느 정도 열어 두었다.

멘셰비키 국제주의자들이 강당 밖으로 다시 걸어 나가자, 루나차르스키가 일어나서 대회의 즉각적 인준을 받고자 〈노동자, 병사, 농민에게〉라는 레닌의 선언문을 제출했다. 이 선언문은 페트로그라드의 봉기를 승인하고 최고 정치 권한이 소비에트 대회와 러시아 전역의 지역 소비에트로 넘어왔다고 선포하고 신생 소비에트 정권의 당면 계획의 개요를 가장 포괄적인 용어로 제시했다. 궁극적으로 소비에트의 정치적 권위의 근원이 되는 이 역사적 선언서는 다음과 같다.

노동자, 병사, 농민에게!
제2차 전러시아 노동자·병사 대의원 소비에트 대회가 열렸습니다. 압도적 다수의 소비에트가 대회에 대표를 보냈습니다. 농민 소비에트의 대의원들도 본 대회에 참석하고 있습니다. 타협을 일삼던 소비에트 중앙집행위원회의 권력은 끝났습니다. 노동자와 병사와 농민의 압도적 다수의 의지에 입각해서, 페트로그라드에서 일어나 승리를 거둔 노동자와 수비대의 봉기에 입각해서 본 대회는 권력을 장악하고 있습니다.
임시정부는 타도되었습니다. 임시정부 각료 대다수가 이미 체포되었습니다.
소비에트 정부는 모든 나라의 인민에게 민주적 강화를, 모든 전선에 휴전을 지체 없이 제안하겠습니다. 소비에트 정부는 지주와 귀족과 수도원이 소유한 토지를 농민위원회의 관할로 무상 양도하고 철저한 군대 민주화를 수행해서 병사의 권리를 지키고 노동자 생산관리를 확립하고 헌법제정회의를 알맞은 시기에 반드시 소집하고 도시에는 곡물이, 농촌에는 생활필수품이 공급되도록 배려하고 러시아에 사는 모든 민족에게 진정한 자결권을 보장하겠습니다.

본 대회는 다음과 같이 결의합니다. 모든 지방 권력은 노동자·병사·농민 대의원 소비에트로 이전되며, 소비에트는 진정한 혁명적 질서를 확보해야 한다.

본 대회는 참호에 있는 병사들에게 경계를 늦추거나 동요하지 말라고 호소합니다. 본 소비에트 대회는 새 정부가 모든 나라의 인민에게 직접 제안할 민주적 강화가 체결될 때까지 혁명 군대가 제국주의의 모든 음해 시도로부터 혁명을 지켜낼 수 있으리라고 믿습니다. 새 정부는 유산 계급을 상대로 단호한 징발과 과세 정책을 펴서 혁명 군대에 필요한 모든 것을 확보하는 모든 조처를 취하고 병사 가족의 처우도 개선하겠습니다. 케렌스키나 칼레딘 같은 코르닐로프 추종자들이 군대를 페트로그라드로 보내려고 시도하고 있습니다. 케렌스키에게 속아 넘어갔던 일부 부대가 봉기한 인민의 편으로 넘어왔습니다.

병사여, 코르닐로프 같은 자인 케렌스키에게 적극 저항하십시오! 경계하십시오!

철도 노동자여, 케렌스키가 페트로그라드로 보내는 모든 열차를 멈춰세우십시오!

병사, 육체 노동자, 사무 노동자여, 혁명의 운명과 민주적 강화의 운명이 여러분의 손에 있습니다!

혁명 만세!

전러시아 노동자·병사 대의원 소비에트 대회

농민 소비에트 대표단[70]

제2차 전러시아 소비에트 대회에 참석한 대의원들. 이때 볼셰비키는 최대 다수당이 됐다. 깃발 아래 넥타이를 매고 안경을 쓴 사람이 볼셰비키 대표인 아나톨리 루나차르스키다.

이 역사적 선언문의 낭독은 열광하는 천둥 같은 환호가 물결치는 통에 거듭해서 끊겼다. 루나차르스키가 낭독을 마치고 질서가 가까스로 회복된 뒤, 캄코프가 사회주의자혁명가당 좌파는 사소한 사항이 하나 수정된다면 선언문 채택을 지지하겠다고 밝혔다. 그 수정은 즉시 받아들여졌다. 몇 명 되지 않는 연합 멘셰비키 국제주의자(Men'shevik-ob"edinennyi internatsionalist) 대의원단 대표가 만약 선언문이 수정되어 가능한 한 가장 폭넓은 계층의 국민에 기반을 둔 정부를 즉시 수립한다고 규정하면 자기도 선언문에 찬성 투표를 하겠다고 밝혔다. 그러나 이 제안이 무시되자, 그는 자기의 추종자들이 기권할 것이라고 선언했다. 드디어 10월 26일 오전 5시에 혁명 정부 창출을 합법화하는 선언문이 표결에 부쳐져 압도적 차이로 통과되었다. 단 두 명의 대의원만이 반대표를 던지고 12명이 기권했다. 소비에트 대회 대의원들이 스몰니에서 서서히 빠져나올 때, 늦가을의 페트로그라드에서 전형적으로 나타나는 안개 긴 잿빛 새벽이 밝아 오고 있었다. 위층에서는 녹초가 된 혁명군사위원회 지도자들이 혼잡한 지휘 본부의 바닥에 드러누워 잠깐이라도 눈을 붙였다. 이 가운데는 며칠 만에 처음으로 잠을 자는 이들이 많았다. 레닌은 인근에 있는 본치-브루예비치의 아파트로 가서 휴식을 취하고 소비에트 대회의 다음 회기에서 채택될 토지 포고령을 작성했다. 볼셰비키는 페트로그라드에서 권력에 이르렀고, 세계사와 러시아사의 새 시대가 시작되었다.

에필로그

왜 볼셰비키가 승리했는가

케렌스키는 혁명군사위원회가 겨울궁전을 점령하기 몇 시간 전인 10월 25일 오후 9시 무렵에 페트로그라드에서 남서쪽으로 280킬로미터 떨어진 프스코프에 있는 북부 전선 사령부에 도착했다. 그 전에 프스코프 소비에트는 임시정부를 지키려고 전선 부대를 페트로그라드로 보내는 것을 금하는 결의문을 가결했다. 크릴렌코가 제2차 소비에트대회에서 환희에 젖어 있는 대의원들에게 즉시 보고한 대로, 프스코프 소비에트가 구성한 혁명군사위원회가 지역의 교통·통신 시설 통제권을 장악하고 군 고위사령부의 행동을 감시하기 시작했다. 북부 전선 사령관 체레미소프 장군은 현 상황에서 부대원들에게 반대하는 것이 쓸데없음을 깨닫고 임시정부의 무기력한 처지를 인식하고는 응원 부대를 전선에서 페트로그라드로 보내는 것을 허락한 예전 지령을 철회했다. 더 나아가 그는 이미 수도로 가고 있던 부대에 정지 명령을 내렸다. 케렌스키가 도착하자, 체레미소프는 총리의 신변 안전을 보장할 수 없다고 경고하고는 그에게 프스코프에서 즉시

떠나 달라고 간청했다[1]

그날 밤 늦게 아직 프스코프에 있던 케렌스키는 죽은 크리모프 장군을 대신해서 제3군단 사령관이 된 표트르 크라스노프(Petr Krasnov) 장군과 만났다. 제3군단은 8월 하순에 코르닐로프가 페트로그라드로 이동해서 그곳을 점령하는 임무를 맡기기로 정해 두었던 대부대였다. 정치적으로 골수 반동분자인 크라스노프는 전선 병사들을 페트로그라드로 보내는 것을 중지한다는 체레미소프의 결정을 거부하고 예하 카자크들을 동원해서 수도를 평정하려는 시도에 나섰다. 그러나 이때 제3군단 부대원들은 수백 킬로미터에 걸쳐 흩어져 있었으며, 대체로 대부분의 다른 북부 전선 부대들보다 임시정부를 지원하려는 의사가 딱히 더 강하지도 않았다. 그래서 크라스노프가 케렌스키를 위해 소집할 수 있었던 병력은 참담하게도 70인 카자크기병중대 12.5개, 경포 몇 문, 장갑열차 한 대, 장갑차 한 대가 고작이었다. 이 부대는 10월 27일 아침에 갓치나를 점령했고, 케렌스키는 갓치나에 본부를 설치했다. 그런 다음 부대는 보충 병력을 얻는다는 헛된 희망을 품은 채 잠시 휴식을 취하고는 멈춰서서 조속히 수도를 공격할 준비를 시작했다.[2]

한편, 페트로그라드에서는 제2차 전러시아 소비에트 대회가 레닌의 평화와 토지에 관한 포고령을 인준했다. 평화에 관한 포고령은 비밀 외교 종식을 약속했고 "영토 병합과 배상금 없는" 민주적 강화 조약을 반드시 체결할 협상을 즉시 벌이자고 제안했다. 사회주의자혁명가당 좌파의 인기 있는 토지 강령에서 핵심을 빌린 토지에 관한 포고령은 사적 토지 소유를 폐지했고 필요에 따라 농민에게 나눠주려고 모든 사유지와 교회령을 토지위원회와 농민 대의원 소비에트에 넘기라고 규정했다. 대의원들은 10월 27일 이른 아침에 해산하기에 앞서 카메네프가 의장을 맡고 볼셰비키 62명, 사회주의자혁명가당 좌파 29명, 멘셰비키 국제주의자 6명, 소규모 좌파 그룹 대표 4명으로 이루어진 새로운 소비에트 중앙집행위원회도 선출했다. 대회는 임시 혁명 정부의 인선도 인준했다. 처음에는 볼셰비키로만 이루어지고[3] 인민위원회의(Sovet Narodnykh Kommissarov)가 공식 명칭인 이 새로운 행정부의 구성원은 의장에 레닌, 외무에 트로츠키, 내무에 리코프, 농업에 밀류틴, 노동에 실랴프니코프, 상공업에 노긴, 교육에 루나차르스키, 육해군에 안토노프-옵셰옌코, 크릴렌코, 디벤코, 법무에 로모프, 재무에 이반 스크보르초프-스테파노프(Ivan Skvortsov-Stepanov), 식량에 이반 테오도로비치(Ivan Teodorovich), 체신에 니콜라이 아빌로프(Nikolai Avilov), 민족에 스탈린이었다. 초대 인민위원들이 맨 먼저 한 행동은 헌법제정회의 선거가 일정대로 11월 12일에 치러질 것이라는 성명 발표였다.[4]

처음부터 볼셰비키 정권에 맹렬히 저항하는 세력이, 주로 페트로그라드 시의회 안의 멘셰비키와 사회주의자혁명가들이 10월 26일에 만든 이른바 조국·혁명구원위원회(Komitet spasenie rodiny irevoliutsii)를 중심으로 뭉쳤다. 이 위원회에는 시의회, 예비의회 상임의원단, 전임 소비에트 중앙집행위원회, 전러시아 농민 소비에트 집행위원회, 제2차 소비에트 대회에 잔류한 멘셰비키당 대의원단과 사회주의자혁명가당 대의원단, 철도 노동조합과 우편·전신 노동조합, 첸트로플로트, 멘셰비키당 중앙위원회와 사회주의자혁명가당 중앙위원회가 들어갔다. 볼셰비키가 권력을 잡은 뒤 처음 며칠 동안 조국·혁명구원위원회는 임시정부를 다시 구성할 권리가 있다고 주장하면서 정부 직원과 시민들에게 인민위원회의를 인정하거나 인민위원회의에 복종하지 말라고 요청했다.

조국·혁명구원위원회 지도자들은 곧 있으리라고 예상되는 크라스노프 예하 카자크의 수도 진입에 맞추어 페트로그라드에서 봉기를

초대 인민위원회. 가운데 원: 레닌. 맨 위 열(왼쪽부터): 스탈린, 밀류틴, 리코프, 실랴프니코프, 아빌로프. 두 번째 열: 노긴, 루나차르스키. 세 번째 열: 스크보르초프, 트로츠키. 네 번째 열: 로모프, 테오도로비치. 맨 아래 열: 크릴렌코, 안토노프—옵세옌코, 디벤코.

일으킨다는 계획도 마련했다. 그러나 그들의 의도는 크라스노프가 공격준비를 갖추기 전인 10월 28일 밤에 혁명군사위원회에 알려졌다. 그래서 조국·혁명구원위원회는 다음날 아침에 볼셰비키에 맞서 공개 군사 행동을 개시해야 했다. 수도의 사관학교 생도들이 페트로그라드 전화국과 아스토리야 호텔과 국립은행을 장악했고, 그런 다음 볼셰비키를 스몰니에서 쫓아낼 준비를 했다. 그러나 페트로그라드에 있는 군인들 가운데 봉기에 가담한 세력은 사관생도들뿐이었고, 이들은 혁명군사위원회가 서둘러 불러모은 병력의 적수가 되지 못했다. 10월 29일 이른 아침에 사관생도들에게 점령된 지점들이 손쉽게 탈환되었다. 봉기에 연루된 사관학교들이 곧바로 고립되어 봉쇄되었고, 한 사관학교는 포화 세례까지 받았다. 해가 떨어지기 전에 모든 사관학교가 항복하면서 때 이른 반란은 사실상 진압되었다.[5]

온건 사회주의자들이 장악하고 있는 전러시아 철도 노동조합 집행위원회(빅젤)도 10월 26~27일 밤에 구성된 볼셰비키만의 정부가 유지되는 데 적극적으로 반대했다. 빅젤은 이때 혁명군사위원회와 조국·혁명구원위원회 사이의 중재자 노릇을 해서 우파로는 인민사회당부터 극좌파로는 볼셰비키까지 모든 사회주의 정파의 대표를 포함하는 동질적 사회주의 정부의 창출을 추진하려고 애썼다. 빅젤은 이 목표를 이루고자 10월 29일에 여러 사회주의 정당의 협의회를 소집하고는 만약 서로 싸우는 양쪽의 휴전을 이끌어 내서 더 광범위한 정부의 구성에 관한 협상을 개시하려는 자기들의 노력이 성공하지 못한다면 10월 29일 자정을 기해 전국적 철도 파업을 벌이겠다고 위협했다.[6] 철도 파업의 위협은 불길한 것이었다. 빅젤은 페트로그라드와 나머지 지역 사이의 교통을 끊고 수도의 식량 공급을 차단해서 새 정부로서는 버티기 힘든 상황을 만들 수 있었다. 어느 정도는 이 때문에 볼셰비키는 빅젤이 주최하는 협의회에 참가한다는 데 동의했

다. 협의회는 예정대로 10월 29일 저녁에 시작되었다.[7]

빅젤은 고위 정치 회담을 주선하는 데에는 성공했지만, 휴전을 이끌어내지는 못했다. 10월 30일에 페트로그라드에서 20킬로미터 떨어진 차르스코예 셀로 북쪽 풀코보 언덕에서 1,000명쯤 되는 크라스노프의 카자크 부대와, 노동자 부대, 페트로그라드 수비대 병사, 발트해 함대 수병으로 이루어지고 카자크 부대의 열 배쯤되는 혼성 부대 사이에 결정적 전투가 벌어졌다. "러시아 혁명의 발미(Valmy) 전투*"라고[8] 그럴듯하게 이름 붙여진 이 싸움은 뒤죽박죽이고, 무질서하고, 양측이 심각한 사상자를 낸 유혈 전투였다. 오후 늦은 시간대에 자신감을 잃어버린 크라스노프 군이 공격을 멈추었다. 탄약이 떨어져 가던 카자크 부대는 측면을 공격당하고 후위와 단절될 위험에 빠졌다. 어쩔 수 없이 갓치나로 퇴각한 카자크들은 이틀 뒤에 사면을 받고 고향으로 돌아갈 때 안전을 보장해 주는 통행증을 받는다는 조건으로 저항을 끝내고 케렌스키를 체포해서 공개 재판을 받도록 넘겨 주겠다는 데 동의했다. 카자크들이 항복할 것이라는 사전 경고를 받은 케렌스키는 수병 제복을 입고 자동차 보안경을 쓰는 변장을 해서 간발의 차로 체포를 모면하고 은신했다.[9]

사회주의자혁명가당 좌파와 멘셰비키 국제주의자, 그리고 페트로그라드 노동조합 평의회, 공장위원회 중앙평의회, 몇몇 구 소비에트 같은 수도의 대중 조직들이 타협을 해서 내전을 끝내라는 빅젤의 호소를 되풀이했다. 빅젤의 압력이 계속되는 가운데 광범위한 사회주의 정부를 창출하려는 토론이 여러 날 동안 이어졌다. 이 회담이 시

---

* 발미 전투 1792년 9월에 프랑스 발미에서 프랑스혁명에 반대하는 프로이센-오스트리아 연합군과 프랑스군이 벌인 전투. 프랑스 혁명 정부가 급히 편성한 의용병 부대가 이 전투에서 왕조 국가의 직업군 부대의 공격을 물리치는 이변을 낳았다.

작되었을 때, 멘셰비키당 중앙위원회와 사회주의자혁명가당 중앙위원회 대표들은 볼셰비키와 타협하기보다는 볼셰비키를 쳐부술 군사 원조를 동원하는 데 더 큰 관심을 가졌다.[10] 볼셰비키가 쉽게 무너지리라는 애초의 확신이 근거 없는 것으로 판명되면서, 온건 사회주의자 지도자들은 연립내각에서 볼셰비키와 함께 일한다는 데 조금은 더 고분고분해졌다. 그러나 그들은 레닌이나 트로츠키가 들어간 정부에 참여하는 데에는 완강하게 반대했다. 이밖에도 온건 사회주의자들은 볼셰비키가 향후 어떤 정부도 지배하지 못하도록 만드는 것이 목표인 갖가지 보호 조항을 고집했다.[11]

크라스노프 군이 수도를 점령할지도 모른다고 보였던 10월 29일과 31일 사이에, 그리고 새로운 정권이 모스크바에서 권위를 확립하는데 커다란 어려움에 부딪히고 있을 때, 볼셰비키 지도부는 이 근본 쟁점에서 중대한 양보를 할 태세가 된 듯했다.[12] 이 기간 동안 레닌과 트로츠키는 화급한 병참 문제와 군사 문제에 몰두해서 정부 문제에 관한 볼셰비키의 입장이 정식화되는 당 회의나 새로운 정부의 성격과 강령이 논의되는 소비에트 중앙집행위원회 회의와 빅젤 협의회에 참석하지 못했다. 두 사람이 없는 사이에 카메네프, 지노비예프, 리코프, 밀류틴, 기타 온건 볼셰비키의 견해가 특별한 영향력을 행사했다. 카메네프와 그의 동지들은 혁명의 성과를 보전하고, 헌법제정회의를 조속히 소집하고 강화 조약을 체결할 유일한 희망은 광범위한 사회주의 연립정부를 창출하는 데 있다고 굳게 믿었으며, 이 믿음에는 시종일관 변함이 없었다. 그들은 어떠한 새로운 내각도 유산계급 대표를 포함해서는 안 되며 제2차 소비에트 대회가 인준한 전반적 정치, 사회 강령을 추구하겠다고 공약해야 한다는 점을 주로 역설했다.

얄궂게도 멘셰비키와 사회주의자혁명가들은 볼셰비키당 지도부가 타협 쪽으로 기울었을 때에는 볼셰비키 정권과 협정을 맺는 데 거의 관심을 보이지 않았다. 크라스노프가 패배한 뒤 온건 사회주의자들이 볼셰비키와 합의하는 데 고분고분해졌을 때, 볼셰비키 당중앙위원회는 빅젤 협상에서 온건한 위원들이 보였던 입장을 내버리고 훨씬 더 강경한 노선으로 돌아섰다. 이것은 어느 정도는 페트로그라드에서 새로운 정권의 생존을 직접 위협하던 위험이 사라졌기 때문이기도 하고, 어느 정도는 이때 레닌과 트로츠키가 당의 핵심 기구에 돌아와 자기들의 견해를 펼쳤기 때문이기도 하다. 당 대표들은 빅젤 회담에 참여한 온건 사회주의 그룹과 연립하는 것이 불가능하다는 사실만 폭로하고 회담을 빨리 끝내라는 지시를 받았다.[13]

온건 볼셰비키는 심지어 온건 입장이 당중앙위원회에서 부결된 뒤에도 소비에트 중앙집행위원회 같은 공개 기관에서 모든 사회주의 정당의 대표들이 참여하는 정부를 구성하라고 계속 밀어붙였다. 사실, 카메네프와 지노비예프는 그러한 정부를 구성하려는 노력을 계속해도 된다는 소비에트 중앙집행위원회의 승인을 11월 3일에 얻어냈다.[14] 봉기에 공공연히 반대했다 해서 카메네프와 지노비예프를 당에서 내쫓아야 한다고 열흘 전에 주장했던 레닌에게 당 활동을 방해하고 또다시 혁명을 위험에 빠뜨리려고 나서는 온건주의자들의 행위는 미칠 노릇이었다. 11월 3일에 레닌은 최후 통첩을 작성했고, 뒤이어 다른 당중앙위원회 위원 아홉 명이 그 최후 통첩에 서명했다. "반대파"는 당규율을 준수하고 과반수가 동의한 정책을 지지해야 하며, 그렇지 않으면 반대파 구성원을 당에서 축출하는 조치를 취하겠다는 내용이었다.[15]

레닌의 최후 통첩은 11월 4일에 정식으로 제출되었고, 그뒤 카메네프, 지노비예프, 리코프, 노긴, 밀류틴이 항의하면서 당중앙위원회에서 사임했다. 또한 리코프, 노긴, 밀류틴은 테오도로비치와 함께 정부에서도 물러났다. 몇 주 뒤에 빅젤 회담이 실패하자, 사회주의자혁명가당 좌파가 인민위원회의에 들어오는 데 동의했고 그 결과 사회주의자혁명가당 좌파 몇 명이 정부 장관 자리를 받아들였다.[16] 볼셰비키-사회주의자혁명가당 좌파 연립정부가 구성된 뒤 얼마 지나지 않아 카메네프와 그 동지들은 볼셰비키 지도부에 공공연하게 반대하는 행위를 끝냈다. 결국은 모두 당과 정부의 고위직에 다시 올랐다. 사회주의자혁명가당 좌파는 인민위원회의에 오래 참여하지 않았다. 1918년 3월 중순에 그들은 말도 많고 탈도 많은 브레스트-리톱스크 조약*의 체결에 항의하면서 사퇴했다. 그 조약으로 러시아의 제1차 세계대전 참전은 끝났다.

소비에트 정권 앞에는 볼셰비키에 반대하는 나라 안팎의 군대에 맞선 두 해 반의 내전이 놓여 있었다. 전례 없이 혹독하고 파괴적인 이 생사를 건 싸움에 뒤이어 러시아가 1917년에 겪은 것을 훨씬 뛰어넘는 차원의 경제적, 사회적 위기가 찾아왔다. 고통스러운 이 몇 해를 보내면서 볼셰비키당은 민주적 성격을 잃어버렸다. 소비에트의 독립성이 파괴되고 억압적이고 중앙집권화된 관료 체제가 나라 구석구석에 다시 들어섰으며 러시아의 정치, 경제 생활은 볼셰비키 지도부의 지령에 얽매였다.[17] 그러나 이 사건들은 이전 장(章) 못지않게 불길한 러시아 현대사의 또 다른 장에 속한다.

왜 볼셰비키가 1917년 페트로그라드에서 벌어진 권력 투쟁에서 승

---

* 브레스트-리톱스크 조약 1918년 3월에 러시아 혁명정부와 독일 정부가 맺은 단독 강화조약. 볼셰비키는 원래 모든 교전국이 한꺼번에 강화조약을 맺어 전쟁을 끝내야 한다는 공약을 내걸었지만, 이 공약이 실현 불가능하다는 사실을 깨달은 레닌은 어떻게든 전쟁에서 빠져나오고자 독일과 단독 강화조약을 맺었다. 러시아 혁명정부는 러시아 군대가 붕괴된 상태에서 조약을 맺어야 했기 때문에 영토를 할양하라는 독일의 요구를 받아들일 수밖에 없었다.

리했느냐는 주된 문제는 간단히 답변할 수 없다. 물론, 반 세기가 넘는 전망에서 볼 때, 혁명기 동안에 나타난 입헌민주당과 온건 사회주의자들의 근본적 취약성과 그에 따른 당시 급진 좌파의 활력과 영향력의 기원이 러시아가 19세기 동안에, 그리고 19세기 이전 시기에 겪은 정치, 사회, 경제 발전의 특수성으로까지 거슬러 올라갈 수 있다는 점은 분명하다. 세계대전도 불가피하게 페트로그라드의 1917년 혁명이 전개된 방식과 깊이 연관되어 있다. 임시정부는 승리를 거두려고 ― 1917년에 폭넓은 지지를 얻지 못한 정책이었던 ― 전쟁 추구에 몰입하지 않았더라면 분명히 낡은 질서의 붕괴에 따르게 마련인 산적한 문제에 더 잘 대처하고, 특히 근본적 개혁에 즉시 나서라는 대중의 요구를 더 잘 충족해줄 수 있었을 것이다.

사실, 1917년에 볼셰비키의 증대하는 힘과 권위의 주요 원천은 "평화, 토지, 빵!"과 "모든 권력을 소비에트로!"라는 슬로건에서 구체화된 당 강령이 뿜어내는 자력(磁力)이었다. 볼셰비키는 페트로그라드의 공장 노동자와 병사, 크론시타트 수병의 지지를 얻으려는 운동을 아주 힘차고 능숙하게 벌였다. 이 집단에서 "모든 권력을 소비에트로!"라는 슬로건은 소비에트 안에 있는 모든 정당과 정파를 대표하고 즉각적 강화와 중요한 내부 개혁과 조속한 헌법제정회의 소집이라는 강령에 헌신하고 사회주의자로만 이루어지는 민주 정부를 창출한다는 뜻이었다. 1917년 늦봄과 여름에, 많은 요인이 작용해서 볼셰비키가 공언하는 목표들, 특히 소비에트로의 권력 이전에 대한 지지가 늘었다. 경제 사정은 꾸준히 나빠졌다. 수비대 병사들은 전선으로 이전 배치될 위험한 처지에 직접적으로 놓였다. 임시정부 치하에서 조속한 강화와 개혁이 이루어지리라는 대중의 기대가 사그라들었다. 따라서 다른 모든 주요 정치 집단들은 정부와 연합하고 전쟁 수행 노력을 위해 참고 희생하라는 주장을 했다는 이유로 신임을 잃었다. 코르닐로프 사건 이후에 페트로그라드 하층민 사이에서 입헌민주당과의 연립 정부를 끝내라는 열망이 거의 보편화되었다.

8개월이라는 기간에 볼셰비키가 권력을 잡을 수 있는 위치에 이른 것은 전후방 부대의 지지를 얻는 데 당이 쏟은 특별한 노력 덕분이기도 했다. 오직 볼셰비키만이 권력 투쟁에서 군대가 필연적으로 지니는 결정적 의의를 간파한 듯하다. 아마 훨씬 더 근본적으로는 볼셰비키의 경이로운 성공은 적잖이 1917년에 당이 띤 성격 덕택으로 돌릴 수 있다. 여기서 내가 염두에 두는 것은 그 역사적 의의를 부정할 수 없는 레닌의 대담하고도 결단성 있는 지도력이나 비록 크게 과장되기는 했지만 흔히 언급되는 볼셰비키 조직의 통일과 규율이 아니다. 오히려 나는 — 전통적 레닌주의 모델과 뚜렷하게 대비되는 — 내부적으로 비교적 민주적이고 관용적이며 분권화한 당의 구조와 작동 방식, 뿐만 아니라 본질적으로 개방적이고 대중적인 당의 성격을 강조하고자 한다.

우리가 살펴보았듯이, 1917년에 모든 수준의 볼셰비키 페트로그라드 조직 안에서 가장 기본적인 이론과 전술상의 쟁점을 둘러싸고 자유롭고 활기찬 토론과 논쟁이 계속 벌어졌다. 다수파와 의견이 다른 지도자들이 자유롭게 자기 견해를 위해 싸웠으며, 이 싸움에서 레닌이 패하는 경우도 드물지 않았다. 의견 차이에 대한 이런 관용과 계속되는 상호 절충이 지닌 중요성을 가늠하려면, 1917년 내내 볼셰비키의 가장 중요한 결의문들 가운데 레닌의 견해만큼 우파 볼셰비키의 견해가 반영된 결의문이 많았음을 기억하는 것으로 충분하다. 덧붙이자면 카메네프, 지노비예프, 루나차르스키, 랴자노프 같은 온건 볼셰비키가 소비에트와 노동조합 같은 핵심적 공개 기구에서 의사 표현이 가장 분명하고 존중받는 당 대표의 반열에 올라 있었다.

1917년에 페테르부르크 위원회와 '군사조직' 같은 하위 당기구에 상당한 독립성과 주도권이 허용되었으며, 이 하위 당기구의 견해와 비판이 최고위 수준의 정책 결정에서 고려되었다. 가장 중요한 것은 상황이 급변하는 와중에서 이들이 각 기구 나름의 특정한 지지층에 알맞게 전술과 호소를 재단할 수 있었다는 점이다. 엄청난 수의 새로운 당원이 충원되었으며, 이들도 볼셰비키의 행동 방식을 형성하는 데 중요한 역할을 했다. 이 신참자 가운데 10월혁명을 주도한 인물이 많이 있었는데, 그런 인물로는 트로츠키, 안토노프-옵세옌코, 루나차르스키, 추도놉스키가 있다. 신참자에는 공장과 수비대에서 가장 성질 급하고 불만에 찬 계층에서 나온 노동자와 병사 수만 명이 포함되었는데, 이들은 마르크스주의에 관해 아는 것이 거의 없고 당 규율에도 얽매이지 않았다. 그래서 '군사조직'과 페테르부르크 위원회의 지도자들이 전투적인 지지층에 동조해서 당중앙위원회의 바람에 거슬러 봉기를 부추겼던 7월에 극단적인 어려움이 발생했다. 그러나 7월봉기의 뒤를 이은 반동기 동안, 대(對)코르닐로프 투쟁 기간 동안, 그리고 또 다시 10월혁명 동안에 공장, 지역 노동자 조직, 페트로그라드 수비대, 발트해 함대에서 꼼꼼하게 만들어 놓은 볼셰비키의 광범위한 연결망이 당의 내구력과 지구력의 주요 원천이 될 터였다.

1917년에 볼셰비키 최고위층 안에, 뿐만 아니라 최고위층과 겉으로는 그 아래 있는 당 기구와 대중 사이에 존재한 역동적 관계가 볼셰비키의 성공에 지니는 중요성은 7월봉기 뒤에 곧바로 증명되었다. 이때 레닌은 임시정부가 사실상 반혁명 분자의 통제를 받고 있다고 믿었다. 그는 좌익에 해를 입힐 수 있는 정부의 능력을 과대평가한 데다 기존의 소비에트가 멘셰비키와 사회주의자혁명가의 영향을 받아 무력화되었다고 확신했다. 그래서 레닌은 당이 소비에트로의 평화로운 권력 이전이 가능하니 그런 방향으로 나아간다는 방침을 버리고 기회가 닿는대로 얼른 무장 봉기 준비로 관심을 돌리라고 요구했다. 다른 지도자들은 멘셰비키와 사회주의자혁명가들이 잠재적 동맹자임을, 그리고 소비에트가 정통성 있는 혁명 기구임을 완전히 부정하기를 거부했다. 그들 가운데 다수가 노동자와 병사들과 유달리 긴밀하게 연계되어 있었으며, 소비에트 중앙집행위원회와 페트로그라드 소비에트에서 활동하는 지도자들이 많았다. 7월 하순에 열린 제6차 당대회에서 "모든 권력을 소비에트로"라는 슬로건이 공식적으로 철회되었지만, 이 변화가 현장 차원에서는 실행에 옮겨지지 않았다. 더욱이 당대회는 소비에트를 획득하려는 노력을 경시하지 않았고, 소비에트는 8월 내내 계속해서 당 활동의 주요 초점이었다.

7월사태 이후 시기에 좌익에 가해진 반동의 충격은 실제로는 애초에 두려워했던 것만큼 심하지는 않았다. 오히려 정부가 취한 억압책과 무차별적인 좌익 지도자 탄압, 뚜렷하게 커지는 반혁명 위험은 대중 사이에서 케렌스키 정권에 대한 적의를 키우고 대중을 자극해서 혁명을 지키고자 소비에트 주위에서 더욱 긴밀하게 뭉치도록 만들었을 따름이다. 볼셰비키는 주로 소비에트가 만든 혁명위원회들을 통해 멘셰비키, 사회주의자혁명가들과 협력하면서 코르닐로프를 신속하게 물리치는 데 주도적 역할을 했다. 수도에서는 코르닐로프 반란을 겪으면서 가뜩이나 구성과 관점이 유난히 급진적이던 소비에트의 힘과 권위가 높이 치솟았다. 이에 호응해서 볼셰비키는 7월사태 이전의 주요 슬로건이었던 "모든 권력을 소비에트로!"를 9월 초순에 정식으로 되살렸다.

당 구조가 비교적 자유롭고 유연하고 당 전술이 대중의 현재 분위기에 빠르게 반응하는 것이 얼마나 중요한지를 가장 명확하게 보여주는 사례는 십중팔구 9월 후반기에 나타날 것이다. 이때 페트로그라드의 당 지도자들은 당시 아직도 핀란드에 숨어 있던 레닌의 시의적절하지 못한 즉각적 봉기 호소를 못 들은 체했다. 물론 레닌이 참석한 볼셰비키 당중앙위원회는 10월 10일에 무장 봉기 조직화와 권력 장악을 "의사 일정"으로 삼았다. 그러나 뒤이은 시기에 소비에트와 별도로, 그리고 제2차 소비에트 대회에 앞서 봉기를 일으키면 페트로그라드 대중의 지지를 받지 못하리라는 증거, 볼셰비키가 단독으로 권력을 잡는다면 다른 모든 주요 정당과 지방 농민과 전선 병사들이, 어쩌면 심지어 소비에트와 노동조합 같은 민주적 대중 기구마저도 반대하리라는 증거, 그리고 어떻든 간에 당이 기술적으로 대정부 공격에 나설 준비가 되어 있지 못하다는 증거가 늘어나고 있다. 이 상황에서 트로츠키가 이끄는, 전술 면에서 신중한 페트로그라드의 당 지도자들은 권력을 장악하는 데 페트로그라드 소비에트의 기관들을 이용하고, 대정부 공격을 소비에트를 위한 방어 작전으로 가장하며, 할 수 있다면 정부의 공식적 전복을 제2차 소비에트 대회의 활동과 연계하는 전략을 짰냈다.

10월 21~23일에 페트로그라드 소비에트 산하 혁명군사위원회는 공언한 대로 수비대의 상당 부분을 전선으로 이전 배치하겠다는 정부의 의도를 구실로 삼고 모든 움직임을 반혁명에 맞선 방어 조처로 위장하여 페트로그라드에 주둔한 대다수 군부대의 통제권을 손에 넣고는 총 한 방 쏘지 않고 임시정부를 사실상 무장 해제했다. 이에 대응해서 케렌스키는 10월 24일 이른 아침에 좌익을 억누르는 조치를 취하기 시작했다. 이 시점에야 비로소, 즉 예정된 소비에트 대회 개회 시간을 단 몇 시간 앞두고, 그리고 어느 정도는 계속되는 레닌의 재촉을 받고서야 레닌이 한 달 훨씬 넘도록 주장해 오던 무장 봉기가 사실상 시작되었다.

뒤늦게 일어난 10월 24~25일의 봉기가 결정적인 역사적 중요성을 지니는 까닭은 멘셰비키와 사회주의자혁명가당의 주체 세력이 제2차 소비에트 대회에서 물러나도록 만듦으로써, 온건 사회주의자들이 강력한 발언권을 가졌을지 모를 사회주의 연립정부가 제2차 소비에트 대회에서 만들어지는 일이 일어나지 않았기 때문이라고 주장되어 왔다. 그렇게 되면서 볼셰비키가 완전히 통제하고 지배하는 소비에트 정부가 세워지는 길을 봉기가 닦았다는 것이다. 증거 자료들은 이것이 실제로 사실임을 보여준다. 그러나 더 중요한 점은 정부가 좌익을 직접 공격한 직후에야 비로소 레닌이 구상한 유형의 무장 봉기가 실행 가능해졌다는 것이다. 페트로그라드 대중은 어떻게든 볼셰비키만의 통치에 동조했기 때문에 임시정부를 타도하는 볼셰비키를 지지한 것이 아니라, 혁명과 소비에트 대회가 절박한 위험에 처했다고 믿었기 때문에 그렇게 했다는 점을 되풀이해서 말할 필요가 있다. 대중은 볼셰비키가 광범위한 대표성을 지니고 사회주의자만으로 구성되는 정부가 소비에트 대회에서 창출되는 것을 대표한다고 믿었다. 이런 정부만이 구체제의 혐오스러운 방식으로 되돌아가지 않도록 보장하고 전선의 죽음을 피하고 더 나은 삶을 이룩하고 러시아의 전쟁 참여를 빨리 끝내주리라는 희망을 가져다준다고 보였다.

후주

신문 발행일은 달리 명시되지 않는 한 1917년이다. 주석에서는 다음과 같은 약어가 사용되었다.

KL: Krasnaia letopis'

PSS: V. I. Lenin, *Polnoe sobranie sochinenii*, 총55권, 제5판 (모스크바, 1958-1965)

PR: Proletarskaia revoliutsiia

러시아 혁명 100주년판 머리말

1. 2월혁명과 10월혁명, 두 "혁명들"은 서방에서도, 소비에트 러시아 및 탈(脫)소비에트 러시아에서도 전통적으로 별개의 사건으로 여겨졌다. 그러나 최근에 러시아 혁명 시대구분이 열띤 논쟁에 붙여졌다. 이제 나는 1917년 2월의 사건과 10월의 사건을 동일한 러시아 대혁명의 주요 국면들로 본다.

2. 온건주의자 네 사람, 즉 레프 카메네프, 빅토르 노긴, 블라디미르 밀류틴, 게오르기 표도로프(Georgii Fedorov)는 그 당협의회가 선출한 9인 당중앙위원회의 일원들이었다.

3. P. F. Kudelli, ed., *Pervyi legal'nyi Petersburgskii Komitet bol'shevikov v 1917* (Moscow-Leningrad: 1927)을 볼 것. 이 의사록이 크게 보완되어서 더 완전해진 최신판으로는 T. A. Abrosimova, T. P. Bondarevskaia, E. T. Leikina & V. Iu. Cherniaev, eds., *Pervyi Petersburgskii Komitet RSDRP(b) v 1917 godu: Protokoly i materialy zasedanii* (SPb.: 2003)을 볼 것.

4. 1917년에 넵스키는 볼셰비키 '군사조직'의 걸출한 지도자였다.

5. Alexander Rabinowitch, *Prelude to Revolution: The Petrograd Bolsheviks and the July 1917 Uprising* (Bloomington: 1968).

6. N. V. Romanovskii, "Iiul'skie sobytiia v sovremennoi burzhuaznoi istoriografii", *Istoriia SSSR*, no. 3 (1971), pp. 220-21.

7. Marc Ferro, *Annales*, no. 4 (July-August 1979), pp. 898-99.

8. Israel Getzler, *Soviet Studies*, vol. 21, no. 2 (October 1969), pp. 255-57; Nicholas V. Riazanovsky, *Political Science Quarterly*, vol. 84, no. 1 (March 1969), pp. 125-27.

9. John L. H. Keep, *Slavonic and East European Review*, vol. 48, no. 112 (July 1970), pp. 464-66.

10. Theodore H. von Laue, *American Historical Review*, vol. 74, no. 1 (October 1968), pp. 234-35.

11. Alexander Rabinowitch, *The Bolsheviks Come to Power: The Revolution of 1917 in Petrograd* (New York: 1976).

12. 내 책을 편집한 노튼 출판사 직원 제임스 메어스(James L. Mairs)에게 어빙 호위가 보낸 일자 미상의 편지.

13. Robert Rosenstone, *New Republic*, June 18, 1977, pp. 35-6.

14. 제임스 메어스에게 스티브 코언이 보낸 일자 미상의 편지.

15. Allan Wildman, *Russian History*, vol. 4 (1977), pp. 86-8.

16. "Three Sides of Bolshevism", *Economist*, October 27, 1979, 120.

17. 스티븐 코언은 고전이 된 니콜라이 부하린 전기 *Bukharin and the Bolshevik Revolution* (New York: 1973)의 저자이다. 로버트 터커(Robert C. Tucker)의 경우에, 십중팔구 케넌은 널리 칭찬받은 터커의 스탈린 전기 제1권, *Stalin as Revolutionary* (New York: 1973) 을, 모셰 레빈의 경우에는 그의 주요 저작 *Russian Peasants and Soviet Power* (Evanston: 1968)와 *Lenin's Last Struggle* (New York: 1968)과 *Political Currents in Soviet Economic Debates: From Bukharin to the Modern Reformers* (Princeton: 1974)을 언급하고 있었다.

18. Aleksandr Rabinovich, *Bol'sheviki prikhodiat k vlasti: Revoliutsiia 1917 goda v Petrograde* (Moscow: 1989).

19. 이를테면, 현재 페테르부르크의 주요 1917년 러시아 혁명사가인 보리스 콜로니츠키는, *The Bolsheviks in Power*의 서평에서, "[오늘날] 러시아 혁명사를 공부하는 그 누구도 《혁명의 서곡》과 《1917년 러시아 혁명: 노동계급이 권력을 잡다》 없이는 뭔가를 해낼 수 없다"고 썼다. *Rossiiskaia istoriia*, no. 4, 2009, pp. 193-95에 있는 콜로니츠키의 서평을 볼 것.

20. Alexander Rabinowitch, *The Bolsheviks in Power: The First Year of Soviet Rule in Petrograd* (Bloomington & Indianapolis: 2007); Aleksandr Rabinovich, *Bol'sheviki u vlasti: Pervyi god sovetskoi epokhi v Petrograde* (Moscow: 2007).

21. A. V. Nikolaev, *Revoliutsiia i vlast': IV Gosudarstennaia duma 27 fevralia — 3 marta 1917 goda* (St. Petersburg: 2005).

22. Diane P. Koenker, *Moscow Workers and the 1917 Revolution* (Princeton: 1981); S. A. Smith, *Red Petrograd: Revolution in the Factories* (Cambridge: 1984); David Mandel, *The Petrograd Workers and the Fall of the Old Regime: From the February Revolution to the July Days 1917* (London: 1983); David Mandel, *The Petrograd Workers and the Soviet Seizure of Power: From the July Days 1917 to July 1918* (London: 1984); Rex A. Wade, *Red Guards and Workers' Militias in the Russian Revolution* (Stanford: 1984); Gennady Shkliarevsky, *Labor in the Russian Revolution: Factory Committees and Trade Unions* (New

York: 1993)을 볼 것.

23. Allan K. Wildman, *The End of the Russian Imperial Army: The Old Army and the Soldiers' Revolt* (Princeton: 1980); Allan K. Wildman, *The End of the Russian Imperial Army: The Road to Soviet Power and Peace* (Princeton: 1987); Joshua A. Sanborn, *Drafting the Russian Nation: Military Conscription, Total War and Mass Politics, 1905-1925* (DeKalb: 2003); Evan Mawdsley, *The Russian Revolution and the Baltic Fleet: War and Politics, February 1917 — April 1918* (London: 1978); Israel Getzler, *Kronstadt, 1917-1921: The Fate of a Soviet Democracy* (Cambridge: 1983).

24. O. N. Znamenskii, *Intelligentsiia nakanune Velikogo Oktiabria (Fevral' — Oktiabr 1917 g.)* (Leningrad: 1988).

25. Barbara Evans Clements, *Bolshevik Women* (Cambridge: 1997).

26. M. A. Babkin, *Dukhovenstvo Russkoi pravoslavnoi tservi i sverzhenie monarkhii (nachalo XX v. — konets 1917 g.)* (Moscow: 2007); P. G. Rogoznyi, *Tserkovaia revoliutsiia 1917 goda (Vyshee dukhovenstvo Rossiiskoi Tserkvi v bor'be za vlast' v eparkhiakh posle Fevral'skoi revoliutsii* (St. Petersburg: 2008).

27. Donald J. Raleigh, *Revolution on the Volga: 1917 in Saratov* (Ithaca, NY: 1986); Orlando Figes, *Peasant Russia, Civil War: The Volga Countryside in the Revolution, 1917-1921* (Oxford: 1989); N. N. Kabutova, *Vlast' i obshchestvo v rossiiskoi provintsii: 1917 god v Povolzh'e* (Samara: 1989); I. V. Narskii, *Zhizn' v katastrofe: Budni naseleniia Urala v 1917-1922* (Moscow: 2001); Peter Holquist, *Making War, Forging Revolution: Russia's Continuum of Crisis, 1914-1921* (Cambridge: 2002); Sarah Badcock, *Politics and the People in Revolutionary Russia: A Provincial History* (Cambridge: 2007); Aaron Retish, *Russia's Peasants in Revolution and Civil War: Citizenship, Identity and the Creation of the Soviet State (1914-1922)* (Cambridge: 2008); V. P. Sapon, *Ternovoi venets svobody: Libertarizm v ideologii i revoliutsionnoi praktike rossiiskoi levykh radikalov (1917-1918 gg.)* (Nizhnyi Novgorod: 2008).

28. Lutz Hafner, *Die Partei der linken Sozialrevolutionare in der Russichen Revolution von 1917-1918* (Köln: 1994); Ziva Galili, *The Menshcvik Leaders in the Russian Revolution: Social Realities and Political Strategies* (Princeton: 1989); S. V. Tiutiukin, *Mensheviki: Stranitsy istorii* (Moscow: 2002); Michael S. Melancon, *The Socialist Revolutionaries and the Russian Anti-War Movement, 1914-1917* (Columbus: 1990).

29. Oliver H. Radkey, *Russia Goes to the Polls: The Election to the All-Russian Constituent Assembly 1917* (Ithaca, NY: 1989); L. G. Protasov, *Vserossiiskoe uchreditel'noe sobranie: Istoriia rozhdeniia i gibeli* (Moscow: 1997).

30. Irving Howe, *Leon Trotsky* (New York: 1978); Baruch Knei-Paz, *The Social and Political Thought of Leon Trotsky* (Oxford: 1979); Pierre Broue, *Trotsky* (Paris: 1988); Barbara C. Allen, *Aleksandr Shliapnikov: Life of an Old Bolshevik* (Chicago: 2017); Richard Abraham, *Alexander Kerensky: The First Love of the Revolution* (New York: 1987); V. P. Fediuk, *Kerenskii* (Moscow: 2009); S. V. Tiutiukin, *Aleksandr Kerenskii: Stranitsy politicheskoi biografii (1905-1917)* (Moscow: 2012); G. Z. Ioffe, *"Beloe Delo", General*

Kornilov (Moscow: 1989); Melissa Kirschke Stockdale, *Paul Miliukov and the Quest for a Liberal Russia, 1880-1918* (Ithaca, NY: 1996).

31. Richard Stites, *Revolutionary Dreams: Utopian Visions and Experimental Life in the Russian Revolution* (New York and Oxford: 1989); Frederick C. Corney, *Telling October: Memory and the Making of the Bolshevik Revolution* (Ithaca, NY: 2004); Orlando Figes and Boris Kolonitskii, *Interpreting the Russian Revolution: The Language and Symbols of 1917* (New Haven, CT. & London: 1999); B. I. Kolonitskii, *Simvoly vlasti i bor'ba za vlast': K izucheniiu politicheskoi kul'tury rossiiskoi revoliutsii 1917 goda* (St. Petersburg: 2012); B. I. Kolonitskii, *"Tragicheskaia erotika": Obrazy imperatorskoi sem' i v gody Pervoi mirovoi voiny* (Moscow: 2010).

32. Edward Acton, *Rethinking the Russian Revolution* (London: 1990); Jonathan D. Smele, ed., *The Russian Revolution and Civil War, 1917-1921: An Annotated Bibliography* (London and New York: 2003); Jonathan D. Smele, *The 'Russian' Civil Wars, 1916-1926: Ten Years That Shook the World* (New York: 2016); Marc Ferro, *La Revolution de 1917: Octobre, naissance d'une societe* (Paris: 1976); Tsuyoshi Hasegawa, *The February Revolution: Petrograd, 1917* (Seattle & london: 1981); V. I. Startsev, *Krakh Kerenshchiny* (Leningrad: 1982); Manfred Hildermeier, *Die russische Revolution 1905-1921* (Frankfurt-am-Main: 1989); S. V. Leonov, *Rozhdenie sovetskoi imperii: Gosudarstvo i ideologia, 1917-1922* (Moscow: 1997); Christopher Read, *From Tsar to Soviets: The Russian People and Their Revolution, 1917-1921* (Oxford: 1996); Vladimir P. Buldakov, *Krasnaia smuta* (Moscow: 2010); V. P. Buldakov and T. G. Leont'eva, *Voina porodivshaia revoliutsiiu: Rossiia 1914-1917 gg.* (Moscow: 2015); Rex A. Wade, *The Russian Revolution, 1917* (Cambridge: 2005); Dominic Lieven, *The End of Tsarist Russia: The March to World War I and Revolution* (New York: 2016); Joshua Sanborn, *Imperial Apocalypse: The Great War and the Destruction of the Russian Empire* (Oxford: 2014); Mark D. Steinberg, *The Russian Revolution, 1905-1921* (Oxford: 2017).

33. 이 문서집 가운데 가장 중요한 것으로는 혁명 시기의 주요 비(非)볼셰비키 정당에 관해 로스펜(Rosspen) 출판사가 44권쯤 펴낸 문서집, 즉 *Politicheskie partii Rossii konets XIX — pervaia tret' XX veka: Dokumental'noe nasledie* (Moscow: 1996-2005)이 있다. B. D. Galperina, O. N. Znamenskii and V. I. Startsev, eds., *Petrogradskii sovet rabochikh i soldatskikh deputatov v 1917 godu*, T. 1-4 (Leningrad & Moscow: 1991-2003)와 문서 선집인 T. A. Abrosimova, T. P. Bondarevskaia, E. T. Leikin and V. Iu. Cherniaev, eds., *Peterburgskii komitet RSDRP(b) v 1917 godu: Protokoly i materialy zasedanii* (St. Petersburg: 2003)이 《1917년 러시아 혁명》의 주안점과 특히 밀접하게 연관되어 있다. 그러나, *Peterburgskii komitet RSDRP(b) v 1917 godu*를 예외로 치면, 비록 소련 시대에 수행된 문서 편찬이 왜곡되고 불완전하다고 보편적으로 인식될지라도, 러시아 혁명 동안의 볼셰비키당에 관련된 중대한 문서들은 재간행되지 않았다. 특히 유용한 참고서 두 권이 P. V. Volobuev, A. S. Velidov, E. G. Gimpelson, V. P. Danilov, V. V. Zhuravlev, V. I. Miller, A. P. Nenarokov, A. I. Razgon, Iu. Iu. Figatner, M. N. Khitrov and L. K. Shkarenikov, eds., *Politicheskie deiateli Rossii 1917: Bibliograficheskii slovar'* (Moscow: 1993)와 V. V. Shelokhaev, V. P. Buldakov, N. D. Erofeev, O. A. Zumarin, S. V. Kuleshev,

V. V. Kriven'skii, A. Iu. Morozova, I. S. Rosental' and A. K. Sorokin, eds., *Politicheskie partii Rossii konets XIX-pervaia tret' XX veka: Entsyklopediia* (Moscow: 1996)이다.

34. Mark D. Steinberg, ed., *Voices of Revolution* (New Haven & London: 2001).

35. V. Iu. Cherniaev, Z. Galili, L. Haimson, B. I. Kolonitskii, S. I. Potolov and Iu. Sherrer, eds., *Anatomiia revoliutsii, 1917 god v Rossii: Massy, partii, vlast'* (St. Petersburg: 1994)을 볼 것.

36. Edward Acton, Vladimir Iu. Cherniaev, William G. Rosenberg, eds., *Critical Companion to the Russian Revolution, 1914-1921* (Bloomington: 1997). 이 중요한 저작의 러시아어 증보판이 마침내 선을 보였다. E. Akton, V. G. Rozenberg and V. Iu. Cherniaev, *Kriticheskii slovar' Russkoi revoliutsii: 1914-1921* (St. Petersburg: 2014)을 볼 것.

37. François Furet and Mona Ozouf, *A Critical Dictionary of the French Revolution* (Cambridge, MA: 1989).

38. Richard Pipes, *New York Times*, December 12, 1976.

39. Richard Pipes, "1917 and the Revisionists", *National Interest* (Spring 1993), pp. 68-79.

프롤로그: 2월부터 7월까지

1. Oliver H. Radkey, *The Agrarian Foes of Bolshevism* (New York, 1958); William G. Rosenberg, *Liberals in the Russian Revolution: The Constitutional Democratic Party, 1917-1921* (Princeton, 1974); Ronald G. Suny, *The Baku Commune, 1917-1918* (Princeton, 1972); Marc Ferro, *La Révolution de 1917: La chute du tsarisme et les origines d'Octobre* (Paris, 1967); George Katkov, *Russia 1917: The February Revolution* (New York, 1967); Rex A. Wade, *The Russian Search for Peace: February-October 1917* (Standford, 1969).

2. William Henry Chamberlin, *The Russian Revolution, 1917-1921*, 2 vols. (New York, 1935).

3. 제1차 세계대전이 터진 뒤 러시아 수도의 공식 명칭은 독일어에서 비롯된 "상트 페테르부르크"에서 러시아어 "페트로그라드"로 급하게 바뀌었다.

4. S. P. Melgunov, *The Bolshevik Seizure of Power* (Santa Barbara, 1972). 이것은 같은 저자의 *Kak bol'sheviki zakhvatili vlast'* (Paris, 1953)을 편집·축약해서 번역한 책이다.

5. Robert V. Daniels, *Red October* (New York, 1967).

6. 레닌은 1902년에 책자로 펴낸 논문 "무엇을 할 것인가"에서 러시아사회민주노동당의 과제와 조직에 관한 자기의 견해를 밝혔다.

7. Ibid., vol. 27, pp. 299-426. 여기서 인용된 레닌의 중요한 저술들은 Robert C. Tucker, *The Lenin Anthology* (New York, 1975)에서 영어로 볼 수 있다.

8. Lenin, *PSS*, vol. 31, pp. 1-74, 이와 관련해서는 V. I. Startsev, *Ocherki po istorii Petrogradskoi krasnoi guardii i rabochei militsii* (Moscow, 1965), pp. 18-19와 Akademiia nauk SSSR, Institut istorii, Leningradskoe otdelenie, *Oktiabr'skoe vooruzhennoe vosstanie*, ed. S. N. Valk, 2 vols. (Leningrad, 1967), vol. 1, pp. 184-185를 볼 것.

9. N. I. Podvoiskii, *God 1917* (Moscow, 1925), p. 23

10. 트로츠키는 1917년 5월 4일에 외국에서 돌아온 뒤 소규모 사회민주주의 조직인 구간위원회의 지도자가 되었다. 트로츠키와 그의 동지 다수는 7월사태 이전 시기에 볼셰비키와 긴밀하게 협력하면서 활동했다. 구간위원회는 7월 말에 열린 제6차 볼셰비키 당대회에서 볼셰비키와 공식적으로 합쳤고, 트로츠키는 볼셰비키 당중앙위원회 위원이 되었다.

11. 페테르부르크 위원회는 상트 페테르부르크가 "페트로그라드"로 개칭된 뒤에도 전쟁에 반대한다는 의사 표시로 이름을 바꾸지 않았다.

12. 볼셰비키 '군사조직'은 페트로그라드 수비대와 크론시타트 해군 기지의 혁명 활동을 지휘할 목적으로 페트로그라드 당 조직이 1917년 3월에 창설했다. 4월에 이 조직은 당중앙위원회에 직접 소속되었으며, 전선과 후방에 있는 군대의 지지를 획득하고 군대를 규율 잡힌 믿음직한 혁명군으로 조직하는 과업을 받았다.

13. 이때 볼셰비키가 한 행동에 관해 소련의 역사가가 쓴 가장 충실하고 가장 솔직한 서술은 E. N. Burdzhalov, "O taktike bol'shevikov v marte-aprele 1917 goda", *Voprosy istorii*, 1956. no. 4, pp. 38-56에 들어 있다. 체코인 역사가 미하일 레이만은 몇몇 러시아 도시에서 볼셰비키-멘셰비키 통합 조직이 존재했다며 다음과 같이 중요한 지적을 한다. "통합 노력은 볼셰비키 전체에서 무척 강했고, 심지어는 당중앙위원회에서도 발생했다. 통합 노력은 실질적으로 이미 통합을 불가능하게 만든 심각한 견해 차도 자주 무색하게 만들 만큼 강력했다." Reiman, *Russkaia revoliutsiia, 23 fevralia-25 oktiabria 1917*, 2 vols. (Prague, 1968), vol. 2, p. 162.

14. 이 논의는 페트로그라드에서 3월 29일부터 4월 3일까지 열린 한 소비에트 전국 협의체에 연계되어 이루어졌다.

15. Lenin, *PSS*, vol. 31, pp. 113-118.

16. Institut marksizma-leninizma pri TsK KPSS, *Sed'maia (Aprel'skaia) Vserossiiskaia konferentsiia RSDRP(bol'shevikov): Petrogradskaia obshchegorodskaia konferentsiia RSDRP(bol'shevikov), aprel' 1917 goda: Protokoly* (Moscow, 1958), pp. 290-291. 1917년의 페테르부르크 위원회 의사록은 Vsesoiuznaia Kommunisticheskaia partiia(bol'shevikov), Leningradskii istpart, *Pervyi legal'nyi Peterburgskii komitet bol'shevikov v 1917 godu: Sbornik materialov i protokolov zasedanii Peterburgskogo komiteta RSDRP(b) i ego Ispolnitel'noi komissii za 1917 g.*, ed. P. F. Kudelli (Moscow & Leningrad, 1927)에 있다.

17. *Sed'maia konferentsiia*, pp. 241-245.

18. 4월협의회에서 선출된 당중앙위원회에는 레닌, 스탈린, 야코프 스베르들로프, 이바르 스밀가와 더불어 온건론자인 카메네프, 빅토르 노긴, 블라디미르 밀류틴, 그리고리 지노비예프가 들어갔다.

19. 예를 들면, 러시아에서 부르주아 민주주의 혁명은 끝이 났고 권력을 프롤레타리아와 빈농에게 이전해야 한다는, 논쟁을 불러일으킨 레닌의 동의안이 언급되지 않았다. "현 시기"에 관한 결의안은 러시아 혁명을 "전쟁으로 말미암아 필연적으로 발생하고 있는 프롤레타리아 혁명의 제1단계일 뿐"이라고 기술하고 다른 지방에서 노동자들이 통합된 혁명 활동을 수행할 조건이 차츰 발전하고 있다고 주장했다. 같은 결의안은 러시아 프롤레타

리아가 유럽에서 가장 후진적인 국가들 가운데 한 국가에서 활동하기 때문에 사회를 사회주의적으로 개조할 수 없지만, 프롤레타리아는 토지 국유화와 은행의 국가 관리 시행, 그리고 그밖에 더 평등한 재산 분배를 목적으로 하는 대책과 같은 사회주의로 가는 길의 실천적 조치에 착수할 수는 있다고 설명했다.

러시아의 후진성과 특정한 경제적 성과에 대한 이러한 강조는 카메네프의 생각을 반영한다. 레닌은 러시아에서 노동자 혁명을 쉽게 완수해주는 요인들에만 초점을 맞추기를 좋아했을 것이다. 그는 부분적 개혁에 관한 희망을 부추기는 데 반대했다. 왜냐하면 그렇게 되면 프롤레타리아를 소비에트로의 권력 이전에 대비하도록 만든다는 주된 과제에서 벗어나게 될 터였기 때문이다.

20. 이 주제는 낡은 1903년 강령을 대체할 새로울 당 강령의 채택과 연관해 일정이 잡힌 한 토론회에서 철저하게 검토될 터였다. 그러나 분명히 레닌이 제안한 변경에 반대가 거세고 문제를 다룰 시간이 부족한 탓에 협의회 대의원들은 다만 강령 수정을 위한 지침을 몇 개 채택하고 하급 당 조직을 고려해서 강령 초안을 마련할 권한을 당중앙위원회에 주었다. 이 문제의 긴급성을 고려하여, 새로운 강령을 채택할 특별 당대회를 두 달 안에 소집한다는 데 의견 일치를 보았다.

21. P. V. Volobuev, *Proletariat i burzhuaziia Rossii v 1917 godu* (Moscow, 1964), pp. 90-100.

22. Ibid., pp. 124-138; Z. V. Stepanov, *Rabochie Petrograda v period podgotovki i provedeniia oktiabr'skogo vooruzhennogo vosstaniia* (Moscow & Leningrad, 1965), P. 54. *Oktiabr' skoe vooruzhennoe vosstanie*, vol. 1, pp. 390-450에는 1917년 전반기의 페트로그라드 경제에 관한 유용한 논의가 담겨 있다.

23. 덧붙이자면, 명령 제1호는 모든 무기의 통제권을 선출된 위원회의 수중에 두고, 소비에트의 명령과 상충하지 않는 경우에만 임시정부의 명령에 따라야 한다고 선언하고, 근무 중이 아닐 때 병사들에게 모든 권리를 준다고 선포했다.

24. Alexander Rabinowitch, "The Petrograd Garrison and the Bolshevik Seizure of Power", in *Revolution and Politics in Russia: Essays in Memory of B. I. Nicolaevsky*, ed. Alexander and Janet Rabinowitch with Ladis K. D. Kristof (Bloomington, 1972), pp. 172-174. 가장 유용한 혁명기 페트로그라드 수비대 연구는 다음과 같다. M. 1. Akhun and V. A. Petrov, *Bol'sbeviki i armiia v 1905-1917 gg.* (Leningrad, 1929); A. K. Drezen, "Petroaradskii garnizon v iiule i avguste 1917 g.", *KL*, 1927, no. 3 (24), pp. 191-223; O. N. Chaadaeva "Soldatskie massy petrogradskogo garnizona v podgotovke i provedenii oktiabr'skogo vooruzhennogo vosstaniia", *Istoricheskie zapiski*, 1955, no. 51, pp. 3-44; V. M. Kochakov, "Sostav petrogradskogo garnizona v 1917 g.", *Uchenye zapiski Leningradskogo gosudarstvennogo universiteta*, 1956, vyp. 24, no. 205, pp. 60-86; V. M. Kochakov, "Bol'shevizatsiia petrogradskogo garnizona v 1917 godu", in Akademiia nauk SSSR, Institut istorii, Leningradskoe otdelenie, *Oktiabr'skoe vooruzbennoe vosstanie v Petrograde*(Moscow & Leningrad, 1957), pp. 142-183. 귀중한 문서집은 A. K. Drezen, ed., *Bol'shevizatsiia petrogradskogo garnizona: Sbornik materialov i dokumentov* (Leningrad, 1932)이다.

25. Rabinowitch, "The Petrograd Garrison and the Bolshevik Seizure of Power", p. 175.

26. 전쟁이 시작되기 직전 러시아 도시에 만연했던 혁명적 상황에 관한 귀중한 분석이

Leopold Haimson, "The Problem of Social Stability in Urban Russia, 1905-1917", *Slavic Review*, vol. 23, no. 4 (1964), pp. 620-642; vol. 24, no. 1 (1965), pp. 1-22에 담겨 있다.

27. 선거로 뽑힌 공장위원회는 2월혁명 직후에 사실상 페트로그라드의 모든 산업체에서 구성되었다. 처음에는 주로 경영진, 정부, 기타 공공기관과 벌이는 협상에서 노동자의 이익을 대표하려고 구성된 공장위원회가 종종 공장 경영에 깊이 관여하게 되었다. 5월 초와 10월 중순 사이에 페트로그라드의 공장위원회 대표들은 시 전체 협의회를 네 차례 열었다. 그들은 상설 집행기구인 공장위원회 중앙평의회도 만들었다. 공장위원회 전국대회는 10월 17~22일에 페트로그라드에서 열렸다.

28. 〈프라브다〉는 볼셰비키 당중앙위원회가 발간한 일간신문이었다. 7월사태 뒤에 폐간당했다가, 〈프롤레타리아〉(8월 13일), 〈노동자〉(8월 25일), 〈노동자의 길〉(9월 3일)로 대체되었다. 〈병사의 진실〉은 '군사조직'이 발행했다. 7월 초순에 발행이 금지되자 〈노동자와 병사〉(7월 23일)와 〈병사〉(8월 13일)로 대체되었다. 〈여성노동자〉는 당중앙위원회가 한 달에 2~3회 발행한 여성 노동자를 위한 잡지였다.

29. Alexander Rabinowitch, *Prelude to Revolution: The Petrograd Bolsheviks and the July 1917 Uprising* (Bloomington, 1968), pp. 229-231.

30. Ibid., pp. 102-106.

31. *Pervyi vserossiiskii s'ezd Sovetov rabochikh, soldatskikh i krest'ianskikh deputatov* (Leningrad, 1930), p. xxvii. 또한 M. S. Iugov, "Sovety v pervyi period revoliutsii", in *Ocherki po istorii oktiabr'skoi revoliutsii*, ed. M. N. Pokrovskii, 2 vols. (Moscow & Leningrad, 1927), vol. 2, p. 222도 볼 것.

32. 지역 차원에서 아나키스트와 볼셰비키 사이에 조성된 관계, 그리고 4월위기 동안 볼셰비키가 한 행동에 관해서는 Rabinowitch, *Prelude to Revolution*, pp. 43-45, 61-64를 볼 것.

33. Ibid., pp. 74-75, 94.

34. Ibid., pp. 121-122, 131-132.

35. V. D. Bonch-Bruevich, *Na boevykh postakh fevral'skoi i oktiabr'skoi revoliutsii* (Moscow, 1931), pp. 72-73.

1장 7월봉기

1. Bonch-Bruevich, *Na boevykh postakh*, pp. 72-73; M. A. Savel'ev, "Lenin v iiul'skie dni", *Pravda*, 1930년 7월 17일자, p. 2; *Birzhevye vedomosti*, 7월 7일자 석간판, p. 2. 또한 N. N. Maslov, ed., *Lenin i revoliutsiia, 1917 god* (Leningrad, 1970), pp. 216-217, 222-223도 볼 것.

2. *Izvestiia*, 7월 4일자, p. 5.

3. 이 위기는 키예프의 우크라이나 중앙 라다가 우크라이나의 자율권을 요구한 데서 비롯했다. 사회주의자 장관들은 입헌민주당원 장관들보다 더 기꺼이 라다에 직접적으로 양보하려고 했다. 6월 말에 케렌스키, 체레텔리, 테레셴코는 라다와 타협을 했는데, 그 타협은 우크라이나인에게 사실상의 승리를 안겨주었다. 7월 2일의 심야 내각회의에서 입헌민주당

원인 싱가료프, 마누일로프, 스테파노프(V. A. Stepanov), 샤홉스키(D. I. Shakhovskii)는 그 합의를 인정하기를 거부하고는 자당 중앙위원회의 지시에 따라 사퇴서를 제출했다. 나머지 입헌민주당원인 네크라소프는 타협에 찬성했고 정부에서 떠나기보다는 입헌민주당을 탈퇴했다.

4. *Rech*, 7월 4일자, p. 1. 또한 *Birzhevye vedomosti*, 1월 4일자 조간판, p. 3도 볼 것.

5. *Den*, 7월 4일자, p. 3.

6. *Izvestiia*, 7월 4일자, p. 2.

7. *Birzhevye vedomosti*, 7월 4일자 조간판, p. 2.8. Bonch-Bruevich, *Na boevykh postakh*, p. 73.

9. *Ruch*, 7월 4일자, p. 3.

10. Ibid.; *Den*, 7월 4일자, p. 2.

11. *Den*, 7월 4일자, p. 4.

12. *Rech*, 7월 4일자, p. 2.

13. *Birzhevye vedomosti*, 7월 4일자 조간판, p. 3; *Izvestiia*, 7월 4일자, pp. 4-5.

14. *Rech*, 7월 4일자, p. 2; *Den*, 7월 4일자, pp. 1, 5; *Novaia zhizn*, 7월 4일자, p. 2; *Birzhevye vedomosti*, 7월 4일자 조간판, p. 1.

15. *Den*, 7월 4일자, p. 2; *Izvestiia*, 7월 4일자, p. 6.

16. 〈참호의 진실〉은 볼셰비키 '군사조직'의 기관지였다. 리가에서 발간되었으며, 북부 전선의 병사들이 널리 애독했다.

17. A. Shliapnikov, *Semnadtsatyi god*, 4 vols. (Moscow & Petrograd, 1923). vol. 2. pp. 190-192; *Pervyi legal'nyi Peterburgskii komitet*, pp. 7, 39-40.

18. 볼셰비키 페테르부르크 위원회 집행분과위원회 일원이면서 정치 선동의 명수인 바그다티에프는 전술 면에서 가장 과격한 페트로그라드 볼셰비키 당원이었다. 그는 공식 허가 없이 페테르부르크 위원회 이름으로 정부 타도를 호소하는 전단을 배포한 4월위기 이후 페테르부르크 위원회 위원자격을 공식 박탈당했다. 일부 자료에 따르면, 그는 7월사태 동안에도 같은 행위를 했다.

19. 가난한 직공의 아들로 태어난 볼로다르스키는 1905년에 분드(유대인 사회민주주의 조직)에 가입했고, 이어서 멘셰비키 당원이 되었다. 그는 전쟁 중에 필라델피아로 이민을 가서, 그곳에서 미국사회당(American Socialist Party)과 국제 여성의류노동자조합(International Ladies' Garment Workers' Union)에 가입했으며, 미국의 반전 운동에 적극 가담했다. 2월혁명 뒤 페트로그라드로 돌아와서, 처음에는 트로츠키의 구간위원회에 가담했다. 그러나 곧 볼셰비키에 이끌려서는 페트로그라드 소비에트와 페테르부르크 위원회 같은 기관에서 유능한 지도자로 두각을 나타냈다. 게다가, 그는 동료 볼셰비키 사이에서 당내에서 가장 유능하고 인기 있는 대중 연설가 가운데 한 사람이라는 평판을 널리 얻었다.

20. N. Avdeev, *Revoliutsiia 1917 goda: Khronika sobytii* (Moscow & Leningrad, 1922), vol. 2, pp. 115-116; *Pervyi legal'nyi Peterburgskii komitet*, pp. 208-209.

21. M. Kedrov, "Iz krasnoi tetradi ob Il'iche", in *Vospominaniia o Vladimire Il'iche Lenine*

(Moscow, 1956), vol. 1, p. 485.

22. Lenin, *PSS*, vol. 34, pp. 21-22; A. M. Liubovich, "3-5 iiulia", *Leningradskaia pravda*, 1925년 7월 16일자, p. 3.

23. 이에 관해서는 N. I. Podvoiskii, "Voennaia organizatsiia TsK RSDRP(b) i voenno-revoliutsionnyi komitet 1917 g.", *KL*, 1923, no. 6, p. 76에 있는 6월 18일에 레닌과 만난 일에 관한 포드보이스키의 회고록을 볼 것.

24. Rabinowitch, *Prelude to Revolution*, pp. 164-166.

25. Kalinin, *Krasnaia gazeta*, 1920년 7월 16일자, p. 2; 또한 Rabinowitch, *Prelude to Revolution*, p. 184도 볼 것.

26. 〈프라브다〉 6월 22일자에 실린 장문의 사설에서 카메네프는 때 이른 혁명적 행동에 관해 특별히 경고했다. 그는 다음과 같이 썼다. "개별적인 시위, 연대와 중대의 개별적인 항명" 그리고 "필연적인 프티부르주아적 정책 단계를 사보타주로 막으려는" 시도는 "우둔하고 부적절"하다. "프롤레타리아는 아나키즘적인 공세와 비조직적이고 부분적인 시도가 아니라 강력한 조직 작업과 단결로 러시아 혁명의 새로운 단계를 준비할 것이다." 빅토르 노긴은 이때 기회가 있을 때마다 비슷한 맥락의 발언을 했다. 이를테면, 6월 28일의 모스크바 지역사무국 총회에서 열정적으로 자제를 호소한 그의 발언을 Akademiia nauk SSSR, Institut istorii, et al., *Revoliutsionnoe duizhenie v Rossii v mae-iiune 1917 g.: Iiun'skaia demonstratsiia*, ed. D. A. Chugaev, et al. (Moscow, 1959), pp. 116-117에서 볼 수 있다. 7월 3일 오후에 시위 소식을 접한 카메네프는 곧바로 크론시타트의 당 지도자들에게 수병들의 시위 참가에 반대하라는 명령을 내리고, 항의를 중지하라는 노동자와 병사들에게 보내는 호소문을 지노비예프와 함께 작성했다. 7월 3일 밤 늦게 카메네프는 다음 날 시위가 계속되고 확대되는 것을 지지하지 말고 오히려 구에서 평화 집회 조직을 시도하라고 동료들을 설득했다.

27. L. D. Trotskii, *Sochineniia*, vol. 3, part 1: *Ot fevralia do oktiabria* (Moscow, 1925), pp. 165-166; Rabinowitch, *Prelude to Revolution*, pp. 157-174.

28. M. Ia. Latsis, "Iiul'skie dni v Petrograde: Iz dnevnika agitatora", *PR*, 1923, no. 5(17), pp. 104-105; *Pervyi legal'nyi Peterburgskii komitet*, p. 164.

29. V. I. Nevskii, "Voennaia organizatsiia i oktiabr'skaia revoliutsiia", *Krasnoarmeets*, 1919, nos. 10-15, p. 40.

30. B. Nikitin, *Rokovye gody* (Paris, 1937), p. 121.

31. 독일이 볼세비키에 보낸 지원금 문제는 다음과 같은 글에서 연구되었다. George Katkov, *Russia 1917: The February Revolution*; George Katkov, "German Political Intervention in Russia during World War I", in *Revolutionary Russia: A Symposium*, ed. Richard Pipes (Cambridge, 1968), pp. 80-112; Michael Futrell, *The Northern Underground* (London, 1963); S P. Mel'gunov, *Zolotoi nemetskii kliuch k bol'shevistskoi revoliutsii* (Paris, 1940); W. B. Scharlau & Z. A. B. Zeman, *Merchant of Revolution: A Life of Alexander Helphand* (London & New York, 1965); Stephen Possony, *Lenin: The Compulsive Revolutionary* (Chicago, 1964); Michael Pearson, *The Sealed Train* (New York, 1975). 관련 문서는 Z. A. B. Zeman, *Germany and the Revolution in Russia 1915-1918: Documents from the Archives of the German Foreign Ministry* (London & New York, 1958)에 들어 있다.

32. 이 점에 관해서는 알렉산더 달린(Alexander Dallin)이 George Katkov, "German Political Intervention in Russia during World War I", in *Revolutionary Russia*, p. 117과 I. G. Tsereteli, *Vospominaniia o fevral'skoi revoliutsii*, 2 vols. (Paris, 1963), vol. 2, pp. 336-341에 한 논평을 볼 것.

33. *Birzhevye vedomosti*, 7월 9일자 석간판, p. 7에 실린 편집인에게 보내는 페레베르제프의 편지를 볼 것.

34. *Rech'*, 7월 9일자, p. 3.

35. Tsereteli, *Vospominaniia*, vol. 2, pp. 332-33. 체레텔리는 알렉신스키와 판크라토프가 제소한 혐의가 워낙 피상적이고 근거가 부실했다고 회고한다. 일례로, 네크라소프는 페레베르제프의 행동에 격분했다. 이때 그가 법무부 장관에게 결투를 신청했다는 소문이 떠돌았다. 페레베르제프는 며칠 뒤 사임해야 했다. *Zhivoe slovo*, 7월 7일자, p. 2를 볼 것.

36. Tsereteli, *Vospominaniia*, vol. 2, pp. 333-334.

37. *Izvestiia*, 7월 7일자, p. 3.

2장 공격당하는 볼셰비키

1. Lenin, *PSS*, vol. 32, p. 416.

2. 이 글들, 즉 "권력은 어디에 있는가? 혁명은 어디에 있는가?", "'검은 무리' 신문과 알렉신스키의 추악한 중상모략", "비방과 사실", "새로운 드레퓌스 사건?"은 모두 *Listok pravdy*, 7월 6일자, pp. 1-2에 실렸다. (Lenin, *PSS*, vol. 32, pp. 410-422를 볼 것.)

3. *Izvestiia*, 7월 6일자, p. 6; *Gazeta-kopeika*, 7월 6일자, p. 2.

4. *Edinstvo*, 7월 9일자, p. 1. 〈단결〉은 플레하노프가 이끄는 우파 사회민주주의 그룹의 기관지였다. 이 신문의 논설 정책은 임시정부와 러시아의 전쟁 수행 노력을 강력히 지지했다.

5. *Petrogradskaia gazeta*, 7월 7일자, p. 2; *Petrogradskii listok*, 7월 7일자, p. 1.

6. *Rech'*, 7월 6일자, p. 1.

7. 이 신중함은 6월 10일 시위가 유산된 직후에 가장 분명하게 반영되었다. 이때 체레텔리가 이끄는 저명한 온건 사회주의자 몇 사람은 볼셰비키와 그들의 동조자에게 제재를 가해야 하며, 가장 중요하게는, 볼셰비키의 영향력 아래 있는 군 연대와 노동자 부대를 즉시 무장해제해야 한다고 주장했다. 그러나 소비에트 지도부 과반수는 이 같은 행위를 인준하기를 거부했다. Rabinowitch, *Prelude to Revolution*, pp. 81-84를 볼 것.

8. Akademiia nauk SSSR, Institut istorii, et al., *Revoliutsionnoe dvizhenie v Rossii v iiule 1917 g.: Iiul'skii krizis*, ed. D. A. Chugaev, et al. (Moscow, 1959), pp. 295-297. 차르정 마지막 몇 해 동안 국정추밀원은 러시아 입법부의 상원이었고 두마는 하원이었다.

9. *Rech'*, 7월 16일자, p. 1; 7월 18일자, p. 2; Rosenberg, *Liberals in the Russian Revolution*, pp. 178-185.

10. *Rech'*, 7월 11일자, p. 2. 독일의 반격에 관해서는 Robert S. Feldman, "The Russian General Staff and the June 1917 Offensive", *Soviet Studies*, April 1968, pp. 540-542를 볼 것.

11. *Izvestiia*, 7월 8일자, p. 4.

12. Ibid., 7월 11일자, pp. 3-4, 6; *Golos soldata*, 7월 11일자, p. 3. 같은 날인 7월 9일에 소비 에트 중앙집행위원회 사무국은 그 같은 체포가 24시간 안에 소비에트 중앙집행위원회 에 통보되고 위원회에 사건 처리를 예의 주시할 기회를 준다는 조건 아래 위원들의 체 포 면책특권을 공식적으로 포기했다.

13. *Izvestiia*, 7월 11일자, p. 1.

14. *Delo naroda*, 7월 11일자, p. 2; *Izvestiia*, 7월 12일자, p. 7; *Sotsial-Demokrat*, 7월 11일자, p. 3.

15. *Rabochaia gazeta*, 7월 19일자, p. 3.

16. *Izvestiia*, 7월 18일자, p. 5.

17. *Novoe vremia*, 7월 25일자, pp. 2-3; Rosenberg, *Liberals in the Russian Revolution*, pp. 191-195; kh. M. Astarakhan, *Bol'sheviki i ikh politicheskie protivniki v 1917 godu* (Leningrad, 1973), pp. 285-286; Wade, *The Russian Search for Peace*, pp. 92-95; *Oktiabr'skoe vooruzhennoe vosstanie*, vol. 1, pp. 379-380; P. N. Miliukov, *Istoriia vtoroi russkoi revoliutsii*, 3 parts(Sofia, 1921-1924), part 2, pp. 19-20, 36.

18. *Malenkaia gazeta*, 7월 6일자, p. 1; *Volia naroda*, 7월 6일자, p. 3; G. Shidlovskii, "Razgrom redaktsii *Pravda* v iiule 1917 g.", *KL*, 1927, no. 1 (22), pp. 48-50.

19. Rabinowitch, *Prelude to Revolution*, pp. 208-209, 213-214.

20. *Golos soldata*, 7월 7일자, p. 2. 7월사태 동안 보안상 이유로 내각 회의가 최고사령부 청 사에서 열렸다. 7월 11일 무렵에 정부가 근거지를 마린스키 궁전에서 겨울궁전으로 옮겼 다. 이때 겨울궁전은 케렌스키의 거처이기도 했다.

21. Ibid.

22. Russia, 1917, Provisional Government, *Zhurnaly zasedanii Vremennago pravitel'stva* (Petrograd, 1917), 1917년 7월 6일 회의, p. 1.

23. *Vestnik Vremennogo pravitel'stva*, 7월 7일자, p. 1.

24. *Revoliutsionnoe dvizhenie: Iiul'skii krizis*, p. 290.

25. Alexander Kerensky, *Russia and History's Turning Point* (New York, 1965), p. 290.

26. V. Vladimirova, *Revoliutsiia 1917 goda: Khronika sobytii, vol. 3, Iiun'-iiul'* (Moscow, 1923), p. 156.

27. *Gazeta-kopeika*, 7월 7일자, p. 3; *Edinstvo*, 7월 7일자, p. 3.

28. *New York Times*, 7월 25일자, p. 1.

29. *Zhurnaly zasedanii Vremennogo pravitel'stva*, 1917년 7월 7일 회의, p. 4; *Revoliutsionnoe dvizhenie: Iiul'skii krizis*, pp. 73-74; Akademiia nauk SSSR, Institut istorii, et al., *Baltiiskie moriaki v podgotovke i provedenii velikoi oktiabr'skoi sotsialisticheskoi revoliutsii*, ed. P. N. Mordvinov (Moscow & Leningrad, 1957), pp. 131-132.

30. *Revoliutsionnoe dvizhenie: Iiul'skii krizis*, pp. 290, 293, 298-303; *Razlozhenie armii v 1917 godu*, ed. Ia. A. Iakovlev (Moscow & Leningrad, 1925), pp. 96-98. 사형은 원래 1917년 3월 12일에 임시정부의 명령으로 폐지되었다.

31. *Revoliutsionnoe dvizhenie: Iiul'skii krizis*, pp. 302, 304, 564.

32. Vladimirova, *Revoliutsiia 1917 goda: Khronika sobytii*, vol. 3, p. 161.

33. *Malenkaia gazeta*, 7월 6일자, p. 3; *Birzhevye vedomosti*, 7월 6일자 조간판, p. 3.

34. *Zhivoe slovo*, 7월 11일자, p. 3; *Birzhevye vedomosti*, 7월 10일자 조간판, p. 4. 하우스토 프는 〈참호의 진실〉에 곧 있을 공세를 비난하는 선동 기사를 썼다는 죄로 6월 9일에 투 옥되었다.

35. *Baltiiskie moriaki*, p. 131; I. N. Kolbin, "Kronshtadt ot fevralia do kornilovskikh dnei", *KL*, 1927, no. 2 (23), pp. 153-154; *Proletarskoe delo*, 7월 14일자, p. 1.

36. F. F. Raskol'nikov, "V tiur'me Kerenskogo", *PR*, 1923, no. 10 (22), p. 135.

37. A. M. Kollontai, "V tiur'me Kerenskogo", *Katorga i ssylka*, 1927, no. 7 (36), pp. 25-32.

38. *Izvestiia*, 7월 19일자, p. 5.

39. *Novaia zhizn'*, 7월 13일자, p. 2.

40. *Gazeta-kopeika*, 7월 25일자, p. 3; Raskol'nikov, "V tiur'me Kerenskogo", p. 139. 트로츠 키의 절친한 친구인 라린은 이때는 공식적으로 멘셰비키 국제주의자였다. 그 뒤 얼마 지 나지 않아 제6차 볼셰비키 당대회에서 그는 볼셰비키당과 제휴했다.

41. *Petrogradskaia gazeta*, 7월 9일자, p. 2; M. Ul'lianova, "Poiski Il'icha v pervye dni iiulia 1917 g.", in *O Lenine* (Moscow, 1927), pp. 35-40. 이 일화에 관한 니키틴의 회고는 *Rokovye gody*, p. 152를 볼 것.

42. 레닌은 '군사조직' 간부 마리야 술리모바의 아파트에서 7월 5일 밤을 보냈다. 그는 정부 가 이른 아침에 크셰신스카야 저택을 급습한 뒤 비보르그 구에 사는 공장 노동자인 카 우로프(V. N. Kaurov)와 크룹스카야의 절친한 친구인 마르가리타 포파노바의 아파트에 서 각각 몇 시간을 보냈다. 그 뒤 7월 6일 밤에 예전에 사회민주당 두마 의원이었던 니 콜라이 폴레타예프(Nikolai Poletaev)의 아파트에서 머물다가 7월 7일 아침에 알릴루예 프 부부의 집으로 옮겼다. Institut marksizma-leninizma pri TsK KPSS, *Vladimir Il'ich Lenin: Biograficheskaia khronika*, vol. 4, *Mart-oktiabr' 1917* (Moscow, 1973), pp. 275-282를 볼 것.

43. S. Ordzhonikidze, "Il'ich v iiul'skie dni", *Pravda*, 1924년 3월 28일지, p. 4.

44. Institut marksizma-leninizma pri TsK KPSS, *Shestoi s"ezd RSDRP(bol'shevikov), avgust 1917 goda: Protokoly* (Moscow, 1958), pp. 32-33.

45. A. G. Shliapnikov, "Kerenshchina", *PR*, 1926, no. 7 (54), p. 35.

46. *Shestoi s"ezd*, pp. 28-36.

47. N. K. Krupskaia, "Vospominaniia o Lenine", in Institut marksizma-leninizma pri TsK KPSS, *Vospominaniia o Vladimire Il'iche Lenine*, 5 vols. (Moscow, 1968), vol. 1, p. 471.

48. Lenin, *PSS*, vol. 49, p. 445.

49. Ordzhonikidze, "Il'ich v iiul'skie dni", p. 4.

50. Lenin, *PSS*, vol. 34, pp. 8-9.

51. *Vladimir Il'ich Lenin: Biograficheskaia khronika*, vol. 4, pp. 287-288.

52. G. Zinov'ev, "Lenin i iiul'skie dni", *PR*, 1927, nos. 8-9 (67-68), p. 70.

53. A Shotman, "Lenin nakanune oktiabria", in Institut Lenina pri TsK RKP(b), *O Lenine: Sbornik vospominanii*, 4 vols. (Leningrad, 1924-1925), vol. 1, pp. 112-124; Zinov'ev, "Lenin v iiul'skie dni", pp. 67-69. 레닌은 원래 제목을 "마르크스주의와 국가"로 붙였던 《국가와 혁명》을 대부분 취리히에 있던 1917년 1월과 2월에 썼다. 최근에 로버트 터커가 "마르크스주의 정치 이론에 레닌이 한 가장 중요한 이바지"(*The Lenin Anthology*, p. 311)라고 한 이 저작은 레닌이 1917년 4월에 러시아로 귀환할 때 스톡홀름에 두었다가 7월 하순에 예멜랴노프의 집에 있던 레닌에게 전달되었다.

54. 전러시아 소비에트 집행위원회의 7월 13일 회의에서 나온 이 이야기는 *Izvestiia*, 7월 14일자, pp. 3-4; *Novaia zhizn'*, 7월 14일자, p. 2; *Den'*, 7월 14일자, p. 2에 실린 보도에 근거를 두고 있다.

55. 트루도비키(근로 인민) 그룹은 어느 진영에도 속하지 않은 채 인민주의 성향을 띠고 국가 두마에서 활동하는 사회주의자들의 원내 교섭 단체였다.

56. 그대로 번역하면 "여우의 코"인 리시 노스(Lisii Nos)는 페트로그라드 북서쪽으로 수 킬로미터 떨어진 지점인데, 핀란드 만에서 크론시타트 근처 쪽으로 불쑥 튀어나왔다.

57. N. Emel'ianov, "Tainstvennyi shalash", in *O Lenine*, ed. M. L. Meshcheriakov, vol. 1 (Moscow & Leningrad, 1924), p. 109.

58. M. I. Sulimova, "Iiul'skie dni", in *K godovshchine smerti V. I. Lenina*, ed. A. F. Il'in-Zhenevskii (Leningrad, 1925), pp. 136-138; M. I. Sulimova, "O sobytiiakh 1917 goda", in Institut marksizma-leninizma pri TsK KPSS, *Velikaia oktiabr'skaia sotsialisticheskaia revoliutsiia: Sbornik vospominanii* (Moscow, 1957), p. 120; *Leninskii sbornik*, vol. 4 (Leningrad, 1925), p. 319.

59. Shotman, "Lenin nakanune oktiabria", pp. 114-115.

60. Zinov'ev, "Lenin i iiul'skie dni", pp. 68-70.

3장 반동기의 페트로그라드

1. 카자크 장례식에 관한 이 서술을 준비하는 데 다음과 같은 자료를 참고했다. *Izvestiia*, 7월 14일자 p. 2; 7월 15일자, pp. 1-2; 7월 16일자, p. 4; *Golos soldata*, 7월 16일자, p. 1; *Zhivoe slovo*, 7월 16일자, p. 1; *Rech'*, 7월 16일자, pp. 1-2; *Volia naroda*, 7월 16일자, p. 4; *Delo naroda*, 7월 15일자, p. 4; 7월 16일자, p. 3.

2. *Rech'*, 7월 7일자, p. 1.

3. V. Voitinskii, "Gody pobed i porazhenii, 1917 god" (Nicolaevsky archives, Hoover Institution, Stanford, California), p. 209.

4. *Golos Soldata*, 7월 7일자, p. 1; 7월 7일자, p. 11; *Izvestiia*, 7월 7일자, p. 1; Vladimirova *Khronika sobytii*, vol. 3, p. 161.

5. *Izvestiia*, 7월 19일자, p. 5; *Gazeta-kopeika*, 7월 19일자, p. 2.

6. 예를 들어, *Groza*, 8월 20일자, pp. 1-2; 8월 27일자, pp. 1-2를 볼 것.

7. *Petrogradskii listok*, 7월 27일자, p. 1.

8. Tat'iana Graf, "V iiul'skie dni 1917 g.", *KL*, 1928, no. 2 (26), p. 47; *Novaia zhizn'*, 7월 21일자, p. 3.

9. Vladimirova, *Khronika sobytii*, vol. 3, pp. 149, 165, 319-320.

10. Graf, "V iiul'skie dni 1917 g.", pp. 69-73; *Golos soldata*, 7월 12일자, p. 3.

11. A. Il'in-Zhenevskii, "Bol'sheviki v tiur'me Kerenskogo", *KL*, 1928, no. 2 (26), p. 47.

12. *Izvestiia*, 7월 6일자, p. 7; *Den'*, 7월 6일자, p. 3.

13. *Gazeta-kopeika*, 7월 8일자, p. 4; 7월 11일자, p. 3; *Golos soldata*, 7월 12일자, p. 3; *Izvestiia Moskovskovo soveta rabochikh deputatov*, 7월 13일자, p. 1.

14. 임시정부의 7월 18일 회의에 관한 이 서술은 A. Drezen, ed., *Burzhuaziia i pomeshchiki v 1917 godu: Chastnye soveshchaniia chlenov Gosudarstvennoi dumy* (Moscow & Leningrad, 1932), pp. 192-205에 근거를 두고 있다.

15. A. Il'in-Zhenevskii, *Ot fevralia k zakhvatu vlasti: Vospominaniia o 1917 g.* (Leningrad, 1927), p. 87.

16. I. P. Flerovskii, "Iiul'skii politicheskn urok", *PR*, no. 7 (54), pp. 83-84.

17. 〈프롤레타리아의 대의〉는 바로 이때 당국이 발행을 금지한 〈진실의 목소리〉를 대신해서 크론시타트 소비에트 볼셰비키 의원단이 1917년 7월 14일부터 발행했다.

18. L. Trotskii, *Sochineniia*, vol. 3, Part 1, *Ot fevralia do oktiabria* (Moscow & Leningrad, 1925), pp. 206-211.

19. Institut istorii partii Leningradskogo obkoma KPSS, *Geroi oktiabria biografii aktivnykh uchastnikov podgotovki i provedeniia oktiabr'skogo vooruzhennogo vosstaniia v Petrograde*, 2 vols. (Leningrad, 1967), vol. 1, pp. 239-240. 7월사태 뒤에 볼셰비키가 공격을 받는 와중에 피살된 유일한 당원이었던 보이노프는 10월혁명 뒤에 영웅화되었다. 그가 공격을 받은 거리는 보이노프거리로 이름이 바뀌었다.

20. Il'in-Zhenevskii, *Ot fevralia k zakhvatu vlasti*, p. 93.

21. Il'in-Zhenevskii, "Bol'sheviki v tiur'me Kerenskogo", p. 48.

22. Ibid., p. 51; Raskol'nikov, "V tiur'me Kerenskogo", p. 137. 볼셰비키 페트로그라드 구위원회의 젊은 일원이었던 타티야나 그라프(Tat'iana Graf)의 회고록으로 판단해보면 7월사태 직후에 투옥된 당원들 가운데 니콜라옙스키 군병원에 있던 사람들이 가장 관대한 대우를 받은 듯하다. 그라프는 그 병원에 있는 볼셰비키 세 사람에게 먹을 것과 입을 것을 전해주려고 병원을 찾아갔을 때 이 수감자들을 찾을 수 없어서 당황했다고 회고한다. 나중에 그라프는 병원 경비원들이 허가없이 정기적으로, 때로는 한 번에 며칠 동안 수감자들이 시내로 갈 수 있도록 허락했음을 알았다.

23. 여성 전용 감옥에 있던 콜론타이도 독방에 갇혔다. 콜론타이에게는 몇 주 동안 감방을 떠나는 것이 허락되지 않았다. 콜론타이는 다른 재소자들과 접촉할 수 없었고 읽을거리가 허용되지 않았다. 콜론타이가 간신히 입수한 토막 소식들은 다 나쁜 것들이었다. 당의 운명에 관한 우려는 강박관념이 되었다. 급기야 콜론타이는 병이 들었다. 막심 고르키와 레오니드 크라신(Leonid Krasin)이 신문 지면을 통해 콜론타이가 받는 가혹한 대우

에 항의하기 시작하자, 〈생생한 말〉은 콜론타이의 감옥 생활이 "실제로" 어떤 것인가라는 폭로 기사로 반격을 했다. 이 허구적 기사에 따르면, 콜론타이는 한 동료가 자기에게 정어리, 치즈, 청어, 튀긴 거위고기를 담은 커다란 바구니를 주었을 때, 이것들을 모두 다 동료 수감자들에게 줄 만큼 감옥의 국과 죽에 만족해했다. 콜론타이는 8월 19일에 감옥에서 풀려났다.

24. Raskol'nikov, "V tiur'me Kerenskogo", pp. 138, 142, 144-145, 155.

25. *Rabochii i soldat*, 7월 29일자, p. 1.

26. *Soldat*, 8월 20일자, p. 3.

27. Il'in-Zhenevskii, "Bol'sheviki v tiur'me Kerenskogo", pp. 51-52.

28. Raskol'nikov, "V tiur'me Kerenskoeo", p. 149.

29. Il'in-Zhenevskii, "Bol'sheviki v tiur'me Kerenskogo", pp. 55-58; *Izvestiia Kronshtadtskogo soveta*, 8월 8일자, p. 3.

4장 효과 없는 탄압

1. *Zhivoe slovo*, 7월 8일자, p. 2.

2. *Rech'*, 7월 7일자, p. 1.

3. Vsesoiuznaia Kommunisticheskaia partiia (bol'shevikov), *Vtoraia i Tret'ia petrogradskie obshchegorodskie konferentsii bol'shevikov v iiule i oktiabre 1917 goda: Protokoly* (Moscow & Leningrad, 1927). *Novaia zhizn'*, 7월 21일자, p. 3.

4. *Izvestiia*, 7월 12일자, p. 4.

5. Ibid., 7월 12일자, p. 5; 7월 13일자, p. 3; Vladimirova, *Khronika sobytii*, vol. 3, p. 175.

6. Vladimirova, *Khronika sobytii*, vol. 3, pp. 180-181.

7. 예를 들면, I. Toboln, ed., "Iiul'skie dni v Petrograde", *Krasnyi arkhiv*, 1927, no. 4 (23), pp. 1-63; no. 5 (24), pp. 3-70를 볼 것.

8. *Izvestiia*, 7월 22일자, p. 7.

9. *Novaia zhizn'*, 7월 23일자, p. 1; 또한 A. S. Farfel, *Bor'ba narodnykh mass protiv kontrrevoliutsionnoi iustitsii vremennogo pravitel'stva* (Minsk, 1969), p. 98도 볼 것.

10. G. E. Zinov'ev, *Sochineniia*, 16 vols. (Moscow, 1923-1929), vol. 7. 지노비예프가 1917년에 한 행동에 관한 유용한 분석으로는 Myron Hedlin, "Zinoviev's Revolutionary Tactics in 1917", *Slavic Review*, vol. 34, no. 1 (1975), pp. 19-43를 볼 것.

11. 새로운 당중앙위원회는 제6차 당대회에서 선출되었다. 그 구성원들은 베르진, 부브노프, 제르진스키, 카메네프, 콜론타이, 크레스틴스키(N. N. Krestnskii), 레닌, 밀류틴, 무라노프(M. K. Muranov), 노긴, 리코프, 세르게예프, 샤우먄, 스밀가, 소콜니코프, 스탈린, 스베르들로프, 트로츠키, 우리츠키, 지노비예프였다.

12. A. F. Il'in-Zhenevskii, "Nakanune oktiabria", *KL*, 1926, no. 4 (19), pp. 15-16.

13. 이 책의 pp. 187-191을 볼 것.

14. Institut marksizma-leninizma pri TsK KPSS, *Perepiska sekretariata TsK RSDRP(b) s mestnymi partiinymi organizatsiiami: Sbornik dokumentov*, vol. 1, *Mart-oktiabr' 1917 g.* (Moscow, 1957), p.22.

15. 이 회의에는 15명쯤 되는 당 고위 간부가 참석했는데, 가운데에 당중앙위원회의 스베르들로프, 노긴, 페테르부르크 위원회의 글레브 보키, 뱌체슬라프 몰로토프, 사벨레프, 볼로다르스키, 모스크바의 부브노프, 올민스키(Ol'minskii), 소콜니코프, 부하린, 알렉세이 리코프가 있었다.

16. 테제들은 Lenin, *Sochineniia*, vol. 34, pp. 1-5에 〈정치 제안(네 가지 테제)〉라는 제목으로 나타난다. 이 테제들의 배경과 한 가지 해석으로는 A. M. Sovokin, "Rasshirennoe soveshchanie TsK RSDRP(b), 13-14 iiulia 1917 g.", *Voprosy istorii KPSS*, 1959, no. 4, pp. 130-131를 볼 것.

17. S Ordzhonikidze, "Il'ich v iiul'skie dni", *Pravda*, 1924년 3월 28일자, p. 4. 레닌의 이 발언은 오르조니키제의 회고록 일부 판에서는 삭제되었다. 예를 들면, S. Ordzhonikidze, *Put' bol'shevika* (Moscow, 1956)를 볼 것.

18. 포드보이스키에 따르면, 레닌은 6월 18일 시위 직후에 그에게 대중이 무장 봉기를 준비하도록 만들어야 한다고 말했다. 레닌은 또한 7월 6일 저녁에 포파노바의 집에서 이 문제에 관한 자기의 견해를 지노비예프와 스탈린과 논의한 듯하다.

19. 특히 *Vtoraia i Tret'ia petrogradskie obshchegorodskie konferentsii*, pp. 75, 85를 볼 것.

20. L. A. Komissarenko, "Deiatel'nost' partii bol'shevikov po ispol'zovaniiu vooruzhennykh i myrnikh form bor'by v period podgotovki i provedeniia velikoi oktiabr'skoi sotsialisticheskoi revoliutsii" (Candidate dissertation, Leningrad State University, Leningrad, 1967), p. 23.

21. Sovokin, "Rasshirennoe soveshchanie", p. 132.531

22. *Vtoraia i Tret'ia petrogradskie obshchegorodskie konferentsii*, p. 85 이 협의회에 관한 흥미로운 분석이 Komissarenko, "Deiatel'nost' partii bol'shevikov", pp. 22-23에 들어 있다. 7월사태 이후 시기에 당중앙위원회가 레닌의 권고를 기각한 일에 관해서는 G. Sokol'nikov, "Kak podkhodit' k istorii oktiabria", in *Za leninizma* (Moscow & Leningrad, 1925), p. 165를 볼 것.

23. *Vtoraia i Tret'ia petrogradskie obshchegorodskie konferentsii*, p. 84.

24. Ibid., pp. 144-145.

25. *Revoliutsionnoe dvizhenie: Iiul'skii krizis*, p. 186에 있는 모스크바 위원회 7월 15일 확대회의에서 올민스키가 한 발언을 볼 것.

26. Lenin, *Sochineniia*, vol. 34, pp. 10-17; Sovokin, "Rasshirennoe soveshchanie", p. 134.

27. E. A. Pedosikhina, "Bol'shevistskie partiinye konferentsii nakanune VI s"ezda partii" (Candidate dissertation, Moscow State University, Moscow, 1969), pp. 65-67, 87, 92.

28. *Vtoraia i Tret'ia petrogradskie obshchegorodskie konferentsii*, p. 56.

29. M. Ia. Latsis, "Iiul'skie dni v Petrograde: Iz dnevnika agitatora", *PR*, 1923, no. 5 (17), p. 115.

30. *Pervyi legal'nyi Peterburgskii komitet*, pp. 210-214.

31. *Izvestiia*, 7월 16일자, p. 7; Latsis, "Iiul'skie dni v Petrograde", p. 116; *Petrogradskii listok*, 7월 19일자, p. 1.

32. *Vtoraia i Tret'ia petrogradskie obshchegorodskie konferentsii*, pp. 64-68.

33. Ibid., pp. 69-70.

34. Ibid., pp. 70-71; 75-76.

35. Ibid., pp. 71-72.

36. Ibid., pp. 74-75.

37. Ibid., p. 78.

38. Ibid., pp. 78-88.

39. Ibid., p. 88; Komissarenko, "Deiatel'nost' partii bol'shevikov", pp. 41-42를 볼 것. 그 뒤 한주가 채 안 되어 슬루츠키는 페테르부르크 위원회가 "현 시기"를 재평가하게 만들려고 애썼다. *Pervyi legal'nyi Peterburgskii komitet*, p. 216에 있는 7월 12일 페테르부르크 위원회 회의 의사록을 볼 것.

40. 그의 군부대에서 동료 장교들이 벌인 숙청에 관한 개인적 회고로는 Il'in-Zhenevskii, "Nakanune oktiabria", pp. 10-12를 볼 것.

41. *Golos Soldate*, 7월 12일자, p. 4.

42. V. I. Nevskii, "V oktiabre", *Katorga i ssylka*, 1932, nos. 11-12 (96-97), p. 28; A. Minchev, "Boevye dni", *KL*, 1924, no. 9, p. 9. 구 대표측이 '군사조직'에 품은 분노는 좀처럼 가시지 않아서 페테르부르크 위원회의 여러 회의에서 자주 불거져 나왔다. 이를테면, *Pervyi legal'nyi Peterburgskii komitet*, pp. 227-229에 있는 페테르부르크 위원회 8월 17일 회의에서 '군사조직'에 한 적대적 언급을 볼 것.

43. *Vtoraia i Tret'ia petrogradskie obshchegorodskie konferentsii*, pp. 57-61와 *Shestoi s'ezd*, pp. 59-66. 이 점에 관해서는 S. E. Rabinovich, "Bol'shevistskie voennye organizatsii v 1917 g.", *PR*, 1928, nos. 6-7 (77-78), pp. 187-189를 볼 것.

44. *Shestoi s'ezd*, p. 289; B. Shumiatskii, "Shestoi s'ezd partii i rabochii klass", in *V dni velikoi proletarskoi revoliutsii: Epizody bor'by v Petrograde v 1917 godu* (Moscow, 1937), p. 92.

45. Il'in-Zhenevskii, "Nakanune oktiabria", p. 7.

46. Ibid., p. 9.

47. Institut marksizma-leninizma pri TsK KPSS, *Protokoly Tsentral'nogo komiteta RSDRP(b): Avgust 1917-fevral 1918* (Moscow, 1958), p. 4.

48. Ibid., p. 24.

49. Ibid., p. 20.

50. 전러시아 사무국은 6월에 열린 전러시아 볼셰비키 '군사조직' 협의회에서 구성되었다. 그 구성원은 넵스키, 포드보이스키, 로즈미로비치(E. F. Rozmirovich), 라자르 카가노비치(Lazar' Kaganovich), 플라비안 하우스토프, 아로세프(I. Ia. Arosev), 니콜라이 크릴렌코,

콘스탄틴 메호노신, 제발톱스키(I. I. Dzevaltovskii)였다. 앞의 4명은 7월에 체포를 모면했고, 나머지는 투옥되었다.

51. *Protokoly Tsentral'nogo komiteta*, pp. 23-25.

52. Il'in-Zhenevskii, *Ot fevralia k zakhvatu vlasti*, p. 98.

53. Nevskii, "V oktiabre", pp. 28-30.

54. Ibid., p. 29.

55. *Protokoly Tsentral'nogo komiteta*, pp. 22-23. 보름 뒤에, 즉 코르닐로프 사건 바로 뒤에 스베르들로프는 '군사조직'의 상태에 관해 매우 호의적인 보고서를 당중앙위원회에 제출했다. 그는 '군사조직'이 "독립적 정치 조직이 아니라 당중앙위원회 산하의 군사분과위원회"이며, "군사조직 안의 모든 활동은 당중앙위원회의 지도 아래 수행된다. 부브노프 동지는 〈병사〉에서 일하고 있으며, ['군사조직'의] 모든 작업은 제르진스키 동지와 스베르들로프 동지가 수행하고 있다"고 썼다. Ibid., p, 64.

56. *Perepiska sekretariata TsK*, vol. 1, p. 23.

57. *Soldat*, 8월 20일자, p. 6.

58. Ibid., 9월 13일자, p. 4.

59. Ibid., 9월 2일자, p. 4.

60. Ibid., 9월 13일자, p. 4.

61. Akademiia nauk SSSR, Institut istorii, Leningradskoe otdelenie, *Raionnye sovety Petrograda v 1917 godu: Protokoly, rezoliutsii, postanovleniia obshchikh sobranii zasedanii ispolnitel'nykh komitetov*, 3 vols. (Moscow & Leningrad, 1964-1966). 이 자료들에 관한 가치 있는 서술과 분석으로는 *Kritika*, vol. 4, no. 3 (Spring 1968), pp. 33-57에 있는 폰 라우에(Theodore H. Von Laue)의 비평 논문과 Rex A. Wade, "The Raionnye Sovety of Petrograd: The Role of Local Political Bodies in the Russian Revolution", *Jahrbücher für Geschichte Osteuropas*, vol. 20 (1972), pp. 226-240를 볼 것.

62. 이 점에 관해서는 Wade, "Raionnye Sovety", p. 240를 볼 것.

63. *Raionnye sovety Petrograda*, vol. 3, pp. 248-250. 구간협의체에 관한 가장 충실한 연구는 M. L.Lur'e, "Petrogradskoe mezhraionnoe soveshchanie v 1917 godu", *KL*, 1932, no. 3 (48), pp. 13-43; no. 4 (49), pp. 30-50이다.

64. 이 독립성은 소비에트 중앙집행위원회의 자금 모집 호소에 대한 대응에서 구간협의체가 취한 행동에 반영되었다. 볼셰비키는 그 같은 원조에 명백히 반대한 반면, 다수파 사회주의자들은 분명히 찬성했다, 그 문제에 관한 결의문에서 구간협의체는 소비에트 유지 비용을 위한 기부를 인준하면서도 만약 소비에트 중앙 기구들이 페트로그라드의 여러 구에서 자금을 얻는 데 어려움을 겪고 있다면 그것은 오로지 페트로그라드의 프롤레타리아가 소비에트 중앙집행위원회 지도부의 정책에 실망했기 때문이라고 가시 돋친 발언을 했다. 구소비에트 대표들은 소비에트 중앙집행위원회가 위원회 다수파의 정치관이 근본적으로 변할 때까지는 재정은 물론 대중의 지지가 필요한 위원회 활동의 모든 측면에서 프롤레타리아의 수동성에 부딪칠 수밖에 없다고 경고했다. *Raionnye sovety Petrograda*, vol. 3, pp. 283-284.

65. Ibid., p. 88.

66. Ibid., p. 201. 구소비에트 문서들에는 7월사태 직후의 포로홉스키 구소비에트와 오부흡스키 구소비에트의 회의 의사록이 포함되어 있지 않다. 두 구소비에트가 6월과 8월에 한 행동으로 판단해보면, 그 입장이 오흐틴스키 구소비에트와 로제스트벤스키 구소비에트의 입장에 가까웠으리라고 짐작된다.

67. Ibid., vol. 1, p. 143.

68. Ibid., vol. 3. pp. 268-270.

69. Ibid., vol. 1, pp. 32-33.

70. Ibid., vol. 3, pp. 70-71.

71. Ibid., vol. 2, pp. 224-228.

72. Ibid., vol. 3, pp. 203-204.

73. Ibid., pp. 268-272.

74. Ibid., pp. 272-279. 구소비에트 의원들은 같은 날 저녁에 소비에트 중앙집행위원회 사무국의 영접을 받았다. 그러나 사절단이 어떤 효과를 가져왔다는 증거는 없다.

75. Ibid., vol. 1, pp. 144-145.

76. Ibid., vol. 3, pp. 279-280.

77. Ibid., vol. 2, p. 46.

5장 다시 일어서는 볼셰비키

1. 제6차 볼셰비키 당대회 의사록 초판은 1919년에 (코무니스트Kommunist 출판사에서) 나왔다. 초판은 확실히 불완전했으며, 그것은 그만큼 당대회가 어려운 상황에 처했다는 것을 보여주는 증거일 가능성이 무척 높다. 소련측 자료에 따르면, 당대회의 간사국 기록은 당시 분실되었으며, 그 결과 1919년 판이 이후에 나온 모든 제6차 당대회 의사록 간행본의 근간이 되었다. 후속판은 1927년, 1934년, 가장 최근에는 1958년에 나왔다.

2. Shestoi s"ezd, pp. 27-36, 270.

3. Revoliutsionnoe dvizhenie: Iiul'skii krizis, p. 326.

4. Shestoi s"ezd, pp. 109, 423-424.

5. Il'in-Zhenevskii, Ot fevralia k zakhvatu vlasti, p. 96.

6. Shestoi s"ezd, pp. 69-70.

7. Il'in-Zhenevskii, Ot fevralia k zakhvatu vlasti , p. 96.

8. Shestoi s"ezd, p. 7.

9. I. P. Flerovskii, "Lenin i kronshtadtsy", in O Vladimire Il'iche Lenine (Moscow, 1963), p. 276; I. P. Flerovskii, "Na putiakh k oktiabriu", in Institut marksizma-leninizma pri TsK KPSS, Velikaia oktiabr'skaia sotsialisticheskaia revoliutsiia: Sbornik vospominanii uchastnikov revoliutsii v Petrograde i Moskve (Moscow, 1957), p. 105.

10. Shestoi s"ezd, p. 28.

11. Ibid., p. 122.

12. Ibid. pp. 111-112.

13. 모든 제6차 당대회 의사록 및 자료 간행본에 분명히 의도적으로 포함되지 않은 이 결의안 초안은 8월의 당대회 직후에 키예프의 볼셰비키 신문 〈사회민주주의자의 목소리〉(Golos Sotsial-demokrata) 8월 13일자에 실렸다. 핀란드로 출발하기 전에 레닌이 달아놓은 난외주 일부를 보면, 그가 특별히 당대회를 위해 〈현 시기에 관하여〉라는 결의안 초안을 준비한 것이 확실한 듯하다. 이 난외주는 Leninskii sbornik, vol. 21 (Moscow, 1933), pp. 81-82를 볼 것. 그 결의안 자체는 마침내 A. M. Sovokin, V preddverii oktiabria (Moscow, 1973), pp. 336-341에서 재간행되었다. 지금까지 나온 대부분의 소련측 자료는 이 결의안 원본이 발견되지 않았다고 시사했다.

14. 이 점에 관해서는 Oktiabr'skoe vooruzhennoe vosstanie, vol. 2, p. 96를 볼 것. 대의원 가운데 노긴과 예브게니 프레오브라젠스키(Evgenni Preobrazhenskii)와 안가르스키(N. S. Angarskii), 단 세 명만이 러시아의 사회주의 혁명의 가능성에 관련된 더 근본적인 이론적 문제를 제기했다.

15. Shestoi s"ezd, pp. 116-118.

16. Ibid., pp. 119-120.

17. Ibid., pp. 124-125; 바쿠의 혁명에 관한 귀중한 견해로는 Suny, The Baku Commune 1917-1918를 볼 것.

18. Shestoi s"ezd. pp. 134-136.

19. Ibid., pp. 114-142.

20. Ibid., pp. 125-128.

21. Ibid., pp. 131-132.

22. Ibid., pp. 133-139.

23. 이 결의안의 사본으로는 Institut marksizma-leninizma pri TsK KPSS, Institut istorii partii MK i MGK KPSS, Podgotovka i pobeda oktiabr'skoi revoliutsii v Moskve (Moscow, 1957), pp. 202-204를 볼 것.

24. Shestoi s'ezd, pp. 144-145.

25. A. M. Sovokin, "Razrabotka V. I. Leninym novoi taktike partii posle iiul'skikh sobytii 1917 g.", (Candidate dissertation, Institute of Marxism-Leninism, Moscow, 1962), p. 185; Shestoi s"ezd, p. 251.

26. Shestoi s"ezd, pp. 225-227.

27. Akademiia nauk SSSR, Institut istorii, et al., Revoliutsionnoe dvizhenie v Rossii v avguste 1917 g.: Razgrom kornilovskogo miatezha, ed. D. A. Chugaev, et al. (Moscow, 1959), p. 46.

28. 이 점에 관해서는 Oktiabr'skoe vooruzhennoe vosstanie, vol. 1, p. 385를 볼 것.

29. 따라서 8월 23일에 열린 사회주의자혁명가당 지역 간부 회합 참석자들은 7월 중순 이후의 사태 진전을 검토하면서 상당수 당원이 볼셰비키에게 가버린 것을 크게 우려했다. 자기 지역에서 사회주의자혁명가당 지지가 줄지 않았다고 말할 수 있는 사회주의자혁명가당 구위원회 대표는 몇 명 되지 않았다. Oktiabr'skoe vooruzhennoe vosstanie, vol. 1.

pp. 387-388를 볼 것.

30. 7월 말에 크론시타트 두마 선거에서 라스콜니코프를 제1순위로 한 볼셰비키 후보 명부가 28,154표 가운데 10,214표를 얻었다. 10,900표를 얻은 사회주의자혁명가당에만 뒤졌을 뿐이다. 8월 초순에 치러진 강력한 크론시타트 소비에트의 선거는 볼셰비키 지지가 늘어났음을 훨씬 더 도드라지게 보여준다. 새로운 소비에트에서 볼셰비키 96명이 무소속 후보 96명, 사회주의자혁명가 73명, 멘셰비키 13명, 아나키스트 7명과 나란히 의석을 차지했다. (3월에 선출된 제1대 크론시타트 소비에트에는 볼셰비키 93명, 사회주의자혁명가 91명, 멘셰비키 46명, 무소속 대의원 68명이 있었다.) 그런데도 볼셰비키는 이때도 크론시타트 소비에트에서 과반수를 차지하지 못했고, 사회주의자혁명가인 콘스탄틴 슈그린(Konstantin Shugrin)이 의장에 선출되었다. *Petrogradskii listok*, July 30, p. 2; *Izvestiia Kronshtadtskogo soveta*, August 13, p. 1; S. S. Khesin, *Oktiabr'skaia revoliutsiia i flot* (Moscow, 1971), pp. 74-75, 153, 299.

31. A. M. Andreev, *Sovety rabochikh i soldatskikh deputatov nakanune oktiabtia* (Moscow, 1967), pp. 255-259; L. F. Karamysheva, *Bor'ba bol'shevikov za Petrogradskii sovet* (Leningrad, 1964), p. 136.

32. Vladimirova, *Khronika sobytii*, vol. 4, p. 24.

33. *Novaia zhizn'*, 8월 8일자, p. 3.

34. 이 책의 pp. 254-263을 볼 것.

35. *Rech'*, 8월 15일자, p. 1.

36. *Pervyi legal'nyi Peterburgskii komitet*, pp. 223-226, 232-233.

37. *Soldat*, 8월 19일자, p. 1; *Proletarii*, 8월 19일자, p. 1.

38. *Soldat*, 8월 19일자, p. 1; *Proletarii*, 8월 20일자, p. 1.

39. 이 투표에 관한 귀중한 분석으로는 William G. Rosenberg, "The Russian Municipal Duma Elections in 1917: A Preliminary Computation of Returns", *Soviet Studies*, vol. 21, (1969), pp. 152-163를 볼 것.

40. *Rech'*, 8월 23일자, p. 1. 이 저자에 따르면, (1)입헌민주당의 힘이 가장 큰 지역에서 기권율이 가장 높았고, (2)수도에 단지 일시적으로 거주하는 병사 수천 명의 표로 사회주의자혁명가당과 볼셰비키의 수치가 부풀었기 때문에 실제상의 총 득표수는 대단한 것이 아니었다. 그에게 가장 핵심적인 것은 병사들을 빼면 총투표의 40퍼센트가 입헌민주당 표였다는 것이다.

41. *Novaia zhizn'*, 8월 23일자, p. 1.

42. *Rabochaia gazeta*, 8월 23일자, p. 1.

43. *Rabochaia gazeta*, 8월 24일자, p. 1.

6장 코르닐로프의 대두

1. 8월 11일에 말라야 오흐타 구에서 일어난 걷잡을 수 없는 화재로 공장 네 곳과 다량의 포탄이 완전히 파괴되었다. 사흘 뒤 화재가 카잔의 화약 공장과 탄약고를 휩쓸었다. 그곳에서

불기둥이 장관을 이루면서 사흘 동안 폭발이 계속되었다. 게다가, 8월 16일에는 난개발이 이루어진 페트로그라드 웨스팅하우스(Vestingaus) 공장에서 또 다른 대화재가 일어났다.

2. 빵, 고기, 생선, 야채, 낙농업품, 그밖의 필수 식료품의 부족 사태가 늦여름과 초가을에 극심해졌다. 이러한 부족 사태로 가장 심각한 영향을 받은 이들은 당시 도처에서 번창하던 암시장에서 거래를 할 수 없거나 비록 급속히 오르기는 했지만 가격이 조금 낮은 합법적 농산물 상점에서조차 물건을 살 여유가 없는 저소득층 시민이었다. 동시에, 가정용 및 공업용 연료의 공급도 위기 상황이었다. 8월 초순에 정부 관리들은 한겨울쯤에는 페트로그라드에 있는 공장의 50퍼센트가 연료 부족으로 문을 닫게 되리라고 경고하였다. *Oktiabr'skoe vooruzhennoe vosstanie*, vol. 2, p. 5-16, 69-86.

3. J. D. White, "The Kornilov Affair: A Study in Counterrevolution", *Soviet Studies*, vol. 20 (1968), pp. 188-189.

4. Rosenberg, *Liberals in the Russian Revolution*. pp. 196-200.

5. Ibid.

6. 주로 보수 성향을 띤 군 장교들로 이루어진 장교연맹과 군부동맹과 성게오르기훈장수여자연맹은 원래 군대 안에서 장교의 지위가 악화되고 전통적 규율이 무너지는 것을 막는 데 도움을 주고 대개는 "전쟁 승리"라는 대의를 증진하고자 2월혁명 직후에 만들어졌다. 장교연맹 주위원회는 모길료프에 중앙 본부를 유지하는 한편, 대표들이 여러 러시아 전선에 흩어져 있었다. 성게오르기훈장수여자연맹의 회원 자격은 전투에서 영웅적 행위를 한 보답으로 수여되는 성게오르기 훈장을 받은사람으로 한정되었다. 다른 극단적인 애국주의적 압력 단체와 마찬가지로 장교연맹, 군부동맹, 성게오르기훈장수여자연맹은 소비에트를 적대하고 볼셰비키에 광적으로 반대했다.

7. White, "The Kornilov Affair", p. 187.

8. V. Ia., Laverychev, "Russkie monopolisty i zagovor Kornilova", *Voprosy istorii*, 1964, no. 4 p. 36.

9. V. Ia., Ivanov, *Kornilovshchina i ee razgrom* (Leningrad, 1965), pp. 34-37.

10. E. I. Martynov, *Kornilov: Popytka voennogo perevorota* (Leningrad, 1927), pp. 11-17.

11. Ibid., pp. 16-18.

12. Ibid., p. 20.

13. Akademiia nauk SSSR, Institut istorii, et al., *Revoliutsionnoe dvizhenie v Rossii posle sverzheniia samoderzhaviia*, ed. D. A. Chugaev, et al. (Moscow, 1957), pp. 409-410를 볼 것.

14. Martynov, *Kornilov*, p. 18.

15. P. N. Miliukov, *Rossia na perelome*, 2 vols. (Paris, 1927), vol. 2, p. 67.

16. I. G. Tsereteli, *Vospominaniia o fevral'skoi revoliutsii*, 2 vols. (Paris, 1963), vol. 1, pp. 91-92.

17. 이 그룹은 〈투쟁 속의 자유〉(Svoboda v bor'be)라는 자체 주간지를 발간하고 있었다.

18. Laverychev, "Russkie monopolisty", pp. 34-35; White, "The Kornilov Affair", pp. 187-188. 자보이코는 라베리초프와 화이트가 시사한 것과는 달리 러시아 경제부흥협회를 대

표하기보다는 〈투쟁 속의 자유〉를 중심으로 자기 나름의 조직을 대표해서 행동하고 있었던 듯하다.

19. 자보이코는 크림 전쟁에서 이름을 떨친 한 제독의 아들이었다. 세기가 바뀔 무렵 당시 20대였던 자보이코는 폴란드에서 도 귀족단장 자리에 있는 동안 매우 수상쩍은 부동산 거래 몇 건으로 개 재산을 모았다(Martynov, *Kornilov*, pp. 20-21). 그는 1905년 혁명 뒤 석유 산업 경영과 대형산업 금융 거래에 적극적으로 뛰어들었다. 그는 또한 정치 저널리즘에도 관여했다. 제1차 세계대전 동안에 그는 극우 신문 〈러시아의 의지〉(Russkaia volia)의 공동 발행인으로 활동했고, 전선으로 떠나기 전인 1917년 4월에는 〈투쟁 속의 자유〉의 편집인이자 발행인이었다.

20. P. N. Miliukov, *Istoriia vtoroi russkoi revoliutsii*, 2 vols. (Sofia, 1921-1924), vol. 1, part 2, p. 60.

21. Martynov, *Kornilov*, p. 20.

22. W. S. Woytinsky, *Stormy Passage* (New York, 1961), p. 333.

23. 이 책의 pp. 103-105를 볼 것.

24. *Rabochaia gezeta*, 7월 29일자, p. 3; N. Bukhbinder, "Na fronte v predoktiabr'skie dni", *KL*, 1923, no. 6, pp. 32-34를 볼 것.

25. Bukhbinder, "Na fronte v predoktiabr'skie dni", p. 34.

26. Rosenberg, *Liberals in the Russian Revolution*, p. 207.

27. Martynov, *Kornilov*, p. 25.

28. Ibid., p. 29.

29. 니콜라이 루즈스키 장군은 2월혁명이 일어날 때 북부 전선 사령관이었으며, 그 직위를 4월까지 보유했다. 미하일 알렉세예프 장군은 1917년 3월 초순부터 5월 21일까지 러시아군 최고사령관이었다. 스타프카 협의회가 열릴 때, 두 장교는 아직 재임용을 기다리고 있었다.

30. Bukhbinder, "Na fronte v predoktiabr'skie dni", p. 39. 이 사료에는 7월 16일 스타프카 협의회의 완전한 회의록이 들어 있다. 그 발췌문은 R. P. Browder & A. F. Kerensky, eds., *The Russian Provisional Government 1917*, 3 vols. (Stanford, 1961), vol. 2, pp. 989-1010에 영어로 번역되었다.

31. Bukhbinder "Na fronte v predoktiabr'skie dni", p. 21-27, 〈병사의 권리 선언〉은 처음에는 3월 15일에 페트로그라드 소비에트가 발표한 것을 수정을 거쳐 5월 11일에 케렌스키 국방부 장관이 공표한 민주적 권리 선언문이다.

32. D. V. Lehovich, *White against Red: The Life of General Anton Denikin* (New York, 1974), P. 104.

33. M. V. Alekseev, "Iz dnevnika generala Alekseeva", *Russkii istoricheskii arkhiv*, vol. 1 (Prague, 1929), p. 41.

34. Martynov, *Kornilov*, pp. 32-33; Bukhbinder, "Na fronte v predoktiabr'skie dni", p. 31.

35. A. I. Denikin, *Ocherki russkoi smuty*, vol. 1, part 2 (Paris, 1921), p. 188.

36. Bukhbinder, "Na fronte v predoktiabr'skie dni", p. 31; 또한 Ivanov, *Kornilovshchina i ee*

razgrom, p. 39도 볼 것.

37. *Miatezh Kornilova: Iz belykh memuarov* (Leningrad, 1928), p. 202. B. Savinkov, "General Kornilov: Iz vospominanii", *Byloe*, 1925, no. 3 (31), pp. 188-190도 볼 것.

38. A. F. Kerensky, *The Catastrophe* (New York, 1927), p. 114.

39. A. F. Kerensky, *Prelude to Bolshevism: The Kornilov Rising* (New York, 1919), pp. xiii, 13-14.

40. 이 점에 관해서는 White, "The Kornilov Affair", pp. 196-197를 볼 것.

41. Ivanov, *Kornilovshchina i ee razgrom*, p. 41.

42. 이것은 체레미소프의 능력이 못미더웠다기보다는 그가 "좌파"라는 평판이 있고 잠재적인 정치적 경쟁자로서 그를 두려워했기 때문이라는 소련 역사가들의 추측은 꽤 일리가 있다.

43. V. Vladimirova, *Kontr-revoliutsiia v 1917 g. (Kornilovshchina)* (Moscow, 1924), p. 48.

44. 데니킨 장군은 이때 남서부 전선 사령관에 임명되었다.

45. Martynov, *Kornilov*, p. 45; Ivanov, *Kornilovshchina i ee razgrom*, p. 53.

46. Martynov, *Kornilov*, p. 48.

47. 예를 들면, *Izvestiia*, 8월 5일자, p. 3를 볼 것.

48. *Novaia zhizn*, 8월 8일자, p. 3를 볼 것; 이 책의 pp. 217-220을 볼 것.

49. *Izvestiia*, 8월 4일자, p. 4를 볼 것; *Novaia zhizn'*, 8월 4일자, p. 3도 볼 것.

50. 이 책의 pp. 254-263을 볼 것.

51. *Revoliutsionnoe dvizhenie v Rossii: Razgrom kornilovskogo miatezha*, p. 360; 이 협의회에서 입헌민주당이 한 행동에 관한 명쾌한 분석은 Rosenberg, *Liberals in the Russian Revolution*, pp. 210-218를 볼 것.

52. M. F., "K istorii Kornilovshchiny", *KL*, 1924, no. 1 (10), pp. 207-217에는 이 수정된 제안의 완전한 원문이 실려 있다. Ivanov, *Kornilovshchina i ee razgrom*, P. 57-58와 Vladimirova, *Khronika sobytii*, vol. 4, pp. 36-37도 볼 것.

53. 이 일은 8월 10일과 17일 사이에 일어났다.

54. Vladimirova. *Kontr-revoliutsiia v 1917 g.*, p. 61.

55. A. F. Kerenskii, *Delo Kornilova* (Moscow, 1918) pp. 52-53.

56. White, "The Kornilov Affair", p. 200.

57. Ivanov. *Kornilovshchina i ee razgrom*, p. 59-60. 입헌민주당의 주장에 따라, 내각은 8월 11일에 이 강령을 원칙적으로 승인하면서도 더 논의할 것을 요구하면서 강령의 군사적 측면을 고려했다.

58. Martynov, *Kornilov*, p. 48.

59. 이 점에 관해서는 *Oktiabr'skoe vooruzhennoe vosstanie*, vol 2, p. 133를 볼 것.

60. Manynov, *Kornilov*, p. 56.

61. A. S. Lukomskii, *Vospominaniia*, 2 vols. (Berlin, 1922), vol. 1, p. 227.

62. 이 점에 관해서는 White, "The Kornilov Affair", pp. 197-199를 볼 것.

63. Lukomskii, *Vospominaniia*, vol. 1, p. 227.

7장 코르닐로프 대 케렌스키

1. Ariadna Tyrkova-Williams, *From Library to Brest Litovsk: The First Year of the Russian Revolution* (London, 1919), p. 167.

2. *Gosudarstvennoe soveshchanie*, ed. M. N. Pokrovskii & Ia. A. Iakovlev (Moscow & Leningrad, 1930), p. 508.

3. *Izvestiia*, 8월 13일자, p. 2.

4. *Protokoly Tsentral'nogo komiteta*, pp. 6-7.

5. Vladimirova, *Khronika sobytii*, vol. 4, p. 35.

6. Martynov, *Kornilov*, p. 64.

7. A. F. Rasstrigin, "Revoliutsionnye komitety avgustskogo krizisa 1917 g." (Candidate dissertation, Leningrad State University, Leningrad, 1969), p. 90.

8. *Revoliutsionnoe dvizhenie v Rossii: Razgrom kornilovskogo miatezha*, pp. 20, 379-380.

9. Ibid., p. 392.

10. N. Sukhanov, *Zapiski o revoliutsii*, 7 vols. (Berlin, Petersburg & Moscow, 1922-1923), vol. 5, pp. 155-156; Vladimirova, *Khronika sobytii*, vol. 4, p. 45.

11. Sukhanov, *Zapiski o revoliutsii*, vol. 5, p. 156.

12. Vladimirova, *Khronika sobytii*, vol. 4, p. 45.

13. *Gosudarstvennoe soveshchanie*, p. 133.

14. Ibid., pp. 74-76.

15. Ibid., pp. 112-117.

16. 나중에 이 강령은 "8월 14일 강령"으로 지칭되었다.

17. 임시정부의 7월 8일 선언과 더 보수주의적인 8월 14일 강령의 차이점을 알려면 Vladimirova, *Kontr-revoliutsiia v 1917 g.*, p. 88를 볼 것.

18. *Gosudarstvennoe soveshchanie*, p. 4.

19. Miliukov, *Istoriia vtoroi russkoi revoliutsii*, vol. 1, part 2, pp. 127-128.

20. *Novoe vremia*, 8월 13일자, p. 1.

21. Vladimirova, *Kontr-revoliutsiia v 1917 g.*, p. 84.

22. A. I. Verkhovskii, *Rossiia na Golgofe* (Petrograd, 1918), p. 107.

23. Miliukov, *Istoriia vtoroi russkoi revoliutsii*, vol. 1, part 2, pp. 174, 183.

24. *Posledniia novosti*, 1937년 1월 20일자, p. 2; Laverychev, "Russkie monopolisty", p. 40.

25. White, "The Kornilov Affair", p. 200.

26. Z. Gippius, *Siniaia kniga: Peterburgskii dnevnik, 1914-1918 gg.* (Belgrade, 1929), p. 174.

27. 러시아 언론에서 리가의 재앙은 얼마간은 별다른 경고 없이 닥쳐 왔기 때문에 곧 커다란 논란의 근원이 되었다. 장군들은 자유주의 및 보수계 여론의 뒷받침을 받아 이 패배는 군대를 지배하고 있는 혼란을 한층 잘 보여주는 증거라고 주장했다. 한편, 좌파는 최고사령부가 탄압 조처를 취하라는 자기들의 요구를 보강하려고 일부러 리가 방위를 제대로 준비하지 않았다고 보았다.

28. Martynov, *Kornilov*, pp. 74-75. 사빈코프 차례가 되자, 그는 이 포고령들의 실질적 준비를 국방부 산하의 한 비상위원회에 위임했다. 그 비상위원회는 아푸시킨(Apushkin) 장군이 관장했다.

29. 엄밀하게는 제3군단의 일부인 제10기병사단은 정규 주둔지에 그대로 남았다.

30. *Oktiabr'skoe vooruzhennoe vosstanie*, vol. 2, pp. 131-132; Martynov, *Kornilov*, pp. 56-59; Ivanov, *Kornilovshchine i ee razgrom*, pp. 78-83. 카바르다(Kabarda)·다게스탄(Dagestan)·타타르(Tatar)·체르케스·인구시 기병연대, 오세트(Oset) 보병여단, 카자크 제8포병사단이 야만사단(캅카스 토착민 사단[Kavkazskaia Tuzemnaia Diviziia]) 소속이었다.

31. *Revoliutsionnoe dvizhenie v Rossii: Razgrom kornilovskogo miatezha*, pp. 439, 629.

32. *Oktiabr'skoe vooruzhennoe vosstanie*, vol. 2, p. 132.

33. Martynov, *Kornilov*, pp. 77-78.

34. *Revoliutsionnoe dvizhenie v Rossii: Razgrom kornilovskogo miatezha*, pp. 420, 452-453.

35. Radkey, *The Agrarian Foes of Bolshevism*, pp. 386-387.

36. Ibid., 그리고 A. F. Kerensky, *Russia and History's Turning Point* (New York, 1965), pp. 341-342.

37. 이 대화들 가운데 첫 대화를 사빈코프가 재구성한 것이 *Revoliutsionnoe dvizhenie v Rossii Razgrom kornilovskogo miatezha*, pp. 421-443에 있다. 루콤스키, 로마놉스키(I. P. Romanovskii) 장군, 바라놉스키(V. L. Baranovskii) 대령, 필로넨코가 7월 23일 저녁에 열린 제2차 토론 일부에 참석했다. Vladimirova, *Kontr-revoliutsiia v 1917 g.*, pp. 206-209에는 이 회담 일부의 요약문이 있다 이 요약문에는 코르닐로프와 루콤스키와 로마놉스키가 서명했다.

38. *Revoliutsionnoe dvizhenie v Rossii: Razgrom kornilovskogo miatezha*, pp. 421-443; *Birzhevye vedomosti*, 9월 12일자, p. 1와 Martynov, *Kornilov*, pp. 80-82에 있는 사빈코프의 대(對)언론 성명서도 볼 것.

39. *Revoliutsionnoe dvizhenie v Rossii: Razgrom kornilovskogo miatezha*, pp. 432.

40. Ibid., p. 421.

41. Martynov, *Kornilov*, p. 80; O. Chaadaeva, *Kornilovshchina* (Moscow & Leningrad, 1930), pp. 90-91.

42. Martynov, *Kornilov*, p. 78.

43. Kerensky, *Delo Kornilova*, p. 82.

44. Kerensky, *Prelude to Bolshevism*, pp. 214-215.

45. *Revoliutsionnoe dvizhenie v Rossii: Razgrom kornilovskogo miatezha*, pp. 432, 629.

46. Ibid., pp. 433-434; *Oktiabr'skoe vooruzhennoe vosstanie*, vol. 2, pp. 133-134도 볼 것.

47. *Revoliutsionnoe dvizhenie v Rossii: Razgrom kornilovskogo miatezha*, pp. 434-435; 439-440.

48. Kerensky, *Russia and History's Turning Point*, p. 342.

49. Browder & Kerensky, *The Russian Provisional Government*, vol. 3, pp. 1561-1562.

50. Martynov, *Kornilov*, p. 84; *Revoliutsionnoe dvizhenie v Rossii: Razgrom kornilovskogo miatezha*, p. 444와 Kerensky, *Delo Kornilova*, pp. 100-103도 볼 것.

51. 의미심장하게도, 르보프는 당시 정부 조사관에게 증언하면서 케렌스키의 사퇴 제의를 전혀 언급하지 않았다. *Revoliutsionnoe dvizhenie v Rossii: Razgrom kornilovskogo miatezha*, pp. 425-428를 볼 것.

52. 이것은 진보적인 베르홉스키 장군이 받은 강렬한 인상이었다. 그는 8월 24일에 모길료프에 있었고 르보프의 방문 직후에 코르닐로프와 대화를 나누었다. 일기에 베르홉스키는 코르닐로프가 정부와 협조하면서 행동하는 일을 매우 중시하는 듯했으며 르보프로부터 이것이 사실이라는 확신을 얻었다고 적었다. Verkhovskii, *Rossiia na Golgofe*, p. 110.

53. Browder & Kerensky, *The Russian Provisional Government*, vol. 3, pp. 1564-1565; *Revoliutsionnoe dvizhenie v Rossii: Razgrom kornilovskogo miatezha*, pp. 428, 450; Martynov, *Kornilov*, pp. 87-88.

54. Martynov, *Kornilov*, p. 88.

55. *Revoliutsionnoe dvizhenie v Rossii: Razgrom kornilovskogo miatezha*, pp. 441-442; Kerensky, *Delo Kornilova*, pp. 105-106; Martynov, *Kornilov*, pp. 96-97.

56. *Revoliutsionnoe dvizhenie v Rossii: Razgrom kornilovskogo miatezha*, p. 443; Kerensky, *Delo Kornilova*, pp. 108-109; Browder & Kerensky, *The Russian Provisional Government*, vol, 3, p. 1571.

57. F. F. Kokoshkin & N. M. Kishkin, 1917년 8월 31일자 입헌민주당 모스크바 시위원회 보고서(Nicolaevsky Archive, Hoover institution, Stanford, California에 이 보고서가 한 부 있다.), pp. 8-10; *Revoliutsionnoe dvizhenie v Rossii: Razgrom kornilovskogo miatezha*, p. 444; Miliukov, *Istoriia vtoroi russkoi revoliutsii*, vol. 1, part 2, pp. 218-220; Rosenberg, *Liberals in the Russian Revolution*, pp. 229-230.

58. *Revoliutsionnoe dvizhenie v Rossii: Razgrom kornilovskogo miatezha*, p. 448.

59. Ibid., pp. 448-452.

60. Vladimirova, *Khronika sobytii*, vol. 4, p. 101.

61. *Revoliutsionnoe dvizhenie v Rossii: Razgrom kornilovskogo miatezha*, p. 445.

62. Glppius, *Siniaia kniga*, p. 179.

63. Browder & Kerensky, *The Russian Provisional Government*, vol. 3, p. 1573.

64. *Oktiabr'skoe vooruzhennoe vosstanie*, p. 137.

65. Vladimirova, *Khronika sobytii*, vol. 4, P. 104; 또한 Lehovich, *White against Red*, p. 124도 볼 것.

66. Vladimirova, *Khronika sobytii*, vol. 4, p. 110.

67. Browder & Kerensky, *The Russian Provisional Government*, vol. 3, pp. 1573-1574.

68. Woytinsky, *Stormy Passage*, pp. 350-351.

69. Sukhanov, *Zapiski o revoliutsii*, vol. 5, p. 217.

8장 코르닐로프의 패배와 볼셰비키

1. 9월에 스몰니는 볼셰비키 당중앙위원회 회합 장소가 되었고, 10월혁명까지는 페트로그라드의 볼셰비키 활동의 중심지였다.

2. *Novaia zhizn'*, 8월 29일자, p. 2; Rasstrigin, "Revoliutsionnye komitety avgustskogo krizisa", p. 130; *Revoliutsionnoe dvizhenie v Rossii: Razgrom kornilovskogo miatezha*, pp. 476-477.

3. *Izvestiia*, 8월 28일자, p. 3; 8월 29일자, p. 1; *Novaia zhiz'*, 8월 29일자, pp. 1-2; *Rabochaia gazeta*, 8월 29일자, pp. 2-3.

4. *Izvestiia*, 8월 29일, pp. 1-2; Sukhanov, *Zapiski o revoliutsii*, vol. 5, p. 293.

5. Sukhanov, *Zapiski o revoliutsii*, vol. 5, pp. 291-292.

6. Lenin, *PSS*, vol. 34, pp. 119-121.

7. *Shestoi s"ezd*, pp. 255-257; 169-170.

8. Lenin, *PSS*, vol. 34, pp. 73-78. 비록 이때 게재되지 않았더라도, 이 글들은 8월 27일 무렵 페트로그라드의 고위 당 지도자 사이에서 돌았다.

9. 이 책의 pp. 255-257을 볼 것.

10. 1917년 8월 우익 쿠데타의 위협에 관련된 레닌의 오판을 솔직하게 논의한 유일한 소련의 역사가는 스타르체프(V. I. Startsev)이다. 그의 "V. I. Lenin v avguste 1917 godu", *Voprosy istorii*, 1967, no. 8, pp. 124-127를 볼 것.

11. *Protokoly Tsentral'nogo komiteta*, p. 32; V. V. Anikeev, *Deiatel'nost' TsK RSDRP(b) v 1917 godu: Khronika sobytii* (Moscow, 1969), p. 267.

12. 이 회의를 기록한 두 가지 상이한 회의록이 1927년에 간행된 페테르부르크 위원회 문서집에 나란히 나온다(*Pervyi legal'nyi Peterburgskii komitet*, pp. 237-254). 두 이본(異本) 모두 부정확하고 불완전해서, 무엇보다도 당시 긴장의 반영임에는 의문의 여지가 없다. 두 이본은 대부분 상호 보완적이다. 따라서 지은이는 두 가지를 다 이용해서 이 토론을 재구성하려고 노력했다.

13. 1917년 모스크바 볼셰비키의 행동, 그리고 모스크바 지역 사무국에서 강력한 위치를 차지한 젊은 볼셰비키와 모스크바 시위원회(Moskovskii gorodskii komitet)에 집중된 더 온건한 고참 당 간부들 사이의 견해 차에 관한 매우 귀중한 분석이 스티븐 코언(Stephen F. Cohen)의 극히 귀중한 부하린 전기에 나온다. *Bukharin and the Bolshevik Revolution* (New York, 1973), pp. 45-53.

14. 이 책의 pp. 428-430을 볼 것.

15. 이 당시 부브노프의 "좌편향"에 관해서는 Komissarenko, "Deiatel'nost' partii bol'

shevikov", pp. 185-186를 볼 것.

16. 이 특별호의 발행일자는 8월 28일 화요일로 되어 있는데, 이것은 명백한 실수이다. 8월 28일은 월요일이었으며, 문건을 들여다보면 이 호가 8월 29일 이른 아침 이전에 발행될 수 없었음이 드러난다. 〈병사〉는 보통 월요일에 나오지 않았고, 〈노동자〉와는 달리 8월 28일 월요일에 〈병사〉 특별호는 없었다. 따라서 8월 29일자 〈병사〉 정규호와 특별호는 '군사조직'이 신문 지면상에서 코르닐로프 사건에 취한 첫 대응이었다.

17. *Soldat*, 8월 29일자 p. 4.

18. 의미심장하게도, '군사조직'이 전적으로, 또는 부분적으로 발행한 몇몇 전단을 제쳐놓고, Drezen, *Bol'shevizatsiia petrogradskogo garnizona*와 더 최근의 *Revoliutsionnoe dvizhenie v Rossii: Razgrom kornilovskogo miatezha*에는 8월 27일과 30일 사이에 '군사조직'이 벌인 활동에 관련된 단 두 가지 문서가 들어 있다. '군사조직' 대표들의 8월 28일 회의에서 통과된 결의문(*Bol'shevizatsiia petrogradskogo garnizona*, pp. 242-243; *Revoliutsionnoe dvizhenie v Rossii: Razgrom kornilovskogomiatezha*, pp. 482-483)과 지역 붉은 근위대의 상태에 관해 '군사조직'이 돌린 설문서에 볼셰비키 모스크바-나르바(Moskovsko-Narvskii raion) 구위원회가 내놓은 답변서(*Revoliutsionnoe dvizhenie v Rossii: Razgrom kornilovskogo miatezha*, pp. 510-511)가 그 두 문서이다.

19. *Perepiska sekretariata TsK RSDRP(b) s mestnymi partiinymi organizatsiiami: Sbornik dokumentov*, vol. 1, p. 31.

20. Rasstrigin, "Revoliutsionnye komitety avgustskogo krizisa 1917 g.", p. 112.

21. 이 책의 p. 326을 볼 것.

22. 문헌에서 군사분과는 임시군사위원회, 작전분과, 군사위원회로, 심지어는 혁명군사위원회로 다양하게 지칭되어 왔다. 원래 소비에트 집행위원회가 7월봉기를 조사하려고 설치한 임시혁명위원회나 더 급진적인 페트로그라드 소비에트 군사분과와 혼동해서는 안 된다.

23. *Kornilovskie dni: Biulleteni vremennogo voennogo komiteta pri TsK s 28 avgusta po 4 sentiabria 1917 g.* (Petrograd, 1917); A. Anskii, ed., *Protokoly Petrogradskogo soveta professional'nykh soiuzov za 1917 g.* (Leningrad, 1927), p. 70.

24. 이 책의 p. 194를 볼 것.

25. *Raionnye sovety Petrograda*, vol. 3, p. 292; *Protokoly Petrogradskogo soveta professional'nykh soiuzov za 1917 g.* (Leningrad, 1927), p. 58.

26. *Raionnye sovety Petrograda*, vol. 3, pp. 292-293.

27. *Revoliutsionnoe dvizhenie v Rossii: Razgrom kornilovskogo miatezha*, pp. 498-499.

28. 구간협의체와 구소비에트가 코르닐로프와 싸울 준비에서 한 중요한 역할에 관한 논의로는 Iu. S. Tokarev, *Narodnoe pravotvorchestvo nakanune velikoi oktiabr'skoi sotsialisticheskoi revoliutsii (mart-oktiabr' 1917 g.)* (Moscow & Leningrad, 1965), pp. 144-146와 B. D. Gal'perina, "Raionnye sovety Petrograda v 1917 godu" (Candidate dissertation, institute of History, USSR Academy of Sciences, Leningrad, 1968), pp. 228-238를 볼 것.

29. 이 위원회는 페테르고프 소비에트에서 선출된 대표 3명, 5개 당 조직에서 대표 1명씩, 3개 구 대표부에서 대표 1명씩, 푸틸로프 공장위원회, 푸틸로프 조선소, 구 집행위원회,

푸틸로프 공장에 주둔한 중대의 병사들, 노동조합 구 사무국, 구의 소기업들에서 파견한 각각 대표 1명씩으로 구성되었다.

30. *Raionnye sovety Petrograda*, vol. 2, pp. 251-253; *Revoliutsionnoe dvizhenie v Rossii: Razgrom kornilovskogo miatezha*, p. 496; Tokarev, *Narodnoe pravotvorchestvo*, pp. 145-146.

31. 1917년 3월에 구성된 페트로그라드 노동조합 평의회는 이때 수도에 있는 거의 50개에 가까운 노동조합에서 선출된 대표들로 이루어졌다. 페트로그라드 노동조합 평의회가 1917년에 한 활동에 관한 귀중한 서술로는 A Anskii, "Petrogradskii sovet professional' nykh soiuzov v 1917 g.", in *Professional'noe dvizhenie v Petrograde v 1917 g.*, ed. A. Anskii (Leningrad, 1928), pp. 45-77를 볼 것.

32. *Izvestiia*, 8월 29일자, p. 6.

33. 이 분과위원회는 나중에 대(對)반혁명 투쟁위원회에 흡수된 것이 분명하다.

34. *Protokoly Petrogradskogo soveta professional'nykh soiuzov za 1917 g.*, pp. 57-72; *Revoliutsionnoe dvizhenie v Rossii: Razgrom kornilovskogo miatezha*, pp. 500-1; Anskii, "Petrogradskii sovet professional'nykh soiuzov v 1917 g.", p. 53.

35. Vladimirova, *Kontr-revoliutsiia v 1917 g.*, p. 167; Z. V. Stepanov, *Rabochie Petrograda v period podgotovki i provedeniia oktiabr'skogo vooruzhennogo vosstaniia* (Moscow & Leningrad, 1965), p. 173. A. G. Egorova, *Partiia i profsoiuzy v oktiabr'skoi revoliutsii* (Moscow, 1970), p. 160도 볼 것.

36. 이때 빅젤은 사회주의자혁명가 14명, 멘셰비키 7명, 인민민주주의자 3명, 구간협의체 대표 2명, 볼셰비키 2명, 볼셰비키 동조자 1명, 다수가 입헌민주당을 지지하는 무소속 11명, 이렇게 해서 모두 40명의 위원으로 구성되었다.

37. A. P. Taniaev, *Ocherki po istorii dvizheniia zheleznodorozhnikov v revoliutsii 1917 goda (fevral'-oktiabr')* (Moscow & Leningrad, 1925), p. 95; Vladimirova, *Kontr-revoliutsiia v 1917 g.*, pp. 161-162; Kerenskii, *Delo Kornilova*, pp. 153-154, 156.

38. 혁명 페트로그라드의 무장 노동자 민병대의 발전에 관해 가장 박식한 전문가인 스타르체프는 이때 노동사 13,000명 내지 15,000명이 군사 행동을 위해 조직화되었다고 다소 낮게 추산한다. V. I. Startsev, *Ocherki po istorii Petrogradskoi krasnoi; guardii i rabochei militsii* (Moscow & Leningrad, 1965), p. 164.

39. 페트로그라드 소비에트 산하에는 각각 공장 대표와 수비대 대표로 구성된 노동자 부서와 병사 부서가 있었다. 대규모 집행분과위원회가 이끄는 병사위원회는 부대원들에게 특별한 관심사가 되는 문제에 관여했다.

40. Ivanov, *Kornilovshchina i ee razgrom*, pp. 156-157; Drezen, *Bol'shevizatsiia petrogradskogo garnizona*, pp. 253-264; Kochakov, "Bol'shevizatsiia Petrogradskogo garnizona v 1917 godu", pp. 174-177.

41. *Izvestiia Kronshtadtskogo soveta*, 9월 6일자, p. 1; 9월 8일자, p. 1; Akademiia nauk SSSR, Institut istorii, et al., *Baltiiskie moriaki v podgotovke i provedenii velikoi oktiabr' skoi sotsialisticheskoi revoliutsii*, ed. P. N. Mordvinov (Moscow & Leningrad, 1957), pp. 186-189; Akademiia nauk SSSR, Institut istorii, et al., *Protokoly i postanovleniia Tsentral'*

nogo komiteta Baltiiskogo flota, ed. D. A. Chugaev (Moscow & Leningrad, 1963), pp. 150-158; V. V. Petrash, *Moriaki Baltiiskogo flota v bor'be za pobedu oktiabria* (Moscow & Leningrad, 1966), pp. 200-216; Ivanov, *Kornilovshehina i ee razgrom*, pp. 156-157; A. K. Drezen, "Baltiiskii flot ot iiulia k oktiabriu 1917 g.", *KL*, 1929, no. 5 (32), pp. 191-199.

42. *Razlazhenie armii v 1917 g.*, ed. M. N. Pokrovskii & Ia. A. Iakovlev (Moscow & Leningrad, 1925), p. 116; *Protokoly i postanovleniia Tsentral'nogo komiteta Baltiiskogo flota*, pp. 167-172; Ivanov, *Kornilovshchina i ee razgrom*, p. 63.

43. *Poslednie novosti*, 1937년 3월 6일자, p. 3에 실린 피니소프와 니콜라스 바카(Nicholas Vakar)의 대담.

44. 이 일화에 관한 엇갈리는 회고들, 그리고 페트로그라드 우익 집단들이 아무런 행동을 하지 않은 이유로는 G. Vinberg, *V plenu u obez'ian* (Kiev, 1918), pp. 104-108; *Poslednie novosti*, 1937년 1월 24일자, p. 5와 1937년 3월 6일자, p. 3에 실린 푸틸로프(A. I. Putilov), 피니소프와 니콜라스 바카의 대담; L. P. Diusimet'er, "Zagovor Kornilova: Pis'mo v redaktsiiu", *Poslednie novosti* 1937년 5월 28일자; Kerensky, *Russia and History's Turning Point*, p. 381; Denikin, *Ocherki russkoi smuty*, vol. 2, pp. 64-65; Miliukov, *Vtoraia russkaia revoliutsiia*, vol. 1, part 2, pp. 258-259를 볼 것.

45. 소련의 문서고에 있는 미간행 사료에 대체로 근거를 둔, 이러한 사태 진전에 관한 가장 충실한 서술이 Ivanov, *Kornilovshchina i ee razgrom*, pp. 174-179에 있다. *Bol'shevizatsiia petrogradskogogarnizona*, p. 257; Martynov, *Kornilov*, pp. 142-146; Vladimirova, *Khronika sobytii*, vol. 4, pp. 107-145, 241-249; *Revoliutsionnoe dvizhenie v Rossii: Razgrom kornilovskogo miatezha*, pp. 531-532, 633도 볼 것.

46. Ivanov, *Kornilovshehina i ee razgrom*, pp. 180-181; Vladimirova, *Khronika sobytii*, vol. 4, pp. 134, 349; Martynov, *Kornilov*, pp. 147-149; *Revoliutsionnoe dvizhenie v Rossii: Razgrom kornilovskogo miatezha*, p. 535.

47. Ivanov, *Kornilovshchina i ee razgrom*, pp. 170-174; Vladimirova, *Khronika sobytii*, vol. 4, pp. 343-350; Martynov, *Kornilov*, pp. 135-142.

48. 다음에 알렉세예프는 9월 10일 두호닌으로 대체되었다.

49. Martynov, *Kornilov*, pp. 155-171; Vladimirova, *Khronika sobytii*, vol 4, pp. 124-132.

50. Browder & Kerensky, *The Russian Provisional Government*, vol. 3, pp. 1586-1589. 크리모프가 코르닐로프에게 보낸 메시지의 원본은 알려져 있지 않다.

9장 신정부 문제

1. 이 책의 pp. 289-290을 볼 것.

2. 이 일화에서 입헌민주당이 한 역할이 Rosenberg, *Liberals in the Russian Revolution*, pp. 230-232에 설득력 있게 재구성되어 있다. 코코시킨(Kokoshkin)의 1917년 8월 31일자 입헌민주당 모스크바시위원회 보고서, pp. 11-12, 15; Miliukov, *Istoriia vtoroi russkoi revoliutsii*, vol 1, part 2, pp. 249-254; Vladimirova, *Khronika sobytii*, vol. 4, p. 138도 볼 것.

3. Kerensky, *Delo Kornilova*, p. 174.

4. Ivanov, *Kornilovshchina i ee razgrom*, p. 207.

5. *Kornilovskie dni*, p. 152.

6. *Protokoly Petrogradskogo soveta professional'nykh soiuzov*, p. 76.

7. Il'in-Zhenevskii, "Bol'sheviki v tiur'me Kerenskogo", pp. 59-62; Vladimirova, *Khronika sobytii*, vol. 4, p. 162; Institut istoni partii pri Leningradskom obkome KPSS, Filial Instituta marksizma-leninizma pri TsK KPSS, *Bol'sheviki Petrograda v 1917 godu: Khronika sobytii* (Leningrad, 1957), p. 478.

8. *Golos soldata*, 9월 5일자, p. 1.

9. N. Ruban, *Oktiabr'skaia revoliutsiia i krakh men'shevizma* (Moscow, 1968), p. 272에 소련 문서고에 있는 이 회의의 미간행 의사록이 인용되어 있다.

10. 볼셰비키가 이러한 소비에트로의 권력 이전 요구를 자주 주도했다. 이것은 코르닐로프 위기 때 슬로건에 관한 제6차 당대회의 결정이 얼마만큼이나 지역 당 대표들의 행동에 영향을 끼치지 못했는지를 분명하게 보여주는 표시다. 예를 들어, 8월 29일에 열린 노동조합 평의회와 공장위원회 중앙평의회의 합동 회의에서 스크리프니크(Skrypnik)가 한 발언을 볼 것(*Protokoly Petrogradskogo soveta professional'nykh soiuzov*, P. 70). 9월 4일에 공장 직원 총 2만 명의 대표들을 포함해서 신관 공장 노동자 800명이 모인 집회는 이 입장을 재확인하면서 프롤레타리아와 농민의 대표로만 구성되고 혁명 기구에만 책임을 지는 "임시혁명 정부"의 창출을 요구했다.

11. *Revoliutsionnoe dvizhenie v Rossii: Razgrom kornilovskogo miatezha*, pp. 487, 489, 501, 541-542. 이 사료에는 이 같은 결의문의 다른 예들이 많이 들어 있다. 그 예들은 비록 볼셰비키 신문 〈노동자〉, 〈노동자의 길〉, 〈병사〉, 사회주의자혁명가 좌파의 일간지 〈노동의 깃발〉에 가장 두드러지게 나오기는 했지만, 당시 대부분의 사회주의 계열 신문에서 찾아볼 수 있다. 그 같은 결의문을 채택한 공장들의 불완전한 명단이 〈노동자의 길〉에 주기적으로 게재되었다.

12. Drezen, *Bol'shevizatsiia petrogradskogo garnizona*, pp. 256-257.

13. Ibid., pp. 251-257, 265-268. 8월 말과 9월 전반기 동안에 발행된 〈병사〉가 발행한 모든 호와 더불어 이 사료에는 이 같은 결의문들이 많이 수록되어 있다. 수비대의 거의 모든 핵심 부대가 대표를 보낸 듯하다. A. K. Drezen, "Petrogradskii garnizon v oktiabre", *KL*, 1927, no. 2 (23), pp. 106-107도 볼 것.

14. *Baltiiskie moriaki*, pp. 203, 207-208.

15. *Baltiiskie moriaki*, pp. 210-211; *Protokoly i postanovleniia Tsentral'nogo komiteta Baltiiskogo flota*, pp. 192, 445-446; Drezen, "Baltiiskii flot", pp. 200-201. 그 깃발들은 민주주의 협의체를 존중해서 며칠 뒤 내려졌다.

16. *Izvestiia Kronshtadtskogo soveta*, 8월 29일자, pp. 2-3.

17. Ibid., 8월 30일자, p. 1.

18. *Protokoly Tsentral'nogo komiteta*, pp. 37-38. 이 회의에 관한 가장 충실한 서술은 *Delo naroda*, 9월 1일자, p. 2와 9월 3일자, pp. 2-3; *Izvestiia*, 9월 1일자, p. 2, 9월 2일자, p. 4, 9월 3일자, p. 7에 있다. Vladimirova, *Khronika sobytii*, vol. 4, pp. 140-142, 149-150와 *Oktiabr'skoe vooruzhennoe vosstanie*, vol. 2, pp. 171-181도 볼 것.

19. 이와 관련해서 볼셰비키 당중앙위원회는 8월 31일 늦저녁에, 단독으로, "현 시기"를 9월 3일로 일정이 잡힌 당중앙위원회 총회의 첫 번째 안건으로 또 한 번 논의한다고 표결했다. 현 상황에서 추구해야 할 적절한 노선에 관한 상이한 평가들이 더 개진되도록 하기 위함이었음이 분명하다. 좌파를 대표해서 스탈린, 우파를 대표해서 카메네프가 지정되어 이들에게 상반된 논지를 제시할 임무가 부여되었다. 이 같은 회의가 실제로 열렸는지 여부를 알려주는 정보는 존재하지 않는다. *Protokoly Tsentral'nogo komiteta*, pp. 39-40, 72.

20. *Izvestiia*, 9월 1일자, p. 2; *Delo naroda*, 9월 1일자, p. 2.

21. 이 회의에 관한 서술로는 *Rech'*, 9월 1일자, p. 4; 9월 2일자, p. 3; *Delo naroda*, 9월 2일자, p. 2; *Birzhevye vedomosti*, 9월 1일자 조간판, pp. 3-4를 볼 것. Vladimirova, *Khronika sobytii*, vol. 4, pp. 138-139도 볼 것.

22. 이 책의 pp. 217-218을 볼 것.

23. M. N. Potekhin, *Pervyi sovet proletarskoi diktatury* (Leningrad, 1966), p. 23.

24. 토론의 이 부분에 관해서 가장 충실한 서술이 *Izvestiia*, 9월 2일자, pp. 3-4; 9월 3일자, pp. 5-7; *Delo naroda*, 9월 3일자, pp. 2-3; *Birzhevye vedomosti*, 9월 3일자 조간판, p. 3에 있다. Vladimirova, *Khronika sobytii*, vol. 4, pp. 149-150도 볼 것.

25. *Izvestiia*, 9월 3일자, p. 7.

26. Rosenberg, *Liberals in the Russian Revolution*, pp. 236-239.

27. *Delo naroda*, 9월 5일자, pp. 3-4. 이때 단의 견해에 관한 단 자신의 회고로는 F. Dan, "K istorii poslednikh dnei Vremennogo pravitel'stva", *Letopis' revoliutsii*, vol. 1 (1923), pp. 163-175를 볼 것. 흥미롭게도, 9월 5일에 열린 멘셰비키 당중앙위원회 회의는 연립 지지파와 반대파로 대등하게 양분되었다. (소련 문서고에 있는 미간행 의사록이 *Oktiabr'skoe vooruzhennoe vosstanie*, vol. 2, p. 186에 인용되어 있다.)

28. 예를 들면, *Delo naroda*, 9월 7일자, p. 3에 실린 사회주의자혁명가당 소비에트 의원단의 9월 6일 회의에 관한 기사를 볼 것. 이때의 사회주의자혁명가당 소비에트 의원단에 관해서는 Radkey, *The Agrarian Foes of Bolshevism*, pp. 402-408를 볼 것.

29. *Delo naroda*, 9월 12일자, p. 2; *Znamia truda*, 9월 12일자, pp. 1-2.

30. *Znamia truda*, 9월 12일자, p. 1와 그 직후에 나온 호들을 모두 볼 것.

31. Radkey, *The Agrarian Foes of Bolshevism*, p. 403.

32. A. L. Khokhriakov, "Iz zhizni Petrogradskogo garnizona", *KL*, 1926, no. 2 (17), pp. 36-37.

33. 이 같은 숙청이 벌어지는 동안에 열린 수비대 집회의 의사록을 보려면, Drezen, *Bol'shevizatsiia petrogradskogo garnizona*, pp. 258-263를 볼 것. 코르닐로프 사건이 일반 병사들에게 준 충격에 관한 흥미로운 논의로는 S. E. Rabinovich, *Bor'ba za armiiu v 1917 g.* (Leningrad, 1930), p. 44를 볼 것.

34. *Revoliutsionnoe dvizhenie v Rossii v avguste 1917 g.: Razgrom kornilovskogo miatezha*, pp. 470-471.

35. Akademiia nauk SSSR, Institut istorii, et al., *Revoliutsionnoe dvizhenie v Rossii v*

sentiabre 1917 g.: Obshchenatsional'nyi krizis, ed. D. A. Chugaev, et al. (Moscow, 1961), pp. 148-149, 553.

36. V. Voitnskii, "Gody pobed i porazhenii, 1917 god", pp. 295-299.

10장 "모든 권력을 소비에트로!"

1. G. S. Rovio, "Kak Lenin skryvalsia u gel'singforsskogo 'politsmeistera'", in Institut marksizma-leninizma pri TsK KPSS, *Lenin v 1917 godu, vospominaniia* (Moscow, 1967), pp. 148-156; Startsev, "V. I. Lenin v avguste 1917 goda", pp. 121-130; Startsev, "O nekotorykh rabotakh V. I. Lenina pervoi poloviny sentiabria 1917 g.", in A. L. Fraiman, ed., *V. I. Lenin v oktiabre i v pervye gody sovetskoi vlasti* (Leningrad, 1970), pp. 30-51; Kh. M. Astrakhan, et al., *Lenin i revoliutsiia 1917 g.* (Leningrad, 1970), pp. 277-284; Norman E. Saul, "Lenin's Decision to Seize Power: The Influence of Events in Finland", *Soviet Studies*, April 1973, pp. 491-505; M. M. Koronin, "V. I. Lenin i finskie revoliutsionery", *Voprosy istorii*, 1967, no. 10, pp. 11-17.

2. Lenin, *PSS*, vol. 34, pp. 119-121.

3. Ibid., pp. 133-139.

4. 서방 역사가들은 이 글들을 거의 완전히 무시해 왔다. 레닌이 지닌 견해의 형성 과정을 아주 세밀하게 규명하려고 노력해 온 소련측 역사가들 사이에서 이 글들은 커다란 혼란, 때로는 격렬한 논쟁을 일으키는 주제였다. 이것은 얼마간은 1917년 9월에 레닌이 혁명의 평화적 발전에 관해 공개적으로 나타낸 관심, 그리고 이에 관한 레닌의 견해와 페트로그라드 당 지도부의 견해의 관계에 관한 솔직한 토론이 금기시되어 왔다는 사실의 결과이다. 또한 얼마간은 이 글들이 씌어진 시기와 게재된 시기 사이의 시간 차 때문이기도 하다. 명백히 최근에서야 비로소 이 글들이 집필된 정확한 날짜를 확인하려는 신중한 시도가 이루어졌다. 상이한 관점들을 살펴보려면, A. M. Sovokin, "O vozmozhnosti mirnogo razvitiia revoliutsii posle razgroma kornilovshchiny", *Voprosy istorii KPSS*, 1960, no. 3, pp. 50-64; B. I. Sandin, "Lenin o sootnoshenii mirnogo i vooruzhennogo putei razvitiia revoliutsii posle razgroma kornilovshchiny", *Uchenye zapiski Leningradskogo gosudarstvennovo pedagogicheskogo instituta*, vol. 195 vyp. 2 (1958), pp. 213-232; S. N. Frumkin, "V. I. Lenin o vozmozhnosti mirnogo razvitiia revoliutsii". *Uchenye zapiski Riazanskogo gosudarstvennogo pedagogicheskogo instituta*, vol. 19 (1958), pp. 29-51; Startsev, "O nekotorykh rabotakh V. I. Lenina pervoi poloviny sentiabria 1917 g.", pp. 28-38; N. Ia. Ivanov, "Nekotorye voprosy krizisa 'praviashchikh verkhov' i taktika bol'shevikov nakanune oktiabr'skogo vooruzhennogo vosstaniia", in I. I. Mints, *Lenin i oktiabr'skoe vooruzhennoe vosstanie v Petrograde: Materialy Vsesoiuznoi nauchnoi sessii sostoiavsheisia 13-16 noiabria 1962 g. v Leningrade* (Moscow, 1964), pp. 202-214를 볼 것. 이 글들은 거의 모든 레닌 전집 최근판에서 게재된 날짜순으로, 즉 9월 14일과 27일 사이에 들어 있다. 스타르체프는 내적 증거를 명확하게 분석한 뒤 세 페이지 모두 흔히 믿는 것보다 훨씬 더 앞선 시기에 (즉, 9월 6일과 9일 사이에) 씌어졌다는 결론에 이르렀다.

5. Lenin, *PSS*, vol. 34. pp. 229-238.

6. Ibid., pp. 200-207.

7. Ibid., pp. 214-228.

8. Sokol'nikov, "Kak podkhodit' k istorii oktiabria", p. 165; *Oktiabr'skoe vooruzhennoe vosstanie*, vol. 2, p. 188.

9. *Perepiska sekretariata TsK RSDRP(b) s mestnymi partiinymi organizatsiiami, Sbornik dokumentov*, vol 1, pp. 186-187를 볼 것.

10. 이 회의의 의사록은 *Pervyi legal'nyi Peterburgskii komitet*, pp. 259-270에 들어 있다.

11. 명백히 슬루츠키가 이 입장을 구체화해서 집행분과위원회 결의안을 제출했다. 이 결의안은 발표되지 않았다.

12. 이 점에 관해서는 Trotskii, *Sochineniia*, vol. 3, part 1, pp. 435-436를 볼 것.

13. 표결은 볼셰비키 계획 찬성이 519표, 온건 사회주의자 결의안 찬성이 414표, 기권 67표였다.

14. 페트로그라드 수비대의 모든 부대는 규모에 상관없이 페트로그라드 소비에트에 적어도 1명 이상의 대표를 보내는 것이 허용된 반면, 공장 노동자들은 노동자 1,000명당 대의원 1명이라는 기준에 따라 소비에트에 대표를 보냈다. 실제로, 이 때문에 병사와 노동자 사이에 비례대표상의 심한 불균형이 나타났다. 병사 사이에서는 사회주의자혁명가의 힘이 비교적 강했고, 노동자 사이에서는 볼셰비키의 영향력이 유난히 컸다. 8월에 접어들어 볼셰비키는 노동자의 경우처럼 병사 1,000명당 대표 1명 선출을 규정함으로써 이 불리함을 없애려고 시도했지만, 실패했다.

15. Vladimirova, *Khronika sobytii*, vol. 4, p. 269.

16. *Perepiska sekretariata TsK RSDRP(b) s mestnymi partiinymi organizatsiiami: Sbornik dokumentov*, vol. 1, p. 35; Komissarenko, "Deiatel'nost' partii bol'shevikov", p. 300.

17. *Protokoly Tsentral'nogo komiteta*, p. 49.

18. 이 점에 관해서는 V. I Startsev, "Iz istorii priniatiia resheniia ob organizatsii vooruzhennogo vosstaniia", in *Lenin i oktiabr'skoe vooruzhennoe vosstanie v Petrograde*, p. 472를 볼 것.

19. *Protokoly Tsentral'nogo komiteta*, pp. 49-54; Trotskii, *Sochineniia*, vol. 3, part 1, pp. 293-298; 또한 *Oktiabr'skoe vooruzhennoe vosstanie*, vol. 2, p. 196, 206도 볼 것.

20. 이 점에 관해서는 Reiman, *Russkaia revoliutsiia*, vol. 2, p. 271를 볼 것.

21. *Izvestiia*, 9월 17일자, p. 7.

22. *Soldat*, 9월 17일자 p. 3.

23. *Rabochii put'*, 9월 13일자 pp. 1-2.

24. 부리시킨은 모스크바의 기업가였고, 키시킨은 모스크바의 입헌민주당원이었다. 이때 두 사람 모두 향후 정부에 관한 케렌스키와의 회담에 참여했다.

25. 신문에 실린 카메네프의 연설은 상당히 다르다. *Rabochii put'*, 9월 17일자, pp. 2-3; *Izvestiia*, 9월 15일자, p. 5; *Novaia zhizn'*, 9월 15일자, p. 5를 볼 것.

26. *Izvestiia*, 9월 16일자, p. 5.

27. Lenin, *PSS*, vol. 34, pp. 239-241.

28. Ibid., pp. 242-247.

29. N. I. Bukharin, "Iz rechi tov. Bukharina na vechere vospominanii v 1921 g.", *PR*, 1922, no. 10, p. 319.

30. E. D. Stasova, "Pis'mo Lenina v TsK partii", in *Vospominaniia o V. I. Lenine*, 5 vols. (Moscow, 1969), vol. 2, p. 454.

31. *Protokoly Tsentral'nogo komiteta*, p. 55.

32. Bukharin, "Iz rechi tov. Bukharina na vechere vospominanii v 1921 g.", p. 319.

33. G. Lomov, "V dni buri i natiska", *PR*, 1927, no. 10 (69), p. 166.

34. *Novaia zhizn'*, 9월 19일자, p. 5.

35. *Oktiabr'skoe vooruzhennoe vosstanie*, vol. 2, pp. 208-209.

36. A. Shotman, "Lenin nakanune oktiabria", in *O Lenine*, 4 vols. (Moscow & Leningrad, 1925), vol. l, p. 116.

37. N. Krupskaia, "Lenin v 1917 godu", in *O Vladimire Il'iche Lenine: Vospominaniia 1900-1922* (Moscow, 1963), p. 208; K. T. Sverdlova, *Iakov Mikhailovich Sverdlov* (Moscow, 1960), p. 283.

38. *Izvestiia*, 9월 20일자, p. 6; *Soldat*, 9월 20일자, P. 3.

39. *Izvestiia*, 9월 20일자, p. 7.

40. 즉, 전러시아 소비에트 집행위원회에서 작성되고 8월 14일에 모스크바 국정협의회에 제출된 강령으로서, 개혁을 강력한 정부와 연결지었다. 이 책의 pp. 256-259를 볼 것.

41. *Izvestiia*, 9월 21일자, p. 2.

42. *Delo naroda*, 9월 21일자, p, 2; Vladimirova, *Khronika sobytii*, vol. 4, pp. 245-246.

43. *Izvestiia*, 9월 21일자, pp. 2-4.

44 *Delo naroda*, 9월 24일자, p. 2, 9월 26일자, p. 2; *Rech'*, 9월 23일자, pp. 3-4; 9월 24일자, pp. 3-4; *Izvestiia*, 9월 24일자, p. 2.

45. *Protokoly Tsentral'nogo komiteta*, p. 68; Vladimirova, *Khronika sobytii*, vol. 5, pp. 263-264, 275.

46. *Protokoly Tsentral'nogo komiteta*, p. 65. 스탈린은 1920년에 한 연설에서 레닌이 10월혁명 뒤에 페트로그라드 당 지도부가 이때 자기의 전술을 거부한 것은 올바른 것이었음을 인정했다고 단언했다. Leon Trotsky, *The Stalin School of Falsification*, translated by John G. Wright (New York, 1962), pp. 200-201를 볼 것.

47. *Protokoly Tsentral'nogo komiteta*, pp. 65, 261-262; Trotskii, *Sochineniia*, vol. 3, part 1, pp. 301-302, 359, 441-442; Komissarenko "Deiatel'nost' partii bol'shevikov", pp. 332-333.

48. *Rabochii put'*, 9월 29일자, p. 3; *Revoliutsionnoe dvizhenie v Rossii v sentiabre; Obshchenatsional'nyi krizis*, pp. 74-75.

49 *Izvestiia*, 9월 26일자, p. 5; *Rabochii put'*, 9월 27일자, p. 3.

50. Ibid.; 또한 Trotskii *Sochineniia*, vol. 3, part 1, pp. 317-318도 볼 것.

51. *Rabochii put'*, 9월 26일자, pp. 1-2.

52. *Rabochii put'*, 9월 30일자, p. 1. 지노비예프가 9월 23일에 가세함으로써 당중앙위원회에서 볼셰비키 우파의 힘이 늘어났다. 그는 당중앙위원회에 정기적으로 참석했다. 같은 시기에 9월 28일부터 거의 일주일 동안 당내 좌파의 주요 대표인 트로츠키는 병 때문에 당중앙위원회나 페트로그라드 소비에트의 활동에 참여하지 못했다. *Protokoly Tsentral' nogo komiteta*, pp. 67-75; Reiman, *Russkaia revoliutsiia*, vol. 2, p. 287.

11장 봉기를 위한 레닌의 투쟁

1. 소련의 역사가와 회고록 필자들 사이에서, 레닌이 비보르그에서 페트로그라드로 돌아온 정확한 날짜가 일치하지 않는다. 공식적으로 인정되는 날짜는 10월 7일이지만, 일부 저자들은 레닌이 10월 20일에 러시아 수도로 귀환했다고 지적한다. 다른 저자들은 귀환일이 그보다 상당히 앞이라고 주장한다. 9월 22일이라도 하는 사람도 있고, 9월 29일이라고 하기도 한다. 정확한 날짜를 둘러싼 혼란은 1917년 가을에 당연히 레닌의 동태를 둘러싼 속임수와 비밀, 스탈린 시대에 자행된 광범위한 사료 날조, 오늘날의 정치적, 이데올로기적 요구의 결과이다.

    고(故) 미흐린(P. N. Mikhrin)은 레닌이 9월 하순의 어느 금요일, 틀림없이 9월 29일에 페트로그라드로 귀환했다고 주장했다. 미흐린은 크룹스카야, 마르가리타 포파노바(레닌은 귀환한 뒤 이 사람의 집에서 머물렀다), 알렉산드르 쇼트만, (이 시기 동안 레닌과 긴밀하게 접촉하던) 에이노 라햐, (9월과 10월에 당중앙위원회 수석 간사였던) 스타소바의 회고록, 그리고 이 시기에 레닌이 쓴 글들과 지은이가 입수하지 못한 문서고 문서에 관한 신중한 분석에 바탕을 두고 이 날짜를 짚었다. 이 쟁점에 관한 문헌들 가운데 입수한 것을 면밀하게 조사한 뒤 지은이는 9월 하순의 어느 날을 지지하는 미흐린의 주장이 매우 설득력이 있음을 알았다. 미흐린의 주장은 I. I. Mints, *Lenin i oktiabr'skoe vooruzhennoe vosstanie v Petrograde*, pp. 119-124에 있다.

2. 여기서 레닌이 언급한 것은 지노비예프가 코르닐로프 위기 동안에 쓴 글 "무엇을 하지 않을 것인가"(*Rabochii put'*, 8월 30일자, p. 2)이다. 지노비예프는 페트로그라드의 노동자 봉기가 1871년의 파리에서처럼 패배로 끝나리라고 경고했다.

3. Lenin *PSS*, vol. 34, pp. 248-256.

4. Ibid., pp. 257-263.

5. Ibld., pp. 264-268.

6. Ibid., pp. 280-283.

7. Ibid., pp. 340-341. 그 뒤에 일어날 사태에 비추어볼 때, 레닌이 이 편지 끝 부분에서 "지금은 … 봉기를 일으키지 않고도 권력을 잡을" 가능성을 시사했다는 데 주목할 가치가 있다. 더군다나 그는 정부에 대항한 행동이 모스크바에서 시작되지 말라는 법이 없다고 주장했다. 뒷날 완전한 오판으로 판명되었지만, 레닌은 "모스크바에서 승리가 확보되고 있으며, 아무도 싸우려고 하지 않는다"고 덧붙였다.

8. Lenin, *PSS*, vol. 34, pp. 284-286.

9. *Protokoly Tsentral'nogo komiteta*, p. 74.

10. M. Ia. Latsis, "Rol' Petrogradskogo komiteta v oktiabre", *Petrogadskaia pravda*, 1922년 11월 5일자, p. 2.

11. M. Ia. Latsis, "Nakanune oktiabr'skikh dnei", *Izvestiia*, 1918년 11월 6일자, p. 2.

12. Ibid. 또한 M. Ia. Latsis, "Iz oktiabr'skikh vospominanii", *Bakinskii rabochii*, 1927년 11월 1일자, p. 3도 볼 것.

13. *Perepiska sekretariata TsK RSDRP(b) s mestnymi partiinymi organizatsiiami: Sbornik dokumentov*, vol. 1, p. 315.

14. *Protokoly Tsentral'nogo komiteta*, pp. 75-76. 카메네프의 편에 섰을 리코프, 지노비예프, 노긴 같은 당중앙위원회 위원들이 10월 5일 회의에 참석하지 않았다는 데 주목할 가치가 있다. 이 회의에서 당중앙위원회는 머지않아 중대한 정책 변화가 일어날 가능성을 반영해주는 다른 조치 하나를 취했다. 북부 지역 소비에트 대회는 10월 10일 페트로그라드에서 열리기로 일정이 잡혔으며, 스탈린의 명령에 따라 당중앙위원회는 이 대회와 관련해서 당중앙위원회 위원들, 페트로그라드와 모스크바 대표들의 협의회를 조직한다는 데 동의했다. 아마도 목표와 전술을 철저하게 재평가하기 위해서였을 것이다. *Protokoly Tsentral'nogo komiteta*, p. 76.

15. Ibid., p. 76.

16. Trotskii, *Sochineniia*, vol. 3, part 1, p. 456; Sukhanov, *Zapiski o revoliutsii*, vol. 6, pp. 247-248.

17. Latsis, *Izvestiia*, 1918년 11월 6일자, p. 2. 이 회의의 의사록은 *Pervyi legal'nyi Peterburgskii komitet*, pp. 296-306에 들어 있다.

18. 유카 라햐는 에이노 라햐의 동생으로 레닌과 당중앙위원회 사이를 잇는 연락원으로 활동했다.

19. *Pervyi legal'nyi Peterburgskii komitet*, p. 303. 코미사렌코("Deiatel'nost' partii bol'shevikov", p. 369)도 같은 결론에 도달한다.

20. Latsis, *Bakinskii rabochii*, 1927년 11월 1일자, p. 3.

21. Latsis, *Izvestiia*, 1918년 11월 6일자, p. 2; Latsis, *Petrogradskaia pravda*, 1922년 11월 5일자, p. 2.

22. *Protokoly Tsentral'nogo komiteta*, p. 80.

23. Latsis, *Petrogradskaia pravda*, 1922년 11월 5일자, p. 2.

24. *Rech'*, 10월 8일자, p. 3; Miliukov, *Vtoraia russkaia revoliutsiia*, vol. 1, part 2, pp. 123-128; Sukhanov, *Zapiski o revoliutsii*, vol. 6, pp. 248-251.

25. Sukhanov, *Zapiski o revoliutsii*, vol. 7, p. 33; Iu. N. Flakserman, "10 oktiabria 1917 goda", in *Petrograd v dni velikogo oktiabria: Vospominaniia uchastnikov revoliutsionnykh sobytti v Petrograde v 1917 godu* (Leningrad, 1967), p. 266.

26. *Protokoly Tsentral'nogo komiteta*, pp. 83-86. 기록을 책임진 야코블레바는 뒷날 보안상의 이유로 간략하게 기록하라는 지시를 받았다고 말했다.

27. 역사가에게는 운 좋게도, 카메네프와 지노비예프는 자기들의 주장을 10월 10일 회의 직

후에 널리 유포하려고 상세한 요약문을 마련했다(이 책의 pp. 422-425를 볼 것). 완전한 요약문은 *Protokoly Tsentral'nogo komiteta*, pp. 87-92에 있다.

28. *Protokoly Tsentral'nogo komiteta*, pp. 83-92; G. Lomov, "V dni buri i natiska", *Bakinskii rabochii*, 1927년 11월 5일자, p. 4; V. Iakovleva, "Podgotovka oktiabr'skogo vosstaniia v moskovskoi oblasti", *PR*, 1922, no. 10 (22), pp. 305-306; A. Kollontai, "Ruka istorii" *Krasnoarmeets*, 1919, nos. 10-15, p. 69; Flakserman, "10 oktiabria", pp. 264-269.

12장 봉기의 장애물

1. Latsis, *Izvestiia*, 1918년 11월 6일자, p. 2.

2. V. Breslav, *Kanun oktiabria 1917 goda* (Moscow, 1934), p. 17; 모스크바에서 온 특별의원단 역시 참가했다.

3. *Rabochii put'*, 10월 8일자, p. 2; *Proletarskoe delo*, 10월 10일자, p. 1; V. Breslav, *Kanun oktiabria*, p. 19.

4. *Vtoraia i Tret'ia petrogradskie obshchegorodskie konferentsii*, p. 108에 있는 라하의 개회식 연설을 볼 것.

5. Ibid., p. 132; *Oktiabr'skoe vooruzhennoe vosstanie*, vol. 2, p. 132.

6. Lenin, *PSS*, vol. 34, pp. 385-390.

7. 이 점에 관해서는 V. I. Startsev, "O vybore momenta dlia oktiabr'skogo vooruzhennogo vosstaniia", in *Lenin i oktiabr'skoe vooruzhennoe vosstanie v Petrograde*, p. 71를 볼 것.

8. Breslav, *Kanun oktiabria*, pp. 18-22; 또한 *Oktiabr'skoe vooruzhennoe vosstanie*, vol. 2, p. 250도 볼 것.

9. Breslav, *Kanun oktiabria*, pp. 21-22.

10. Ibid., pp. 31-32.

11. 이 점에 관해서는 *Oktiabr'skoe vooruzhennoe vosstanie v Petrograde*, vol. 2, p. 253를 볼 것.

12. *Vtoraia i Tret'ia petrogradskie obshchegorodskie konferentsii*, p. 114에 있는 포드보이스키의 발언을 볼 것.

13. V. I. Nevskii, "Dve vstrechi", *KL* 1922, no. 4. pp. 142-143.

14. V. I. Nevskii, "Istoricheskoe zasedanie Peterburgskogo komiteta RSDRP(bol'shevikov) nakanune oktiabr'skogo vosstaniia", *KL*, 1922, nos. 2-3, p. 318.

15. 쇼트만은 다음과 같이 썼다. "논쟁은 지체 없이 권력을 잡아야 하느냐, 아니면 제2차 소비에트 대회 소집까지 권력 장악을 늦추어야 하느냐는 핵심 문제 주위를 맴돌았다는 기억이 또렷이 난다. … 세 협의회 모두 다 쟁점이 향후에 있을 권력 장악에 관한 것이었고, 권력 장악에는 아무도 반대하지 않았다. 그러나 지금 곧바로 권력을 잡는다는 데에는 과반수가 반대했다. 세 대회에서 모두 과반수가 지체 없는 권력 장악에 반대표를 던졌다." Shotman, "Lenin nakanune oktiabria", p. 119.

16. *Protokoly Tsentral'nogo komiteta*, pp. 86-92.

17. 따라서 11일 아침에 감옥에서 풀려난 뒤 대회 개회식으로 달려간 라스콜니코프는 무장 봉기를 준비한다는 당의 결정을 알았고 스몰니에 도착하자마자 곧바로 카메네프-지노비예프 각서를 한 부 건네받았다. 잠시 뒤, 그는 카메네프에게 이끌려나가 그와 대화를 나누었는데, 카메네프는 자기가 당의 전술을 받아들이기를 주저하는 까닭과 봉기가 완전한 재앙이 되리라고 느끼는 까닭을 설명했다. F. F. Raskol'nikov, *Kronshtadt i Piter v 1917 godu* (Moscow & Leningrad, 1925), pp. 203-204. 비슷하게, '군사조직'의 일린-제넵스키도 10월 12일에 카메네프와 함께 차를 타고 어느 정치 집회로 가던 때를 회고한다. 카메네프는 차를 타고 가는 동안 자기 관점을 신중하게 개략적으로 설명하면서, 다른 모든 것을 제쳐두고서라도 '군사조직' 자체가 즉시 전투를 벌일 태세와는 거리가 한참이나 멀다고 주장했다. Il'in-Zhenevskii, "Nakanune oktiabria", p. 25.

18. 이에 관해서 브레슬라프가 크론시타트 소비에트에서 터뜨린 불만을 볼 것. *Izvestiia Kronshtadtskogo soveta*, 10월 26일자, pp. 3-4에 기록되어 있다.

19. 〈노동의 깃발〉 편집진은 소비에트 대회가 헌법제정회의를 회피하기 위한 것이라는 혐의에 대응해서 10월 3일부터 "헌법제정회의를 준비하라"는 문구를 덧붙였다.

20. 1917년 11월 말에 열린 제1차 전러시아 사회주의자혁명가당 좌파 대회에서 캄코프가 한 연설에서 *Protokoly pervago s"ezda partii levykh sotsialistov-revoliutsionerov (internatsionalistov)*, (Moscow, 1918), pp. 38-39를 볼 것.

21. Breslav, *Kanun oktiabria*, pp. 68-69.

22. V. A. Antonov-Ovseenko, "Baltflot v dni kerenshchiny i krasnogo oktiabria", *PR* 1922, no. 10, p. 122.

23. 이 점에 관해서는 *Oktiabr'skoe vooruzhennoe vosstanie*, vol. 2, p. 253를 볼 것.

24. K. Riabinskii, *Revoliutsiia 1917 goda: Khronika sobytii*, vol. 5 (Moscow, 1926), pp. 88-89; *Izvestiia* 10월 15일자, p. 3.

25. P. V. Volobuev, "Iz istorii bor'by Vremennogo pravitel'stva s revoliutsiei", *Istoricheskii arkhiv*, 1960, no. 5, pp. 83-85.

26. Ibid., p. 84. 폴코브니코프의 참모진이 페트로그라드와 그 주변에 있는 군부대에 내린 후속 명령을 살펴보려면, Akademiia nauk SSSR Institut istorii, et at., *Velikaia oktiabr' skaia sotsialisticheskaia revoliutsiia: Oktiabr'skoe vooruzhennoe vosstanie v Petrograde: Dokumenty i materialy*, ed. G. N. Golikov, et al. (Moscow, 1957), pp. 263-274를 볼 것.

27. *Birzhevye vedomosti*, 10월 14일자 석간판, p. 2.

28. *Pervyi legal'nyi Peterburgskii komitet*, pp. 307-319; *Protokoly Tsentral'nogo komiteta*, pp. 93-105.

29. 이것은 넵스키의 수치들이다. 부풀리지는 않은 듯하다. Nevskii, "Istoricheskoe zasedanie Peterburgskogo komiteta RSDRP(bol'shevikov) nakanune oktiabr'skogo vosstaniia", p. 38.

30. Sverdlova, *Iakov Mikhailovich Sverdlov*, p. 287.

31. Shotman, "Lenin nakanune oktiabria", p. 121.

32. E. A. Alekseeva, "Na vsiu zhizn'", in *Petrograd v dni velikogo oktiabria*, pp. 270-282.

33. *Protokoly Tsentral'nogo komiteta*, p. 94; Shotman, "Lenin nakanune oktiabria", p. 122.

34. Shotman, "Lenin nakanune oktiabria", p. 122.

35. 이 점에 관해서는 *Lenin i oktiabr'skoe vooruzhennoe vosstanie v Petrograde*, pp. 109-110 에 있는 시도로프(A. L. Sidorov)의 설명을 볼 것.

36. *Protokoly Tsentral'nogo komiteta*, p. 105.

37. 이와 관련해서 레닌이 당 전체와 당중앙위원회 앞으로 보낸 편지의 날짜는 각각 10월 18일과 19일로 되어 있다. Lenin, *PSS*, vol. 34, pp. 419-427.

38. *Protokoly Tsentral'nogo komiteta*, pp. 106-107.

39. S. I. Avvakumov, "Bor'ba Petrogradskikh bol'shevikov za osushchestvlenie leninskogo plana oktiabr'skogo vosstaniia", in *Oktiabr'skoe vooruzhennoe vosstanie v Petrograde*, pp. 54-56; Sverdlova, *Iakov Mikhailovich Sverdlov*, pp. 289-291.

13장 수비대 위기와 혁명군사위원회

1. '군사조직'의 전술 방향은 이때 나온 〈병사〉에 뚜렷이 반영되어 있다.

2. 페트로그라드 소비에트와 제휴하지 않은 채 권력을 잡지 않은 것과 제2차 전러시아 소비에트 대회의 활동과 일치하도록 봉기 시기를 잡은 것의 결정적 중요성에 관해 뒷날 트로츠키가 내린 평가를 살펴보려면, L. D. Trotsky, *Lenin* (New York, 1971), pp. 92-93를 볼 것.

3. 이 기발하고 복잡한 작전에 관한 상세한 분석으로는 Fon Chishvits, *Zakhvat baltiiskikh ostrov germaniei v 1917 g.* (Moscow, 1937)를 볼 것.

4. S. S. Khesin, *Oktiabr'skaia revoliutsiia i flot* (Moscow, 1971), pp. 414-415.

5. *Izvestiia* 10월 1일자, p. 1.

6. Khesin, *Oktiabr'skaia revoliutsiia i flot*, pp. 411-412.

7. *Soldat*, 10월 15일자, p. 1.

8. Riabinskii, *Khronika sobytii*, vol. 5, p. 67; *Gazeta kopeika*, 10월 12일자, p. 1; 10월 13일자, p. 2.

9. Voitinskii, "Gody pobed i porazhenii, 1917 god", pp. 319-522.

10. Ibid.; Woytinsky, *Stormy Passage*, p. 367.

11. O. N. Chaadaeva, "Soldatskie massy petrogradskogo garnizona v podgotovke i provedenii oktiabr'skogo vooruzhennogo vosstaniia", *Istoricheskie zapiski*, 1955, no. 51, p. 14.

12. Riabinskii, *Khronika sobytii*, vol. 5, p. 111.

13. *Soldat*, 10월 14일자, p. 4. 비슷한 결의문을 살펴보려면, Riabinskii, *Khronika sobytii*, vol. 5, pp. 53-73 passim; Drezen, *Bol'shevizatsiia petrogradskogo garnizona*, pp. 297-302; *Oktiabr'skoe vooruzhennoe vosstanie v Petrograde: Dokumenty i materialy*, pp. 155-168, 217-219를 볼 것.

14. 이 회의의 의사록은 A. K. Drezen, *Baltiiskii flot v oktiabr'skoi revoliutsii i grazhdanskoi voine* (Moscow & Leningrad, 1932), pp. 6-8에 있다.

15. Riabinskii, *Khronika sobytii*, vol. 5, p. 90; "Vospominaniia ob oktiabr'skom perevorote",

PR, 1922, no. 10, pp. 44-93.

16. *Golos soldata*, 10월 19일자, p. 1.

17. Voitinskii, "Gody pobed i porazhenii", pp. 320-321, 324.

18. *Izvestiia*, 10월 18일자, p. 4.

19. Ibid., 10월 17일자, pp. 5-6. 대표단은 새로운 소비에트 다수파 대표 25명과 수비대 대표 15명으로 구성되게 된다.

20. Voitinskii, "Gody pobed i porazhenii", pp. 322-324.; *Rabochii i soldat*, 10월 22일자, pp. 2-3.

21. 이 점에 관해서는 E. D. Orekhova, "K izucheniiu istochnikov o sozdanii Petrogradskogo voenno-revoliutsionnogo komiteta", in D, A. Chugaev, ed., *Istochninikovedenie istorii sovetskogo obshchestva*, vypusk 2 (Moscow, 1968), p. 15를 볼 것. 브로이도의 결의안 사본은 Riabinskii, *Khronika sobytii*, vol. 5, pp. 237-238에 있다.

22. 일부 저자에 따르면, 이 결의안의 완전한 사본은 발견되지 않았다. 페트로그라드 소비에트 집행위원회의 10월 9일 회합에 관한 신문 보도로 판단컨대, 그 결의안은 같은 날 더 늦은 시각에 페트로그라드 소비에트 총회에 제출된 볼셰비키 결의안과 십중팔구 거의 똑같았을 것이다. 후자의 완전한 사본은 Riabinskii, *Khronika sobytii*, vol. 5, p. 238에 있다.

23. *Birzhevye vedomosti*, 10월 10일자 조간판, P. 4. 혁명군사위원회의 창설과 그에 관련된 일차 사료에 관한 가장 충실한 분석은 E. D. Orekhova, "K izucheniiu istochnikov o sozdanii Petrogradskogo voenno-revoliutsionnogo komiteta"이다.

24. 이를테면, *History of the Communist Party of the Soviet Union(Bolsheviks): Short Course*(《공산당 약사》) (New York, 1939), pp. 205-206를 볼 것.

25. Akademiia nauk SSSR, Institut istorii, et al., *Petrogradskii voenno-revoliutsionnyi komitet: Dokumenty i materialy*, ed. D. A. Chugaev, et al., 3 vols. (Moscow, 1966). 특히 1권의 편집자 서문, pp. 5-6를 볼 것.

26. 이것은 오늘날 소련의 일부 역사가들이 인정하는 바이다. 일례로 *Lenin i oktiabr'skoe vooruzhennoe vosstanie*, vol. 2, p. 168에 있는 토카레프(Iu. S. Tokarev)의 주장을 볼 것. 토카레프는 혁명군사위원회의 발전 과정을 세밀하게 서술한 뒤 다음과 같이 덧붙인다. "이 모든 사실은 물론 그 전에도 알려져 있었지만, 개인 숭배 상황에서 역사가들은 《공산당 약사》의 공식 해석을 비판할 수 없었고 그 해석에 따라야 했다."

27. *Petrogradskii voenno-revotiutsionnyi komitet*, vol. 1, pp. 40-41.

28. *Pervyi legal'nyi Peterburgskii komitet*, p. 318.

29. *Protokoly Tsentral'nogo komiteta*, p. 104.

30. Ibid., pp. 106-108. 이 점에 관해서는 Orekhova, "K izucheniiu istochnikov o sozdanii Petrogradskogo voenno-revoliutsionnogo komiteta", pp. 25-26를 볼 것.

31. *Protokoly Tsentral'nogo komiteta*, p. 108.

32. 이 회의가 열린 정확한 날짜는 확증되지 않았다. 이 문제에 관해서 상충하는 증거와 상이한 관점들이 E. D. Orekhova & A. S. Pokrovskii, "O datirovke vstrech V. I. Lenina s rukovoditeliami Voennoi organizatsii bol'shevikov i Petrogradskogo VRK v oktiabre 1917

g.", in D. A. Chugaev, ed., *istochnikovedenie istorii sovetskogo obshchestva*, vypusk 2 (Moscow, 1968), pp. 56-78에서 분석되어 있다. 입수한 간행 증거를 연구한 저자는 이 회의가 10월 20일 이전에 열렸을 리 없으며 십중팔구 20일과 23일 사이에 있었으리라고 믿는다.

33. N. I. Podvoiskii, "O voennoi deiatel'nosti V. I. Lenina", *Kommunist*, 1957, no. 1, p. 37.

34. V. I. Nevskii, "Voennaia organizatsiia i oktiabr'skaia revoliutsiia", *Krasnoarmeets*, 1919, nos. 10-15, pp. 42-43.

35. Antonov-Ovseenko, "Revoliutsiia pobedila", *Krasnaia gazeta*, 1923년 11월 7일자, p. 3.

36. Podvoiskii, "O voennoi deiatel'nosti V. I. Lenina", p. 35.

37. N. I. Podvoiskii, "Voennaia organizatsiia TsK RSDRP(b) i voenno-revoliutsionnyi komitet 1917 g.", *KL*, 1923, no. 8, p. 16.

38. Nevskii, "Voennaia organizatsiia i oktiabr'skaia", p. 43; Antonov-Ovseenko, "Baltflot v dni kerenshchiny i krasnogo oktiabria", pp. 122-125. 이와 관련해서 넵스키가 겔싱포르스로 급파되어 그곳의 혁명 세력을 효과적으로 동원하는 일을 도왔다.

39. *Rabochii put'*, 10월 20일자, p. 2.

40. *Delo naroda*, 10월 20일자, p. 4; *Novaia zhizn'*, 10월 20일자, p. 3; *Golos soldata*, 10월 20일자, p. 5.

41. 혁명군사위원회 운영에 관련된 정보는 단편적이지만, 10월혁명 이전에는 정해놓은 운영 절차는 없었던 듯하다.

42. 필자 스스로가 이 오류를 범한 적이 있다. Rabinowitch, "The Petrograd Garrison and the Bolshevik Seizure of Power", in *The Revolution and Politics in Russia*, p. 188.

43. 이에 관해서는 P. Birzhal, "Krestnyi khod", in *Petrograd v dni Velikogo Oktiabria*, pp. 287-289를 볼 것.

44. *Petrogradskii voenno-revoliutsionnyi komitet*, vol. 1, pp. 55-56.

45. *Golos soldata*, 10월 21일자, p. 3; *Oktiabr'skoe vooruzhennoe vosstanie v Petrograde: Dokumenty i materialy*, pp. 169-170; Trotskii, *Sochineniia*, vol. 3, part 2, pp. 36-37.

46. "Vospominaniia ob oktiabr'skom perevorote", *PR*, 1922, no. 10, P. 87; K. A. Mekhonoshin, "Shtab oktiabr'skoi revoliutsii (beseda s tov. Mekhonoshinym)", *Agit-Rosta*, 1919년 10월 26일자, p. 1.

47. E. F. Erykalov, *Oktiabr'skoe vooruzhennoe vosstanie v Petrograde* (Leningrad, 1966), p. 298; 또한 *Golos soldata*, 10월 24일자, p. 3도 볼 것.

48. Mekhonoshin, *Agit-Rosta*, 1919년 10월 26일자, p. 1; S. Piontkovskii, "Voenno-revoliutsionnyi komitet v oktiabr'skie dni", *PR*, 1927, no. 10, pp. 114-115.

49. *Petrogradskii voenno-revoliutsionnyi komitet*, vol. 1, p. 63.

50. "Vospominamiia ob oktiabr'skom perevorote", p. 53.

51. Reiman, *Russkaia revoliutsiia*, vol. 2, p. 385.

52. *Rech'*, 10월 24일자, p. 5.

53. Ibid.

54. Sukhanov, *Zapiski o revoliutsii*, vol. 7, p. 90-91.

55. *Golos soldata*, 10월 24일자, p. 3.; *Rech'*, 10월 24일자, p. 3.

56. *Oktiabr'skoe vooruzhennoe vosstanie v Petrograde: Dokumenty i materialy*, p. 277.

57. Riabinskii, *Khronika sobytii*, vol. 5, pp. 151-152.

58. *Petrogradskii voenno-revoliutsionnyi komitet*, vol. 1, pp. 67-68.

59. Antonov-Ovseenko, *Krasnaia gazeta*, 1923년 11월 7일자, p. 3.

60. Antonov-Ovseenko, *V semnadtsatom godu* (Moscow, 1933), p. 133.

61. *Rech'*, 10월 24일자, p. 3.

62. M. Lashevich, "Pervyi voenno-revoliutsionnyi komitet", *Krasnaia gazeta*, 1920년 11월 7일자, p. 4.

63. M. Lashevich, "Oktiabr'skie dni v Petrograde", *Politrabotnik Sibiri*, 1922, no. 11, p. 5.

64. 예를 들어, 10월 17~22일에 페트로그라드에서 열린 제1차 전러시아 공장위원회 협의회에서 봉기에 반대하는 캄코프의 열렬한 주장을 볼 것(*Rabochii i soldat*, 10월 22일자, p. 5). "현 시기"에 관한 토론에 뒤이어, 협의회는 상대적으로 무난한 내용이 담긴 볼셰비키 결의문을 채택했다. 결의문은 혁명의 생존과 근로 계급의 목표 달성이 소비에트로의 권력 이전에 달려 있다고 확언했지만, 그런 권력 이전이 어떻게 언제 일어날지에 관해서는 여전히 침묵을 지켰다. Komissiia po izucheniiu istorii professional'nogo dvizheniia v SSSR, *Oktiabr'skaia revoliutsiia i fabzavkomy: Materialy po istorii fabrichno-zavodskikh komitetov*, 2 vols. (Moscow, 1927), vol. 2, p. 167를 볼 것.

65. Rabinowitch, *Prelude to Revolution*, pp. 76-77.

66. *Petrogradskii voenno-revoliutsionnyi komitet*, vol. 1, p. 74.

67. Riabinskii, *Khronika sobytii*, vol. 5, p. 160.

68. Erykalov, *Oktiabr'skoe vooruzhennoe vosstanie v Petrograde*, p. 312.

69. Antonov-Ovseenko, "Oktiabr'skaia buria", *Pervyi narodnyi kalendar' na 1919 g.* (Petrograd, 1919), p. 102. 혁명군사위원회에서 떠나겠다는 사회주의자혁명가 좌파의 지속적 위협에 관해서는 Mekhonoshin, *Agit-Rosta*, 1919년 10월 26일자, p. 1를 볼 것.

70. *Izvestiia*, 10월 25일자, p. 7; Riabinskii, *Khronika sobytii*, vol. 5, p. 161.

71. *Oktiabr'skoe vooruzhennoe vosstanie v Petrograde: Dokumenty i materialy*, pp. 281-282.

14장 전야

1. G. Lomov, "V dni buri i natiska", *Izvestiia*, 1918년 11월 6일자, p. 4; G. Lomov, "V dni buri i natiska", *PR*, 1927, no. 10 (69), pp. 169-170.

2. *Petrogradskii voenno-revoliutsionnyi komitet*, vol. 1, p. 86; M. Lashevich, "Vosstanie", *Petrogradskaia pravda*, 1922년 11월 5일자, p. 8; Antonov-Ovseenko, "Oktiabr'skaia buria", *Izvestiia*, 1918년 11월 6일자, pp. 3-4.

3. *Izvestiia*, 10월 25일자, p. 7; *Izvestiia Kronshtadtskogo soveta*, 11월 5일자, pp. 3-4.

4. *Petrogradskii voenno-revoliutsionnyi komitet*, vol. 1, p. 85; Trotskii, *Sochineniia*, vol. 3, part 2, p. 51.

5. *Protokoly Tsentral'nogo komiteta*, pp. 119-121.

6. B. Elov, "PK nakanune 25-go oktiabria", *Petrogradskaia pravda*, 1922년 11월 5일자, p. 2; *Oktiabr'skoe vooruzhennoe vosstanie v Petrograde: Dokumenty i materialy*, p. 287.

7. "Vospominaniia ob oktiabr'skom perevorote", *PR* 1922, no. 10, p. 92.

8. *Den'*, 10월 25일자, p. 1.

9. "Vospominaniia ob oktiabr'skom perevorote", *PR*, 1922, no. 10, p. 90.

10. *Izvestiia*, 10월 25일자, p. 7.

11. *Novaia zhizn'*, 10월 25일자, p. 3.

12. *Oktiabr'skoe vooruzhennoe vosstanie v Petrograde: Dokumenty i materialy*, pp. 327-328.

13. Polenov, "Vystrel s 'Avrory'", *Leningradskaia pravda*, 1927년 11월 6-7일자, p. 6; Riabinskii, *Khronika sobytii*, vol. 5, pp. 166-167.

14. 가장 엄밀하고 정확한 친정부군 병력 수는 Erykalov, *Oktiabr'skoe vooruzhennoe vosstanie v Petrograde*, p. 435에 나와 있다.

15. Ibid., p. 318.

16. Sukhanov, *Zapiski o revoliutsii*, vol. 7, p. 131; *Izvestiia*, 10월 25일자, pp. 2-3.

17. *Izvestiia*, 10월 25일자, pp. 2-3; *Rech'*, 10월 25일자, p. 2; 케렌스키 연설 번역문이 Browder & Kerensky, *The Russian Provisional Government*, vol. 3, pp. 1772-1778에 나온다.

18. Kerensky, *Russia and History's Turning Point*, p. 435.

19. *Protokoly pervogo s'ezda partii levykh sotsialistov-revoliutsionerov (internatsionalistov)*, p. 40.

20. *Izvestiia*, 10월 25일자, pp. 3-4.

21. F. Dan, "K istorii poslednikh dnei Vremennogo pravitel'stva", *Letopis' revoliutsii*, vol. 1 (1923), pp. 163-175를 볼 것.

22. *Izvestiia*, 10월 25일자, p. 4; 또한 N. F. Slavin, "Oktiabr'skoe vooruzhennoe vosstanie i predparlament", in *Lenin i oktiabr'skoe vooruzhennoe vosstanie v Petrograde*, pp. 224-228도 볼 것.

23. Dan, "K istorii poslednikh dnei Vremennogo pravitel'stva", *Letopis' revoliutsii*, pp. 172-175.

24. *Rabochaia gazeta*, 10월 26일자, p. 2.

25. 따옴표는 지은이의 것. 이 결의안의 일부 판에서는 "거센"이라는 형용사가 "우호적인"으로 대체되어 있다. 이 책에서 인용한 판은 *Rabochaia gazeta*, 10월 26일자, p. 2에 나온 것이다.

26. *Novaia zhizn'*, 10월 26일자, p. 2.

27. S. Mstislavskii, *Piat' dnei* (Berlin, 1922), pp. 122-123; *Vtoroi vserossiiskii s'ezd sovetov R. i S. D.*, ed. M. N. Pokrovskii and Ia. A. Iakovlev (Moscow & Leningrad, 1928), p. 162. 므스티슬랍스키는 10월 25일 저녁에 스몰니에 도착했을 때 사회주의자혁명가들과 사회주의자혁명가 좌파가 "이미 서로 다른 방에 앉아 있었다"고 슬픔에 젖어 회고한다.

28. *Izvestiia*, 10월 25일자, p. 7.

29. Il'in-Zhenevskii, "Oktiabr'skaia revoliutsiia", *KL*, 1926, no. 5 (20), p. 37.

30. Ibid.

31. *Oktiabr'skoe vooruzhennoe vosstanie*, vol. 2, pp. 303-304; *Oktiabr'skoe vooruzhennoe vosstanie v Petrograde: Dokumenty i materialy*, p. 332.

32. S. Pestkovskii, "Ob oktiabr'skikh dniakh v Pitere", *PR*, 1922, no. 10, pp. 95-96; *Oktiabr' skoevooruzhennoe vosstanie*, vol. 2, p. 308.

33. A. M. Liubovich, "Revoliutsionnoe zaniatie petrogradskogo telegrafa", *Pochtovo-telegrafnyi zhurnal*, 1918, no. 9-12, pp. 35-41.

34. *Rech'*, 10월 26일자, p. 2.

35. *Oktiabr'skoe vooruzhennoe vosstanie v Petrograde: Dokumenty i materialy*, p. 338.

36. P. E. Dybenko, "Baltflot v oktiabr'skie dni", in *Velikaia oktiabr'skaia sotsialisticheskaia revoliutsiia: Sbornik vospominanii uchastnikov revoliutsii v Petrograde i Moskve* (Moscow, 1957), p. 305; Petrash, *Moriaki Baltiiskogo flota v bor'be za pobedu oktiabria*, p. 251.

37. A. G. Pronin, "Podgotovka k zakhvatu vlasti", *Bakinskii rabochii*, 1927년 11월 7일자, p. 4.

38. Dybenko, "Baltflot v oktiabr'skie dni", p. 305.

39. Lenin, *PSS*, vol. 34, p. 434.

40. M. V. Fofanova, "Il'ich pered oktiabrem 1917 goda", in *Vospominaniia o Vladimire Il' iche Lenine*, vol. 2, p. 448.

41. M. V. Fofanova, "Poslednee podpol'e", in *Ob Il'iche: Vospominaniia pitertsev* (Leningrad, 1970), p. 348.

42. 스탈린 시대에 이 편지는 무시당했다. 당중앙위원회와 레닌 사이에 계속 존재하는 혁명 발전에 관한 견해 차가 편지에 반영되어 있기 때문임이 분명하다. 편지에는 수신인이 적혀 있지 않았고, 스탈린 시대 이후에 소련에서 나온 레닌 전집 4판과 5판에서는 편지가 당중앙위원회 앞으로 보내는 것으로 표제가 되어 있다. 그러나 오늘날의 소련측 학자 몇 사람이 인정했듯이, 그 내용으로 보아 편지를 하급 당 기관 앞으로 보내서 소비에트 대회가 열리기 전에 임시정부 각료들을 체포하라는 압력을 당 지도부와 혁명군사위원회에 가하도록 하급 당 기관을 자극하려는 것이 편지의 의도였음이 분명하다. 이 점에 관해서는 *Lenin i oktiabr'skoe vooruzhennoe vosstanie v Petrograde*, pp. 189, 478-482에 있는 고로데츠키(E. N. Gorodetskii)와 슐가(S. I. Shul'ga)의 설명을 볼 것.

43. Lenin, *PSS*, vol. 34, pp. 435-436.

44. M. V. Fofanova, "Poslednee podpol'e", p. 349; E. Rakh'ia, "Poslednee podpol'e Vladimira Il'icha", *KL*, 1934, no. 58, pp. 89-90; E. A. Rakh'ia, "Moi vospominaniia o Vladimire Il'iche" in *Vospominaniia o Vladimire Il'iche Lenine*, vol. 2, p. 434.

45. E. Rakh'ia, "Moi predoktiabr'skie i posleoktiabr'skie vstrechi s Leninym", *Novyi mir*, 1934, no. 1, pp. 35-36.

46. 이 점에 관해서는 *Oktiabr'skoe vooruzhennoe vosstanie*, vol. 2, pp. 292-307를 볼 것. 스몰니에 있는 사람들이 전화와 전기에 장애를 겪기 시작한 뒤에야 비로소 혁명군사위원회가 전화국과 발전소의 통제권을 장악했다는 증거가 일부 있다. 이 행동 양식에 잘 맞지 않는 혁명군사위원회의 행동 한 가지는 전신 시설을 장악한 것이다.

47. Latsis, *Petrogradskaia pravda*, 1922년 11월 5일자, p. 2.

48. 이를테면, *Protokoly pervogo s'ezda partii levykh sotsialistov-revoliutsionerov*, pp. 40-41에 있는 캄코프의 발언을 볼 것.

49. O. P. Dzenis, "Kak my brali 25 oktiabria Zimnii dvorets", *Pravda*, 1921년 11월 6-7일자, p. 7; O. P. Dzenis, "Pod Zimnim dvortsom", in *Velikaia oktiabr'skaia sotsialisticheskaia revoliutsiia: Sbornik vospominanii*, p. 270.

50. A. Ignat'ev, "V noch' na 25 oktiabria 1917 goda", *KL*, 1923, no. 6, p. 314.

51. *Baltiiskie moriaki v podgotovke i provedenii velikoi oktiabr'skoi sotsialisticheskoi revoliutsii*, P. 259; P. Kurkov, "Kresier 'Avrora'", *KL*, 1923, no. 6, p. 360.

52. Ibid.

53. *Oktiabr'skoe vooruzhennoe vosstanie*, vol. 2, p. 324-335.

54. Riabinskii, *Khronika sobytii*, vol. 5, p. 175.

55. Ibid., pp. 175-176.

56. *Izvestiia*, 10월 26일자, p. 3; 카자크 제14연대의 카자크 200여 명이 겨울궁전에 출동 보고를 했다. 그러나 얼마 안 되는 이 부대는 정부가 처한 상황을 바꾸기에는 역부족이었다.

57. *Oktiabr'skoe vooruzhennoe vosstanie v Petrograde: Dokumenty i materialy*, p. 340.

58. A. V. Liverovskii, "Poslednie chasy Vremennogo pravitel'stva: Dnevnik ministera Liverovskogo", *Istoricheskii arkhiv*, 1960, no. 6, p. 41.

59. V. Miliutin, *O Lenine* (Leningrad, 1924), pp. 4-5; Rakh'ia, "Moi predoktiabr'skie i posleoktiabr'skie vstrechi s Leninym", p. 36; 또한 Reiman, *Russkaia revoliutsiia*, vol. 2, p. 332도 볼 것.

15장 볼셰비키가 권력에 이르다

1. *Oktiabr'skoe vooruzhennoe vosstanie v Petrograde: Dokumenty i materialy*, pp. 348-350; "Baltflot v dni kerenshchiny i krasnogo oktiabria". pp. 123-124.

2. I. P. Flerovskii, "Kronshtadt v oktiabr'skoi revoliutsii", *PR*, 1922, no. 10, pp. 136-137.

3. *Baltiiskie moriaki*, p. 270.

4. *Oktiabr'skoe vooruzhennoe vosstanie*, vol. 2, p. 330; K. Eremeev, "Osada Zimnego", *Bakinskii rabochii*, 1927년 11월 7일자, p. 9. Dzems, "Kak my brali 25 oktiabria Zimnii dvorets", P. 7와 G. I. Blagonravov, "Oktiabr'skie dni v Petropavlovskoi kreposti", *PR*, 1922, no. 4, p. 33도 볼 것.

5. Lenin, *PSS*, vol. 35, p. 1.

6. V. I. Startsev, "Begstvo Kerenskogo", *Voprosy istorii*, 1966, no. 11, pp. 204-205; 이 일화에 관 케렌스키의 설명을 살펴보려면, *Russia and History's Turning Point*, pp. 437-439를 볼 것.

7 *Rech'*, 10월 26일자, p. 2; *Novaia zhizn'*, 10월 26일자, p. 2; *Izvestiia*, 10월 26일자, pp. 3-4.

8. Riabinskii, *Khronika sobytii*, vol. 5, p. 177.

9. I. Pavlov, "Avral'naia rabota 25-go oktiabria 1917 goda", *Krasnyi flot*, 1926, nos. 10-11, P. 25.

10. Flerovskii, "Kronshtadt v oktiabr'skoi revoliutsii", p. 139.

11. Ibid., pp. 139-140; Pavlov, "Avral'naia rabota 25-go oktiabria 1917 goda", p. 25.

12. Riabinskii, *Khronika sobytii*, vol. 5, pp. 179-180; *Izvestiia*, 10월 26일자, P. 7; 10월 27일자, pp. 4-5.

13. Ibid.

14. P. V. Dashkevich, "Oktiabr'skie dni", *Leningradskaia pravda*, 1924년 11월 7일자, P. 11.

15. "Vospominaniia ob oktiabr'skom perevorote", *PR*, 1922, no. 10, pp. 84-85.

16. A Tarasov-Rodionov, "Pervaia operatsiia", *Voennyi vestnik*, 1924, no. 42, p. 12; "Vospominaniia ob oktiabr'skom perevorote", *PR*, 1922, no. 10, pp. 78-79.

17. V. A. Antonov-Ovseenko, "Baltflot v dni kerenshchiny i krasnogo oktiabria", pp. 124-129; Antonov-Ovseenko, "Revoliutsiia pobedila", *Krasnaia gazeta*, 1923년 11월 7일자, p. 3.

18. Kostiukov, "Kak my opozdali ko vziatiiu zimnego dvortsa", *Krasnyi balteets*, 1920, no. 6, p. 36.

19. *Oktiabr'skoe vooruzhennoe vosstanie*, vol. 2, p. 346.

20. Blagonravov, "The Fortress of Peter and Paul, October 1917", in *Petrograd October 1917* (Moscow, 1957), p. 206.

21. "Vospominaniia ob oktiabr'skom perevorote", *PR*, 1922, no. 10, p. 79.

22. John Reed, *Ten Days That Shook the World* (New York, 1960), p. 116.

23. G. Chudnovskii, "V Zimnem dvortse pered sdachei", *Pravda*, 1917년 11월 21일자, p. 2; P. V. Dashkevich, "Oktiabr'skie dni", *Leningradskaia pravda*, 1924년 11월 7일자, p. 11.

24. 특히 Liverovskii, "Poslednie chasy Vremennogo pravitel'stva"; P. N. Maliantovich, "V zimnem dvortse 25-26 oktiabria 1917 goda", *Byloe*, 1918, no. 12. PP. 111-141; P. N. Pal' chinskii, "Dnevnik", *Krasnyi arkhiv*, 1933, no. 56, pp. 136-138; A. M. Nikitin, "Rasskaz A. M. Nikitina", *Rabochaia gazeta*, 10월 28일자, p. 2; "Kak zanizli Zimnii dvorets", *Delo naroda*, 10월 29일자, pp. 1-2; A. Sinegub, "Zashchita zimnego dvortsa", *Arkhiv russkoi revoliutsii*, 1922, no. 4, pp. 121-197를 볼 것. 임시정부의 마지막 몇 시간에 관한 가장 유용한 2차 사료는 V. I. Startsev, "Poslednii den' Vremennogo pravitel'stva", in *Iz istorii velikoi oktiabr'skoi sotsialisticheskoi revoliutsii i sotsialisticheskogo steoitel'stva v SSSR* (Leningrad, 1967), pp. 99-115이다.

25. Liverovskii, "Poslednie chasy Vremennogo pravitel'stva", pp. 42-43.

26. Startsev, "Poslednii den' Vremennogo pravitel'stva", p. 101.

27. 이 최후 통첩의 사본은 Liverovskii, "Poslednie chasy Vremennogo pravitel'stva", p. 45에 있다.

28. Edimstvo, 10월 27일자, p. 3.

29. Maliantovich, "V zimnem dvortse", p. 120.

30. Ibid, p. 121.

31. Oktiabr'skoe vooruzhennoe vosstanie v Petrograde: Dokumenty i materialy, pp. 407-408.

32. Edinstvo, 10월 27일자, p. 3.

33. Oktiabr'skoe vooruzhennoe vosstanie, vol. 2, p. 343; Oktiabr'skoe vooruzhennoe vosstanie v Petrograde: Dokumenty i materialy, pp. 395-396, 407-408, 체레미소프에게 이 대화는 임시정부가 완전히 파산했다는 믿음을 확실하게 해주는 데 일조하는 마지막 일격이었음이 분명하다. 체레미소프는 1917년 내내 군대 안의 혁명적 정서를 감지하고 받아들이는 데 다른 대부분의 고위 군 지도자들보다 훨씬 더 빨랐다. 체레미소프는 코르닐로프가 최고사령관에 임명될 때인 7월 하순에 케렌스키와 반목했기 때문에, 10월의 처음 몇 주 동안 임시정부 지원에 전선 부대를 끌어들이려는 케렌스키의 시도에 마지못해 미온적으로 지원했다. 그는 이때, 즉 10월 25일 밤에 키시킨의 임명, 페트로그라드의 군 인사 개편, 최고사령부의 점령을 직접 전해 듣고는 페트로그라드로의 부대 이동을 즉시 중지하라는 명령을 내렸다. 이로써 전선에서 지원군을 동원한다는 케렌스키의 희망이 상당 부분 좌절되었다.

34. Oktiabr'skoe vooruzhennoe vosstanie v Petrograde: Dokumenty i materialy, pp. 414-415.

35. Erykalov, Oktiabr'skoe vooruzhennoe vosstanie v Petrograde, pp. 314-317, 444. 이 저술에는 페트로그라드 시의회의 간행물과 1917년 8월 20일에 소집된 시의회 회의 속기록이 이용되었다. I. Mil'chik, "Petrogradskaia tsentral'naia gorodskaia duma v fevrale-oktiabre 1917 goda", KL, 1927, no. 2 (23), p. 201도 볼 것.

36. Flerovskii, "Kronshtadt v oktiabr'skoi revoliutsii", pp. 141-142.

37. Tarasov-Rodionov, "Pervaia operatsiia", p. 13.

38. Erykalov, Oktiabr'skoe vooruzhennoe vosstanie v Petrograde, pp. 445-446; V. M. Molotov, "Smol'nyi i Zimnii", Pravda, 1924년 11월 7일자, p. 9.

39. Erykalov, Oktiabr'skoe vooruzhennoe vosstanie v Petrograde, pp. 450-451.

40. Rech', 10월 26일자, p. 3; Milchik, "Petrogradskaia tsentral'naia gorodskaia duma v fevrale-oktiabre 1917 goda", p. 202.

41. Bubnov, "Lenin v oktiabr'skie dni", Bakinskii rabochii, 1927년 11월 7일자, p. 3.

42. "Vospominaniia ob oktiabr'skom perevorote", PR, 1922, no. 10, p. 79.

43. Vtoroi vserossiiskii s"ezd sovetov, p. 33.

44. Reed, Ten Days That Shook the World, p. 124.

45. Oktiabr'skoe vooruzhennoe vosstanie v Petrograde, vol. 2, p. 353. 대회의 총규모와 구성

에 관해서 신문에 게재된 숫자는 조금씩 다르다. 여기 인용한 숫자는 〈프라브다〉 10월 29일자에 나온 것이다.

46. *Vtoroi vserossiiskii s'ezd sovetov*, pp. 144-153; A. F. Butenko & D. A. Chueaev, eds., *Vtoroi vserossiiskii s'ezd sovetov rabochikh i soldatskikh deputatov: Sbornik dokumentov* (Moscow, 1957), pp. 386-398.

47. *Vtoroi vserossiiskii s'ezd sovetov*, pp. 2-3, 33.

48. Ibid., pp. 34-35; Sukhanov, *Zapiski o revoliutsii*, vol. 7, p. 199; *Delo naroda*, 10월 27일자, p. 2.

49. *Vtoroi vserossiiskii s'ezd sovetov*, pp. 34-35.

50. Ibid., pp. 37-38; Sukhanov, *Zapiski o revoliutsii*, vol. 7, p. 200.

51. Sukhanov, *Zapiski o revoliutsii*, vol. 7, pp. 219-220. 이 점에 관해서는 Leonard Schapiro, *Origins of the Communist Autocracy* (New York, 1965), pp. 66-68를 볼 것.

52. *Vtoroi vserossiiskii s'ezd sovetov*, pp. 38-39.

53. Ibid., pp. 41-42.

54. Ibid., pp. 43-44.

55. *Protokoly pervago s'ezda partii levykh sotsialistov-revoliutsionerov (internatsionalistov)*, pp. 41-43.

56. *Delo naroda*, 10월 27일자, p. 2.

57. *Vtoroi vserossiiskii s'ezd sovetov*, pp. 45-46.

58. *Rech'*, 10월 26일자, p. 3; 또한 *Izvestiia*, 10월 26일자, p. 6도 볼 것.

59. Reed, *Ten Days That Shook the World*, pp. 136-137; 또한 Sukhanov, *Zapiski o revoliutsii*, vol. 7, p. 208도 볼 것.

60. Maliantovich, "V zimnem dvortse", p. 129.

61. Antonov-Ovseenko, "Oktiabr'skaia buria", p. 104.

62. Erykalov, *Oktiabr'skoe vooruzhennoe vosstanie v Petrograde*, p. 456.

63. Maliantovich, "V zimnem dvortse", p. 129.

64. Ibid., p. 130.

65. *Rabochaia gazeta*, 10월 28일자, p. 2에 있는 "Rasskaz K. A. Gvozdeva ob ego areste"와 "Rasskaz A. M. Kishkina".

66. I. Kolbin, "Storming the Winter Palace", in *Petrograd 1917*, p. 321.

67. Antonov-Ovseenko, "Oktiabr'skaia buria", p. 104.

68. *Vtoroi vserossiiskii s'ezd sovetov*, pp. 47-50.

69. Ibid., p. 52.

70. *Vtoroi vserossiiskii s'ezd sovetov*, pp. 53-54. 영어 번역문은 Browder & Kerensky, *The Russian Provisional Government*, vol. 3, pp. 1797-1798에서 가져왔다.

에필로그: 왜 볼셰비키가 승리했는가

1. A. L. Fraiman, Forpost sotsialisticheskoi revoliutsii (Leningrad, 1969), p. 19; I. S. Lutovinov, Likvidatsiia miatezha Kerenskogo-Krasnova (Moscow & Leningrad, 1965), p. 7.

2. Oktiabr'skoe vooruzhennoe vosstanie, vol. 2, p. 376.

3. 사회주의자혁명가 좌파는 정부에 참여하라는 권유를 받았지만, 정부 밖에 남아 볼셰비키와 그들의 반대자 사이를 중재해서 광범위한 사회주의 정부를 구성할 수 있으리라고 믿고 그 권유를 거절했다.

4. Izvestiia, 10월 28일자, p. 2. 선거는 약속대로 11월 12~14일에 치러졌다. 볼셰비키는 페트로그라드에서 승리했지만, 전국 투표에서는 사회주의자혁명가당에 이어 2위였다. 사회주의자혁명가 좌파와 합쳐도 과반수를 점하지 못했다. 헌법제정회의는 1918년 1월 5일에 페트로그라드에서 개최되었으나, 대의원들은 10월혁명으로 발생한 변화를 인준하기를 거부했고, 회의를 단 한 차례 연 뒤 강제 해산되었다.

5. Novaia zhizn', 10월 30일자, p. 3; Melgunov, The Bolshevik Seizure of Power, pp. 141-142.

6. I. N, Liubimov, Revoliutsita 1917 goda: Khronika sobytii (Moscow, 1930), vol. 6, pp. 456-437; Oktiabr'skoe vooruzhennoe vosstanie, vol. 2, p. 403.

7. Liubimov, Revoliutsiia 1917 goda, vol. 6, pp. 436-437; Oktiabr'skoe vooruzhennoe vosstanie, vol. 2, pp. 403-405.

8. Daniels, Red October, p. 206.

9. Izvestiia, 11월 5일자, P. 5; 이 사건들에 관한 케렌스키의 설명으로는 Russia and History's Turning point, pp. 443-446를 볼 것.

10. Oktiabr'skoe vooruzhennoe vosstanie v Petrograde, vol. 2, p. 406.

11. 다른 무엇보다도 온건 사회주의자들은 비(非)볼셰비키가 주요 장관직에 오르고, 정부에서 한 정당이 과반수를 차지하지 않아야 하며, 장관이 소속당의 대표로서보다는 개인으로 정부에 들어가야 하고, 정부가 소비에트 중앙집행위원회가 아니라 전러시아 민주협의회의 노선에 따라 구성된 더 광범위한 대의 기구에 책임을 져야 한다고 주장했다. 그 대의 기구에서 볼셰비키가 다수파가 될 가능성은 극히 낮았다.

12. Novaia zhizn', 11월 3일자, p. 2.

13. Protokoly Tsentral'nogo komitet, p. 130.

14. 정부가 이때 더 엄격한 언론 통제책을 택함으로써, 더 광범위한 대표성을 지니는 정부를 구성하려고 계속 싸우겠다는 온건론자들의 결의가 강화되었다. 이 같은 자유 제한은 그들에게 볼셰비키 단독 지배가 가져오는 필연적 결과로 보였다.

15. Protokoly Tsentral'nogo komiteta, pp. 133-134.

16. Gusev, Krakh partii levykh eserov, pp. 107-108.

17. 내전이 소비에트 정부와 러시아 사회에 준 충격에 관한 귀중한 분석으로는 Cohen, Bukharin and the Bolshevik Revolution, pp. 66-106를 볼 것.

옮긴이의 말

이 책은 미국 인디애나대학 명예교수인 알렉산더 라비노비치의 대표 저서 The Bolsheviks Come to Power: The Revolution of 1917 in Petrograd (Haymarket Books, 2017)의 한국어판이다. 초판은 1976년에 뉴욕의 노턴 출판사에서 나왔다. 영미권에서 다섯 손가락 안에 꼽히는 러시아 혁명사 연구의 대가인 라비노비치가 패기만만한 소장 역사가일 때 내놓은 이 저서는 저자의 1917년 7월 사태 연구의* 속편 격이며, 볼셰비키의 10월 무장봉기를 다룬 러시아 안팎의 최고 연구서들 가운데 하나라는 평을 듣는다. 이런 점은 러시아 학자들이 번역한 이 책의 러시아어판이** 1989년에 첫선을 보였고 2003년에는 러시아어 번역본 2판까지 나왔다는 사실에서 드러난다. 라비노비치의 이 저작은 소련에서 최초로 번역·출판된 서방학자의 10월 혁명사 연구서였다.

---

* A. Rabinowitch, *Prelude to Revolution: The Petrograd Bolsheviks and the July 1917 Uprising* (Indiana University Press, 1968; 1991).

** А. Рабинович, *Большевики приходят к власти: Революция 1917 года в Петрограде* (М.: Прогресс, 1989).

1

1980년대에 군부 독재의 폭압에 맞서던 우리나라의 피 끓는 젊은 이들과 지식인들은 러시아 혁명에 열광하며 1917년 러시아의 "진실된" 모습을 알려주는 지식을 갈구했다. 우리나라에서 러시아 혁명을 알고 싶어 하는 열망은 비단 1980년대에만 나타난 현상은 아니었다. 미국의 이름난 아나키스트 에마 골드만은 1919년부터 1921년까지 러시아에서 같이 지내며 소비에트 러시아의 여러 모습을 함께 지켜본 둘도 없이 절친한 동지 알렉산더 버크만이 1920년 어느 날 자기에게 한 말을 회고록에 다음과 같이 기록해 놓았다.

내가 사는 곳(모스크바)의 주된 매력은 여기서 지내는 사람들의 유형이 점점 다양해진다는 거야. 중국인, 조선인, 일본인, 인도인이 "10월"의 성과를 배우고 자기 나라의 해방 과업에 필요한 도움을 얻으려고 이리로 온다니까.

조선인과 러시아 혁명의 인연은 더 앞으로 거슬러 올라간다. 〈맨체스터 가디언〉 모스크바 주재 특파원이 1918년 10월 4일에 영국에 있는 본사로 보낸 전보에는 다음과 같은 설명이 들어 있다.

우랄 전선에는 중국인, 조선인 노동자가 꽤 많이 있는데, 이들은 일본이 시베리아를 침공했다는 말을 듣자마자 수개 연대를 편성해서 붉은 군대에 가담했음. 이 노동자 사이에서는 일본의 지배 계급에 반대하는 감정이 매우 드높음.

조국을 떠나 유럽 러시아까지 흘러 들어간 조선인들이 러시아 내전 초기부터 볼셰비키의 편에 서서 반혁명과 싸운 셈이다. 조선인의 러시아 혁명 참여가 시베리아 동부와 연해주에 국한된 현상이 아니라 러시아 혁명의 중심부에서도 이루어졌음을 시사하는 증거라고 할 수 있다.

옮긴이의 경험을 하나만 인용해 보겠다! 20년 전쯤에 영국인 학자의 러시아 혁명 연구서를 읽다가 "극동의 볼셰비키 정치 지도위원, 1920년"이라는 설명이 달린 사진 한 장이 눈에 들어왔다. 그 사진에는 시넬이라는 두텁고 기다란 외투를 입고 부조놉카라는 뾰족한 붉은 군대 모자를 쓰고 허리춤에 커다란 권총을 찬 동양인이 있었다. 어디선가 본 낯익은 얼굴이라는 생각이 들었고, 혹시나 해서 다른 자료를 뒤져보니 아니나 다를까 홍범도 장군이었다(홍범도는 레닌에게서 선물로 받은 권총을 소중히 여겨 평생 지니고 다녔다고 한다). 일본 제국주의에 맞서 싸운 대한의 독립투사 홍범도 장군은 볼셰비키 당원이었던 것이다. 이렇듯 일제 식민지 시절에 나라 안팎에서 활동하던 조선 청년들은 러시아 혁명의 이상과 약속에 매료됐다. 이런 점에서 본다면, 러시아 혁명은 우리와 동떨어진 먼 나라의 옛날 이야기만은 아니다.

1917년 10월에 선 세계를 뒤흔들었던 러시아 혁명의 충격파는 크게 잦아들어서 오늘날에는 매우 미약하게 느껴질 따름이다. 100년이라는 세월의 무게 탓이기도 하고, 현실 사회주의가 무너짐으로써 일단은 근대의 실패한 기획이라는 사실이 드러난 탓이기도 하다. 그러나 10월혁명의 맥동이 멈추고 혁명의 소산인 소련이 붕괴한 뒤 잔해에서 피어오른 먼지가 웬만큼 가라앉은 오늘날이 오히려 역사학자에게는 러시아 혁명의 다양한 측면을 연구하기에 좋은 시기라고 할 수 있다. 한 역사가는 "러시아 혁명은 정의와 평등과 자유가 어떻게 화합할 수 있는가에 관한 심오한 물음을 던졌고, 비록 볼셰비키가 이 물

음에 준 답에 치명적인 흠이 있다고 해도 이 물음은 오늘날에도 유효하다"고 주장한다.[*]

정의와 평등과 자유가 어떻게 화합할 수 있는가? 이 물음에 답을 찾으려는 과거 인간의 노력이 어찌 역사가들만의 연구 대상에 그칠 수 있겠는가!

2

우리말로 된 훌륭한 10월 혁명사는 그리 많지 않다. '러시아 혁명사'나 '10월혁명'이라는 제목을 달고 러시아 혁명을 거시적으로 조망한 책이 없지는 않지만, 10월혁명 자체에 초점을 맞춘 연구서는 거의 없었다. 있다고 해도 번역에 적잖이 문제가 있거나 이제는 절판되어 아예 구할 수 없는 형편이다. 최근에 나온 10월 혁명사로는 존 리드의 《세계를 뒤흔든 열흘》과 레프 트로츠키의 《러시아 혁명사》가 눈에 띄지만, 존 리드의 책은 그야말로 박진감 넘치는 서술이 지니는 장점을 지니는 대신 학술 연구서라고 하기 힘들고 트로츠키의 저서는 혁명의 주체가 쓴 글인 만큼 엄청난 의의를 지니면서도 일방적 혁명 옹호로 치우친 감이 없지 않다. 이런 상황에서 나오는 라비노비치 교수의 10월 혁명사는 나름대로 적지않은 의의를 지닌다.

치열하면서도 엄정한 학술적 내용을 르포르타주 문학 형식에 담았다는 데 바로 이 책의 가장 큰 강점이 있다. 라비노비치는 에필로그에서 볼셰비키당의 1917년 10월 무장 봉기를 보는 기존의 통설을

---

[*] 스티브 스미스(류한수 옮김), 《러시아 혁명: 1917년에서 네프까지》 (박종철출판사, 2007), 205~206쪽.

뒤집어버리는 묵직한 학술적 주장을 내놓는다. 그렇지만 그 묵직한 주장은 그리 어렵지 않게 다가온다. 라비노비치가 갖가지 1차 사료를 능숙하게 활용해서 독자들의 손목을 잡아 이끌고 러시아 혁명의 회오리 바람이 휘몰아치는 1917년 가을의 페트로그라드를 구석구석 돌아다니며 독자들을 생생한 혁명의 현장으로 인도하기 때문이다. 라비노비치의 능란한 서술에 홀린 듯 이끌려 1장부터 15장까지 본문을 차근차근 읽다 보면 어쩔 도리 없이 고개를 수긍하게 될 이 책의 기본 주장은 다음과 같다.

볼셰비키의 경이로운 성공은 적잖이 1917년에 당이 띤 성격 덕택으로 돌릴 수 있다. 여기서 내가 염두에 두는 것은 …… 레닌의 대담하고도 결단성 있는 지도력이나 …… 흔히 언급되는 볼셰비키 조직의 통일과 규율이 아니다. 오히려 나는 ― 전통적 레닌주의 모델과 뚜렷하게 대비되는 ― 내부적으로 비교적 민주적이고 관용적이고 분권화한 당의 구조와 작동 방식, 뿐만 아니라 본질적으로 개방적이고 대중적인 당의 성격을 강조하고자 한다.

요컨대, 1917년 혁명기의 볼셰비키당은 민주적 대중 정당이었기에 다른 경쟁 상대를 물리치고 권력을 잡아서 노동자 정부를 표방하는 사회주의 정권을 세계 최초로 세울 수 있었다는 것이다. 이런 주장은 볼셰비키당의 힘을 음모적 성격과 철저한 상명하달식 위계제에서 찾던 서방의 보수적인 10월 혁명사는 물론이고 강철 같은 규율과 레닌의 탁월한 영도력을 강조하던 구소련의 10월혁명 공식 해석을 일거에 뒤집는 대담한 시도의 귀결이었다.

라비노비치의 이런 해석은 10월혁명을 대중과 전혀 교감하지 않는 소수 음모 집단의 쿠데타로 보는 서방 역사학계의 보수적 해석에 반발해서 1970년대에 본격적으로 등장한 이른바 수정주의 해석의 만개를 가져온 선도적 연구의 결과였다. 이렇듯 기존의 주류 학설을 단번에 뒤집은 라비노비치의 연구는 그 뒤로 협소한 정치 영역에서 벗어나지 못하던 러시아 혁명사 연구의 지평을 넓혀 사회사 연구의 태동을 부추긴 산파 역할을 했다. 1980년대 영미권의 러시아 혁명사 연구에서 배출된 뛰어난 사회사 연구서들은 거의 모두 다 라비노비치의 이 독특한 10월 혁명사 해석에 많든 적든 일정한 빚을 지고 있다.

3

볼셰비키가 1917년에 러시아 노동계급의 지지를 받는 민주적 대중정당이었기에 권력을 잡을 수 있었다는 라비노비치의 기본 시각은 그의 개인적 성장 배경을 생각해보면 놀랍고도 흥미롭다. "~오비치"로 끝나는 그의 성(姓)에서 드러나듯이, 라비노비치는 유대계 러시아인 출신이다. 러시아에서 탁월한 물리학자였던 그의 아버지는 1918년에 볼셰비키가 자행한 테러에 희생되어 조국을 등지고 미국으로 망명해야 했다. 볼셰비키에 한이 맺힌 집안에서 자랐기에, 더군다나 냉전 시기에 세계의 패권을 놓고 소련과 겨루던 미국에서 교육을 받았기에 라비노비치는 도저히 볼셰비키당에 호감을 가질 수 없는 사람이었다. 따라서 그도 처음에는 다른 대다수 역사학자들과 마찬가지로 10월혁명을 볼셰비키의 쿠데타로 보는 보수적 시각의 소유자였다. 그러나 비록 당시의 시대 상황 탓에 소련 역사 문서고에 있는 자료를 마음껏 이용하지는 못했지만, 입수 가능한 다른 형태의 1차 사료를 분석하며 러시아 혁명을 엄정하게 연구하다가 1917년의 "진실"을 알게 되고 마침내 10월혁명을 "평등을 목표로 삼은 진정한 민중 혁명으로 보게 되었"다는 것이 라비노비치의 고백이다. 정치적 입장을 떠나서 진실만을 좇는 학자의 성실성이 배어 나오는 고백이다.

70년 동안 유지되어 온 소비에트 연방이 1991년에 무너지자 영어권 역사학계의 10월 혁명사 서술에도 크나큰 회오리 바람이 일어 연구의 지형이 크게 바뀌었다. 수정주의적 해석의 기세에 밀려 열세에 몰리는 듯했던 보수적 해석이 다시 힘을 얻었다. 또한 굳게 닫혀 있던 러시아 문서고의 문이 활짝 열리면서 예전에는 공개되지 않았던 중요한 사료들이 마치 폭포수처럼 쏟아져 나왔다. 이런 사태는 연구자들이 문서고에 있는 사료를 마음껏 볼 수 없던 1970년대에 이루어졌다는 한계를 지닌 라비노비치의 연구에 과연 어떤 영향을 끼쳤을까? 한국어판 머리말에 나와 있듯이, 지난 십수 년 동안 라비노비치는 "미간행 역사 문서나 최신 사료집이 쏟아져 나오니 결론을 수정해야 되지 않겠냐"는 질문을 받았다. 이 물음에 라비노비치가 주는 답변은 다음과 같다. "새로운 자료 덕분에 나는 내 분석을 더 깊고 넓고 날카롭게 만들 수 있었지만, 근본 쟁점에 관한 내 연구 결과는 변하지 않은 상태로 남아있 … 다." 이 주장이 대학자만이 내비칠 수 있는 자신감의 표현인지, 아니면 시대의 흐름에 뒤처진 노학자의 아집인지를 판단하는 일은 독자의 몫으로 남겨둔다.

4

라비노비치에 따르면, 1917년의 볼셰비키당은 치열하고도 활발한 토론과 논쟁이 거침없이 이루어지는 민주적 대중 정당이었다. 그러나 볼셰비키당은 그 뒤 이런 긍정적 성격을 유지하지 못하고 창의성이 사라져버린 둔중한 조직이 되었다. 한 번 더 라비노비치의 말을 빌리자면. 혁명의 환희가 잦아든 뒤에 러시아를 덮친 내전의 불길 속에서 "볼셰비키당의 민주적 성격이 상실되었다. 소비에트의 독립성이 파괴되고 억압적이고 중앙집권화된 관료 체제가 나라 구석구석에 다시 들어서고 러시아의 정치·경제 생활은 볼셰비키 지도부의 지령에 얽매였다." 70년 뒤에 소비에트 연방의 궁극적 붕괴를 가져온 이런 변질은 언제 어떻게 왜 일어났을까? 이 책은 볼셰비키당이 권력을 거머쥐는 순간까지를 다루었기에 이 물음에는 답을 주지 않는다. 이 물음에 답을 찾아야 한다는 생각을 라비노비치는 끝까지 떨치지 못한 듯하다. 패기만만한 청년 역사가로서 1970년대에 학계의 통설을 멋들어지게 뒤집었던 라비노비치는 어느덧 80대의 노학자가 됐고, 2007년에 자기의 러시아 혁명사 연구를 결산하는 또 다른 역작 *The Bolsheviks in Power: The First Year of Soviet Rule in Petrograd* (Indiana University Press, 2007)을 보란듯이 내놓았다. 세계 지표면의 1/6을 차지하는 거대한 나라의 집권 세력이 된 볼셰비키가 1918년에, 즉 10월혁명 직후 1년이란 기간 동안에 보인 모습을 추적하는 라비노비치의 이 저서는 앞서 말한 물음에 설득력 있는 답변을 던져줄 것이다. 당시에 한 인터뷰에서 라비노비치는 지금은 "1919년을 연구하고 있다"며 노익장을 과시했다.

5

　번역에 관해 한 가지 덧붙일 말이 있다. 들어가는 말에서 라비노비치는 "사건들을 재구성하려고 시도하면서 나는 사실이 스스로 말하게 하도록 노력했"다고 밝혔는데, 이는 저자가 스스로 나서서 사건을 설명하고 해석하기보다는 자기 주장이 자연스럽게 드러나도록 1차 사료를 인용했다는 뜻이다. 이렇듯 1차 사료가 풍부하게 인용되므로 독자들은 마치 1917년 러시아 혁명의 소용돌이 한복판에 있는 것처럼 생생한 박진감을 느낄 수 있지만, 옮긴이로서는 곤란하기 이를 데 없는 문제에 맞부딪쳤다. 그 문제란 다름 아니라 책에 인용된 1차 사료의 번역이 중역(重譯)이 된다는 것이었다. 영어 원본에 인용된 1차 사료는 러시아어 문헌의 영어 번역이니, 이것을 우리말로 옮기면 중역이 되어 버린다. 중역에서 비롯하는 의도하지 않은 오역의 위험성을 잘 알고 있는 터이라 어떻게 하면 중역을 피할 수 있을까 고심했는데, 다행히도 이 책의 러시아어 번역본을 구할 수 있어서 수고를 한결 덜 수 있었다. 영어 원본에서 큰따옴표로 처리된 1차 사료는 영어본이 아니라 러시아어본을 보고 옮겼으며, 이로써 중역을 피했다는 점을 밝혀두고자 한다.

끝으로, 이윤 증식을 추구하지 않을 수 없는 출판사의 숙명에 아랑곳하지 않고 다만 우리 사회가 세계를 넓고 깊게 보는 데 보탬이 될 좋은 책을 펴내는 데 최우선 순위를 두는 책갈피 출판사에 고마운 마음을 전하고 싶다.

용어 찾아보기[*]

---

* 책의 거의 전체에 자주 등장하는 용어와 인명은 제외했다.

인명 찾아보기

옮긴이

류한수

서울대학교 서양사학과에서 석사 학위를, 영국 에식스대학 역사학과에서 박사 학위를 받았다. 러시아 현대사를 연구해 왔으며, 특히 혁명기 러시아와 제2차 세계대전에 관심을 쏟고 있다. 주요 논문으로 "탈계급화인가, 탈볼셰비키화인가?", "러시아 혁명과 노동의무제", "여성 노동자인가, 노동하는 바바인가?", "전쟁의 기억과 기억의 전쟁" 등이 있다. 옮긴 책으로는《스탈린과 히틀러의 전쟁》(지식의풍경, 2003),《빅토르 세르주 평전》(실천문학사, 2006),《러시아 혁명: 1917년에서 네프까지》(박종철출판사, 2007),《2차 세계대전사》(청어람미디어, 2007),《이콘과 도끼: 해석 위주의 러시아 문화사》(한국문화사, 2015) 등이 있다. 현재 상명대학교 역사콘텐츠학과 교수다. 이메일 주소는 petrograd@smu.ac.kr이다.